21 世纪会计经典教材系列

# 新编财务管理

主　编　师　萍　石计宝

副主编　郭世辉　闫开宁

　　　　杨红飞　王怀东

华南理工大学出版社

·广州·

## 内 容 提 要

本书介绍现代公司财务管理理论与方法，内容包括资金时间价值及应用、收益与风险分析、证券估值、项目投资、证券投资、营运资金管理、筹资管理、资金成本和资本结构、收益分配、财务预算、财务分析与业绩评价等。配有大量练习题和参考答案，可作为高等院校经济类教材及自学教材参考书。参加全国会计师、注册会计师考试的人员若能认真完成各章练习题，会稳操胜券。

本书根据最新财经法规制度编写，适用于当前中国境内的各类企业（工业、商业、金融业、旅游业、运输业等)、各种经济性质的企业（国有、集体、私营、外商投资等）和各种组织形式的企业（独资、合伙、有限责任公司、股份有限公司等）的管理决策人员、财务会计人员。

**图书在版编目（CIP）数据**

新编财务管理/师萍，石计宝主编．—广州：华南理工大学出版社，2011.3（2016.8 重印）

（21 世纪会计经典教材系列）

ISBN 978-7-5623-3416-3

Ⅰ.①新…　Ⅱ.①师… ②石…　Ⅲ.①财务管理－高等学校－教材　Ⅳ.①F275

中国版本图书馆 CIP 数据核字（2011）第 031271 号

**总 发 行：** 华南理工大学出版社（广州五山华南理工大学 17 号楼，邮编 510640）
营销部电话：020－87113487　87111048（传真）
**E-mail：** scutc13@scut.edu.cn　**http://www.scutpress.com.cn**

**责任编辑：** 欧建岸　**ouja2@163.com**

**印 刷 者：** 虎彩印艺股份有限公司

**开　　本：** 787mm×960mm　1/16　**印张：** 31.25　**字数：** 700 千

**版　　次：** 2011 年 3 月第 1 版　2016 年 8 月第 2 次印刷

**印　　数：** 2 001～2 500 册

**定　　价：** 49.00 元

# 出版说明

进入21世纪，我国新闻出版业发展迅速。教材一片繁荣，多品种、系列化，百花齐放，得到广大读者的欢迎。许多深受读者赞誉的优秀教材因语言简练、通俗易懂、逻辑严谨、思路清晰而被许多高校选用，并经多次锤炼一版再版，显示出越来越大的影响力。本套"21世纪会计经典教材系列"就是其中一些在原优秀教材基础上结合教改经验和最新会计准则精心重编的结晶。本套教材的特点如下：

1. 主编经验丰富。"21世纪会计经典教材系列"主编以教授为主，有丰富的教学科研经验和较高学术造诣，编写过广受欢迎的同种优秀教材。各教材主编均为著名专家学者，他们执教相关课程十几年甚至几十年，出版著作多，教材编写经验丰富。

2. 书稿质量高。"21世纪会计经典教材系列"内容适当，合理引入一些新理论新观点，使读者能跟上学术发展潮流；体系结构合理，遵循学习规律，贴合课程设置，让教师好教，学生易学；逻辑严谨，语言简明，差错率低。"21世纪会计经典教材系列"编审校严格，确保图书高质量。

3. 印装精美。"21世纪会计经典教材系列"用纸好，印刷质量高。一般教材内文选用52克、60克纸，而本系列教材内文一律用70克纸，印装精美。

欢迎广大读者继续关心和支持我们的工作，将使用这套教材遇到的问题和改进意见及时向各位主编或责任编辑（ouja2@163.com）反映，以便重印修正，谨此表示衷心感谢，并提供新书赠阅机会。

《新编财务管理》是"21世纪会计经典教材系列"中的一种。

财务管理是一门新兴的跨财务、管理、数学等学科的交叉科学，是管理类、经济类、会计学专业及MBA、本专科学生的必修课程。旨在培养学生的理财知识、管理能力，灵活运用现代管理手段对企业财务流动进行有效管理。随着中国经济快速发展，管理手段和管理水平日益与国际惯例接轨，财务管理理论和内容也发生了很大变化，需要有适应现代社会国际资本一体化对企业财务管理的要求。本书是为了适应这种要求而编写的，注重财务管理知识在深度和广度上有一定突破。表现在：强调财务管理的系统性，注重理论方法的全面阐述；注重教材内容与中国企业财务管理实际相结合，强调方法的可操作性。配有大量练习题及参考答案，便于作为教材使用。自学读者或各类应试考生若能认真分析、完成各章练习题，可在较短时间内掌握和运用课程的重点内容。

《新编财务管理》主编：师萍教授，管理学博士，博士生导师，中国注册会计师（非执业会员）。主持过国家自然科学基金7项、省部级及企业项目10多项，获奖20多项，出版著作30多部，发表论文100多篇。

华南理工大学出版社

2011年3月

# 前　言

随着近年来中国新的会计准则和税法的不断颁布实施，资金市场、产权市场的逐步完善，规范化的公司成为企业的主要组织形式。加入 WTO 给中国企业既带来了机遇，又带来了挑战，企业的理财环境也发生了深刻的变化，促进了企业财务管理的现代化和信息化。由于经济环境的不确定性、不平衡性增加了企业财务管理的难度，因此用现代化财务管理理论和方法研究企业财务问题，加快企业的财务制度建设，已经成为摆在企业经营者、财务人员面前的重要课题，他们渴望着系统学习与此相适应的现代企业财务管理知识。

财务管理是对企业经营过程中的财务活动进行预测、组织、协调、控制和分析的一种管理活动，是随着生产经营规模不断扩大而出现的一种管理职能。传统意义上的财务管理作为一种实践活动，无疑有着与人类生产活动同样悠久的历史，但现代意义上的财务管理无论是就实践还是就理论而言，都只是近百年的事情（陆正飞，2001）。财务管理主要是解决企业经营中的一些理财问题，如资金如何筹集，股票如何发行，资金筹集后如何运用，如何组织财务预算，如何对营运资本进行控制与管理，如何使利润最大化以及利润如何分配等。财务管理是经营管理的一部分，是根据企业经营目标和需要，借助现代管理手段和方法，对财务问题进行规划和管理，实施有效的计划、组织与控制，并正确处理企业与各方面的经济关系。

财务管理是一门新兴的跨财务、管理、数学等多学科的交叉科学，是管理类、经济类、会计学专业及 MBA、本专科学生的必修课程。旨在培养学生的理财知识和管理能力，灵活运用现代管理手段对企业财务活动进行有效的管理。随着中国经济的快速发展，管理手段和管理水平也日益与国际惯例接轨，财务管理理论和内容也发生了很大变化，需要有能适应现代社会国际资本一体化的企业财务管理技能，本书是为适应这一要求而编写的，并注重财务管理知识在深度和广度上有一定突破。其主要特点是：

第一，强调财务管理的系统性，注重理论和方法的全面阐述。本书按企业财务活动的客观规律，从筹资、投资、营运资金、利润分配、财务预算、财务分析、绩效评价等方面系统介绍，并注意循序渐进，组成一个完整的财务管理理论方法体系，使读者在掌握本书内容后，能比较容易地掌握课程的重点理论和方法。

第二，注重教材内容与中国企业财务管理实际相结合，强调方法的可操作性。财务管理是一门应用学科，它以经济学理论为基础，利用会计信息和数学工具对企业当前和未来经营过程中货币资源的取得和分配进行研究，为企业经营过程中的投资和筹资决策提供依据（卢家仪、蒋冀，2008）。本书注重可操作性，将大量理论阐述与案例介绍结合起来，重要方法均配有实例介绍。通过研读案例，使读者能够较容易地将这些原则和方法运用到中国企业财务管理的实践中去。

第三，本书配有大量练习题及参考答案，便于作为教材使用。自学读者或各类应试考生若能认真解析、完成各章练习题，可在较短时间内掌握和运用课程的重点内容。

本书由师萍、石计宝担任主编，负责编写大纲和统稿。郭世辉、闫开宁、杨红飞、王怀东担任副主编。具体分工是：师萍、张雯佳1、2、6章；闫开宁、石计宝、卢晓红第3章；孙荣新、张炳南、刘星、韩葱慧第4章；贺延林、刘湘丽、余晴瑶第5章；张睿、王怀东、解茹玉第7章；贾沛、杨彩瑞、曹丹、郭晓佳第8章；殷佩英、刘晓琴、郁华丽第9章；杨红飞、陶建宏、孔京京第10章；韩先锋、郝楠楠、田谧第11章；张扬、任磊、陈建设、朱承亮第12章；郭世辉、段伟宇、史有军第13章。所有作者都参与了习题的编写和校对。

衷心感谢华南理工大学出版社欧建岸编辑，是他为本书出版作出了不懈的努力；我的大部分研究生参与了文稿和习题的编写，在此一并表示深深的谢意。

本书在较长时间教学过程中不断充实、修改，习题答案又经多次校对，但难免仍有错误和疏漏，恳请读者批评指正，以便修订时补充提高。

师 萍

2011年2月于西北大学桃园校区

# 目　录

# 第1章　总　论

## 第1节　财务和财务管理

### 一、财务和财务管理概述

在一般意义上，财务通常泛指社会各单位中涉及钱、财、物的经济业务。企业财务，是指企业在生产经营过程中客观存在的资金运动及其所体现的经济利益关系。前者称为财务活动，后者称为财务关系。

财务管理（Financial Management），是企业组织财务活动、处理财务关系的一项综合性的管理工作。理财（Finance）泛指政府、企业和个人的理财活动。本书主要讨论企业理财活动。具体地说，财务管理是在一定的整体目标下，关于资产的购置（投资）、资本的融通（筹资）、经营中对现金流量（营运资金）以及对利润分配的管理。

财务管理是企业管理的一个组成部分，它是根据财经法规制度，按照财务管理的原则，组织企业财务活动，处理财务关系的一项经济管理工作。财务管理是企业对财务活动的管理，是企业（公司）最基本的管理活动，因此又称公司理财。财务管理是现代企业经营管理的核心，由于企业经济活动规模不断扩大，竞争日趋激烈，理财已成为企业生存和发展的重要环节。

企业财务管理工作千头万绪，但归根到底不外乎两大类：筹资和投资，即要解决企业生产经营所需的钱从哪里来，所筹的钱又用到哪里去这两个基本问题。除此之外，营运资金的管理和分配活动的管理也都是财务管理的基本内容。

**（一）财务活动**

企业的财务活动包括筹资、投资、资金营运和资金分配等一系列行为。

(1) 筹资活动

筹资是指企业为了满足投资和资金营运的需要筹集所需资金的行为。

一般说来，企业可以从两方面筹资并形成两种性质的资金来源：一是自有资金，即通过向投资者吸收直接投资、发行股票、企业内部留存收益等方式取得。投资者包括国家、法人、集体、个人等。二是债务资金，即通过向银行借款、发行债券、应付款项等方式取得。企业筹集资金表现为企业资金的流入；偿还借款、支付利息、股利以及付出各种筹资费用等则表现为企业资金的流出。

在筹资过程中，一方面，企业需要根据企业战略发展的需要和投资计划来确定各个时期企业总体的筹资规模，以保证投资所需的资金。另一方面，要通过筹资渠道、筹资方式或工具的选择，合理确定筹资结构，降低筹资成本和风险，提高企业价值。

（2）投资活动

投资是指企业根据项目资金需要投出资金的行为。企业将所筹资金投资于企业资产时，投资收益是否高于投资成本以及投资风险的防范和补偿等，是财务管理的重要内容。企业的投资决策正确与否直接影响其未来的净现金流量，进而影响其资产的增值。

企业投资可分为广义的投资和狭义的投资两种。广义的投资包括：

① 对外投资。如投资购买其他公司股票、债券，或与其他企业联营，或投资于外部项目。

② 内部使用资金，如购置固定资产、无形资产、流动资产等。狭义的投资仅指对外投资。

投资还必须考虑投资规模，即在多大的投资规模下效益最佳。必须通过对投资方向和投资方式的选择确定合理的投资结构，提高投资效益，降低投资风险。

（3）资金营运活动

为满足企业日常经营活动的需要而垫支的资金，称为营运资金。因企业日常经营而引起的财务活动，也称为资金营运活动。企业在日常生产经营活动中会发生一系列的资金收付行为。首先，企业需要采购材料或商品，一边从事生产和销售活动，一边还要支付工资和其他营业费用。其次，企业把商品或产品售出后便可取得收入、收回资金。最后，如果资金不能满足企业经营需要，还要采取短期借款方式来筹集所需资金。

营运资金的周转与生产经营周期具有一致性。在一定时期内资金周转越快，越可以利用数量相同的资金生产出更多产品和取得更多的经营收入，获取更多的利润。因此，如何加速营运资金的周转速度，提高资金利用效率，也是财务管理的主要内容。

（4）资金分配活动

企业通过投资和资金营运活动可以取得相应的收入，并实现资金的增值。企业取得的各种收入在补偿成本、缴纳税金后，还应依据有关法律对剩余收益进行分配。广义的分配是指对企业各种收入进行分割和分派的行为；而狭义的分配仅指对企业净利润的分配。

值得说明的是：企业筹集的资金归结为所有者权益和负债两个方面，在对这两种资金分配报酬时，前者是通过利润分配的形式进行的，属于税后分配；后者是通过将利息等计入成本费用的形式进行分配的，属于税前分配。随着分配过程的进行，资金退出企业或留存企业，都必将影响企业的资金规模和资金结构。因此，如何合理确定分配规模和分配方式，使企业长期利益最大化，也是财务管理的主要内容。

企业的上述财务活动与外部理财环境息息相关。国家经济发展周期、政府财税政策的变化、与筹资直接有关的金融市场利率等，都是企业财务必须熟悉和重点研究的领域。因此，财务管理的另一任务，就是要在企业和资本市场之间、企业和国家宏观财税政策之间搭起桥梁，发挥资金转换作用。财务管理还要寻求在一定外部环境下使企业资金运用尽可能有效的方法，这就需要财务管理在企业资金需求与收益、成本及风险之间进行衡量，做出最终能使股东财富达到最大的决策。

## 二、财务关系

企业在营运活动中，与各方有着广泛的财务关系。企业在组织财务活动中与有关各方发生的这些经济利益关系即企业的财务关系。主要包括以下方面：

① 企业与所有者之间的财务关系。主要是指企业的所有者向企业投入资金、企业向其所有者支付投资报酬所形成的经济关系。所有者要按照投资合同、协议、章程的约定履行出资义务，形成企业的资本金。企业利用资本金进行经营，实现利润后，有义务按照出资比例或合同、章程的规定向所有者支付报酬。企业同所有者之间的财务关系，体现着所有权的性质，反映着所有权和经营权的关系。

② 企业与债权人之间的财务关系。主要是指企业向债权人借入资金，并按合同的规定支付利息和归还本金所形成的经济关系。企业除利用资本进行经营活动外，还要借入一定数量的资金，以便降低企业资金成本，扩大企业经营规模。企业的债权人主要有债券持有人、贷款机构、商业信用提供者以及其他出借资金给企业的单位和个人。企业利用债权人的资金，要按约定的利息率及时向债权人支付利息。债务到期时，要合理调度资金，按时向债权人归还本金。企业与债权人之间的关系体现的是债权和债务的关系。

③ 企业与受资者之间的财务关系。主要是指企业以购买股票或直接投资的形式向其他企业投资所形成的经济关系。

随着市场经济的发展、企业经营规模和经营范围的不断扩大，这种关系将会越来越广泛。企业向其他单位投资，应按约定履行出资义务，并依据其出资份额参与受资者的经营管理和利润分配。企业与受资者的财务关系体现了投资与被投资的关系。

④ 企业与债务人之间的财务关系。主要是指企业将其资金以购买债券、提供借款或商业信用等形式出借给其他单位所形成的经济关系。企业将资金借出后，有权要求债务人按约定的条件支付利息和归还本金。企业与债务人的关系体现的是债务和债权的关系。

⑤ 企业与供货商、企业与客户之间的关系。主要是指企业购买供货商的商品或劳务，以及向客户销售商品或提供服务过程中形成的经济关系。

⑥ 企业与政府之间的财务关系。政府作为社会管理者通过收缴各种税款的方式，

与企业发生经济关系。

企业与政府之间的财务关系表现在企业必须按照税法规定，向中央和地方政府缴纳各种税款，包括所得税、流转税、资源税、财产税和行为税等。中央政府和地方政府作为社会管理者，担负着维持社会正常秩序、保卫国家安全、组织和管理社会活动等任务。企业有义务缴纳各种税款，支持政府行使行政职能。这种关系体现为一种强制和无偿的分配关系。

⑦ 企业内部各单位之间的财务关系。是指企业内部各单位之间在生产经营各环节中，互相提供产品或劳务所形成的经济关系。

⑧ 企业与职工之间的财务关系。主要是指企业向职工支付劳动报酬过程中所形成的经济利益关系。职工以自身提供的劳动作为参加企业分配的依据，企业根据劳动者的劳动情况向职工支付工资、津贴和奖金，并按规定提取公益金等，体现了职工个人和企业在劳动成果上的分配关系。

## 第2节　财务管理目标

财务管理目标（Goals of Financial Management）是企业财务管理活动所希望实现的结果。它是评价企业理财活动是否合理有效的基本标准，是企业财务管理工作的行为导向，是财务人员工作实践的出发点和归宿。财务管理目标制约着财务工作运行的基本特征和发展方向。不同的财务管理目标会产生不同的财务管理运行机制。因此，科学地设置财务管理目标，对优化理财行为、实现财务管理的良性循环具有重要的意义，它决定着企业财务管理的基本方向。

### 一、财务管理目标的设置

企业财务管理目标是企业财务管理活动所希望实现的结果。企业财务管理目标有以下几种具有代表性的模式：

#### （一）利润最大化目标

利润最大化（The Maximum Profit）目标，就是假定在投资预期收益确定的情况下，财务管理行为将朝着有利于企业利润最大化的方向发展。利润最大化作为财务管理的目标，其形成的主要原因如表1-1。

表 1－1　利润最大化目标形成的主要原因

| | 形成的原因 | 考虑的方面 |
|---|---|---|
| 1 | 基于生产经营活动的目的 | 人类从事生产经营活动的目的是为了创造更多的剩余产品，在商品经济条件下，剩余产品的多少可以用利润这个价值指标来衡量 |
| 2 | 基于竞争的需要 | 在自由竞争的资本市场中，资本的使用权最终属于获利最多的企业 |
| 3 | 基于社会的进步和发展 | 只有每个企业都最大限度地获得利润，整个社会的财富才可能实现最大化，从而带来社会的进步和发展 |

利润最大化目标在实践中存在难以解决的问题：

① 利润是指企业一定时期实现的税后净利润，它没有考虑资金的时间价值；

② 没有反映创造的利润与投入的资本之间的关系；

③ 没有考虑风险因素，高额利润的获得往往要承担过大的风险；

④ 片面追求利润最大化可能会导致企业短期行为与企业发展战略目标相背离。

### （二）每股收益最大化目标

每股收益，是指企业实现的利润同投入资本或股本数的比值。每股收益最大化，是指归属于普通股东的净利润与发行在外的普通股股数的比值最大化。它反映投资者投入资本获取回报的能力。因此，每股收益最大化目标是投资者进行投资决策时需要考虑的一个重要标准，但与利润最大化目标一样，该指标仍然没有考虑资金的时间价值和风险因素，也不能避免企业的短期行为，也会导致与企业发展战略目标相背离。

### （三）企业价值最大化目标

企业价值最大化目标，就是追求企业价值的增加。企业价值通俗地说，是指企业本身值多少钱。投资者建立企业的重要目的在于创造尽可能多的财富。企业价值就是企业的市场价值，是企业所能创造的预计未来现金流量的现值，反映了企业潜在的或预期的获利能力和成长能力。未来现金流量的现值这一概念，包含了资金的时间价值和风险价值两个方面的因素。因为未来现金流量的预测包含了不确定性和风险因素，而现金流量的现值是以资金的时间价值为基础对现金流量进行折现计算得出的。

企业价值最大化的财务管理目标，反映了企业潜在的或预期的获利能力和成长能力。其优点主要表现在：

① 该目标考虑了资金的时间价值和投资的风险；

② 该目标反映了对企业资产保值增值的要求；

③ 该目标有利于克服管理上的片面性和短期行为；

④ 该目标有利于社会资源的合理配置。

企业价值最大化目标的主要缺点，是企业价值的确定比较困难，特别是对于非上市公司。股东作为所有者在企业中承担着最大的义务和风险，债权人、职工、客户、供应商和政府也因为企业而承担了相当的风险。在确定企业的财务管理目标时，不能忽视这些相关利益群体的利益。企业价值最大化目标，就是在权衡企业相关者利益的约束下，实现所有者或股东权益的最大化。

总体来说，企业价值最大化有利于体现企业管理的目标，揭示市场认可的企业价值，也考虑了资金时间价值和风险价值，被认为是一个较为合理的财务管理目标。

## 二、利益冲突的协调

企业协调相关利益群体的利益冲突要把握的原则是：力求企业利益相关者的利益分配均衡，也就是减少因各相关利益群体之间的利益冲突所导致的企业总体收益和价值的下降，使利益分配在数量上和时间上达到动态的协调平衡。

### （一）所有者与经营者的矛盾与协调

所有者与经营者的主要矛盾，就是经营者希望在提高企业价值和股东财富的同时能更多地增加享受成本，而所有者和股东则希望以较小的享受成本带来更高的企业价值或股东财富。协调所有者与经营者矛盾的主要方法有解聘、接收和激励。

（1）解聘

解聘是一种通过所有者约束经营者的办法。所有者对经营者予以监督，如果经营者未能使企业价值达到最大，就解聘经营者，经营者害怕被解聘而被迫努力实现财务管理目标。

（2）接收

接收是一种通过市场约束经营者的办法。如果经营者经营决策失误、经营不力，未能采取一切有效措施使企业价值提高，该公司就可能被其他公司强行接收或吞并，经营者也会被解聘。经营者为了避免这种接收，必须采取一切措施提高股东财富和企业价值。

（3）激励

激励即将经营者的报酬与其绩效挂钩，以使经营者自觉采取能提高股东财富和企业价值的措施。激励通常有两种基本方式：

① 股票期权。就是允许经营者以固定的价格购买一定数量的公司股票，当股票的市场价格高于固定价格时，经营者所得的报酬就多。经营者为了获取更大的股票涨价收益，必然主动采取能够提高股价的行动。

② 绩效股。就是公司运用每股收益、资产收益率等指标来评价经营者的业绩，视其业绩大小给予经营者数量不等的股票作为报酬。如果公司的经营业绩未能达到规定

目标，经营者也将部分丧失原先持有的“绩效股”。这种方式使经营者不仅为了多得“绩效股”而不断采取措施提高公司的经营业绩，而且为了使每股市价最大化而采取各种措施使股票市价稳定上升，从而增加股东财富和企业价值。

所有者与经营者矛盾的协调方式如图 1－1。

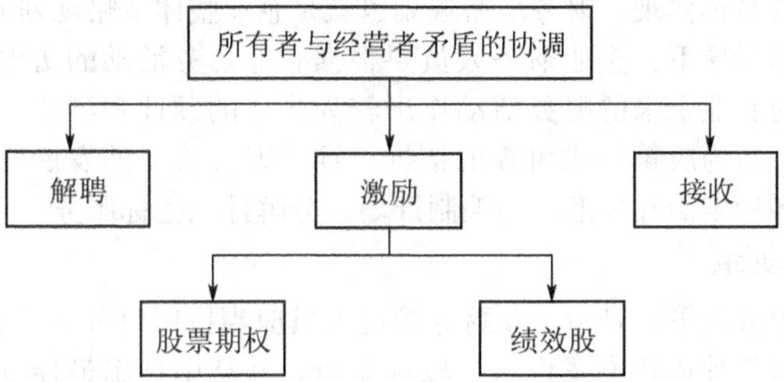


图 1－1　所有者与经营者矛盾的协调方式

（二）**所有者与债权人的矛盾与协调**

所有者的财务目标可能与债权人期望实现的目标产生矛盾。首先，所有者可能要求经营者改变举债资金的原定用途，将其用于风险更高的项目，这会增大偿债的风险，债权人的负债价值也必然会实际降低。若高风险的项目一旦成功，额外的利润就会被所有者独享；但若失败，债权人却要与所有者共同负担由此而造成的损失。这对债权人来说风险与收益是不对称的。其次，所有者或股东可能未征得现有债权人同意而要求经营者发行新债券或举借新债，致使旧债券或老债券的价值降低（因为相应的偿债风险增加）。

为协调所有者与债权人的上述矛盾，通常可采用以下方式：

① 附限制性条款的借款。限制性借债即在借款合同中加入某些限制性条款，如规定借款的用途、借款的担保条款和借款的信用条件等。

② 收回借款或停止借款。即当债权人发现公司有侵蚀其债权价值的意图时，收回债权和不给予公司增加放款的措施，从而保护自身的权益。

# 第 3 节　财务管理环节

财务管理的环节，是指财务管理的工作步骤与一般工作程序。一般而言，企业财务管理包括六个环节：①规划和预测；②财务决策；③财务预算；④财务控制；⑤财务分析；⑥业绩评价与激励等。

### （一）规划和预测

财务管理的规划和预测，是指企业财务管理要以全局观念，根据企业整体战略目标和规划，结合对未来宏观、微观形势的预测，来建立企业财务的战略目标和规划。企业战略目标的实现需要确定与之相匹配的企业的财务战略目标，因此财务战略目标是企业战略目标的具体体现。财务战略规划也就是企业整体战略规划的具体化。

在财务战略的指导下，企业财务人员要根据企业财务活动的历史资料，考虑现实的要求和条件，对企业未来的财务活动作出较为具体的预计和测算。测算各项生产经营方案的经济效益，为决策提供可靠的依据；预计财务收支的发展变化情况，以确定经营目标；测定各项定额和标准，为编制计划、分解计划指标服务。

### （二）财务决策

财务管理的财务决策，是指企业财务管理人员应当按照财务战略目标的总体要求，利用专门的方法对各种备选方案进行比较和分析，并从中选出最佳方案的过程。财务决策是财务管理的核心，财务预测是为财务决策服务的，决策的成功与否直接关系到企业的兴衰成败。

财务决策主要包括：确定决策目标、提出备选方案、方案优选等步骤。

财务决策的方法主要有两类。一类是经验判断法，就是根据决策者的经验来判断选择，常用的方法有淘汰法、排队法、归类法等。另一类是定量分析法，即应用决策论的定量方法进行方案的确定、评价和选择，常用的方法有数学分析法、数学规划法、概率决策法、效用决策法、优选对比法等。

### （三）财务预算

财务管理中的财务预算，是指企业根据各种预测信息和各项财务决策确立的预算指标和编制的财务计划。

财务预算就是企业财务战略规划的具体计划，是控制财务活动的依据。

制定了财务目标、财务规划后，要在全企业内部建立财务预算体系，并根据各种预测信息和各项财务决策确立财务预算的指标和编制财务计划。预算体系的建立和财务预算的编制，是实现企业财务目标乃至实现企业整体战略目标的出发点和基础。

财务预算一般包括以下环节：分析财务环境，确定预算指标；协调财务能力，组织综合平衡；选择预算方法，编制财务预算。

财务预算应纳入全面预算体系，构成企业全面预算体系的重要组成部分。

### （四）财务控制

企业财务管理中的财务控制，是对预算和计划的执行进行追踪监督、对执行过程中出现的问题进行调整和修正，以保证预算的实现。

在控制过程中，由于企业各个部门的运作及预算的执行都会最终以价值的形式体现出来，都会对企业的资金运动产生影响，这就需要协调企业各部门的关系，发动和激励企业全体员工参与全面预算的落实和执行，使企业经营能高效运转，实现价值增值。此外，还要协调好与企业外部各方面的关系，充分利用各方面的资源为企业谋取更大的利益。另一方面，为保证对各部门财务预算的执行情况进行有效的监督和控制，需要设计适当合理的财务控制制度以监控预算的执行，同时保证这种财务控制制度符合企业整体对内部控制制度的要求。

财务管理的重要目标，是对财务活动的各个环节进行风险控制和管理，以保证目标和预算的执行。风险控制和管理就是要预测风险发生的可能性，尽可能地提出预警方案，确定和甄别风险，采取有效措施规避、化解风险或减少风险所带来的危害等。

### （五）财务分析

企业财务管理中的财务分析，就是要根据财务报表等有关资料运用特定方法对企业财务活动过程及其结果进行分析和评价的一项工作。

财务分析既是对已完成的财务活动的总结，也是财务预测的前提，在财务管理的循环中起着承上启下的作用。财务分析是评价和衡量企业、部门以及各级管理人员经营业绩的重要依据，是挖掘潜力、改进工作、实现财务管理目标和企业战略目标的重要手段，是合理实施企业决策的重要步骤。财务分析包括以下步骤：占有资料，掌握信息；指标对比，揭露矛盾；分析原因，明确责任；提出措施，改进工作。

### （六）业绩评价与激励

业绩评价与激励是在财务分析基础上建立经营业绩评价体系，是建立激励机制和发挥激励作用的依据和前提。而激励机制的有效性又是企业目标实现的动力和保证。

一般来说，企业经营业绩评价体系应该是一个以财务指标为基础，并包括非财务指标的完整体系。非财务指标主要包括企业的战略驱动因素，如客户关系、学习和成长能力、内部经营过程等。一个完善的业绩评价体系应力求达到内部与外部、长期与短期的平衡。

上述企业财务管理环节是相互联系、相互依存的，共同形成了一个完整的财务管理工作步骤与工作程序。

## 第4节　财务管理学科的发展

企业财务管理在学科划分上，属经济管理学范畴，是管理理论和实践的组成部分，是应用于企业中的专业性的财务管理，是一种价值管理，有显著的专业特点。1897年，美国学者格林的《公司理财》问世，标志着财务管理学的诞生。1920年，斯通出版了《公司财务策略》，发展了财务管理的理论和方法。二战后，企业生产经营规模不断扩大，金融证券市场日益繁荣，筹资日渐不易，人们越来越感觉到财务管理的重要性，财务管理的理论与方法也得到了不断发展。西方国家每一企业都有专门从事财务管理的机构，设财务副经理直接向总经理报告并负责财务会计工作。企业财务管理成为一专门学科以来，经历了传统财务管理、内部财务管理和投资财务管理等阶段。

### （一）传统财务管理阶段

这一阶段的划分是从19世纪财务管理作为学科产生，到二战前后的一段时间。这一时期的财务管理学，主要集中在研究企业如何在外部资本市场上筹集资金并安排资金的使用和分配。由于股份公司的出现和发展，各公司都面临如何筹集扩大经营所需要的资金问题，而当时资本市场的发展还不够充分，很多人还不愿意购买股票和债券，资金筹集十分困难。因此，这一时期企业财务管理的主要任务是研究筹资问题。

这一阶段财务管理关注的另一重要问题，是如何协调企业与各方关系的问题。20世纪30年代美国发生经济危机，许多公司倒闭，投资者损失严重。为了保护投资者的利益，各国政府普遍加强了证券市场的管理。如美国于1933年通过了《联邦证券法》，1934年又通过了《证券交易法》，规定公司发行证券前必须向证券交易委员会登记注册，向投资人提供公司财务状况及其有关情况的说明书，并按规定向证券交易委员会定期报告公司财务状况等。因此，这一时期企业财务管理关注的一个重要问题，是如何协调企业与投资人、政府法律等的关系，理顺企业成长的外部环境。

### （二）内部财务管理阶段

这一阶段的划分是从二战后到20世纪70年代的这一段时期。财务管理经历了一个重要的发展时期。传统财务管理阶段只着重研究资本筹措，却忽视了企业日常的资金周转和内部控制，也未有一套必要的财务管理办法。随着科学技术的发展、市场竞争的激烈，企业逐渐认识到，财务管理的主要问题不仅在于筹措资金，更在于有效的管理和内部控制。只有管理和运用好现有资金，才能促使企业持续和稳定发展。

在此阶段，由于资金市场也逐渐成熟，资金筹集已不是财务人员第一位的工作任务，而代之以管好、用好资金，加强企业内部的财务管理。在这一阶段，各种计量模型被应用于存货、应收账款、固定资产等项目，财务分析、财务计划、财务控制等得到了广泛应用。20世纪50年代，投资项目选择和评价方法的出现，使投资决策理论得到发展。现金折现方法被用于资本预算分析及金融资产定价。资本成本、股息策略和资本结构理论也开始发展。至20世纪六七十年代，统计学、运筹学、优化理论等数学方法被引入财务管理中。这一时期形成的“资本资产定价模型”、“期权定价理论”等理论与方法，为评价企业价值、研究证券投资的风险和收益奠定了基础，使财务管理的投资决策、筹资决策、资本结构和股息策略决策等建立在可靠的理论基础和实证分析之上。因此，这一时期财务管理关注的主要问题是如何搞好内部管理，财务管理理论与方法得到了空前发展与完善。

### （三）投资财务管理阶段

这一阶段的划分是20世纪70年代至今的时间。这一时期，世界经济由于科学技术的不断进步有了很大发展，跨国经营规模不断扩大，通货膨胀和市场竞争更加激烈，投资风险也更大。因此，财务管理的投资管理受到空前重视，使企业财务管理又走上一个新的台阶。20 世纪 80 年代以来，财务管理学进一步研究不确定条件下的企业价值评估、通货膨胀对企业价值的影响、企业兼并、转让与收购，同时对已有的理论进行完善，并在实践验证的基础上对理论作出修正，财务管理方法向着定量化、科学预测、国际化的方向发展。

## 思考与练习

### 关键术语

财务　财务管理　财务关系　投资　筹资　营运资金　财务管理目标　财务管理环节　财务管理体制

### 思考题

1．什么是财务？什么是财务管理？其含义和内容是什么？如何处理企业与各方面的财务关系？

2．财务活动的目标有哪些？你对企业财务目标如何理解？

3．财富最大化目标是否正确？能否作为企业的首要目标？除此之外，企业还有其他目标吗？请排序并说明自己的理由。

4．如何划分财务管理发展的阶段？如何做好财务管理各环节的工作？

### 客观题

**一、单项选择题**

1．企业财务关系中最为重要的关系是：（　　）

A．股东与经营者之间的关系

B．股东与债权人之间的关系

C．股东、经营者、债权人之间的关系

D．企业与作为社会管理者的政府的有关部门、社会公众之间的关系

2．财务管理区别于企业其他管理的基本特征，在于它是一种：（　　）

A．物资管理　B．价值管理　C．使用价值管理　D．劳动管理

3．财务管理的最优目标是：（　　）

A．利润最大化　B．每股利润最大化　C．风险最小化　D．企业价值最大化

4．企业按规定向国家交纳税金的财务关系，在性质上属于：（　　）

A．资金结算关系　B．资金融通关系　C．资金分配关系　D．资金借贷关系

5．财务关系指企业在财务活动中与有关方面形成的：（　　）

A．货币关系　B．结算关系　C．经济利益关系　D．往来关系

6．反映企业价值最大化目标实现程度的指标是：（　　）

A．利润额　B．总资产报酬率　C．每股市价　D．市场占有率

7．下列企业财务关系中，体现了企业内部各单位之间内部关系的是：（　　）

A. 企业收到被投资单位分配的利润　　B. 企业收到债务人还来的账款
C. 企业管理部门领用企业的完工产品　　D. 企业向职工发放工资

8. 作为企业财务管理目标，每股收益最大化目标较之利润最大化目标的优点在于：（　）
A. 考虑了资金时间价值因素　　B. 反映了创造利润与投入资本之间的关系
C. 能够避免企业的短期行为　　D. 考虑了风险价值因素

9. 下列选项中，不属于企业在投资活动中应考虑的因素是：（　）
A. 投资收益的分配　　B. 投资规模与结构
C. 投资时间　　D. 投资方向与方式

10. 企业价值最大化目标强调的是企业的：（　）
A. 预期利润率　B. 实际利润率　C. 实际利润额　D. 生产能力

11. 财务管理是对企业______所进行的管理。（　）
A. 经营活动　B. 财务活动　C. 资金运动　D. 投资筹资活动

12. 在股东投资资本不变的前提下，最能够反映上市公司财务管理目标实现程度的是：（　）
A. 扣除非经常性损益后的每股收益　　B. 每股净资产
C. 每股市价　　D. 每股股利

13. 生产经营活动过程中客观存在的资金运动及其所体现的经济利益关系称为：（　）
A. 企业财务管理　B. 企业财务活动　C. 企业社会关系　D. 企业财务关系

14. 从甲公司的角度看，能够形成“本企业与债务人之间财务关系”的业务是：（　）
A. 甲公司购买乙公司发行的债券　　B. 甲公司归还所欠丙公司的货款
C. 甲公司从丁公司赊购产品　　D. 甲公司向戊公司支付利息

15. 既考虑资金时间价值和投资风险，又利于克服管理片面性和短期行为的是：（　）
A. 利润最大化　B. 企业价值最大化　C. 每股收益最大化　D. 资本利润率最大化

16. 影响企业价值的两个最基本因素是：（　）
A. 时间和利润　B. 利润和成本　C. 风险和报酬　D. 风险和贴现率

17. 根据财务目标的多元性，可以把财务目标分为：（　）
A. 产值最大化目标和利润最大化目标　　B. 主导目标和辅助目标
C. 整体目标和分部目标　　D. 筹资目标和投资目标

18. 企业同其所有者之间的财务关系反映的是：（　）
A. 经营权和所有权关系　　B. 债权债务关系
C. 投资与受资关系　　D. 债务债权关系

19. 下列有关财务管理目标表述正确的是：（　）
A. 财务管理强调股东财富最大化会忽视其他利益相关者的利益
B. 企业在追求自己目标的同时使社会受益，因此企业目标和社会目标是一致的
C. 财务管理的目标和企业的目标是一致的
D. 企业只要依法经营就会从事有利于社会的事情

20. 企业同其被投资单位的财务关系反映的是：（　）
A. 经营权与所有权关系　　B. 债权债务关系
C. 投资和受资关系　　D. 债务债权关系

21. 传统财务管理阶段关注的问题是：（ ）

A. 筹资 B. 内部控制 C. 投资 D. 分配

22. 下列不属于财务管理目标的基本特点的是：（ ）

A. 相对稳定性 B. 多元性 C. 层次性 D. 多变性

23. 利润最大化作为财务管理目标，其优点是：（ ）

A. 考虑了货币时间价值
B. 考虑了投资的风险价值
C. 有利于克服短期行为
D. 资本使用权归属于盈利多的企业

24. 股东财富最大化作为财务管理目标的不足是：（ ）

A. 难消除因信息不对称造成的经营者“道德风险”
B. 考虑了货币时间价值
C. 考虑了投资的风险价值
D. 有利于克服短期行为

25. 反映公司价值最大化目标实现程度的指标是：（ ）

A. 销售收入 B. 市盈率 C. 每股市价 D. 净资产收益率

## 二、多项选择题

1. 下列各项中，能协调所有者与债权人之间矛盾的方式是：（ ）

A. 聘请注册会计师审计财务报表
B. 借款合同中加入限制性条款
C. 不再提供新的借款
D. 拒绝进一步合作，提前收回借款

2. 股东通过经营者的下列做法，会伤害债权人利益的是：（ ）

A. 改变原定借款用途，投资于比债权人预期风险要高的新项目
B. 经营者为增加自己的报酬而背离企业目标
C. 不征得现有债权人同意而发行新债
D. 不是尽最大努力去实现企业财务管理目标

3. 下列各项属于狭义投资项目的有：（ ）

A. 股票投资 B. 与其他企业联营 C. 购置设备 D. 购买原材料

4. 由筹资活动引起的财务关系主要有：（ ）

A. 企业与投资者之间的财务关系
B. 企业与债务人之间的财务关系
C. 企业与政府之间的财务关系
D. 企业与债权人之间的财务关系

5. 下列各项可用来协调公司债权人与所有者矛盾的方法有：（ ）

A. 规定借款用途
B. 规定借款的信用条件
C. 要求提供借款担保
D. 收回借款或不再借款

6. 以企业价值最大化作为财务管理目标的缺点是：（ ）

A. 没有考虑资金时间价值和投资的风险价值
B. 股价波动较大，以股价反映企业价值，在短期内不能真正揭示企业价值
C. 法人股东对股价高低不感兴趣，无法激励其管理行为
D. 对于非上市企业由于较难测算企业价值，其应用受到一定限制

7. 为了协调企业所有者与经营者之间的矛盾，常采用的措施有：（ ）

A. 解聘 B. 监督 C. 激励 D. 惩罚

8. 下列活动中，不属于企业资金营运活动的有：（ ）

A. 支付企业管理人员工资
B. 支付现金股利

C. 支付债权人利息　　　　　　　D. 购买企业债券

9. 下列各项中，属于企业筹资引起的财务活动的有：（　　）

A. 偿还借款　　B. 购买国库券　　C. 支付现金股利　　D. 利用商业信用

10. 企业目标对财务管理的主要要求包括：（　　）

A. 以收抵支，到期偿债　　　　　B. 筹集企业发展所需资金

C. 增收节支，提高效益　　　　　D. 合理、有效地使用资金

11. 财务管理十分重视股价的高低，其原因包括：（　　）

A. 代表了投资大众对公司价值的客观评价

B. 反映了资本和获利之间的关系

C. 反映了每股盈余大小和取得的时间

D. 它受企业风险大小的影响，反映了每股盈余的风险

12. 企业价值最大化是企业最优的财务管理目标，其原因是：（　　）

A. 考虑利润取得的时间性　　　　B. 考虑利润和投入资本额的关系

C. 考虑取得利润和承受风险的大小　D. 考虑企业成本的高低

13. 影响企业价值的因素有：（　　）

A. 投资报酬率　B. 投资风险　　C. 企业目标　　D. 资本结构

14. 下列各项正确的是：（　　）

A. 企业的总价值与预期的报酬成正比

B. 企业的总价值与预期的风险成反比

C. 在风险不变时，报酬越高，企业总价值越大

D. 在报酬不变时，风险越高，企业总价值越大

15. 企业的财务关系包括：（　　）

A. 企业同其债权人之间的财务关系　B. 企业同其债务人之间的财务关系

C. 企业同其被投资单位的财务关系　D. 企业与其债务人的财务关系

16. 完善中小股东利益保护的机制主要有：（　　）

A. 完善上市公司的治理结构　　　B. 规范上市公司的信息披露制度

C. 约束大股东所占比例　　　　　D. 发展基金投资机构

17. 股东权益的市场增加值可以等于：（　　）

A. 股东权益的市场价值 - 股东投资资本

B. 股东投资资本不变情况下的股价变动

C. 股东投资资本和负责价值不变情况下的企业价值的变动

D. 企业市场价值 - 债务市场价值 - 股东投资价值

18. 下列有关企业财务目标的说法，正确的有：（　　）

A. 企业的财务管理目标是利润最大化

B. 增加借款可增加企业价值，但不一定增加股东财富，价值最大化不是财务目标的准确描述

C. 追加投资资本可以增加企业的股东权益价值，但不一定增加股东财富，因此股东权益价值最大化不是财务目标的准确描述

D. 财务目标的实现程度可以用股东权益的市场价值增加值度量

19．以利润最大化作为财务管理的目标，其缺陷是： （ ）

A．没有考虑资金时间价值 B．没有考虑风险因素

C．只考虑自身收益而没有考虑社会效益 D．没有考虑投入资本和获利之间的关系

20．经营者有时为了自身的目标而背离股东的利益，这种背离表现在： （ ）

A．道德风险 B．公共利益 C．社会责任 D．逆向选择

21．企业的财务管理主要是由以下几个环节构成的： （ ）

A．财务预测 B．财务决策和预算 C．财务控制和分析 D．业绩评价

**三、判断题**

1．在传统财务管理阶段，企业财务管理的主要任务是研究筹资问题，并且协调企业与投资人、政府法律等的关系，理顺企业成长的外部环境。 （ ）

2．无论从哪个角度来讲，亏损企业的现金循环必不能维持。 （ ）

3．从财务管理的角度看，资产的价值既不是其成本价值，也不是其产生的会计收益。 （ ）

4．财务管理的主要内容是投资决策、融资决策和股利决策三项，因此财务管理的内容不涉及成本问题。 （ ）

5．利润最大化目标与企业价值最大化目标是不能共存的。 （ ）

6．在风险相同、收益相同且时间分布相同的情况下，利润大小决定了方案对企业价值的贡献。 （ ）

7．任何要迅速扩大经营规模的企业，都会遇到相当严重的现金短缺情况。 （ ）

8．股价是衡量企业财务目标实现程度的最好尺度。 （ ）

9．以企业价值最大化作为财务管理目标，有利于社会资源的合理配置。 （ ）

10．企业通常会采取不同的股利政策来影响企业的价值。 （ ）

11．财务管理是基于人们对生产管理的需要而产生的。 （ ）

12．企业的目标就是财务管理的目标。 （ ）

13．企业价值最大化目标，是在保证企业长期稳定发展的基础上，强调在企业价值增值中满足股东权益最大化。 （ ）

14．财务管理是基于企业生产经营过程中客观存在的资金运动而产生的一项经济管理活动。 （ ）

15．与利润最大化目标相比，每股收益最大化的优点是考虑了收益与投资资本之间的关系。 （ ）

16．公司治理是有关公司控制权和剩余索取权分配的一套法律、制度以及文化的安排。 （ ）

17．股东和管理层之间存在着委托—代理关系，由于双方目标存在差异，所以不可避免地会产生冲突，一般来说，这种冲突难以解决。 （ ）

18．企业与社会目标既一致又相互背离。当相互背离时，解决的办法是以企业目标为准。 （ ）

19．企业在不同的财务管理目标模式下采取的实际财务政策也有所不同。 （ ）

20．因为企业的价值与预期的报酬成正比，与预期的风险成反比，因此企业的价值只有在报酬最大时才能达到最大。 （ ）

21．在市场经济条件下，报酬和风险是成反比的，即报酬越大，风险越小。 （ ）

22．经营引起的财务活动主要涉及固定资产和长期负债管理问题，关键是资本结构确定。 （ ）

23．把总产值最大化当作财务管理的目标，同样符合财务运行规律。 （ ）

# 第2章 财务管理体制和环境

## 第1节 企业组织形式

不同组织形式的企业，财务管理的目标和内容不尽相同。现代企业按照组织形式分为三种：个人独资企业、合伙企业和公司制企业。财务管理理论和方法的研究重点是公司，但财务管理中的概念、原则和方法同样适用于独资和合伙企业。企业是市场经济的主体，不同类型的企业在所适用的法律方面有所不同。了解企业的组织形式有助于企业财务管理活动的开展。

### 一、独资企业

独资企业（Sole Proprietorship）是指依法设立，由一个自然人投资，财产为投资人个人所有，投资人以其个人财产对公司债务承担无限责任的经营实体。

#### （一）个人独资企业的特点

① 只有一个出资者。

② 出资人对企业债务承担无限责任。在个人独资企业中，独资人直接拥有企业的全部资产并直接负责企业的全部负债。独资人对企业的全部负债承担无限责任，当个人投入企业的资产不足以抵偿债务时，企业主的个人财产也将被迫索赔。

③ 一般而言，独资企业并不作为企业所得税的纳税主体，其收益纳入所有者的其他收益一并计算交纳个人所得税。

#### （二）独资企业的优缺点

独资企业具有结构简单、开办容易、利润独享、限制较少等优点。也存在无法克服的缺点：一是出资者负有无限偿债责任；二是筹资困难，企业往往会因信用不足、信息不对称而存在筹资障碍；三是企业的存续年限受限于业主的寿命。

我国的国有独资公司不属于独资企业，而是按有限责任公司对待。

### 二、合伙企业

合伙企业（Partnership）是依法设立，由各合伙人订立合伙协议，共同出资，合伙经营，共享收益，共担风险，并对合伙企业债务承担无限连带责任的营利组织。

#### （一）合伙企业的法律特征

① 有两个以上合伙人。两个以上合伙人且都是具有完全民事行为能力，依法承担

无限责任的人。

② 有书面合伙协议。合伙人依照合伙协议享有权利，承担责任。

③ 由各合伙人实际缴付出资。合伙人可以用货币、实物、土地使用权、知识产权或者其他属于合伙人的合法财产及财产权利出资。经全体合伙人协商一致，合伙人也可以用劳务出资，其评估作价由全体合伙人协商确定。

④ 重要事务须经全体合伙人一致同意。有关合伙企业改变名称、向企业登记机关申请办理变更登记手续、处分不动产或财产权利、为他人提供担保、聘任企业经营管理人员等重要事务，均须经全体合伙人一致同意。

⑤ 利润分配和亏损分担。由合伙人依照合伙协议约定的比例分配和分担；合伙协议未约定利润分配和亏损分担比例的，由各合伙人平均分配和分担。

⑥ 无限责任。各合伙人对合伙企业债务承担无限连带责任。

### （二） 合伙企业的优缺点

合伙企业具有开办容易、信用相对较佳的优点，但也存在责任无限、权力不易集中、有时决策过程过于冗长等缺点。实行合伙企业制，可以把不同个人的资本、技术和能力聚合起来，形成比独资企业更强更有创造力的经营实体。但它在无限责任和有限生命这两点上与独资企业是一致的。此外，合伙企业的资本不以股票形式出现，不能转让和变现，因此合伙制与公司制相比，所有权的转移比较困难，较难筹集大量资金，故合伙企业适合于小型企业。在国际上，一般的高科技企业，在风险投资刚起步时，往往采用合伙制的形式。有的政府为鼓励高科技风险投资，对合伙企业规定可以实行股份制，对股票收益征收较轻的税收政策等。

## 三、公司制企业

公司（Corporation）是指依照公司法登记设立，以其全部法人财产，依法自主经营、自负盈亏的企业法人。公司享有由股东投资形成的全部法人财产权，依法享有民事权利，承担民事责任。公司股东作为出资者享有资产收益、参与重大决策和选择管理者等权利，并以其出资额或所持股份为限对公司承担有限责任。我国《公司法》所称的公司，是指有限责任公司和股份有限公司。

### （一） 公司制企业的特点

与独资企业和合伙企业相比，股份有限公司的特点如下：

① 有限责任。公司的股东对股份有限公司的债务承担有限责任，倘若公司破产清算，股东的损失以其对公司的投资额为限。而对独资企业和合伙企业，其所有者可能损失更多，甚至个人的全部财产。

② 永续存在。股份有限公司的法人地位不受某些股东死亡或转让股份的影响，因此其寿命较之独资企业或合伙企业更有保障。

③ 可转让性。一般而言，股份有限公司的股份转让比独资企业和合伙企业的权益转让更为容易。

④ 易于筹资。就筹集资本的角度而言，股份有限公司是最有效的企业组织形式。因其永续存在以及举债和增股的空间大，股份有限公司具有更大的筹资能力和弹性。

⑤ 对公司的收益重复纳税。作为一种企业组织形式，股份有限公司也有不足，最大的缺点是对公司的收益重复纳税：公司的收益先要交纳公司所得税；税后收益以现金股利分配给股东后，股东还要交纳个人所得税。

### （二）公司制的优缺点

公司是独立法人，具有以下优点：

① 无限存续。一个公司在最初的所有者和经营者退出后仍然可以继续存在。

② 容易转让所有权。公司的所有者权益被划分为若干股权份额，每个份额可以单独转让，无需经过其他股东同意。

③ 有限债务责任。公司债务是法人的债务，不是所有者的债务。所有者的债务责任以其出资额为限。

正是由于具有以上三个优点，使得公司制企业更容易在资本市场上筹集到资金。

公司制的缺点是：

① 双重课税。公司作为独立的法人，其利润需缴纳企业所得税，企业利润分配给股东后，股东还需缴纳个人所得税。

② 组建公司的成本高。公司法对于建立公司的要求比建立独资或合伙企业高，并且需要提交一系列法律文件，通常花费的时间较长。公司成立后，政府对其监管比较严格，需要定期提交各种报告。

③ 存在代理问题。经营者和所有者分开以后，经营者成为代理人，所有者称为委托人，代理人可能为了自身利益而损害委托人利益。

# 第 2 节　财务管理体制

财务管理体制是明确企业各财务层级、财务权限、责任和利益的制度，核心是如何配置财务管理权限。财务管理体制决定着企业财务管理的运行机制和实施模式。

## 一、企业财务管理体制的一般模式

企业财务管理体制一般分为三种类型：

### （一）集权型财务管理体制

集权型财务管理体制是指企业对各所属单位的所有财务管理决策都进行集中统一，各所属单位没有财务决策权，企业总部财务部门不但参与决策和执行决策，在特定情况下还直接参与各所属单位的执行过程。

集权型财务管理体制下企业内部的主要管理权限集中于企业总部，各所属单位执行企业总部的各项指令。集权型的优点是：企业内部的各项决策均由企业总部制定和部署，企业内部可充分展现其一体化管理的优势，利用企业的人才、智力、信息资源努力降低资金成本和风险损失，使决策的统一化、制度化得到有力的保障。采用集权型财务管理体制还有利于在整个企业内部优化配置资源，有利于实行内部调拨价格，有利于内部采取避税措施及防范汇率风险等。集权型的缺点是：集权过度会使各所属单位缺乏主动性、积极性，丧失活力，也可能因为决策程序相对复杂而失去适应市场的弹性，丧失市场机会。

### （二）分权型财务管理体制

分权型财务管理体制是指企业将财务决策权与管理权完全下放到各所属单位，各所属单位只需对一些决策结果报请企业总部备案即可。

分权型财务管理体制下企业内部的管理权限分散于各所属单位，各所属单位在人、财、物、供、产、销等方面有决定权。分权型的优点是：由于各所属单位负责人有权对影响经营成果的因素进行控制，加之身在基层了解情况，有利于针对本单位存在的问题及时作出有效决策，因地制宜地搞好各项业务，也有利于分散经营风险，促进所属单位管理人员及财务人员的成长。分权型的缺点是：各所属单位大都从本位利益出发安排财务活动，缺乏全局观念和整体意识，可能导致资金管理分散、资金成本增大、费用失控、利润分配无序。

### （三）集权与分权相结合型财务管理体制

集权与分权相结合型财务管理体制，其实质就是集权下的分权，企业对各所属单位在所有重大问题的决策与处理上实行高度集权，各所属单位则对日常经营活动具有较大的自主权。

集权与分权相结合型财务管理体制意在以企业发展战略和经营目标为核心，将企业内重大决策权集中于企业总部，而赋予各所属单位自主经营权。其特点是：

① 统一内部管理制度。在制度上，企业内应制定统一的内部管理制度，明确财务权限及收益分配方法，各所属单位应遵照执行，并根据自身的特点加以补充。

② 部分权限集中管理。在管理上，利用企业的各项优势，对部分权限集中管理。

③ 可自主制订生产经营决策。在经营上，充分调动各所属单位的生产经营积极性。各所属单位围绕企业发展战略和经营目标，在遵守企业统一制度的前提下，可自主制订生产经营的各项决策。

为避免配合失误，明确责任，凡需要由企业总部决定的事项，在规定时间内，企业总部应明确答复，否则各所属单位有权自行处置。

正因为具有以上特点，因此集权与分权相结合的财务管理体制，吸收了集权型和分权型财务管理体制各自的优点，避免了两者各自的缺点，从而具有较大的优越性。

## 二、集权与分权的选择

企业的财务特征决定了分权的必然性，而企业的规模效益、风险防范又要求集权。集权和分权各有特点，各有利弊。对集权与分权的选择、分权程度的把握历来是企业管理的一个难点。

从聚合资源优势，贯彻实施企业发展战略和经营目标的角度，集权型财务管理体制显然是最具保障力的。企业欲采用集权型财务管理体制，除了管理层必须具备高度的素质能力外，在内部还必须有一个能及时、准确地传递信息的网络系统，通过信息传递过程的严格控制以保障信息的质量。如果这些要求能够达到的话，集权型财务管理体制的优势便有了充分发挥的可能性。但信息传递及过程控制有关的成本问题也会随之产生。此外，随着集权程度的提高，集权型财务管理体制的复合优势可能会不断强化，但各所属单位或组织机构的积极性、创造性与应变能力却可能在不断削弱。

分权型财务管理体制实质上是把决策管理权在不同程度上下放到比较接近信息源的各所属单位或组织机构，这样便可以在相当程度上缩短信息传递的时间，减小信息传递过程中的控制问题，从而使信息传递与过程控制等的相关成本得以节约，并能大大提高信息的决策价值与利用效率。但随着权力的分散，就会产生企业管理目标换位问题，这是采用分权型财务管理体制通常无法完全避免的一种成本或代价。集权型或分权型财务管理体制的选择，本质上体现着企业的管理政策，是企业基于环境约束与发展战略考虑顺势而定的权变性策略。

依托环境预期与战略发展规划，要求企业总部必须根据企业的不同类型、发展的不同阶段以及不同阶段的战略目标取向等因素，对不同财务管理体制及其权力的层次结构作出相应的选择与安排。

财务决策权的集中与分散没有固定的模式，选择的模式也不是一成不变的。财务管理体制的集权和分权，需要考虑企业与各所属单位之间的资本关系和业务关系的具体特征，以及集权与分权的成本和利益。作为实体的企业，各所属单位之间往往具有某种业务上的联系，特别是那些实施纵向一体化战略的企业，要求各所属单位保持密切的业务联系。各所属单位之间业务联系越密切，就越有必要采用相对集中的财务管理体制；反之，则相反。如果说各所属单位之间业务联系的必要程度是企业有无必要实施相对集中的财务管理体制的一个基本因素，那么企业与各所属单位之间的资本关系特征则是企业能否采取相对集中的财务管理体制的一个基本条件。只有企业掌握了各所属单位一定比例有表决权的股份（如50%以上），才有可能通过指派较多董事去有效地影响各所属单位的财务决策，也只有这样，各所属单位的财务决策才有可能相对集中于企业总部。

考虑财务管理体制的集权与分权，除了受制于以上两点外，还取决于集权与分权的成本和利益差异。集权的成本，主要是各所属单位积极性的损失和财务决策效率的下降；分权的成本，主要是可能发生的各所属单位财务决策目标及财务行为与企业整体财务目标的背离以及财务资源利用效率的下降。集权的利益，主要是容易使企业财务目标协调和提高财务资源的利用效率；分权的利益，主要是提高财务决策效率和调动各所属单位的积极性。

集权和分权应该考虑的因素还包括环境、规模和管理者的管理水平。由管理者的素质、管理方法和管理手段等因素所决定的企业及各所属单位的管理水平，对财权的集中和分散也具有重要影响。较高的管理水平，有助于企业更多地集中财权；否则，财权过于集中只会导致决策效率低下。

## 三、企业财务管理体制的设计原则

一个企业如何选择适合自身需要的财务管理体制，如何在不同的发展阶段更新财务管理模式，在企业管理中占据重要地位。从企业的角度出发，其财务管理体制的设定或变更应当遵循如下四项原则：

### （一）与现代企业制度的要求相适应的原则

现代企业制度是一种产权制度，它是以产权为依托，对各种经济主体在产权关系中的权利、责任、义务进行合理有效的组织、调节的制度安排。它具有“产权清晰、责任明确、政企分开、管理科学”的特征。

企业内部相互间关系的处理应以产权制度安排为基本依据。企业作为各所属单位的股东，根据产权关系享有作为终极股东的基本权利，特别是对所属单位资产的受益权、管理者的选择权、重大事项的决策权等。但是，企业各所属单位往往不是企业的分支机构或分公司，其经营权是其行使民事责任的基本保障，它以自己的经营与资产对其盈亏负责。

企业与各所属单位之间的产权关系确认了两个不同主体的存在，这是现代企业制度特别是现代企业产权制度的根本要求。在西方，在处理母子公司关系时，法律明确要求保护子公司权益，其制度安排大致如下：

① 确定与规定董事的诚信义务与法律责任，实现对子公司的保护；

② 保护子公司不受母公司不利指示的损害，从而保护子公司权益；

③ 规定子公司有权向母公司起诉，从而保护自身利益与权利。

按照现代企业制度，企业财务管理体制必须以产权管理为核心，以财务管理为主线，以财务制度为依据，体现现代企业制度特别是现代企业产权制度管理的思想。

### （二）明确企业对各所属单位管理中的决策权、执行权与监督权三者分立原则

现代企业要做到管理科学，必须首先要求从决策与管理程序上做到科学、民主，因此决策权、执行权与监督权三权分立的制度必不可少。这一管理原则的作用就在于加强决策的科学性与民主性，强化决策执行的刚性和可考核性，强化监督的独立性和公正性，从而形成良性循环。

### （三）明确财务综合管理和分层管理思想的原则

现代企业制度要求管理是一种综合管理、战略管理，因此企业财务管理不是也不可能是企业总部财务部门单一职能部门的财务管理，当然也不是各所属单位财务部门的财务管理，它是一种战略管理。这种管理原则要求：

① 从企业整体角度对企业的财务战略进行定位；

② 对企业的财务管理行为进行统一规范，做到高层的决策结果能被低层战略经营单位完全执行；

③ 以制度管理代替个人的行为管理，保证管理的连续性；

④ 以现代企业财务分层管理思想指导具体的管理实践，如股东大会议事规则、董事会议事规则、经理人员管理体制等。

### （四）与企业组织体制相对应的原则

企业组织体制有 U 型组织、H 型组织、M 型组织三种。U 型组织一般是产品简单、规模较小的企业，实行管理层级的集中控制。H 型组织一般是指企业集团的形式，子公司具有法人地位，分公司则是相对独立的利润中心，因此一般是产品复杂、规模较大的企业。M 型组织的结构是财务中央控制，集权程度较高，一般是产品复杂、规模较大的企业，其具体形式有事业部制、矩阵制、多维制等。

M 型组织内部，更强化财务的职能作用。西方多数控股型公司，在总部不对其子公司的经营过分干预的情况下，其财务部门的职能更为重要，它起到指挥资本运营的作用。有资料表明，英国的控股性公司，财务部门的人数占到管理总部人员的 60% ～ 70%，而且主管财务的副总裁在公司中起着核心作用。一方面是母子公司的“外交部长”，行使对外处理财务事务的职能；另一方面又是各子公司的财务总管，各子公司的财务主管是“外交部长”的派出人员，充当“外交部长”的当地代言人角色。

## 四、我国企业集权与分权相结合财务管理体制的一般内容

根据我国企业的实践，集权与分权相结合型财务管理体制的核心内容，是企业总部制度统一、资金集中、信息集成和人员委派。

① 集中制度制定权。企业总部根据国家法律、法规和《企业会计准则》、《企业财务通则》的要求，结合企业自身的实际情况和发展战略、管理需要，制定统一的财务

管理制度，在全企业范围内统一施行。各所属单位只有制度执行权，而无制度制定和解释权。但各所属单位可以根据自身需要制定实施细则和补充规定。

② 集中筹资、融资权。为了使企业筹资风险最小、筹资成本最低，应由企业总部统一筹集资金，各所属单位有偿使用。银行贷款一般应由总部办理贷款总额，各所属单位分别办理贷款手续，按规定付息。如果需要发行短期商业票据，企业总部应充分考虑企业资金占用情况，注意到期日存足额款项，不能因为到期未能兑现而影响企业信誉。企业总部应对全集团资金有调拨权，如果部分单位资金存量过多，运用不畅，而其他单位又急需资金时，总部有权调动资金，使用单位应照章付息。

③ 集中投资权。企业对外投资时，无论是总部对外投资还是所属单位对外投资，都必须经过严格的立项、可行性研究、论证、决策（一定限额以上必须进行集体决策）程序。除必需的技术参与外，必须有财务人员参加论证。项目一经立项，财务部门必须协助相关部门对项目进行跟踪管理，对出现的与可行性报告的偏差，应及时报有关部门予以纠正。对投资效益不能达到预期目的的项目应及时清理解决，并应追究有关人员的责任。同时应完善投资管理，企业可根据自身特点建立一套具有可操作性的财务考核指标体系，规避财务风险。

④ 集中用资、担保权。企业总部应加强资金使用安全性的管理，对大额资金拨付要严格监督，建立审批手续，并严格执行。这是因为各所属单位财务状况的好坏关系到企业所投资本的保值和增值问题，同时各所属单位因资金受阻导致获利能力下降，会降低企业的投资回报率。因此，各所属单位用于经营项目的资金，要按照经营规划范围使用；用于资本项目上的资金支付，应履行企业规定的报批手续。

担保不慎会引起信用风险。企业内部对外担保权应归企业总部管理，未经批准，各所属单位不得为外企业提供担保；企业内部各所属单位相互担保，应经企业总部同意。同时，企业总部为各所属单位提供担保应制订相应的审批程序，可由各所属单位与银行签订贷款协议，企业总部为各所属单位做贷款担保，同时要求各所属单位向企业总部提供“反担保”，保证资金的使用合理及按时归还，使贷款得到监控。

企业对逾期未收货款，应作硬性规定。对过去的逾期未收货款，指定专人，统一步调，积极清理，谁经手，谁批准，由谁去收回货款。

⑤ 集中固定资产购置权。各所属单位需要购置固定资产必须说明理由，提出申请报企业总部审批，经批准后方可购置。各所属单位资金不得自行用于资本性支出。

⑥ 集中财务机构设置权。各所属单位财务机构设置必须报企业总部批准，财务负责人由企业总部统一招聘，财务人员或财务主管人员由企业总部统一委派。

⑦ 集中收益分配权。企业内部应统一收益分配制度，各所属单位应客观、真实、及时地反映其财务状况及经营成果。各所属单位收益的分配，属于法律、法规明确规定的应按规定分配，剩余部分由企业总部本着长远利益与现实利益相结合的原则，确定分留比例。各所属单位留存的收益原则上可自行分配，但应报企业总部备案。

⑧ 分散经营自主权。各所属单位负责人主持本企业的生产经营管理工作，组织实施年度经营计划，决定生产和销售，研究和考虑市场周围的环境，了解和注意同行业的经营情况和战略措施，按所规定时间向企业总部汇报生产管理工作情况。对突发的重大事件，要及时向企业总部汇报。

⑨ 分散人员管理权。各所属单位负责人有权任免下属管理人员，有权决定员工的聘用与辞退，企业总部原则上不应干预，但其财务主管人员的任免应报经企业总部批准或由企业总部统一委派。一般财务人员必须获得"上岗证"才能从事财会工作。

⑩ 分散业务定价权。各所属单位所经营的业务均不相同，因此业务的定价应由各所属单位经营部门自行拟订，但必须遵守加速资金流转、保证经营质量、提高经济效益的原则。

⑪ 分散费用开支审批权。各所属单位在经营中必然发生各种费用，企业总部没必要进行集中管理，各所属单位在遵守财务制度的原则下，由其负责人批准各种合理的用于企业经营管理的费用开支。

## 第3节　财务管理环境

财务管理的环境（Environment of Financial Management）又称理财环境，是指对企业财务活动和财务管理产生影响作用的企业内外各种条件的统称。

企业财务活动在相当大程度上受理财环境制约，如技术、经济、金融、法律、税收等因素。只有在理财环境的各种因素作用下实现财务活动的协调平衡，企业才能生存和发展。研究理财环境，有助于正确地制定理财策略。

### 一、技术环境

财务管理的技术环境（Technology Environment），是指财务管理得以实现的技术手段和技术条件，它决定着财务管理的效率和效果。我国进行财务管理所依据的会计信息主要是通过会计系统提供的。会计信息占企业经济信息总量的60% ～70%。在企业内部，会计信息主要提供给管理层决策使用；而在企业外部，会计信息则主要为企业的投资者、债权人等提供服务。

我国正全面推进会计信息化工作，建立健全会计信息化法规体系和会计信息化标准体系（包括可扩展商业报告语言（XBRL）分类标准），全力打造会计信息化人才队伍，基本实现大型企事业单位会计信息化与经营管理信息化的融合，进一步提升企事业单位的管理水平和风险防范能力，做到数出一门、资源共享，便于不同信息使用者获取、分析和利用，进行投资和相关决策；基本实现大型会计师事务所采用信息化手段对客户的财务报告和内部控制进行审计，进一步提升社会审计质量和效率；基本实现政府会计管理和会计监督的信息化，进一步提升会计管理水平和监管效能。通过全面推进会计信息化工作，使我国的会计信息化达到或接近世界先进水平。我国企业会计信息化的全面推进，必将促使财务管理技术环境进一步完善和优化。

## 二、经济环境

财务管理的经济环境（Economic Environment）主要包括经济体制、经济周期、经济发展水平、宏观经济政策及通货膨胀等。影响财务管理的各种外部环境中，经济环境是最重要的。

### （一）经济体制

在计划经济体制下，国家统筹企业资本、统一投资、统负盈亏，企业利润统一上缴、亏损全部由国家补贴，企业虽然是一个独立的核算单位但无独立的理财权利，财务管理活动的内容比较单一，财务管理方法比较简单。市场经济体制下，企业是“自主经营、自负盈亏”的经济实体，有独立的经营权，同时也有独立的理财权。企业可以从其自身需要出发，合理确定资本需要量，到市场上筹集资本，再把筹集到的资本投放到高效益的项目上获取更大的收益，最后将收益根据需要和可能进行分配，保证企业财务活动自始至终根据自身条件和外部环境作出各种财务管理决策并组织实施。

### （二）经济周期

市场经济条件下，经济的发展与运行带有一定的波动性，大体上要经历复苏、繁荣、衰退和萧条几个阶段的循环，这种循环就叫做经济周期。我国经济从运行与发展的历史看，也呈现出较明显的周期特征，带有一定的经济波动。我国曾经历了若干次投资膨胀、生产高涨到控制投资、紧缩银根、正常运行等周期。企业的筹资、投资和资产运营等理财活动都要受这种经济周期波动的影响。如在经济紧缩时期，资金一般都十分短缺，利率上涨，使企业的筹资非常困难。此外，由于全球经济一体化的发展，西方的经济周期会不同程度波及我国，会对我国企业财务管理提出更高的要求。

在不同的经济周期，企业应相应采取不同的财务管理策略。根据西方学者的观点，企业在经济周期的不同阶段，应当采用的理财策略如图 2－1 所示。

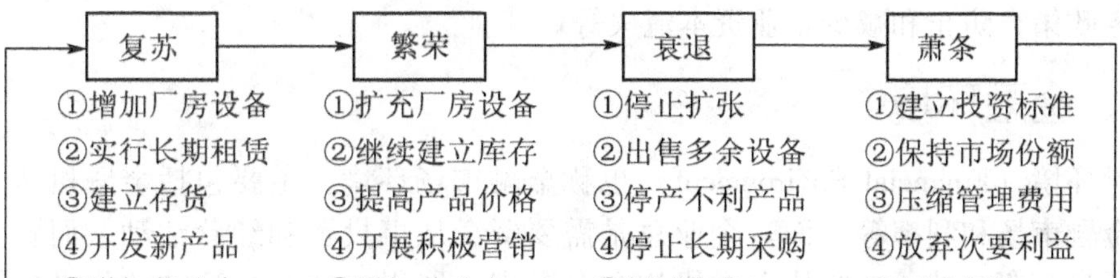


图 2－1　经济周期不同阶段的理财策略

### （三）经济发展水平

改革开放以来，我国的国民经济保持持续高速的增长，各项建设方兴未艾，这给企业扩大规模、调整方向、打开市场以及拓宽财务活动的领域带来了机遇。同时，高速发展中的资金短缺由于将长期存在，又给企业财务管理带来严峻的挑战。因此，企业财务管理工作者必须积极探索与经济发展水平相适应的财务管理模式。

### （四）宏观经济政策

我国经济体制改革的目标是建立社会主义市场经济体制，以进一步解放和发展生产力。在这个总目标的指导下，我国已经并正在进行财税体制、金融体制、外汇体制、外贸体制、计划体制、价格体制、投资体制、社会保障制度等各项改革。如金融政策中货币的发行量、信贷规模都会影响企业投资的资金来源和投资的预期收益；财税政策会影响企业的资金结构和投资项目的选择等；价格政策会影响资金的投向和投资的回收期及预期收益。可见，宏观经济政策对企业财务的影响是非常大的。这就要求企业财务管理人员必须学习和掌握经济政策，使企业的理财活动适应国家经济政策的变化和调整。

### （五）通货膨胀水平

通货膨胀对企业财务活动的影响是多方面的，主要表现在：

① 引起资金占用的大量增加，从而增加企业的资金需求；

② 引起企业利润虚增，造成企业资金由于利润分配而流失；

③ 引起利润上升，加大企业的权益资金成本；

④ 引起有价证券价格下降，增加企业的筹资难度；

⑤ 引起资金供应紧张，增加企业的筹资困难等。

为了减轻通货膨胀对企业造成的不利影响，应当采取措施予以防范。在通货膨胀初期，货币面临着贬值的风险，这时企业进行投资可以避免风险，实现资本保值；与客户应签定长期购货合同，以减少物价上涨造成的损失；取得长期负债，保持资本成本的稳定。在通货膨胀持续期，企业可以采用比较严格的信用条件，减少企业债权；调整财务政策，防止和减少企业资本流失等。

## 三、金融环境

金融环境（Financial Environment）也称金融市场环境，主要包括金融机构、金融工具、金融市场和利率等方面。企业总是需要资金从事投资和经营活动，而资金的取得，除了自有资金外，主要从金融机构和金融市场取得。金融政策的变化必然影响企业的筹资、投资和资金运营活动。所以，金融环境是企业最主要的财务环境因素之一。

### （一）金融机构、金融工具

社会资金从资金供应者手中转移到资金需求者手中，大多要通过金融机构。金融机构包括银行金融机构和非银行金融机构。

金融机构主要是指银行和非银行金融机构。银行是指经营存款、放款、汇兑、储蓄等金融业务，承担信用中介的金融机构，包括各种商业银行和政策性银行，如中国工商银行、中国农业银行、中国银行、中国建设银行、国家开发银行、中国农业发展银行。

非银行金融机构主要包括保险公司、信托投资公司、证券公司、财务公司、金融资产管理公司、金融租赁公司等机构。

金融工具是指融通资金双方在金融市场上进行资金交易、转让的工具。借助金融工具，资金从供给方转移到需求方。金融工具若按期限不同可分为货币市场工具和资本市场工具，前者主要有商业票据、国库券（国债）、可转让大额定期存单、回购协议等；后者主要是股票和债券等。

金融工具分为基本金融工具和衍生金融工具两大类。常见的基本金融工具有货币、票据、债券、股票、期货等；衍生金融工具又称派生金融工具，是在基本金融工具的基础上通过特定技术设计形成的新的融资工具，如各种远期合约、互换、掉期、资产支持证券等，种类非常复杂、繁多，具有高风险、高杠杆效应的特点。

金融工具一般具有期限性、流动性、风险性和收益性四个基本特征。期限性是指金融工具一般规定了偿还期，也就是规定债务人必须全部归还本金之前所经历的时间；流动性是指金融工具在必要时迅速转变为现金而不致遭受损失的能力；风险性是指购买金融工具的本金和预定收益遭受损失的可能性；收益性是指持有金融工具所能够带来的一定收益。

### （二）金融市场

金融市场是指资金供应者和资金需求者双方通过一定的金融工具进行交易而融通资金的场所。金融市场的构成要素包括资金供应者和资金需求者、金融工具、交易价格、组织方式等。金融市场为企业融资和投资提供了场所，可以帮助企业实现长短期资金转换，引导资本流向和流量，提高资本效率。金融市场的主要功能是：

① 转化储蓄为投资；

② 改善社会经济福利；

③ 提供多种金融工具并加速流动，使中短期资金凝结为长期资金的功能；

④ 提高金融体系竞争性和效率；

⑤ 引导资金流向。

金融市场的要素主要有：

① 市场主体，即参与金融市场交易活动而形成买卖双方的各经济单位；

② 金融工具，即借以进行金融交易的工具，一般包括债权债务凭证和所有权凭证；

③ 交易价格，反映的是在一定时期内转让货币资金使用权的报酬；

④ 组织方式，即金融市场的交易采用的方式。

金融市场作为资金融通的场所，是企业向社会筹集资金必不可少的条件。财务管理人员必须熟悉金融市场的各种类型和管理规则，有效地利用金融市场来组织资金的筹措和进行资本投资等活动。金融市场可以按照不同的标准进行分类。

① 货币市场和资本市场。以期限为标准，金融市场可分为货币市场和资本市场。货币市场又称短期金融市场，是指以期限在1年以内的金融工具为媒介，进行短期资金融通的市场，包括同业拆借市场、票据市场、大额定期存单市场和短期债券市场；资本市场又称长期金融市场，是指以期限在1年以上的金融工具为媒介，进行长期资金交易活动的市场，包括股票市场和债券市场。

② 发行市场和流通市场。以功能为标准，金融市场可分为发行市场和流通市场。发行市场又称为一级市场，它主要处理金融工具的发行与最初购买者之间的交易；流通市场又称为二级市场，它主要处理现有金融工具转让和变现的交易。

所有证券的初始发行都是在初级市场（与资金市场和资本市场均有关）进行的，在初级市场筹集到的资金，成为公司或政府机构的资本。有价证券在个人或机构投资人之间交易，由此构成二级市场。二级市场方便了投资者之间的交易，增加了投资者资产的流动性。

③ 资本市场、外汇市场和黄金市场。以融资对象为标准，金融市场可分为资本市场、外汇市场和黄金市场。资本市场以货币和资本为交易对象；外汇市场以各种外汇金融工具为交易对象；黄金市场则是集中进行黄金买卖和金币兑换的交易市场。

④ 基础性金融市场和金融衍生品市场。按所交易金融工具的属性，金融市场可分为基础性金融市场与金融衍生品市场。基础性金融市场是指以基础性金融产品为交易对象的金融市场，如商业票据、企业债券、企业股票的交易市场。金融衍生品市场是指以金融衍生产品为交易对象的金融市场，如远期、期货、掉期（互换）、期权，以及具有远期、期货、掉期（互换）、期权中一种或多种特征的结构化金融工具的交易市场。

⑤ 地方性金融市场、全国性金融市场和国际性金融市场。以地理范围（交易双方在地理上的距离）为标准，金融市场可分为地方性金融市场、全国性金融市场和国际性金融市场。

除上述分类外，金融市场还可以按交割方式分为现货市场、期货市场和期权市场。

### （三）货币市场

货币市场的主要功能是调节短期资金融通。主要特点是：

① 期限短，一般为3～6个月，最长不超过1年；

② 交易的目的是解决短期资金周转；

③ 具有较强的“货币性”特征，流动性强、价格平稳、风险较小。

货币市场包括拆借市场、票据市场、大额定期存单市场和短期债券市场等。拆借市场是指银行（包括非银行银行机构）同业之间短期性资本的借贷活动。票据市场包括票据承兑市场和票据贴现市场，票据承兑市场是票据流通转让的基础，票据贴现市场是对未到期的票据进行贴现的市场。大额定期存单市场是一种买卖银行发行的可转让大额定期存单的市场。短期债券市场则主要是买卖 1 年期以内的短期企业债券和政府债券，尤其是政府的国库券交易。

### （四）资本市场

资本市场的主要功能是实现长期资本融通。其主要特点是：

① 融资期限长，至少 1 年以上，最长可达 10 年甚至 10 年以上；

② 融资的目的是解决长期投资性资本的需要；

③ 资本借贷量一般较大；

④ 收益较高、风险较大。

债券市场和股票市场由证券（债券和股票）发行和证券流通构成。有价证券的发行是一项复杂的金融活动，一般要经过以下几个重要环节：①证券种类的选择；②偿还期限的确定；③发售方式的选择。在证券流通中，参与者除了买卖双方外，中介非常活跃。这些中介主要有证券经纪人、证券商，他们在流通市场中起着不同的作用。

融资租赁市场是通过资产租赁实现长期资金融通的市场，它具有融资与融物相结合的特点，融资期限一般与资产租赁期限一致。

### （五）利率

利率也称利息率，是利息占本金的百分比指标。从资金的借贷关系看，利率是一定时期内运用资金资源的交易价格。资金作为一种特殊商品，以利率为价格标准的融通，实质上是资源通过利率实行的再分配。因此，利率在资金分配及企业财务决策中起着重要作用。

（1）利率的类型

利率可按照不同的标准进行分类：

① 按利率之间的变动关系，分为基准利率和套算利率。基准利率是指在多种利率并存的条件下起决定作用的利率。这种利率变动，其他利率也相应变动。因此，了解基准利率水平的变化趋势，就可了解全部利率的变化趋势。基准利率在西方通常是指中央银行的再贴现率，在我国是指中国人民银行对商业银行贷款的利率。套算利率是指在基准利率确定后，各金融机构根据基准利率和借贷款项的特点换算出的利率。例如，某金融机构规定，贷款 AAA 级、AA 级、A 级企业的利率，应分别在基准利率基础上加 0.5%、1%、1.5%，加总计算所得的利率便是套算利率。

② 按利率与市场资金供求情况的关系，分为固定利率和浮动利率。固定利率是指在借贷期内固定不变的利率。受通货膨胀的影响，实行固定利率会使债权人利益受到损害。浮动利率是指在借贷期内可以调整的利率。在通货膨胀条件下采用浮动利率可使债权人减少损失。

③ 按利率形成机制不同，分为市场利率和法定利率。市场利率是指根据资金市场上的供求关系，随着市场而自由变动的利率。法定利率是指由政府金融管理部门或者中央银行确定的利率。

（2）利率的一般计算公式

正如任何商品的价格均由供应和需求两方面来决定一样，资金这种特殊商品的价格——利率，也主要是由供给与需求来决定。但除这两个因素外，经济周期、通货膨胀、国家货币政策和财政政策、国际经济政治关系、国家利率管制程度等，对利率的变动均有不同程度的影响。资金的利率通常由三部分组成：①纯利率；②通货膨胀补偿率（或称通货膨胀贴水）；③风险收益率。

利率的一般计算公式可表示如下：

利率 = 纯利率 + 通货膨胀补偿率 + 风险收益率

纯利率是指没有风险和通货膨胀情况下的社会平均资金利润率。

通货膨胀补偿率是指由于持续的通货膨胀会不断降低货币的实际购买力，为补偿其购买力损失而要求提高的利率。

风险收益率包括违约风险收益率、流动性风险收益率和期限风险收益率。其中，违约风险收益率是指为了弥补因债务人无法按时还本付息而带来的风险，由债权人要求提高的利率；流动性风险收益率是指为了弥补因债务人资产流动性不好而带来的风险，由债权人要求提高的利率；期限风险收益率是指为了弥补因偿债期长而带来的风险，由债权人要求提高的利率。

可见，利息是借入资金需支付的成本，是资金提供者获得的收益。预期的通货膨胀和风险贴水将直接影响利率水平。为了企业财富最大化的目标，在市场上，企业的价值最终决定了经理人员必须懂得企业运营的金融体系和环境。企业生产经营规模的扩大需要投资，需要资金的增长，财务决策者必须适应金融环境的变化。

## 四、法律环境

市场经济是法制经济，是以法律规范和规则为特征的经济制度。企业的经济活动是在一定法律规范内进行的。法律既约束企业的非法经济行为，也为企业从事各种合法经济活动提供保护。

### （一）法律环境的范畴

法律环境（Laws Environment）对财务管理的影响主要可以分为如下几类：

① 影响企业筹资的各种法规。主要有：公司法、证券法、金融法、证券交易法、合同法等。这些法规可以从不同方面规范或制约企业的筹资活动。

② 影响企业投资的各种法规。主要有：证券交易法、公司法、企业财务通则等。这些法规从不同角度规范企业的投资活动。

③ 影响企业收益分配的各种法规。主要有税法、公司法、企业财务通则等。这些

法规从不同方面对企业收益分配进行了规范。

### （二）法律环境对企业财务管理的影响

法律环境对企业财务管理的影响是多方面的，影响范围包括企业组织形式、公司治理结构、投融资活动、日常经营、收益分配等。《公司法》规定，企业可以采用独资、合伙、公司制等企业组织形式。企业组织形式不同，业主（股东）权利责任、企业投融资、收益分配、纳税、信息披露等不同，公司治理结构也不同。不同种类的法律，分别从不同方面约束企业的经济行为，对企业财务管理产生影响。

（1）公司治理

公司治理是有关公司控制权和剩余索取权分配的一套法律、制度以及文化的安排，涉及所有者、董事会和高级执行人员等之间权力分配和制衡关系，决定了公司目标和行为，决定了在什么状态下由谁来实施控制、如何控制、风险和收益如何分配等一系列重大问题。有效的公司治理取决于公司治理结构是否合理、治理机制是否健全、财务监控是否到位、财务信息披露是否规范等。

① 公司治理结构。公司治理结构是指明确界定股东大会、董事会、监事会和经理人员职责和功能的一种企业组织结构。根据我国《公司法》，上市公司治理结构涉及：公司最高权力机构的股东大会、对股东大会负责的决策机构即董事会、对董事会负责的执行机构即高级管理机构、监督机构即监事会和外部独立审计。作为对《公司法》关于公司治理结构的补充，中国证监会在其颁布的《关于在上市公司建立独立董事制度的指导意见》和《上市公司治理准则》中引入和强化了独立董事制度。

② 公司治理机制。公司治理机制是公司治理结构在经济运行中的具体表现，包括内部治理机制和外部治理机制。内部治理机制是指，为保证投资利益，在公司内部通过组织程序明确股东、董事会和高级管理人员的权力分配和制衡关系，表现为公司章程、董事会议事规则、决策权力分配等一系列内部控制制度。外部治理机制是通过企业外部主体如政府、中介机构和市场监督约束发生作用的，包括法律、法规、合同、协议等条款。外部治理机制常表现为事后保障机制，需要充分准确的公司信息披露。

（2）财务监控

公司治理结构和治理机制的有效实现是离不开财务监控的，公司治理结构中的每一个层次都有监控的职能。从监控的实务来看，最终要归结为包括财务评价在内的财务监控。因此，有效的公司治理体系必须有完整的财务监控支持。国资委制定的自2006年5月起实施的《中央企业综合绩效评价管理暂行办法》对国有企业的业绩评价和财务监控进行了规范和要求。

（3）财务信息披露是否规范

信息披露特别是财务信息披露，是公司治理的决定因素之一，而公司治理的体系和治理效果又直接影响信息披露的要求、内容和质量。一般而言，信息披露受内部和外部两种制度的制约。

外部制度是国家和有关机构对公司信息披露的各种规定。如我国2005年新修订的《公司法》以及财政部2006年颁布的《企业会计准则》对公司信息特别是财务信息的披露进行了规范，在内容和形式上作出了具体的规定。

内部制度是公司治理和内部控制对信息披露的各种要求，在时间、内容、详细程度等各方面可能与外部信息披露的制度一样，也可能不一致，但无论如何，公司的信息披露存在着边界。通常，外部边界由政府法律法规决定；而内部边界则由公司治理体系和内部控制制度决定。公司信息披露具有内、外两种制度的约束和动力。

信息披露制度的完善直接关系到公司治理的质量。一个强有力的信息披露制度是股东行使表决权能力的关键，是影响公司行为和保护中小投资者利益的有力工具。有效的信息披露制度有利于吸收资金，维持公众对公司和资本市场的信心；而条理不清、缺失不全的信息会丧失公众的信任，导致企业资本成本的提高和筹资困难，影响企业的发展。

### （三）税法对财务管理的影响

（1）税收的意义与类型

税收是国家为了实现其职能，按照法律预先规定的标准，凭借政治权力，强制地、无偿地征收货币或实物的一种经济活动，也是国家参与国民收入分配和再分配的一种方法。税收是国家参与经济管理、实行宏观调控的重要手段之一。税收具有强制性、无偿性和固定性三个显著特征。

国家财政收入的主要来源是企业所缴纳的税金，而国家财政状况和财政政策对于企业资金供应和税收负担有着重要的影响；其次，国家各种税种的设置、税率的调整，还具有调节生产经营的作用。国家税收制度特别是工商税收制度，是企业财务管理的重要外部条件。企业的财务决策应当适应税收政策的导向，合理安排资金投放，以追求最佳的经济效益。税收按不同标准的分类，如表2－1。

**表2－1　税收按不同标准的分类**

| | 标准 | 分类 |
|---|---|---|
| 1 | 按征税对象的不同 | 流转税类、所得税类、财产税类、资源税类和行为税类等 |
| 2 | 按中央和地方政府对税收管辖的不同 | 中央税（国家税）、地方税、中央与地方共享税等 |
| 3 | 按税收负担能否转嫁 | 直接税和间接税 |
| 4 | 按征收的实体 | 货币税和实物税 |

（2）税法的含义与要素

税法是由国家机关制定的调整税收征纳关系及其管理关系的法律规范的总称。

我国税法的构成要素主要包括：

① 征税人。指代表国家行使征税职责的国家税务机关，包括国家各级税务机关、海关和财政机关。

② 纳税义务人。也称纳税人或纳税主体，指税法规定直接负有纳税义务的单位和个人。纳税义务人可以是个人（自然人）、法人、非法人的企业和单位，这些个人、法人、单位既可以是本国人，也可以是外国人。

③ 课税对象。即课税客体，是指税法针对什么征税。课税对象是区别不同税种的重要依据和标志。课税对象按其课税范围划分为：以应税产品的增值额为对象进行课征；以应税货物经营收入为对象进行课征；以提供劳务取得的收入为对象进行课征；以特定的应税行为为对象进行课征；以应税财产为对象进行课征；以应税资源为对象进行课征。

④ 税目。亦称课税项目，指某一税种的具体征税项目。它具体反映某一单行税法的适用范围。

⑤ 税率。是应纳税额与课税对象之间的比率。它是计算税额的尺度，是税法中的核心要素。我国现行税率主要有比例税率、定额税率和累进税率三种。

⑥ 纳税环节。是税法对商品从生产到消费的整个过程所选择规定的应纳税环节。

⑦ 计税依据。指计算应纳税金额的根据。

⑧ 纳税期限。指纳税人按税法规定在发生纳税义务后，应当向国家缴纳税款的时限。

⑨ 纳税地点。是指缴纳税款的地方。纳税地点一般为纳税人的住所地，也有规定在营业地、财产所在地或特定行为发生地。纳税地点关系到税收管辖权和是否便利纳税等问题。在税法中明确规定纳税地点有助于防止漏征或重复征税。

⑩ 减税免税。是指税法对特定的纳税人或征税对象给予鼓励和照顾的一种优待性规定。我国税法的减免税内容主要有以下三种：起征点、免征额和减免规定。

⑪ 法律责任。是指纳税人存在违反税法行为所应承担的法律责任，包括由税务机关或司法机关所采取的惩罚措施。

（3）所得税类

我国所得税有两种类型：企业所得税和个人所得税。

① 企业所得税。在中华人民共和国境内，企业和其他取得收入的组织为企业所得税的纳税人，依照规定缴纳企业所得税（个人独资企业、合伙企业除外）。

企业每一纳税年度的收入总额，减除不征税收入、免税收入、各项扣除以及允许弥补的以前年度亏损后的余额，为应纳税所得额。企业所得税的税率为25%。

② 个人所得税。我国个人所得税的税率按所得项目的不同分别确定为：工资、薪金所得，以每月收入额减除费用2 000元后的余额为应纳税所得，适用5%～45%的九级超额累进税率；个体工商户的生产、经营所得和对企事业单位的承包经营、承租经

营所得，以每一纳税年度的收入总额减除必要的费用后的余额为应纳税所得额，适用5% ～35%的五级超额累进税率；劳务报酬所得、稿酬所得、特许权使用费所得、财产租赁所得，每次收入不超过4 000元的，减除费用800元，4 000元以上的，减除20%的费用，其余为应纳税所得额，适用比例税率，税率为20%；财产转让所得，以转让财产的收入额减除财产原值和合理费用后的余额，为应纳税所得额，适用比例税率，税率为20%；利息、股息、红利所得，偶然所得和其他所得，以每次收入额为应纳税所得额，适用比例税率，税率为20%。

个人所得税在工资或其他收入中交纳，支付税金的数额要根据个人的应税收入计算。应税收入等于收入减去税法中规定允许扣除的项目。

在国际上，由于各个国家的税收制度和法律规定的不同，个人所得税的计算有很大差别。一般的有三种类型：综合所得税制、分类所得税制和混合所得税制。我国个人所得税制采用的是分类所得税制，即是对不同性质的所得项目采取不同的税率。如工资、薪金等采用超额累进所得税率，投资所得之股息、红利、利息等采用比例税率等（国库券和国家债券利息所得免征个人所得税，投资于证券的资本利得，暂时未征个人所得税，只按比例征收交易印花税）。

为了促进经济的发展，我国中央政府和地方政府又根据不同情况制定了可以减免税的政策。各地区和行业的减免税政策又有所不同，虽然税法中规定的扣除项目是明确的，但各项政策和会计处理上又都有一定的灵活性和弹性。因此，要求财务管理人员熟悉国家税收政策，在做出重大决策之前，必要时可征求税务专家的意见。

（4）流转税类

流转税是指对企业的流转额即销售额所征收的税金，从企业角度看就是销售税金，包括增值税、消费税、营业税、城市维护建设税四种。

① 增值税。是就商品生产、流通和加工、修理、修配各个环节的增值额课税的一种流转税。增值税是价外税，即商品价格中不含税。商品出售者向商品购买者按规定税率征收税款后上交给国家，商品购买者在对外出售商品时已交纳过的税金部分不再纳税。

② 消费税。是对少数特定的消费品需要调节其消费行为而征收的一种税。征收消费税有利于正确引导消费，调整消费结构，也有助于调节个人收入水平，缓解分配不公的矛盾。

③ 营业税。主要是对第三产业包括交通运输、金融保险、邮电通讯、文化娱乐、建筑安装、服务业等单位的营业额征收的一种税。

④ 城市维护建设税。是为筹集城市维护建设资金而征收的一种税，按增值税、消费税、营业税三税的税额和一定比例计算缴纳。

（5）资源税类

资源税目前主要是对矿产资源和土地资源征收的税种，其目的既有对资源收益的征收，又有对资源级差收入的调节。主要有三种：

① 资源税。是对在我国开采矿产和盐资源的单位和个人取得的级差收入征收的一种税。

② 土地使用税。是对在城市和县城占用国家和集体土地的单位和个人，按使用土地面积定额征收的一种税。

③ 土地增值税。是为了调节土地增值收益而征收的一种税。

（6）财产税类

财产税是对纳税人所有的财产课征的税。我国目前的财产税主要是房产税，在城市、县城、建制镇、工矿区征收，向产权所有人和承租人征收的一种税。我国居民个人拥有的非营业用的房产，免纳房产税。

（7）行为税类

行为税是以纳税人的某种特定行为为征税对象的税种。主要有印花税、车船使用税等。

① 印花税。是对书立、领受应税凭证的行为而征收的一种税。

② 车船使用税。是对行驶于我国境内的车船，按其种类定额征收的一种税。

税务环境对企业理财至关重要，要求企业财务管理人员熟悉国家税收的各项规定，不仅要了解各种税种的计征范围、计征依据和税率，还要熟悉差别税率的有关规定，减税、免税的有关规定，合理安排资金。

## 思考与练习

**关键术语**

独资企业　合伙企业　公司制　经济环境　法律环境　金融环境　金融工具　基准利率　套算利率　市场利率　法定利率　纯利率　通货膨胀补偿率　风险收益率

**思考题**

1. 企业的组织形式及其特点有哪些？各有哪些优缺点？
2. 什么是财务管理环境？环境因素如何影响企业的财务管理？
3. 经济环境与法律环境对企业财务管理有何影响？
4. 我国税法的构成要素主要包括哪些？
5. 我国各种税种的设置有哪些？其意义是什么？

**客观题**

**一、单项选择题**

1. 以下关于设立个人独资企业条件的说法，错误的是：　（　　）

A. 投资者为一个自然人或多个自然人　　B. 有投资人申报的出资

C. 有合法的企业名称　　D. 有必要的从业人员

2. 下列关于个人独资企业的说法，正确的是：（ ）

A. 投资人可以以家庭其他成员的财产作为个人出资

B. 个人独资企业虽然不具备法人资格，但可以独立地承担民事责任

C. 个人独资企业的投资人对企业的债务承担无限责任

D. 个人独资企业的投资人可以以劳务作为出资

3. 下列关于合伙企业的说法正确的是：（ ）

A. 在筹资中的信用能力比独资企业的弱　　B. 合伙企业的资本以股票形式出现

C. 合伙企业适合于小型企业　　D. 比公司制企业更有创造力

4. 在公司制企业的治理结构中，主要行使监督权的监督机构是：（ ）

A. 股东大会　　B. 董事会

C. 以总经理为首的执行机构　　D. 监事会

5. 在股份公司中，企业的最高权力机构是：（ ）

A. 董事会　　B. 监事会　　C. 股东大会　　D. 工会

6. 在没有通货膨胀的条件下，纯利率是指：（ ）

A. 投资期望收益率　　B. 银行贷款基准利率

C. 社会实际平均收益率　　D. 没有风险的均衡点利率

7. 最具优势、企业普遍采用的企业组织形式是：（ ）

A. 普通合伙企业　　B. 独资企业　　C. 公司制企业　　D. 有限合伙企业

8. 企业财务管理环境中最主要的影响环境是：（ ）

A. 经济环境　　B. 法律环境　　C. 政治环境　　D. 金融环境

9. 我国个人所得税制采用的是：（ ）

A. 综合所得税制　　B. 分类所得税制　　C. 混合所得税制　　D. 其他

10. 下列各项关于金融环境的表述错误的是：（ ）

A. 金融环境主要包括金融机构、金融工具、金融市场和利率四个方面

B. 企业主要从金融机构和金融市场取得资金

C. 金融环境是企业最为主要的环境因素之一

D. 金融工具一般具有期限性、流动性、风险性和收益性四个基本特征

11. 按照金融工具的属性可以将金融市场分为：（ ）

A. 基础性金融市场和金融衍生品市场　　B. 现货市场、期货市场和期权市场

C. 初级市场和次级市场　　D. 货币市场和资本市场

12. 下列被称为价外税的是：（ ）

A. 消费税　　B. 营业税　　C. 城市维护建设税　　D. 增值税

13. 资源税目前主要是对______征收的税种。（ ）

A. 矿产资源和土地资源　　B. 商品生产环节

C. 城市维护建设资金　　D. 纳税人所有的财产

14. 下列有关金融市场的表述不正确的是：（ ）

A. 金融市场和普通商品市场类似，也是一种交换商品的场所

B. 金融市场交易的对象主要是证券

C. 金融交易大多只是货币使用权的转移

D. 金融交易是使用权和所有权的同时转移

15. 金融市场上最大的资金需求者是： ( )

A. 居民　B. 企业　C. 政府　D. 金融机构

16. 按照证券的索偿权不同，金融市场分为： ( )

A. 场内市场和场外市场　B. 债务市场和股权市场

C. 一级市场和二级市场　D. 货币市场和资本市场

17. 下列不属于有限公司缺点的是： ( )

A. 债权人只负有限清偿责任　B. 股本的转让受到较为严格的限制

C. 有助于投机心理的产生　D. 有限公司股东人数较少

18. 各类银行、证券交易公司、保险公司等均可称为： ( )

A. 金融市场　B. 金融工具　C. 金融机构　D. 金融对象

19. 以下各项活动不属于筹资活动的是： ( )

A. 确定资金需求规模　B. 合理使用筹集资金

C. 选择资金取得方式　D. 发行公司股票

20. 下列选项中，不属于金融市场要素的是： ( )

A. 金融市场主体　B. 金融市场工具

C. 调节融资活动的市场机制　D. 政府宏观调控

**二、多项选择题**

1. 下列有关个人独资企业设立条件的表述中，符合个人独资企业法律制度规定的有： ( )

A. 投资人可以是中国公民，也可以是外国公民

B. 投资人可以以家庭共有财产作为个人出资

C. 企业名称中不得使用“公司”字样

D. 企业必须有符合规定的最低注册资本

2. 以下有关企业组织形式的说法错误的是： ( )

A. 个人独资企业和合伙制企业均属于法人企业

B. 个人业主对企业债务负无限责任

C. 合伙企业的合伙人对债务负有限连带责任

D. 公司制企业的股东可以按照协议撤回投资

3. 与独资企业和合伙企业相比，股份有限公司的特点是： ( )

A. 有限责任　B. 永续存在　C. 可转让性　D. 易于筹资

4. 与股份有限公司相比，合伙企业的优点是： ( )

A. 合伙企业开办容易　B. 权力不集中

C. 有时决策过程过于冗长　D. 更有创造力

5. 对于公司制企业来说，下列说法正确的是： ( )

A. 它属于法人企业，在法律上是独立的民事主体

B. 出资者以其出资额为限对公司债务承担有限责任

C. 它在经济上拥有独立的财产，即企业的财产与投资者个人的财产相分离

D. 股东不能直接支配自己投资入股的那部分财产

6. 财务管理的法律环境主要包括： ( )

A. 企业组织形式　　B. 公司治理的有关规定

C. 市场规则　　D. 税收法规

7. 在我国税法中，减免税的内容主要有： ( )

A. 起征点　B. 免征额　C. 减免规定　D. 计税依据

8. 在下列各项中，属于财务管理经济环境构成要素的有： ( )

A. 经济周期　B. 经济发展水平　C. 宏观经济政策　D. 公司治理结构

9. 在下列各项中，属于企业财务管理的金融环境内容的有： ( )

A. 利息率　B. 公司法　C. 金融工具　D. 税收法规

10. 财务管理的金融环境主要包括： ( )

A. 经济发展水平　B. 金融工具　C. 金融机构　D. 利率

11. 金融市场的要素主要有： ( )

A. 市场主体　B. 金融工具　C. 交易价格　D. 组织方式

12. 按利率与市场资金供求情况的关系划分，利率可以分为： ( )

A. 基准利率　B. 套算利率　C. 固定利率　D. 浮动利率

13. 金融市场的主要功能是： ( )

A. 资金融通　　B. 改善社会经济福利

C. 提供金融工具并加速流动　　D. 提高金融体系竞争性和效率

14. 下列选项中属于经济衰退阶段财务战略的是： ( )

A. 缩减管理费用　B. 削减存货　C. 保持市场份额　D. 出售多余设备

15. 下列各税项中，属于流转税的有： ( )

A. 关税　B. 消费税　C. 营业税　D. 增值税

16. 调整与金融市场关系的方法有： ( )

A. 改善信息质量　B. 健全市场体系　C. 改善市场效率　D. 完善制度建设

**三、判断题**

1. 企业是依法设立、依法经营的经济实体。 ( )

2. 财务管理环境是指对财务活动和财务管理产生影响的各种外部条件的统称。 ( )

3. 影响财务管理的经济环境因素主要包括经济周期、经济发展水平、宏观经济政策。 ( )

4. 公司治理是有关公司控制权和剩余索取权分配的一套法律、制度以及文化的安排。 ( )

5. 市场经济条件下，经济的发展与运行带有一定的波动性，大体上要经历复苏、繁荣、衰退和萧条几个阶段的循环，这种循环就叫做经济周期。 ( )

6. 公司治理结构和治理机制的有效实现离不开财务监控，治理结构中每一层次都有监控职能。 ( )

7. 信息披露是公司治理的重要因素，公司治理体系和治理效果直接影响信息披露的要求、内容和质量。 ( )

8. 流转税是对企业的流转额即销售额所征收的税金，从企业角度看就是销售税金。 ( )

9. 金融市场可以是有形的市场，也可以是无形的市场。 ( )

10．金融市场是指资金供应者和资金需求者双方通过金融工具进行交易的场所。（ ）

11．资金的利率通常由纯利率、通货膨胀补偿率和风险收益率三部分组成。（ ）

12．受通货膨胀的影响，实行浮动利率会使债权人利益受到损害。（ ）

13．利率主要是由供给与需求来决定。（ ）

14．把总产值最大化当做财务管理的目标，同样符合财务运行规律。（ ）

15．股份有限公司与有限责任公司的区别在于，股份有限公司就其所认购的股份对公司负债务责任，而有限责任公司的股东就其出资额为限对公司的债务负责。（ ）

16．如果预期未来将发生严重通货膨胀，则企业现在不应发行债券；当处于严重通货膨胀时，也即未来通货膨胀将减轻，则企业可以考虑发行债券。（ ）

17．个体业主的财务优势之一在于企业主个人对企业的债务承担无限责任，从而使得个体企业主筹资较为容易。（ ）

18．与利润最大化目标相比，每股收益最大化的优点是考虑收益与投资资本之间的关系。（ ）

19．企业不能及时清偿到期债务，这是导致企业终止、消亡的内在原因。（ ）

20．投资越分散，企业面临的投资风险就越小。（ ）

# 第3章　资金时间价值及应用

## 第1节　资金时间价值的意义

### 一、资金时间价值的概念

资金时间价值（Time Value of Money）又称货币时间价值，指货币经历一定时间的投资和再投资所增加的价值。通常情况下，它相当于没有风险也没有通货膨胀情况下的社会平均利润率，是利润平均化规律发生作用的结果。

根据资金具有时间价值的理论，可将某一时点的资金折算为其他时点的金额。

资金时间价值即资金在周转使用过程中随着时间的推移而发生的增值。资金的增值不仅与投入资金的数量有关，而且也与投入时间、占用时间有关。资金投入周转的时间越长，占用的时间越多，增值量也就越大。

资金之所以具有时间价值，根源就在于其在再生产过程中的运动和转化，它是生产的产物，是劳动的产物。资金时间价值是资金在周转使用中产生的，是资金所有者让渡资金使用权而参与社会财富分配的一种形式。

由于时间价值的计算方法与利息的计算方法相同，资金的时间价值常用利息表示。实际上，财务管理活动总是或多或少地存在风险，而通货膨胀也是市场经济中客观存在的经济现象。应当说，利息不仅包含时间价值，也包括风险价值和通货膨胀因素。只有在购买国库券等政府债券时可视同没有风险，如果这一时期的通货膨胀率很低，往往用政府发行债券的利率作为资金的时间价值。

资金的时间价值是一个客观存在的经济范畴，是财务管理中必须考虑的重要因素。把资金时间价值引入财务管理，在资金筹集、运用和分配等各方面考虑这一因素，是提高财务管理水平，搞好筹资、投资、资金营运、分配决策的重要方面。

### 二、现金流量对企业价值的影响

生产经营过程总是伴随着资金的流动。无论是投资购置新资产以扩大生产能力，或增加营运资金扩大销售，企业都有大量的现金流入和流出。我们把在每个时点上现金流入和现金流出的差称为净现金流量。现金流量数量的大小及其时间分布，以及现金流量的风险大小直接影响到企业的价值。在投资报酬率和资金成本一定的情况下，现金流量对企业价值的影响关系见表3－1。

表 3－1　现金流量对企业价值的影响

| 净现金流量的数量 | 大 | 小 |
|---|---|---|
| 现金流入发生的时间 | 早 | 晚 |
| 现金流出发生的时间 | 晚 | 早 |
| 现金流量的风险 | 大 | 小 |
| 影响结果： | | |
| 企业价值（$V=S+B$）：股本＋债务 | 企业价值大 | 企业价值小 |

资源来源：卢家仪，蒋冀．财务管理［M］．清华大学出版社 2008 年版，P24．

企业长期投资活动的现金流量的时间跨度大，一般为 5 ～ 10 年，长的达 15 年以上。资本的投入要求回报，借贷资本要付利息，股本要达到期望的收益率。投资者近期得到的一元钱的价值总是大于远期期望得到的一元钱。因此，重视现金流量，不仅要重视它的流量大小，还要重视它的时间分布。

# 第 2 节　现值与终值

## 一、现值与终值的概念

在资金时间价值的计算中，我们往往需要将今天的一定数量资金换算为将来某一时刻的一笔资金，又可能需要将将来某一时刻的一定量资金，换算为今天的一笔资金。这种资金不同时点上的换算，产生了现值和终值两个概念。

现值（Present Value）是指未来某一时点上的一定量资金折算到现在所对应的金额，通常记作 $P$ 。终值（Future Value）又称为将来值，是现在一定量的资金折算到未来某一时点所对应的金额，通常记作 $F$ 。

现值和终值概念可以适当推广，对于所分析的任意一段时间资金，在起始时刻的价值量都可以称为现值，资金在终了时刻的价值量都可以称为终值。一定量资金的终值与现值的差额即为资金的时间价值。连接现值和终值并实现两者相互折算的百分数，称为折现率。现实生活中“本金”、“本利和”的说法，相当于资金时间价值理论中的现值和终值概念，利息和利率类似于资金时间价值的绝对数和相对数。利率经常被当作折现率使用。现值和终值对应的时点之间可以划分为若干个计息周期。

## 二、现值和终值的基本计算

现值和终值的计算涉及利息计算方式的选择。利息的计算有单利和复利两种方式。在不同的计息方式下，现值和终值之间的数量关系不同。

### （一）单利计息方式下现值与终值的关系

单利（Simple Interest）是指每期利息均按原始本金计算的方式。在单利计算的情况下，不论计算期有多长，每期都按初始本金计算利息，即计算利息时始终不考虑上期利息。单利计息方式下现值与终值的关系如下：

$$P = F \cdot \frac{1}{1 + n \cdot i} \tag{3-1}$$

$$F = P \cdot (1 + n \cdot i)$$

式中，$P$ 为现值，$F$ 为终值，$i$ 为折现率（通常用利率替代），$n$ 为计息期期数，$\frac{1}{1 + n \cdot i}$ 称为单利现值系数，$(1 + n \cdot i)$ 称为单利终值系数。

利用系数可以方便地计算出某一时点的 1 元钱按规定单利利率折算，将来值多少元，现在值多少元。

换算时间价值时，一般年按 360 天计，月按 30 天计。

[例 3-1] 某人持有一张带息票据，面额为 1 000 元，票面利率 6%，出票日期为 8 月 12 日，到期日为 11 月 10 日（90 天）。则该持有者到期可得本利和为：

$F = 1\,000 \times (1 + 6\% \div 360 \times 90) = 1\,015$（元）

[例 3-2] 某人 3 年后可得 1 000 元。若年利率 9%，用单利方式计算，现在是多少钱？

$P = 1\,000 \times 1 \div (1 + 3 \times 9\%) = 787.40$（元）

### （二）复利计息方式下现值与终值的关系

复利（Compound Interest）是指不仅本金计算利息，利息至上期末加入本金，从而在本金增加后再计算后一期利息的方式，俗称“利滚利”。复利指每经过一个计息期，都将所派生的利息加入本金，再计算利息，逐期滚动计算。这里所说的计息期，是指相邻两次计息的间隔，如年、月、日等，除非特别说明，计息期一般为一年。

复利计息方式下现值与终值的关系如下：

$$P = \frac{F}{(1 + i)^n}$$

$$F = P \cdot (1 + i)^n \tag{3-2}$$

式中：$\frac{1}{(1 + i)^n}$ 称为复利现值系数，记作 $(P/F, i, n)$；$(1 + i)^n$ 称为复利终值系数，记作 $(F/P, i, n)$。

可见，现值系数是终值系数的倒数。把未来值换算为现值的过程，在经济学中称为“贴现”或“折现”。贴现或折现也是一种表现资金时间价值的方式。

复利终值系数、复利现值系数一般不用自己计算，可以查阅复利终值系数表、复利现值系数表得到（见本书附表）。

[例 3 - 3] 某人将 1 000 元存入银行，定期 3 年，年利率 10%。3 年期满，按复利计算，银行应付给此人多少元？

从附表 1 中查到 $n=3$、$i=10\%$ 的复利终值系数为 1.331，则：

$F=1\,000\times(\mathrm{F/P},\ 10\%,\ 3)=1\,000\times1.331=1\,331$（元）

[例 3 - 4] 某人有资金 1 000 元，拟存入银行，在复利 10%计息的条件下，经过多少年可以使他的资金增加一倍？

$F=1\,000\times2=2\,000$（元）

$2\,000=1\,000\times(1+10\%)^n=1\,000\times(F/P,\ 10\%,\ n)$

所以 $(F/P,\ 10\%,\ n)=2$。

在附表 1 中，查 $i=10\%$ 的那一竖行，最接近 2 的值为 1.949，即可知在年利率 10%、复利计息条件下，7 年多一些的时间，可以使 1 000 元变为 2 000 元。如果要计算精确的年数，可以使用“内插法”，后面会作详细介绍。

[例 3 - 5] 某企业现有闲置资金 10 000 元，拟寻找投资机会，使其在 12 年中达到 30 000 元。问选择投资机会时，可接受的最低报酬率是多少？

$30\,000=10\,000\times(1+i)^{12}=10\,000\times(F/P,\ i,\ 12)$

所以 $(F/P,\ i,\ 12)=3$。

在附表 1 中查 $n=12$ 那一横行，接近 3 的值为 10%，知可接受的最低报酬率为 10%，可使原资金在 12 年后达到 30 000 元。如果要计算精确的利息，也可使用“内插法”，后面会作详细介绍。

[例 3 - 6] 某企业拟在 5 年后用 10 000 元购买新设备，银行的现行年利率为 10%，问现在需要一次存入银行多少元？

$P\times(1+10\%)^5=10\,000$

$$P=10\,000\times\frac{1}{(1+i)^5}=10\,000\times(P/F,\ 10\%,\ 5)$$

从附表 2 查到，$(P/F,\ 10\%,\ 5)=0.621$，即现在一次存入银行 $10\,000\times0.621=6\,210$ 元，能使 5 年后达到 10 000 元，用于购买新设备。

## 第 3 节　年金的终值与现值

### 一、年金的概念

年金是指等额、定期系列收支的多项现金流。

多期现金流的一种特殊情况是，现金流入（或者流出）间隔的时间相同、金额相等，这种类型的等额、定期系列现金流称为年金。现实生活中的固定工资、租金、保险费、等额分期收款、等额分期付款、零存整取或整存零取等都可称为一般意义上的年金。每期流入（或流出）的金额用$A$表示。

年金按其每次收付发生的时点不同，可分为普通年金（后付年金）、预付年金（先付年金）、递延年金、永续年金等。凡在每期期末收到或支付的年金，是普通年金或后付年金；在每期期初收到或支付的年金，是预付年金（Annuity Due）或先付年金；距今若干期以后收到或支付在每期期末的年金，是递延年金（Deferred Annuity）或延期年金。年金还可以表现为永续年金（Perpetual Annuity）的形式，即无期限连续收款、付款的年金。但是，经济计算中最常用的还是普通年金。

年金计算中，系列等额收付的款项，其间隔期只要满足“相等”的条件即可，间隔期间完全可以不是一年，每季、每月等额支付的款项也是年金。

## 二、普通年金的现值和终值计算

普通年金（Ordinary Annuity）是指从第1期起，在一定时期内每期期末等额收付的系列款项。年金如不作特别说明，一般是指普通年金。

### （一）年金终值的计算（已知年金$A$，求年金终值$F$）

设本金$P$，按年利率$i$、复利期数$n$计算的普通年金的终值为：

$$F = A + A(1+i) + A(1+i)^2 + \cdots + A(1+i)^{n-1}$$

将两边同时乘以$(1+i)$，得：

$$F(1+i) = A(1+i) + A(1+i)^2 + \cdots + A(1+i)^n$$

上述两式相减，得：

$$Fi = A(1+i)^n - A = A[(1+i)^n - 1]$$

整理，得：

$$F = A\frac{(1+i)^n - 1}{i} = A(F/A,\ i,\ n) \tag{3-3}$$

式中，$\frac{(1+i)^n - 1}{i}$称为年金终值系数，是普通年金为1元、利率为$i$、经过$n$期的年金终值，其表示符号为$(F/A,i,n)$。它的值可以在附表3中查到，不必计算。

［例3-7］M公司计划在今后6年中，每年年终从留利中提取50 000元存入银行，以备改造营业用房。目前银行存款利率为年息7%。6年后的投资积蓄为：

$$F = 50\,000 \times \frac{(1+7\%)^6 - 1}{7\%} = 50\,000 \times (F/A,\ 7\%,\ 6)$$

从附表3查出，期数为6、年利率7%的普通年金终值系数为7.153。上式得：

$$F = 50\,000 \times 7.153 = 357\,650\text{（元）}$$

### （二）偿债基金的计算（已知年金终值$F$，求年金$A$）

偿债基金是指为了使年金达到既定金额每年年末应支付的年金数额。偿债基金是指为了在约定的未来某一时点清偿某笔债务或积聚一定数额的资金而必须分次等额提取的存款准备金。

把普通年金终值计算公式经过移项变形，可以得到偿债基金公式：

$$A = F \cdot \frac{i}{(1+i)^n - 1} \tag{3-4}$$

式中，$\frac{i}{(1+i)^n - 1}$ 称为偿债基金系数，记作 $(A/F,i,n)$，是年金终值系数的倒数。

偿债基金公式的含义是，在利率为 $i$ 的情况下，如果第 $n$ 期期末需要清偿的债务为 $F$，每期期末需提存的准备金为 $A$。

由于每次提取的等额准备金类似年金，并可以获得按复利计算的利息，所以清偿的债务额实际上等于年金终值 $F$，每年提取的偿债基金等于年金 $A$。也就是说，偿债基金的计算实际上是年金终值的逆运算。

[**例 3-8**] 某企业拟在 5 年后还清 20 000 元的债务（相当于 $F$），从现在起每年存入银行一笔款项，若银行存款复利利率 10%，每年需要存入多少元（相当于 $A$）？

$$F = \frac{A[(1+i)^n - 1]}{i} = A(F/A, 10\%, 5)$$

$$A = F \div (F/A, 10\%, 5) = 20\,000 \div 6.105 = 3\,276\ (元)$$

即该企业每年需要存入 3 276 元，就可以在 5 年后还清债务。

可见，偿债基金系数（$A/F$, $i$, $n$）可以用求年金终值系数（$F/A$, $i$, $n$）的倒数来计算，不用一一计算，也不用设计另外的系数表。

**（三）年金现值计算（已知年金 $A$，求现值 $P$）**

年金现值是指在复利计息的方式下，于若干相同间隔期末收到（或付出）的等额款项的现时总价值，即为每期期末取得相等金额的款项，现在需要投入的金额。年金现值的经济意义如图 3-1。

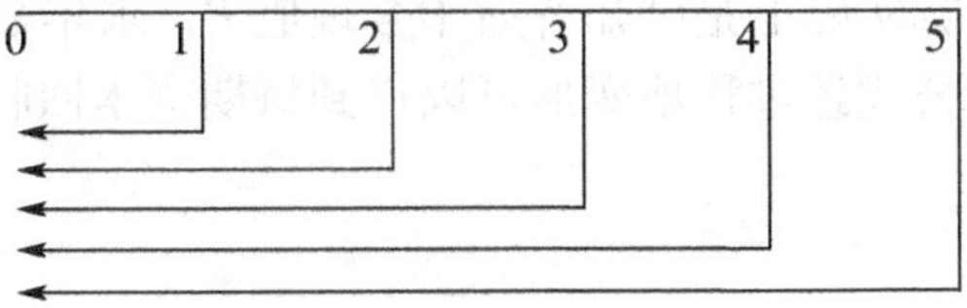


图 3-1　年金现值的经济意义

设本金 $P$，按年利率 $i$、复利期数 $n$ 计算的普通年金的终值为：

$$P = A(1+i)^{-1} + A(1+i)^{-2} + \cdots + A(1+i)^{-n}$$

将两边同时乘以 $(1+i)$，得：

$$P(1+i) = A + A(1+i)^{-1} + A(1+i)^{-2} + \cdots + A(1+i)^{-(n-1)}$$

上述两式相减，得：

$$P = A\frac{1-(1+i)^{-n}}{i} = A(P/A,\ i,\ n) \tag{3-5}$$

式中，$\frac{1-(1+i)^{-n}}{i}$称为年金现值系数，记作（$P/A$，$i$，$n$）。它可以在附表4中查到，也不必一一计算。

［例3-9］Q企业须马上向银行存入一笔款项，以便在今后5年内能于每年年终发放某特种奖金4 000元。现时银行存款年利率为8%。该企业现在应向银行存入多少元？

$P = 4\,000 \times (P/A,\ 8\%,\ 5)$

在附表4中，查得期数为5、年利率8%的年金现值系数为3.993。则上式得：

$P = 4\,000 \times 3.993 = 15\,972$（元）

［例3-10］在北京工作的小王最近准备结婚买房，看了好几家开发商的售房方案，其中一个方案是开发商出售一套$100m^2$的住房，要求首期支付30万元，然后分10年每年年末支付3万元。小王很想知道每年付3万元、10年的共计30万元在利率7%条件下，相当于现在多少钱，好与他所看的另一处5 000元/平方米的市场价格进行比较（设现在银行房贷利率7%）。

分析：这是已知$A = 3$万元，$n = 10$，$i = 7\%$，求$P$。

$P = 3 \times (P/A,\ 7\%,\ 10) = 3 \times 7.0236 = 21.071$（万元）

小王为买此房的现值合计$=21.071+30=51.071$（万元）。

如果小王直接按每平方米5 000元购买$100m^2$的房子，小王只需要付出50万元，可以节约1万多元。但如果小王没有那么多的现金，就需要分期付款了。

### （四）资本回收额的计算（已知年金现值$P$，求年金$A$）

年资本回收额是指在约定年限内等额回收初始投入资本或清偿所欠债务的金额。其中未收回部分要按复利计息，构成偿债的内容。年资本回收额是年金现值的逆运算。

年资本回收额的计算实际上是已知普通年金现值$P$，求年金$A$。

普通年金现值计算公式经过移项变形可以得到每期资本回收额公式：

$$A = P\frac{i}{1-(1+i)^{-n}} \tag{3-6}$$

式中，$\frac{i}{1-(1+i)^{-n}}$称为资本回收系数，记作（$A/P,i,n$），是年金现值系数的倒数。

资本回收额计算公式的含义是，如果当前投入资本为$P$，在每期利率为$i$的情况下，经过$n$期将$P$收回的话，每期期末应收回的资金额为$A$。

［例3-11］某企业以10%的利率借得资金10 000元，投资于某个合作期限为10年的项目。问该企业每年至少要收回多少现金才是有利的？

$P = A(P/A,\ i,\ n)$

$A = P \div (P/A, i, n) = 10\,000 \div (P/A, 10\%, 10)$

在附表4中，查得期数为10、年利率10%的年金现值系数为6.145，则上式得：

$A = 10\,000 \div 6.145 = 1\,627$（元）

即该企业每年需要至少收回1 627元，才能归还贷款本息并有利可图。

可见，资本收回系数（$A/P$，$i$，$n$）可以用求年金现值系数（$P/A$，$i$，$n$）的倒数来计算，不用自己一一计算，也不用设计另外的系数表。

［**例3－12**］某企业现在借得1 000万元的贷款，在10年内以年利率12%于年末均匀偿还，每年应付的金额是多少?

$A = 1\,000 \div (P/A, i, n) = 1\,000 \div (P/A, 12\%, 10)$

$= 1\,000 \div 5.650 = 176.99$（万元）

## 三、预付年金的计算

预付年金又称先付年金，是指从第1期起，在一定时期内每期期初等额收付的系列款项。预付年金与普通年金的区别在于，预付年金的收付行为发生在每期期初，而普通年金的收付行为发生在每期期末。

### （一）预付年金终值的计算

预付年金终值，是其最后一期期末时的本利和，即各期收付款项的复利终值之和。容易得到：期数为 $n$ 的预付年金，与期数为 $n$ 的普通年金，付款次数是相同的。但由于其付款时间不同，$n$ 期预付年金终值就比 $n$ 期普通年金的终值多计算了一期利息。因此，在 $n$ 期普通年金终值的基础上乘上（$1+i$），就是 $n$ 期预付年金的终值。

预付年金终值系数 = $(1+i) \times$ 普通年金终值系数

$$F = A\left[\frac{(1+i)^n - 1}{i}\right](1+i) = A\left[\frac{(1+i)^{n+1} - (1+i)}{i}\right]$$

$$= A\left[\frac{(1+i)^{n+1} - 1}{i} - 1\right]$$

式中，$\left[\frac{(1+i)^{n+1} - 1}{i} - 1\right]$ 即为预付年金终值系数，它是在普通年金终值系数基础之上，期数加1、系数减1的结果，记作［$(F/A, i, n+1) - 1$］。通过查阅年金终值系数表（附表3）得（$n+1$）期的值，然后减去1，便可得对应的预付年金终值系数。公式如下：

$F = A \times [(F/A, i, n+1) - 1]$

［**例3－13**］某企业决定在连续10年的时间内，每年年初存入10万元作为住房基金，现时银行存款利率为5%。则该企业在第10年末能一次取出本利和多少钱?

$F = A[(F/A, i, n+1) - 1] = 10 \times [(F/A, 5\%, 10+1) - 1]$

$= 10 \times (14.207 - 1) = 132.07$（万元）

### （二）预付年金现值的计算

容易看出，$n$ 期预付年金现值与 $n$ 期普通年金现值的期限相同，但由于其付款时间不同，$n$ 期预付年金现值比 $n$ 期普通年金现值多折现一期。因此，在 $n$ 期普通年金现值的基础上乘以$(1+i)$ 便可求出 $n$ 期预付年金的现值。

预付年金现值系数 = $(1+i)\times$ 普通年金现值系数

$$P = A\left[\frac{1-(1+i)^{-n}}{i}\right](1+i) = A\left[\frac{(1+i)-(1+i)^{-(n-1)}}{i}\right]$$

$$= A\left[\frac{1-(1+i)^{-(n-1)}}{i}+1\right] \tag{3-8}$$

式中，方括号内的公式，即为预付年金现值系数，它是在普通年金现值的基础上，期数减1、系数加1 的结果，记作 $[(P/A, i, n-1)+1]$。通过查阅年金现值系数表（附表4）得 $(n-1)$ 期的值，然后加上1，便可得对应的预付年金现值系数。

预付年金现值公式：

$$P = A[(P/A, i, n-1)+1]$$

## 四、递延年金和永续年金的计算

### （一）递延年金的计算

如果在所分析的期间中，前 $m$ 期没有年金收付，从第 $m+1$ 期开始形成普通年金，这种情况下的系列款项称为递延年金，即第一次支付发生在第 2 期或第 2 期以后的年金。计算递延年金的现值可以先计算普通年金现值，然后再将该现值视为终值，折算为第 1 期期初的现值。递延年金终值与普通年金终值的计算相同，只是需要仔细弄清递延期数 $m$ 与连续的年份 $n$。递延年金的现值，是自若干时期后开始每期款项的现值之和。计算公式为：

$$P = A\left[\frac{1-(1+i)^{-(m+n)}}{i}-\frac{1-(1+i)^{-m}}{i}\right]$$

$$= A[(P/A, i, m+n)-(P/A, i, m)] \tag{3-9}$$

或 $$P = A\left[\frac{1-(1+i)^{-n}}{i}\right](1+i)^{-m}$$

$$= A(P/A, i, n)(P/F, i, m) \tag{3-10}$$

即先计算出 $(m+n)$ 期的普通年金现值（$m$ 表示递延期数），然后减去前 $m$ 期的普通年金现值，即得递延年金的现值；或先将此递延年金视为 $n$ 期普通年金，求出在第 $m+1$ 期期初的现值，然后再折算到第一期期初的现值。

［例3－14］某人拟在年初存入一笔现金，以便在以后的第 5 年年末起，每年取出 10 000 元，至第 10 年末取完。在银行利率 6% 的条件下最初一次存入银行多少钱？

$$P = A[(P/A, 6\%, 10)-(P/A, 6\%, 4)]$$

$= 10\,000 \times (7.360 - 3.465) = 10\,000 \times 3.895 = 38\,950$（元）

或 $P = A(P/A, 6\%, 6)(P/F, 6\%, 4)$

$= 10\,000 \times 4.917 \times 0.792 = 10\,000 \times 3.8943 = 38\,943$（元）

两式计算中的 7 元误差是由于系数精确度不够所引起的。

［例 3－15］某人要向你借一笔借款，要求你从今年起，每年年末借给他 10 000 元，连续借给他 5 年；然后从第 6 年年末起，他每年还给你 10 000 元，连续还给你 10 年，此时银行存款利率 12%。问：你借给他是否合算？

这是两个年金的比较问题。显然，可以用几种方法，最简单的是将两个年金均计算为现值，比较其零期值。

$P_1 = 10\,000 \times (P/A, 12\%, 5) = 10\,000 \times 3.605 = 36\,050$（元）

$P_2 = 10\,000 \times (P/A, 12\%, 10) \times (P/F, 12\%, 5)$

$= 10\,000 \times 5.650 \times 0.567 = 32\,036$（元）

由于 $32\,036 < 36\,050$ 元，因此这一笔交易对你来说是不合算的。

**（二）永续年金的计算**

普通年金的期数 $n$ 趋向于无穷大时，形成永续年金。永续年金是指无限期等额收（付）的特种年金，可视为普通年金的特殊形式，即期限趋于无穷的普通年金。由于永续年金持续期无限，没有终止的时间，因此终值可视为无穷（永续年金不计算终值）。现实中的存本取息，可视为永续年金的一个例子。永续年金现值的计算公式可通过普通年金现值计算推出：

$$P = A\left[\frac{1-(1+i)^{-n}}{i}\right]$$

当 $n \to \infty$ 时，$(1+i)^{-n}$ 为零，故永续年金现值公式为：

$$P = \frac{A}{i} \qquad (3-11)$$

［例 3－16］某公司购入甲公司发行的优先股 10 000 股，预计该股票每年股利为 2 元/股。若公司长期持有，利率为 10%，如何对该项股票投资进行估价？

这是一个求永续年金现值的问题，即假设该优先股每年股利固定，且持续较长时期，用永续年金现值公式计算出未来每期股利的现值之和，即为该股票价值。

$$P = \frac{A}{i}$$

$= 2 \div 10\% = 20$（元/股）

即该股票的价值为每股 20 元。

## 第 4 节　折现率和期间的推算

### 一、折现率和期间推算的必要性

通过以上介绍和叙述，我们介绍了 6 种按年计算的复利系数：

复利终值系数，表示符号：$(F/P, i, n)$；

复利现值系数，表示符号：$(P/F, i, n)$；

年金终值系数，表示符号：$(F/A, i, n)$；

偿债基金系数，表示符号：$(A/F, i, n)$；

年金现值系数，表示符号：$(P/A, i, n)$；

资本回收系数，表示符号：$(A/P, i, n)$。

显然，所有公式都只需要三个因素：计息方式、每期利率和期数。

在复利计息方式下，由不同利率 $i$ 和期数 $n$ 的组合计算出各种情况下的现值和终值系数，并依照一定顺序排列成复利现值系数表、复利终值系数表、年金现值系数表、年金终值系数表等。在计算资金的时间价值时，只需要根据两个因素查询相应系数表即可获得有关现值系数和终值系数。

现在，我们已经可以方便地计算所需要的系数和数值。但这些都是在 $i$，$n$ 已知的条件下进行的。由于经济事项的复杂性，在某些情况下，需要推算出 $i$ 或 $n$，以满足某一决策和分析的需要。

### 二、折现率（利息率）的推算

利率、现值（或者终值）系数之间存在一定的数量关系。已知现值系数（或者终值系数），则可以通过内插法公式计算出对应的利率：

$$i = i_1 + \frac{\beta_1 - \alpha}{\beta_1 - \beta_2}(i_2 - i_1) \tag{3-12}$$

式中，$i$ 为所要求的利率，$\alpha$ 为 $i$ 对应的现值系数（或者终值系数），$\beta_1$、$\beta_2$ 为现值系数表（或者终值系数表）中与 $\alpha$ 相邻的系数，$i_1$、$i_2$ 为 $\beta_1$、$\beta_2$ 对应的利率。

#### （一）复利现值（或者终值）

若已知复利现值系数（或者终值系数）$\beta$ 以及期数 $n$，可以查复利现值系数表（或者终值系数表），找出与已知复利现值系数（或者终值系数）最接近的两个系数及其对应的利率，按“内插法”公式计算出利率。

#### （二）年金现值（或者年金终值）

若已知年金现值系数（或者年金终值系数）$\beta$ 以及期数 $n$，可以查年金现值系数表

（或者终值系数表），找出与已知年金现值系数（或者终值系数）最接近的两个系数及其对应的利率，按“内插法”公式计算出利率。

**（三）永续年金**

永续年金的利率可以通过公式 $i=\frac{A}{P}$ 计算得出。

［例3-17］某公司于第1年年初借款20 000元，每年年末还本付息均为4 000元，连续9年还清。求借款利率是多少？

$P/A=20\,000/4\,000=5$

则 $\alpha=5$，即 $(P/A, i, 9)=5$。在年金现值系数表（附表4）中，查 $n=9$ 的那一行，找等于5的系数值。知5在13%（5.132）和14%（4.946）之间，利用公式（3-12），得到：

$$i=i_1+\frac{\beta_1-\alpha}{\beta_1-\beta_2}(i_2-i_1)=13\%+\frac{5.132-5}{5.132-4.946}\times(14\%-13\%)$$

$$=13\%+0.132\div0.186\times1\%=13\%+0.71\%=13.71\%$$

同理，如果已知 $F$、$A$、$n$，用公式 $F/A=(F/A, i, n)$ 计算出 $F/A$ 的值，然后查年金终值系数表 $(F/A, i, n)$，能得到同样的结果。

## 三、期间的推算

期间 $n$ 的推算，其原理和步骤同折现率（利息率）$i$ 的步骤相同。

若已知 $P$、$A$、$i$，推算期数 $n$，步骤如下：

第一步，计算出 $P/A$，设其为 $\alpha$。

第二步，查年金现值系数表 $(P/A, i, n)$。沿着已知 $i$ 所在列纵向查找，若能找到恰好等于 $\alpha$ 的系数值，其对应的 $n$ 值即为所求的期间值。

第三步，若找不到恰好为 $\alpha$ 的系数值，则查找接近 $\alpha$ 值的左、右临界系数 $\beta_1$、$\beta_2$ 和临界期间 $n_1$、$n_2$，然后用内插法求 $n$。公式如下：

$$n=n_1+\frac{\beta_1-\alpha}{\beta_1-\beta_2}(n_2-n_1) \tag{3-13}$$

［例3-18］某企业拟购买一台新设备更新目前使用的旧设备。新设备较旧设备的价格高出2 000元，但每年可节约维修成本500元。若现时银行利率为10%，则新设备至少使用多少年对企业来讲才划算？

已知 $P=2\,000$，$A=500$，$i=10\%$，则有

$P/A=2\,000/500=4=\alpha$

查年金现值系数表 $(P/A, i, n)$，沿10%的列纵向查找，由于无法找到恰好为4的系数值，于是查出大于和小于4的临界系数值：$\beta_1=4.355$，$\beta_2=3.791$，临界期间 $n_1=6$，$n_2=5$，然后用内插法求 $n$。

$$n = n_1 + \frac{\beta_1 - \alpha}{\beta_1 - \beta_2}(n_2 - n_1)$$

$$= 6 + \frac{4.355 - 4}{4.355 - 3.791} \times (5 - 6)$$

$$= 6 + (-0.629) = 5.37 \text{（年）}$$

即设备至少使用5.37年，对企业来讲才是划算的。

［例3－19］某人计划购买一商品房，看中的房子现价50万元，他每年可攒出的钱是5万元，设房价不变。问：在利率6%的条件下，他需要多少年才能将购房款攒够？

50÷5＝10，查（$F/A$，6%，$n$）。沿6%的列纵向查找，由于无法找到恰好为10的系数值，于是查出临界系数值：$\beta_1 = 11.491$，$\beta_2 = 9.897$，对应的临界期间 $n = 9$，$n = 8$，然后用内插法求 $n$。

$$n = n_1 + \frac{\beta_1 - \alpha}{\beta_1 - \beta_2}(n_2 - n_1)$$

$$= 9 + \frac{11.49 - 10}{11.49 - 9.897} \times (8 - 9)$$

$$= 9 + (-0.935) = 8.07 \text{（年）}$$

即此人每年攒5万元，可在8年多一点的时间内将购房款攒够。

## 四、名义利率与实际利率的换算

货币时间价值计算的概念还有名义利率、期间利率和有效年利率。

名义利率是银行等金融机构提供的利率，也叫报价利率。在提供报价利率时还必须同时提供每年的复利次数（或计息期的天数），否则意义是不完整的。

期间利率是借款人每期支付的利息。它可以是年利率，也可以是6个月、每季、每月或每日等。

期间利率＝名义利率/每年复利次数

有效年利率是按给定的期间利率每年复利 $m$ 次时，能够产生相同结果的年利率，也称等价年利率或实际利率。

如果以年作为基本计息期每年计算一次复利，这种情况下，年利率为名义利率。如果按照短于1年的计息期计算复利，并将全年利息额除以年初的本金，此时得到的利率则为实际利率。如某些债券半年计息一次，那么购买债券实际得到的利息就高于按票面利率计算的利息。有的抵押贷款每月计息一次，实际负担利率就要超过名义利率。还有，银行之间的拆借业务均为每天计息一次。每年复利一次的利率，实际利率才与名义利率相等。

名义利率与实际利率的换算关系如下：

$$i = \left(1 + \frac{r}{m}\right)^m - 1 \qquad (3-14)$$

式中，$i$ 为实际利率，$r$ 为名义利率，$m$ 为每年复利次数。

对于一年内多次复利的情况，在实际计算中，可选用以下两种方法进行计算：

① 按公式将名义利率调整为实际利率。

[例 3－20] 名义年利率为 8%，每季复利一次，则实际利率 $n$ 为：

$$n = (1 + \frac{8\%}{4})^4 - 1 = 8.24\%$$

可见，当每年复利不止一次时，实际利率 > 名义利率。这种方法的缺点是，调整后的实际利率往往带有小数点，不利于查表。

② 直接利用系数表。

如果$\frac{r}{m}$为整数，直接可查系数表时，就不要再计算实际利率，而是相应调整有关指标，即将利率变为$\frac{r}{m}$，期数相应变为“每年复利次数×期数”进行计算。

若例 3－20 用第二种方法计算，则利率＝8%÷4＝2%，期数＝4×1＝4。此时若求复利终值，直接查（$F/P$，2%，4）表即可。

[例 3－21] 某人于年初存入 10 000 元，在年利率 6%、半年复利一次的条件下，至第 10 年末，他能得到多少钱？

用第一种方法，先求实际利率 $i$：

$$i = (1 + 6\% \div 2)^2 - 1 = 6.09\%$$

本利和 $= 10\,000 \times (1 + 6.09\%)^{10} = 10\,000 \times 1.806 = 18\,060$（元）

用第二种方法，利率＝6%÷2＝3%，期数＝2×10＝20，则：

本利和＝10 000×（$F/P$，3%，20）＝10 000×1.806＝18 060（元）

## 第 5 节　贷款的偿还

企业或个人从银行借入的贷款，有多种偿还本金和利息的方式，比如：

① 贷款到期一次还本付息；

② 每年付息，到期还本；

③ 每年偿还等额本金和贷款余额应付的利息；

④ 每年偿还等额的利息加本金等。

### （一）贷款到期一次还本付息

[例 3－22] S 公司从银行借入流动资金 1 000 万元，3 年期，年利率 5%，双方商定采用贷款到期一次还本付息的方式。

到期还本付息 $= 1000 \times (1 + 5\%)^3 = 1\,000 \times 1.157\,625 = 1\,157.625$（万元）

### （二）每年付息，到期还本

［例 3 - 23］S 公司从银行借入流动资金 1 000 万元，3 年期，年利率 5%，双方商定采用每年付息、到期还本的方式。

第 1 年末付息 = 1 000 × 5% = 50（万元）

第 2 年末付息 = 1 000 × 5% = 50（万元）

第 3 年末还本付息 = 1 000 + 1 000 × 5% = 1 050（万元）

3 年共还本付息 1 150 万元。

### （三）每年偿还等额本金和贷款余额应付的利息（等额本金还款方式）

［例 3 - 24］某人欲购买一套住房，现价 70 万元，他准备首付 40 万元，向银行申请总额为 30 万元的住房抵押贷款，准备在 20 年内按等额本金还款方式偿还。若年利率为 6.12%，问此人第 1 个月的本金、利息、总偿还额各是多少？

计算：此人需要还 20 × 12 = 240 个月，月利息率 = 6.12% ÷ 12 = 0.51%。

每个月应还本金 = 300 000 ÷ 240 = 1 250（元）

第 1 个月应付利息 = 300 000 × 0.51% = 1 530（元）

第 1 个月总偿还额 = 1 250 + 1 530 = 2 780（元）

若问：此人第 200 个月的本金、利息、总偿还额各是多少？

前 199 个月已还本金 = 1 250 × 199 = 248 750（元）

第 200 个月未还本金 = 300 000 - 248 750 = 51 250（元）

第 200 个月应还本金 = 1 250（元）

第 200 个月应付利息 = 51 250 × 0.51% = 261.38（元）

第 200 个月总偿还额 = 1 250 + 261.38 = 1 511.38（元）

［例 3 - 25］某人以抵押贷款的方式购买住房，贷款总额 60 万元，贷款期限 25 年，年利率 7.11%，双方商定等额本金还款。在某一月，知此人累计已经还本金 12 万元，那么当月他应当归还的金额是多少？

月利率 = 7.011% ÷ 12 = 0.5 925%

未还款 = 60 - 12 = 48（万元）

月还款 = 60 万元 ÷（25 × 12）= 2 000（元）

当月利息 = 48 万元 × 0.5 925% = 2 844（元）

当月还本付息 = 2 000 + 2 844 = 4 844（元）

### （四）每年偿还等额的利息加本金（等额本息还款方式）

前三种还款方式偿还的本金和支付的利息容易分清，而在第四种方式下，还款人必须分别计算每年偿还的本金和利息。

［例 3 - 26］企业 20 × 1 年初从银行借入长期贷款 5 000 万元，年利率 10%，期限 5 年，合同规定每年年末等额摊还。问：该企业每年应还本金和利息各为多少？

$5\,000 = A(P/A, 10\%, 5)$

$A = 5\,000 \div (P/A, 10\%, 5) = 5\,000 \div 3.791 = 1\,319$(万元)

列表计算每年支付的等额偿还额，见表 3-2。

**表 3-2　贷款等额偿还表**　（单位：万元）

| 时 间 | 等额偿还额 | 应付利息 | 偿还本金 | 年末贷款余额 |
|---|---|---|---|---|
| 20×1. 12. 31 | 1 319 | 500. 00 | 819. 00 | 4 181. 00 |
| 20×2. 12. 31 | 1 319 | 418. 10 | 900. 90 | 3 280. 10 |
| 20×3. 12. 31 | 1 319 | 328. 01 | 990. 99 | 2 289. 11 |
| 20×4. 12. 31 | 1 319 | 228. 91 | 1 090. 09 | 1 199. 02 |
| 20×5. 12. 31 | 1 319 | 119. 90 | 1 199. 10 | 0. 00 |

表 3-2 显示，每年末的贷款余额乘以年利率即为下一年应支付的利息，每年的等额偿还额减去应付利息即为该年的还本额。上年年末贷款余额减当年偿还本金额，为该年年末贷款余额，如此类推。

个人住房贷款月供的计算，从银行角度讲，很显然是一个投资回收问题。因此，其基本公式是利用投资回收系数，已知现值 $P$，求年值 $A$，只不过由于是“月供”，要注意在年值的基础上，利率除 12（月利率）、期数乘 12 计算。对银行来讲，贷款本金 = 房价 - 首付款。则：

住房贷款月供额 $A$ = 贷款本金 $P \times (A/P, i, n)$

由于 $(A/P, i, n) = 1 \div (P/A, i, n)$，代入年金现值公式 $(P/A, i, n) = \dfrac{1-(1+i)^{-n}}{i}$，投资回收系数即为：

$$(A/P, i, n) = \frac{1}{(P/A, i, n)} = \frac{1}{\dfrac{1-(1+i)^{-n}}{i}}$$

经过整理，得：

$$A = P\frac{i(1+i)^n}{(1+i)^n - 1}$$

用中文表示，即：

$$\text{月供额} = \text{本金} \times \frac{\text{月利率} \times (1+\text{月利率})^{\text{期数}}}{(1+\text{月利率})^{\text{期数}} - 1}$$

[**例 3-27**] 某人欲购买一套住房，现价 70 万元，他准备首付 40 万元，向银行申请总额为 30 万元的住房抵押贷款，准备在 25 年内按月分期等额偿还。若年利率为 6. 12%，问此人每月的等额偿还额（月供）是多少？

贷款本金 30 万元；还款 25 年，期数 = 25 × 12 = 300；月利率 = 6. 12% ÷ 12 = 5. 1‰。

$$月供 = 300\,000 \times \frac{0.51\% \times (1+0.51\%)^{300}}{(1+0.51\%)^{300}-1} = 1\,954.97\ (元)$$

万元贷款月还款(本息) $= 6.516\,566‰ \times 10\,000 = 65.17$（元）

30 万元的月供为：

月供 $= 65.16\,566 \times 30 = 1\,954.97$（元）

［例 3－28］某人为购买住房，向银行申请总额为 20 万元的住房抵押贷款，准备在 20 年内按月分期等额偿还。若年利率为 5.08%，问此人按揭贷款的月供额是多少？

月供利率 $= 5.08\% \div 12 = 4.59‰$;

期数 $= 20 \times 12 = 240$

$$月供额 = 200\,000 \times \frac{4.59‰ \times (1+4.59‰)^{240}}{(1+4.59‰)^{240}-1} = 200\,000 \times \frac{4.59‰ \times 3.0\,014\,021}{3.0\,014\,021-1}$$

$$= 200\,000 \times 6.88\,3392‰ = 1\,376.68\ (元)$$

即万元贷款月还款额（本＋息）68.83 元，月供 1 376.68 元。

## 思考与练习

**关键术语**

货币时间价值　复利终值　复利现值　年金　名义利率　期间利率　有效年利率

**思考题**

1. 现金流量对企业价值有何影响？
2. 复利现值和复利终值的含义是什么？如何计算？
3. 名义利率与实际利率的换算如何进行？期间的推算分几步进行？
4. 住房抵押贷款如何按等额本金方式计算分期支付额？

**客观题**

**一、单项选择题**

1. 由于利润平均化规律的作用，资金时间价值相当于没有风险和没有通货膨胀下的：（　）

A. 利息率　　B. 额外收益率

C. 社会平均资金利润率　　D. 投资利润率

2. 某人拟在 5 年后还清 10 000 元债务，从现在起每年末等额存入银行一笔款项，银行利率 10%，则每年应存入多少元？（　）

A. 1 618　　B. 1 628　　C. 1 638　　D. 1 648

3. 与年金终值系数互为倒数的是：（　）

A. 年金现值系数　　B. 投资回收系数

C. 复利现值系数　　D. 偿债基金系数

4. 某人连续 6 年于每年年初存入银行 2 000 元，利率 8%。到第 6 年年末可一次取出多少元？（　）

A. 13 846　　B. 14 672　　C. 15 846　　D. 17 846

5. 6 年分期付款购物，每年年初付 2 000 元。若银行利率 10%，则该项分期付款相当于一次现金支付的购价是：（　　）

A. 8 711　　B. 9 582　　C. 10 711　　D. 11 582

6. 借入年利率为 10% 的贷款，贷款期限为 2 年，贷款按季度计息，实际年利率为：（　　）

A. 5.06%　　B. 10.25%　　C. 10.38%　　D. 10%

7. 为了在约定的未来某一时点清偿某笔债务或积聚一定数额的资金，必须分次等额提取的存款准备金是：（　　）

A. 企业基金　　B. 准备基金　　C. 偿债基金　　D. 预提基金

8. 投资回收系数的表达式为：（　　）

A. $\frac{1-(1+i)^{-n}}{i}$　　B. $\frac{i}{(1+i)^n-1}$　　C. $\frac{(1+i)^n-1}{i}$　　D. $\frac{i}{1-(1+i)^{-n}}$

9. 下列各项中，能够表示预付年金终值系数的是：（　　）

A. $(F/A, i, n+1)+1$　　B. $(F/A, i, n-1)+1$

C. $(F/A, i, n+1)-1$　　D. $(F/A, i, n-1)-1$

10. 在名义利率相同情况下，企业发行公司债券，下列计息方式中最为有利的是：（　　）

A. 按年计息　　B. 按半年计息　　C. 按季计息　　D. 按月计息

11. 某工业企业对一工程项目进行投资，该项目前 3 年无现金流入，后 5 年每年年初有 300 万元的现金流入。若年利率为 10%，则该投资项目的现值为：（　　）

A. 854.41 万元　　B. 939.50 万元　　C. 1 460.52 万元　　D. 854.40 万元

12. 按季付息时，若名义利率为 10%，则实际利率比名义利率：（　　）

A. 高 0.38%　　B. 高 0.25%　　C. 低 0.25%　　D. 低 0.38%

13. 某公司于第 1 年年初获得银行贷款 10 万元，在以后连续 6 年内还清。若每年年末需还本付息共 2 万元，该借款利率为：（　　）

A. 4%　　B. 6.5%　　C. 5%　　D. 5.5%

14. 设立一项永久性奖金，奖金金额为 20000 元，若利率为 10%，则需存入的本金为多少元？（　　）

A. 240 000　　B. 120 000　　C. 200 000　　D. 180 000

15. 已知 $(F/A, 10\%, 9)=13.579$，$(F/A. 10\%, 11)=18.531$，则 10 年 10% 的预付年金终值系数是：（　　）

A. 17.531　　B. 15.937　　C. 14.579　　D. 12.579

16. 在普通年金终值系数的基础上，期数加 1、系数值减 1 所得的结果，数值上等于：（　　）

A. 普通年金现值系数　　B. 预付年金现值系数

C. 普通年金终值系数　　D. 预付年金终值系数

17. 甲某拟存入一笔资金以备三年后使用。假定银行三年期存款年利率为 5%，甲某三年后需用的资金总额为 34 500 元，则在单利计息情况下，目前需存入的资金约为多少元？（　　）

A. 30 000　　B. 29 803　　C. 32 857　　D. 31 500

18. 在下列各项年金中，只有现值没有终值的年金是：（　　）

A. 普通年金　　B. 永续年金　　C. 预付年金　　D 先付年金

19. 某人年初存入银行 5 000 元，假设银行按每年 10% 的复利计算，每年年末提出 1 000 元。已知 $(P/A, 10\%, 7)=4.868$，$(P/A, 10\%, 8)=5.3349$，最后一次能够足额提款的时间是：（　　）

A. 第5年年末　　B. 第8年年末　　C. 第7年年末　　D. 第9年年末

20. 当在复利条件下已知现值、年金和贴现率，若要求计算期数，则应先计算：（　　）

A. 年金终值系数　　B. 复利终值系数　　C. 年金现值系数　　D. 复利现值系数

21. 计算预付年金现值时，正确的是应用下列公式中的：（　　）

A. $P = A[(P/A, i, n+1)+1]$　　B. $P = A[(P/A, i, n-1)-1]$

C. $P = A[(P/A, i, n-1)+1]$　　D. $P = A[(P/A, i, n+1)-1]$

22. 最初有 $m$ 期没有收付款项,后面 $n$ 期有等额的收付款项,贴现率为 $i$, 递延年金现值为：（　　）

A. $P = A(P/A, i, m)(P/F, i, n)$　　B. $P = A(P/A, i, m+n)(P/F, i, m)$

C. $P = A(P/A, i, m-n)(P/F, i, m)$　　D. $P = A(P/A, i, n)(P/F, i, m)$

**二、多项选择题**

1. 下列各项中，属于年金性质的有：（　　）

A. 折旧　　B. 等额分期付款　　C. 优先股股利　　D. 整存零取储蓄

2. 下列关于资金时间价值的叙述中，正确的有：（　　）

A. 资金时间价值是资金在周转使用中产生的　　B. 资金的时间价值就是利率

C. 资金时间价值计算方法与利率计算方法相同　　D. 资金的时间价值是客观存在的

3. 下列各项中，属于永续年金性质的是：（　　）

A. 普通股的股利　　B. 优先股的股利

C. 利率较高期限较长的年金　　D. 存本取息

4. 年初借入银行款项100万元，在以后连续4年内还清，每年年末需还本付息共30万元，该借款利率应：（　　）

A. 低于8%　　B. 低于9%　　C. 高于8%　　D. 高于7%

5. 预购一台设备，有A、B两种型号，其中A比B每年要多支付2 000元的维修费，但价格比B低10 000元。设利率为10%。若选购B型号的生产设备，则B使用多少年才有利：（　　）

A. 6.5　　B. 7　　C. 7.3　　D. 8

6. 下列关于递延年金的叙述中，说法正确的是：（　　）

A. 不是从第一期开始的年金都是递延年金

B. 递延年金是普通年金的特殊形式

C. 递延年金的现值可用总期数普通年金的现值减去递延期普通年金的现值求得

D. 递延期对递延年金的终值没有影响

7. 下列各项中，能够影响债券内在价值的因素有：（　　）

A. 债券的价格　　B. 债券的计息方式　　C. 市场利率　　D. 票面利率

8. 递延年金的特点是：（　　）

A. 最初若干期没有收付款项　　B. 最后若干期没有收付款项

C. 其终值计算与普通年金相同　　D. 其现值计算与普通年金相同

9. 下列各项中表述正确的是：（　　）

A. 资金时间价值是不考虑风险和不考虑通货膨胀条件下的社会平均资金利润率

B. 资金时间价值与利率不是一回事

C. 资金时间价值通常应按复利方式计算

D. 如果通货膨胀率极低，政府债券利率可以视同为资金时间价值

10. 下列关于年金的表述中，正确的有： （ ）

A. 年金既有终值又有现值

B. 递延年金是第一次收付款项发生在第二期或第二期以后的年金

C. 永续年金是特殊形式的普通年金

D. 永续年金是特殊形式的预付年金

11. 对于资金的时间价值来说，下列哪些表述是正确的？ （ ）

A. 资金的时间价值不可能由“时间”创造，而只能由劳动创造

B. 只有把货币作为资金投入生产经营才能产生时间价值，即时间价值是在生产经营中产生的

C. 时间价值的相对数是指扣除风险报酬和通货膨胀贴水后的平均资金利润率或平均报酬率

D. 时间价值的绝对数是资金在生产经营过程中带来的真实增值额

12. 设利率为 $i$,计息期为 $n$，则复利终值的计算公式为： （ ）

A. $F = P(1+i)^n$　　B. $F = P(1+i)^{n-1}$

C. $F = P(F/P,i,n)$　　D. $F = P(F/A,i,n)$

E. $F = P(F/P,i,n+1)$

## 三、判断题

1. 用来代表资金时间价值的利息率中包含着风险因素。 （ ）

2. 若利率同为6%，第8年年末1元的复利现值系数大于第5年年末1元的复利现值系数。（ ）

3. 在任何情况下都可以使用政府债券利率来表示资金的时间价值。 （ ）

4. 某企业在第一年年初向银行借入100万元，银行规定从第一年到第五年每年年末应等额偿还25.6万元，则银行利率为8.84%。 （ ）

5. 在年金和计息期数一定的情况下，利率越高，年金终值越小。 （ ）

6. 在 $n$ 期普通年金终值的基础上乘以（$i+1$）就是 $n$ 期预付年金的终值。 （ ）

7. 预付年金现值系数是在普通年金现值系数的基础上，期数加1、系数减1的结果。 （ ）

8. 在现值和利率一定的情况下，计息期数越少，则复利终值越大。 （ ）

9. 单利和复利是两种不同的计息方式，因此单利终值与复利终值在任何情况下都不同。（ ）

10. 对所有的货币来说，都应具有时间价值。 （ ）

11. 当利率大于零、计息期一定的情况下，年金现值系数一定大于1。 （ ）

## 练习题

### 习题一

计算以下各题：

（1）某人以1 000元存入银行，3年期，年利率9%，1年复利1次，求3年复利终值。

（2）某人1 000元存入银行，年利率8%，3个月复利1次，求3年复利终值。

（3）年利率10%，每年复利1次，5年后1 000元，求复利现值。

（4）年利率6%，半年复利1次，9年后1 000元，求复利现值。

（5）存1 000元，经过10年，终值为4 045元，求年利率。

（6）某大学要设置一项奖学金，每年发奖金20 000元，年利率12%，每年复利1次，第一次要存入多少钱？

（7）某人以 10% 的利率借得资金 18 000 元，投资于一个合作期限为 5 年的项目，他需要每年至少收回多少资金才是有利可图的？

（8）年名义利率 8%，半年复利一次，用公式计算的实际利率是多少？

（9）年名义利率 6%，每季复利一次，用公式计算的实际利率是多少？

**习题二**

一、资料：A 公司 20×8 年对 Q 设备投资 120 000 元，该项目于 20×9 年年初完工使用，预计 20×9 ～ 2×12 年年末现金流入量分别为 50 000 元、40 000 元、40 000 元、30 000 元，银行年利率 9%。

二、要求：

（1）按复利计算投资额 20×8 年年末的终值；

（2）按复利计算各年现金流入量 20×9 年年初的现值。

**习题三**

一、资料：S 公司于 2008、2009 年对 W 设备分别投资 20 000 元，该项目于 2010 年年初完工使用，预计 2010 ～ 2013 年年末现金流入量每年为 13 000 元，年利率 8%。

二、要求：

（1）按年金计算投资额 2009 年年末的终值；

（2）按年金计算各年现金流入量 2010 年年初的现值；

（3）分别计算流入量、流出量 2010 年年初值，并作出投资决策。

**习题四**

一、资料：某人有 12 万元，拟投资报酬率为 8% 的投资项目。

二、要求：

（1）经过多少年才可使现有货币增加 1 倍？

（2）经过多少年才可使现有货币增加 1.5 倍？

**习题五**

（一）资料：甲公司 20×6 年年初对 A 设备投资 100 000 元，20×8 年年初完工投产，20×8 年至 2×10 年各年年末预期收益分别为 20 000 元、30 000 元、50 000 元。银行存款利率 12%。

二、要求计算：

（1）银行存款单利利率为 12%，按单利计算 20×8 年年初投资额的终值和 20×8 年年初各年预期收益现值之和。

（2）银行存款复利利率为 10%，按复利计算 20×8 年年初投资额的终值和 20×8 年年初各年预期收益现值之和。

**习题六**

一、资料：甲银行的复利率为 8%，每季复利一次。

二、要求计算：

（1）甲银行的实际年利率是多少？

（2）乙银行每月复利一次，若要与甲银行的实际年利率相等，则其复利率应为多少？

**习题七**

一、资料：某企业想要在第 10 年底得到一笔 50 000 元的款项，年利率为 10%。

二、要求：按复利计算，则现在需要在银行存入的款项金额为多少元？

**习题八**

一、资料：某企业存入银行 100 万元，存款年利率为 16%，时间为 5 年，每季计算一次利息。

二、要求：

(1) 计算该项存款的实际年利率。

(2) 计算该项存款 5 年后的本利和。

**习题九**

一、资料：某人提出要求要我从今年底起，每年年末借给他 5 000 元，共借 10 年；从第 11 年起，每年年末他还给我 10 000 元，共还 10 年。现时市场利率 10%。

二、要求：从经济角度作出决策：我是否应借给他？

**习题十**

一、资料：某人为购买住房向银行申请总额为 30 万元的住房抵押贷款，准备在 15 年内按月分期等额偿还，年利率为 5.04%。

二、要求计算：此人按揭贷款的月供额是多少？若还款期为 23 年呢？

**习题十一**

一、资料：某人拟购房，开发商提出两种方案：一是 5 年后一次性付 120 万元；另一方案是从现在起每年年初付 20 万元，连续 5 年。若目前的银行存款利率是 7%。

二、要求计算：此人应如何付款？

# 第 4 章　收益与风险分析

## 第 1 节　收益与风险分析概述

### 一、资产的收益与收益率

#### （一）资产收益的含义

资产收益是指资产经过一定时期的投资和再投资产生的价值增值。一般情况下，表述资产收益的方式有两种：

① 绝对数——收益额。以绝对数表示的资产价值的增值量，称为资产的收益额。它通常以资产价值在一定期限内的增值量来表示。资产的收益额通常来源于两个部分：一是一定期限内资产的现金净收入，如利息、红利或股息收益等；二是期末资产的价值（或市场价格）相对于其真实价值（或价格）的升值，即资本利得。

② 相对数——收益率。以相对数表示的资产价值的增值率，称为资产的收益率或报酬率。资产的收益率通常以百分比表示，是资产增值量与期初资产价值或价格的比值。

资产收益率也包括两个部分：一是利息（股息）的收益率，即利息（股息）与期初资产价值的比值；二是资本利得的收益率，即资本利得与期初资产价值的比值。

一般情况下，不作特殊说明，资产收益均指资产的年收益率。

#### （二）资产收益的计算

资产的收益可以用收益额计算，也可以用收益率计算。

以金额表示的收益与期初资产的价值（价格）相关，不利于不同规模资产之间收益的比较；而以百分数表示的收益率则是一个相对指标，便于不同规模下资产收益的比较和分析。所以，通常情况下都是用收益率的方式来表示资产的收益。

由于收益率是相对于特定期限的，它的大小要受计算期限的影响，但是计算期限常常不一定是一年，为了便于比较和分析，对于计算期限短于或长于一年的资产，在计算收益率时，一般要将不同期限的收益率转化为年收益率。

如果不作特殊说明，资产收益指的就是资产的年收益率，又称资产报酬率。

单期收益率的计算方法如下：

单期资产收益率（$R$）= 利息（股息）收益率（$R_i$）+ 资本利得收益率（$R_c$）

$$= \frac{\text{资产价值(价格)的增值量}}{\text{期初资产价值(价格)}} \times 100\%$$

$$= \frac{\text{资产的收益额}}{\text{期初资产价值(价格)}} \times 100\%$$

[例4－1] A公司购入B股票，一年前价格10元，一年中税后股息为0.20元/股，现在市价11元。在不考虑交易费用的情况下，一年该股票收益率是多少？

资产收益额＝(11－10)＋0.20＝1.20（元）

其中，股息收益为0.20元，资本利得为1元。

股票收益率＝0.20÷10＋（11－10）÷10＝2%＋10%＝12%。即股利收益率2%，利得收益率10%，资产收益率12%。

### （三）资产收益的类型

资产收益的类型，按工作角度和出发点不同，可分为实际收益率、名义收益率、预期报酬率、必要收益率、风险收益率等类型。

(1) 实际收益率

指已经实现的或者确定可以实现的资产收益率。通常表述为已实现的或确定可以实现的利息率（股息率）与资本利得收益率之和。

(2) 名义收益率

指在资产合约上标明的收益率，也称报价收益率。例如，借款协议上的借款利率。

(3) 预期报酬率

也称期望收益率，是指在不确定的条件下，预测的某资产未来可能实现的收益率。预期收益率的直接估算，可选用以下方法：

① 用概率直接估计期望收益率（$\bar{R}$）。首先描述影响收益率的各种可能情况（如市场很好、市场一般、市场较差），然后预测各种可能情况发生的概率（$P_i$），以及在各种可能情况下收益率的大小（$R_i$），那么预期报酬率（$\bar{R}$）就是各种情况下收益率的加权平均，权数就是各种可能情况发生的概率。用公式表示就是：

$$\bar{R} = \sum P_i \times R_i$$

[例4－2] A公司6个月前以10 000元购买了B公司的股票，一直持有至今尚未卖出，持有期曾获红利200元。预计未来半年内不会再发放红利，且未来半年后市价达到12 000元的可能性为50%，市价只有9 500元的可能性也是50%，那么，该股票预期价格和收益率是：

B股票预期价格＝12 000×50%＋9 500×50%＝10 750（元）

B股票预期报酬率（$\bar{R}$）＝[(12 000－10 000)×50%＋(9 500－10 000)×50%＋200]÷10 000＝9.50%

或 $\bar{R}$＝(10 750－10 000)÷10 000＋200÷10 000＝7.5%＋2%＝9.5%

即股利收益率为2%，利得收益率为7.5%，资产收益率为9.5%。

上例中，我们给出了半年后各种可能的市价及其概率。然而现实中，要估算未来可能的股票市价及其发生的概率是相当困难的。

②收集历史数据，估计期望收益率（$\bar{R}$）。收集事后收益率（即历史数据），将这些历史数据按照不同的经济状况分类，并计算发生在各类经济状况下的收益率观测值的百分比，将所得百分比作为各类经济情况可能出现的概率，然后计算各类经济情况下所有收益率观测值的平均值作为该类情况下的收益率，再计算各类情况下收益率的加权平均数，就得到了预期报酬率。

［例 4－3］A 公司收集了历史上 $n$ 个收益率的观测值，其中发生在“市场良好”情况下的约有 30%，此时可能的收益率为 15%；发生在“市场一般”情况下的约有 50%，此时可能的收益率为 10%；发生在“市场较差”情况下的约有 20%，此时可能的收益率为 5%。

A 公司预期的收益率为：

期望收益率（$\bar{R}$）$= \sum P_i R_i = 30\% \times 15\% + 50\% \times 10\% + 20\% \times 5\% = 10.5\%$

这种方法操作简便，易于运用。尽管用历史数据预测未来的方法有一定的局限性，但至少可以作为预测的参考依据。

③用简单算术平均值计算预期报酬率（$\bar{R}$）。收集能够代表预测期收益率分布的历史收益率的样本，并假定所有历史收益率的观察值出现的概率相等，用简单算术平均值计算预期报酬率。

［例 4－4］已知 A 公司股票的历史收益率数据如表 4－1。

**表 4－1　A 公司股票的历史收益率数据**

| 年度 | 2001 | 2002 | 2003 | 2004 | 2005 | 2006 | 2007 | 2008 |
|---|---|---|---|---|---|---|---|---|
| 收益率 | 20% | 25% | 24% | 20% | 28% | 18% | 22% | 25% |

要求：用算术平均值估计其预期报酬率。

A 公司股票的预期报酬率（$\bar{R}$）$=$（$20\% + 25\% + 24\% + 20\% + 28\% + 18\% + 22\% + 26\%$）$\div 8 = 22.75\%$

这种方法基于对假定所有历史收益率的观察后出现的概率相等，故有一定局限性。

（4）必要收益率

也称最低必要报酬率或最低要求的收益率，它表示投资者对某项资产合理要求的最低收益率。这里的投资者可以是个体，但如果不作特殊说明，通常指全体投资者。每个人对某项特定资产都会要求有不同的收益率，如果某股票的预期报酬率超过大多数人对该股票要求的最低必要收益率时，实际的投资行为就会发生。也就是说，只有他们认为至少能够获得他们所要求的必要收益率时，他们才会购买该股票。

必要收益率与认识到的风险有关。人们对资产的安全性有不同的看法，如果某公司陷入财务困难的可能性很大，也就是说投资该公司股票产生损失的可能性很大，那么投资于该公司股票将会要求一个较高的收益率，所以该股票的必要收益率就会较高。相反，如果某项资产的风险较小，那么对这项资产要求的必要收益率也就小。

必要收益率往往用无风险收益率来衡量。

（5）无风险收益率

也称无风险利率，是指可以确定可知的无风险资产的收益率，它的大小由纯粹利率（资金的时间价值）和通货膨胀补贴两部分决定。无风险资产一般满足两个条件：一是不存在违约风险；二是不存在再投资收益率的不确定性。实际上，满足这两个条件的资产，就是与所分析的资产的现金流量期限相同的国债。因此，无风险利率就是国债的利率，该国债应该与所分析的资产的现金流量有相同的期限。一般情况下用短期国库券的利率近似地代替无风险收益率。

无风险收益率(国债利率) = 纯利率 + 通货膨胀补偿率

（6）风险收益率

指某资产持有者因承担该资产的风险，而要求的超过无风险利率的额外收益，它等于该资产必要收益率与无风险收益率之差。风险收益率衡量了投资者将资金从无风险资产转移到风险资产而要求得到的“额外补偿”，它的大小取决于以下两个因素：一是风险的大小，二是投资者对风险的偏好。

## 二、资产的风险

### （一）资产风险的概念

风险（Risk）是市场经济的一个显著特征。风险是指事件本身的不确定性，具有客观性。投资的不确定性可能给投资人带来超出预期的收益，也可能带来超出预期的损失。一般说来，投资人对意外损失的关注，比对意外收益要强烈得多。因此，人们投资研究时为减少损失，主要从不利的方面来考察。因此，风险常被看成是不利事件发生的可能性。

从财务管理的角度看，风险就是企业在各项财务活动中，由于各种难以预料或无法控制的因素作用，企业的实际收益与预期收益发生背离，从而蒙受经济损失的可能性。风险是对企业的目标产生负面影响的事件发生的可能性。简单说来，风险就是企业发生财务损失的可能性。风险是现代企业财务管理环境的一个重要特征，在企业财务管理的每一个环节都不可避免地要面对风险。资产风险是指资产收益率的不确定性，其大小可用资产收益率的离散程度来衡量。资产收益率的离散程度是指资产收益率的各种可能结果与预期报酬率的偏差。

风险的衡量常常使用概率的统计方法。

### （二）单项资产的风险收益分析

（1）概率

概率是风险度量常用的方法之一。在经济活动中，某一事件在相同的条件下可能发生也可能不发生，这类事件称为随机事件。概率就是用来表示随机事件发生可能性大小的数值。通常把必然发生的事件的概率定为1，把一定不会发生的事件的概率定为0，一般随机事件的概率是介于0与1之间的一个数值。概率越大就表示该事件发生的可能性越大。

［例4－5］某项资产的收益率及概率分布如表4－2所示。

表4－2　某项资产的收益率及概率分布

| 可能出现的情况($i$) | 资产的报酬率($X_i$) | 概率（$P_i$） |
|---|---|---|
| 1. 经济条件和投资环境良好（繁荣） | $X_1=30\%$ | $P_1=0.2$ |
| 2. 经济条件和投资环境一般（正常） | $X_2=20\%$ | $P_2=0.5$ |
| 3. 经济条件和投资环境较差（衰退） | $X_3=10\%$ | $P_3=0.3$ |
| 合　计 | | 1 |

表4－2是用概率表示的资产收益良好、一般、较差三种状况，概率总和等于1。

（2）正态分布

经济分析中的有些分析变量，它可能取到的值是有限个或无限多个，这种随机变量叫离散型随机变量。将随机试验所有可能结果组成的集合称做样本空间。如果样本空间足够大，即可能出现的情况有多种。如果对每一种情况都赋予一个概率，则可用连续型分布描述。离散函数的包络线认为是一个连续函数，收益率的函数特征呈正态分布。正态分布的曲线为对称的钟形曲线。例如，表示A、B两种股票收益概率的曲线就是正态分布，如图4－1。

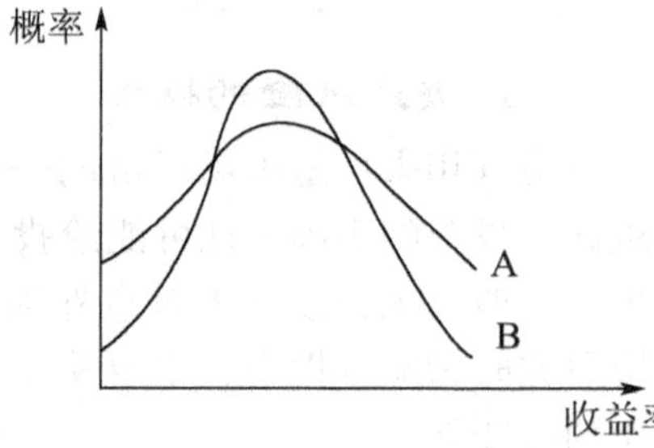

图4－1　正态分布A、B股票收益概率曲线

实际上，绘制正态分布曲线是一个日积月累的过程。收集的数据越多，样本分布的锯齿就会越小，实际的概率分布也将逐步与理论值相吻合。

（3）期望收益

期望收益来源于投资所产生的预期现金流量。在一个不确定的经济环境中，投资者很难准确地估计预期现金流量，需要根据所掌握的信息预测出在经济繁荣、经济正常、经济衰退等经济环境下的收益（或收益率），再进行加权平均来预期现金流量（或预期报酬率)。

因此，期望收益(或期望收益率)可用各种情况下的收益水平与其相应的概率进行加权平均求得，用它来表示某一投资方案的预期报酬(或预期报酬率)。公式如下：

期望收益 = $\sum$(各经济条件或投资环境出现的概率×该条件下的投资收益)

根据表4-2资料，该资产的期望收益或预期收益率如下：

$$预期收益（期望值E） = \sum_{i=1}^{n} P_i X_i = P_1X_1 + P_2X_2 + P_3X_3$$
$$= 0.2 \times 30\% + 0.5 \times 20\% + 0.3 \times 10\% = 19\%$$

期望收益反映收益的平均值，在各种不确定因素影响下，代表投资者的合理预期。

(4) 衡量风险的指标

主要有收益率的方差、标准差和标准离差率等。

①收益率的方差($\sigma^2$)。收益率的方差用来表示资产收益率的各种可能值与其期望值之间的偏离程度。其计算公式为：

$$\sigma^2 = [R_i - E(R)]^2 \times P_i$$

式中：$E(R)$ 表示预期报酬率，可用公式 $E(R) = \sum_{i=1}^{n} P_i \times R_i$ 来计算；$P_i$ 是第 $i$ 种可能情况发生的概率；$R_i$ 是在第 $i$ 种可能情况下资产的收益率。

②收益率的标准差($\sigma$)。收益率的标准差也是反映资产收益率的各种可能值与其期望值之间的偏离程度的指标，它等于方差的开方。公式为：

$$\sigma = \sqrt{\sum_{i=1}^{n} [R_i - E(R)]^2 \times P_i}$$

标准差和方差都是用绝对指标来衡量资产的风险大小。在预期报酬率相同的情况下，标准差或方差越大，则风险越大；标准差或方差越小，则风险也越小。

以表4-2资料为例，计算方差和标准差如表4-3。

**表4-3 方差和标准差计算表**

| $R_i - E(R)$ | $[R_i - E(R)]^2$ | $[R_i - E(R)]^2 P_i$ |
|---|---|---|
| 30% - 19% = 11% | $(11\%)^2$ = 1.21% | 1.21% × 0.2 = 0.242% |
| 20% - 19% = 1% | $(1\%)^2$ = 0.01% | 0.01% × 0.5 = 0.005% |
| 10% - 19% = -9% | $(-9\%)^2$ = 0.81% | 0.81% × 0.3 = 0.243% |
| 方差 $\sigma^2$ | | 0.49% |
| 标准差 $\sigma$ | | 7% |

表 4－3 的计算结果说明该项投资的风险程度为 7%。标准差越大，说明实际收益水平对预期投资收益水平可能发生的偏离程度就越大，投资的风险也就越大。

标准差或方差指标衡量的是风险的绝对大小，因而不适用于比较具有不同预期报酬率的资产的风险。

③收益率的标准离差率（$V$）。标准离差率是资产收益率的标准差与期望值之比，也可称为变化系数或变异系数。计算公式为：

$$V = \frac{\sigma}{E(R)}$$

标准离差率是相对指标，表示某资产每单位预期收益中所包含风险的大小。

标准离差率越大，资产的相对风险越大；相反，标准离差率越小，资产的相对风险越小。标准离差率指标可以用来比较预期报酬率不同的资产之间的风险大小。

上述三个表述资产风险的指标——收益率的方差、标准差、标准离差率都是利用未来收益率发生的概率以及未来收益率的可能值来计算的。

当不知道或者很难估计未来收益率发生的概率以及未来收益率的可能值时，可以利用收益率的历史数据去近似地估算预期报酬率及其标准差。预期报酬率利用历史数据的算术平均值法等方法计算，标准差可利用下列统计公式进行估算：

$$\sigma = \sum_{i=1}^{n} (R_i - R)^2 \div (n - 1)$$

式中，$R_i$ 表示样本数据中各期收益率的历史数据，$R$ 是各历史数据的算术平均值，$n$ 表示样本中历史数据的个数，$n-1$ 称为自由度。自由度反映分布或差异信息的个数。当预期值相同时，方差越大，风险越大。

［**例** 4－6］某公司单一生产 A 产品。销售的三种可能情况是：较好概率 20%，销量 1 000 台；一般概率 50%，销量 800 台；较差概率 30%，销量 500 台。设 A 产品售价 100 元，单位变动成本 60 元，企业固定成本总额 1 000 元，资金总额 50 000 元，负债/资本＝20/80。借款利率 4%，企业面值发行普通股 40 000 股，每股面值 1 元，所得税税率 25%。要求计算每股盈余 EPS 及每股盈余的标准差。

销售量期望值 $Q = 1\,000 \times 0.2 + 800 \times 0.5 + 500 \times 0.3 = 750$（台）

边际贡献期望值 $M = 750 \times (100 - 60) = 30\,000$（元）

息税前利润 EBIT ＝30 000－1 000＝29 000（元）

利息 $I = 50\,000 \times 20\% \times 4\% = 400$（元）

每股盈余期望值 ＝［(29 000－400)×(1－25%)］÷40 000 ＝0.536

EPS（较好）＝［1000×(100－60)－1000－400×(1－25%)］÷40 000 ＝0.724

EPS（一般）＝［800×(100－60)－1 000－400］×(1－25%)÷40 000 ＝0.574

EPS（较差）＝［500×(100－60)－1 000－400］×(1－25%)÷40 000 ＝0.349

验证：

每股盈余期望值 $=0.724\times20\%+0.574\times50\%+0.349\times30\%=0.537$

每股盈余标准差 $\sigma=\sqrt{\sum_{i=1}^{n}(R_i-E(R))^2P_i}$

$$=\sqrt{0.2\times(0.724-0.537)^2+0.5\times(0.574-0.537)^2+0.3\times(0.349-0.537)^2}=0.135$$

## 三、风险控制与偏好

### （一）风险控制

风险控制可采用以下对策：

① 规避风险。当资产风险所造成的损失不能由该资产可能获得的收益予以补偿时，应当放弃该资产，以规避风险。

② 减少风险。主要包括两个方面：一是控制风险因素减少风险的发生；二是控制风险发生的概率和降低风险损害程度。

③ 转移风险。对可能给企业带来灾难性损失的资产，企业应以一定的代价，采取某种方式转移风险。

④ 接受风险。包括风险自担和风险自保两种方式。风险自担是指风险损失发生时，直接将损失摊入成本或费用，或冲减利润。风险自保是指企业预留一笔风险保证金或随着生产经营的进行，有计划地计提资产减值准备等。

### （二）风险偏好

根据人们对风险的偏好将其分为风险回避者、风险追求者和风险中立者。

① 风险回避者。风险回避者选择资产的态度是：当预期报酬率相同时，偏好于具有低风险的资产；而对于具有同样风险的资产，则钟情于具有高预期报酬率的资产。

② 风险追求者。与风险回避者恰恰相反，风险追求者通常主动追求风险，喜欢收益的动荡胜于喜欢收益的稳定。他们选择资产的原则是：当预期收益相同时，选择风险大的，因为这会给他们带来更大的效用。

③ 风险中立者。风险中立者通常既不回避风险，也不主动追求风险，他们选择资产的惟一标准是预期收益的大小，而不管风险状况如何。

# 第2节　资产组合的风险与收益

## 一、资产组合及风险

### （一）资产组合

两个或两个以上资产所构成的集合，称为资产组合。如果资产组合中的资产均为有价证券，则该资产组合也可称为证券组合。

### （二）资产组合的预期报酬率

资产组合的预期报酬率 $E(R_p)$ 是组成资产组合的各种资产预期报酬率的加权平均数，权数等于各资产在整个组合中所占的价值比例。资产组合的预期报酬率：

$$E(R_p) = \sum_{i=1}^{n} W_i \times E(R_i)$$

式中，$E(R_i)$ 表示第 $i$ 项资产的预期报酬率，$W_i$ 表示第 $i$ 项资产在整个组合中所占的价值比例。

### （三）资产组合风险的度量

（1）两项资产组合的风险

两项资产组合的收益率的方差满足以下关系式：

$$\sigma_p^2 = W_1^2\sigma_1^2 + W_2^2\sigma_2^2 + 2W_1W_2\rho_{1,2}\sigma_1\sigma_2$$

式中：$\sigma_p^2$ 表示资产组合的方差（$\sigma_p$ 表示资产组合的标准差），衡量资产组合的风险；$\sigma_1$ 和 $\sigma_2$ 分别表示组合中两项资产的标准差；$W_1$ 和 $W_2$ 分别表示组合中两项资产所占的价值比例；$\rho_{1,2}$ 为相关系数，反映两项资产收益率的相关程度。

①相关系数。表示两项资产的收益率之间的相关程度，即它们之间的相对运动状态。理论上，相关系数处于区间［-1，1］内。当 $\rho_{1,2} = 1$ 时，表明两项资产的收益率具有完全正相关的关系，即它们的收益率变化方向和变化幅度完全相同，这时

$$\sigma_p^2 = (W_1\sigma_1 + W_2\sigma_2)^2 = W_1^2\sigma_1^2 + W_2^2\sigma_2^2 + 2W_1W_2\sigma_1\sigma_2$$

即 $\sigma_p^2$ 达到最大。由此表明，组合的风险等于组合中各项资产风险的加权平均值。换句话说，当两项资产的收益率完全正相关时，两项资产的风险完全不能互相抵消，所以这样的资产组合不能降低任何风险。

当 $\rho_{1,2} = -1$ 时，表明两项资产的收益率具有完全负相关的关系，即它们的收益率变化方向和变化幅度完全相反。这时

$$\sigma_p^2 = (W_1\sigma_1 - W_2\sigma_2)^2 = W_1^2\sigma_1^2 + W_2^2\sigma_2^2 - 2W_1W_2\sigma_1\sigma_2,$$

即 $\sigma_p^2$ 达到最小，甚至可能是零。因此，当两项资产的收益率具有完全负相关关系时，两者之间的风险可以充分地相互抵消，甚至完全消除。因而，由这样的资产组成的组合就可以最大程度地抵消风险。

在实际中，两项资产的收益率具有完全正相关或完全负相关关系的情况几乎是不可能的。绝大多数资产两两之间都具有不完全的相关关系，即相关系数小于 1 且大于 -1（多数情况下大于零）。因此，会有 $0 < \sigma_p < (W_1\sigma_1 + W_2\sigma_2)$，即资产组合的标准差小于组合中各资产标准差的加权平均，也即资产组合的风险小于组合中各资产风险之加权平均值，因此资产组合才可以分散风险。资产组合所分散掉的是由方差表示的各资产本身的风险，而由协方差表示的各资产收益率之间相互作用、共同运动所产生

的风险，是不能通过资产组合来消除的。

② 协方差。衡量两种资产收益率的协方差，用来衡量它们之间共同变动的程度。

$$\rho_{1,2}=\rho_{1,2}\sigma_1\sigma_2$$

协方差是两种资产各自的标准差与它们的相关系数的乘积。对于资产组合来说，其协方差比各个单项资产的标准差更重要。

（2）多项资产组合的风险

一般来讲，由于每两项资产间具有不完全的相关关系，因此随着资产组合中资产个数的增加，资产组合的风险会逐渐降低。但当资产的个数增加到一定程度时，资产组合的风险程度将趋于平稳，这时资产组合风险的降低将非常缓慢直至不再降低。

那些只反映资产本身特性，由方差表示的各资产本身的风险，会随着组合中资产个数的增加而逐渐减小，当组合中资产的个数足够大时，这部分风险可以被完全消除。

这些可通过增加组合中资产的数目而最终消除的风险，称为非系统风险，如财务风险、经营风险等。而由协方差表示的各资产收益率之间相互作用、共同运动所产生的风险，并不能随着组合中资产数目的增加而消失，它是始终存在的。这些无法最终消除的风险被称为系统风险。系统风险归因于广泛的经济趋势和事件，或者是指某种因素对市场上所有的实物商品和金融商品（或劳务）都会带来价格下跌或对所有投资者带来损失的可能性，如战争、经济衰退、通货膨胀、高利率等。

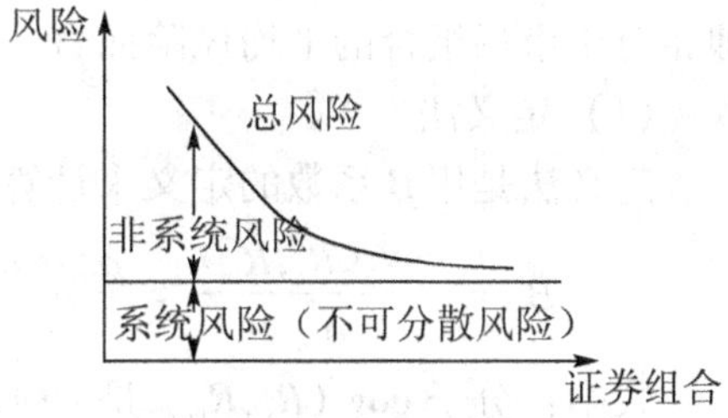

图4－3 证券组合的风险

投资组合的风险如图4－3所示。

## 二、非系统风险与风险分散

非系统风险又称为企业特有风险或可分散风险，是指由于某种特定原因对某特定资产收益率造成影响的可能性，它是可以通过有效的资产组合来消除的风险。非系统风险是特定企业或特定行业所特有的，与政治、经济等市场因素无关。

对于特定企业而言，企业特有风险一般分为经营风险和财务风险。

① 经营风险。经营风险是指公司生产经营方面的原因，给企业目标带来不利影响的可能性，将导致投资者预期收益下降。

② 财务风险。财务风险又称筹资风险，是指公司财务结构不合理，融资不当而给企业目标带来不利影响的可能性，也将导致投资者预期收益下降。

在风险分散的过程中，不应当过分夸大资产多样性和资产数目的作用。实际上，在资产组合中资产数目较少时，通过增加资产的数目分散风险的效应会比较明显，但当资产的数目增加到一定程度时，风险分散的效应就会逐渐减弱。

## 三、系统风险及其衡量

系统风险又称为市场风险或不可分散风险，指影响所有资产的、不能通过资产组合来消除的风险。这部分风险是由那些影响整个市场的风险因素所引起的，包括宏观经济形势变动、国家经济政策变化、税制改革、会计准则改革、世界能源状况、政治因素等。由于这些因素来自企业外部，是单一证券无法抗拒和回避的，这些共同的因素会对所有企业产生不同程度的影响，不能通过多样化投资而分散。

单项资产或资产组合受系统风险影响的程度，通常用$\beta$系数来衡量。

### （一）单项资产的$\beta$系数

单项资产的$\beta$系数指反映该单项资产收益率与市场组合的平均收益率之间变动关系的量化指标。它表示该单项资产收益率的变动受市场平均收益率变动的影响程度，即相对于市场组合的平均风险而言，该单项资产系统风险的大小。计算方法如下：

（1）定义法

定义法是用$\beta$系数的定义来计算：

$$\beta_i = \frac{\mathrm{cov}(R_i, R_m)}{\sigma_m^2} = \frac{\rho_{im}\sigma_i\sigma_m}{\sigma_m^2} = \rho_{im} \times \frac{\sigma_i}{\sigma_m}$$

式中：分子$\mathrm{cov}(R_i, R_m)$是$i$种资产的收益与市场组合收益之间的方差；$\rho_{im}$表示第$i$项资产的收益率与市场组合收益率的相关系数；$\sigma_i$是第$i$项资产收益率的标准差，表示该资产的风险大小；$\sigma_m$是市场组合收益率的标准差，表示市场组合的风险；$\rho_{im}$、$\sigma_i$、$\sigma_m$三个指标的乘积表示第$i$项资产收益率与市场组合收益率的协方差。

对于资本资产（如股票），根据$\beta$的定义，$\beta$即是某种股票的风险相对于股票市场风险的比率。因此，单一股票$\beta$系数的计算方法如下：

$\beta$ = 某一股票风险报酬率 ÷ 证券市场所有股票的平均风险报酬率

（2）回归直线法

在求取市场风险时，可以用回归法把某种股票$i$的实际收益率$R_i$和市场平均股票收益率$R_m$进行回归，得到股票$i$的$\beta$值。$\beta$系数直线回归方程为：

$$y = \alpha + \beta R + \varepsilon$$

式中，$y$为证券的收益率，$R$为市场平均的收益率，$\alpha$为$y$直线在$y$轴的截距（与$y$轴交点），$\beta$为回归直线的斜率，$\varepsilon$为随机因素产生的剩余收益。

可见，$\beta$系数反映的是个别股票风险相对于市场平均风险的变动程度。它是个别股票的市场风险，而不是公司的特有风险。

不难看出，如果某股票的$\beta$系数等于1，它的风险程度与整个市场的平均风险程度相同。就是说，当市场收益率上涨1%，则该股票的收益率也上升1%；如果它的$\beta$系数等于2，则它的风险程度是股票市场平均风险的2倍，就是说，当市场收益率上涨1%，则该股票的收益率可能上升2%；如果该股票的$\beta$系数为0.5，则它的风险程度是市场平均风险的50%，就是说，当市场收益率上涨1%，则该股票的收益率只上升0.5%。$\beta$系数可以反映各种股票不同的市场风险，可作为测定市场风险灵敏度的指标。

还应注意，$\beta$系数并不能反映某一种股票的全部风险，而只是与市场有关的一部分风险。$\alpha+\varepsilon$这部分风险是与市场无关的、只与本公司活动有关的风险。企业的特有风险可以通过多角化经营来分散，而$\beta$系数反映的市场风险不能被互相抵消。既然股票的特有风险可以通过投资组合来分散掉，市场风险就成了投资者注意的焦点。因此，$\beta$系数是股票投资决策的重要依据。

实际生活中，计算某一项目的$\beta$值时，如果无法取得该项目的市场数据，可用资产收益率来代替股票收益率。

股票市场上，往往是用一个公司或其他公司经营项目相同产品的部门或分公司历年的资产收益率，与同期股票市场上计算平均股票参数的公司的资产收益率，建立线性回归方程，求得$\beta$值，作为资本预算项目的$\beta$。

### （二）市场组合及其风险的概念

市场组合是指由市场上所有资产组成的组合。它的收益率就是市场平均收益率，实务中通常用股票价格指数的收益率来代替。而市场组合的方差则代表了市场整体的风险。由于包含了所有的资产，因此市场组合中的非系统风险已经被消除，所以市场组合的风险就是市场风险，即系统风险。

当某资产的$\beta$系数等于1时，说明该资产的收益率与市场平均收益率呈同方向、同比例的变化，即如果市场平均收益率增加（或减少）1%，那么该资产的收益率也相应地增加（或减少）1%。也就是说，该资产的系统风险与市场组合的风险一致。当某资产的$\beta$系数小于1时，说明该资产收益率的变动幅度小于市场组合收益率的变动幅度，因此其系统风险小于市场组合的风险。当某资产的$\beta$系数大于1时，说明该资产收益率的变动幅度大于市场组合收益率的变动幅度，因此其系统风险大于市场组合的风险。

市场中绝大多数资产的$\beta$系数是大于零的（大多数介于0.5～2之间），即绝大多数资产收益率的变化方向与市场平均收益率的变化方向是一致的，只是变化幅度不同而导致$\beta$系数的不同。极个别资产的$\beta$系数是负数，表明这类资产的收益率与市场平均收益率的变化方向相反，当市场的平均收益增加时，这类资产的收益却在减少。

$\beta$系数可通过历史数据用回归方法取得，一般情况下并不需要企业自己计算证券的$\beta$系数，可以查询证券机构公布的$\beta$系数，如我国的一些证券机构定期计算和编制各上市公司的$\beta$系数，人们可以通过检索中国证券市场数据库或查阅证券报得到。

### （三）资产组合的$\beta$系数

对于资产组合来说，其系统风险的大小也可以用$\beta$系数来衡量。资产组合的$\beta$系数是所有单项资产$\beta$系数的加权平均数，权数为各种资产在资产组合中所占的价值比例。

其计算公式为：

$$\beta_p = \sum_{i=1}^{n} W_i \beta_i$$

式中，$\beta_p$是资产组合的$\beta$系数，$W_i$为第$i$项资产在组合中所占的价值比重，$\beta_i$表示第$i$项资产的$\beta$系数。

由于单项资产的$\beta$系数不尽相同，因此通过替换资产组合中的资产或改变不同资产在组合中的价值比例，可以改变资产组合的风险特性。

[例4-7] A公司持有100万元的E、D、F三种股票，比例为50:30:20，$\beta$系数分别为1、2、0.5，则综合$\beta$系数为：

$$\beta_{EDF} = 50\% \times 1 + 30\% \times 2 + 20\% \times 0.5 = 1.2$$

若将其中E股票全部出售，买进同样金额的G股票，G股票$\beta$系数为0.6。则组合$\beta$系数变为：

$$\beta_{GDF} = 50\% \times 0.6 + 30\% \times 2 + 20\% \times 0.5 = 1$$

构成组合的个股的$\beta$系数减小，则组合的综合$\beta$系数降低，使组合风险减少；反之，若构成组合的个股的$\beta$系数增加，则组合的综合$\beta$系数上升，使组合风险增加。

[例4-8] Q公司持有A、B、C三种股票，$\beta$系数分别为2.0、1.0、0.5，证券组合中所占比重分别为60%、30%、10%。已知股票市场收益率为14%，国库券利率为10%。求组合风险收益率。

$$\beta_{组合} = 60\% \times 2.0 + 30\% \times 1.0 + 10\% \times 0.5 = 1.55$$

$$R_{组合} = \beta_{组合} \times (K_M - R_F) = 1.55 \times (14\% - 10\%) = 6.2\%$$

即组合的风险收益率是6.2%。

可见，在其他条件（如平均市场收益率、无风险利率）不变的情况下，风险收益取决于组合的$\beta$系数。$\beta$系数越大，风险收益就越大；反之亦然。投资者可以根据组合投资的$\beta$系数来选择自己能接受的风险水平。但是，降低风险的同时，报酬率也会降低。

[例4-9] Q公司拟在现有的A证券基础上，从B、C两种证券中选择一种风险小的证券与A证券组成一个证券组合，资金比例为6:4，有关的资料如表4-4所示。

**表4-4 A、B、C三种证券的收益率的预测信息**

| 可能情况的概率 | A证券的可能收益率 | B证券的可能收益率 | C证券的可能收益率 |
|---|---|---|---|
| 0.5 | 15% | 20% | 8% |
| 0.3 | 10% | 10% | 14% |
| 0.2 | 5% | -10% | 12% |

（1）应该选择哪一种证券？

（2）假定资本资产定价模型成立，证券市场平均收益率是12%，无风险利率是5%，计算所选择的组合的预期报酬率和$\beta$系数分别是多少。

分析：

A证券的预期报酬率 $=0.5\times15\%+0.3\times10\%+0.2\times5\%=11.5\%$

B证券的预期报酬率 $=0.5\times20\%+0.3\times10\%+0.2\times(-10\%)=11\%$

C证券的预期报酬率 $=0.5\times8\%+0.3\times14\%+0.2\times12\%=10.6\%$

B证券的标准差

$=\sqrt{(20\%-11\%)^2\times0.5+(10\%-11\%)^2\times0.3+(-10\%-11\%)^2\times0.2}=11.35\%$

C证券的标准差

$=\sqrt{(8\%-10.6\%)^2\times0.5+(14\%-10.6\%)^2\times0.3+(12\%-10.6\%)^2\times0.2}=2.69\%$

B证券的标准离差率 $=11.35\%\div11\%=1.03$

C证券的标准离差率 $=2.69\%\div10.6\%=0.25$

由于C证券的标准差和标准离差率均小于B证券的标准差和标准离差率，所以应该选择C证券。

组合的预期报酬率 $=0.6\times11.5\%+0.4\times10.6\%=11.14\%$

根据资本资产定价模型：

$11.14\%=5\%+\beta(12\%-5\%)$

解得$\beta=0.88$。

## 第3节　证券市场理论

在市场机制的作用下，证券市场自发地对各种证券的风险与收益进行动态调整，最终实现风险和收益的均衡状态，由此产生了证券市场理论。

### 一、资产的必要收益率

对于每项资产，投资者都会因承担风险而要求获得额外的补偿，其要求的最低收益率应该包括无风险收益率与风险收益率两部分。因此，对于每项资产来说，所要求的必要收益率可以用以下的模式来度量：

资产必要收益率（$R$）＝无风险收益率（$R_f$）＋风险收益率

式中：无风险收益率（$R_f$）是纯利率与通货膨胀补贴率之和，通常用短期国债的收益率来近似替代；风险收益率则表示因承担该项资产的风险而要求获得的额外补偿，其大小则视所承担风险的大小以及投资者对风险的偏好而定。

风险收益率可以表述为风险价值系数（$b$）与标准离差率（$V$）的乘积，即

风险收益率 = $b \times V$

因此，

必要收益率 $(R) = R_f + b \times V$

风险价值系数 $b$ 的大小取决于投资者对风险的偏好，对风险的态度越是回避，风险价值系数的值也就越大；反之则越小。标准离差率 $V$ 的大小则由该项资产本身的风险大小所决定。

实际中，风险价值系数 $b$ 的计算可采用统计回归方法对历史数据进行分析得出估计值，也可结合管理人员的经验分析判断得出。但是，由于 $b$ 受风险偏好的影响，而风险偏好又受风险种类、风险大小及心理因素的影响，因此对于 $b$ 的准确估计就变得相当困难，估计出的 $b$ 值也不够可靠。

由于风险价值系数 $b$ 和标准离差率 $V$ 的估计都是比较困难的，即使能够取得亦不够可靠。因此，上述公式的理论价值远远大于其实用价值。不过实际中，常常用资本资产定价模型来确定资产的必要收益率。

## 二、资本资产定价模型

### （一）资本资产定价模型

（1）资本资产定价模型（CAPM）的基本原理

资本资产主要指股票，定价主要是解释资本市场如何决定股票收益率，进而决定股票价格。资本资产定价模型是 1964 年由经济学家 Hazy Markowitz 和 William F. Sharpe 提出的，鉴于他们在此方面做出的贡献，1990 年，Hazy Markowitz 和 William F. Sharpe 获得诺贝尔经济学奖，资本资产定价模型也成为财务学发展中重要的里程碑。

资本资产定价模型的一个主要贡献，是解释了风险收益率的决定因素和度量方法。根据风险——收益的一般关系，资产的必要收益率是由无风险收益率和该资产的风险收益率决定的。即：

必要收益率 = 无风险收益率 + 风险收益率

据此，资本资产定价模型为：

$$R = R_f + \beta \times (R_m - R_f)$$

式中，$R$ 表示某资产的必要收益率，$\beta$ 表示该资产的系统风险系数，$R_f$ 表示无风险收益率，通常以短期国债的利率来近似的替代；$R_m$ 表示市场平均收益率，通常用股票价格指数来代替。

公式中的 $R_m - R_f$ 称为市场风险溢酬，它是附加在无风险收益率之上的，由于承担了市场平均风险所要求获得的补偿，它反映的是市场作为整体对风险的平均“容忍”程度。对风险的平均容忍程度越低，越厌恶风险，要求的收益率就越高，市场风险溢酬就越大；反之，市场风险溢酬则越小。

某项资产的风险收益率是市场风险溢酬与该资产的$\beta$系数的乘积。即：

风险收益率 = $\beta \times (R_m - R_f)$

（2）证券市场线（SML）

如果把资本资产定价模型核心关系式中的系统风险系数（$\beta$）看作自变量（横坐标），必要收益率（$R$）作为因变量（纵坐标），无风险利率（$R_f$）和市场风险溢酬（$R_m - R_f$）作为已知系数，那么这个关系式在数学上就是一个直线方程，叫做证券市场线（简称SML）。即以下关系式所代表的直线：

$$R = R_f + \beta \times (R_m - R_f)$$

该直线的横坐标是$\beta$系数，纵坐标是必要收益率。

证券市场线上每个点的横、纵坐标分别对应着每一项资产（或资产组合）的系统风险系数和必要收益率。因此，证券市场上任意一项资产或资产组合的系统风险系数和必要收益率都可以在证券市场线上找到对应的一点。

［例4－10］证券市场上有一T公司股票，$\beta$系数是1.2，短期国库券利率4%，设市场平均收益率10%，那么，T公司股票的必要收益率应为：

$$R = R_f + \beta \times (R_m - R_f) = 4\% + 1.2 \times (10\% - 4\%) = 11.2\%$$

（3）资产组合的必要收益率

资产组合的必要收益率也可用证券市场线来描述：

资产组合的必要收益率 $R = R_f + \beta_p (R_m - R_f)$

式中，$\beta_p$是资产组合的系统风险系数。

［例4－11］在例4－8中，Q公司持有的A、B、C三种股票，证券组合中所占比重分别为60%、30%、10%。已知股票市场收益率为14%，国库券利率为10%，计算出组合的$\beta$系数为1.55、组合风险收益率6.2%，那么组合的必要收益率即为：

组合的必要收益率 $= 10\% + 1.55 \times (14\% - 10\%)$

$= 10\% + 6.2\% = 16.2\%$

### （二）资本资产定价模型的应用

（1）证券市场线对证券市场的描述

市场风险溢酬（$R_m - R_f$）反映的是市场整体对风险的偏好，如果风险厌恶程度高，则市场风险溢酬的值就大。那么，当某项资产的系统风险水平（用$\beta$表示）稍有变化时，就会导致该项资产的必要收益率以较大幅度变化。相反，如果多数市场参与者对风险的关注程度较小，那么资产的必要收益率受其系统风险的影响则较小。

当无风险收益率上涨而其他条件不变时，所有资产的必要收益率都会上涨同样的数量；反之，当无风险收益率下降且其他条件不变时，所有资产的必要收益率都会下降同样的数量。

（2）证券市场线与市场均衡

资本资产定价模型认为，证券市场线是一条市场均衡线，市场在均衡的状态下，所有资产的预期收益都应该落在这条线上。也就是说，在均衡状态下，每项资产的预期报酬率应该等于其必要收益率，其大小由证券市场线的核心公式决定。

预期报酬率 = 必要收益率 = $R_f + \beta(R_m - R_f)$

（3）资本资产定价模型的有效性和局限性

资本资产定价模型和证券市场线最大的贡献，在于它们描述了风险与收益之间的数量关系，首次将"高收益伴随着高风险"的直观认识用简单的关系式表达出来。

在实际运用中，资本资产定价模型仍存在着一些明显的局限，主要表现在：

① 某些资产或企业的 $\beta$ 值难以估计，特别是那些缺乏历史数据的新兴行业；

② 即使有充足的历史数据可以利用，但由于经济环境的不确定性和不断变化，使得依据历史数据估算出来的 $\beta$ 值对未来的指导作用大打折扣；

③ 资本资产定价模型和证券市场线是建立在一系列假设之上的，其中一些假设与实际情况有较大的偏差。

## 三、套利定价理论

套利定价理论是由美国经济学家 Stephen Ross 于 1976 年提出来的讨论资产的收益率如何受风险因素影响的理论。所不同的是，套利定价理论认为资产的预期报酬率不是只受单一风险的影响，而是受若干个相互独立的风险因素，如通货膨胀率、利率、石油价格、国民经济的增长指标等的影响，是一个多因素的模型。基本形式为：

$$E(R) = R_f^* + b_1\lambda_1 + b_2\lambda_2 + b_i\lambda_i + \cdots + b_n\lambda_n$$

式中：$E(R)$ 表示某项资产的预期报酬率；$R_f^*$ 表示不包括通货膨胀因素的无风险收益率，即纯利率；$b_i$ 表示风险因素 $i$ 对该资产的影响程度，称为资产对风险因素 $i$ 的响应系数；$\lambda_i$ 表示风险因素 $i$ 的预期报酬率，即资产承担风险 $i$ 而预期获得的收益率。

套利定价理论认为，同一个风险因素所要求的风险收益率（即超过纯利率的部分）对于所有的资产来说都是相同的。因此，每个 $\lambda_i$ 的大小对于不同的资产都会给出同样的数值，否则如果某个风险因素对不同的资产提供了不同的收益，投资者就可以通过适当调整手中资产组合中的资产种类和比例，即通过所谓的"套利"活动，在不增加风险的情况下获得额外收益。而这种套利活动的结果，就会使这些额外的收益逐渐变小，以致于最后消除，达到市场均衡。这是套利理论的一个基本结论。

由于纯利率 $R_f^*$ 和每个风险因素的预期报酬率 $\lambda_i$ 都是相同的，那么，不同资产收益率的不同则只能通过 $b_i$ 的不同来体现。也就是说，不同资产预期收益之所以不同，只是因为不同资产对同一风险因素的响应程度不同。

当然，要想获取 $\lambda_i$ 和 $b_i$ 的数据，需要对历史收益率数据采用交叉回归分析和因素分析的方法进行估计，这在现实中是较为困难的工作，尤其是 $b_i$ 的估计不仅困难，而且可靠性不高。

尽管运用套利定价理论来计算收益率比较复杂，但它的基本思想比资本资产定价理论更接近实际，对资产的交易更具指导意义。套利定价理论考虑了多种因素对资产收益的影响，比资本资产定价理论更清楚地指明了风险来自于哪一方面。

在套利定价理论下，投资者可以选择或者构造一个只受某一个风险因素影响的资产或资产组合。投资者应当根据自己的风险偏好和抗风险能力来选择资产或资产组合，回避那些不愿意承担的风险。

# 思考与练习

**关键术语**

资产收益　实际收益率　名义收益率　预期报酬率　必要收益率　风险收益率　概率　方差　标准差　系统风险　资产组合　市场组合　证券市场线　资本资产定价模式　套利定价理论

**思考题**

1. 资产收益与风险的含义是什么？经营风险和财务风险的主要区别是什么？
2. 什么是概率？方差、标准差、标准差率应如何计算？
3. 如何用资本资产定价模式分析项目的市场风险？$\beta$ 值的含义及其一般计算公式是什么？
4. 资产组合总风险的构成及系统风险的衡量方法是什么？

**客观题**

**一、单项选择题**

1. 下列各项中会引起企业财务风险的是：（　）

A. 举债经营　B. 生产组织不合理

C. 销售决策失误　D. 新材料出现

2. 正相关程度越高，投资组合可分散投资风险的效果就越：（　）

A. 大　B. 小　C. 相等　D. 无法比较

3. 下列说法错误的是：（　）

A. 相关系数为 0 时，不能分散任何风险

B. 相关系数在 0 ～ 1 之间时，相关系数越大，风险分散效果越小

C. 相关系数在 -1 ～ 0 之间时，相关系数越大，风险分散效果越小

D. 相关系数为 -1 时，可能完全分散组合的非系统风险

4. 某投资组合的必要收益率等于无风险收益率，则该组合的 $\beta$ 系数为：（　）

A. 1　B. 0　C. 3　D. 无法确定

5. 无风险收益率 6%，风险收益率 4%，利率 5%，通货膨胀补偿率 1%，则必要收益率为：（　）

A. 5%　B. 6%　C. 10%　D. 11%

6. 已知某项资产收益率与市场组合收益率之间的相关系数为 0.6，该项资产收益率的标准差为 10%，市场组合收益率的方差为 0.36%，则该项资产的 $\beta$ 系数为：（　）

A. 12.5　　B. 1　　C. 6　　D. 2

7. 非系统风险包括的内容有：（　　）

A. 可分散风险和不可分散风险　　B. 财务风险和经营风险

C. 内部风险和外部风险　　D. 市场风险和特定风险

8. 某投资组合的必要收益率为15%，市场上所有组合的平均收益率为12%，无风险收益率为5%，则该组合的$\beta$系数为：（　　）

A. 2　　B. 1.43　　C. 3　　D. 无法确定

9. 下列因素引起的风险中，投资者可以通过投资组合予以消减的是：（　　）

A. 国家进行税制改革　　B. 世界能源状况变化

C. 发生经济危机　　D. 一个新的竞争者生产同样的产品

10. 下列关于风险偏好的说法不正确的是：（　　）

A. 当预期报酬率相同时，风险回避者偏好于具有低风险的资产

B. 当预期报酬率相同时，风险追求者偏好于具有高风险的资产

C. 对于同样风险的资产，风险回避者钟情于具有高预期收益的资产

D. 如果风险不同，则风险中立者要权衡风险和收益的关系

11. 在下列各种情况下，不会给企业带来经营风险的有：（　　）

A. 企业举债过度　　B. 原材料价格发生变化

C. 企业产品更新换代周期过长　　D. 企业产品的质量不稳定

12. 在计算由两项资产组成的投资组合收益率的标准差时，不需要考虑的因素是：（　　）

A. 单项资产在投资组合中所占比重　　B. 单项资产的$\beta$系数

C. 单项资产的方差　　D. 两种资产的相关系数

13. 已知甲方案投资收益率的期望值为20%，乙方案投资收益率的期望值为23%，两个方案都存在投资风险，比较甲、乙两方案风险大小应采用的指标是：（　　）

A. 方差　　B. 净现值

C. 标准离差　　D. 标准离差率

14. 某企业拟进行一项存在一定风险的完整工业项目投资，有甲、乙两个方案可供选择：已知甲方案净现值的期望值为2 000万元，标准离差为500万元；乙方案净现值的期望值为2 500万元，标准离差为800万元。下列结论正确的是：（　　）

A. 甲方案优于乙方案　　B. 甲方案的风险大于乙方案

C. 甲方案的风险小于乙方案　　D. 无法评价甲乙方案的风险大小

15. 某人4个月前以20 000元购买A公司股票，至今未卖出，持有期曾经获得股利200元，预计未来8个月A公司不会发股利，预计未来8个月内该股票市值为22 000元的可能性为40%，市价为23 000元的可能性为30%，市值为18 000元的可能性为30%。该投资人年预期报酬率为：（　　）

A. 5.5%　　B. 6.5%　　C. 1%　　D. 11%

16. 从投资者的角度看，下列观点不能被认同的是：（　　）

A. 有些风险可以分散，有些风险则不能分散

B. 额外的风险要通过额外的收益来补偿

C. 投资分散化是好的事件与不好的事件的相互抵消

D. 当增加组合中资产的种类时，组合的风险将降低，而收益仍是加权平均的收益

17. 已知A证券收益率的标准差为0.2，B证券收益率的标准差为0.5，A、B两者之间收益率的协方差是0.06，则A、B两者之间收益率的相关系数为：（ ）

A. 0.1　　B. 0.2　　C. 0.25　　D. 0.6

18. 下列事项中，能够改变特定企业非系统风险的是：（ ）

A. 竞争对手被外资并购　　B. 国家加入世界贸易组织

C. 汇率波动　　D. 货币政策变化

19. 如果A、B两种证券的相关系数等于1，A的标准差为18%，B的标准差为10%，在等比例投资的情况下，该证券组合的标准差等于：（ ）

A. 28%　　B. 14%　　C. 8%　　D. 18%

20. 目前无风险资产收益率为7%，整个股票市场的平均收益率为15%，某公司股票预期收益率与整个股票市场的平均收益率之间的协方差为250，整个股票市场平均收益率的标准差为15，则该公司股票的必要收益率为：（ ）

A. 15%　　B. 13%　　C. 15.88%　　D. 16.43%

21. 已知某证券的$\beta$系数等于1，则表明该证券：（ ）

A. 无风险　　B. 有非常低的风险

C. 与金融市场所有证券平均风险一致　　D. 比金融市场所有证券平均风险大1倍

22. 利用标准差比较不同投资项目风险大小的前提条件是：（ ）

A. 项目所属的行业相同　　B. 项目的预期报酬率相同

C. 项目的置信区间相同　　D. 项目的置信概率相同

23. 关于证券投资组合理论的以下表述正确的是：（ ）

A. 证券投资组合能消除大部分系统风险

B. 证券投资组合的总规模越大，承担的风险越大

C. 最小方差组合是所有组合中风险最小的组合，所以报酬最大

D. 一般情况下，随着更多的证券加入到投资组合中，整体风险的降低程度会越来越慢

**二、多项选择题**

1. 按照资本资产定价模型，影响特定股票必要收益率的因素有：（ ）

A. 无风险收益率　　B. 平均风险股票的必要收益率

C. 特定股票的$\beta$系数　　D. 股票的财务风险

2. 关于风险的衡量下列说法正确的是：（ ）

A. 可以采用资产的预期报酬率衡量风险

B. 如果两个方案进行比较，则标准离差大的方案风险一定大

C. 如果两个方案进行比较，则标准离差率大的方案风险一定大

D. 预期报酬率不同的方案之间的风险比较只能使用标准离差率指标

3. 下列公式正确的是：（ ）

A. 风险收益率 = 风险价值系数 × 标准离差率

B. 风险收益率 = 风险价值系数 × 标准离差

C. 必要收益率 = 无风险收益率 + 风险收益率

D. 必要收益率 = 无风险收益率 + 风险价值系数 × 标准离差率

4. 下列说法正确的是：（　　）

A. 资产组合的预期报酬率就是组成资产组合的各种资产的预期报酬率的加权平均数

B. 相关系数为 1 时，两种资产组成的投资组合的标准差是各自标准差的加权平均数

C. 相关系数为 1 且等比例投资时，两种资产组成的投资组合的标准差是各自标准差的算术平均数

D. 相关系数为 0 时，两种资产组成的投资组合的标准差是各自标准差之和

5. 关于 $\beta$ 系数，下列说法正确的是：（　　）

A. 单项资产的 $\beta$ 系数可以反映单项资产收益率与市场上全部资产的平均收益率之间的变动关系

B. 某项资产的 $\beta$ 系数 = 该项资产的风险收益率/市场组合的风险收益率

C. 某项资产的 $\beta$ 系数 = 该项资产收益率与市场组合收益率的协方差/市场组合收益率的方差

D. 当 $\beta$ 系数为 0 时，表明该资产没有风险

6. 关于资本资产定价模型的下列说法正确的是：（　　）

A. 如果市场风险溢酬提高，则所有的资产的风险收益率都会提高，并且提高的数量相同

B. 如果无风险收益率提高，则所有的资产的必要收益率都会提高，并且提高的数量相同

C. 对风险的平均容忍程度越低，市场风险溢酬越大

D. 如果 $\beta = 1$，则该资产的必要收益率 = 市场平均收益率

7. 关于单项资产的 $\beta$ 系数，下列说法正确的是：（　　）

A. 表示单项资产收益率的变动受市场平均收益率变动的影响程度

B. 取决于该项资产收益率和市场资产组合收益率的相关系数、该项资产收益率的标准差和市场组合收益率的标准差

C. 当 $\beta < 1$ 时，说明其所含的系统风险小于市场组合的风险

D. 当 $\beta = 1$ 时，说明如果市场平均收益率增加 1%，那么该资产的收益率也相应增加 1%

8. 对于两项资产构成的投资组合而言，下列说法不正确的是：（　　）

A. 只有当完全正相关时，资产组合的预期报酬率才等于两项资产的预期报酬率的加权平均数

B. 完全正相关时，投资组合不能分散任何风险，组合的风险最大，等于两项资产风险的代数和

C. 完全负相关时，资产收益率的变化方向和幅度完全相反，可以最大程度地抵消风险

D. 如果不是完全正相关，则资产组合可以分散风险，所分散掉的是由协方差表示的各资产收益率之间共同运动所产生的风险

9. 在下列各项中，能够影响特定投资组合 $\beta$ 系数的有：（　　）

A. 该组合中所有单项资产在组合中所占的比重

B. 该组合中所有单项资产各自的 $\beta$ 系数

C. 市场投资组合的无风险收益率

D. 该组合的无风险收益率

10. 在下列各项中，属于财务管理风险对策的有：（　　）

A. 规避风险　　B. 减少风险

C. 转移风险　　D. 接受风险

11. 下列说法中，正确的是：（　　）

A. 企业的总价值 $V_0$ 与预期的报酬成正比
B. 企业的总价值 $V_0$ 与预期的风险成反比
C. 在风险不变时，报酬越高，企业总价值越大
D. 在报酬不变时，风险越高，企业总价值越大
E. 在风险和报酬达到最佳平衡时，企业的总价值达到最大

12. 下列有关投资组合风险和报酬的表述正确的是： ( )
A. 除非投资于市场组合，否则投资者应该通过投资于市场组合和无风险资产的混合体来实现在资本市场上的投资
B. 当资产报酬率并非完全正相关时，分散化原理表明分散化投资是有益的，原因在于能够提高投资组合的期望报酬率对其风险的比值，即分散化投资改善了风险—报酬率对比状况
C. 一项资产的期望报酬率是其未来可能报酬率的均值
D. 投资者可以把部分资金投资于有效资产组合曲线以下的投资组合

13. 下列关于资本资产定价模型β系数的表述，正确的有： ( )
A. β系数可以是负数
B. β系数是影响证券收益的唯一因素
C. 投资组合的β系数一定会比组合中任一单只证券的β系数低
D. β系数反映的是证券的系统风险

14. 下列有关证券组合投资风险的表述，正确的是： ( )
A. 证券组合的风险不仅与组合中每个证券的报酬率标准差有关，而且与证券之间报酬率的协方差有关
B. 持有多种彼此不完全相关的证券可以降低风险
C. 资本市场线反映了持有不同比例无风险资产与市场组合情况下风险与报酬的权衡关系
D. 投资机会集曲线描述了不同投资比例组合的风险和报酬之间的权衡关系

15. 下列有关β和标准差的表述中，正确的是： ( )
A. β测度系统风险，而标准差测度非系统风险
B. β测度系统风险，而标准差测度整体风险
C. β测度财务风险，而标准差测度经营风险
D. β只反映市场风险，而标准差还反映特有风险

16. 关于衡量投资方案风险的下列说法正确的有： ( )
A. 预期报酬率的概率分布越窄，投资风险越小
B. 预期报酬率的概率分布越窄，投资风险越大
C. 预期报酬率的标准差越大，投资风险越大
D. 预期报酬率的变化系数越大，投资风险越大

17. 关于投资者要求的投资报酬率，下列说法正确的是： ( )
A. 风险程度越高，要求的报酬率越高
B. 无风险报酬率越高，要求的报酬率越高
C. 无风险报酬率越低，要求的报酬率越高
D. 投资报酬率是一种机会成本

18. 如果组合中包括了全部股票，则投资人： ( )
A. 只承担市场风险
B. 只承担特有风险

C. 只承担非系统风险　　　　　　　　　　D. 只承担系统风险

19. 下列有关的说法正确的是：（　　）

A. 如果投资者选择一项资产并把它加入已有的投资组合中，那么该资产的风险完全取决于它如何影响投资组合收益的波动性

B. 投资项目的风险大小是一种客观存在，但投资人是否冒风险，则是主观可以决定的

C. 风险是在一定条件下，一定时期内可能发生的各种结果的变动程度

D. 在充分组合的情况下，公司特有风险与决策是不相关的

20. 对于两种资产组合来说：（　　）

A. 无效集是比最小方差组合期望报酬率还低的投资机会的集合

B. 无效集与最小方差组合相比，不但报酬低，而且风险大

C. 有效资产组合曲线内的投资组合在既定的风险水平上，期望报酬率不一定是最高的

D. 有效资产组合曲线内的投资组合在既定的收益水平上风险是最低的

21. 下列各项中，能衡量风险的指标有：（　　）

A. 方差　　　　　　　　　　B. 标准差

C. 预期值　　　　　　　　　D. 变化系数

**三、判断题**

1. 方差和标准离差两个指标适用于任何决策方案的风险程度的比较。（　　）

2. 风险自保就是企业预留一笔风险基金或随生产经营的进行，有计划地计提风险基金，如坏账准备金、存货跌价准备等。（　　）

3. 在其他因素不变的情况下，资产之间的相关程度越大，组合的风险越大。（　　）

4. 协方差为正值时，表示两种资产的收益率呈同方向变动。协方差越大，表示两种资产收益率之间的关系越密切。（　　）

5. 当两项资产的收益率具有完全负相关关系时，两者之间的非系统风险可以充分地相互抵消，但不能完全消除。（　　）

6. 当$\beta=1$时，说明该资产的收益率与市场平均收益率呈同方向、同比例的变化，即如果市场平均收益率增加（或减少）1%，那么该资产的收益率也相应地增加（或减少）1%，也就是说，该资产所含的系统风险与市场组合的风险一致。（　　）

7. 无论资产之间的相关系数如何变化，投资组合的收益率都不会低于所有单个资产中的最低收益率，投资组合的风险可能会高于所有单个资产中的最高风险。（　　）

8. 随着资产组合中资产数目的增加，由方差表示的各资产本身风险状况对组合风险的影响并不随着组合中资产个数的增大而消失，它是始终存在的。（　　）

9. 一般来讲，随着资产组合中资产个数的增加，资产组合的风险会逐渐降低，当资产的个数增加到一定程度时，组合风险可以降低到零。（　　）

10. 套利定价理论认为，对于所有不同的资产来说，纯利率和每个风险因素的预期报酬率都是相同的，不同资产收益率的不同只能通过风险因素对该资产的影响程度的不同来体现。（　　）

11. 价值最大化目标的基本思想是保证企业长期稳定获得社会平均资金利润率。（　　）

12. 购买国库券、偿还借款、支付股票股利均属于企业筹资引起的财务活动。（　　）

13. 已知甲、乙两个投资项目收益率的标准差分别是6%和12%，投资比例为50%，两个投资项

目收益率的相关系数为 -1，则甲、乙两个项目构成的投资组合的标准差为 3%。 (　　)

14. 由协方差表示的各资产收益率之间相互作用，共同运动所产生的风险并不随着组合中资产的个数的增大而减小，它是始终存在的。 (　　)

15. 只要两种证券相关系数小于 1，证券组合报酬率的标准差就小于各证券报酬率标准差的加权平均数。 (　　)

16. 不管期望值是否相同，均可以根据变化系数判断风险的大小。 (　　)

17. 对于两种证券形成的组合来说，当相关系数为 1 时，投资组合收益率的标准差为单项资产收益率标准差的加权平均数。 (　　)

18. 在标准差不等于 0 的情况下，只要两种证券的相关系数小于 1，证券组合报酬率的标准差就小于各证券报酬率标准差的加权平均数。 (　　)

19. 构成投资组合的证券 A 和证券 B，其标准差分别为 12% 和 8%。在等比例投资的情况下，如果两种证券的相关系数为 1，则该组合的标准差为 10%，如果两种证券的相关系数为 -1，则该组合的标准差为 2%。 (　　)

20. 动态风险既有损失机会又有获利可能，能够通过大数法则计算，预测风险的发生概率。 (　　)

21. 如果甲方案的预期收益率大于乙方案，甲方案的标准差小于乙方案，则甲方案的风险小于乙方案。 (　　)

## 练习题

### 习题一

（一）资料：某企业有甲、乙两个投资项目，计划投资额均为 1 000 万元，收益率概率分布如右表所示。

| 市场状况 | 概率 | 甲项目 | 乙项目 |
|---|---|---|---|
| 好 | 0.2 | 20% | 30% |
| 一般 | 0.6 | 10% | 10% |
| 差 | 0.2 | 5% | -10% |

（二）要求：

(1) 分别计算甲、乙两个项目收益率的期望值。

(2) 分别计算甲、乙两个项目收益率的标准离差。

(3) 比较甲、乙两个投资项目风险的大小。

(4) 设无风险收益率为 5%，甲项目风险价值系数为 10%，计算甲项目投资的风险收益率和必要收益率。

### 习题二

（一）资料：A 种股票各种可能的投资收益率以及相应的概率如右表所示。

| 发生概率 | 投资收益率（%） |
|---|---|
| 0.2 | 40 |
| 0.5 | 10 |
| 0.3 | -8 |

（二）要求计算（结果保留两位小数）：

(1) 计算 A 股票收益率的期望值和标准差；

(2) 假设市场组合收益率的标准差为 12%，该股票收益率与市场组合收益率的相关系数为 0.6，计算该股票的 $\beta$ 系数；

(3) 假设无风险收益率为 5%，当前股票市场的平均收益率为 8%，则该股票的必要收益率为多少？

(4) 目前是否应进行该股票的投资？

### 习题三

（一）资料：某公司持有由甲、乙、丙、丁四种股票构成的投资组合，它们的 $\beta$ 系数分别为 2.0、1.5、0.5、1.0，它们在证券组合中所占比重分别为 40%、30%、10%、20%，市场上所有股票的平均收益率为 12%，无风险收益率为 8%。

（二）要求计算：

（1）各股票的必要收益率；

（2）投资组合的$\beta$系数；

（3）投资组合的必要收益率。

**习题四**

（一）资料：A 公司目前有甲、乙两个投资方案，其具体情况见下表。

| 市场状况 | 概率 | 甲方案投资收益 | 乙方案投资收益 |
|---|---|---|---|
| 好 | 35% | 120 | 100 |
| 一般 | 45% | 60 | 65 |
| 差 | 20% | -20 | -15 |

（二）要求：用风险收益均衡原则决策企业应该选择何种投资方案。

**习题五**

（一）资料：Q 公司拟对外投资，有 A、B、C 三家公司可供选择，资料见下表。

| 市场状况 | 概率 | 预计报酬率 | | |
|---|---|---|---|---|
| | | A 公司 | B 公司 | C 公司 |
| 繁荣 | 0.4 | 40% | 50% | 60% |
| 一般 | 0.4 | 20% | 20% | 20% |
| 衰退 | 0.2 | 0% | -15% | -30% |

（二）要求：作出投资决策。

**习题六**

（一）资料：某公司现有 A、B、C 三种股票的证券组合。三种证券的$\beta$系数分别是 2、1.3、0.8，投资额分别是 60 万元、30 万元、10 万元。设股票市场的平均收益率为 10%，无风险利率为 5%。设资本资产定价模型成立。

（二）要求：

（1）计算组合的预期报酬率；

（2）若为了降低风险，企业卖出部分 A 股票，买入同等金额的 C 股票，使证券组合的投资额为 10 万元、30 万元、60 万元，其他条件不变。要求计算此时的风险收益率和预期报酬率。

**习题七**

（一）资料：投资者预期 T 公司股票会以每年 5% 的固定比例增长，该股票$\beta$系数为 2，无风险报酬率为 7.47%，市场所有股票的平均报酬率为 12%，T 公司刚刚支付每股 2 元的股利。

（二）要求：利用资本资产定价模式计算该股票的必要报酬率。

**习题八**

（一）资料：S 公司共持有 A、B、C、D 四种股票，比例为 50∶30∶10∶10，$\beta$系数分别为 2、0.5、

0.7、1.5。现公司拟改变投资组合，抛出B、C股票，买进同等金额的E股票，已知E股票的$\beta$系数为1，且已知各种股票的预期报酬率分别为22%、10%、12%、18%、14%。

（二）要求计算：

（1）投资组合改变前、改变后的$\beta$系数；

（2）投资组合改变前、改变后的预期报酬率。

**习题九**

（一）资料：某公司现有甲、乙两个投资项目可供选择，有关资料见下表。

| 市场销售情况 | 概率 | 甲项目的收益率 | 乙项目的收益率 |
|---|---|---|---|
| 很好 | 0.2 | 30% | 25% |
| 一般 | 0.4 | 15% | 10% |
| 很差 | 0.4 | -5% | 5% |

（二）要求计算：

（1）甲、乙两项目的预期报酬率、标准差和标准离差率。

（2）公司决定对每个投资项目要求的收益率都在8%以上，并要求所有项目的标准离差率不得超过1，那么应该选择哪一个项目？

假定关系式：预期报酬率$(R)=R_f+bV$成立，政府短期债券的收益率是4%，计算所选项目的风险价值系数$b$。

（3）假设资本资产定价模型成立，证券市场平均收益率为12%，政府短期债券收益率为4%，市场组合的标准差为6%，分别计算两项目的$\beta$系数以及它们与市场组合的相关系数。

**习题十**

（一）资料：某公司现有A、B两个项目，相关资料见右表。

| 项目 | A | B |
|---|---|---|
| 预期报酬率 | 10% | 18% |
| 标准差 | 12% | 20% |
| 投资比例 | 0.8 | 0.2 |
| A、B的相关系数 | 0.2 | |

（二）要求计算：投资于A和B的组合报酬率、组合标准差、组合协方差。

**习题十一**

（一）资料：某公司持有A、B、C三种股票构成的证券组合，它们目前的市价分别为20元/股、6元/股和4元/股，它们的$\beta$系数分别为2.1、1.0和0.5，它们在证券组合中所占的比例分别为50%、40%、10%，上年的股利分别为2元/股、1元/股和0.5元/股，持有B、C股票每年可分别获得稳定的股利，持有A股票每年获得的股利逐年增长率为5%。若目前的市场收益率为14%，无风险利率为10%。

（二）要求计算：

（1）持有A、B、C三种股票投资组合的风险收益率；

（2）若投资总额为30万元，风险收益是多少？

（3）投资A股票、B股票、C股票的必要收益率；

（4）投资组合的必要收益率。

**习题十二**

（一）资料：A、B 两证券报酬率的标准差为 10% 和 12%，投资比例为 0.4 和 0.6，相关系数为 0.8。

（二）要求计算：A、B 证券组合报酬率的协方差和标准差。

**习题十三**

（一）资料：甲、乙两项资产的历史收益率的有关资料如右表所示。

| 年 | 甲资产的收益率 | 乙资产的收益率 |
|---|---|---|
| 2005 | −10% | 15% |
| 2006 | 5% | 10% |
| 2007 | 10% | 0% |
| 2008 | 15% | −10% |
| 2009 | 20% | 30% |

（二）要求估算：

（1）两项资产的预期收益率；

（2）两项资产的标准差；

（3）两项资产的变化系数。

# 第5章　证券估值

## 第1节　普通股及其估值

证券是指各类记载并代表一定权利的法律凭证，它用以证明持有人有权依其所持有凭证记载的内容而取得应有的权益。证券按所代表的权利性质分类，分为股票、债券、其他证券三种。证券估值非常重要，它是投资人用以决策的依据和代表证券投资价值的依据。本章主要介绍普通股估值及债券估值。

### 一、股票与股票收益率

#### （一）股票的价值与价格

股票是股份公司发给股东的入股凭证。它是股东拥有股份资本所有权的证书，也是股东借以定期取得股息和红利的一种有价证券。股票可以依法进行买卖、转让和作为向银行申请贷款的抵押品。

（1）股票的价值形式

股票的价值形式有票面价值、账面价值、清算价值和市场价值。

股票票面价值又称股票票面价值，是股份公司在所发行的股票票面上标明的票面金额，它以元/股为单位，其作用是用来表明每一张股票所包含的资本数额。

股票账面价值又称股票净值或每股净资产，是每股股票代表的实际资产价值。

股票清算价值是指股份公司破产或倒闭后清算时，每股股票所代表的实际价值。

股票市场价值即股票在市场上交易，根据买卖成交所决定的价格。股票市场价值亦即股票未来收益的现值。

（2）股票的价格

股票价格有广义和狭义之分。狭义的股票价格就是股票交易价格；广义的股票价格则包括股票的发行价格和交易价格两种形式。股票交易价格具有事先不确定性和市场性的特点。

（3）股价指数

股价指数是指金融机构通过对股票市场上一些有代表性的公司发行的股票价格进行平均计算和动态对比后得出的数值。它是用以表示多种股票平均价格水平及其变动，并权衡股市行情的指标。股价指数的计算方法有简单算术平均法、综合平均法、几何平均法和加权综合法等。

### （二）股票的特征

股票具有以下六个方面的特征：

① 收益性。是股票最基本的特征，指持有股票可以为持有人带来收益的特性。

② 风险性。指股票可能产生经济利益损失的特性。持有股票要承担一定的风险。

③ 流动性。指股票可以自由地进行交易。

④ 永久性。指股票所载有权利的有效性是始终不变的，因为它是一种无期限的法律凭证。

⑤ 参与性。指股票持有人有权参与公司重大决策的特性。

⑥ 波动性。指股票交易价格经常变化，或者说与股票票面价值经常不一致。

### （三）股票的收益率

股票的收益是指投资者从购入股票开始到出售股票为止整个持有期间的收入，由股利和资本利得两方面组成。股票收益率是股票收益额与购买成本之比。为便于与其他年度收益指标相比较，可折算为年均收益率。股票收益率主要有本期收益率、持有期收益率两种。

（1）本期收益率

本期收益率是指股份公司上年派发的现金股利与本期股票价格的比率，反映了以现行价格购买股票的预期收益情况。

$$本期收益率=\frac{年现金股利}{本期股票价格}\times 100\%$$

式中，年现金股利是指上年发放的每股股利，本期股票价格是指该股票当日证券市场收盘价。

（2）持有期收益率

持有期收益率是指投资者买入股票持有一定时期后又将其卖出，在投资者持有该股票期间的收益率，反映了股东持有股票期间的实际收益情况。

如果投资者持有股票时间不超过1年，不考虑复利计息，持有期收益率公式为：

$$持有期收益率=\frac{（股票售出价-买入价）+持有期间分得的现金股利}{股票买入价}\times 100\%$$

$$持有期年均收益率=\frac{持有期收益率}{持有年限}$$

式中，持有年限等于股票实际持有天数除以360。如果股票持有时间超过1年，需要按每年复利一次考虑资金时间价值，其持有期年均收益率可按以下公式计算：

$$V=\sum_{t=1}^{n}\frac{D_t}{(1+i)^t}+\frac{F}{(1+i)^n}$$

式中，$i$ 为股票的持有期年均收益率，$V$ 为股票的购买价格，$F$ 为股票的售出价格，$D_t$ 为各年分得的股利，$n$ 为投资持有期限。

［例 5－1］ A 公司在 20×1 年 1 月 1 日以每股 5.10 元的价格购买 A 公司股票 100 万股，20×2 年～20×4 年的 3 月 31 日，每股各分得现金股利 0.5 元、0.6 元、0.8 元，20×4 年 3 月 31 日以每股 6 元的价格将股票全部出售。问：投资收益率是多少？

用内插法进行计算，分别设 $i=16\%$，$i=18\%$，分年计算净现值如表 5－1。

**表 5－1 各年净现值计算表** （单位：万元）

| 年份 | 当年现金流量 | $i=16\%$ | | $i=18\%$ | |
|---|---|---|---|---|---|
| | | 现值系数 | 现值 | 现值系数 | 现值 |
| 20×2 | 100×0.5＝50 | 0.862 | 43.10 | 0.847 | 42.35 |
| 20×3 | 100×0.6＝60 | 0.743 | 44.58 | 0.718 | 43.08 |
| 20×4 | 100×0.8＋6×100＝680 | 0.641 | 435.88 | 0.609 | 414.12 |
| 合计 | | | 523.56 | | 499.55 |

用内插法计算收益率如下：

| 贴现率 | | | 净现率 | | |
|---|---|---|---|---|---|
| 16% | $x$ | 2% | 523.56 | 13.56 | 24.01 |
| ? | | | 510.00 | | |
| 18% | | | 499.55 | | |

$$\frac{x}{2\%}=\frac{13.56}{24.01}$$

解得 $x=1.13\%$。即收益率（$A$）＝16%＋1.13%＝17.13%。

## 二、普通股的估值

普通股估值（内在价值）是由普通股产生的未来现金流量的现值决定的。股票给持有者带来的未来现金流入包括两部分：股利收入和股票出售时的资本利得。

股票价值由一系列的股利和将来出售股票时进、售价的差额构成。计算公式是：

$$V=\sum_{t=1}^{n}\frac{R_t}{(1+k)^t}$$

式中，$V$ 是股票价值，$R_t$ 是股票第 $t$ 年产生的现金流入量（包括股利收入、卖出股票的资本利得），$k$ 是折现率，$n$ 是持有年限。

### （一）普通股的估值

常见的普通股估值模型有三种：

（1）股利固定模型（零成长股票的估值模型）

如果长期持有股票，且各年股利固定，其支付过程即为永续年金：

$$V = \sum_{t=1}^{\infty} \frac{D}{(1+k)^t} = \frac{D}{k}$$

式中，$D$ 为各年收到的固定股息，其他符号的含义与基本公式相同。

根据股票估价的一般模型，上式的推导过程为：

$$V = \sum_{t=1}^{n} \frac{D}{(1+k)^t} + \frac{V_n}{(1+k)^n}$$

当 $n \to \infty$ 时，$\frac{V_n}{(1+k)^n} \to 0$，而 $\sum_{t=1}^{\infty} \frac{D}{(1+k)^t}$ 可近似地看作永续年金。因此，由永续年金的现值公式有

$$V = \frac{D}{k}$$

［例 5－2］市场上有一支股票，现行市价为 12 元，该股票预计每年发放股利 2 元。企业准备相对长期持有，企业要求的报酬率为 12%。则该股票的价值：

$$V = \frac{D}{k} = \frac{2}{12\%} = 16.67（元）$$

即，现行市价是 12 元，股票价值为 16.67 元，现可购进该股票。

（2）股利固定增长模型

从理论上看，企业的股利不应当是固定不变的，而应当是不断增长的。假定企业长期持有股票，且各年股利按照固定比例增长，则股票价值计算公式为：

$$V = \sum_{t=1}^{\infty} \frac{D_0 \times (1+g)^t}{(1+k)^t}$$

式中，$D_0$ 为估值时已经发放的股利，$g$ 为股利每年的增长率，其他符号含义与基本公式相同。

如果 $g$ 为常数，且 $g<k$，用 $D_1$ 表示第 1 年股利，则上式可简化为：

$$V = \frac{D_0 \times (1+g)}{k-g} = \frac{D_1}{k-g}$$

［例 5－2］甲公司欲购入市场上一股票，该股票上年股利 2 元，预计今后每年以 4% 的增长率增长。企业要求的报酬率 10%。则该股票价值为：

$$V = \frac{2 \times (1+4\%)}{10\% - 4\%} = 34.67（元）$$

现行市价若低于 34.67 元，就应购进该股票。

如果预期效益下降，股利会逐年减少，仍可用以上公式。

［例 5－3］上例股票预计今后股利会以每年 4% 的固定比率减少，企业仍准备长期持有。价格为：

$$V = \frac{2 \times (1-4\%)}{10\% + 4\%} = 13.71（元）$$

在这种情况下，价格应当远远低于逐年成长的股票的价值才可考虑购买。

（3）三阶段模型

现实生活中，有的公司股利是不固定的。如果预计未来一段时间内股利将高速增长，接下来的时间则为正常固定增长或者固定不变，则可以分高速增长、正常固定增长、固定不变等各阶段计算未来收益现值，各阶段现值之和即股利非固定增长情况下的股票价值。

$V$ = 股利高速增长阶段现值 + 股利固定增长阶段现值 + 股利固定不变阶段现值

$= V_1 + V_2 + V_3$

[例 5-4] 某一股票未来 3 年预计股利会高速增长，增长率 10%，此后会转为正常增长，增长率为 5%。该股票最近支付的股利是 2 元。若投资者要求报酬率 15%，股票的内在价值是多少？

①计算非正常增长期的股利现值，如表 5-2。

**表 5-2　非正常增长期的股票估值**

| 年份 | 各期股利（$d_t$，元） | 现值系数（15%） | 各期股利现值（元） |
|---|---|---|---|
| 1 | $2\times(1+10\%)=2.2$ | 0.870 | 1.914 |
| 2 | $2\times(1+10\%)^2=2.42$ | 0.756 | 1.830 |
| 3 | $2\times(1+10\%)^3=2.662$ | 0.658 | 1.752 |
| 合计 | 3 年股利现值 | | 5.496 |

②计算第 3 年底的内在价值：

$$V_3=\frac{d_4}{k-g}=\frac{d_3(1+g)}{R-g}=\frac{2.622\times1.05}{15\%-5\%}=27.95\ （元）$$

③按最低报酬率折现为现值：

$V=27.95\times(P/F,\ 15\%,\ 3)=27.95\times0.658=18.39$（元）

④合计计算该股票的内在价值：

$V=5.496+18.39=23.89$（元）

根据计算，若该股票目前市场售价低于 23.89 元就可购入，否则不能购买。

如果设股利增长的第一阶段为 $n$ 年，增长率为 $g_1$；第二阶段股利增长率为 $g_2$，且可以持续维持下去；$D_0$ 是最近一次公司支付的股利；$k$ 为要求的报酬率或折现率。

可直接计算其价值 $V$：

$$V=D_0\sum_{t=1}^{n}\frac{(1+g_1)^t}{(1+k)^t}+\frac{D_0(1+g_1)^n(1+g_2)}{k-g_2}\cdot\frac{1}{(1+k)^n}$$

$$V=2\times\left[\frac{(1+10\%)}{(1+15\%)}+\frac{(1+10\%)^2}{(1+15\%)^3}\right]+\frac{2\times(1+10\%)^3(1+5\%)}{15\%-10\%}\times\frac{1}{(1+15\%)^3}$$

$=23.89$（元）

以上所述只是预期股利和预期报酬率，与以后企业发行的股票和市场情况会有差异，有时甚至有很大差距。需要投资者在不断变化的股市行情中作出选择。

**（二）普通股估值模型的局限性**

① 因素的代表性问题。未来经济利益流入量的现值只是决定股票价值的基本因素而不是全部因素，其他很多因素（如投机行为等）可能会导致股票的市场价格大大偏离根据模型计算得出的价值。

② 预测数值的准确性问题。模型对未来期间股利流入量预测数的依赖性很强，而这些数据很难准确预测。股利固定不变、股利固定增长等假设与现实情况可能存在一定差距。

③ 人为性、短期性和偶然性问题。股利固定模型、股利固定增长模型的计算结果受 $D_0$ 或 $D_1$ 的影响很大，而这两个数据可能具有人为性、短期性和偶然性，模型放大了这些不可靠因素的影响力。

④ 折现率的选择有较大的主观随意性。

# 第2节　债券及其估值

## 一、债券及构成要素

债券是债务人依照法定程序发行，承诺按约定的利率和日期支付利息，并在特定日期偿还本金的书面债务凭证。

一般而言，债券包括债券面值、债券期限、债券利率和债券价格等基本要素。

**（一）债券面值**

债券面值是指设定的债券票面金额，它代表发行人借入并承诺于未来某一特定日期偿付给持有人的固定金额。面值包括币种和票面金额，发行者可根据资金市场情况和需要选择适合的币种。

**（二）债券期限**

债券从发行日起至到期日之间的时间称为债券期限。债券到期必须还本付息。

**（三）债券利率**

债券利率是指债券上标明的利率，是指发行者在一年内向投资者支付的利息占票面金额的比率。一般是指年利率或固定利率，近年来也有浮动利率。债券面值与票面利率的乘积为年利息额。此外，也有的债券票面利率为零，债券持有期间不计利息，到期只按面值偿还。

固定利率债券指在发行时规定利率在整个偿还期内不变的债券。固定利率债券不考虑市场变化因素，因而其筹资成本和投资收益可以事先预计，不确定性较小，但债券发行人和投资者仍然必须承担市场利率波动的风险。

浮动利率债券的利率通常根据市场基准利率加上一定的利差来确定。由于债券利率随市场利率浮动，采取浮动利率债券形式可以避免债券的实际收益率与市场收益率之间出现任何重大差异，使发行人的成本和投资者的收益与市场变动趋势相一致。但债券利率的浮动性也使发行人实际成本和投资者实际收益事前带有很大的不确定性，从而导致较高的风险。

**（四）债券价格**

从理论上看，债券的面值就是其价格。但由于资金供求关系、市场利率等因素的变化，债券价格往往偏离其面值，出现溢价发行、折价发行的情况。

## 二、债券的估值

### （一）债券的估值模型

债券估值是对债券在某一时点的价值量的估算，它等于发行者按照合同规定从现在至债券到期日所支付的款项的现值。对于新发行的债券而言，债券估值模型的计算结果反映了债券的发行价格。

（1）债券估值的基本模型

债券估值的基本模型，是指对典型债券所使用的估价模型。此处所称典型债券，是指票面利率固定，每年年末计算并支付当年利息、到期偿还本金的债券。这种情况下，新发行债券的价值可采用以下模型：

$$P = \sum_{t=1}^{n} \frac{M \cdot i}{(1+k)^t} + \frac{M}{(1+k)^n} = \sum_{t=1}^{n} \frac{I_t}{(1+k)^t} + \frac{M}{(1+k)^n}$$

$$= I(P/A, k, n) + M(P/F, k, n)$$

式中，$P$ 是债券价值，$I$ 为每年利息，$k$ 是折现率（可用市场利率或者投资者要求的必要报酬率替代），$M$ 是债券面值，$i$ 是票面利率，$n$ 是债券期限（偿还年数）。

债券发行时，若 $i>k$，则 $P>M$，债券溢价发行；若 $i<k$，则 $P<M$，债券折价发行；若 $i=k$，则 $P=M$，债券按面值发行。

[例5－5] 某公司拟于20×1年2月1日发行面额为1 000元的债券，其票面利率为8%，每年2月1日计算并支付一次利息，并于5年后的1月31日到期。同等风险投资的必要报酬率为10%。要求计算债券的价值。

$P = 1\,000 \times 8\% \times (P/A, 10\%, 5) + 1\,000 \times (P/F, 10\%, 5)$

$= 80 \times 3.791 + 1000 \times 0.621 = 924.28$（元）

可见，影响债券估值的因素有必要报酬率、利息率、计息期和到期时间等因素。

（2）到期一次还本付息的债券估值模型

到期一次还本付息模型是用于估算到期一次还本付息债券价格的模型。

一次还本，意味不计复利，在计算时要注意利息按单利计算，其余计算方法与一般模型相同。我国发行的债券多属于此类形式。用公式表示为：

$$P=\frac{M\cdot i\cdot n+M}{(1+k)^{n}}=(M\cdot i\cdot n+M)(P/F,k,n)$$

式中，符号的含义与债券估值的基本模型相同。

［例5－6］现市面发行国库券，面值1 000元，期限5年，票面利率10%，不计算复利，利随本清。当前市场利率为8%，问该债券价格为多少时，企业才能购买？

$$V=\frac{1\,000+1\,000\times 10\%\times 5}{(1+8\%)^{5}}=1\,020.87\ (元)$$

即债券价格必须低于1 020.87元才能购买。

（3）零票面利率债券的估价模型

零票面利率也称“纯贴现债券”，是指债券的票面没有标明利率，到期前购买人不能得到任何现金支付，债券到期按票面原值归还。估价模型为：

$$P=\frac{M}{(1+k)^{n}}=M(P/F,k,n)$$

式中，符号的含义与债券估值的基本模型相同。

［例5－7］某债券以贴现方式发行，期限5年，面值1 000元，期内不计利息，到期按面值归还。当时市场利率10%。问当其价格为多少时，才能购买？

$$V=1\,000\times(P/F,10\%,5)=1\,000\times 0.621=621\ (元)$$

即当债券的价格低于621元时，才可以购买。

### （二）影响债券价值的因素

影响债券价值的因素，主要有债券票面利率、期限、面值、持有时间、购买价格和出售价格等。

### （三）债券收益率的计算

债券收益主要包括两方面：一是债券的利息收入；二是债券到期或被提前赎回或卖出时所得到的资本利得。当卖出价高于买入价时为资本利得，反之为资本损失。此外，有的债券还可能因参与公司盈余分配，或者拥有转股权而获得额外收益。

债券收益率是衡量债券收益水平的尺度，一般以债券在特定期间带来的收益额与买入价（或者本金）的比率表示。

（1）票面收益率

票面收益率又称名义收益率或息票率，是印制在债券票面上的固定利率，通常是年利息收入与债券面额的比率。票面收益率反映了债券按面值购入、持有到期满所获得的收益水平。其计算公式为：

$$票面收益率=\frac{债券年利息收入}{债券面值}\times 100\%$$

票面收益率反映了债券按面值购入、持有至期满所获得的收益水平。

（2）本期收益率

本期收益率又称直接收益率、当前收益率，是指债券的年实际利息收入与买入债券的实际价格的比率。其计算公式为：

$$本期收益率=\frac{债券年利息收入}{债券买入价}\times 100\%$$

本期收益率反映了购买债券的实际成本所带来的收益情况，但与票面收益率一样，不能反映债券的资本损益情况。

[例 5－8] 投资者购买面值为 1 000 元，券面利率为 8%，每年付息一次的人民币债券 10 张，偿还期 10 年。如果购买价格分别是①950 元、②1000 元和③1020 元，认购者本期收益率分别是多少？

债券收益率① = (1 000 × 8%) ÷ 950 × 100% = 8.42%

债券收益率② = (1 000 × 8%) ÷ 1000 × 100% = 8.00%

债券收益率③ = (1 000 × 8%) ÷ 1020 × 100% = 7.65%

（3）持有期收益率

持有期收益率指债券持有人在持有期间获得的收益率，能综合反映债券持有期间的利息收入情况和资本损益水平。其中，债券的持有期是指从购入债券至售出债券或者债券到期清偿之间的期间，通常以“年”为单位表示（持有期的实际天数除以360）。根据债券持有期长短和计息方式不同，债券持有期收益率的计算公式存在差异。

债券持有期收益率可以根据具体情况换算为年均收益率。

① 有时间较短（不超过 1 年）的，直接按债券持有期间的收益额除以买入价计算持有期收益率：

$$持有期收益率=\frac{债券持有期间利息收入+(债券卖出价-债券买入价)}{债券买入价}\times 100\%$$

$$持有期年均收益率=\frac{持有期收益率}{债券持有年限}$$

$$持有年限=\frac{债券实际持有天数}{360}$$

[例 5－9] 某投资者 1 月 1 日购买面值为 1 000 元，券面利率为 9%，每半年付息一次的人民币债券 10 张，偿还期 3 年，购买价格是 970 元。当年 7 月 1 日已收到上半年利息 450 元。该投资者本年 9 月 30 日将其以 990 元卖出。该债券的收益率是多少？

$$持有期收益率=\frac{1\,000\times 9\%\div 2+(990-970)}{970}\times 100\%=6.70\%$$

持有期年均收益率 = 6.70% × 12 ÷ 9 = 8.93%

② 有时间较长（超过 1 年）的，应按每年复利一次计算持有期年均收益率（即计

算使债券产生的现金流入量净现值为零的折现率)。

若为到期一次还本付息债券：

$$债券持有期年均收益率 = \sqrt[t]{\frac{M}{P}} - 1$$

式中：$P$ 为债券买入价；$M$ 为债券到期兑付的金额或者提前出售时的卖出价；$t$ 为债券实际持有期限（年），等于债券买入交割日至到期兑付日或卖出交割日之间的实际天数除以 360。

［**例** 5－10］A 公司 1 月 1 日购买了 G 公司发行的 3 年期，到期一次还本付息的债券，单利计息，面值 100 000 元，券面利息率 8%，购入价值 95 000，年均收益率为：

$$债券持有期年均收益率 = \sqrt[t]{\frac{M}{P}} - 1 = \sqrt[3]{\frac{100\,000 + 10\,000 \times 8\% \times 3}{95\,000}} - 1$$

$$= \sqrt[3]{1.30526} - 1 = 1.09286 - 1 = 9.29\%$$

若为每年年末支付利息的债券：

$$P = \sum_{t=1}^{n} \frac{I}{(1+k)^t} + \frac{M}{(1+k)^t} = I(P/A,\ i,\ n) + M(P/F,\ i,\ n)$$

式中，$P$ 为债券买入价，$k$ 为债券持有期年均收益率，$I$ 为持有期间每期收到的利息额，$M$ 为债券兑付的金额或者提前出售的卖出价，$t$ 为债券实际持有期限（年）。

［**例** 5－11］W 公司购买的某一债券面值是 10 000 元，券面利息率 10%，每年付息一次，期限 8 年。投资者以债券面值 105% 的价格购入并持有该种债券到期。要求计算：债券持有期年均收益率。

根据长期债券的持有期收益率计算公式，有：

$$10\,000 \times 105\% = I(P/A,\ i,\ n) + M(P/F,\ i,\ n)$$

$$10\,500 = 10\,000 \times 10\% \times (P/A,\ i,\ 8) + 10\,000 \times (P/F,\ i,\ 8)$$

根据内插法，$k = 8\%$ 时：

$$净现值 = [1\,000 \times (P/A,\ 8\%,\ 8) + 10\,000 \times (P/F,\ 8\%,\ 8)] - 10\,500$$

$$= (1\,000 \times 5.747 + 10\,000 \times 0.540) - 10\,500 = 647\ （元）$$

$k = 10\%$ 时：

$$净现值 = [1\,000 \times (P/A,\ 10\%,\ 8) + 10\,000 \times (P/F,\ 10\%,\ 8)] - 10\,500$$

$$= (1\,000 \times 5.335 + 10\,000 \times 0.467) - 10\,500 = -495\ （元）$$

可知该债券持有期收益率在 8% ～10% 之间。用内插法计算：

| 贴现率 | | | 净现率 | | |
|---|---|---|---|---|---|
| 16% | $x$ | 2% | 523.56 | 13.56 | 24.01 |
| ? | | | 510.00 | | |
| 18% | | | 499.55 | | |

$$\frac{x}{2\%}=\frac{647}{1\ 142}$$

解得 $x=1.13\%$。即债券持有期收益率 $=8\%+1.13\%=9.13\%$。

## 思考与练习

### 关键术语

股票　股票收益率　股价指数　本期收益率　持有期收益率　债券面值　债券期限　债券利率　债券价格

### 思考题

1. 股票估价的基本模式有哪些？如何应用？
2. 如何计算股票的本期收益率和持有期收益率？
3. 债券收益率和债券估值模型有哪几种？如何应用？
4. 债券通常为什么不能按面值出售？市场利率的波动及到期期限的长短如何影响债券的价格？

### 客观题

**一、单项选择题**

1. 相对于股票投资而言，下列项目能够揭示债券投资特点的是：（　　）

A. 无法事先预知投资收益水平　　B. 投资收益率的稳定性较强

C. 投资收益率比较高　　D. 投资风险较大

2. 某上市公司预计未来 5 年股利调整增长，然后转为正常增长，则下列各项普通股评价模型中，最适宜于计算该股票价值的是：（　　）

A. 股利固定模型　　B. 零成长股票模型

C. 三阶段模型　　D. 股利固定增长模型

3. 某公司发行面值为 1 000 元的 5 年期债券，债券票面利率为 10%，半年付息一次，发行后在二级市场上流通，假设必要投资报酬率为 10% 并保持不变，以下说法正确的是：（　　）

A. 债券溢价发行，发行后债券价值随到期时间的缩短而逐渐下降，到期日债券价值等于面值

B. 债券折价发行，发行后债券价值随到期时间的缩短而逐渐上升，到期日债券价值等于面值

C. 债券按面值发行，发行后债券价值一直等于票面价值

D. 债券按面值发行，发行后债券价值在两个付息日之间呈周期波动

4. 某公司平价购买刚发行的面值为 1 000 元（5 年期，每半年支付利息 40 元）的债权，该债券按年计算的到期收益率为：（　　）

A. 4%　　B. 7.84%　　C. 8%　　D. 8.16%

5. 债券到期收益率计算的原理是：（　　）

A. 到期收益率是购买债券后一直持有至到期日的内含报酬率

B. 到期收益率是能使债券每年利息收入的现值等于债券买入价格的贴现率

C. 到期收益率是债券利息收益率与资本利得收益率之和

D. 到期收益率的计算要以债券每年年末计算并支付利息，到期一次还本为前提

6. 某公司拟发行 5 年期债券筹资，债券票面金额为 100 元，票面利率为 12%，而当时市场利率为 10%，那么，该公司债券发行价格应为多少元？ （ ）

A. 93.22　　B. 100　　C. 105.35　　D. 107.58

7. 某种股票当前的市场价格是 40 元，每股股利是 2 元，预期的股利增长率是 5%，则其市场决定的预期收益率为： （ ）

A. 5%　　B. 5.5%　　C. 10%　　D. 10.25%

8. 某股票的未来股利不变，当股票市价低于股票价值时，股票的投资收益率比投资人要求的最低报酬率： （ ）

A. 高　　B. 低　　C. 相等　　D. 可能高也可能低

9. 当市场利率上升时，长期固定利率债券价格的下降幅度______短期债券价格的下降幅度。（ ）

A. 大于　　B. 小于　　C. 等于　　D. 不确定

10. 某企业长期持有 A 股票，目前每股现金股利 2 元，每股市价 20 元，在保持目前的经营效率和财务政策不变，且不从外部股权融资的情况下，预计收入增长率 10%，股票股利收益率为： （ ）

A. 11%　　B. 10%　　C. 14%　　D. 12%

11. A 债券每半年付息一次，报价利率为 8%，B 债券每季度付息一次，则如果想让 B 债券在经济上与 A 债券等效，B 债券的报价利率应为： （ ）

A. 8%　　B. 7.92%　　C. 8.16%　　D. 6.78%

12. 某人退休时有现金 10 万元，拟选择一项回报比较稳定的投资，希望每个季度能收入 2000 元补贴生活。那么，该项投资的实际报酬率应为： （ ）

A. 2%　　B. 8%　　C. 8.24%　　D. 10.04%

13. 估算股票价值时的贴现率，不能使用： （ ）

A. 股票市场的平均收益率　　B. 债券收益率加适当的风险报酬率

C. 国债的利息率　　D. 投资人要求的必要报酬率

14. 关于证券投资组合理论的以下表述，正确的是： （ ）

A. 一般情况下，随着更多的证券加入到投资组合中，整体风险降低的速度会越来越慢

B. 证券投资组合能消除大部分非系统风险

C. 证券投资组合的总规模越大，承担的风险越大

D. 最小方差组合是所有组合中风险最小的组合，所以报酬最大

15. 在确定企业的利润分配政策时相关因素的影响，其中"资本保全限制"属于： （ ）

A. 股东因素　　C. 公司因素

C. 法律因素　　D. 债务合同因素

16. 企业面临甲、乙两个投资项目。经衡量，它们的预期报酬率相等，甲项目的标准差小于乙项目的标准差。对甲、乙项目可以做出的判断是： （ ）

A. 甲项目取得更高报酬和出现更大亏损的可能性均大于乙

B. 甲项目取得更高报酬和出现更大亏损的可能性均小于乙

C. 甲项目实际取得的报酬会高于乙项目报酬

D. 乙项目实际取得的报酬会高于甲项目报酬

17. 有一笔国债，5 年期，溢价 20% 发行，票面利率 10%，单利计息，到期一次还本付清，到期收益率是：（　　）

A. 4.32%　　B. 2.43%　　C. 2.54%　　D. 4.57%

18. 有效集以外的投资组合与有效边界上的组合相比，不包括：（　　）

A. 相同的标准差和较低的期望报酬率　　B. 相同的期望报酬率和较高的标准差

C. 较低的期望报酬率和较高的标准差　　D. 较低的标准差和较高的期望报酬率

19. 主要依靠股利维持生活的股东和养老基金管理人最不赞成的公司股利政策是：（　　）

A. 剩余股利政策　　B. 固定或持续增长的股利政策

C. 固定股利支付率政策　　D. 低股利加额外股利政策

20. 容易造成股利支付额与本期净利脱节的股利分配政策是：（　　）

A. 剩余股利政策　　B. 固定股利政策

C. 固定股利支付率政策　　D. 低正常股利加额外股利政策

**二、多项选择题**

1. 某企业准备发行三年期企业债券，每半年付息一次，票面年利率为 6%，面值为 1 000 元，平价发行。以下关于该债券的说法正确的是：（　　）

A. 该债券的实际周期利率为 3%

B. 该债券的年实际必要报酬率是 6.099%

C. 该债券的名义利率是 6%

D. 由于平价发行，该债券的名义利率与名义必要报酬率相等

2. 下列各项中，影响债券内在价值的因素有：（　　）

A. 债券价格　　B. 债券的计息方式（单利还是复利）

C. 投资者的必要报酬率　　D. 票面利率

3. 在复利计息、到期一次还本的条件下，债券票面利率与到期收益率不一致的情况有：（　　）

A. 债券平价发行，每年付息一次　　B. 债券平价发行，每半年付息一次

C. 债券溢价发行，每年付息一次　　D. 债券折价发行，每年付息一次

4. 相对股票投资而言，债券投资的优点有：（　　）

A. 本金安全性高　　B. 收入稳定性强

C. 购买力风险低　　D. 拥有管理权

5. 债券到期收益率是：（　　）

A. 评价债券收益水平的指标之一

B. 购进债券后，一直持有该债券到期日所获取的收益率

C. 按每年复利一次计算持有期年均收益率

D. 能使未来现金流入现值等于债券买入价格的贴现率

6. 按照资本资产定价模型，影响特定股票预期收益率的因素有：（　　）

A. 无风险的收益率　　B. 平均风险股票的必要收益率

C. 有风险的收益率　　D. 财务杠杆系数

7. 影响实际年利率的因素有（　　）

A. 本金　　B. 名义年利率　　C. 一年的复利次数　　D. 年限

8．债券A和债券B是两支刚发行的平息债券，债券的面值和票面利率相同，票面利率均高于必要报酬率，以下说法正确的有：（　　）

A．如果两债券的必要报酬率和利息支付频率相同，偿还期限长的债券价值低

B．如果两债券的必要报酬率和利息支付频率相同，偿还期限长的债券价值高

C．如果两债券的偿还期限和必要报酬率相同，利息支付频率高的债券价值低

D．如果两债券的偿还期限和利息支付频率相同，必要报酬率与票面利率差额大的债券价值高

9．股票投资能够带来的现金流入量是：（　　）

A．资本利得　B．股利　C．利息　D．出售价格

10．如果不考虑影响股价的其他因素，零增长股票的价值与下列各项关系正确的有：（　　）

A．与市场利率成正比　B．与市场利率成反比

C．与预期股利成正比　D．与预期股利成反比

11．假设甲、乙证券收益的相关系数接近于零，甲证券的预期报酬率为6%（标准差为10%），乙证券的预期报酬率为8%（标准差为15%），则由甲乙证券构成的投资组合：（　　）

A．最低的预期报酬率为6%　B．最高的预期报酬率为8%

C．最高的标准差为15%　D．最低的标准差为10%

12．对于分期付息债券，下列说法正确的是：（　　）

A．当投资者要求的收益率高于债券票面利率时，债券的市场价值会低于债券面值

B．当投资者要求的收益率低于债券票面利率时，债券的市场价值会高于债券面值

C．当债券接近到期日时，债券的市场价值向其面值回归

D．当投资者要求的收益率等于债券票面利率时，债券的市场价值会等于债券面值

13．下列有关平息债券价值的表述正确的是：（　　）

A．如果风险利率不变，平价债券，债券付息期长短对债券价值没影响

B．如果风险利率不变，折价债券，债券付息期越短，债券价值越高

C．随着到期时间缩短，必要报酬率变动对债券价值的影响越来越小

D．在债券估价模型中，折现率实际上就是必要报酬率，折现率越大，债券价值越低

14．下列哪些因素变动会影响债券到期收益率？（　　）

A．债券面值　B．票面利率

C．市场利率　D．债券购买价格

15．与股票内在价值呈反方向变化的因素有：（　　）

A．股利年增长率　B．年股利　C．预期的报酬率　D．贝塔系数

16．下列说法正确的有：（　　）

A．即使票面利率相等的两种债券，由于付息方式不同，投资人的实际经济利益也有差别

B．如不考虑风险，债券价值大于市价时，买进该债券是合算的

C．债券以何种方式发行最主要取决于票面利率与市场利率的一致程度

D．债券到期收益率是能使未来现金流入现值等于买入价格的折现率

17．投资者要求的报酬率是进行股票评价的重要标准。可以作为投资者要求报酬率的有：（　　）

A．股票的长期平均收益率　B．债券收益率加上一定的风险报酬率

C．市场利率　D．债券利率

18. 债券的价值会随着市场利率的变化而变化，下列表述正确的有：（ ）

A. 若到期时间不变，市场价值向内在价值的回归越迅速

B. 当债券票面利率大于市场利率时，债券发行时的价格低于债券的面值

C. 若到期时间缩短，市场利率对债券利率的影响程度会降低

D. 若到期时间延长，市场利率对债券价值的影响程度会降低

**三、判断题**

1. 如果风险债券的市场利率不变，按年付息，那么随着时间向到期日靠近，溢价发行债券的价值会逐渐下降。（ ）

2. 名义利率指一年内多次复利时的年利率，等于每期利率与年内复利次数的乘积。（ ）

3. 股票的价值是指其实际股利所得和资本利得所形成的现金流入量的现值。（ ）

4. 当投资者要求的收益率高于债券（指分期付息债券）票面利率时，债券的市场价值会低于债券面值；当投资者要求的收益率低于债券票面利率时，债券的市场价值会高于债券面值；当债券接近到期日时，债券的市场价值向其面值回归。（ ）

5. 假设市场利率保持不变，溢价发行债券的价值会随时间的延续而逐渐下降。（ ）

6. 一种 10 年期的债券，票面利率为 10%；另一种 5 年期的债券，票面利率亦为 10%。两种债券的其他方面没有区别。在市场利息率急剧上涨时，前一种债券价格下跌得更多。（ ）

7. 如果债券不是定期付息，而是到期时一次还本付息，那么即使平价发行，到期收益率也与票面利率不同。（ ）

8. 一般来说，利率风险对长期债券投资的影响要小于对短期债券投资的影响。（ ）

9. 对于溢价发行债券来说，发行后价值逐渐升高，在付息日由于割息而价值下降，然后又逐渐上升，总的趋势是波动式下降。债券价值可能低于面值。（ ）

10. 固定或持续增长的鼓励政策有利于股价稳定。（ ）

11. 期权的时间溢价与货币时间价值是相同的概念。（ ）

12. 期权到期日价值没有考虑当初购买期权的成本。（ ）

13. 如果在到期日股票价格低于执行价格，则看涨期权一样有价值。（ ）

14. 在风险计量指标中，贝塔值只能测度系统性风险，而标准差可测度全部风险。（ ）

15. 对于两种证券组成的投资组合，基于相同的预期报酬率，相关系数之值越小，风险越小；基于相同的风险水平，相关系数越小，取得的报酬率越大。（ ）

16. 在其他条件一定的情况下，对于美式期权而言，到期时间越长，价格波动的可能性越大，期权的时间溢价就越低。（ ）

17. 股票股利和股票分割均会使股东权益总额减少。（ ）

18. 股票股利使得每股净资产下降。（ ）

19. 与发放现金股利相比，股票回购可以提高每股收益，使股价上升或将股利维持在一个合理的水平上。（ ）

20. 根据财务管理理论，按照三阶段模型估算的普通股价值，等于股利高速增长阶段现值、股利固定增长阶段现值和股利固定不变阶段现值之和。（ ）

## 练习题

### 习题一

（一）资料：C公司在2001年1月1日发行5年期债券，面值1 000元，票面年利率10%，于每年12月31日付息，到期时一次还本。

（二）要求计算：

（1）假定2001年1月1日金融市场上与该债券同类风险投资的利率是9%，该债券的发行价应定为多少？

（2）假定1年后该债券的市场价格为1049.06元，该债券于2002年1月1日的到期收益率是多少？

（3）该债券发行4年后该公司被披露出会计账目有诈骗嫌疑。这一不利消息使该债券价格在2005年1月1日由开盘的1 018.52元跌至收盘的900元。跌价后该债券的到期收益率是多少？（假设能够全部按时收回本息）

### 习题二

（一）资料：某公司购买某种股票，其最低投资报酬率为12%，预期该股票在未来四年股利将以18%的成长率增长，以后趋于稳定增长，增长率为10%，该股票最近支付的股利为4元/股。

（二）要求：

（1）计算该公司股票的内在价值。

（2）如果四年后股利水平稳定在第4年的水平上，其他因素不变，该股票的内在价值是多少？

### 习题三

（一）资料：高伟是东方咨询公司的一名财务分析师，应邀评估华联商业集团建设新商场对公司股票价值的影响。高伟根据公司情况做了以下估计：

（1）公司本年度净收益为200万元，每股支付现金股利2元，新建商场开业后，净收益第一年、第二年平均增长15%，第三年增长8%，第四年及以后将保持这一净收益水平。

（2）该公司一直采用固定支付率的股利政策，并打算今后继续实行该政策。

（3）无风险收益率（国库券）为4%，市场要求的收益率为8%，$\beta$系数为1.5。

（4）公司股票目前市价为23.6元。

高伟打算利用股利贴现模型，同时考虑风险因素进行股票价值的评估。华联商业集团公司的一位董事提出，如果采用股利贴现模型，则股利越高，股价越高，所以公司应改变原有的股利政策提高股利支付率。

（二）要求：请你协助高伟完成以下工作：

（1）参考固定股利增长贴现模型，分析这位懂事的观点是否正确。

（2）分析股利增加对可持续增长率的账面价值有何影响。

（3）评估公司股票价值。

### 习题四

（一）资料：A、B两家公司同时于2007年1月1日发行面值为1 000元、票面利率为10%的5年期债券，A公司债券利随本清，不计复利。B公司债券每年6月和12月底付息，到期还本。

（二）要求：

（1）若2009年1月1日的A债券市场利率为12%（复利按年计息），A债券市价为1 050元，问

A 债券是否被市场高估?

（2）若2009 年1 月1 日的B 债券市场利率为12%，B 债券市价为1 050 元，问该资本市场是否完全有效?

**习题五**

（一）资料：甲公司有 A、B、C、三种股票，上述股票组成的证券投资组合中，各股票所占的比重分别为50%、30%、20%，其贝塔系数分别为2.0、1.0、0.5。市场收益率为15%，无风险收益率为10%。A 股票当前每股市价为12 元，刚收到上一年度派发的每股1.2 元的现金股利，预计股利以后每年将增长8%。

（二）要求计算：

（1）甲公司证券组合的贝塔系数；（2）甲公司证券组合的风险收益率；（3）甲公司证券组合的必要投资收益率；（4）投资 A 股票的必要投资收益率；（5）A 股票的预期收益率，并分析当前出售 A 股票是否对甲公司有利。

# 第6章　项目投资

## 第1节　投资概述

### 一、投资的概念和种类

**（一）投资的概念**

投资是指特定经济主体（包括国家、企业和个人）为了在未来可预见的时期内获得收益或使资金增值，在一定时期向一定标的物投放足够数额的资金或实物等货币等价物的经济行为。从特定企业角度看，投资就是企业为获取收益而向一定对象投放资金的经济行为。

**（二）投资的种类**

投资按不同标志可分为以下类型：

① 按照投资行为的介入程度，分为直接投资和间接投资。直接投资指由投资人直接介入投资行为，即将货币资金直接投入投资项目，形成实物资产、无形资产或者购买企业现有资产的一种投资。间接投资指投资者以其资本购买公债、公司债券、金融债券或公司股票等，以预期获取一定收益的投资，也称为证券投资。

② 按照投入的领域不同，分为生产性投资和非生产性投资。生产性投资指将资金投入生产、建设等物质生产领域中，并能够形成生产能力或可以产出生产资料的一种投资。非生产性投资指将资金投入非物质生产领域中，不形成生产能力，但形成社会消费或服务能力，满足人民的物质文化生活需要的一种投资。

③ 按照投资的方向不同，分为对内投资和对外投资。企业的对内投资就是项目投资，指企业将资金投放于为取得供本企业生产经营使用的固定资产、无形资产、其他资产和垫支流动资金而形成的一种投资。对外投资指企业为购买国家及其他企业发行的有价证券或其他金融产品（包括期货或期权、信托、保险），或以货币资金、实物资产、无形资产向其他企业（如联营企业、子公司等）注入资金而发生的投资。

④ 按照投资的内容不同，分为固定资产投资、无形资产投资、流动资产投资、房地产投资、有价证券投资、期货与期权投资、信托投资和保险投资等多种形式。

本章所讲的投资，是指属于直接投资范畴的企业内部投资，即项目投资。

## 二、投资的程序和原则

企业投资主要包括的程序，如图 6－1 所示。

图 6－1　企业投资的程序

① 提出投资，即提出投资领域和投资对象。这就需要根据企业的长远发展战略、中长期投资计划和投资环境进行选择，把握好投资机会。

② 投资评价，即评价投资方案的财务可行性。在确定了投资领域和投资对象后，就需要对投资方案的财务可行性进行评价。

③ 方案选择，即进行投资方案比较与选择。在财务可行性评价的基础上，对可供选择的多个投资方案进行比较和选择。

④ 方案执行，即投资方案的执行，投资行为的具体实施。

⑤ 再评估，即进行投资方案的再评价。在投资方案的执行过程中，原来的决策是否合理、是否正确，需要不断进行信息反馈，以便于随时调整投资计划。

企业投资决策应遵循以下原则：①综合性原则；②可操作性原则；③相关性和准确性原则；④实事求是原则；⑤科学性原则。

## 三、投资项目可行性研究

### （一）可行性研究的概念

可行性是指一项事务可以做到的、现实行得通的、有成功把握的可能性。企业投资项目的可行性就是指项目对企业内外部环境的不利影响最小，技术上具有先进性和适应性，产品在市场上能够被容纳或被接受，财务上具有合理性和较强的盈利能力，对国民经济有贡献，能够创造社会效益。

广义的可行性研究是指在现代环境中，组织一个长期投资项目之前，必须进行的有关该项目投资必要性的全面考察与系统分析，以及有关该项目未来在技术、财务乃至国际经济等诸方面能否实现其投资目标的综合论证与科学评价。它是有关决策人（包括宏观投资管理当局与投资当事人）作出正确可靠投资决策的前提与保证。

狭义的可行性研究专指在实施广义可行性研究过程中，与编制相关研究报告相联系的有关工作。

广义的可行性研究包括机会研究、初步可行性研究和最终可行性研究三个阶段，具体又包括环境与市场分析、技术与生产分析和财务可行性评价等主要内容。

### （二）可行性分析的主要内容

（1）环境与市场分析

① 建设项目的环境影响评价。在可行性研究中，必须开展建设项目的环境影响评价。所谓建设项目的环境，是指建设项目所在地的自然环境、社会环境和生态环境的统称。

建设项目的环境影响报告书应包括：一建设项目概况；二建设项目周围环境现状；三建设项目对环境可能造成影响的分析、预测和评估；四建设项目环境保护措施及其技术、经济论证；五建设项目对环境影响的经济损益分析；六建设项目实施环境监测的建议；七环境影响评价的结论。

建设项目的环境影响评价属于否决性指标，凡未开展或没通过环境影响评价的建设项目，不论其经济可行性和财务可行性如何，一律不得上马。

② 市场分析。又称市场研究，指企业在项目可行性分析中，在市场调查的基础上，通过预测未来市场的变化趋势，了解拟建项目产品的未来销路而开展的工作。

进行投资项目可行性研究，必须要从市场分析入手。因为一个投资项目的设想，大多来自市场分析的结果或源于某一自然资源的发现和开发，以及某一新技术新设计的应用。即使是后两种情况，也必须把市场分析放在可行性研究的首要位置。如果市场对于项目的产品完全没有需求，项目不能成立。

市场分析要提供未来生产经营期不同阶段的产品年需求量和预测价格等预测数据，同时要综合考虑潜在或现实竞争产品的市场占有率和变动趋势，以及人们的购买力及消费心理的变化情况。这项工作通常由市场营销人员或委托的市场分析专家完成。

（2）技术与生产分析

技术分析指在生产过程中由系统的科学知识、成熟的实践经验和操作技艺综合而成的专门学问和手段。它经常与工艺统称为工艺技术。但工艺是指为生产某种产品所采用的工作流程和制造方法，不能将两者混为一谈。

广义的技术分析是指在构成项目组成部分及发展阶段上，所有与技术问题有关的分析论证与评价。它贯穿于可行性研究的项目确立、厂址选择、工程设计、设备选型和生产工艺确定等各项工作，是与财务可行性评价相区别的技术可行性评价的主要内容。狭义的技术分析是指对项目本身所采用工艺技术、技术装备的构成以及产品内在的技术含量等方面内容进行的分析研究与评价。技术可行性研究是一项十分复杂的工作，通常由专业工程师完成。

生产分析指投资项目确保能够通过其对环境影响评价的基础上，所进行的厂址选择分析、资源条件分析、建设实施条件分析、投产后生产条件分析等一系列分析论证工作的统称。厂址选择分析包括选点和定址两方面内容。前者主要指建设地区的选择，主要考虑生产力布局对项目的约束，而后者则指项目具体地理位置的确定。在厂址选择时，应全盘考虑自然因素（包括自然资源和自然条件）、经济技术因素、社会政治因素和运输及地理位置因素。生产分析涉及的因素多，问题复杂，需要组织各方面专家分工协作才能完成。

（3）财务可行性分析

财务可行性评价指在已完成相关环境与市场分析、技术与生产分析的前提下，围绕已具备技术可行性的建设项目而开展的，考察该项目在财务方面是否具有投资可行性的一种专门分析评价。

# 第 2 节　项目现金流量分析

## 一、项目投资的特点与计算期的构成

### （一）项目投资的特点

项目投资是一种以特定建设项目为对象，直接与新建项目或更新改造项目有关的长期投资行为。本章所介绍的工业企业投资项目主要包括新建项目（含单纯固定资产投资项目和完整工业投资项目）和更新改造项目两种类型。

与其他形式的投资相比，项目投资具有投资内容独特（每个项目都至少涉及一项固定资产投资）、投资数额大、影响时间长（至少一年或一个营业周期以上）、发生频率低、变现能力差和投资风险大的特点。

### （二）项目计算期的构成

项目计算期指投资项目从投资建设开始到最终清理结束整个过程的全部期间，包括建设期和生产经营期（具体又包括投产期和达产期）。其中，建设期是指项目资金正式投入开始到项目建成投产为止所需要的时间。建设期的第一年初称为建设起点，建设期的最后一年末称为投产日。在实践中，通常应参照项目建设的合理工期或项目的建设进度计划合理确定建设期。项目计算期的最后一年年末称为终结点。假定项目最终报废或清理均发生在终结点（但更新改造除外）。

从投产日到终结点之间的时间间隔称为生产经营期。生产经营期又包括试产期和达产期（完全达到设计生产能力）两个阶段。试产期是指项目投入生产，但生产能力尚未完全达到设计能力时的过渡阶段。达产期指生产运营达到设计预期水平后的时间。生产经营期一般应根据项目主要设备的经济使用寿命期确定。

项目计算期、建设期和生产经营期之间存在以下关系：

项目计算期$(n)$ = 建设期$(s)$ + 生产经营期$(p)$

$n = s + p$

[**例 6-1**] 企业构建一项固定资产，预计使用寿命为 10 年。如果在建设起点投资

并投产，则项目计算期就是10年；若建设期为1年，一年后才投产，则项目计算期还要加上建设期的一年，总共是11年。

## 二、项目投资的内容与资金投入方式

### （一）项目投资的内容

原始投资（又称初始投资）是为使该项目完全达到设计生产能力、开展正常经营而投入的全部现实资金，包括建设投资和流动资金投资两项内容。

（1）建设投资

建设投资指在建设期内按一定生产经营规模和建设内容进行的投资，具体包括固定资产投资、无形资产投资和其他资产投资三项内容。

① 固定资产投资指项目用于购置或安装固定资产应当发生的投资。固定资产原值与固定资产投资之间的关系如下：

固定资产原值 = 固定资产投资 + 建设期资本化利息

原始投资 = 建设投资 + 流动资金投资

建设投资 = 固定资产投资 + 无形资产投资 + 其他资产投资

② 无形资产投资指项目适用于取得无形资产而发生的投资。

③ 其他资产投资指组织项目投资的企业在其筹建期内发生的，不能计入固定资产和无形资产价值的那部分投资，包括生产准备和开办费等的投资。

（2）流动资金投资

流动资金投资指项目投产前后分次或一次投放于流动资产项目的投资增加额，又称垫支流动资金或垫支营运资金投资。计算公式为：

本年流动资金投资 = 本年流动资金需用额 - 截至上年的流动资金投资额

本年流动资金需用额 = 本年流动资产需用额 - 本年流动负债预计额

项目总投资是反映项目投资总体规模的价值指标，等于原始投资与建设期资本化利息之和。

项目总投资 = 原始投资 + 建设期资本化利息

其中，建设期资本化利息指在建设期发生的与购建项目所需的固定资产、无形资产等长期资产有关的借款利息。

项目投资的内容和各要素之间的关系，如图6 - 2所示。

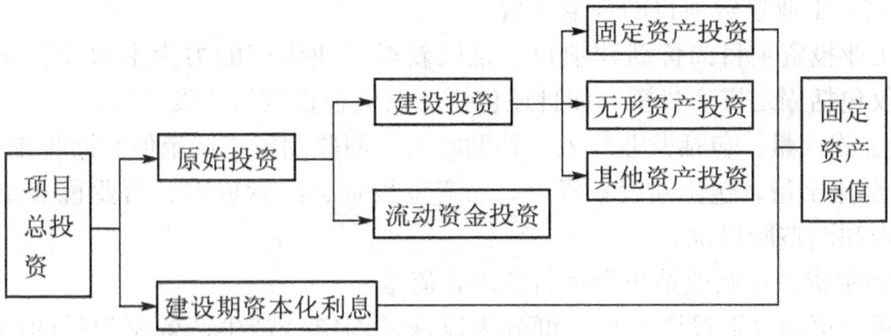


图6-2　项目投资内容和关系

### （二）资金投入方式

投入方式包括一次投入和分次投入两种形式。一次投入指投资行为集中一次发生在项目计算期第一个年度的年初或年末。如果投资行为涉及两个或两个以上年度，或虽然只涉及一个年度但同时在该年的年初和年末发生，则属于分次投入方式。

［例6-2］A企业拟新建一条生产线，需要在建设起点一次投入固定资产1 200万元，在建设期末投入无形资产投资500万元。建设期为1年，建设期资本化利息为100万元，全部计入固定资产原值。流动资金投资合计为200万元。

根据上述资料，计算该项目有关指标：

固定资产原值＝1 200＋100＝1 300（万元）

建设投资＝1 200＋500＝1 700（万元）

原始投资＝1 700＋200＝1 900（万元）

项目总投资＝1 900＋100＝2 000（万元）

## 三、项目投资现金流量分析

项目投资决策中的现金区别于观念货币的现实货币资金，是广义的现金，它不仅包括各种货币资金，而且还包括项目需要投入的企业现有的非货币资源的变现价值。现金流量是指投资项目在其计算期内因资本循环而可能或应该发生的各项现金流入量与现金流出量的统称。

### （一）现金流量的内容

（1）单纯固定资产投资项目的现金流量

单纯固定资产投资项目指只涉及固定资产投资而不涉及无形资产投资、其他资产投资和流动资金投资的建设项目。它以新增生产能力，提高生产效率为特征。现金流入量包括增加的营业收入和回收固定资产余值等。现金流出量包括固定资产投资、新增经营成本和增加的各项税款等。

（2）完整工业投资项目的现金流量

完整工业投资项目简称新建项目，是以新增工业生产能力为主的投资项目，其投资内容不仅包括固定资产投资，而且还包括流动资金投资的建设项目。

① 现金流入量，包括营业收入、补贴收入、回收固定资产余值和回收流动资金。

② 现金流出量，包括建设投资、流动资金投资、经营成本、营业税金及附加、维持运营投资和调整所得税。

（3）固定资产更新改造投资项目的现金流量

固定资产更新改造投资项目，可分为以恢复固定资产生产效率为目的的更新项目和以改善企业经营条件为目的的改造项目。

① 现金流入量，包括因使用新固定资产而增加的营业收入、处置旧固定资产的变现净收入和新旧固定资产回收固定资产余值的差额等。

② 现金流出量，包括购置新固定资产的投资、因使用新固定资产而增加的经营成本、因使用新固定资产而增加的流动资金投资和增加的各项税款等。其中，因提前报废旧固定资产所发生的清理净损失而发生的抵减当期所得税额用负值表示。

### （二）完整工业投资项目现金流量的估算

在估算现金流量时，为防止多算或漏算有关内容，需要注意：

① 必须考虑现金流量的增量；

② 尽量利用现有的会计利润数据；

③ 不能考虑沉没成本等不相关的成本因素；

④ 充分关注机会成本；

⑤ 考虑项目对企业其他部门的影响。

（1）现金流入量的估算

① 营业收入，是经营期最主要的现金流入量，应按项目在经营期内有关产品的各年预计单价和预测销售量（假定经营期每期均可以自动实现产销平衡）进行估算。

② 补贴收入，是与经营期收益有关的政府补贴，可根据按政策退还的增值税、按销量或工作量分期计算的定额补贴和财政补贴等予以估算。

③ 在终结点上一次回收的流动资金，等于各年垫支流动资金投资额的合计数。回收流动资金和固定资产余值称为回收额。假定新建项目的回收额都发生在终结点。

［**例**6－3］设例6－2拟新建的生产线需要流动资产合计200万元，固定资产终结点回收余值100万元。则：

该固定资产项目的终结点回收额＝200＋100＝300（万元）

（2）现金流出量的估算

① 建设投资的估算。固定资产投资是所有类型的项目投资在建设期必然会发生的现金流出量，应按项目规模和投资计划所确定的各项建筑工程费用、设备购置费用、

安装工程费用和其他费用来估算。

在估算构成固定资产原值的资本化利息时，可根据长期借款本金、建设期年数和借款利息率按复利计算，且假定建设期资本化利息只计入固定资产的原值。

② 流动资金投资的估算。在项目投资决策中，流动资金是指在生产经营期内长期占用并周转使用的营运资金。按下式进行：

本年流动资金投资额 = 本年流动资金需用数 - 截止上年的流动资金投资额

= 本年流动资金需用数 - 上年流动资金实有数

本年流动资金需用数 = 该年流动资产需用数 - 该年流动负债可用数

上式中，流动资产只考虑存货、货币资金、应收账款和预付账款等项内容，流动负债只考虑应付账款和预收账款。

我国有关建设项目评估制度假定流动资金投资从投产第一年开始安排。

③ 经营成本的估算。经营成本付现的营运成本（付现成本），指在经营期内为满足正常生产经营而动用现实货币资金支付的成本费用。经营成本是所有类型的项目投资在生产经营期都要发生的主要现金流出，它与融资方案无关。其估算公式如下：

某年经营成本 = 该年外购燃料、原材料和动力费 + 该年工资薪酬 + 该年修理费 + 该年其他费用

上式中，其他费用指从制造费用、管理费用和营业费用中扣除了折旧费、摊销费、修理费、工资薪酬以后的剩余部分。

④ 营业税金及附加的估算。在项目投资决策中，应按在生产经营期内应交纳的营业税、消费税、土地增值税、资源税、城市维护建设税和教育费附加等估算。

⑤ 维持运营投资的估算。指矿山、油田等行业为维持正常运营而需要在生产经营期投入的固定资产投资，应根据特定行业的实际需要估算。

⑥ 所得税的估算。根据估算利润与适用的企业所得税税率计算。

（3）关于增值税因素的估算

增值税属于价外税，在估算项目投资的现金流量时，应将销项税额不作为现金流入，进项税额和应交增值税也不作为现金流出项目处理。这种方式的优点是比较简单，也不会影响净现金流量的计算，但不利于城市维护建设税和教育费附加的估算。

### （三）净现金流量的确定

（1）净现金流量的含义

净现金流量又称现金净流量，是指在项目计算期内由每年现金流入量与同年现金流出量之间的差额所形成的序列指标。其计算公式为：

某年净现金流量（$NCF_t$）= 该年现金流入量 - 该年现金流出量

$= CI_t - CO_t$（$t = 0, 1, 2, \cdots$）

净现金流量一般是指所得税后净现金流量。所得税后净现金流量将所得税视为现

金流出，用于评价在考虑融资条件下，项目投资对企业价值所作的贡献。它在所得税前净现金流量的基础上，直接扣除调整所得税而得到的。

（2）现金流量表及其特点

在项目投资决策中使用的现金流量表是用于全面反映某投资项目在其未来项目计算期内，每年的现金流入量和现金流出量的具体构成内容，以及净现金流量水平的分析报表。它与财务会计的现金流量表的区别有：反映对象不同，期间特征不同，勾稽关系不同，信息属性不同。

现金流量表包括“项目投资现金流量表”、“项目资本金现金流量表”和“投资各方现金流量表”等不同形式。

项目投资现金流量表要详细列示所得税前净现金流量、累计所得税前净现金流量、所得税后净现金流量和累计所得税后净现金流量，并要求根据所得税前后的净现金流量分别计算两套内含报酬率、净现值和投资回收期指标。

［例 6－4］B 企业拟新建一条饮水机生产线，需要在建设起点一次投入固定资产 800 万元，在建设期末投入无形资产 50 万元。建设期为 1 年，建设期资本化利息为 80 万元，全部计入固定资产原值。流动资金投资合计为 50 万元，固定资产终结点估计余值 10 万元。该项目投产后，预计经营期 10 年，每年预计营业收入 500 万元（不含税），增值税税率 17%，城市维护建设税 7%，教育费附加 3%，所得税 25%。设企业不缴纳其他税金。

另外，预计饮水机生产线投产后每年外购材料、燃料、动力费约为 206 万元（不含税），职工薪酬 50 万元，其他费用 55 万元，设备折旧每年（800－10）÷10＝79 万元，无形资产摊销 50÷10＝5 万元。设无其他费用（也无财务费用）。

根据以上资料估计投产后的下列指标：

① 每年营业收入＝500（万元）

② 每年经营成本＝206＋50＋55＋79＝390（万元）

③ 每年不包括财务费用的总成本费用＝390＋5＝395（万元）

④ 每年应交增值税（进项）＝206×17%≈35（万元）

⑤ 每年应交增值税（销项）＝500×17%＝85（万元）

⑥ 每年应交营业税金及附加＝（85－35）×（7%＋3%）＝5（万元）

⑦ 每年税前利润＝（500－395－5）＝100（万元）

⑧ 每年应交所得税＝100×25%＝25（万元）

⑨ 每年净现金流量＝（100－25）＋79＋5＝159（万元）

根据以上资料，编制 B 企业饮水机生产线项目的现金流量表，如表 6－1。

**表 6-1　B 公司饮水机生产线项目投资方案的现金流量表**　（单位：万元）

| 项目计算期（t 年） | 建设期 | | 经营期 | | | | | | | 合计 |
|---|---|---|---|---|---|---|---|---|---|---|
| | 0 | 1 | 2 | 3 | 4 | 5 | … | 10 | 11 | |
| 1. 现金流入量 | – | – | 500 | 500 | 500 | 500 | | 500 | 560 | 5 060 |
| 1.1 营业收入 | | | 500 | 500 | 500 | 500 | | 500 | 500 | 5 000 |
| 1.2 补贴收入 | | | | | | | | | | |
| 1.3 回收固定资产余值 | | | | | | | | | 10 | 10 |
| 1.4 回收流动资金 | | | | | | | | | 50 | 50 |
| 2. 现金流出量 | 800 | 100 | | | | | | | | |
| 2.1 建设投资 | 800 | 50 | | | | | | | | |
| 2.2 流动资金投资 | | 50 | | | | | | | | |
| 3.3 经营成本 | | | 395 | 395 | 395 | 395 | 395 | 395 | 395 | 3 950 |
| 2.4 营业税金及附加 | | | 5 | 5 | 5 | 5 | 5 | 5 | 5 | 50 |
| 2.5 维持运营资金 | | | | | | | | | | |
| 3. 所得税前净现金流量 | -800 | -100 | 184 | 184 | 184 | 184 | 184 | 184 | 184 | 940 |
| 4. 累计所得税前净现金流量 | -800 | -900 | -716 | -532 | -348 | -164 | 20 | 204 | 388 | 572 |
| 5. 调整所得税 | | | 25 | 25 | 25 | 25 | 25 | 25 | 25 | 250 |
| 6. 所得税后净现金流量 | -800 | -100 | 159 | 159 | 159 | 159 | 159 | 159 | 159 | 1 590 |
| 7. 累计所得税后净现金流量 | -800 | -900 | -741 | -582 | -423 | -264 | -105 | 54 | 210 | 369 |

与全部投资的现金流量表相比，项目资本现金流量表的现金流入项目没有变化，但现金流出项目不同，内容包括：项目资本金投资、借款本金偿还、借款利息支付、经营成本、销售税金及附加、所得税和维持运营投资等。此外，该表只计算所得税后净现金流量，并据此计算资本金内含报酬率指标。

## 四、项目投资净现金流量的简化计算方法

### （一）单纯固定资产投资项目

建设期某年的净现金流量 = －该年发生的固定资产投资额

生产经营期某年所得税前净现金流量 = 该年因使用该固定资产新增的息税前利润 + 该年因使用该固定资产新增的折旧 + 该年回收的固定资产净残值

生产经营期某年所得税后净现金流量 = 生产经营期该年所得税前净现金流量 － 该年因使用该固定资产新增的所得税

[例 6－5] 已知 A 公司拟建一项固定资产，需在建设起点一次性投入资金 2 000 万元，建设期为 1 年，建设期资本化利息为 200 万元。该固定资产使用寿命为 10 年，采用直线法进行折旧，期末残值 200 万元。投入使用后，营运期第 1～10 年每年产品销售收入（不含税）增加 900 万元，每年的经营成本增加 500 万元，营业税金及附加增加 9 万元。该企业适用的所得税税率为 25%，不享受减免税待遇。

要求：计算该项目的净现金流量（保留两位小数）。

① 先计算相关指标：

项目计算期 $= 1 + 10 = 11$(年)

固定资产原值 $= 2000 + 200 = 2200$(万元)

$$\text{年折旧额} = \frac{2200 - 200}{10} = 200(\text{万元})$$

② 计算净现金流量：

$NCF_0 = -2\,000 - 200 = -2\,200$（万元）

$NCF_{1\sim9} = (900 - 500 - 9 - 200) \times (1 - 25\%) + 200 = 343.25$(万元)

$NCF_{10} = (900 - 500 - 9 - 200) \times (1 - 25\%) + 200 + 200 = 543.25$(万元)

还可以用编制项目的现金流量表的方法来计算项目的净现金流量。

[例 6－6] 续上例。若用编制项目的现金流量表的方法来计算项目的净现金流量，如表 6－2。

表 6－2　项目的现金流量表

| | 1 | 2 | … | 8 | 9 | 10 |
|---|---|---|---|---|---|---|
| 1. 营业收入 | 900 | 900 | … | 900 | 900 | 900 |
| 2. 回收固定资产余值 | 0 | 0 | … | 0 | 0 | 0 |
| 3. 现金流出 | 509 | 509 | … | 509 | 509 | 509 |
| 3.1 流动资金投资 | 0 | 0 | … | 0 | 0 | 0 |
| 3.2 经营成本 | 500 | 500 | … | 500 | 500 | 500 |

（续上表）

| | 1 | 2 | … | 8 | 9 | 10 |
|---|---|---|---|---|---|---|
| 3.3 营业税金及附加 | 9 | 9 | … | 9 | 9 | 9 |
| 4. 所得税前净现金流量 | 391 | 391 | … | 391 | 391 | 391 |
| 5. 税前利润（391－200） | 191 | 191 | … | 191 | 191 | 191 |
| 6. 所得税（25%） | 47.75 | 47.75 | … | 47.75 | 47.75 | 47.75 |
| 7. 税后净现金流量 | 343.25 | 343.25 | … | 343.25 | 343.25 | 543.25 |

### （二）完整工业投资项目

建设期某年净现金流量＝－该年原始投资额

如果项目在生产经营期内不追加流动资金投资，则完整工业投资项目的生产经营期所得税前净现金流量可按以下简化公式计算：

生产经营期某年所得税前净现金流量＝该年息税前利润＋该年折旧＋该年摊销＋该年回收额－该年维持运营投资

完整工业投资项目的生产经营期所得税后净现金流量可按以下简化公式计算：

生产经营期某年所得税后净现金流量（$NCF_t$）＝该年税前利润×（1－所得税税率）＋该年折旧＋该年摊销＋该年回收额＋该年维持运营投资

＝该年自由现金流量

所谓生产经营期自由现金流量指投资者可以作为偿还借款利息、本金、分配利润、对外投资等财务活动资金来源的净现金流量。

如果不考虑维持运营投资，而且回收额为零，则生产经营期所得税后净现金流量又称为经营净现金流量。按照有关回收额均发生在终结点上的假设，经营期内回收额不为零时的所得税后净现金流量亦称为终结点所得税后净现金流量，显然终结点所得税后净现金流量等于终结点那一年的经营净现金流量与该期回收额之和。

### （三）更新改造投资项目

建设期某年净现金流量＝－（该年固定资产投资－该年旧固定资产变价净收入）

建设期末的净现金流量＝因固定资产提前报废发生净损失而抵减的所得税额

如果建设期为零，则生产经营期所得税后净现金流量的简化公式为：

生产经营期第1年所得税后净现金流量＝该年因更新改造而增加的息税前利润×（1－所得税税率）＋该年因更新改造而增加的折旧额＋因旧固定资产提前报废发生净损失而抵减的所得税额

生产经营期其他各年所得税后净现金流量＝该年因更新改造而增加的息税前利润×（1－所得税税率）＋该年因更新改造而增加的折旧额＋该年回收新固定资产净残值超过假定继续使用的旧固定资产净残值之差额

［例6-7］某企业准备购入一设备以扩充生产能力。现有甲、乙两个方案可供选择。甲方案需投资20 000元，使用寿命5年，采用直线法计提折旧，5年后无残值，5年中每年销售收入为15 000元，每年付现成本为5 000元。乙方案需投资30 000元，采用直线法计提折旧，使用寿命也是5年，5年后有残值收入4 000元，5年中每年销售收入为17 000元，付现成本第一年为5 000元，以后逐年增加修理费用200元，另需垫支营运资金3 000元。假设所得税税率为25%，资金成本为12%。

要求：分别计算两个方案的现金流量。

① 先计算年折旧额：

甲方案年折旧额 = 20 000 ÷ 5 = 4 000（元）

乙方案年折旧额 =（30 000 - 4 000）÷ 5 = 5 200（元）

② 计算两个方案的现金净流量。

甲方案：

$NCF_0 = -20\,000$（元）

$NCF_{1\sim5} = (15\,000 - 5\,000 - 4\,000) \times (1 - 25\%) + 4\,000 = 8\,500$（元）

乙方案：

$NCF_0 = -30\,000 - 3\,000 = -33\,000$（元）

$NCF_1 = (17\,000 - 5\,000 - 5\,200) \times (1 - 25\%) + 5\,200 = 10\,300$（元）

$NCF_2 = (17\,000 - 5\,200 - 5\,200) \times (1 - 25\%) + 5\,200 = 10\,150$（元）

$NCF_3 = (17\,000 - 5\,400 - 5\,200) \times (1 - 25\%) + 5\,200 = 10\,000$（元）

$NCF_4 = (17\,000 - 5\,600 - 5\,200) \times (1 - 25\%) + 5\,200 = 9\,850$（元）

$NCF_5 = (17\,000 - 5\,800 - 5\,200) \times (1 - 25\%) + 5\,200 + 4\,000 + 3\,000 = 16\,700$（元）

## 第3节　项目投资决策评价指标及计算

### 一、投资决策评价指标及其类型

#### （一）投资决策评价指标的意义

投资决策评价指标指用于衡量和比较投资项目可行性，并以此进行投资项目方案决策的定量化标准和尺度。

从财务评价的角度，投资决策评价指标主要包括静态投资回收期、投资收益率、净现值、净现值率、获利指数、内含报酬率。

#### （二）投资决策评价指标的分类

①按照是否考虑资金时间价值分类，可分为静态评价指标和动态评价指标。前者指在计算过程中不考虑资金时间价值因素的指标，包括投资收益率和静态投资回收期；

后者指在指标计算过程中充分考虑和利用资金时间价值的指标。

②按指标性质不同，可分为在一定范围内越大越好的正指标和越小越好的反指标两大类。只有静态投资回收期属于反指标。

③按指标在决策中的重要性分类，可分为主要指标、次要指标和辅助指标。净现值、内含报酬率等为主要指标；静态投资回收期为次要指标；投资收益率为辅助指标。

## 二、静态评价指标

### （一）静态投资回收期

(1) 静态投资回收期的计算

静态投资回收期（简称回收期）指以投资项目经营净现金流量抵偿原始总投资所需要的全部时间。它有“包括建设期的投资回收期（PP）”和“不包括建设期的投资回收期（PP′）”两种形式。确定静态投资回收期指标可分别采取公式法和列表法。

①公式法。如果某一项目的投资均集中发生在建设期内，投产后一定期间内每年经营净现金流量相等，且其合计大于或等于原始投资额，可按以下简化公式直接求出不包括建设期的投资回收期：

不包括建设期的投资回收期（PP′）＝建设期发生的原始投资合计÷运营期内前若干年每年相等的净现金流量＝$\dfrac{\sum_{t=0}^{S} I_t}{NCF_{(S+1)-(S+m)}}$

式中，$I_t$ 为建设期第 $t$ 年发生的原始投资额。

包括建设期的投资回收期（PP）＝不包括建设期的投资回收期＋建设期＝$PP'+S$

［例6－8］已知某企业拟构建一项固定资产，需在建设起点一次投入全部资金2 000万元，按直线法折旧，使用年限为10年，期末有200万元净残值。建设期为2年，发生建设期资本化利息200万元。预计投产后每年可获得息税前利润200万元。

要求：判断是否可利用公式法计算静态回收期，如果可以，请计算其结果。

该项目建设期 $S=2$ 年，投产后2～10年净现金流量相等，$m=9$ 年，折旧＝2 000÷10＝200万元，经营期前9年每年净现金流量 $NCF_{2\sim9}=200+200=400$ 万元，原始投资 $I=2\,000$ 万元。

因为，$m\times$经营期前 $m$ 年每年相等的净现金流量＝9×400＝3 600万元＞原始投资额＝2 000万元，所以可以使用简化公式计算静态回收期：

不包括建设期的投资回收期 $PP'=\dfrac{2\,000}{400}=5$（年）

包括建设期的投资回收期 $PP=PP'+S=5+2=7$（年）

②列表法。指通过列表计算累计净现金流量的方式来确定包括建设期的投资回收期，再推算出不包括建设期的投资回收期的方法。因为不论在什么情况下都可以通过

这种方法来确定静态投资回收期，所以又称为一般方法。

该法的原理是：包括建设期的投资回收期满足以下关系式：

$$\sum_{t=0}^{PP} NCF_t = 0$$

即 $$\sum_{t=0}^{n} I_t = \sum_{t=0}^{n} O_t$$

式中，$t$ 为项目期限，$I_t$ 为第 $t$ 年的现金流入量，$O_t$ 为第 $t$ 年的现金流出量。

这表明，在财务现金流量表的“累计净现金流量”一栏中，包括建设期的投资回收期恰好是累计净现金流量为零的年限。

若无法在“累计净现金流量”栏找到零，按下式计算包括建设期的投资回收期：

包括建设期的投资回收期（PP）＝最后一项为负值的累计净现金流量对应的年数＋（最后一项为负值的累计净现金流量绝对值÷下年净现金流量）

＝累计净现金流量第一次出现正值的年份－1＋（该年初尚未回收的投资÷该年净现金流量）

[**例** 6－9] 仍按例6－4的资料所列示的净现金流量信息。

要求：按列表法确定该项目的静态投资回收期。

依题意，列表计算如表6－3所示。

**表6－3　某固定资产投资项目现金流量表**（项目投资）　（金额：万元）

| 项目计算期（$t$ 年） | 建设期 | | 经营期 | | | | | | | 合计 |
|---|---|---|---|---|---|---|---|---|---|---|
| | 0 | 1 | 2 | 3 | 4 | 5 | … | 10 | 11 | |
| … | | | | | | | | | | … |
| 净现金流量 | －2000 | 0 | 0 | 400 | 400 | … | 400 | 400 | 400 | 1600 |
| 累计净现金流量 | －2000 | －2000 | －2000 | －1600 | －1200 | … | 0 | 400 | … | |

第7年的累计现金流量为0，故PP＝7年。

PP′＝7－2＝5（年）

按照列表法计算的结果与按公式法计算的结果相同。

（2）静态投资回收期的特点

只有静态投资回收期小于或等于基准投资回收期的投资项目才具有财务可行性。

静态投资回收期能够直观地反映原始总投资的返本期限，便于理解，计算也比较简单，可以直接利用回收期之前的净现金流量信息；缺点是没有考虑资金时间价值因素和回收期满后继续发生的现金流量，不能正确反映不同投资方式对项目的影响，也会促进企业接受短期投资项目而放弃有战略意义的长期投资项目。

为了克服回收期法不考虑货币时间价值的缺点，有学者提出了折现回收期法，即动态回收期。折现回收期指在考虑资金时间价值的情况下，以项目现金流入抵偿全部投资所需要的时间。

**（二）投资收益率**

（1）投资收益率的计算

投资收益率（ROI）又称投资报酬率指达产期正常年份的年息税前利润或生产经营期年均息税前利润占投资总额的百分比。其计算公式为：

$$投资收益率（ROI）=\frac{年息税前利润（或年均息税前利润）}{项目总投资}\times 100\%$$

（2）投资收益率的特点

投资收益率的优点是计算公式简单，使用的财务数据容易取得，并考虑了整个项目寿命期的全部利润；缺点是没有考虑资金时间价值因素，不能正确反映建设期长短及投资方式不同和回收额的有无对项目的影响，分子、分母计算口径的可比性较差，无法直接利用净现金流量信息。

只有投资收益率大于或等于无风险投资收益率的投资项目才具有财务可行性。

［例 6－10］A 公司拟建一项固定资产，建设起点一次投入资金2 000 万元，建设期为 1 年，建设期资本化利息 200 万元。该固定资产预计年息税前利润 200 万元。

要求：计算该项目的投资收益率。

年息税前利润 200 万元，项目总投资 2 200 万元，则：

$$投资收益率=\frac{200}{2200}\times 100\%=9.09\%$$

## 三、动态评价指标

**（一）净现值**

（1）净现值的计算

净现值（NPV）指在计算期内，按设定折现率或基准收益率计算的各年净现金流量现值的代数和，也就是特定项目未来现金流量的现值与未来现金流出的现值之间的差额。净现值是评价投资项目是否可行的最重要的指标。计算公式如下：

$$\begin{aligned}净现值(NPV) &= \sum_{t=0}^{n}（第\,t\,年的净现金流量\times 第\,t\,年的复利现值系数）\\ &= \sum_{t=0}^{n}[NCF_t\times(P/F,i_c,t)]\end{aligned}$$

式中，$i_c$ 为行业基准收益率。

计算净现值指标有一般方法、特殊方法和插入函数法。

净现值指标计算的一般方法，包括公式法和列表法两种。

公式法指根据净现值的定义直接利用理论计算公式来完成该指标计算。

列表法指通过现金流量表计算净现值指标的方法，即在现金流量表上，根据已知的各年净现金流量，分别乘以各年的复利现值系数，从而计算出各年折现的净现金流量，最后求出项目计算期内折现的净现金流量的代数和，就是所求的净现值指标。

[**例**6－11] 有关净现金流量数据见例6－7，该项目的基准折现率为12%。

要求：用公式法分别计算该项目的净现值。

两个方案的净现值为：

$$NPV_{甲} = 8\,500 \times (P/A,12\%,5) - 20\,000 = 8\,500 \times 3.605 - 20\,000 = 10\,642.5(元)$$

$$NPV_{乙} = 10\,300 \times 0.893 + 10\,150 \times 0.797 + 10\,000 \times 0.712 + 9\,850 \times 0.636 + 16\,700 \times 0.567 - 33\,000 = 7\,140.95(元)$$

净现值指标计算的特殊方法，是指在特殊条件下，当项目投产后净现金流量表现为普通年金或递延年金时，可以利用计算年金现值或递延年金现值的技巧直接计算出项目净现值的方法，又称简化方法。

由于项目各年的净现金流量 $NCF_t(t = 0,1,\cdots,n)$ 属于系列款项，当项目的全部投资均于建设期投入，生产经营期不再追加投资，投产后的经营净现金流量表现为普通年金或递延年金的形式时，就可视情况按不同的简化公式计算净现值指标。

当建设期为零，投产后的净现金流量表现为普通年金形式时，公式为：

$$NPV = NCF_0 + NCF_{1\sim n} \times (P/A,i_c,n)$$

当建设期为零，投产后每年经营净现金流量（不含回收额）相等，但终结点第 $n$ 年有回收额 $R_n$（如残值）时，公式为：

$$NPV = NCF_0 + NCF_{1\sim(n-1)} \times (P/A,i_c,n-1) + NCF_n \times (P/F,i_c,n)$$

或：

$$NPV = NCF_0 + NCF_{1\sim n} \times (P/A,i_c,n-1) + R_n \times (P/F,i_c,n)$$

当建设期不为零，全部投资在建设起点一次投入，投产后每年净现金流量为递延年金形式时，公式为：

$$NPV = NCF_0 + NCF_{(S+1)\sim n} \times [(P/A,i_c,n) - (P/A,i_c,S)]$$

或：

$$NPV = NCF_0 + NCF_{(S+1)\sim n} \times (P/A,i_c,n-S) \times (P/F,i_c,S)$$

当建设期不为零，全部投资在建设起点分次投入，投产后每年净现金流量为递延年金形式时，公式为：

$$NPV = NCF_0 + NCF_1 \times (P/F,i_c,1) + \cdots + NCF_S \times (P/F,i_c,S) + NCF_{(S+1)\sim n} \times [(P/A,i_c,n) - (P/A.),i_c,S]$$

净现值指标计算的插入函数法是指运用 Excel 软件，通过插入财务函数“NPV”，并根据计算机系统的提示正确输入已知的基准折现率和电子表格中的净现金流量，来直接求得净现值指标的方法。

当第一次原始投资发生在建设起点时，按插入函数法计算出来的净现值与按其他两种方法计算的结果有一定误差，但可以按一定方法将其调整正确。

（2）净现值的特点

净现值指标的优点是综合考虑了资金时间价值、项目计算期内的全部净现金流量和投资风险；缺点是无法从动态的角度直接反映投资项目的实际收益率水平，而且计算比较繁琐。

只有净现值指标大于或等于零的投资项目，才具有财务可行性。

### （二）净现值率

（1）净现值率的计算

净现值率（NPVR）指投资项目净现值占原始投资现值总和的百分率。公式为：

$$净现值率 = \frac{项目净现值}{原始投资现值合计}$$

［例 6－12］某企业拟建一项固定资产，需投资 100 万元，按直线法计提折旧，使用寿命 10 年，期末无残值。该项工程当年投产，建设期 1 年，建设资金分别于年初、年末各投入 50 万元，预计投产后可获息税前利润 10 万元。假定该项目的行业基准折现率为 10%。

要求：计算该项目的净现值率。

依题意，净现值＝16.2 648 万元

原始投资现值 ＝－50 －50 ×（$P/F$,10%,1）＝95.4 545（万元）

项目净现值率＝16.2 648 ÷95.4 545 ＝0.1 704

（2）净现值率的特点

净现值率指标的优点从动态的角度反映项目投资的资金投入与净产出之间的关系，计算过程比较简单；缺点是无法直接反映投资项目的实际收益率。

只有净现值率指标大于或等于零的投资项目，才具有财务可行性。

### （三）获利指数

（1）获利指数计算

获利指数（PI）指投产后按基准收益率或设定折现率折算的各年净现金流量的现值合计与原始投资的现值合计之比。其计算公式为：

获利指数（PI）＝投产后各年净现金流量的现值合计÷原始投资的现值合计

＝1＋净现值率

［例 6－13］续例 6－12。

要求：分别计算两个项目的获利指数。

两个方案的获利指数为：

$$PI_{甲} = \frac{10\,642.5 + 20\,000}{20\,000} = 1.5\,321 \approx 1.53$$

$$PI_{乙} = \frac{7140.95 + 33\,000}{33\,000} = 1.2\,164 \approx 1.22$$

（2）获利指数的特点

获利指数指标的优点是可以从动态的角度反映项目投资的资金投入与总产出之间的关系；缺点是除了无法直接反映投资项目的实际收益率外，计算也相对复杂。

只有获利指数指标大于或等于 1 的投资项目，才具有财务可行性。

**（四）内含报酬率**

（1）内含报酬率的计算

内含报酬率（IRR）指项目投资实际可望达到的收益率。实质上能使项目的净现值等于零时的折现率。IRR 满足下列等式：

$$\sum_{t=0}^{n} [NCF_t \times (P/F, IRR, t)] = 0$$

当项目投产后的净现金流量表现为普通年金的形式时，可直接利用年金现值系数计算内含报酬率：

$$(P/A, IRR, n) = \frac{I}{NCF}$$

计算内含报酬率必要时还需要应用内插法。

[例 6 - 14] 续例 6 - 7。A 企业有一个投资项目——甲方案，其现金净流量为：

$NCF_0 = -20\,000$(元)

$NCF_{1\sim5} = (1\,500 - 5\,000 - 4\,000) \times (1 - 25\%) + 4\,000 = 8\,500$(元)

要求：计算甲方案的内含报酬率。

甲方案每年现金流量相等，设现金流入的现值与原始投资额相等：

$20000 = 8500 \times (P/A, i, 5)$

$(P/A, i, 5) = 2.3529$

查年金现值系数表，与 2.3529 最接近的年金现值系数 2.436 和 2.3452 分别指向 30% 和 32%。则：

$$甲方案内含报酬率 = 30\% + \frac{2.436 - 2.3529}{2.436 - 2.3452} \times (32\% - 30\%) = 31.83\%$$

内含报酬率还可以用插入函数法计算，即运用 Excel 软件，通过插入财务函数“IRR”，并根据计算机系统的提示正确输入已知的电子表格中的净现金流量来直接求得内含报酬率指标的方法。

（2）内含报酬率的特点

内含报酬率指标的优点从动态的角度直接反映投资项目的实际收益水平，又不受基准收益率高低的影响，比较客观；缺点是计算过程复杂，尤其当经营期大量追加投资时，有可能导致多个内含报酬率出现，或偏高，或偏低，缺乏实际意义。

内含报酬率指标大于或等于基准收益率或资金成本的项目才具有财务可行性。

### （五）动态指标之间的关系

净现值、净现值率、获利指数和内含报酬率指标之间存在同方向变动关系，即：

当净现值 >0 时，净现值率 >0，获利指数 >1，内含报酬率 > 基准收益率；

当净现值 =0 时，净现值率 =0，获利指数 =1，内含报酬率 = 基准收益率；

当净现值 <0 时，净现值率 <0，获利指数 <1，内含报酬率 < 基准收益率。

# 第 4 节　项目投资决策评价指标的运用

## 一、独立方案财务可行性评价及投资决策

独立方案是指一组互相分离、互不排斥的方案。在独立方案中，选择某一方案并不排斥选择另一方案。评价独立方案财务可行性的要点包括：

（1）判断方案是否完全具备财务可行性的条件

某一投资方案的所有评价指标均处于可行区间，即同时满足以下条件时，可断定该投资方案无论从哪个方面看都具备财务可行性，或完全具备可行性。这些条件是：

① 净现值 NPV≥0；

② 净现值率 NPVR≥0；

③ 获利指数 PI≥1；

④ 内含报酬率 IRR≥基准折现率 $i_c$；

⑤ 包括建设期的静态投资回收期 PP≤ $n/2$（即项目计算期的一半）；

⑥ 不包括建设期的静态投资回收期 PP′ ≤ $P/2$（即生产经营期的一半）；

⑦ 投资利润率 ROI≥基准投资利润率 $i_c$（事先给定）。

（2）判断方案是否完全不具备财务可行性的条件

某一投资项目的评价指标均处于不可行区间，即同时满足以下条件时，可以断定该投资项目无论从哪个方面看都不具备财务可行性，或完全不具备可行性，应彻底放弃该投资方案。这些条件是：

① 净现值 NPV ＜ 0；

② 净现值率 NPVR <0；

③ 获利指数 PI <1；

④ 内含报酬率 IRR < 基准折现率 $i_c$；

⑤ 包括建设期的静态投资回收期 PP > $n/2$（即项目计算期的一半）；

⑥ 不包括建设期的静态投资回收期 PP′ > $P/2$（即生产经营期的一半）；

⑦ 投资利润率 ROI < 基准投资利润率 $i_c$（事先给定）。

（3）判断方案是否基本具备财务可行性的条件

在评价过程中发现某项目的主要指标处于可行区间（如 NPV ≥0，NPVR ≥0，PI ≥1，IRR ≥ $i_c$），但次要或辅助指标处于不可行区间（如 PP > $n/2$，PP′ > $P/2$ 或 ROI < $i_c$），则可以断定该项目基本上具有财务可行性。

（4）判断方案是否基本不具备财务可行性的条件

在评价过程中发现某项目出现：净现值 NPV <0，净现值率 NPVR <0，获利指数 PI <1，内含报酬率 IRR < 基准折现率 $i_c$ 的情况，即使有 PP′≤ $P/2$ 或投资利润率 ROI < 基准投资利润率 $i_c$ 发生，也可断定该项目基本上不具有财务可行性。

对独立方案进行财务可行性评价时应注意：

①主要评价指标在评价财务可行性的过程中起主导作用；

②利用动态指标对同一个投资项目进行评价和决策，可能得出完全相同的结论。

［例 6 – 15］某固定资产投资项目只有一个方案，原始投资 10 000 万元，项目计算期 11 年（生产经营期 10 年），基准投资收益率 9.5%，行业基准折现率 10%。有关投资决策评价指标如下：ROI = 10%，PP = 6 年，NPV = 162.65 万元，NPVR = 17.04%，PI = 1.1704，IRR = 12.73%。

要求：评价该项目的财务可行性。

判断过程如下：

因为 ROI = 10% > $i$ = 9.5%，PP′ = 5 年 = $P/2$，NPV = 163.65 万元 > 0，NPVR = 17.04% > 0，PI = 1.1704 > 1，IRR = 12.73% > $i_C$ = 10%，所以该方案基本上具有财务可行性（尽管 PP = 6 > 5.5 年，超过基准回收期）。

## 二、多个互斥方案的比较决策

互斥方案指互相关联、互相排斥的方案，即一组方案中的各个方案彼此可以相互代替，采纳方案组中的某一方案，就会自动排斥这组方案中的其他方案。

多个互斥方案的比较决策指在每一个入选方案已具备财务可行性的前提下，利用具体决策方法比较各个方案的优劣，利用评价指标从各个备选方案中最终选出一个最优方案的过程。

项目投资多方案比较决策的方法，主要包括净现值法、净现值率法、差额投资内含报酬率法、年等额净回收额法和计算期统一法等。

### （一）净现值法

净现值法指通过比较所有已具备财务可行性投资方案的净现值指标的大小来选择最优方案的方法，该法适用于原始投资额相同且项目计算期相等的多方案比较决策。

在此法下，净现值最大的方案为优。

[例 6-16] 按例 6-7 中的数据判断，用净现值法比较甲、乙方案哪个更优。

因为：甲方案的净现值 = 10 642.5 元超过乙方案的净现值 = 7 140.95 元

故应选择甲方案。

### （二）净现值率法

净现值率法指通过比较所有已具备财务可行性投资方案的净现值率指标的大小来选择最优方案的方法。该法可用于原始投资额不同的投资方案的比较决策。在此法下，净现值率最大的方案为优。

### （三）差额投资内含报酬率法

差额投资内含报酬率法指在两个原始投资额不同方案的差量净现金流量（记作 ΔNCF）的基础上，计算出差额内含报酬率（记作 ΔIRR），将其与行业基准折现率比较，进而判断方案孰优孰劣的方法。该法适用于原始投资额不相同，但项目计算期相同的多方案比较决策。当差额投资内含报酬率指标大于或等于基准收益率或设定折现率时，原始投资额大的方案较优；反之则原始投资额小的方案为优。

[例 6-17] 某企业准备变卖一套尚可使用 5 年的旧设备，另购置一套新设备来替换它。旧设备账面净值 90 000 元，目前变现收入 80 000 元，若仍使用旧设备，按变价收入为基础计提折旧。新设备的投资额 200 000 元，预计使用年限 5 年，到第 5 年末新设备与继续使用旧设备的预计净残值相等。新设备投入使用后，每年可为企业增加营业收入 70 000 元，增加付现成本 35 000 元。该设备采用直线法折旧，新旧设备的替换不会影响企业正常经营。该企业所得税率 25%，预期投资报酬率 10%。

要求：采用差额投资内含报酬率法判断应否用新设备替换旧设备。

使用新设备增加的投资额 = 200 000 - 80 000 = 120 000（元）

使用新设备增加的折旧额 = (200 000 - 80 000) ÷ 5 = 24 000（元）

因新旧设备预计净残值相等，在计算折旧额的增量时，净残值没有影响。

$$\Delta NCF_0 = -120\,000(\text{元})$$

$$\Delta NCF_1 = (70\,000 - 35\,000 - 24\,000) \times (1 - 25\%) + 24\,000 + (90\,000 - 80\,000) \times 75\% = 39\,750(\text{元})$$

$$\Delta NCF_{2\sim5} = (70\,000 - 35\,000 - 24\,000) \times (1 - 25\%) + 24\,000 = 32\,250(\text{元})$$

设 $i = 12\%$：

$$\Delta NPV = 32\,250 \times [(P/A, 12\%, 5) - (P/A, 12\%, 1)] + 39\,750 \times (P/F, 12\%, 1) - 120\,000 = 2\,951.55(\text{元})$$

同理，设 $i = 14\%$ 时，$\Delta NPV = -2\,703.53(\text{元})$。

$$\Delta IRR = 12\% + (14\% - 12\%) \times \frac{(0 - 2\,951.55)}{-2\,703.53 - 2\,951.55} = 13.04\%$$

ΔIRR = 13.04% 大于 10%，说明更新方案可行，应当用新设备替换旧设备。

### （四） 年等额净回收额法

年等额净回收额法指通过比较所有投资方案的年等额净回收额（记作 NA）指标的大小来选择最优方案的决策方法。该法适用于原始投资额不相同，特别是项目计算期不同的多方案比较决策。在此法下，某方案的年等额净回收额等于该方案净现值与相关回收系数（或年金现值系数倒数）的乘积。

$$年等额净回收额 = 方案净现值 \times 回收系数 = 净现值 \times \frac{1}{年金现值系数}$$

年等额净回收额最大的方案为优。

[例 6-18] 某企业拟投资建设一条新生产线。现有三个方案可供选择：A 方案原始投资 1500 万元，项目计算期 11 年，净现值 985.5 万元；B 方案原始投资 1100 万元，项目计算期 10 年，净现值 920 万元；C 方案净现值 -15 万元。行业基准利率 10%。

要求：（1）判断每个方案的财务可行性；

（2）用年等额净回收额法做出最终的投资决策。

A 方案和 B 方案的净现值均大于零，所以这两个方案均具有财务可行性；

而 C 方案的净现值小于零，所以 C 方案不具有财务可行性。

$$A方案的年等额净回收额 = A方案的净现值 \times \frac{1}{(P/A, 10\%, 11)}$$

$$= 985.5 \times \frac{1}{6.4951} = 151.73(万元)$$

$$B方案的年等额净回收额 = B方案的净现值 \times \frac{1}{(P/A, 10\%, 10)}$$

$$= 920 \times \frac{1}{6.1446} = 149.7(万元)$$

所以 A 方案优于 B 方案。

### （五） 计算期统一法（共同年限法）

计算期统一法指通过对计算期不相等的多个互斥方案选定一个共同的计算分析期，以满足时间可比性的要求，进而根据调整后的评价指标来选择最优方案的方法。包括方案重复法和最短计算期法两种具体处理方法。

① 方案重复法。方案重复法也称计算期最小公倍数法，是将各方案计算期的最小公倍数作为比较方案的计算期，进而调整有关指标，据此进行多方案比较决策的一种方法。此法适用于项目计算期相差比较悬殊的多方案比较决策。

② 最短计算期法。最短计算期法又称最短寿命期法，是在将所有方案的净现值均还原为等额年回收额的基础上，再按照最短的计算期来计算出相应净现值，进而根据调整后的净现值指标进行多方案比较决策的一种方法。

## 三、多方案组合排队投资决策

### （一）组合排队方案决策的意义

如果一组方案中既不属于相互独立又不属于相互排斥，而是可以实现任意组合或排队，则这些方案称作组合或排队方案。又包括先决方案、互补方案和不完全互斥方案等形式。这种方案决策，除了要求首先评价所有方案的财务可行性，淘汰不具备财务可行性的方案外，在接下来的决策中，需要反复衡量和比较不同组合条件下的有关评价指标的大小，从而作出最终决策。这类决策分两种情况：

① 在资金总量不受限制的情况下，可按每一项目的净现值 NPV 大小排队，确定优先考虑的项目顺序。

② 在资金总量受到限制时，则需按净现值率或获利指数的大小结合净现值进行各种组合排队，从中选出能使 $\Sigma$NPV 最大的最优组合。

### （二）组合排队方案决策的程序

① 以各方案净现值率高低为序，逐项计算累计投资额，并与限定投资总额比较。

② 当截止到某项投资项目（假定为第 $j$ 项）的累计投资额恰好达到限定的投资总额时，则第 1 项至第 $j$ 项的项目组合为最优的投资组合。

③ 若在排序过程中未能直接找到最优组合，必须按下列方法进行必要的修正：

当排序中发现第 $j$ 项的累计投资额首次超过限定投资额而删除该项后，按顺延的项目计算的累计投资额却小于或等于限定投资额时，可将第 $j$ 项与第 $j+1$ 项交换位置，继续计算累计投资额。这种交换可连续进行。

当排序中发现第 $j$ 项的累计投资额首次超过限定投资额，又无法与下一项进行交换，第 $j-1$ 项的原始投资大于第 $j$ 项原始投资时，可将第 $j$ 项与第 $j-1$ 项交换位置，继续计算累计投资额。这种交换亦可连续进行。

若经过反复交换，已不能再进行交换，但仍未找到能使累计投资额恰好等于限定投资额的项目组合时，可按最后一次交换后的项目组合作为最优组合。

总之，在主要考虑投资效益的条件下，多方案比较决策的主要依据，是在保证充分利用资金的前提下，获得尽可能多的净现值总量。

# 思考与练习

**关键术语**

投资决策　现金流量　静态投资回收期　净现值　内含报酬率　自由现金流量　互斥方案　多方案组合排队决策

**思考题**

1. 简述企业投资的类型、程序和应遵循的原则。

2. 单纯固定资产投资项目和完整工业项目现金流量的内容是什么？

3. 简述静态投资回收期、净现值、内含报酬率的含义、计算方法及其优缺点。

**客观题**

**一、单项选择题**

1. 某项目原始投资在建设期内全部投入，预计净现值率 20%，则项目的获利指数为：（　　）

A. 1.5　　B. 1.25　　C. 1.2　　D. 1.1

2. 企业在分析投资方案时，确定有关所得税税率资料数据的依据是：（　　）

A. 过去若干年的平均税率　　B. 当前的税率

C. 未来可能的税率　　D. 全国的平均税率

3. 长期投资决策中，不宜作为折现率进行投资项目评价的是：（　　）

A. 国库券利率　　B. 投资项目的资金成本

C. 投资的机会成本　　D. 行业评价资金收益率

4. 甲企业拟购建一项固定资产，需在建设起点一次投入借入资金 100 万元，利率 10%，建设期 1 年。该固定资产可使用 9 年，按直线法折旧，净残值率 10%。预计投产后每年息税前税后净利润 10 万元，所得税率 20%，则该项目包括建设期的投资回收期和投资收益率为：（　　）

A. 6 年，10%　　B. 5.76 年，9.09%　　C. 4.76 年，9.09%　　D. 5 年，10%

5. 假定其他因素不变，当折现率降低时，下列指数中数值变大的是：（　　）

A. 内含报酬率　　B. 投资利润率　　C. 静态投资回收期　　D. 获利指数

6. 某企业拟进行一项固定资产投资项目决策，设定折现率为 12%，有四个方案可供选择，其中：甲方案的项目计算期是 10 年，净现值为 1 000 万元［(*A/P*，12%，10) = 0.177］；乙方案的净现值率为 1%；丙方案的项目计算期为 11 年，其年等额净回收额为 150 万元；丁方案的内含报酬率为 10%。最优的投资方案为：（　　）

A. 甲方案　　B. 乙方案　　C. 丙方案　　D. 丁方案

7. 下列最适合用于原始投资额不同，项目计算期相等的多方案投资比较决策的方法是：（　　）

A. 净现值法　　B. 年等额净回收额法

C. 差额投资内含报酬率法　　D. 净现值率法

8. 当折现率为 10% 时，某项目的净现值为 500 元，则说明该项目的内含报酬率：（　　）

A. 高于 10%　　B. 低于 10%　　C. 等于 10%　　D. 无法确定

9. 年末甲公司正在考虑卖掉现有的一台闲置设备购买一台新设备。该旧设备 8 年前以 40 000 元购入，规定的使用年限为 10 年，按直线法计提折旧，预计净残值率为 10%，已提折旧 28 800 元，目前可以按 10 000 元价格卖出，假设所得税税率为 25%，则卖出现有设备对更新改造方案生产经营期第 1 年净现金流量的影响是______，假设建设期为零。（　　）

A. 减少 360 元　　B. 减少 1 200 元　　C. 增加 360 元　　D. 增加 1 200 元

10. 某企业投资 20 万元购入一台设备，预计投产后每年可获得利润 4 万元，固定资产每年折旧额 2 万元，则投资回收期为：（　　）

A. 6.7 年　　B. 10 年　　C. 3.33 年　　D. 5 年

11. 对投资项目内含报酬率的大小不产生影响的因素是：（　　）

A. 投资项目的原始投资　　B. 投资项目的现金流量

C. 投资项目的项目计算期　　D. 投资项目的设定折现率

12. 净现值与现值指数相比，其缺点是：（　　）

A. 考虑货币时间价值　　B. 考虑了投资风险性

C. 不便于投资额相同的方案的比较　　D. 不便于投资额不同的方案的比较

13. 某投资项目原始投资额为15 000元，当年完工投产，有效期4年，每年可获得现金净流量5 000元，则该项目内含报酬率为：（　　）

A. 12.21%　　B. 12.59%　　C. 13.04%　　D. 13.52%

14. 某投资方案贴现率为15%时，净现值为430万元，贴现率为17%时，净现值为－790万元，则该方案的内含报酬率为：（　　）

A. 15.7%　　B. 15.22%　　C. 17.34%　　D. 17.56%

15. 当净现值为零时，则可说明：（　　）

A. 投资方案无收益　　B. 投资方案只能获得平均利润

C. 投资方案只能收回投资　　D. 投资方案亏损，应拒绝接受

16. 在没有资本限量的情况下，对于互斥方案来说，最好的评价方法是：（　　）

A. 平均报酬率法　　B. 净现值法　　C. 内部报酬率法　　D. 平均报酬率法

17. 下列表述不正确的是：（　　）

A. 当净现值大于0时，获利指数小于1

B. 当净现值大于0时，说明该方案可行

C. 当净现值为0时，说明此时的贴现率为内部报酬率

D. 净现值是未来总报酬的总现值与初始投资额现值之差

18. 下列指标中，属于非折现指标的是：（　　）

A. 静态投资回收期　　B. 会计收益率　　C. 内含报酬率　　D. 净现值

19. 一个公司"当期的营业性现金流量等于当期的净利润加折旧之和"，这意味着：（　　）

A. 该公司不会发生偿债危机

B. 该公司当期没有分配股利

C. 该公司当期的营业收入都是现金收入

D. 当期的营业成本与费用除折旧外都是付现费用

20. 在进行项目投资项目风险分析时，容易夸大远期现金流量风险的方法是：（　　）

A. 风险调整现金流量法　　B. 风险调整折现率法

C. 净现值法　　D. 内含报酬率法

21. 某企业拟按15%的期望投资报酬率进行一项固定资产投资决策，所计算的净现值为100万元，现金时间价值为8%。假定不考虑通货膨胀因素，则下列表述正确的是：（　　）

A. 该项目的现值指数小于1　　B. 该项目的内含报酬率小于8%

C. 该项目的风险报酬率为7%　　D. 该企业不该进行该投资

22. 已知某投资项目的原始投资额为100万元，建设期为2年，投产后第1至8年每年NCF＝25万元，第9至10年每年的NCF＝20万元。则该项目包括建设期的静态投资回收期为：（　　）

A. 5年　　B. 6年　　C. 7年　　D. 8年

23. 下列各项中，不属于投资项目现金流出量内容的是：（ ）

A. 固定资产投资　B. 折旧与摊销　C. 无形资产投资　D. 新增付现成本

24. 包括建设期的静态投资回收期是：（ ）

A. 净现值为零的年限　B. 净现金流量为零的年限

C. 累计净现值为零的年限　D. 累计净现金流量为零的年限

25. 某投资方案年营业收入500万元，年营运成本180万元，年固定资产折旧费20万元，年无形资产摊销额15万元，所得税税率25%，则该项目年经营现金流量为多少万元？（ ）

A. 280.4　B. 285　C. 214.9　D. 241.9

26. 某投资项目年营业收入为180万元，年付现成本为60万元，年折旧额为40万元，所得税税率为25%，则该项目年经营净现金流量为多少万元？（ ）

A. 81.8　B. 100　C. 82.4　D. 76.4

27. 下列无法直接利用现金流量信息计算的指标是：（ ）

A. 投资回收期　B. 会计收益期　C. 净现值　D. 内含报酬率

**二、多项选择题**

1. 下列各项中，既属于原始总投资额，又构成项目投资总额内容的项目有：（ ）

A. 固定资产投资　B. 无形资产投资　C. 资本化利息　D. 垫支流动资金

2. 某公司正在开会研究是否投产一种新产品，对以下收支发生争论，你认为不应列入该项目评价的现金流量有：（ ）

A. 新产品投产需营运资金100万元，可在公司现有周转资金中解决，不需要另外筹集

B. 该项目利用现有未充分利用的厂房设备，如将该设备出租可获益50万元，但公司规定不得将生产设备出租，以防止对本公司产品形成竞争

C. 新产品销售会使本公司同类产品减少收益600万元，如果本公司不经营此产品，竞争对手也会推出此新产品

D. 动用为其他产品储存的原料约250万元

3. 与流动资产相比，项目投资的特点主要包括：（ ）

A. 投资金额大　B. 投资回收期长　C. 变现能力强　D. 投资风险小

4. 完整的工业投资项目的现金流入主要包括：（ ）

A. 营业收入　B. 回收固定资产余值　C. 固定资产折旧　D. 回收流动资金

5. 下列各项中，属于固定资产更新改造投资项目现金流入量的是：（ ）

A. 因使用新固定资产而增加的营业收入　B. 处置旧固定资产的变现净收入

C. 新旧固定资产回收固定资产余值的差额　D. 节约的经营成本

6. 净现值率法的优点有：（ ）

A. 考虑了资金时间价值

B. 考虑了投资风险

C. 可从动态角度反映项目投资的资金投入与总产出之间的关系

D. 可以从动态角度反映项目的实际投资收益率

7. 下列各项中，属于建设期发生的现金流出量的内容是：（ ）

A. 固定资产投资　B. 无形资产投资　C. 建设期资本化利息　D. 开办费

8. 投资决策评价指标中的获利指数属于：（ ）

A. 相对数指标　　B. 正指标　　C. 主要指标　　D. 动态评价指标

9. 下列关于投资报酬率指标的阐述，正确的是：　（　　）

A. 没有考虑资金的时间价值　　B. 指标的分子和分母的取值口径不一样

C. 没有利用净现金流量信息　　D. 指标中的分母是指原始总投资

10. 下列长期投资决策评价指标中，其计算结果受建设期长短、资金投入方式、回收金额有无以及净现金流量大小等条件影响的是：　（　　）

A. 投资收益率　　B. 现值指数　　C. 内含报酬率　　D. 净现值

11. 下列各项中，属于固定资产更新改造项目现金流出量的是：　（　　）

A. 处置旧设备的变价净收入　　B. 因使用新固定资产而增加的流动资金

C. 因使用新固定资产而增加的经营成本　　D. 增加的各种税款

12. 评价投资方案的投资回收期指标的主要缺点是：　（　　）

A. 不能衡量企业的投资风险　　B. 没有考虑资金的时间价值

C. 没有考虑回收期后的现金流量　　D. 不能正确反映投资方式不同对项目的影响

13. 未考虑货币时间价值的主要决策方法有：　（　　）

A. 内含报酬率法　　B. 投资回收期法　　C. 现值指数法　　D. 投资报酬率法

14. 下列项目中，属于现金流入项目的有：　（　　）

A. 营业收入　　B. 建设投资　　C. 回收流动资金　　D. 清理费用

15. 下列指标中，属于动态指标的有：　（　　）

A. 现值指数　　B. 净现值率　　C. 内含报酬率　　D. 投资利润率

16. 对于项目计算期而言，下列说法正确的有：　（　　）

A. 项目计算期 = 建设期 + 营运期

B. 营运期 = 试产期 + 达产期

C. 达产期是指从投入生产到达预期水平的时期

D. 从投产日到终结点之间的时间间隔称为营运期

17. 项目某年的付现成本包括：　（　　）

A. 该年外购原材料、燃料和动力费

B. 该年工资薪酬

C. 该年的修理费

D. 该年制造费用、管理费用、营业费用中扣除折旧费、摊销费、修理费、工资的剩余部分

18. 在项目生产经营阶段，最主要的现金流出量是：　（　　）

A. 流动资金投资　　B. 固定资产原始投资

C. 经营付现成本　　D. 各种税款

19. 对于一项投资项目在计算其营业现金流量时，按照某年经营总成本为基础计算该年经营付现成本时，应予扣减的项目包括：　（　　）

A. 该年的折旧　　B. 该年的利息支出

C. 该年的设备买价　　D. 该年的无形资产摊销

20. 与财务会计使用的现金流量相比，项目投资决策所涉及的现金流量的特点有：　（　　）

A. 只反映特定项目的现金流量　　B. 在实践上包括整个项目的投资使用寿命

C. 所依据的数据是实际信息　　D. 所依据的数据是预计信息

21. 项目投资的资金来源为银行存款，在确定经营期某年的净现金流量时考虑的因素有：（　　）

A. 该年因使用该固定资产新增的净利润　　B. 该年因使用该固定资产新增的折旧

C. 该年收回的固定资产净残值　　D. 该年偿还的相关借款本金

22. 下列说法正确的有：（　　）

A. 固定资产平均年成本指继续使用该固定资产引起的现金流出与现金流入差额的年平均值

B. 固定资产的平均年成本指继续使用该固定资产引起的未来现金流出的年平均值

C. 平均年成本法把继续使用旧设备和购置新设备看成是两个互斥方案

D. 平均年成本法的假设前提是将来设备更换时，可以按原来的平均年成本找到可代替的设备

23. 估计现金流量时应该注意的问题有：（　　）

A. 必须考虑现金流量的增量　　B. 不能考虑沉没成本因素

C. 充分关注机会成本　　D. 考虑项目对企业其他部门的影响

**三、判断题**

1. 生产经营期某年流动资金增加额应等于该年流动资金需用额减该年流动负债需用额。（　　）

2. 某项目建设期为7个月，生产经营期为6年，则该项目的计算期为7年。（　　）

3. 内含报酬率指能使投资项目净现值等于1的折现率，反应了投资项目的实际收益率水平。（　　）

4. 固定资产投资包括为取得固定资产垫支资本的投入和涉及的追加周转资本投入。（　　）

5. 建设期为0的情况下，不包括建设期的投资回收期等于累计净现金流量为0的年限。（　　）

6. 获利指数可以从动态的角度反映项目投资的资金投入与总产出之间的关系，但其无法直接反映投资项目的实际收益率。（　　）

7. 假定某投资项目的净现值小于0，净现值率小于0，获利指数小于1，内含报酬率小于设定的折现率，投资回收期短于要求的投资回收期，投资收益率等于基准投资收益率，则该投资项目基本具备财务可行性。（　　）

8. 在更新改造项目的投资决策中，当该项目的差额投资内含报酬率指标大于或等于基准收益率或设定折现率时，不应当进行更新改造。（　　）

9. 某投资方案的净现值为零，则该方案贴现率可称为方案的内含报酬率。（　　）

10. 固定资产投资决策使用的现金流量，实际上就是指各种货币资金。（　　）

11. 折旧属于非付现成本，不会影响企业的现金流量。（　　）

12. 若内含报酬率大于资金成本，则投资方案不可行。（　　）

13. 在比较任何两个投资方案时，内含报酬率较高的方案较优。（　　）

14. 在编制现金流量表时，支付利息和归还借款本金不属于投资项目的现金流出量。（　　）

15. 项目评价的“投资人要求的报酬率”，因项目的非系统风险大小的不同而异。（　　）

16. 计算现金流量时，若某年取得的净残值收入大于税法规定的净残值，正确的处理方法是按实际净残值减去两者差额部分所补交的所得税的差额作为现金流量。（　　）

17. 甲公司购买一台新设备用于生产新产品A，设备价值为75万元，使用寿命为5年，期满无残值，按年数总和法计提折旧（与税法规定一致）。使用该设备预计每年能为公司带来销售收入46万元，付现成本1万元。假设甲公司适用的企业所得税率为25%，该公司最后一年因使用该设备产生的现金流量为37.5万元。（　　）

18. 均年成本法进行固定资产更新时，残值收入作为现金流出的抵减来考虑。（　　）

19. 用调整现金流量法进行投资风险分析，需要调整的项目是有风险的现金流量。（　　）

20. 投资项目的现金流量应该考虑投资项目的现金流量的总量。（　　）

21. 在评价投资项目可行性时，如果静态投资回收期或会计收益率的评价结论与净现值指标的评价结论发生矛盾，应以净现值指标的结论为准。（　　）

22. 某企业讨论更新现有生产线，有两个备选方案：A 方案净现值为 400 万元，内含报酬率为 10%；B 方案的净现值为 300 万元，内含报酬率为 15%。据此可以认为 B 方案较好。（　　）

23. 考虑所得税的影响时，项目采用加速折旧法计提折旧，计算出来的方案净现值比采用直线法计提折旧所计算出的净现值小。（　　）

24. 确定投资项目的折现率时，应考虑该项目的全部风险，包括系统风险和非系统风险。（　　）

## 练习题

### 习题一

（一）资料：某企业拟新建一条生产线，拟在建设起点一次购入固定资产 100 万元，预计使用寿命 10 年，无形资产 20 万元，建设期 2 年，建设期资本化利息 5 万元，全部计入固定资产原值。生产经营期第一年预计需要流动资产 40 万元，流动负债 18 万元；生产经营期第二年预计流动资金需用额为 50 万元，流动负债预计金额为 20 万元。

（二）要求计算：

（1）该生产线的项目计算期；

（2）该项目的各项投资金额。

### 习题二

（一）资料：某企业拟新建一条生产线项目，建设期为 2 年，生产经营期为 10 年。全部建设投资分别安排在建设起点、建设期第 2 年年初和建设期末分三次投入，投资额分别为 100 万元、300 万元和 600 万元；全部流动资金投资安排在建设期末和投产后第一年年末分两次投入，投资额分别为 150 万元和 50 万元。根据项目筹资方案的安排，建设期资本化借款利息为 200 万元。

（二）要求：估算该投资项目的各项投资指标。

### 习题三

（一）资料：某企业拟购置一台设备，购入价 200 000 元，预计可使用 5 年，净残值 8 000 元，假设资金成本 10%，投产后每年可增加利润 50 000 元。

（二）要求计算：

（1）该设备的年折旧额；

（2）该方案的净现值、净现值率；

（3）该方案的现值指数。

### 习题四

（一）资料：某企业有一台旧设备，原值 15 000 元，预计使用年限 10 年，已使用 5 年，每年付现成本 3 000 元，目前变现价值 9 000 元，报废时无残值。现市场上有一新的同类设备，购置成本 200 00 元，可使用 5 年，每年付现成本 1 000 元，期满无残值。假设该公司资金成本为 10%。

（二）要求：确定该设备是否进行更新。

### 习题五

（一）资料：华通公司拟于 20×1 年初用自有资金购置设备一台，需一次性投资 100 万元。经考证，该设备不需要安装调试，设备使用寿命 5 年，税法亦允许按 5 年计提折旧，设备投入运营后每年可新增利润 20 万元。假定该设备按直线法计提折旧，预计的净残值率为 5%，不考虑公司所得税。

（二）要求计算：

（1）各年的净现金流量；

（2）该设备的静态投资回收期；

（3）该投资项目的投资收益率；

（4）如果以 10% 作为折现率，计算其净现值。

**习题六**

（一）资料：某公司现有资金 200 万元，可用于以下投资方案：

A 方案：购买国库券（5 年期，年利率 14%，不计复利，到期一次还本付息）。

B 方案：购买新设备，使用期 5 年，预计净残值收入为设备总额 10%，按直线法计提折旧，设备投产后年预计营业收入 150 万元，外购原材料、燃料和动力费用 60 万元，职工薪酬 20 万元，其他费用 5 万元。企业不缴纳营业税和消费税，资金成本 10%，城建税 7%，教育费附加 3%。

（二）要求计算：

（1）投资方案 A 的净现值；

（2）投资方案 B 各年的现金净流量及净现值；

（3）运用净现值法对上述投资方案进行选择。

**习题七**

（一）资料：某企业计划购建一固定资产，预计投资 100 万元，按直线法计提折旧，使用寿命 10 年，期末无残值。该项目建设期 0 年，投产后每年获利 10 万元。项目的折现率 10%。

（二）要求：

（1）计算该项目的净现值；

（2）假定固定资产报废时有 5 万元残值，计算该项目的净现值；

（3）假定项目的建设期 1 年，其他条件不变，计算该项目的净现值；

（4）设项目建设期 1 年，建设资金分别于年初、年末各投入 50 万元，其他条件不变，计算该项目的净现值。

**习题八**

（一）资料：A 企业有一台旧设备，尚可继续使用 4 年，预计 4 年后残值 3 000 元，目前出售可获 30 000 元。使用该设备每年获营业收入 600 000 元，经营成本 400 000 元。市场上有一新型号设备，价值 100 000 元，预计 4 年后残值 6 000 元。使用新设备使年经营成本减少 30 000 元。所得税率 25%。

（二）要求：

（1）分别确定新旧设备的原始投资及其差额；

（2）分别计算新旧设备的每年折旧及其差额；

（3）分别计算新旧设备的每年净利润及其差额；

（4）计算新旧设备残值的差额；

（5）计算新旧设备各年的净现金流量 NCF；

（6）计算新旧设备差额净现金流量 ΔNCF；

（7）若设定折现率 10%，计算差额净现值 ΔNPV，据此判断是否应进行设备更新改造。

# 第 7 章　证券投资

## 第 1 节　证券投资概述

### 一、证券与证券分类

证券是指用以证明或设定权利所做成的书面凭证，它表明证券持有人或第三者有权取得该证券所拥有的特定权益。可按不同标准分类：

（1）按发行主体分类

按照发行主体的不同，证券分为政府证券、金融证券和公司证券。政府证券是中央政府或地方政府为筹集资金而发行的证券。金融证券是银行或其他金融机构为筹集资金而发行的证券。公司证券是工商企业发行的证券。从风险角度看，政府证券的风险较小，金融证券风险次之，公司证券风险较大，并视企业的规模、财务状况和其他情况而定。

（2）按权益关系分类

按照所体现的权益关系，证券分为所有权证券和债权证券。所有权证券是指证券的持有人是证券发行单位的所有者，如股票。债权证券是指证券的持有人是证券发行单位的债权人，如债券。债权证券的持有人一般无权对发行证券的企业进行管理和控制。发行企业若破产，债权证券有优先清偿权，而所有权证券要在最后进行清偿。因此所有权证券要承担较大风险。

（3）按收益的决定因素分类

按照收益的决定因素，证券分为原生证券和衍生证券。原生证券的收益大小主要取决于发行者的财务状况。衍生证券包括期货合约和期权合约两种基本类型，其收益取决于原生证券的价格。

（4）按收益稳定状况分类

按照收益稳定状况的不同，证券分为固定收益证券和变动收益证券。固定收益证券在证券票面规定有固定收益率；变动收益证券的收益情况随企业经营状况而改变。从风险角度看，固定收益证券风险较小，但报酬率相对较低；而变动收益证券风险大，但收益相对较高。

（5）按到期日长短分类

按照到期日的长短，证券分为短期证券和长期证券。

短期证券是指到期日短于一年的证券。长期证券是指到期日长于一年的证券。一般而言，短期证券的风险小，变现能力强，但报酬率相对较低；长期证券的报酬率一般较高，但时间长、风险大。长期证券如能转让、流通，亦可用于短期投资。

（6）按募集方式分类

按照募集方式的不同，可分为公募证券和私募证券。

公募证券又称公开发行证券，是指发行人向不特定的社会公众广泛发售的证券。私募证券又称内部发行证券，是指面向少数特定投资者发行的证券。

## 二、证券投资的目的与特点

### （一）证券投资的目的

证券投资指投资者将资金投资于股票、债券、基金及衍生证券等资产，从而获取收益的一种投资行为。科学有效地进行证券投资，能增加企业收益，减少风险，有利于企业财务目标的实现。

企业进行证券投资的原因是多种多样的，且长期投资与短期投资的目的不尽一致。

（1）短期投资的目的

短期证券投资的目的，一般是为了替代非盈利现金，获取一定收益。包括：

① 作为现金的替代品。企业一般都持有一定数量的有价证券，以替代较大量的非盈利现金余额，并在现金流出量超出现金流入量的情况下，将有价证券售出，以补充现金不足。短期证券投资在多数情况下都是出于预防动机，因为大多数企业是依赖银行信用来应付短期交易对现金需要的，银行信用有时是不可靠或不稳定的，因此有必要持有有价证券以防银行信用的短缺。

② 与筹集长期资金相配合。成长或扩充中的公司一般每隔一段时间就会出售长期证券。但出售长期证券所获得的资金一般不是一次用完，而是逐次、分批使用。这样，暂时不用的资金可投资于有价证券，以获取一定的收益。当企业进行投资或生产经营需要用资金时，可随时将有价证券在证券市场上出售，以获得现金。

③ 满足未来的财务需求。企业购买有价证券进行短期投资，可以作为资金储备，满足未来资金使用的需要。

④ 满足季节性经营对现金的需求。从事季节性经营的公司，若某些月份有剩余现金，通常会在现金出现剩余时购入短期证券，在现金短缺时售出。

（2）长期投资的目的

长期投资的目的，一是为了获取报酬，二是为了获取控制权。

① 获取报酬。一些较成熟的公司拥有比较充裕的现金，但若公司暂时没有较好的投资项目，把现金投资于证券，以便增加公司收益，提高公司股票的市场价值。

② 获取控制权。如果公司从战略上考虑，需要对其他公司进行控制时，最好的方

法便是收购该公司的股票，直到拥有这家公司的控制权。

总体来说，证券投资的目的主要有：暂时存放闲置资金；与筹集长期资金相配合，满足未来的财务需求；满足季节性经营对现金的需求；获得对相关企业的控制权。

### （二）证券投资的特点

相对于实物投资而言，证券投资具有的特点，如表 7－1。

**表 7－1　证券投资的特点**

| | 特点 | 优点和风险 |
|---|---|---|
| 1 | 流动性强 | 证券资产的流动性明显地高于实物资产 |
| 2 | 价格不稳定 | 证券相对于实物资产来说，受人为因素的影响较大，且没有相应的实物作保证。其价值受政治、经济环境等各种因素的影响较大，具有价格不稳定、投资风险较大的特征 |
| 3 | 交易成本低 | 相对于实物资产来说，证券交易过程快速、简捷，成本较低 |

## 三、证券投资的种类

证券投资分为股票投资、债券投资、基金投资、期货投资、期权投资、证券组合投资等。

① 股票投资。指投资者将资金投向股票市场，通过股票的买卖、收取股利获得收益的投资行为。

② 债券投资。指投资者购买债券以取得资金收益的一种投资活动。

③ 基金投资。指投资者通过购买基金股份或受益凭证来获取收益的投资。这种方式享受专家服务，有利于分散风险，获得较高的、较稳定的投资收益。

④ 期货投资。指投资者通过买卖期货合约躲避价格风险或赚取利润的一种投资。所谓期货合约，指在将来一定时期以指定价格买卖一定数量和质量的商品且由商品交易所制定的统一的标准合约，它是确定期货交易关系的一种契约，是期货市场的交易对象。

⑤ 期权投资。指为了实现盈利目的或者规避风险而进行期权买卖的一种投资。

⑥ 证券组合投资。指企业将资金同时投资于多种证券，是企业等法人单位进行证券投资时常用的投资方法。

## 四、证券投资的基本程序

① 选择投资对象。即选择投资于何种证券，投资于哪家企业的证券。投资对象的选择是证券投资最关键的一步，它关系到投资的成败，投资对象选择得好，可更好地

实现投资的目标；投资对象选择得不好，就有可能使投资者蒙受损失。

② 开户与委托。证券买卖之前到证券营业部或证券登记机构开立证券账户。证券账户用来记载投资者进行证券买卖和拥有证券的数额和品种的情况。投资者在开户并选择好投资于何种证券后，就可以选择合适的证券经纪人，委托其买卖证券。

③ 交割与清算。委托证券经纪人买卖证券后，应及时办理证券交割。所谓证券交割指买入证券方交付价款领取证券，卖出证券方交出证券收取价款的收交活动。

④ 过户。指投资者从交易市场买进证券后，到证券的发行公司办理变更持有人姓名的手续。证券过户一般只限于记名股票。办理过户的目的是为了保障投资者的权益。只有及时办理过户手续，才能成为新股东，享有应有的权利。

证券投资的基本程序，如图 7－1。

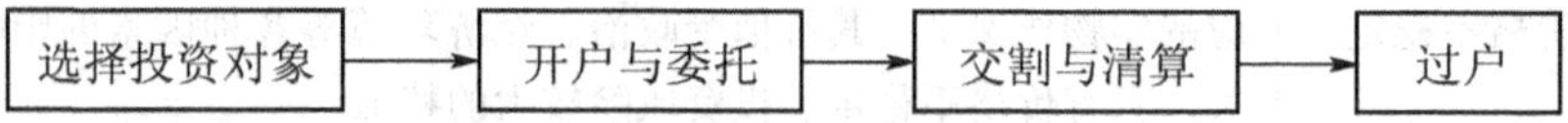


图 7－1　证券投资的基本程序

## 五、证券投资的风险与报酬

证券投资的风险与报酬是企业进行证券投资首先要考虑的问题。

### （一）证券投资的风险

证券投资的风险按其来源可分为五类。

（1）违约风险

违约风险是指证券发行人无法按期支付利息或偿还本金的风险。原因有：

① 政治、经济形势发生重大变动，对证券发行企业造成影响；

② 自然灾害等不可抗力因素引起的非常性破坏，如水灾、火灾、地震等；

③ 证券发行企业经营管理不善导致亏损或利润减少；

④ 证券发行企业在竞争中失败，主要顾客流失，产品滞销；

⑤ 企业财务管理失误，不能及时清偿到期债务。

（2）利息率风险

利息率风险是指由于利息率的变动而引起的证券价格下跌，投资人遭受损失的风险。证券的价格一般随利息率的变动而变动。银行利率下降，证券价格会上升；银行利率上升，证券价格会下跌。

（3）购买力风险

购买力风险是指由于通货膨胀而使证券到期或出售所获得资金的购买力减少的风险。在通货膨胀时期，购买力对投资者有重要影响。一般而言，随着通货膨胀的发生，变动收益证券比固定收益证券好。通常认为，普通股票较公司债券和其他固定收入的证券能更好地避免购买力风险。

(4) 流动性风险

流动性风险是指投资人想出售有价证券获取现金时，有价证券不能立即出售的风险。能在较短时间内按市价大量出售的证券，是流动性较高的资产，这种证券的流动性风险小，能使企业在短期内获得现金以便运用；否则视为流动性风险大。

(5) 期限性风险

期限性风险指由于证券期限长，不确定性因素多而给投资人带来的风险。一项投资的时间越长，到期日越远，投资者受到的不确定性因素就越多，风险就越大。

### （二）证券投资报酬

证券投资报酬也叫证券投资收益，指证券投资后所获得的为投资者拥有的全部净收入。它可以用绝对数表示，也可以用相对数（投资报酬率）表示。在财务管理中通常使用相对数即收益率来表示。证券投资是为了获得更高、更多的报酬，因此收益的高低是影响证券投资的重要因素。

证券投资收益包括证券交易现价与原价的价差，以及定期的股利或股息收益。

(1) 短期证券收益率

短期证券的期限较短，一般不考虑时间因素，收益率的计算比较简单。公式为：

$$R = \frac{S_1 - S_0 + P}{S_0} \times 100\%$$

式中，$R$ 为证券投资报酬率，$S_0$ 为证券的购买价格，$S_1$ 为证券出售价格，$P$ 为证券投资所取得的股利或利息。

[例 7-1] 20×1 年 2 月 10 日，A 公司购买 W 公司每股市价 30 元的股票。20×2 年 1 月，A 公司获得现金股利每股 1 元。20×2 年 2 月 10 日，A 公司将股票以每股 32 元的价格出售。则投资该股票的报酬率为：

$$R = (32 - 30 + 1) \div 30 \times 100\% = 10\%$$

[例 7-2] A 公司于 20×1 年 5 月 5 日以 980 元购进面值 1 000 元，票面利率 8%，每年付息一次的债券，20×2 年 5 月 5 日以 990 元的市价出售。收益率为：

$$R = [(990 - 980) + 1\,000 \times 8\%] \div 980 \times 100\% \approx 9.18\%$$

(2) 长期证券收益率

长期证券收益率计算比较复杂，要考虑资金时间价值因素。进行债券投资，一般每年能获得固定的利息，并在债券到期时收回本金，或者在中途出售收回资金。每年付息一次的债券，收益率一般按下式计算：

$$V = \frac{I}{(1+i)^1} + \frac{I}{(1+i)^2} + \cdots + \frac{I}{(1+i)^n} + \frac{F}{(1+i)^n}$$
$$= I(P/A,i,n) + F(P/F,i,n)$$

式中，$V$ 是债券的购买价格，$I$ 是每年获得的固定利息，$F$ 为债券到期收回的本金或中途出售收回的资金，$i$ 是债券投资的收益率，$n$ 为投资期限，$(P/A, i, n)$ 为年金现值系数，$(P/F, i, n)$ 为复利现值系数。

[例 7-3] 某公司于 20×1 年 2 月 1 日以 924.28 元购买一张面值 1 000 元的债券，5 年期，票面利率 8%，每年 2 月 1 日支付一次利息。该债券于 20×6 年 1 月 31 日到期，按面值收回本金。要求计算该债券的收益率。

依题意，须用内插法进行计算。先设折现率为 9%，其现值：

$$V = 1\,000 \times 8\% \times (P/A, 9\%, 5) + 1\,000 \times (P/F, 9\%, 5)$$
$$= 80 \times 3.890 + 1\,000 \times 0.650 = 961.2 \text{（元）}$$

961.2 元 > 924.28 元，说明收益率大于 9%——再用 10% 折现：

$$V = 1\,000 \times 8\% \times (P/A, 10\%, 5) + 1\,000 \times (P/F, 10\%, 5)$$
$$= 80 \times 3.791 + 1\,000 \times 0.621 = 924.28 \text{（元）}$$

计算出的现值正好为 924.28 元，说明收益率为 10%。

# 第 2 节　股票投资

## 一、股票投资的目的和特点

企业股票投资的目的主要有：一是获利，即作为一般证券投资获取股利收入及股票买卖差价；二是控股，即通过购买某一企业的大量股票达到控制该企业的目的。

股票投资和债券投资都属于证券投资。证券投资与其他投资相比，具有高风险、高收益、易于变现的特点。股票投资相对于债券投资而言，又具有以下特点：

① 股票投资是权益性投资；

② 股票投资的风险大；

③ 股票投资的收益率高；

④ 股票投资的收益不稳定；

⑤ 股票价格的波动性大。

## 二、股票估价

股票估价是计算股票的现值，然后与股票市价比较，视其与股票市价孰高孰低决定买入、卖出或是继续持有。

### （一）股票估价的基本模型

股票带来的现金流入包括两部分：一是股利收入，二是出售股票时的资本利得。股票的内在价值是由一系列股利的现值和将来出售股票时售价的现值之和所构成。

(1) 短期持有股票

短期持有，准备在未来出售的股票，估价模型为：

$$V = \sum_{t=1}^{n} \frac{d_t}{(1+k)^t} + \frac{V_n}{(1+k)^n}$$

式中，$V$ 为股票价值；$V_n$ 为未来出售时预计的股票价格，$k$ 为投资人要求的必要报酬率，$d_t$ 为第 $t$ 期的预期股利，$n$ 为预计持有股票的期数。

［例 7－4］ Y 公司欲购入市场上一股票，现市价 12 元，预计 2 年后价格 13 元，预计 2 年中每年股利 2 元。企业要求的报酬率 12%。

$$V = \frac{2}{(1+12\%)^1} + \frac{2}{(1+12\%)^2} + \frac{13}{(1+12\%)^2} = 1.786 + 1.594 + 10.364 = 13.744 \text{（元）}$$

即该股票价值 13.744 元高于市价 12 元，可以购买。

(2) 长期持有股票，股利稳定不变（零增长的股票）

每年股利不变的情况下，长期持有股票的估价模式：

$$V = \frac{d}{k}$$

式中，$V$ 为股票价值，$d$ 为每年固定股利，$k$ 为股票的必要报酬率。

［例 7－5］ 某人买入 W 公司股票，预计该股票每年固定股利 0.20 元，该人要求的必要报酬率为 5%。该股票的价值为：

$$V = \frac{d}{k} = \frac{0.2}{5\%} = 4 \text{（元）}$$

即该股票价值应为 4 元。

一些股票可保持一段时间的快速增长，而后会保持一个相对的固定增长速度，这时，股票估价需要分段计算。

［例 7－6］ A 公司 20×0 年每股营业收入 20 元，每股净利 3 元，每股营业流动资产 5 元，每股资本支出 2 元，每股折旧与摊销 1 元。资本结构中负债占 40%，今后可以保持此目标资本结构不变。预计 20×1 ～ 20×5 年的营业收入增长率保持在 10% 的水平上。该公司的资本支出、折旧与摊销、净利润与营业收入同比例增长，每股营业流动资产占收入的 20%（可以持续保持 5 年）。到 20×5 年及以后股权自由现金流量将会保持 5% 的固定增长速度。20×1 ～ 20×5 年该公司的 $\beta$ 值为 1.6，20×5 年及以后年度的 $\beta$ 值为 2，长期国库券的利率为 5%，市场组合的收益率为 10%。要求计算：

① 计算该公司股票的每股价值；

② 若企业以每股 25 元的价格购入该公司股票，请判断是否合算。

分析：计算各年每股股权现金流量，如表 7－2。

表 7－2　各年每股股权现金流量计算表

| 年度 | 20×1 | 20×2 | 20×3 | 20×4 | 20×5 |
| --- | --- | --- | --- | --- | --- |
| 每股净利润 | 3.3 ［3×(1+10%)］ | 3.63 | 3.99 | 4.39 | 4.83 |
| 每股收入 | 22 ［20×(1+10%)］ | 24.2 | 26.62 | 29.28 | 32.21 |
| 每股营业流动资产 | 4.4 （22×20%） | 4.84 | 5.32 | 5.86 | 6.44 |
| 每股营业流动资产增加 | −0.6 （4.4−5） | 0.44 | 0.48 | 0.54 | 0.58 |
| 每股资本支出 | 2.2 ［2×(1+10%)］ | 2.42 | 2.66 | 2.93 | 3.22 |
| 减：每股折旧与摊销 | 1.1 ［1×(1+10%)］ | 1.21 | 1.33 | 1.46 | 1.61 |
| 每股净投资 | 0.5 ［2.2+(−0.6)−1.1］ | 1.65 | 1.81 | 2.01 | 2.19 |
| 每股股权净投资 | 0.3 ［0.5×(1−40%)］ | 0.99 | 1.09 | 1.21 | 1.31 |
| 每股股权现金流量 | 3 （3.3−0.3） | 2.64 | 2.90 | 3.18 | 3.52 |

每股净投资＝每股资本支出＋每股营业流动资产增加－每股折旧与摊销

每股股权净投资＝每股净投资×(1－负债比例)

每股股权现金流量＝每股净利润－每股股权净投资

根据资本资产定价模型，该公司 20×1 ～ 20×5 年的股权资本成本：

$K = 5\% + 1.6 \times (10\% - 5\%) = 13\%$

20×5 年以后年度，公司的股权资本成本＝5%＋2×(10%－5%)＝15%

股票价值（元/股）＝3×（$P/F$，13%，1）＋2.64×（$P/F$，13%，2）＋2.90×（$P/F$，13%，3）＋3.18×（$P/F$，13%，4）＋3.52×（$P/F$，13%，5）＋$\dfrac{3.52\times(1+5\%)}{15\%-5\%}$×（P/F，13%，5）

＝3×0.885＋2.64×0.783＋2.90×0.693＋3.18×0.613＋3.52×0.543＋36.96×0.543＝30.66（元/股）

因为该公司每股股票的价值为 30.66 元，买股票是合算的。

（3）长期持有股票，股利固定增长

在股利不断增长的情况下，长期持有股票的估价模式：

$$V = \frac{d_0(1+g)}{k-g} = \frac{d_1}{k-g}$$

式中，$g$ 为预计的股利增长率，其他符号所代表的含义同上。

［例 7－7］设市场无风险报酬率 6%，市场投资组合的预期报酬率 12%。某股票的 $\beta$ 系数 1.8，最近一次发放股利每股 0.6 元，预计股利每年递增 5%。要求计算：

① 该股票的必要报酬率；

② 股票的交易价值。

分析：

股票的必要报酬率 $=6\% +1.8\times(12\% -6\%)=16.8\%$

$$股票的交易价值 = \frac{0.6\times(1+5\%)}{16.8\% -5\%} = 5.34（元/股）$$

即该股票市场价格低于 5.34 元时，投资者才应当购买。

（4）非固定成长股票的价值

在现实生活中，有些公司的股利是不固定的，可能会在一段时间里高速成长，在另一段时间里正常固定成长或者固定不变。在这种情况下，就要分段计算才能确定股票的投资价值。

［例 7－8］S 股份有限公司的有关资料如下：

① 公司 20×9 年年初未分配利润贷方余额为 100 万元，本年息税前利润为 600 万元，所得税税率为 25%。

② 流通在外的普通股 100 万股，发行时每股面值 1 元，每股溢价收入 8 元。公司负债总额 400 万元，均为长期负债，平均年利率 10%。筹资费用可忽略不计。

③ 公司股东大会决定本年度按 10% 的比例计提法定盈余公积。本年按可供投资者分配的利润的 30% 向普通股股东发放现金股利，预计现金股利以后每年增长 5%。

④ 据投资者分析，该公司股票的 $\beta$ 系数为 1.6，无风险收益率为 5%，市场上所有股票的平均收益率为 10%。

要求计算：

① S 公司 20×9 年度净利润；

② 20×9 年应计提的法定盈余公积金；

③ 20×9 年末可供投资者分配的利润；

④ 20×9 年每股支付的现金股利；

⑤ S 公司股票的风险收益率和投资者要求的必要投资收益率；

⑥ 利用股票估价模型计算该公司股票价格为多少时投资者才应该购买？

分析：

S 公司 20×9 年净利润 $=(600-400\times10\%)\times(1-25\%)=420$（万元）

应计提的盈余公积金（10%）$=420\times10\% =42$（万元）

可供投资者分配的利润 $=420-42+100=478$（万元）

每股支付的现金股利 $=(478\times30\%)\div100=1.43$（元/股）

根据资本资产定价模型：

风险收益率 $=1.6\times(10\% -5\%)=8\%$

必要收益率 $=5\% +8\% =13\%$

每股价值 $=1.43\div(13\% -5\%)=17.88$（元/股）

即当股票市场价格低于17.88元时，投资者才应该购买。

[例7-9] 企业准备投资A股票，上年A股票每股股利为0.45元，企业的期望必要投资报酬率为20%。要求计算：

① 如果企业预计该股票未来3年的每股股利分别为0.45元、0.60元、0.80元，3年后以28元的价格出售。问：有无投资价值？

② 若未来3年的每股股利均为0.45元，3年后以每股28元的价格出售。问：有无投资价值？

③ 若企业准备长期持有，股利不变（均为0.45元），计算股票价值。

④ 若企业准备长期持有，上年每股股利0.45元，且每年保持18%的增长率。问：有无投资价值？

分析：

① 未来3年的每股股利分别为0.45元、0.60元、0.80元，3年后以28元的价格出售的投资价值：

$$V = 0.45 \times (P/F,20\%,1) + 0.60 \times (P/F,20\%,2) + 0.80 \times (P/F,20\%,3) + 28 \times (P/F,20\%,3)$$

$$= 0.45 \times 0.8333 + 0.6 \times 0.6944 + 0.8 \times 0.5787 + 28 \times 0.5787 = 17.46(\text{元})$$

若买价低于17.36元，该股票有投资价值。

② 未来3年的每股股利为0.45元，3年后以每股28元的价格出售的投资价值：

$$V = 0.45 \times (P/A,\ 20\%,\ 3) + 28 \times (P/F,\ 20\%,\ 3)$$

$$= 0.45 \times 2.1065 + 28 \times 0.5787 = 17.15\ (\text{元})$$

若买价低于17.15元，该股票有投资价值。

③ 长期持有，股利不变的投资价值：

$$V = 0.45 \div 20\% = 2.25\ (\text{元})$$

④ 长期持有，每股股利每年保持18%的增长率的投资价值：

$$\frac{0.45 \times (1 + 18\%)}{(20\% - 18\%)} = 26.55\ (\text{元})$$

若买价低于26.55元，该股票有投资价值。

### （二）市盈率分析

市盈率是每股市价与每股盈利之比，以股价为每股盈利的倍数表示。公式如下：

$$\text{市盈率} = \frac{\text{每股市价}}{\text{每股盈利}}$$

（1）用市盈率估计股票价值

市盈率是一种粗略地计算股票价值的方法，它易于掌握，被许多投资者使用。由于市盈率反映投资人愿意用盈利多少倍的货币来购买这种股票，是市场对该股票的评价，因此利用它可粗略地估计股价水平的高低。

[**例** 7－10] E公司股票的每股盈利是3元，市盈率是11，行业类似股票的平均市盈率是12。则：

股票价值＝行业平均市盈率×股票每股盈利＝12×3＝36（元）

股票价格＝该股票市盈率×该股票每股盈利＝11×3＝33（元）

可见，市场对该股票的评价略低，股价基本正常，有一定吸引力。

同行业或同类股票过去若干年的平均市盈率，可根据证券机构或刊物提供的资料确定。用同行业平均市盈率，乘以当前的每股盈利，可以得出该股票的公平价值。这种公平价值是与当前市价相比的基础。

（2）用市盈率估计股票风险

一般认为，股票的市盈率较高，表明投资者对该公司的未来充满信心，愿意为每1元盈利多付买价。这种股票的风险比较小。但是，当股市受到不正常因素影响或干扰时，某些股票的市价被哄抬到不应有的高度，市盈率就会很高。通常情况下，超过20的市盈率是不正常的，风险相当大，很可能是股价下跌的前兆。

如果市盈率较低，表明投资者对公司未来缺乏信心，不愿意为每1元盈利多付买价。这种股票的风险也比较大。一般认为，市盈率低于5的股票，其前景比较悲观。

过高或过低的市盈率都不是好兆头。平均市盈率应在10～11之间，市盈率在5～20之间是比较正常的值。投资者应注意研究股票市盈率的长期变化，估计其正常值作为投资分析的基础。各行业市盈率的正常值会有区别，预期通货膨胀会提高利率，市盈率就会普遍下降；预期公司利润增长时，市盈率就会上升。债务比重大的公司，其市盈率应当比较低。

## 三、股票投资的基本分析

基本分析法主要是通过对影响证券市场供求关系基本要素的分析，评价有价证券的真正价值，判断证券的市场价格走势，为投资者进行证券投资提供参考依据。它适用于周期相对较长的个别股票价格的预测和相对成熟的股票市场。

（1）宏观分析

即对国家政治形势是否稳定、经济形势是否繁荣等的分析，判断宏观环境对证券市场和证券投资的影响。宏观分析包括政治因素分析和宏观经济因素分析。

（2）行业分析

行业分析主要探讨产业和区域经济对股票价格的影响，包括行业的市场结构分析、行业经济周期分析、行业生命周期分析。

（3）公司分析

公司分析主要是对特定上市公司的行业选择、成长周期、内部组织管理、经营状况、财务状况及营业业绩等进行全面分析。

公司分析是基本分析法的重点。通过对发行证券的公司进行全面分析，能较准确预测该公司证券的价格及其变动趋势，为证券投资决策提供依据。

基本分析法是证券市场分析方法的基础。对于投资者而言，基本分析比技术分析及现代数学模型分析更重要。基本分析重点关注微观层次的公司分析。财务分析是基本分析法中的一种具体方法。运用资本定价模型等理论进行公司分析，是股票投资分析常见的方法。

## 四、股票投资的技术分析

### （一）技术分析法的意义

技术分析法是从市场行为本身出发，运用数理统计和心理学等理论及方法，根据证券市场已有的价格、成交量等历史资料来分析价格变动趋势的方法。技术分析法主要有指标法、K 线法、形态法、波浪法等。

在成熟的证券市场中，股票的投资价值一般能从其价格、成交量等方面反映出来。因此，技术分析法实际上是对市场一段时间的价、量关系作出分析，以预测其未来走势的一系列方法，其最终分析的对象是价格、成交量、时间、空间。其中，价格反映了股票市场变化方向；成交量反映了市场对价格变化方向的认同程度；时间是指一种行情或者走势持续的时间跨度；空间是指某一趋势可能达到的高点或者低点，股市行情在高点或者低点很可能变盘。时空分析的目的是寻找买卖时机。

### （二）技术分析法的理论基础

技术分析法的理论基础主要包括三个假设：

① 市场行为包含一切信息。即假设影响证券市场的信息包括公开信息和非公开信息。价格、成交量等是市场参与者对所有公开和非公开信息作出反应的结果。

② 价格沿趋势运动。即假设价格的运动和变化总是遵循一定的趋势，这个趋势所体现的规律正是技术分析法的核心。

③ 历史会重演。即根据心理学研究，人类在类似情况下会产生既定的反应。虽然人类的行为十分复杂，不会出现完全相同的行为组合，市场也不会有完全相同的表现，但其显示的类似特点足以让技术分析者根据历史资料判断价格变动的趋势。

### （三）技术分析法的内容

① 指标法。指标法是根据市场行为的各种情况建立数学模型，按照一定的数学计算公式，得到一个体现股票市场某个方面内在价值的数字，即指标值，指标的具体数值和相互关系直接反映了股市所处的状态，为企业投资决策提供方向性指导。

② K 线法。K 线法侧重于若干条线的组合，通过推测股票市场多空双方力量，判断股票市场多空双方谁占优势，是暂时的还是决定性的。K 线图是进行各种技术分析的最重要图表。

③ 形态法。形态法是根据价格图表中过去一段时间价格轨迹的形态来预测股价未来趋势。

④ 波浪法。波浪理论把股价的上下变动和不同时期的持续上涨、下降看成是波浪的上下起伏，股票的价格也遵循波浪起伏的规律。

### （四）技术分析法和基本分析法的区别

技术分析法和基本分析法的区别，主要有四个方面，如表 7－3。

表 7－3　技术分析法和基本分析法的区别

| | 技术分析法 | 基本分析法 |
|---|---|---|
| ①分析目的不同 | 着重于分析股票市价的运动规律 | 着重于分析股票的内在投资价值 |
| ②分析角度不同 | 从股票市场入手，根据股票的供求、市场价格和交易量等市场因素进行分析 | 从股票市场的外部决定因素入手，并从这些外部因素与股票市场相互关系的角度进行分析 |
| ③关注因素不同 | 只关心市场上股票价格的波动和如何获得股票投资的短期收益，很少涉及股票市场以外的因素分析 | 不仅研究整个证券市场的情况，而且研究单个证券的投资价值，不仅关心证券的收益，而且关心证券的升值 |
| ④使用方法不同 | 通过对股票市场价格的波动形式、股票的成交量和投资心理等因素的分析，帮助投资者选择适当的投资机会和投资方法 | 通过对宏观形势的分析，帮助投资者了解股票市场的发展状况和股票的投资价值 |

## 五、股票投资的组合分析

在证券组合定量分析中，可用资本资产定价模型计算组合的风险收益，也可以根据各种证券在组合中所占比重，用个别证券的$\beta$系数计算加权平均的$\beta$系数，以反映特定证券投资组合的风险相对于整个市场风险的变异程度，或该组合的报酬率相对于整个市场报酬率的变异程度。

$$\beta_{组合} = \sum_{i=1}^{n}(W_i \cdot \beta_i)$$

［例 7－11］某投资者准备从证券市场购买 A、B、C 三种股票组成投资组合。已知 A、B、C 三种股票的$\beta$系数分别为 0.9、1.1、2。现行国库券的收益率为 5%，市场平均股票的必要收益率为 10%。要求计算：

① 三种股票的预期收益率；

② 假设该投资者准备长期持有 A 股票，A 股票去年的每股股利为 1.5 元，预计年

股利增长率为5%，当前每股市价为30元。投资者投资A股票是否合算？

③ 若投资者按4∶2∶4的比例分别购买了A、B、C三种股票，计算该投资组合的$\beta$系数和预期收益率。

分析：① 根据资本资产定价模型，三种股票的预期收益率：

$R_A = 5\% + 0.9 \times (10\% - 5\%) = 9.5\%$

$R_B = 5\% + 1.1 \times (10\% - 5\%) = 10.5\%$

$R_C = 5\% + 2.0 \times (10\% - 5\%) = 15\%$

② A股票的价值 $= \dfrac{1.5 \times (1 + 5\%)}{9.5\% - 5\%} = 35$（元/股）

由于股票价值35元大于股票价格30元，投资者投资A股票是合算的。

③ A、B、C组合的$\beta$系数：

$$\beta_{组合} = \sum_{i=1}^{n} (W_i \cdot \beta_i) = 0.4 \times 0.9 + 0.2 \times 1.1 + 0.4 \times 2 = 1.38$$

A、B、C组合的预期收益率 $= 5\% + 1.38 \times (10\% - 5\%) = 11.9\%$

# 第3节　债券投资

## 一、债券投资的目的和特点

### （一）债券投资的目的

企业进行短期投资的目的，主要是为了合理利用暂时闲置资金，调节现金余额，获得收益。当企业现金余额太多时，投资于债券，使现金余额降低；当现金余额太少时，则出售原来投资的债券，收回现金，使现金余额提高。企业进行长期债券投资的目的，主要是为了获得稳定的收益。

### （二）债券投资的特点

（1）投资期限方面

不论长期债券投资还是短期债券投资都有到期日。债券到期应当收回本金。企业进行债券投资时，应考虑期限的影响。

（2）权利义务方面

从投资权利来说，在各种投资方式中，债券投资者的权利最小，无权参与被投资企业经营管理，只有按约定取得利息、到期收回本金的权利。

（3）收益与风险方面

债券投资收益通常是事前预定的，收益率通常不及股票高，但具有较强的稳定性，投资风险较小，资本成本低。

## 二、债券估价

### （一）债券估价的基本模型

债券作为一种投资，现金流出是其购买价格，现金流入是利息和未来归还的本金，或者出售时得到的现金。债券未来现金流入的现值，称为债券的价值或债券的内在价值。只有在债券的内在价值大于债券购买价格时，债券才值得购买。债券价值是债券投资决策的重要指标之一。

典型的债券是固定利率，每年计算并支付利息，到期还本。估价基本模式是：

债券价值 = $\sum$ 各期利息的现值 + 本金现值

$$V = I(P/A, i, n) + M(P/F, i, n)$$

式中：$V$ 为债券的估价；$I$ 为每年利息；$M$ 为到期本金；$i$ 为贴现率，是市场利率或投资者要求的必要收益；$n$ 为付息总期数。

[例 7－12] 市场有面值 1 000 元，票面利率 8%，5 年期，每年付息一次的债券出售。当时市场利率 10%，债券市价 922 元。是否购买？

每年利息 = 1 000 × 8% = 80（元）

债券价值（$V$）= 80 ×（$P/A$,10%,5）+ 1 000 ×（$P/F$,10%,5）

= 80 × 3.791 + 1 000 × 0.621 = 924.28（元）

经过计算可知，该债券的内在价值为 924.28 元，大于市价 922 元，如果不考虑风险，购买该债券是合算的。它可以获得大于 10% 的收益。

[例 7－13] 市场有面值 1 000 元，票面利率 8%，5 年期，每年付息一次的债券出售。某企业欲买该债券，要求获得 12% 收益率。问债券价格为多少时有投资价值？

$V$ = 1 000 × 8% ×（$P/A$, 12%, 5）+ 1 000 ×（$P/F$, 12%,5）

= 80 × 3.605 + 1 000 × 0.567 = 855.4（元）

即债券的价格必须低于 855.4 元企业才能购买，否则得不到 12% 的利息。

[例 7－14] A 公司 20×6 年 6 月 5 日发行公司债券，每张面值 1 000 元，票面利率 10%，4 年期。要求计算：

① 假定每年 6 月 5 日付息一次，到期按面值偿还。B 公司 20×8 年 6 月 5 日按每张 1 000 元的价格购入该证券并持有到期，计算该债券的持有期收益率。

② 假定每年 6 月 5 日付息一次，到期按面值偿还。B 公司 20×7 年 6 月 5 日计划购入该债券并持有到期，要求必要报酬率 12%，问价格低于多少时可以购入。

③ 假定到期一次还本付息，单利计息。B 公司 20×7 年 6 月 5 日计划购入该债券并持有到期，要求的必要报酬率为 12%，计算该债券的价格低于多少时可以购入。

分析：① 该债券属于分期付息、到期还本的平价债券，持有期收益率 = 票面利率 = 10%。

② 债券的价格 $=1\,000\times10\%\times(P/A,12\%,3)+1\,000\times(P/F,12\%,3)$

$=100\times2.402+1\,000\times0.712=952.2$(元)

即当价格低于952.2元时，企业可以购入。

③ 债券的价格 $=1\,000\times(1+4\times10\%)\times(P/F,12\%,3)=996.8$(元)

即当价格低于996.8元时，企业可以购入。

### (二) 一次还本不计复利的债券估价模型

一次还本不计复利的债券估价模型，公式如下：

$$V=\frac{M+M\cdot i_0\cdot n}{(1+i)^n}=(M+M\cdot i_0\cdot n)\times(P/F,\ i,\ n)$$

式中，$i_0$ 为票面利率。

### (三) 贴现发行债券的估价模型

贴现发行的债券没有票面利率，到期按票面价值归还。计算模式为：

$$V=\frac{M}{(1+i)^n}=M(P/F,\ i,\ n)$$

## 三、债券收益率的估计

债券到期收益率指债券买进后，一直持有该债券至到期日可获得的收益率。这个收益率是指按复利计算的收益率，它是能使未来现金流入量现值等于债券买入价格的贴现率（内含报酬率)。

我们知道，当按面值发行每年付息一次的债券时，其收益率与票面利率相等；当债券溢价发行时，其收益率低于票面利率；当债券折价发行时，其收益率高于票面利率。因此，只有溢价或折价发行时，才需要计算其内含报酬率即收益率。

购进价格 = 每年利息 × 年金现值系数 + 面值 × 复利现值系数

$V=I\cdot(P/A,\ i,\ n)+M\cdot(P/F,\ i,\ n)$

到期收益率即上式中的"$i$"，一般用内插法计算求得。

[例7-15] 市场有面值1 000元，票面利率10%，5年期，每年付息一次的债券出售，售价1 010元。若持有到期，问到期收益率是多少？

依题意，列出公式：

$1\,010=1\,000\times10\%\times(P/A,i,5)+1\,000\times(P/F,i,5)$

方法一：用内插法。先令 $i=8\%$：

净现值 $=1\,000\times10\%\times(P/A,8\%,5)+1\,000\times(P/F,8\%,5)-1\,010$

$=100\times3.993+1\,000\times0.681-1\,010=70.3$(元)

净现值为正，说明估计的 $i$ 偏小——再令 $i=10\%$：

净现值 $=1\,000\times10\%\times(P/A,10\%,5)+1\,000\times(P/F,10\%,5)-1\,010$

$$=100\times 3.791+1\,000\times 0.621-1\,010=-9.9(\text{元})$$

得到一大（10%）一小（8%）两个贴现率，一个为正（70.3）一个为负（-9.9）两个净现值，用公式计算收益率：

$$R=8\%+2\%\times\frac{70.3}{70.3+|-9.9|}=9.75\%$$

方法二：用简便方法求近似结果：

$$\text{债券收益率}=\frac{\text{年平均收益}}{\text{平均资金占用}}$$

即：$$R=\frac{I+(M-P)\div n}{(M+P)\div 2}\times 100\%$$

依上例资料计算：

$$R=\frac{100+(1\,000-1\,010)\div 5}{(1\,000+1\,010)\div 2}=9.75\%$$

还可利用系数表计算。

[**例 7-16**] 现在市面平价发行一种面额 1 000 元，票面利率 8%，单利计算，5 年到期一次还本付息的债券。其到期收益率是多少？

依题意，列出算式：

$$1\,000=1\,000\times(1+5\times 8\%)\times(P/F,i,5)$$

$$(P/F,i,5)=1\,000\div 1\,400=0.714$$

查现值系数表，5 期现值系数等于 0.714，因此，$i=7\%$。

债券的到期收益率（内含报酬率）是选购债券的标准。利用它可计算债券的真实收益率。如果真实收益率高于投资人要求的报酬率可买进该债券，否则就放弃。

还应注意，如果债券不是每年付息一次，而是到期一次还本付息，或是每年付息次数大于 1 次（每半年或每季），那么即使平价发行，到期收益率也和票面利率不同（读者可自己设计例子计算）。

[**例 7-17**] 企业投资某债券，以 950 元价格购入面值 1 000 元，票面利率 8%，期限 5 年的债券，债券每年计息一次。计算投资该债券的投资收益率。

当收益率为 8% 时，债券价值：

$$V=1\,000\times(P/F,8\%,5)+1\,000\times 8\%\times(P/A,8\%,5)$$

$$=1\,000\times 0.6806+1\,000\times 8\%\times 3.9927=1\,000(\text{元})$$

当收益率为 10% 时，债券价值：

$$V=1\,000\times(P/F,10\%,5)+1\,000\times 8\%\times(P/A,10\%,5)$$

$$=1\,000\times 0.6209+1\,000\times 8\%\times 3.7908=924.16\ (\text{元})$$

$$\text{收益率}=8\%+\frac{1000-950}{1000-924.16}\times(10\%-8\%)=9.32\%$$

［例 7－18］现行国库券收益率 10%，平均风险股票的必要收益率 16%，则市场的风险报酬率 6%（16%－10%）。若 E 股票的 $\beta$ 系数等于 1.5，根据资本资产定价模式，则该股票的投资报酬率为：

$$R_E = R_F + \beta(R_M - R_F) = 10\% + 1.5 \times (16\% - 10\%) = 19\%$$

若上述股票为固定成长股，成长率 5%，预期 1 年后股利是 2 元，股票价值 $V_E$ 为：

$$V_E = \frac{d_1}{R - g} = \frac{2}{19\% - 5\%} = 14.29(\text{元})$$

## 四、债券投资决策

债券投资决策指作为投资人的企业根据现有的可支配资金，在风险与收益均衡原则的指导下，通过对债券市场状况的分析研究，对投资时机、投资期限、拟购入的债券等做出选择的过程。

### （一）消极的投资策略

消极的投资策略是指投资者在买入债券后的一段时间内，很少进行买卖或者不进行买卖，只要求获取不超过目前市场平均收益水平的收益。

典型的消极投资策略主要就是买入债券并持有至到期。

### （二）积极的投资策略

积极的投资策略是指投资者根据市场情况不断调整投资行为，以期获得超过市场平均收益水平的收益。积极的投资策略包括：

（1）通过对预期利率的变动主动交易

预计利率下降时，买进债券或者增持期限较长的债券；预计利率上升时，卖出债券，或增加期限较短的债券比例。

（2）控制收益率曲线法

即买入期限较长的债券，到期前卖出，再购入另一个同样期限的债券，从而能够获得较高的收益率。

债券投资中要熟悉债券价值的估计方法，以便对其收益率作出正确评价。

## 五、债券组合策略

债券组合是回避利率风险和再投资风险，甚至违约风险和变现力风险的手段。

常见的债券组合主要有以下几种模式：浮动利率债券与固定利率债券的组合；短期债券与长期债券的组合；政府债券、金融债券和企业债券的组合；信用债券与担保债券的组合。

在单纯的债券投资中，还可以进行可转换债券与不可转换债券的组合、附认股权债券与不附认股权债券的组合。

# 第4节　基金投资

## 一、基金的概念和种类

基金投资是一种利益共享、风险共担的集合投资方式。即通过发行基金股份或受益凭证等有价证券聚集众多的不确定投资者的出资，交由专业投资机构经营运作，以规避投资风险并谋取投资收益的证券投资工具。基金主要有以下分类方法：

**（一）根据基金的组织形态分类**

根据组织形态的不同，基金可分为契约型基金和公司型基金。

（1）契约型基金

又称单位信托基金，是指把受益人（投资者）、管理人、托管人三者作为基金的当事人，由管理人与托管人通过签订信托契约的形式发行受益凭证而设立的一种基金。

契约型基金由基金管理人负责基金的管理操作，由基金托管人作为基金资产的名义持有人，负责基金资产的保管和处置，并对基金管理人的运作实行监督。

（2）公司型基金

指按照《公司法》以公司形态组成的，以发行股份的方式募集资金的一种基金。一般投资者购买该公司的股份就是认购基金，也因此成为该公司的股东，凭其持有的基金份额依法享有投资收益。

契约型基金与公司型基金相比，有以下不同：

① 资金的性质不同。契约型基金的资金是信托财产，公司型基金的资金为公司法人的资本。

② 投资者的地位不同。契约型基金的投资者购买受益凭证后成为基金契约的当事人之一，即受益人；公司型基金的投资者购买基金公司的股票后成为该公司的股东，以股息或红利形式取得收益。因此，契约型基金的投资者没有管理基金资产的权利，而公司型基金的股东通过股东大会和董事会享有管理基金公司的权利。

③ 基金的运营依据不同。契约型基金依据基金契约运作基金，公司型基金依据基金公司章程运作基金。

**（二）根据基金的变现方式分类**

根据变现方式的不同，基金可分为封闭式基金和开放式基金。

（1）封闭式基金

封闭式基金是指基金的发起人在设立基金时，限定了基金单位的发行总额，筹集到这个总额后，基金即宣告成立，并进行封闭，在一定时期内不再接受新的投资。基金单位的流通采取在交易所上市的办法，通过二级市场进行竞价交易。

（2）开放式基金

开放式基金是指基金发起人在设立基金时，基金单位的发行总额是不固定的，可视经营策略和发展需要追加发行，投资者也可根据市场状况和各自的投资决策，或者要求发行机构按现期净资产值扣除手续费后赎回股份或受益凭证，或者再买入股份或受益凭证，增加基金单位份额的持有比例。

封闭式基金与开放式基金相比，有以下不同：

① 期限不同。封闭式基金通常有固定的封闭期；而开放式基金没有固定期限，投资者可随时向基金管理人赎回。

② 基金单位的发行规模要求不同。封闭式基金在招募说明书中需列明其基金规模，而开放式基金没有发行规模限制。

③ 基金单位转让方式不同。封闭式基金的基金单位在封闭期限内不能要求基金公司赎回，开放式基金的投资者则可以在首次发行结束一段时间（多为3个月）后，随时向基金管理人或中介机构提出购买或赎回申请。

④ 基金单位的交易价格计算标准不同。封闭式基金的买卖价格受市场供求关系的影响，并不必然反映公司的净资产值，开放式基金的交易价格则取决于基金的每单位资产净值的大小，基本不受市场供求影响。

⑤ 投资策略不同。封闭式基金的基金单位数不变，资本不会减少，可进行长期投资。开放式基金因基金单位可随时赎回，为应付投资者随时赎回兑现，基金资产不能全部用来投资，更不能把全部资本用来长线投资，必须保持基金资产的流动性。

### （三）根据基金的投资标的分类

根据投资标的不同，基金可分为股票基金、债券基金、货币基金、期货基金、期权基金、认股权证基金、专门基金等。

① 股票基金，是所有基金品种中最为流行的一种类型。指投资于股票的投资基金，其投资对象通常包括普通股和优先股，其风险程度较个人投资股票市场要低得多，且具有较强的变现性和流动性。因此，股票基金也是一种比较受欢迎的基金类型。

② 债券基金，指投资管理公司为稳健型投资者设计的，投资于政府债券、市政公债、企业债券等各类债券品种的投资基金。债券基金一般情况下定期派息，其风险和收益水平通常低于股票基金。

③ 货币基金，指由货币存款构成投资组合，协助投资者参与外汇市场投资，赚取较高利息的投资基金。其投资工具包括银行短期存款、国库券、政府公债、公司债券、银行承兑票据及商业票据等。这类基金的投资风险小，投资成本低、安全性和流动性较高，在整个基金市场上属于低风险的安全基金。

④ 期货基金，指投资于期货市场以获取较高投资回报的投资基金。由于期货市场具有高风险和高回报的特点，因此投资期货基金既可能获得较高的投资收益，同时也

面临着较大的投资风险。

⑤ 期权基金，指以期权作为主要投资对象的基金。期权交易指期权购买者向期权出售者支付一定费用后，取得在规定时期内的任何时候以事先确定好的协定价格，向期权出售者购买或出售一定数量的某种商品合约的权利的一种买卖。

⑥ 认股权证基金，指以认股权证为主要投资对象的基金。认股权证指由股份有限公司发行的、能够按照特定的价格在特定的时间内购买一定数量该公司股票的选择权凭证。由于认股权证的价格是由公司的股份决定的，一般来说，认股权证的投资风险较通常的股票要大得多。因此，认股权证基金也属于高风险基金。

⑦ 专门基金，由股票基金发展演化而成，属于分类行业股票基金或次级股票基金，主要包括黄金基金、资源基金、科技基金、地产基金等。这类基金的投资风险较大，收益水平较易受到市场行情的影响。

## 二、投资基金的估价与基金收益率

### （一）基金的估价

（1）基金单位净值

基金单位净值指在某一时点每一基金单位（或基金股份）所具有的市场价值。

基金单位净值 = 基金净资产价值总额 ÷ 基金单位总份额

基金净资产价值总额 = 基金资产总额 - 基金负债总额

（2）基金的报价

开放式基金的柜台交易价格是以基金单位净值为基础的，通常采用认购价（卖出价）和赎回价（买入价）两种报价形式。

基金认购价 = 基金单位净值 + 首次认购费

基金赎回价 = 基金单位净值 - 基金赎回费

### （二）基金收益率

基金收益率是通过基金净资产的价值变化来衡量基金增值情况的指标。

$$\text{基金收益率} = \frac{\text{年末持有份数} \times \text{基金单位净值年末数} - \text{年初持有份数} \times \text{基金单位净值年初数}}{\text{年初持有份数} \times \text{基金单位净值年初数}}$$

［例 7－19］A 公司是一个基金公司，相关资料如下：

资料 1：20×8 年 1 月 1 日，A 公司基金资产总额（市场价值）27 000 万元，其负债总额（市场价值）3 000 万元，基金份数 8 000 万份。在基金交易中收取首次认购费和赎回费，认购费率为基金资产净值的 2%，赎回费率为基金资产净值的 1%。

资料 2：20×8 年 12 月 31 日，A 公司按收盘价计算的资产总额为 26 789 万元，其负债总额为 345 万元，已售出基金份数为 10 000 万份。

资料 3：假定 20×8 年 12 月 31 日，某投资者持有该基金 2 万份，到 2009 年 12 月

31 日，该基金投资者持有该基金的份额不变，预计此时的基金单位净值为 3.05 元。

要求：根据资料 1 计算 20×8 年 1 月 1 日 A 公司的下列指标：

① 基金净资产价值总额；②基金单位净值；③基金认购价；④基金赎回价。

⑤ 根据资料 2 计算 20×8 年 12 月 31 日 A 公司基金单位净值。

⑥ 根据资料 3 计算 20×9 年该投资者的预计基金收益率。

分析：① 基金净资产价值总额 = 27 000 − 3 000 = 24 000（万元）

② 基金单位净值 = 24 000 ÷ 8 000 = 3（元）

③ 基金认购价（按基金单位计算）= 3 + 3 × 2% = 3.06（元）

④ 基金赎回价（按基金单位计算）= 3 − 3 × 1% = 2.97（元）

⑤ 基金单位净值 =（26 789 − 345）÷ 10 000 = 2.64（元）

⑥ 20×9 年该投资者的预计基金收益率 $= \frac{2 \times 3.05 - 2 \times 2.64}{2 \times 2.64} \times 100\% = 15.53\%$

## 三、基金投资的优缺点

基金投资的优点是能够在不承担太大风险的情况下获得较高收益，并具有专家理财优势和资金规模优势。基金投资的缺点是无法获得很高的投资收益，在大盘整体大幅度下跌的情况下，投资人可能承担较大风险。

# 第 5 节　衍生金融资产投资

## 一、商品期货投资

### （一）商品期货的特征

商品期货是以实物商品为标的的一种期货合约，是关于买卖双方在未来某个约定的日期按约定的价格买卖某一数量实物商品的标准化协议。商品期货交易是在期货交易所内买卖特定商品的标准化合同的交易方式。商品期货主要包括农产品期货、能源期货和金属产品期货等。

### （二）商品期货投资的特点

① 以小博大。投资商品期货只需要交纳 5% ～ 20% 的履约保证金就可控制 100% 的虚拟资金。

② 交易便利。由于期货合约中主要因素如商品质量、交货地点等都已标准化，合约的互换性和流通性较高。

③ 信息公开，交易效率高。期货交易通过公开竞价的方式使交易者在平等的条件下公平竞争。同时，期货交易有固定的场所、程序和规则，运作高效，透明度高。

④ 期货交易可以双向操作，简便、灵活。交纳保证金后即可买进或卖出期货合约，且只需用少数几个指令在数秒或数分钟内即可达成交易。

⑤ 合约的履约有保证。期货交易达成后，须通过结算部门结算、确认，无须担心交易的履约问题。

### （三）商品期货的投资决策

商品期货的投资决策应把握以下几点：

① 选择适当的经纪公司和经纪人。

② 交易商品的选择。在期货市场上买卖的商品种类很多，初次入市者必须选择恰当的商品期货作为投资目标。

③ 止损点的设定。止损点是期货交易者为避免过大损失，保全已获利润，并使利润不断扩大而制定的买入或卖出的价格最高点或最低点。止损点的设定与使用，在操作计划的制定中极具实用价值。

## 二、金融期货投资

金融期货是买卖双方在有组织的交易所内，以公开竞价的方式达成协议，约定在未来某一特定的时间交割标准数量特定金融工具的交易方式。包括利率期货、外汇期货、股票期货、股指期货等。金融期货投资主要有套期保值和套利两大策略。

### （一）套期保值

套期保值是指企业为规避外汇风险、利率风险、商品价格风险、股票价格风险、信用风险等，指定一项或一项以上的套期工具的公允价值或现金流量变动，预期抵销被套期项目全部或部分公允价值或现金流量变动。通常，企业金融期货规避、转移风险的功能主要通过套期保值实现。

① 卖出套期保值。利用利率期货交易避免将来由于利率上涨引起的持有债券的价格下跌，或者预定的借款费用上升的风险，或者利用外汇期货交易避免将来外汇价值下跌引起持有外币资产的价值下跌，以及将来外汇收入的价值减少的风险。

② 买入套期保值。利用利率期货交易避免将来利率下跌引起的债券投资的预定利益减少（债券的购入价格上升）的风险，或者应用在外汇交易上，利用外汇期货交易避免将来外汇价值上升，引起以本币计价的预定外汇支付额增加的风险。

③ 直接保值。在金融期货市场上，利用与需要保值的现货相同的商品进行保值。

④ 交叉保值。如果在期货市场上没有与现货商品相同的商品，就利用与现货商品关系最密切的商品保值。

［例 7－20］某粮油公司于 2011 年 1 月在现货市场上预销 10 000 吨大豆，2011 年 5 月交货，预销价是 2 800 元/吨。该公司担心交货时大豆价格会上涨而不能保证实际利润甚至亏损，于是就在期货市场上买进 10 000 吨大豆期货合约，价格是 2 850 元/吨。

到5月份交货时，大豆价格果然上涨到3 200元/吨，每吨比预销价高400元，势必引起亏损。由于现货和期货受同一经济因素的影响，二者价格具有趋同性，这时期货价格也上涨到3 250元/吨，该公司以3 250元/吨的价格卖出原来买进的全部合约，经过对冲，期货每吨盈利400元，这样现货与期货的盈亏抵销，这就保障了边际利润的实现，避免了价格波动带来的风险。

### （二）套利

由于供给与需求之间的暂时不平衡，或由于市场对各种证券的反应存在时滞，将导致在不同的市场之间或不同的证券之间出现暂时的价格差异。一些敏锐的交易者能够迅速地发现这种情况，并立即买入过低定价的金融工具或期货合约，同时卖出过高定价的金融工具或期货合约，从中获取无风险的或几乎无风险的利润，这是金融期货投资的套利策略。实现方式有跨期套利、跨品种套利和跨市套利。

## 三、期权投资

期权也称选择权，是期货合约买卖选择权的简称，是一种能在未来某特定时间以特定价格买入或卖出一定数量的某种特定商品的权利。按所赋予的权利不同，期权主要有看涨期权和看跌期权两种类型。

### （一）看涨期权

看涨期权是指期权赋予持有人在到期日或到期日之前，以固定价格购买标的资产的权利。投资购买看涨期权，可以获得在期权合约有效期内根据合约所确定的履约价格买进一种特定商品或资产的权利。投资看涨期权应注意：能够购买哪些公司的股票、买入股票数量有多少、股票的购买价格如何、购买权利的到期日等。

### （二）看跌期权

看跌期权是指期权赋予持有人在到期日或到期日之前，以固定价格出售标的资产的权利。投资购买看跌期权，可以获得一种在未来一定期限内根据合约所确定的价格卖出一种特定商品或资产的权利。投资看跌期权应注意：能够卖出哪些公司的股票、卖出股票的数量有多少、股票的销售价格如何、卖出权利的到期日等。

期权投资可考虑的投资策略主要有：

① 保护性看跌期权，即股票加看跌期权组合；

② 抛补看涨期权，即股票加空头看涨期权组合；

③ 多头对敲，即同时买进一只股票的看涨期权和看跌期权；

④ 空头对敲，即同时卖出一只股票的看涨期权和看跌期权。

## 四、认股权证、优先认股权和可转换债券投资

### （一）认股权证

（1）认股权证的意义

认股权证是由股份公司发行的，能够按特定的价格、在特定的时间内购买一定数量该公司股票的选择权凭证。

（2）认股权证的特点

① 具有期权条款。持有人在认股之前既不拥有债权也不拥有股权，只拥有股票认购权。

② 具有价值和市场价格，用认股权证购买普通股票，其价格一般低于市价。

（3）认股权证的基本要素

① 认购数量，指每一份认股权证可以认购股票的份数。

② 认购价格，指认股权证的持有者行使认股权时的结算价格。

③ 认购期，限指认股权证持有者行使权利的有效期。

④ 赎回条款，指发行认股权证的公司是否有权在规定的有效期限内赎回其发行在外的认股权证。

（4）认股权证的价值

认股权证有理论价值与实际价值之分，理论价值可用以下公式计算：

$$V = \max[(P - E) \times N, 0]$$

式中，$V$ 为认股权证理论价值，$P$ 为普通股市价，$E$ 为认购价格，$N$ 为每一认股权可认购的普通股股数。

影响认股权证理论价值的主要因素有：

① 换股比率。每份认股权能认购的普通股份数越多，其理论价值就越大。

② 普通股市价。市价越高，认股权证的理论价值就越大。

③ 执行价格。执行价格越低，认股权证持有者为换股而付出的代价就越小，普通股市价高于执行价格的机会就越大，认股权证的理论价值就越大。

④ 剩余有效期。剩余有效期越长，市价高于执行价格的可能性就越大，认股权证的理论价值就越大。

认股权证的实际价值是由市场供求关系决定的。由于套利行为的存在，认股权证的实际价值通常高于其理论价值。

### （二）优先认股权

（1）优先认股权的意义

优先认股权，又称股票先买权，是普通股股东的一种特权。指当股份公司为增加公司资本而决定增加发行新的股票时，原普通股股东享有的按其持股比例以低于市价

的某一特定价格优先认购一定数量新发行股票的权利。

优先认股权投资的特点是能提供较大程度的杠杆作用。

（2）优先认股权的价值

① 附权优先认股权的价值。优先认股权通常在某一股权登记日前颁发，在此之前购买的股东享有优先认股权，或说此时股票的市场价格含有分享新发行股票的优先权，因此称为“附权优先认股权”，其价值可由下式求得：

$$M_1 - (R \times N + S) = R$$

$$R = \frac{M_1 - S}{1 + N}$$

式中，$R$ 为附权优先认股权的价值，$M_1$ 为附权股票的市价，$N$ 为购买 1 股股票所需的优先认股权数，$S$ 为新股票的认购价。

② 除权优先认股权的价值。在股权登记日以后，股票的市场价格中将不再含有新发行股票的认购权，其优先认股权的价值也按比例下降，此时就被称为“除权优先认股权”。其价值可由下式求得：

$$M_2 - (R \times N + S) = 0$$

$$R = \frac{M_2 - S}{N}$$

式中，$M_2$ 为除权股票的市价，$R$ 为附权优先认股权的价值，$N$ 为购买 1 股股票所需的优先认股权数，$S$ 为新股票的认购价。

[**例** 7－21] 甲公司是一家上市公司，有关资料如下：

资料 1：20×1 年 3 月 31 日甲公司股票每股市价 25 元，每股收益 2 元。股东权益项目构成如下：普通股 4 000 万股，每股面值 1 元，计 4 000 万元，资本公积 500 万元，留存收益 9 500 万元。公司实行稳定增长的股利政策，股利年增长率 5%。目前一年期国债利息率 4%，市场组合风险收益率 6%。不考虑通货膨胀因素。

资料 2：20×1 年 4 月 20 日，甲公司股票市价每股 25 元。董事会决定根据投资计划拟增发股票 1 000 万股，并规定原股东享有优先认股权，每股认购价格 18 元。

要求计算下列指标：

① 原股东购买 1 股新发行股票所需要的认股权数；

② 登记日前的附权优先认股权价值；

③ 无优先认股权的股票价格。

分析：

① 购买一股新股票需要的认股权数 = 4 000 ÷ 1 000 = 4

② 登记日前附权优先认股权的价值 = (25 − 18) ÷ (4 + 1) = 1.4(元)

③ 无优先认股权的股票价格 = 25 − 1.4 = 23.6（元）

### （三）可转换债券

（1）可转换债券的含义

可转换债券又称可转换公司债券，指可以转换为普通股的债券，赋予持有者按事先约定在一定时间内将其转换为公司股票的选择权。在转换权行使之前债券持有者是发行公司的债权人，权利行使之后则成为发行公司的股东。

（2）可转换债券的要素

① 基准股票。又称标的股票，是可转换债券的标的物。

② 票面利率。指可转换债券票面载明的利率，通常低于普通债券利率。

③ 转换价格。也称转股价格，是将债券转换为股票时，股票的每股价格。

转换价格 = 公司债券票面价值 ÷ 转换比率

④ 转换比率。指一份债券可以转换为多少股股份。

转换比率 = 债券面值 ÷ 转换价格 = 股票数 ÷ 可转换债券数

⑤ 转换期限。指可转换债券转换为股份的起始日至结束日的期间。可转换债券的转换期可以与债券的期限相同，也可以短于债券的期限。

⑥ 赎回条款。规定债券的发行公司有权在预定的期限内按事先约定的条件买回尚未转股的可转换债券。赎回条款包括以下内容：不可赎回期、赎回期、赎回价格、赎回条件。

⑦ 回售条款。规定发行公司的股票价格在一定时期连续低于转换价格并达到一定幅度时，债券持有者可根据规定将债券出售给发行公司。回售条款具体包括回售时间、回售价格等内容。

⑧ 转制性转换条款。即在某些条件具备后，债券的持有人必须将可转换债券转换为股票，无权要求偿还债券本金的规定。设置强制性转换条款是为了保证可转换债券顺利地转换为股票，实现发行公司扩大权益筹资的目的。

（3）可转换债券的价值估算

① 已上市的可转换债券，可以根据其市场价格适当调整后得到评估价值。

② 非上市的可转换债券价值，等于普通债券价值加上转股权价值。

（4）可转换债券的投资决策

① 投资时机选择。较好的投资时机一般包括：新的经济增长周期启动时、利率下调时、行业景气回升时、转股价调整时。

② 投资对象选择。优良的债券品质和活跃的股性是选择可转换债券品种的基本原则。

③ 套利机会。可转换债券的投资者可以在股价高涨时通过转股获得收益，或者根据可转换债券的理论价值和实际价格的差异套利。

与股票相比，可转换债券的投资风险较小，但也应该考虑以下风险：股价波动风险、利率风险、提前赎回风险、公司信用风险、公司经营风险和强制转换风险等。

## 思考与练习

### 关键术语

证券　证券投资　股票投资　债券投资　基金投资　基金收益率　商品期货　金融期货　认股权证　期权　可转换债券

### 思考题

1. 证券投资的目的、特点、种类与基本程序是什么？
2. 股票投资、债券投资的分析方法有哪些？投资策略应如何选择？
3. 怎样计算基金收益率？基金投资的优缺点何在？
4. 商品期货和金融期货的含义和特点是什么？商品期货和金融期货的投资决策应注意哪些问题？
5. 股票基本分析的主要内容有哪些？
6. 优先认股权的含义及其价值的计算如何进行？认股权证的投资决策应注意哪些方面？
7. 简述基金的主要分类，开放式基金和封闭式基金的主要区别。

### 客观题

#### 一、单项选择题

1. 企业对外债券投资，从其产权关系看属于：（　）

A. 债权投资　B. 股权投资　C. 证券投资　D. 直接投资

2. 一般而言，下列证券的风险程度由小到大的顺序是：（　）

A. 政府债券、企业债券、金融债券　B. 金融债券、政府债券、企业债券

C. 企业债券、政府债券、金融债券　D. 政府债券、金融债券、企业债券

3. 证券发行人无法按期支付利息或偿还本金的风险称为：（　）

A. 违约风险　B. 购买力风险　C. 流动性风险　D. 期限性风险

4. 影响证券投资的主要因素是：（　）

A. 安全性　B. 收益性　C. 流动性　D. 期限性

5. 有一永续债券，每年派发利息 12 元，而市场利率为 10%，则该债券的市场价值是：（　）

A. 120 元　B. 191 元　C. 453 元　D. 480 元

6. 甲、乙两公司进行股权式并购，假设甲股价为 20 元，乙股价为 15 元。若甲提议以其 4 股交换乙公司 5 股，那么股价交换比率为：（　）

A. 0.8　B. 0.94　C. 1.07　D. 1.25

7. 某公司年初以 12 000 元的价格买入一张面值 10 000 元的公司债券，该债券的期限 5 年，票面利率 10%，每年 12 月 31 日支付利息。债券到期收益率的近似结果是：（　）

A. 5.79%　B. 6.38%　C. 5.45%　D. 8.17%

8. 某公司准备购买一种预期未来股利固定增长的股票，该股票今年的股利为每股 2 元，预期增长率每年 10%，则第 6 年的股利每股为：（　）

A. 2.93 元　　B. 3.22 元　　C. 3.54 元　　D. 3.00 元

9. 某公司准备购买一种预期未来股利不变的零成长股票，预期股利为每股 2 元，该公司最低投资报酬率为 10%，目前市场实际利率 8%。则股票的价格应在多少以下才有投资价值？（　　）

A. 25　　B. 20　　C. 30　　D. 22

10. 基金发起人在设立基金时，规定了基金单位的发行总额，筹集到这个总额后，基金即宣告成立，在一定时期内不再接受新的投资，这种基金称为：（　　）

A. 契约型基金　　B. 公司型基金　　C. 封闭式基金　　D. 开放式基金

11. 某基金的总份额为 1 000 万份，总资产价值为 1 800 万元，基金负债总额为 750 万元，则基金单位净值是多少元？（　　）

A. 0.75　　B. 1.05　　C. 1.8　　D. 2.55

12. 某基金总资产账面价值为 2500 万元，基金总资产市场价值为 2000 万元，基金负债总额为 500 万元，基金总份额为 300 万份。则基金单位净值是多少元？（　　）

A. 6.7　　B. 1.7　　C. 4　　D. 5

13. 某基金单位净值 1.80 元，认购费率 5%，赎回费率 2%，卖出价和买入价分别是：（　　）

A. 1.80　1.764　　B. 1.764　1.89　　C. 1.89　1.764　　D. 1.89　1.80

14. 金融期货实现规避风险转移风险的主要手段是：（　　）

A. 套期保值　　B. 套利保值　　C. 买入期权　　D 卖出期权

15. 某公司股票在某一时点的市场价格为 20 元，认股权证规定每股股票的认购价格 12 元，每张认股权证可以购买 2 股普通股，则此时点每张认股权证的理论价值为：（　　）

A. 8 元　　B. 12 元　　C. 16 元　　D. 20 元

16. 将证券分为公募证券和私募证券的分类标志是：（　　）

A. 证券挂牌交易的场所　　B. 证券体现的权益关系

C. 证券发行的主体　　D. 证券募集的方式

17. 相对于股票投资而言，下列项目能够揭示债券投资特点的是：（　　）

A. 无法事先预知投资收益水平　　B. 投资收益率的稳定性较强

C. 投资收益率比较高　　D. 投资风险较大

18. 某公司股票在某一时点的市场价格为 30 元，认股权证规定每股股票的认购价格为 20 元，每张认股权证可以购买 0.5 股普通股，则该时点每张认股权证的理论价值为：（　　）

A. 5 元　　B. 10 元　　C. 15 元　　D. 25 元

19. 已知某证券的 $\beta$ 系数等于 1，则表明该证券：（　　）

A. 无风险　　B. 有非常低的风险

C. 与金融市场所有证券的平均风险一致　　D. 是金融市场所有证券平均风险的一倍

20. 两种完全负相关的股票的相关系数为：（　　）

A. $r=0$　　B. $r=1.0$　　C. $r=-1.0$　　D. $r=\infty$

21. 证券资产估价中常用的价值是：（　　）

A. 账面价值　　B. 市场价值　　C. 内在价值　　D. 清算价值

22. 下列哪些因素不会影响债券的价值？（　　）

A. 票面价值　　B. 票面利率　　C. 市场利率　　D. 购买价格

23. 海天公司购买一笔国债，期限5年，平价发行，票面利率12.22%，单利计息，到期一次换本付息。到期收益率为：（　）

A. 9%　　B. 10%　　C. 11%　　D. 12%

24. 某种股票目前的市场价格是40元，每股股利2元，预期的股利增长率为5%，则市场决定的预期报酬率为：（　）

A. 5%　　B. 5.5%　　C. 10%　　D. 10..25%

25. 当市场利率上升时，长期固定利率债券价格的下降幅度________短期债券的下降幅度。（　）

A. 大于　　B. 小于　　C. 等于　　D. 不确定

26. 某公司以平价购买刚发行的面值1 000元的债券，期限5年，每半年支付利息40元，该债券按年计算的到期收益率是：（　）

A. 4%　　B. 7.84%　　C. 8%　　D. 8.16%

27. 某公司购买M公司股票10 000股，每股买价8元，持有一月后以每股12元价格出售，交易费用400元。则该笔证券交易的资本利得为：（　）

A. 39 600元　　B. 40 000元　　C. 40 400元　　D. 120 000元

28. 关于证券投资组合理论的以下表述，正确的是：（　）

A. 证券投资组合能消除大部分系统风险

B. 证券投资组合的总规模越大，承担的风险越大

C. 最小方差组合是所有组合中风险最小的组合

D. 一般情况下，随着更多的证券加入到投资组合中，整体风险降低的速度会越来越慢

29. 某人退休时有现金10万元，拟选择一回报比较稳定的投资，希望每个季度能收入2 000元补贴生活。那么，该项投资的实际报酬率应为：（　）

A. 2%　　B. 8%　　C. 8.24%　　D. 10.04%

30. 下列关于风险的表述正确的是：（　）

A. 采用多角经营控制风险的唯一前提是所经营的各种商品和利润存在负相关关系

B. 资产的风险报酬率是该项资产的$\beta$值和市场风险溢价率的乘积，而市场风险溢价率是市场投资组合的期望报酬率与无风险报酬率之差

C. 当代证券组合理论认为不同股票的投资组合可以降低风险，股票的种类越多，风险越小，包括全部股票的投资组合风险为零

D. 预计通货膨胀率提高时，无风险利率会随之提高，进而导致资本市场线向上平移，风险厌恶感的加强，会提高资本市场线的斜率

**二、多项选择题**

1. 相对于实物投资，证券投资的特点有：（　）

A. 流动性强　　B. 价格不稳定　　C. 交易成本低　　D. 收益高

2. 与债券投资相比，股票投资的主要缺点有：（　）

A. 购买力风险大　　B. 求偿权居后　　C. 没有经营管理权　　D. 投资收益不稳定

3. 下列各项属于投资基金优点的是：（　）

A. 具有专家理财优势　　B. 具有资金规模优势

C. 可以完全规避投资风险　　D. 可能获得很高的收益

4. 只有股票的预期收益率高于投资人要求的最低报酬率时，才可以进行投资，投资人要求的最低报酬率可能是：（　）

A. 投资人的机会成本　　B. 参照债券的收益率加上一定的风险报酬率

C. 股票历史上长期的平均收益率　　D. 市场利率

5. 尽管相对于股票，投资债券要安全许多，但进行投资前还必须考虑面临的风险是：（　）

A. 利率风险　　B. 购买力风险　　C. 违约风险　　D. 再投资风险

6. 一般而言，进行证券投资组合的目的是：（　）

A. 降低投资风险

B. 获得超额收益

C. 在保持特定收益水平的条件下，把总风险降低到最低限度

D. 将风险限制在愿意承担的特定水平下并尽可能使收益最大化

7. 进行证券投资通常要经过以下几个步骤?（　）

A. 选择投资对象　　B. 开户与委托　　C. 交割与清算　　D. 过户

8. 影响认股权证理论价值的主要因素有：（　）

A. 换股比率　　B. 普通股市价　　C. 执行价格　　D. 剩余有效期间

9. 从规避投资风险的角度看，债券投资组合的主要形式有：（　）

A. 短期债务与长期债务组合　　B. 信用债务与担保债务组合

C. 政府债务、金融债务与企业债务组合　　D. 附认股权债券与不附认股权债券组合

10. 可转换债券筹资的优点有：（　）

A. 存在回售风险　　B. 能节约利息支出

C. 可增强筹资的灵活性　　D. 可转换为普通股，有利于稳定股票市价

11. 投资基金与股票、债券的区别主要有：（　）

A. 发行的主体不同　　B. 风险和收益不同

C. 存续时间不同　　D. 所有者权益关系不同

12. 证券投资的风险主要来源于：（　）

A. 证券发行人无法按期支付利息和本金的风险

B. 由于通货膨胀而使证券到期或出售时所获得的货币资金的购买力降低的风险

C. 投资人想获取现金时，证券不能立即出售的风险

D. 证券因损坏或丢失所造成的风险

13. 下列关于封闭型基金的叙述正确的是：（　）

A. 在基金的存续期内，不允许证券持有人赎回基金证券

B. 在基金存续期内，可以随意增减基金证券

C. 基金证券的价格受市场供应关系的影响较大

D. 公司型的封闭型基金，其经营业绩与基金股东无关

14. 可转换债券的投资风险小于股票，但也存在________风险。（　）

A. 股价波动的风险　　B. 提前赎回的风险

C. 公司信用的风险　　D. 强制转换的风险

15. 长期投资的特殊目的主要是： （ ）

A. 影响或控制其他企业　　B. 扩大经营规模

C. 分散经营风险　　D. 获取超额利润

16. 在下列各项中，属于股票投资技术分析法的有： （ ）

A. 指标法　　B. K 线法　　C. 形态法　　D. 波浪法

17. 一项证券资产价值受________因素影响。 （ ）

A. 未来预期现金流量大小　　B. 预期现金流量的风险

C. 投资者要求的报酬率　　D. 预期现金流量持续时间

18. 下列能够影响债券内在价值的因素有： （ ）

A. 债券的价格　　B. 债券的计息方式

C. 票面利率　　D. 债券的付息方式

19. 在复利计息，到期一次还本条件下，债券票面利率与到期收益率不一致的情况有： （ ）

A. 债券平价发行，每年付息一次　　B. 债券平价发行，每半年付息一次

C. 债券溢价发行，每年付息一次　　D. 债券折价发行，每年付息一次

20. 股票预期报酬率包括： （ ）

A. 预期股利报酬率　　B. 预期股利增长率

C. 预期资本利得报酬率　　D. 预期资本利得增长率

21. 股票预期报酬率确定的方法主要包括： （ ）

A. 根据股票的历史平均报酬率确定　　B. 债券报酬率加上一定的风险报酬率确定

C. 直接采用市场利率确定　　D. 根据公司必要报酬率确定

22. 与股票内在价值成反方向变化的因素有： （ ）

A. 年股利　　B. 股利年增长率　　C. 预期报酬率　　D. $\beta$ 系数

23. 某公司计划发行三年期的公司债券，每半年付息一次，票面利率6%，面值1 000 元，平价发行。以下有关该债券说法正确的是： （ ）

A. 该债券的实际周期利率为3%

B. 该债券的实际必要报酬率为6.09%

C. 该债券的名义利率为6%

D. 由于平价发行，该债券的名义利率与名义报酬率相等

24. 股票投资能够给投资者带来的现金流入有： （ ）

A. 资本利得　　B. 股利　　C. 出售价格　　D. 利息

25. 投资决策中用来衡量项目风险的，可以是项目的： （ ）

A. 预期报酬率　　B. 各种可能的报酬率概率分布的离散程度

C. 预期报酬率的方差　　D. 预期报酬率的标准差

26. 如果组合中包括了全部股票，则投资人： （ ）

A. 只承担市场风险　　B. 只承担特有风险

C. 只承担非系统风险　　D. 只承担系统风险

**三、判断题**

1. 衍生证券包括期货合约和期权合约两种基本类型，其收益大小主要取决于发行人的财务

状况。（　　）

2. 基金的价值取决于基金净资产的现有价值，是由基金资产的现有市场价值决定的。（　　）

3. 看涨期权是指期权赋予持有人在期权合约有效期内根据合约所确定的履约价格卖出一定特定资产的权利。（　　）

4. 执行价格是影响认股权证理论价值的主要因素之一，在其他因素不变的情况下，执行价格越高，认股权证理论价值越大。（　　）

5. 当代证券投资组合理论认为，不同股票的投资组合可以降低风险，股票的种类越多，风险越小，包括全部股票投资组合的风险为零。（　　）

6. 认股权证的实际价值是由市场供求关系决定的，由于套利行为的存在，认股权证的实际价值通常不等于其理论价值。（　　）

7. 附权优先认股权的价值与新股认购价的大小成正比例关系。（　　）

8. 开放式基金买卖价格取决于市场供求关系。（　　）

9. 一般而言，易被赎回的债券的名义收益率要高于不易被赎回的债券的名义收益率。（　　）

10. 可转换债券的转换比率是指每张可转换债券能够转换的普通股股数。（　　）

11. 如果债券不是分期付息，而是到期一次还本付息，那么即使是平价发行债券，其到期收益率与票面利率也有可能不同。（　　）

12. 当债券的票面利率大于市场利率时，债券发行时的价格低于其面值。（　　）

13. 一种十年期的债券，票面利率为10%；另外一种5年期的债券，票面利率为10%。假定其他方面两种债券条件一样，当市场利率急剧上升时，十年期债券价格下跌得更多。（　　）

14. 股票的价值是指实际股利所得和资本利得所得形成的现金流入量的现值。（　　）

15. 投资者购进被低估的资产，会使资产价格上升，回归到资产的内在价值。市场越有效，市场价值向内在价值的回归越迅速。（　　）

16. 资本的必要报酬率是由股利增长率和资本利得报酬率两部分组成。（　　）

17. 投资者投资股票，其预期现金流量主要来自股利和资本利得。（　　）

18. 股票的市盈率越高越好。（　　）

19. 用于贴现普通股预期现金股利的贴现率应等于普通股市价提供的收益率。（　　）

20. 投资报酬率包括货币时间价值和风险报酬。货币时间价值不包括风险报酬和通货膨胀。（　　）

## 练习题

### 习题一

（一）资料：企业准备投资某债券，其债券面值为2000元，票面利率为8%，期限为5年，企业要求的必要投资报酬率为10%。

（二）要求计算债券的投资价值：

（1）债券每年计息一次；

（2）债券到期一次还本付息，复利计息；

（3）债券到期一次还本付息，单利计息；

（4）折价发行，到期偿还本金。

**习题二**

（一）资料：某企业投资某股票，投资价格为每股5.10元，持有3年，每年分别获得现金股利0.50元、0.60元、0.80元，3年后每股6元价格将其出售。

（二）要求：计算投资该股票的投资收益率。（提示：折现率为16%、18%、20%）

**习题三**

（一）资料：东方公司拟进行证券投资，期望投资报酬率为12%，备选方案的资料如下：

（1）购买A公司债券，A公司债券的面值100元，票面利率8%，期限10年，筹资费率3%，每年付息一次，到期归还面值，所得税税率30%。当前的市场利率10%。东方公司须按A公司发行价格购买。

（2）购买B公司股票，B公司股票现行市价每股14元，今年每股股利0.9元，预计以后每年以6%的增长率增长。

（3）购买C公司股票，C公司股票现行市价每股13元，今年每股股利1.5元，股利分配政策将一贯坚持固定股利支付率政策。

（二）要求计算：

（1）A公司债券的发行价格。

（2）购买A公司债券的到期收益率。

（3）A公司债券、B公司股票和C公司股票的内在价值，并作出最优投资决策。

**习题四**

（一）资料：某基金公司发行的是开放式基金，20×8年的有关资料如下表所示。

| 项目 | 年初 | 年末 |
|---|---|---|
| 基金资产账面价值 | 5 000万元 | 6 000万元 |
| 负债账面价值 | 1 500万元 | 1 600万元 |
| 基金资产市场价格 | 7 500万元 | 10 000万元 |
| 基金单位 | 2 500万单位 | 3 000万单位 |

假设公司收取首次认购费，认购费率为基金资产净值的5%，不再收取赎回费。

（二）要求计算：

（1）年初下列指标：①该基金公司基金净资产价值总额；②基金单位净值；③基金认购价；④基金赎回价。

（2）年末下列指标：①该基金公司基金净资产价值总额；②基金单位净值；③基金认购价；④基金赎回价。

（3）计算20×8年投资人的基金收益率。

**习题五**

（一）资料：A公司分配给现有股东的新发行股票与原有股票的比例为1∶4，每股的认购价格为20元，原有股票每股市价为30元。

（二）要求计算：

（1）股权登记日前附权优先认股权的价值；

（2）无优先认股权的股票价格。

**习题六**

（一）资料：A 公司2008 年初发行每张票面价值为1 000 元的债券。规定20 年的任何时间都可以转换，公司债券持有者每一债券可转换成25 股普通股。

（二）要求计算：各债券的转换价格。

**习题七**

（一）资料：持有甲公司认股权证购买该公司股票的认购价为 15 元（假设认股权证的售价与理论价值一致），每份认股权证可认购 1 股普通股。当股票市价为 20 元时，A、B 投资者分别用 80 元进行股票和认股权证的投资。

（二）要求计算：当股价为 25 元时，A、B 投资者的收益率。

**习题八**

（一）资料：20×8 年 4 月 1 日，A 投资者预计大豆价格将会下跌，于是以 1 400 元的价格抛出 30 手同年 8 月合约（每手合计 10 吨），保证金比率为 5%。6 月 13 日大豆合约价格跌至 1 350 元/吨，于是买进平仓了结交易。

（二）要求：计算 A 投资者投资大豆期货的资金利润率。

**习题九**

（一）资料：W 公司持有 A、B、C 三种股票构成的证券组合，目前市价分别为 20 元/股、6 元/股、4 元/股，$\beta$ 系数分别为 2.1、1.0 和 0.5，在证券组合中所占的比例分别为 50%、40% 和 10%。上年的股利分别为 2 元/股、1 元/股和 0.5 元/股。预期持有 B、C 股票每年可分别获得稳定的股利，持有 A 股票每年获得的股利逐年增长率为 5%。若目前的市场收益率为 14%，无风险报酬率 10%。

（二）要求：

（1）计算持有 A、B、C 三种股票投资组合的风险收益率。

（2）若投资总额为 30 万元，风险收益额是多少?

（3）分别计算投资 A 股票、B 股票、C 股票的必要收益率。

（4）计算投资风险组合的必要收益率。

（5）分别计算 A 股票、B 股票、C 股票的内在价值。

（6）判断该公司是否应该出手 A、B、C 三种股票。

**习题十**

（一）资料：T 公司发行认股权证进行筹资，规定每份认股权证可按 8.5 元认购 1 股普通股股票，公司当前普通股市价为 10 元。

（二）要求：计算该公司发行的每股认证股权证的理论价值。

# 第8章　营运资金

## 第1节　营运资金概述

### 一、营运资金的意义

营运资金是指企业维持日常经营所需要的资金，通常是企业流动资产减去流动负债后的余额。一定时期内，企业的流动资产如果等于流动负债，占用在流动资产上的资金就是流动负债融资；如果流动资产大于流动负债，与此相对应的“净流动资产”要以长期负债或股东权益的一定份额为其资金来源，即营运资金。

营运资金管理的主要包括现金、有价证券、应收账款、存货等。

从有效管理的角度出发，企业应以一定量的营运资金为基础，从事生产经营活动。一般企业的流动资产通常占到总资产的30%～80%。因此，企业流动资产管理的水平，对企业的总体经营绩效将产生重大影响。尽管企业失败是由多种原因造成的，但不可否认，企业对流动资产的投资和流动负债的规模缺乏计划和控制，无疑是导致企业失败的重要原因之一。

现金流入量与流出量的非同步性和不确定性，使得企业必须要保持一定量的营运资金。这主要表现在：支付材料货款在先，取得现金收入（产品销售）在后；未来经营活动的不确定性，使现金流量预测难以准确。在实务中，大多数企业现金流入与现金流出无法在时间上相互匹配。因此，保持一定数量的营运资金，以备偿付到期债务和当期费用，具有重要意义。

营运资金的多少，不但反映企业的偿债能力，还可衡量经营风险的大小。一般情况下，营运资金越多，违约风险就越小，举债融资能力就越强。因此，许多贷款契约都要求借款企业保持一定数量的营运资金，或保持最低的流动比率（流动资产/流动负债）。

### 二、营运资金的特点

营运资金投资与固定资产等长期资产相比，特点如下：

① 营运资金的来源具有灵活多样性。与筹集长期资金的方式相比，企业筹集营运资金的方式较为灵活多样，通常有银行短期借款、商业信用、应交税金、应交利润、应付工资、应付费用、预收货款、票据贴现等多种内外部融资方式。

② 营运资金的数量具有波动性。流动资产的数量会随企业内外条件的变化而变化，

时高时低，波动很大。季节性企业如此，非季节性企业也如此。随着流动资产数量的变动，流动负债的数量也会相应发生变动。

③ 营运资金的周转具有短期性。企业占用在流动资产上的资金，通常会在一年或一个营业周期内收回。根据这一特点，营运资金可以用商业信用、银行短期借款等短期筹资方式加以解决。

④ 营运资金的实物形态具有变动性和易变现性。企业营运资金的实物形态是经常变化的，一般按照现金、材料、在产品、产成品、应收账款、现金的顺序转化。在进行流动资产管理时，必须在各项流动资产上合理配置资金数额，做到结构合理，以促进资金周转顺利进行。此外，短期投资、应收账款、存货等流动资产一般具有较强的变现能力，如果遇到意外情况，企业出现资金周转不灵、现金短缺时，便可迅速变卖这些资产，以获取现金。这对财务上应付临时性资金需求具有重要意义。

由于营运资金的上述特性，企业应当确定一个最佳营运资金持有量。其最佳持有数量（投资规模）可通过边际分析的方法求得。营运资金投资数量与利润的关系，可用图 8－1 表示。

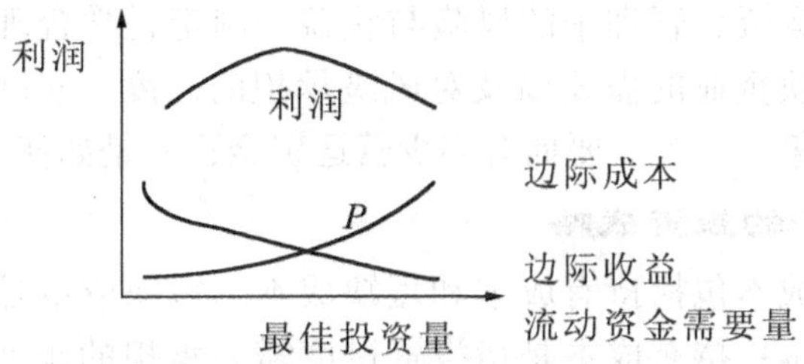


图 8－1　营运资金投资数量与利润的关系

## 三、营运资金的管理原则

企业的营运资金在全部资金中占有相当大的比重，而且周转期短，形态易变，是企业财务管理工作的一项重要内容。实证研究也表明，财务管理的大量时间都用于营运资金的管理。企业进行营运资金管理，应遵循以下原则：

① 保证合理的资金需求。企业应认真分析生产经营状况，合理确定营运资金的需要数量。一般情况下，当企业产销两旺时，流动资产会不断增加，流动负债也会相应增加；而当企业产销量不断减少时，流动资产和流动负债也会相应减少。营运资金的管理必须把满足正常合理的资金需求作为首要任务。

② 提高资金使用效率。提高营运资金使用效率的关键就是采取得力措施，缩短营业周期，加速变现过程，加快营运资金周转。企业应加速存货、应收账款等流动资产的周转，用有限的资金服务于更大的产业规模，为企业取得更好的经济效益提供条件。

③ 节约资金使用成本。必须正确处理保证生产经营需要和节约资金使用成本两者之间的关系，要在保证生产经营需要的前提下，尽力降低资金使用成本。一方面挖掘资金潜力，盘活全部资金，精打细算地使用；另一方面积极拓展融资渠道，合理配置资源，筹措低成本资金，服务生产经营。

④ 保持足够的短期偿债能力。偿债能力的高低是企业财务风险高低的标志之一。合理安排流动资产与流动负债的比例关系，保持流动资产结构与流动负债结构的适配性，保证企业有足够的短期偿债能力是营运资金管理的重要原则之一。流动资产、流动负债以及两者之间的关系能较好地反映企业的短期偿债能力。流动负债是在短期内需要偿还的债务，而流动资产则是在短期内可以转化为现金的资产。因此，如果一个企业的流动资产比较多，流动负债比较少，说明企业的短期偿债能力较强；反之，则说明短期偿债能力较弱。但如果企业的流动资产太多，流动负债太少，这也不是正常现象，可能是因流动资产闲置或流动负债利用不足所致。

## 四、营运资金战略

必须正确评估营运资金管理中的风险与收益，制定科学合理的营运资金投资和融资战略，这些战略反映企业的需要以及对风险承担的态度。实际工作中，精明的财务管理者必须做两个决策：一是需要拥有多少营运资金；二是如何为营运资金融资。

### （一）流动资产的投资战略

企业流动资产的成本包括持有成本和短缺成本。短缺成本是指随着流动资产投资水平降低而增加的成本；持有成本是指投资过度需要承担的额外的成本，流动资产的持有成本主要指与流动资产相关的机会成本。

企业流动资产投资战略主要包括：宽松的流动资产投资战略、紧缩的流动资产投资战略、适中的流动资产投资战略。

（1）宽松的流动资产投资战略

指企业持有较多的现金和有价证券、充足的存货，提供给客户宽松的付款条件并保持较高的应收账款水平。

这种政策需要较多的流动资产投资，承担较大的流动资产持有成本，主要是资金的机会成本，有时还包括其他的持有成本。但是，充足的资金、存货和宽松的信用条件，使企业中断经营的风险很小，其短缺成本较小。

（2）紧缩的流动资产投资战略

指企业持有尽可能低的现金和小额的有价证券，在存货上作少量投资，采用严格的销售信用政策或禁止赊销。

该政策可以节约流动资产的持有成本，例如节约自己的机会成本。但企业会承担较大的风险，如经营中断和丢失销售收入等短缺成本。

（3）适中的流动资产投资战略

在销售额不变的情况下企业安排较少的流动资产投资，可以缩短流动资产周转天数，节约投资成本。但是，投资不足可能会引起经营中断，增加短缺成本，给企业带来损失。企业为了减少经营中断的风险，在销售不变的情况下安排较多的营运资本投资，会加快流动资产的周转。但是，投资过量会出现闲置的流动资产，白白浪费了投资，增加持有成本。因此，需要权衡得失，确定其最佳投资需要量，也就是短缺成本和持有成本之和最小化的投资额。

流动资产的最优投资规模取决于持有成本和短缺成本最小化。企业持有成本随投资规模而增加，短缺成本随投资规模而减少，在两者相等时达到最佳的投资规模。

**（二）流动资产的融资战略**

企业对流动资产的需求数量，一般会随着产品销售的变化而变化。例如，产品销售季节性很强的企业，当销售处于旺季时，流动资产的需求一般会增加，可能是平时的几倍；当销售处于淡季时，流动资产需求一般会减弱，可能是平时的几分之一；即使当销售处于最低水平时，也存在对流动资产最基本的需求。在企业经营状况不发生大的变化的情况下，流动资产最基本的需求具有一定的刚性和相对稳定性，可以将其界定为流动资产的永久性水平。当销售发生季节性变化时，流动资产将会在永久性水平的基础上增加或减少。因此，流动资产可以分解为两部分：永久性部分和波动性部分。检验各项流动资产变动与销售之间的相关关系，将有助于我们较准确地估计流动资产的永久性和波动性部分，便于我们进行应对流动资产需求的融资决策。

流动资产的永久性水平具有相对稳定性，是一种长期的资金需求，需要通过长期负债融资或权益性资金解决；而波动性部分的融资则相对灵活，最经济的办法是通过低成本的短期融资解决其资金需求，如 1 年期以内的短期借款或发行短期融资券等融资方式。

融资决策主要取决于管理者的风险导向，此外它还受到利率在短期、中期、长期负债之间的差异的影响。财务人员必须知道如下两种融资方式的融资成本哪个更为昂贵：一是连续地从银行或货币市场借款；二是通过获得一个固定期限贷款或通过资本市场获得资金，从而将融资成本锁定在中期或长期的利率上。

收益曲线显示了具有不同特定日期的到期日的同一债券（例如，美国国债）在到期日的收益率，如图 8－2。

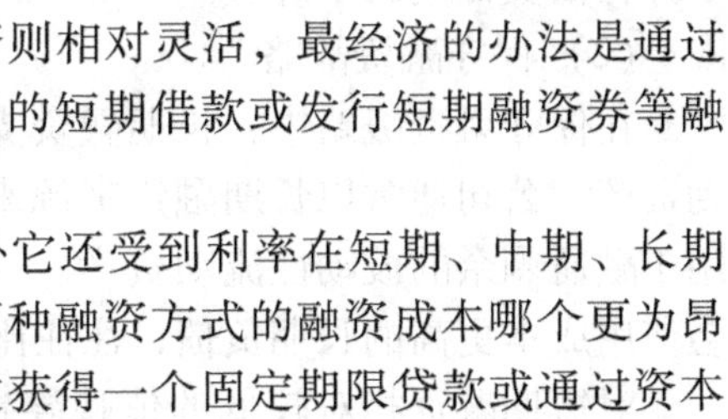

图 8－2　收益率曲线图

在很多情况下，收益曲线是向上倾斜的（例如，短期利率低于长期利率），然而，收益曲线也可能向下倾斜。财务人员应该收集必要的信息来进行决策。这包括估计收益曲线的未来形状、具有不同到期日的贷款利率的走势、企业获得信贷的未来途径等。

融资决策分析方法一般有：期限匹配融资战略、保守融资战略和激进融资战略。融资决策分析方法可用图 8 – 3 表示。

| 资产划分 | 固定资产 | 永久性流动资产 | 波动性流动资产 |
|---|---|---|---|
| 期限匹配 | 长期来源 | | 短期来源 |
| 保守政策 | 长期来源 | | 短期来源 |
| 激进政策 | 长期来源 | | 短期来源 |

图 8 – 3　可供选择的流动资产融资政策

图 8 – 3 的第一行将流动资产分为永久性流动资产和波动性流动资产两类，第二、三、四行描述了短期融资和长期融资的这三种策略的混合。任何一种方法在特定的时间都可能是合适的，这取决于收益曲线的形状、利率的移动、未来利率的预测，尤其是管理者的风险承受力。

（1）期限匹配融资战略

在期限匹配融资战略下，永久性流动资产和固定资产以长期融资方式（负债或权益）来融通，波动性流动资产用短期来源融通。这意味着在给定的时间，企业的融资数量反映了当时的波动性流动资产的数量。当波动性资产扩张时，信贷额度也会增加以便支持企业的扩张；当资产收缩时，它们的投资将会释放出资金，这些资金将会用于弥补信贷额度的下降。

（2）保守融资战略

在保守融资战略中，长期融资支持固定资产、永久性流动资产和某部分波动性流动资产。公司通常以长期融资来源来为波动性流动资产的平均水平融资，短期融资仅用于融通剩余的波动性流动资产。这种战略通常最小限度地使用短期融资，需要时将会使用成本更高的长期负债，往往比其他途径具有较高的融资成本。

对短期融资相对较低的依赖导致了较高的流动性比率，但由于总利息费用更高，这种战略会导致利润更低。然而，如果长期负债以固定利率为基础，短期融资方式以浮动或可变利率为基础，则利率风险可能降低。

（3）激进融资战略

激进融资战略中，企业以长期负债和权益为所有的固定资产融资，仅对一部分永久性流动资产使用长期融资方式融资。短期融资方式支持剩下的永久性流动资产和所有的波动性流动资产。这种战略比其他战略使用更多的短期融资。

短期融资方式通常比长期融资方式具有更低的成本，因为收益曲线在许多时候是向上倾斜的。然而，过多地使用短期融资会导致较低的流动比率和更高的流动性风险。

# 第2节　现金管理

## 一、现金的意义

现金是指在生产经营过程中暂时停留在货币形态的资金。现金有广义、狭义之分。广义的现金是指在生产经营过程中以货币形态存在的资金，包括库存现金、银行存款和其他货币资金等。狭义的现金仅指库存现金。本章所讲现金是指广义的现金。

现金是立即可以投入流通的交换媒介。它的首要特点是普遍的可接受性，即可以有效地用于购货、支付费用、偿还债务等。因此，现金是流动性最强的营运资金。

有价证券是企业现金的一种转换形式。有价证券变现能力强，可以随时用来兑换现金。因此，企业往往在有多余现金时，将其兑换成有价证券，待需要补充现金不足时，再出让有价证券换回现金。这样，有价证券就成了现金的替代品。将现金转换成有价证券，还可以作为短期投资（Short - term Investment），获取收益。

保持合理的现金水平是企业现金管理的重要内容。现金是变现能力最强的资产，可以用来满足生产经营开支的各种需要，也是还本付息和履行纳税义务的保证。拥有足够的现金对于降低企业的风险，增强企业资产的流动性和债务的可清偿性有着重要的意义。但库存现金是唯一的不创造价值的资产，对其持有量不是越多越好。现金持有量过多，它所提供的流动性边际效益便会随之下降，从而导致企业的收益水平降低。因此，企业必须合理确定现金持有量，使现金收支不但在数量上、规模上合理，而且在时间上相互衔接，以便在保证企业经营活动所需现金的同时，尽量减少闲置现金，提高资金收益率。

## 二、现金的持有动机

① 交易动机。企业为了组织日常生产经营活动，必须保持一定数额的现金余额用于购买原材料、支付工资、缴纳税款、偿付到期债务、派发现金股利等。得到收入，也经常发生支出，两者不可能同步同量。收入多于支出，形成现金置存；收入少于支出，需要借入现金。必须维持适当的现金余额，才能使生产经营活动正常进行。

② 预防动机。即企业为应付紧急情况而需要保持的现金支付能力。由于市场行情瞬息万变和其他各种不测因素的存在，企业通常难以对未来现金流入量与流出量作出准确的估计和预期。一旦企业对未来现金流量的预期与实际情况发生偏离，必然对企业的正常经营秩序产生极为不利的影响。因此，在正常业务活动现金需要量的基础上，追加一定数量的现金余额以应付未来现金流出的随机波动，是企业在确定必要现金持有量时应当考虑的因素。企业为应付紧急情况所持有的现金余额主要取决于以下三个

方面：一是企业愿意承担风险的程度；二是企业临时举债能力的强弱；三是企业对现金流量预测的可靠程度。

③ 投机动机。即企业为了抓住各种瞬息即逝的市场机会，获取较大的利益而准备的现金余额。如利用证券市价大幅度跌落购入有价证券，以期在价格反弹时卖出证券获取高额资本利得等。投机动机只是企业确定现金余额时所需考虑的次要因素之一，其持有量的大小往往与企业在金融市场的投资机会及企业对待风险的态度有关。

除了这三项原因持有现金外，也会基于满足将来某一特定要求或者为在银行维持补偿性余额等其他原因而持有现金。确定现金余额应综合考虑各方面的持有动机。但需要注意的是，由于各种动机所需的现金可以调节使用，企业持有的现金总额并不等于各种动机所需现金余额的简单相加，前者通常小于后者。另外，上述各种动机所需保持的现金，并不要求必须是货币形态，也可以是能够随时变现的有价证券以及能够随时转换成现金的其他各种存在形态，如可随时借入的银行信贷资金等。

## 三、现金的成本

① 持有成本。持有成本也称机会成本，指企业因保留一定现金余额而丧失的再投资收益。现金持有量和机会成本成正比。持有成本一般可用资金成本率、资本收益率、预期报酬率、证券投资收益率等指标确定。

持有成本在数额上等同于资金成本。如企业欲持有 2 万元现金，在证券收益率为 10%的条件下，就只能放弃 2 000 元的证券投资收益。可见，放弃的再投资收益即机会成本属于变动成本，它与现金持有量密切相关：现金持有量越大，机会成本越高；反之就越低。

② 管理成本。现金管理会发生一定的管理费用，如管理人员工资及必要的安全措施费等。这部分费用具有固定成本性质，在一定范围内与现金持有量之间无明显的比例关系。

③ 短缺成本。是指在现金持有量不足而又无法及时通过有价证券变现加以补充而给企业造成的损失，包括直接损失与间接损失。现金的短缺成本随现金持有量的增加而下降，随现金持有量的减少而上升，即现金的成本与现金持有量负相关。

## 四、现金管理模型

基于交易、预防、投机等动机的需要，企业必须保持一定数量的现金余额。现金管理模型的作用，在于确定最佳现金持有额度，从而指导现金管理实践，为企业创造良好的经济效益。现金管理模型有多种，常见的模型有以下几种：

### （一）成本模型

成本模型是通过分析持有现金的成本，寻找持有成本最低的现金持有量。

运用成本分析模式确定现金最佳持有量，要考虑因持有一定量的现金而产生的持有成本、管理成本和短缺成本。如果我们能够相对比较准确地确定各相关成本的大小，就可以首先分别计算出各种现金持有方案下的投资成本、管理成本、短缺成本及总成本，进而选出总成本最低时对应的现金额度，即最佳的现金持有金额。

前面已经提到，在现金有关成本中，管理费用具有固定成本的性质，与现金持有量不存在明显的线性关系；机会成本即因持有现金而丧失的再投资收益，与现金持有量（或报酬率）相关；短缺成本同现金持有量负相关。如果能够找出各种成本和总成本与现金持有金额之间的函数关系，就可以用坐标图的方法来求解最佳的现金持有金额：把三种成本放在一个图中，此时总成本是一条上凹的曲线，曲线的最低点即为最佳现金持有量，如图 8－4 所示。

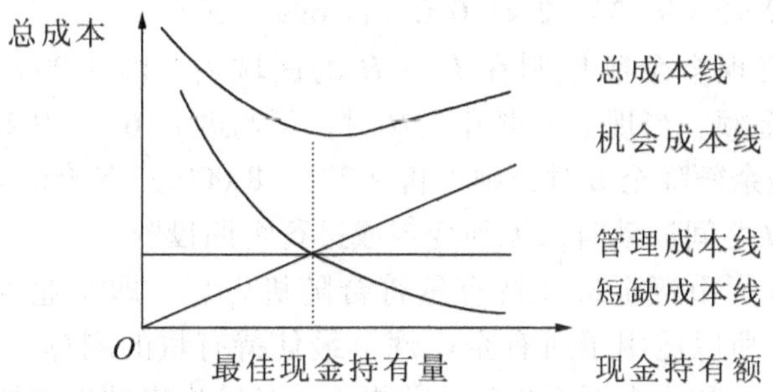


图 8－4　最佳现金持有量（成本模型）

机会成本 = 现金持有量 × 有价证券利率（或报酬率）

各成本线同现金持有量的变动关系不同，使总成本曲线呈抛物线型。抛物线的最低点为成本最低点，该点对应的现金持有量就是最佳现金持有量，此时总成本最低。

**（二）随机模型**

随机模型也称米勒—奥尔模型，是利用模型计算确定企业一定时期现金波动的区间，制定出现金持有量的上、下限，将现金量控制在上、下限内。当现金量达到控制上限时，用现金购入有价证券，使现金持有量下降；当现金量达到控制下限时，抛售有价证券换回现金，使现金持有量回升。随机模型的理论前提是：

① 企业日常现金流入和现金流出的变化是随机的和不稳定的；

② 现金净流量即现金余额的变化接近于正态分布；

③ 最佳的现金持有金额就处于正态分布中间。

随机模型的公式为：

最佳现金持有量 $Q=\sqrt[3]{\dfrac{3F\delta^2}{4K}}+L$

现金控制上限 $H = 3Q - 2L$

平均持有现金 $Q' = \dfrac{4Q - L}{3}$

式中，$F$ 是每次转换有价证券的固定成本，$\delta^2$ 是日现金净流量的方差，$K$ 是持有现金的日机会成本（证券日利率），$L$ 为现金控制下限，$H$ 为现金控制上限。

[例 8－1] 某有价证券的年利率为 7.2%，有价证券每次转换的固定成本 50 元，公司现金最低限额 8 000 元，根据经验测算出日现金净流量的标准差 100 元。

证券日利率 $K = 7.2\% \div 360 = 0.02\%$

最佳现金持有量 $Q = \sqrt[3]{\dfrac{3 \times 50 \times 100^2}{4 \times 0.02\%}} + 8\,000 = 9\,233$（元）

现金控制上限 $H = 3 \times 9\,233 - 2 \times 8\,000 = 11\,699$（元）

此时，企业应将现金余额控制在 $L \sim H$ 的区域内，即 8 000 ～ 11 699 元之间。9 233元为目标控制金额。当现金余额升至 $H$ 时，可购进 11 699 － 9 233 元有价证券，使之回落到 $Q$；当现金余额降至 $L$ 时，则出售 9 233 － 8 000 元有价证券，使之恢复到 $Q$；当现金余额在 $L \sim H$ 之间波动时，无须变现或进行短期投资。

运用随机模型求货币资金最佳持有量符合随机思想，即企业现金支出是随机的，收入是无法预知的，所以适用于所有企业现金最佳持有量的测算。随机模型建立在企业的现金未来需求总量和收支不可预测的前提下，计算出来的现金持有量比较保守。

### （三） 存货模式

存货模式又称鲍曼模式（Baumol Model），是由美国经济学家威廉·鲍曼（William J. Baumol）提出的。他认为公司现金持有量在许多方面与存货相似，存货经济定货批量模型（EOQ，Economic Ordering Quantity）可用于确定目标现金持有量。

存货模式分析的着眼点也是使现金持有成本最低。管理成本、交易成本和机会成本中，固定费用相对稳定，同现金持有量的多少关系不大，因此将其视为决策无关成本而不予考虑。由于现金是否会发生短缺、短缺多少、概率多大以及各种短缺情形发生时可能的损失如何，都存在很大的不确定性和无法计量性，因而在利用存货模式计算现金最佳持有量时，短缺成本也不予考虑，只考虑机会成本和转换成本。由于机会成本和转换成本随着现金持有量的变动而呈现出相反的变动趋向，这就必须对现金与有价证券的分割比例进行合理安排，使机会成本与转换成本保持最佳组合。换言之，能够使现金管理的机会成本与转换成本之和保持最低的现金持有量，即为最佳现金持有量。

鲍曼模式的基本假设前提是：

① 企业所需要的现金可通过证券变现取得，且证券变现的不确定性很小；

② 企业预算期内现金需要总量可以预测；

③ 现金的支出过程比较稳定、波动较小，而且每当现金余额降至零时，均可通过部分证券变现得以补足；

④ 证券利率或报酬率以及每次固定性交易费用可以获悉。

设 $T$ 为一个周期内现金总需求量，$F$ 为每次转换有价证券的固定成本，$Q$ 为最佳现金持有量，$K$ 为有价证券利息率（机会成本），$T_c$ 为现金管理总成本，则：

现金管理总成本 = 持有机会成本 + 转换成本

$$T_c=\left(\frac{Q}{2}\right)K+\left(\frac{T}{Q}\right)F \qquad (8-1)$$

现金管理的总成本与现金持有量呈凹形曲线关系。持有现金的机会成本与证券变现的交易成本相等时，现金管理的总成本最低，此时为最佳现金持有量，即：

$$Q=\sqrt{2T\cdot\frac{F}{K}} \qquad (8-2)$$

将公式（8-2）代入公式（8-1）得：

最佳现金管理总成本（$T_c$）$=\sqrt{2T\cdot F\cdot K}$

[例 8-2] S 公司现金收支状况比较稳定，预计全年需要现金 2 000 万元，现金与有价证券的转换成本为每次 400 元，有价证券的年利率 10%，则：

最佳现金持有量（$Q$）$=\sqrt{2\times 20000000\times 400\div 10\%}=400\,000$（元）

最低现金管理成本（$T_c$）$=\sqrt{2\times 20000000\times 400\times 10\%}=40\,000$（元）

转换成本 =（20 000 000 ÷ 400 000）× 400 = 20 000（元）

持有机会成本 =（400 000 ÷ 2）× 10% = 20 000（元）

有价证券交易次数（$T/Q$）= 20 000 000 ÷ 400 000 = 50（次）

有价证券交易间隔期 = 360 ÷ 50 = 7.2（天）

即该公司有价证券交易间隔期约为 7 天。

### （四）现金周转期模式

现金周转期模式是从现金周转的角度出发，根据现金的周转速度来确定最佳现金持有量。利用这一模式确定最佳现金持有量，包括以下三个步骤：

（1）计算现金周转期

现金周转期是指企业从购买材料支付现金到销售商品收回现金的时间。

现金周转期 = 应收账款周转期 - 应付账款周转期 + 存货周转期

（2）计算现金周转率

现金周转率是指一年中现金的周转次数，计算公式为：

现金周转率 = 360 ÷ 现金周转天数

（3）计算目标现金持有量

目标现金持有量 = 年现金需求额 ÷ 现金周转率

[**例** 8－3] W 公司原材料购买和产品销售均采取赊销方式，应付账款的平均付款天数为30天，应收款的收款天数为60天。假设平均存货期限即企业从原料购买到产成品销售的期限为80天。W 公司每年现金需求额为330万元。

则公司的现金周转期为：

现金周转期＝60－30＋80＝110（天）

现金周转率＝360÷110＝3.3（次）

目标现金持有量＝330÷3.3＝100（万元）

即如果年初持有100万元现金，就可支付到期债务，不必另外再筹现金。

现金周转期模型操作比较简单，但需具备两个前提条件：

① 企业的生产经营持续稳定地进行，现金支出均匀稳定，不确定因素较少，未来年度的现金总需求可以根据产销计划比较准确地预计。

② 根据往年的历史资料可以较为准确地测算出现金周转次数，并且未来年度与历史年度的周转效率基本一致或者其变化率可以预计。

## 五、现金管理模式

### （一）收支两条线管理模式

"收支两条线"原是政府为了加强财政管理和整顿财政秩序对财政资金采取的一种管理模式。当前，企业尤其是大型集团公司纷纷采用"收支两条线"资金管理模式。

（1）企业实行收支两条线管理模式的目的

企业作为追求价值最大化的营利组织，实施收支两条线有两个目的：一是对企业范围内的现金进行集中管理，减少现金持有成本，加速资金周转，提高资金使用效率；二是以实施收支两条线为切入点，通过高效的价值化管理来提高企业效益。

（2）收支两条线资金管理模式的构建

构建收支两条线资金管理模式，可从规范资金流向、流量和流程入手。

资金流向：企业"收支两条线"要求各部门或分支机构在内部银行或当地银行设立两个账户（收入户和支出户），并规定所有收入的现金都必须进入收入户（外地分支机构的收入户资金还必须及时、足额地回笼到总部），收入户资金由企业资金管理部门（内部银行或财务结算中心）统一管理；而所有的货币性支出都必须从支出户支付，支出户的资金只能根据一定的程序由收入户划拨而来，严禁现金坐支。

资金流量：在收入环节确保所有收入资金都进入收入户，不允许有私设的账外小金库。加快资金的结算速度，尽量压缩资金在结算环节的沉淀量；在调度环节通过动态的现金流量预算和资金收支计划实现对资金的精确调度；在支出环节，根据"以收定支"和"最低限额资金占用"的原则从收入户按照支出预算安排将资金定期划拨到支出户，支出户平均资金占用额应压缩到最低限度。有效的资金流量管理将有助于确保及时、足额地收入资金，合理控制各项费用支出和有效调剂内部资金。

资金流程：资金流程指与资金流动有关的程序和规定。它是收支两条线内部控制体系的重要组成部分，主要包括以下几个部分：

① 关于账户管理、货币资金安全性等规定；

② 收入资金管理与控制；

③ 支出资金管理与控制；

④ 资金内部结算与信贷管理与控制；

⑤ 收支两条线的组织保障等。

收支两条线作为一种企业的内部资金管理模式，与企业的性质、战略、管理文化和组织架构都有很大的关系。因此，在构建收支两条线管理模式时，一定要注意与自己的实际相结合，以管理有效性为导向。

**（二）集团资金集中管理模式**

（1）资金集中管理模式的概念

资金集中管理也称司库制度，指集团借助商业银行网上银行功能及其他信息技术手段，将分散在集团各所属企业的资金集中到总部，由总部统一调度、统一管理和统一运用。包括资金集中、内部结算、融资管理、外汇管理、支付管理等。其中资金集中是基础，其他各方面均建立在集中的基础上。目前，资金集中管理模式逐渐被我国企业集团所采用。

（2）集团资金集中管理模式的构建

资金集中管理模式实质上体现集团管理是集权或是分权管理，即在企业集团内部所属各子企业或分部是否有货币资金使用的决策权、经营权。这是由行业特点和集团资金运行规律决定的。资金集中管理模式大致分为以下几种：

① 统收统支模式。在该模式下，企业的一切资金收入都集中在集团总部的财务部门，各分支机构或子企业不单独设立账号，一切现金支出都通过集团总部财务部门付出，现金收支的批准权高度集中。统收统支模式有利于企业集团实现全面收支平衡，提高资金的周转效率，减少资金沉淀，监控现金收支，降低资金成本。该模式可能会不利于调动成员企业开源节流的积极性，影响成员企业经营的灵活性，以致降低整个集团经营活动和财务活动的效率。

② 拨付备用金模式。指集团按照一定的期限统拨给所有所属分支机构或子企业备其使用的一定数额的现金，等各分支机构或子企业发生现金支出后，持有关凭证到集团财务部门报销以补足备用金。

③ 结算中心模式。结算中心通常是由企业集团内部设立的，办理内部各成员现金收付和往来结算业务的专门机构。结算中心通常设立于财务部门内，是一个独立运行的职能机构。

④ 内部银行模式。内部银行是将社会银行的基本职能与管理方式引入企业内部管理机制而建立起来的一种内部资金管理机构，主要职责是进行企业或集团内部日常的往来结算和资金调拨、运筹。

⑤ 财务公司模式。财务公司是一种经营部分银行业务的非银行金融机构。其主要职责是开展集团内部资金集中结算，同时为集团成员企业提供包括存贷款、融资租赁、担保、信用鉴证、债券承销、财务顾问等在内的全方位金融服务。

## 六、现金收支款管理

### （一）现金的收款管理

为提高现金使用效率，加速现金周转，应尽量加速现金回笼。一般情况下，企业收回现金的过程包括客户开出支票、收到支票、支票交付银行、银行收妥款项四个步骤。从时间来讲，现金回笼的时间包括支票邮寄时间、支票在企业停留时间以及支票结算的时间。这些过程所需时间的长短，不但与客户、企业、银行之间的距离有关，而且与收款的效率有关。在实际工作中，缩短这两段时间的方法一般有邮政信箱法、银行业务集中法等。

（1）邮政信箱法

又称锁箱法，指企业可以在各主要城市租用专门的邮政信箱，并开立分行存款户，授权当地银行每日开启信箱，在取得客户支票后立即予以结算，并通过电汇再将货款拨给企业所在地银行。邮政信箱法下，客户将支票直接寄给客户所在地的邮箱而不是企业总部，不但缩短了支票邮寄时间，还免除了公司办理收账、货款存入银行等手续，从而缩短了支票在企业的停留时间。此法的缺点是成本较高，被授权开启邮政信箱的当地银行，除了要求扣除相应的补偿性余额外，还要收取办理额外服务的劳务费。因此，是否采用邮政信箱法，需视现金产生的收益与增加的成本的大小而定。

（2）银行业务集中法

指企业指定一个主要开户行（通常是总部所在地）为集中银行，并在收款额较集中的若干地区设立若干个收款中心，将款项直接汇给当地收款中心，中心收款后立即存入当地银行。当地银行在收妥款项后立即转给企业总部所在银行。这种方法的优点是可以缩短客户邮寄支票所需时间和支票托收所需时间，即缩短了现金从客户到企业的中间周转时间。但是，采用这种方法的缺点是须在多处设立收账中心，从而增加了相应的费用支出。企业权衡利弊得失可通过计算分散收账收益净额来进行，公式如下：

分散收账收益净额 =（分散收账前应收账款余额 - 分散收账后应收账款余额）× 综合资金成本率 - 因增设收账中心每年增加的费用额

[例 8-4] A 公司经分析测算，打算采用银行业务集中法。增设收账中心使应收账款平均余额由现在 600 万元减至 400 万元，企业年综合资金成本率为 10%。增设收款

中心每年将增加相关费用6万元。则企业分散收款收益净额为：

分散收账收益净额 $=(600-400)\times 10\%-6=14$（万元）

故采用银行业务集中法比较有利。另外，企业还可采取电汇、大额款项专人处理、企业内部往来多边结算，集中轧抵、减少不必要的银行账户等方法，加快现金回收。

### （二）现金支出管理

现金支出管理的主要任务，是尽可能延缓现金的支出时间。这种延缓必须是合理合法的，否则企业延期支付账款所得到的收益，会远远低于由此而遭受的损失（包括商誉等）。一般来讲，企业延期支付账款可有如下考虑：

（1）充分使用现金浮游量

现金浮游量（Playing the Float）指企业账户现金与银行账户上所示的存款余额之间的差额。是当企业开出支票，收款人收到支票交给银行、至银行将款项划出企业期间所占用的现金。有时，企业账上的现金余额已经为零或所剩无几，而银行账上该企业的现金余额还有不少。这是因为有些支票虽已开出，但顾客还没有到银行兑现，企业仍可动用在银行存款账户上的这笔资金。当然，在使用现金浮游量时，一定要正确预测并控制使用，否则会发生银行存款的透支现象。

（2）推迟应付账款的支付

对于应付账款，企业应在不影响自己信誉的前提下尽可能地推迟付款时间，充分运用供货方所提供的信用优惠。如果企业急需现金，甚至可放弃供货方所给予的折扣优惠，在信用期的最后一天付款。当然，这须权衡其利弊而定。

（3）尽量采用汇票付款

在使用支票付款时，只要受票人将支票放进银行，付款人就要无条件地付款。而汇票不是“见票即付”的付款方式，在受票人将汇票放进银行后，银行要将汇票送交付款人承兑，并由付款人将一笔相当于汇票金额的资金存入银行，银行才会付款给受票人，这样就有可能合法地延期付款。

（4）改进薪酬支付方式

有的企业在银行单独开设一个账户专供支付职工薪酬。为了最大限度地减少这一存款余额，企业可预先估计出薪酬支票到银行兑现的具体时间。

［**例8-5**］S公司每月5日支付职工薪酬。根据经验，5日、6日、7日及7日以后的兑现率分别为20%、25%、30%和25%。这样，企业就不需在5日存足支付全部薪酬所需要的工资额，仅将20%或多于20%的工资额打入工资存款户，将节余下的部分现金用于其他投资。

### （三）适当进行证券投资

企业在日常经营中会产生大量的现金。这些现金头寸在用于资本投资或其他业务活动之前通常会闲置一段时间。若用于短期证券投资就可以获取利息收入或资本利得。

因此，适当进行证券投资，可为企业增加相当可观的净收益。

企业现金管理的目的，首先是保证主营业务的现金需求，其次才是使这些现金获得最大的收益。这就要求企业把闲置资金投入到流动性高、风险性低、交易期限短的金融工具中，以期在保证安全性的前提下，获得更多的收益。

# 第 3 节　应收账款与信用管理

## 一、应收账款管理的意义

应收账款是企业因对外赊销产品、材料、供应劳务等而应向购货或接受劳务单位收取的款项，是企业的一项债权。目前，商品与劳务的赊销与赊供已成为市场经济的一个基本特征。虽然大多数企业更希望现销而不是赊销，但竞争的压力迫使许多企业提供商业信用即赊销，以便稳定销售渠道。显然，实行赊销或赊供的结果，一方面扩大了产品销路，另一方面又形成了一定的应收账款，增加了企业的经营风险。因此，最重要的是正确衡量信用成本和信用风险，合理确定信用政策，及时收回账款。

应收账款应于收入实现时确认入账。入账价值以未包含现金折扣的实际发生额为准，实际发生的现金折扣作为财务费用计入当期损益。应收账款是企业被别的企业占用的资金，待收回并取得货币资金后，才能补偿原来生产经营中的资金耗费，确保资金的循环周转。因此，应控制应收账款的限额和收回时间，采取有效措施，及时组织催收，避免资金被其他单位长期占用。

应收账款投资收益与风险并存，要求企业全面权衡应收账款的边际收益与边际成本。应收账款的管理目标是，在实施信用强化竞争、扩大销售的同时，尽可能降低机会成本、坏账损失与管理成本，最大限度地发挥信用投资的效益。

## 二、应收账款的成本

企业在采取赊销方式促进销售的同时，会因持有债权而付出一定的代价，这种代价即为应收账款的成本，包括机会成本、管理成本和坏账成本。

（1）机会成本

应收账款机会成本指资金投放在应收账款上所丧失的其他收入，如未投资于有价证券而丧失的利息收入。通常与企业维持赊销业务所需要的资金数量、资金成本率或有价证券利息率有关。其计算公式为：

应收账款机会成本 = 维持赊销业务所需要的资金 × 资金成本率

式中，资金成本率按有价证券利率计算。维持赊销业务所需要的资金计算步骤是：

① 计算应收账款周转率：

应收账款周转率 = 360 ÷ 应收账款周转期

② 计算应收账款平均余额：

应收账款平均余额 = 赊销收入净额 ÷ 应收账款周转率

③ 计算维持赊销业务所需要的资金：

维持赊销业务所需要的资金 = 应收账款平均余额 ×（变动成本 ÷ 销售收入）

= 应收账款平均余额 × 变动成本率

上述分析是假设企业的成本水平保持不变，即单位变动成本不变，固定成本总额不变。因此，随着赊销业务的扩大，只有变动成本随之上升。

[**例 8-6**] 设 Q 公司年度预测赊销收入净额为 3 000 万元，应收账款周转期为 60 天，变动成本率为 60%，资金成本率为 10%，则应收账款机会成本为：

应收账款周转率 = 360 ÷ 60 = 6（次）

应收账款平均余额 = 30 000 000 ÷ 6 = 500（万元）

维持赊销业务所需资金 = 5 000 000 × 60% = 300（万元）

应收账款机会成本 = 3 000 000 × 10% = 30（万元）

计算表明，企业投放 30 万元的资金可维持 3 000 万元的赊销业务，相当于垫支资金的 100 倍。这一较高的倍数在很大程度上取决于应收账款的周转速度。因为，应收账款周转率越高，一定数量的资金所维持的赊销额就越大；反之，应收账款周转率越低，一定数量的资金所维持的赊销额就越小，所需要资金就越多。

（2）管理成本

管理成本是指企业对应收账款进行管理而耗费的开支，主要包括对客户的资信调查费用、收账费用和其他费用。

（3）坏账成本

应收账款基于商业信用而产生，可能无法收回，由此给应收账款持有企业带来的损失即为坏账成本。坏账一般与应收账款数量成正比，与应收账款距到期的时间成反比。

## 三、企业信用政策分析

应收账款和信用管理中，制定合理的信用政策，是加强应收账款管理，提高应收账款投资效益的重要前提。信用政策即应收账款的管理政策，是指企业为对应收账款投资进行规划与控制而确立的基本原则，包括信用标准、信用条件和收账政策等。

### （一）信用标准分析

信用标准是指客户获得企业信用所应具备的条件。如果客户达不到信用标准，则企业不能给予其享受企业所提供的信用优惠。

（1）信用标准的定性分析

企业在信用标准的确定上面临着两难的选择。这也是风险、收益、成本的对称性关系在企业信用标准制定方面的客观反映。应考虑三个基本因素：

① 同行业竞争对手的情况。如果对手实力很强，企业欲取得或保持优势地位，就需采取较低（相对于竞争对手）的信用标准；反之，其信用标准可以相应严格一些。

② 企业承担违约风险的能力。当企业有较强的违约风险承担能力时，可以以较低的信用标准提高竞争力，争取客户，扩大销售；反之，如果企业承担违约风险的能力比较脆弱，就只能选择严格的信用标准以尽可能降低违约风险的程度。

③ 客户的资信程度。制定信用标准，必须对客户资信程度进行调查、分析，判断客户的信用等级并决定是否给予客户信用优惠。客户资信程度的高低决定于客户的信用品质、偿付能力、资本、抵押、经济条件等，简称“5C”系统。

品质指客户的商业信誉，即其愿意履行偿债义务的可能性。这一点十分重要，因为客户是否愿意尽自己最大的努力来归还货款，直接决定着账款收回的速度和数量。企业必须设法了解客户以往的付款记录，看其是否具有按期付款的良好习惯，与其他供货企业的关系是否良好。西方企业家认为，这是评价客户信用品质的首要因素。

能力指客户的偿债能力，即具有的速动资产数量、质量以及与流动负债的比例。一般而言，企业流动资产的数量越多，流动比率越大，表明其偿付债务的物质保证越雄厚；反之，则偿债能力越差。当然，对客户偿付能力的判断，还需要注意对资产质量，即变现能力以及负债的流动性进行分析。资产的变现能力越大，企业的偿债能力就越强；负债的流动性越大，企业的偿债能力就越小。

资本指客户的财务实力和财务状况。资本的大小，反映了客户的经济实力与财务状况的优劣，是客户偿付债务的最终保证，表明客户可能偿债的背景，这主要根据客户的负债比率及流动比率等分析。

抵押指客户提供的可作为资信安全保证的资产。能够作为信用担保的抵押财产，必须为客户实际所有，且应具有较高的市场性，即变现能力。对于不知底细或信用状况有争议的客户，只要能够提供足够的高质量的抵押财产（最好经过投保），就可以向它们提供相应的商业信用。

经济条件是指不利经济环境对客户偿付能力的影响，及客户是否具有较强的应变能力。万一出现经济不景气，会对客户付款产生什么影响，客户会采取什么对策等，这需对客户过去在困难时候的付款行为进行了解。

信息资料主要通过下列渠道取得：

① 商业代理机构或资信调查机构所提供的客户信息资料及信用等级标准资料；

② 委托往来银行信用部门向与客户有关联业务的银行索取信用资料；

③ 与同一客户有信用关系的其他企业相互交换该客户的信用资料；

④ 客户的财务报告资料；

⑤ 企业自身的经验与其他可取得的资料如网络等。

（2）信用标准的定量分析

定量分析旨在解决两个问题：一是确定客户拒付账款的风险，即坏账损失率；二是具体确定客户的信用等级，作为给予或拒绝信用的依据。步骤如下：

① 设定信用等级的评价标准。即根据对客户信用资料的调查分析，确定评价信用优劣的数量标准，以一组具有代表性、能够说明付款能力和财务状况的若干比率（如流动比率、速动比率、应收账款周转率、存货周转率、产权比率或资产负债率、赊购付款履约情况等）作为信用风险指标，根据数年内最坏年景的情况，分别找出信用好和信用坏两类顾客的上述比率的平均值，依此作为评价其他客户信用的标准。

[**例** 8－7] S 公司按上述方法确定的信用标准如表 8－1。

**表 8－1　S 公司信用标准分析**

| 指　标 | 信用好 | 信用不好 |
|---|---|---|
| 1. 流动比率（流动资产/流动负债） | 2.2：1 | 1.4：1 |
| 2. 速动比率（速动资产/流动负债） | 1：1 | 0.7：1 |
| 3. 净流动资产（万元） | 2 260 | 520 |
| 4. 产权比率（债务/资本） | 2：1 | 4：1 |
| 5. 已获利息倍数（息税前利润/利息） | 3.2：1 | 1. 5V1 |
| 6. 应收账款周转率（次） | 15 | 8 |
| 7. 存货周转率（次） | 4 | 2 |
| 8. 收入总额（万元） | 30 000 | 10 000 |
| 9. 应付账款总额（万元） | 8 | 20 |
| 10. 赊销履约付款情况 | 及时 | 拖欠 |

② 利用既有或潜在客户的财务报表数据，计算各自的指标值，并与上述标准比较。若某客户的某项指标值等于或低于坏的信用标准，则该客户的拒付风险系数（即坏账损失率）增加 10%；若指标介于好与坏信用标准之间，则该客户的拒付风险系数增加 5%；当某一指标值等于或高于好的信用指标时，则视该客户的这一指标无拒付风险。将客户各项指标的拒付风险系数累加，作为客户发生坏账损失的总比率。

[**例** 8－8] S 公司计算的客户 M 公司信用指标值及累计风险系数如表 8－2。

表 8-2　客户 M 公司信用指标值及风险系数计算表

| 指　标 | 指标值 (x) | 累计风险系数 (a,%) |
| --- | --- | --- |
| 1. 流动比率（流动资产/流动负债） | 2.3:1 | 0 |
| 2. 速动比率（速动资产/流动负债） | 0.8:1 | 5 |
| 3. 净流动资产（万元） | 1 000 | 10 |
| 4. 产权比率（债务/资本） | 1.7:1 | 10 |
| 5. 已获利息倍数（息税前利润/利息） | 3.2:1 | 10 |
| 6. 应收账款周转率（次） | 10 | 15 |
| 7. 存货周转率（次） | 3 | 20 |
| 8. 收入总额（万元） | 40 000 | 20 |
| 9. 应付账款总额（万元） | 22 | 30 |
| 10. 赊销履约付款情况 | 及时 | 30 |

表 8-2 中，M 客户的流动比率、产权比率、已获利息倍数、存货周转率、赊购付款履约情况等指标均等于或高于好的信用标准值，产生拒付风险的系数为 0；而速动比率、净流动资产、存货周转率、应收账款周转率四项指标值则介于信用好与信用坏标准值之间，各自发生拒付风险的系数为 5%；应付账款总额低于信用不好的标准，发生拒付风险的系数为 10%。预期可能发生的坏账损失率为 30%。

当然，企业为了能够更详尽地对客户的拒付风险作出准确的判断，也可以设置并分析更多的指标数值，如增为 20 项，各项最高的坏账损失率为 5%，介于信用好与信用坏之间的，每项增加 2.5% 的风险系数。

③ 进行风险排队，确定各客户信用等级。依据风险系数的分析，按照客户累计风险系数由小到大进行排序，然后结合企业承受违约风险的能力及市场竞争需要，划分客户信用等级，如累计拒付风险系数在 5% 以内的为 A 级客户，在 5% 与 10% 之间的为 B 级客户等。对于不同信用等级的客户，分别采取不同的信用对策，包括拒绝或接受客户信用定单，以及给予不同信用优惠条件或附加某些限制条款等。

由于实际情况错综复杂，按上述方法分析，不同企业的同一指标往往存在着很大差异，难以按照统一的标准衡量。因此，要深刻地考察各指标内在质量，结合实际进行具体的分析、判断，不能机械地搬用。

还可以利用“信用评分法”，即对某一客户的一系列财务比率和以往的信用情况（根据以往的付款记录）进行评分，然后加权平均，求出客户的信用分数。公式如下：

$$y = a_1x_1 + a_2x_2 + \cdots + a_nx_n = \sum_{i=1}^{n} a_ix_i$$

### （二）信用条件分析

信用分析能大致确定对客户采取什么形式的优惠以及优惠的程度。企业一般还会采取给予现金折扣的优惠来吸引客户提前付款。信用条件是指企业接受客户信用时所提出的付款要求，包括信用期限、折扣期限、现金折扣等。

现金折扣是指企业对客户在商品或劳务价格上给予的优惠扣减。向客户提供这种优惠，可吸引客户提前付款，减少企业的平均收款期，减少应收账款的资金占用，还可以招揽一些将折扣当作减价的客户前来购货，借以扩大营业额。现金折扣常用5/10、3/20、*n*/30这样的符号来表示。其含义为：

5/10表示若10天内付款，可享受5%的价格优惠；

3/20表示若20天内付款，可享受3%的价格优惠；

*n*/30表示付款的最后期限为30天，此时付款无折扣。

采用什么样的折扣优惠应和信用条件结合起来分析。例如，要求客户不超过30天付款，5%、3%的折扣优惠能吸引多少客户？折扣的实施能给企业带来多大好处？将这些可能发生的成本和收益相比较，选取成本低、效益好的方案。

对新客户是否给予信用，要以企业信用政策中规定的信用标准为依据来作出决策。为了将依据定量化，可将信用风险系数（或信用分数）与预期坏账损失率联系起来进行分析。具体方法举例如表8－3。

**表8－3　信用风险系数（信用分数）与预期坏账损失对照表**

| 风险系数 | 信用分数 | 预期的坏账损失率 |
|---|---|---|
| 0%～10% | 95%～100% | 0% |
| 10%～20% | 90%～95% | 0%～0.5% |
| 20%～30% | 85%～90% | 0.5%～1% |
| 30%～40% | 80%～85% | 1%～2% |
| 40%～50% | 75%～80% | 2%～5% |
| 50%～60% | 70%～75% | 5%～10% |
| 60%～70% | 65%～70% | 10%～15% |
| 70%～80% | 60%～65% | 15%～20% |
| 80%以上 | 60%以下 | 20%以上 |

需要说明的是，容易与现金折扣相混淆的概念是商业折扣。商业折扣也叫价格折扣，是企业为了鼓励客户多买而给予的价格优惠，每次购买的数量越多，价格也就越便宜。在这种情况下，企业销售净收入等于产品销售收入扣除商业折扣后的净额。

在信用管理政策中，已对可接受的信用风险水平作了规定。但是，当企业的生产经营环境发生变化时，就需要对信用管理政策中的某些规定进行修改和调整，并对改变条件的各种备选方案进行认真的评价。

［例8－9］S公司预测年度赊销收入净额为2 400万元，其信用条件是：$n/30$，变动成本率为65%，资金成本率20%。假设企业收账政策不变，固定成本总额不变。该企业信用条件的备选方案有三个：

A方案：维持$n/30$的信用条件；

B方案：将信用条件放宽到$n/60$；

C方案：将信用条件放宽到$n/90$。

各种备选方案估计的赊销水平、坏账百分比和收账费用等有关数据见表8－4。

**表8－4　信用条件备选方案的资料**

| 项　目 | A（$n/30$） | B（$n/60$） | C（$n/90$） |
|---|---|---|---|
| 年赊销额（万元） | 2 400 | 2 640 | 2 800 |
| 应收账款周转率（次） | 12 | 6 | 4 |
| 应收账款平均余额（万元） | 2 400/12 = 200 | 2 640/6 = 440 | 2 800/4 = 700 |
| 维持赊销所需资金（万元） | 200 × 65% = 130 | 440 × 65% = 286 | 700 × 65% = 455 |
| 坏账损失/年赊销额（万元） | 2% | 3% | 5% |
| 坏账损失（万元） | 2 400 × 2% = 48 | 2 640 × 3% = 79.2 | 2 800 × 5% = 140 |
| 收账费用（万元） | 24 | 40 | 56 |

根据以上资料，计算“信用条件备选方案的分析评价”如表8－5。

**表8－5　信用条件备选方案的分析评价**　（单位：万元）

| 项　目 | A（$n/30$） | B（$n/60$） | C（$n/90$） |
|---|---|---|---|
| 年赊销额 | 2 400 | 2 640 | 2 800 |
| 变动成本 | 2 400 × 65% = 1 560 | 2 640 × 65% = 1 716 | 2 800 × 65% = 1 820 |
| 信用成本前收益 | 840 | 924 | 980 |
| 应收账款机会成本 | 130 × 20% = 26.0 | 286 × 20% = 57.2 | 455 × 20% = 91.0 |
| 坏账损失 | 48.0 | 79.2 | 140.0 |
| 收账费用 | 24.0 | 40.0 | 56.0 |
| 小计 | 98.0 | 176.4 | 287.0 |
| 信用成本后收益 | 742.0 | 747.6 | 693.0 |

显然，这三种方案的评价结果：B 方案（即 $n/60$）的获利最大，它比 A 方案（$n/30$）增加收益 5.6（=747.6 - 742.0）万元；比 C 方案（$n/90$）增加收益 54.6（=747.6 - 693.0）万元。因此，在其他条件不变的情况下，应选择 B 方案。

[例 8 - 10] 续上例。如果企业选择 B 方案，但为了加速应收账款的回收，决定将赊销条件改为"2/10，1/20，$n/60$"（D 方案），估计约有 60% 的客户（按赊销额计算）会利用 2% 的折扣；15% 的客户将利用 1% 的折扣。坏账损失降为 2%，收账费用降为 30 万元。根据以上资料，这一新 D 方案评价的指标如下：

应收账款周转期 = 60% × 10 + 15% × 20 + 25% × 60 = 24（天）

应收账款周转率 = 360/24 = 15（次）

应收账款平均余额 = 2 640/15 = 176（万元）

维持赊销业务所需要的资金 = 176 × 65% = 114.4（万元）

应收账款机会成本 = 114.4 × 20% = 22.88（万元）

坏账损失 = 2 640 × 2% = 52.8（万元）

现金折扣 = 2 640 ×（2% × 60% + 1% × 15%）= 35.64（万元）

根据以上资料可编制表 8 - 6。

**表 8 - 6　新备选 D 方案的分析评价**　（单位：万元）

| 项目 | B 方案（$n/60$） | D 方案（2/10，1/20，$n/60$） |
|---|---|---|
| 年赊销额 | 2 640.00 | 2 640.00 |
| 减：现金折扣 | - | 35.64 |
| 年赊销净额 | 2 640.00 | 2 604.36 |
| 减：变动成本 | 1 716.00 | 1 716.00 |
| 信用成本前收益 | 924.00 | 888.36 |
| 减：信用成本 | | |
| 应收账款机会成本 | 57.20 | 22.88 |
| 坏账损失 | 79.20 | 52.80 |
| 收账费用 | 40.00 | 30.00 |
| 信用成本小计 | 176.40 | 105.68 |
| 信用成本后收益 | 747.60 | 782.68 |

表 8 - 6 计算表明，D 方案现金折扣以后，收益增加 35.08（= 782.68 - 747.60）万元，因此企业最终应选择 D 方案（2/10，1/20，$n/60$）作为最佳方案。

[例 8 - 11] A 企业预测计划年度赊销收入净额为 1 000 万元，信用条件是 $n/30$，

变动成本率60%，资金成本率12%。假设收账政策不变，固定成本不变。为扩大销售，企业拟定出另一备选方案，将信用条件放宽到 $n/50$，其他情况预计是：

① 放宽信用条件后，年赊销额增长20%；

② 坏账损失率由原来的3%上升到4%；

③ 收账费用预计由原来的10万元上升到16万元。

分析预测如表8－7。

**表8－7　备选方案分析评价表**　（单位：万元）

| 项目 | 原方案（$n/30$） | 新备选方案（$n/50$） |
| --- | --- | --- |
| 年赊销额 | 1 000.00 | 1 000×(1＋20%)＝1 200.00 |
| 减：变动成本（60%） | 600.00 | 720.00 |
| 信用成本前收益 | 400.00 | 480.00 |
| 应收账款周转次数 | 360÷30＝12次 | 360÷50＝7.2次 |
| 应收账款平均余额 | 1 000÷12＝83.33 | 1 200÷7.2＝166.67 |
| 维持业务所需资金 | 83.33×60%＝50.00 | 166.67×60%＝100.00 |
| 应收账款机会成本 | 50×12%＝6.00 | 100×12%＝12.00 |
| 坏账损失 | 1 000×3%＝30.00 | 1 200×4%＝48.00 |
| 收账费用 | 10.00 | 16.00 |
| 信用成本后收益 | 354.00 | 404.00 |

因此，应采取新的信用方案。

### （三）收账政策

收账政策亦称收账方针，是指当客户违反信用条件，拖欠甚至拒付账款时所采取的收账策略与措施。

在企业向客户提供商业信用时，必须考虑三个问题：其一，客户是否会拖欠或拒付账款，程度如何；其二，怎样最大限度地防止客户拖欠账款；其三，一旦账款遭到拖欠甚至拒付，企业应采取怎样的对策。前两个问题主要靠信用调查和严格信用审批制度；第三个问题则必须通过制定完善的收账方针，采取有效的收账措施予以解决。

当客户拖欠或拒绝付款时，应分析现有信用标准及信用审批制度是否存在纰漏，然后重新对违约客户的资信等级进行调查、评价。信用品质恶的客户，应当从信用名单中排除，对所拖欠的款项可先通过信函、传真或者派员前往等方式进行催收，态度可以渐进强硬，并提出警告。当这些措施无效时，可以申请仲裁或提起诉讼。为了提高诉讼效果，可以与其他经常被该客户拖欠或拒付账款的企业联合向法院起诉，以增强该客户信用品质不佳的证据力。对于信用记录一向正常的客户，在去电、去函的基础上，不妨派人与客户直接进行协商，彼此沟通意见，达成谅解妥协，既可保持相互间的密切关系，又有助于较为理想地解决账款拖欠问题，并且一旦将来彼此关系置换时，也有一个缓冲的余地。当然，如果双方无法取得谅解，也只能付诸法律进行最后裁决。

无论采用何种方式进行催收，都需付出一定的代价，即收账费用，如收款所花的邮电通讯费、派专人收款的差旅费和必要时的法律诉讼费等。企业为了扩大销售，增强竞争能力，往往对客户的逾期未付款项规定一个允许的拖欠期限，超过规定期限采取各种形式进行催收。如果企业制定的收款政策过宽，会导致逾期未付款项的客户拖延时间更长，对企业不利；收账政策过严，催收过急，又可能伤害无意拖欠的客户，影响企业未来的销售和利润。

[例 8-12] A 公司应收账款原有和拟改变的收账政策如表 8-8 所示。

**表 8-8　A 公司收账政策备选方案**

| 项目 | 现行收账政策 | 拟采用的新收账政策 |
|---|---|---|
| 年收账费用（万元） | 6 | 10 |
| 平均收账期（天） | 60 | 30 |
| 坏账损失占赊销额（%） | 3 | 2 |
| 赊销额（万元） | 1 200 | 1 200 |
| 变动成本率（%） | 60% | 60% |
| 资金成本率（%） | 20% | 20% |

据表 8-8 中的资料，两种方案的收账总成本可计算如表 8-9。

**表 8-9　收账政策分析评价表**　　（金额单位：万元）

| 项　目 | 现行收账政策 | 拟采用的新收账政策 |
|---|---|---|
| 赊销额 | 1 200 | 1 200 |
| 应收账款周转次数 | 360 ÷ 60 = 6 次 | 360 ÷ 30 = 12 次 |
| 应收账款平均余额 | 1 200 ÷ 6 = 200 | 1 200 ÷ 12 = 100 |

（续上表）

| 项　目 | 现行收账政策 | 拟采用的新收账政策 |
| --- | --- | --- |
| 应收账款占用成本 | 200 × 60% = 120 | 100 × 60% = 60 |
| 应收账款机会成本 | 120 × 20% = 24 | 60 × 20% = 12 |
| 坏账损失 | 1 200 × 3% = 36.00 | 1 200 × 2% = 24.00 |
| 收账费用 | 6.00 | 10.00 |
| 信用成本 | 66.00 | 46.00 |

表 8 - 9 结果表明，拟采用的新收账政策，其收账成本低于现行收账政策的成本，因此新方案是可行的。

实际工作中，影响企业信用标准、信用条件及收账政策的因素很多，如销售额、赊销期限、收账期限、现金折扣、坏账损失、过剩生产能力、信用部门成本、机会成本、存货投资等的变化。这就使得信用政策的制订更为复杂。一般来说，理想的信用政策就是能给企业带来最大收益的信用政策。

## 四、应收账款日常管理

对于应收账款，应采取有力的措施进行分析、控制，及时发现问题，采取对策。包括：追踪分析、账龄分析、收现率分析和坏账准备制度。

### （一）应收账款追踪分析

应收账款是存货变现过程的中间环节，对应收账款实施追踪分析的重点应放在赊销商品的销售与变现方面。客户以赊购方式购入商品后，迫于获利和付款信誉的动力与压力，必然期望尽早付款。如果这一期望能够顺利地实现，而客户又具有良好的信用品质，则企业如期足额地收回客户欠款一般不会有多大的问题。然而，市场供求情况的瞬变性，使得客户所赊购的商品也许不能顺利地销售与变现，出现积压或赊销。出现上述情形，对客户而言，就意味着与应付账款相对的现金支付能力匮乏。

在这种情况下，客户能否严格履行赊销企业的信用条件，取决于两个因素：其一，客户的信用品质；其二，客户现金的持有量与调剂程度（如现金用途的约束性、其他短期债务偿还对现金的要求等）。如果客户的信用品质良好，持有一定的现金余额，且现金支出的约束性较小，可调剂程度较大，客户大多数还是不愿以损失市场信誉为代价，拖欠赊销企业账款的；如果客户信用品质不佳，或者现金匮乏，或者其现金的可调剂程度低，那么赊销企业的账款遭受拖欠也就在所难免。

企业不可能也没有必要对全部的应收账款都实施追踪分析，应以金额大、信用品质较差客户的欠款作为追踪的重点。如必要且可能的话，赊销企业亦可对客户的信用品质与偿债能力进行延伸性调查和分析，一旦发现问题，立即采取措施。

### （二）应收账款账龄分析

一般来讲，逾期拖欠时间越长，账款催收的难度越大，成为坏账的可能性也就越高。因此，应收账款管理中，一定要进行账龄分析，密切注意应收账款的回收情况。应收账款的账龄分析，即对应收账款账龄结构进行分析和研究。所谓应收账款的账龄结构，是指各账龄应收账款的余额占应收账款总计余额的比重，如表8－10。

表8－10　K公司应收账款账龄分析表

| 应收账款账龄 | 客户数量 | 金额（万元） | 权重（%） |
|---|---|---|---|
| 1. 信用期内 | 60 | 1 000 | 25.0 |
| 2. 超过信用期1～20天 | 38 | 900 | 22.5 |
| 3. 超过信用期21～40天 | 20 | 800 | 20.0 |
| 4. 超过信用期41～60天 | 15 | 600 | 15.0 |
| 5. 超过信用期61～80天 | 10 | 400 | 10.0 |
| 6. 超过信用期81～100天 | 8 | 200 | 5.0 |
| 7. 超过信用期100天以上 | 2 | 100 | 2.5 |
| 应收账款总额 | | 4 000 | 100.0 |

表8－10显示，有75%的应收账款超过了信用期，其价值达300万元（2～7行合计），这对企业是极为不利的。不过，其中尚有部分在20天以内，只有2.5%的应收账款超过100天。对于不同账龄的应收账款，应采取不同的收账策略，尽快催收账款。

### （三）应收账款收现率分析

企业当期现金支付需要量与当期应收账款收现额之间存在着非一致性矛盾，并呈现出预付性或滞后性的差异特征，如企业必须用现金支付与赊销收入有关的增值税和所得税，弥补应收账款资金占用等，这就决定了企业必须对应收账款收现水平制订一个必要的控制标准，以保证应收账款收现率。

应收账款收现保证率，是企业确定的有效收现的账款占全部应收账款的百分比。计算公式为：

收现保证率＝（当期必要现金支付额－其他稳定可靠现金流入额）÷当期应收账款

式中，其他稳定可靠现金流入额指从应收账款收现以外途径取得的各种稳定可靠的现金流入数额，包括短期有价证券变现净额、可随时取得的银行贷款等。

应收账款收现保证率，反映了企业既定会计期间预期现金支付数量扣除各种可靠、稳定性来源后的差额，必须通过应收款项有效收现予以弥补的最低保证程度。其意义在于：应收款项未来是否可能发生坏账损失对企业并非最为重要，关键是实际收现账项能否满足同期必需的现金要求，特别是满足具有刚性约束的纳税债务、偿付不得展期或调换的到期债务需要。

**（四）应收账款坏账准备制度**

无论企业采取怎样严格的信用政策，只要存在着商业信用行为，坏账损失的发生总是不可避免的。确认坏账损失应符合下列条件：

① 因债务人死亡，以其遗产清偿后仍无法收回；

② 因债务人破产，以其破产财产清偿后仍然不能收回；

③ 因债务人拒付，逾期未履行偿债义务超过较长时间，并有足够证据证明无法收回或收回的可能性很小。

已确认的坏账一旦重新收回，应及时入账。

企业应当定期或者至少于每年年度终了，对应收款项、其他应收款等应收项目全面检查，预计可能发生的坏账，没有把握能够收回的应收款项应当计提坏账准备。

企业持有的未到期应收票据，如有确凿证据证明不能够收回或收回的可能性不大时，应将其账面余额转入应收账款，并计提相应的坏账准备。

企业的预付账款如有确凿证据表明其不符合预付账款性质，或者因供货单位破产、撤销等原因已无望再收到购货物的，应将原计入预付账款的金额转入其他应收款，并计提相应的坏账准备。

不能收回的应收款项应查明原因，追究责任。有确凿证据表明确实无法收回的应收款项，如债务单位已撤销、破产、资不抵债、现金流量严重不足等，根据企业的管理权限，经股东大会或董事会，或经理（厂长）办公会或类似机构批准作为坏账损失，冲销提取的坏账准备。

# 第 4 节　存货管理

## 一、存货概念、范围及分类

**（一）存货的概念**

存货指企业正常生产经营过程中为销售或耗用而储备的物资，包括材料、燃料、在产品、半成品、产成品等。持有充足的存货，不仅有利于生产过程顺利进行，节约采购费用与时间，而且能够迅速地满足客户各种订货的需要，为企业的生产与销售提供较大的机动性，避免因存货不足带来的机会损失。然而，存货的增加必然要占用更多的资金，付出更大的持有成本（即存货的机会成本），而且存货的储存与管理费用也会增加，影响企业获利能力。因此，存货管理的基本目标，是在存货的收益与成本之间进行利弊权衡，在充分发挥存货功能的同时降低成本，增加收益，实现收益与成本的最佳组合。

### （二）存货的范围

是否是企业的存货，应以企业对存货是否拥有所有权作为依据。也就是说，凡在盘存之日，所有权属于企业的所有物品，不论其存放地点如何，都应视为本企业的存货；反之，凡在盘存之日，所有权不属于企业的物品，即使存放在仓库中，也不应视为本企业的存货。企业存货包括：

① 在日常生产经营过程中持有以备出售的存货；

② 为了最终出售目的尚处于生产过程中的存货；

③ 为了生产供销售的商品或提供服务以备消耗的存货。

### （三）存货的分类

为反映存货的组成内容，正确计算产品的生产成本以及销售成本，加强存货管理，必须对存货科学分类。

① 原材料。原材料是指企业在生产过程中经加工改变其形态或性质并构成产品主要实体的各种原料及主要材料、辅助材料、外购半成品（外购件）、修理用备件（备品备件）、包装材料、燃料等。

② 在产品。指在本企业尚未加工完成、需要进一步加工且正在加工的在制品。

③ 自制半成品。指在本企业已完成一定生产过程的加工任务，且验收入库，但需要进一步加工的中间产品。

④ 库存商品。指本企业已完成全部生产过程并已验收合格入库，可以按照合同规定的条件送交订货单位，或可以作为商品对外销售的产品。

⑤ 代销商品。指企业委托其他单位代销的商品以及接受其他单位委托代销的商品。

⑥ 包装物。指企业为了包装本企业的产品而储存的各种包装容器，如桶、箱、瓶、坛、袋等。

⑦ 低值易耗品。指不作为固定资产核算的各种用具物品。

⑧ 外购商品。指企业购入的不需要任何加工即可对外销售的商品。

## 二、存货成本

存货成本是指存货的采购成本、加工成本以及使存货达到目前场所和状态所发生的其他成本。从管理角度分为三类：进货成本、储存成本、缺货成本。

（1）进货成本

进货成本由存货的进价成本和进货费用构成。其中，进价成本又称购置成本，是指存货本身的价值，等于数量与单价的乘积。在一定时期进货总量既定的条件下，无论采购次数如何变动，存货的进价成本通常是保持相对稳定的（假设物价不变，且无采购数量折扣)，因而属于决策无关成本。进货费用指为组织进货而开支的费用，如办公费、差旅费、邮资、电话电报费、运输费、检验费、入库搬运费等支出。进货费用有一部分与订货次数有关，如差旅费、邮资、电话传真等费用与进货次数成正相关变动，这类变动性进货费用属于决策相关成本；另一部分与订货次数无关，如专设采购机构的基本开支等，这类固定性进货费用属于决策无关成本。

(2) 储存成本

企业为持有存货而发生的费用即为存货的储存成本。包括存货资金占用费、机会成本、仓储费用、保险费用、存货残损霉变损失等。从管理角度，储存成本可以按照与储存数额的关系，分为变动性储存成本和固定性储存成本两类。其中，固定性储存成本与存货储存数额的多少没有直接联系，如仓库折旧费、仓库职工的固定月工资等，属于决策的无关成本。而变动性储存成本则随着存货储存数额的增减成正比例变动关系，如存货资金的应计利息、存货残损和变质损失、存货的保险费用等，属于决策的相关成本。

(3) 缺货成本

缺货成本指因存货不足而给企业造成的损失，包括由于材料供应中断造成的停工损失、成品供应中断导致延误发货的信誉损失，以及丧失销售机会的损失等。如果生产企业能够以替代材料解决库存材料供应中断之急的话，缺货成本便表现为替代材料紧急采购的额外开支。缺货成本能否作为决策的相关成本，应视企业是否允许出现存货短缺的情形而定。若允许缺货，则缺货成本与存货数量反向相关，属于决策相关成本；反之，若企业不允许发生缺货情形，此时缺货成本为零，亦可不予考虑。

## 三、存货储存量管理

### (一) 经济订购量模型

经济订购量指能使企业在存货上所花费的成本达到最低、最经济的每次进货量。通过上述对存货成本分析可知，决定存货经济进货批量的成本因素主要包括变动性进货费用（简称进货费用)、变动性储存成本（简称储存成本)，以及允许缺货时的缺货成本。不同的成本项目与进货批量呈现着不同的变动关系。减少进货批量，增加进货次数，在影响储存成本降低的同时，也会导致进货费用与缺货成本的提高；相反，增加进货批量，减少进货次数，尽管有利于降低进货费用与缺货成本，但会导致储存成本的提高。因此，如何协调各项成本间的关系，使其总和保持最低水平，是企业组织进货管理需解决的主要问题。经济订购量模式的假设前提是：

① 企业一定时期的进货总量可较为准确地预测；

② 存货的耗用或销售比较均衡；

③ 存货价格比较稳定，且不存在数量折扣，进货日期完全由企业自行决定，且每

当存货量降为零时，下一批存货能马上采购、一次到位；

④ 仓储条件及所需现金不受限制；

⑤ 不允许出现缺货情形；

⑥ 所需存货市场供应充足，不会因买不到所需存货影响其他方面。

由于不允许缺货，即每当存货数量降至零时，下一批订货便会随即全部购入，故不存在缺货成本。此时与存货订购批量、批次直接相关的就只有进货费用和储存成本两项。进货费用与储存成本总和最低水平下的进货批量，就是经济订购量。

$$经济订购量\ Q=\sqrt{\frac{2AB}{C}}=\sqrt{\frac{2\times 某项存货年需求量\times 每次订货成本}{单位存货年储存成本}}$$

式中，$A$ 为存货年需求量，$B$ 为每次订货成本，$C$ 为单位存货年储存成本。

经济订购量的存货总成本 $T_c=\sqrt{2ABC}$

［例 8－13］ K 公司 Y 用品年需求量为 900 箱，每次订货成本 100 元，每箱用品价格 1 000 元，每箱年储存成本 2 元。则经济订购量 $Q$ 为：

$$Q=\sqrt{\frac{2AB}{C}}=\sqrt{\frac{2\times 900\times 100}{2}}=300（箱）$$

经济订购量的存货总成本（$T_c$）$=\sqrt{2ABC}=\sqrt{2\times 900\times 100\times 2}=600$（元）

设存货价格为 $P$，则经济订购量平均占用资金（$W$）为：

$W=QP\div 2=300\times 1000\div 2=150\ 000$（元）

年最佳订购次数（$N$）$=A/Q=900\div 300=3$（次）

Y 用品每年购进 3 次，每次购进 300 箱最经济，年存货成本达到最低。

［例 8－14］ S 公司年需耗用某材料 720kg，材料单位采购成本 2 000 元，单位储存成本 40 元，平均每次进货费用 400 元。有关计算如下：

$$Q=\sqrt{\frac{2AB}{C}}=\sqrt{\frac{2\times 720\times 400}{40}}=120（kg）$$

$T_c=\sqrt{2ABC}=\sqrt{2\times 720\times 400\times 40}=4\ 800$（元）

$W=QP\div 2=120\times 2\ 000\div 2=120\ 000$（元）

$N=A\div Q=720\div 120=6$（次）

计算表明，当进货批量为 120kg 时，进货费用与储存成本最低。

通常还存在着数量优惠（商业折扣或价格折扣），以及允许一定程度的缺货等，企业必须结合价格折扣及缺货成本等不同的情况，灵活运用经济订购量模式。

（1）实行数量折扣的经济订购量模式

为了鼓励客户购买更多的商品，销售企业通常会给予不同程度的价格优惠，即实行商业折扣或称价格折扣。购买越多，所获得的价格优惠越大。进货企业对经济订购量的确定，除了应考虑进货费用与储存成本外，还应考虑存货的进价成本，此时的存货进价成本已经与进货数量的大小有直接联系，属于决策的相关成本。

在实行数量折扣的情况下，计算经济订购量的步骤是：

① 按照基本经济批量模型计算确定经济进货批量；

② 计算按经济批量进货的存货相关总成本无数量折扣情况下的经济订购批量及存货总成本。

存货总成本 = 进货成本 + 相关进货费用 + 相关存储成本

③ 计算按给予数量折扣的进货批量进货时的存货总成本。

④ 通过比较，确定出成本总额最低时的经济进货批量。

[**例 8-15**] 甲公司某材料年需要量4 000kg，每千克标准价 20 元。销售企业规定：客户每批购买量不足 1 000kg 的，按照标准价格计算；每批购买量 1 000kg 以上、2 000kg以下的，价格优惠 2%；每批购买量 2 000kg 以上的，价格优惠 3%。若每批进货费用 60 元，单位材料年储存成本 3 元。要求计算经济订购量。

没有价格折扣（即进货批量 1 000kg 以下）时的经济订购量 $Q$：

$$Q=\sqrt{\frac{2\times 4\,000\times 60}{3}}=400\text{（kg）}$$

$$T_c=4\,000\times 20+\sqrt{2\times 4\,000\times 60\times 3}=81\,200\text{（元）}$$

进货批量在 1 000 ～ 1 999kg 之间享受 2% 的价格优惠，在此范围内，进价成本总额是相同的，不难发现，越是接近价格优惠的经济进货批量，成本总额就越低。

在享受 2% 价格优惠的批量范围内，成本最低批量为 1 000kg：

$$T_c=4\,000\times 20\times(1-2\%)+4\,000\div 1\,000\times 60+1\,000\div 2\times 3=80\,140\text{（元）}$$

在享受 3% 价格优惠的批量范围内，成本最低批量为 2 000kg：

$$T_c=4\,000\times 20\times(1-3\%)+4\,000\div 2\,000\times 60+2\,000\div 2\times 3=80\,720\text{（元）}$$

可见，在基本经济订购模式其他各种假设条件均具备前提之上，各种价格条件下的批量范围内，成本总额最低时的经济订购量是 1 000kg。

（2）允许缺货时的经济进货模式

允许缺货确定经济进货量，不仅要考虑进货费用和储存费用，还必须考虑可能的缺货成本，以寻求能使三项成本总和最低的经济批量。

设缺货量为 $S$，单位缺货成本为 $R$，则：

$$\text{经济订购量 } Q=\sqrt{\frac{2AB}{C}\cdot\frac{(C+R)}{R}}$$

$$\text{平均缺货量 } S=\frac{QC}{C+R}$$

$$\text{允许缺货时经济订购量}=\sqrt{\frac{2\times\text{年需求量}\times\text{每次进货量}}{\text{单位储存成本}}\times\frac{\text{单位储存成本}+\text{单位缺货成本}}{\text{单位缺货成本}}}$$

$$平均缺货量=允许缺货时经济订购量\times\frac{单位储存成本}{单位储存成本+单位缺货成本}$$

[**例 8-16**] S 公司某材料年需要量为 2 000 箱，每次进货费用 600 元，单位储存成本 3 元，单位缺货成本 6 元。

$$允许缺货时经济订购量=\sqrt{\frac{2\times 2\ 000\times 600}{3}\times\frac{3+6}{6}}=1\ 095\ (箱)$$

### （二）再订货点与安全存量

再订货点指企业订购下一批货物时的存货储存量。再订货点法是定量订货的重要方式之一。再订货点法指当存货量降到再订货点时，就按一定的数量进行订货，使储存量始终维持在最高存货量与安全存量之间。

再订货点 = 平均每天需用量 × 订货提前期 + 安全存量

订货提前期是指从发出订单到收到货物所需要的天数。安全存量是指为预防临时用量增大或交货误期等原因而设立的保险储备。一般情况下，从发出订单到收到货物时，储存量将下降到刚好等于安全存量的水平。既使出现用量达到最高水平的情况，企业也能在存货量降到零时及时补充存货。因此，在需要量不稳定或交货可能出现误期的情况下，必须设置安全存量。

安全存量 = （预计每天最大需用量 - 正常每天平均需用量） × 订货提前期

[**例 8-17**] K 公司某原料的经济订货量为 300 箱，平均每天正常耗用 2.5 箱，最高耗用 4 箱，订货提前期 6 天。安全存量和再订货点的计算如下：

安全存量 =(4 -2.5) ×6 =9(箱)

再订货点 =2.5 ×6 +9 =24(箱)

即 A 原料存货量降到 24 箱时，应向供货单位发出订货单。

### （三）ABC 分类法

ABC 分类法是意大利经济学家巴雷特（Pareto）于 19 世纪首创的用于分析人口与收入之间关系的一种方法。20 世纪 20 年代后广泛用于存货管理、成本管理和生产管理。所谓 ABC 分析法，是指企业将全部存货按品种数量多少与占用资金大小划分为 A、B、C 三类，分别采取不同方法予以管理的存货控制法。ABC 法的目的在于分清主次，突出重点，提高存货资金管理的整体效果。

ABC 分类法的分类标准主要有两个：一是金额标准，二是品种数量标准。金额标准是最基本的，品种数量标准仅作为参考。A 类存货的特点是金额巨大，但品种数量较少；B 类存货金额一般，品种数量相对较多；C 类存货品种数量繁多，但价值金额却很小。具体分类过程分三个步骤，可通过计算机进行。

① 列示全部存货明细表，计算出每种存货价值总额及占全部存货金额的百分比。

② 按照金额标志由大到小进行排序并累加金额百分比。

③ 当金额百分比累加到70%左右时，以上存货视为A类存货；百分比介于70%～90%之间的存货作为B类存货；其余的作为C类存货。

［例8－18］S公司共有13种材料，总金额为2 180万元，按金额多少的顺序排列并按上述原则将其划分成A、B、C三类，其过程如表8－10。

**表8－10　S公司材料ABC分类表**

| 材料品种 | 金额（万元） | 合计金额（万元） | 金额比重（%） | 归类 |
|---|---|---|---|---|
| a<br>b | 1 000<br>600 | 1600 | 73% | A |
| c<br>d<br>e | 160<br>150<br>130 | 440 | 20% | B |
| f<br>g<br>h<br>i<br>j<br>k<br>l<br>m | 30<br>10<br>20<br>10<br>20<br>20<br>20<br>10 | 140 | 7% | C |
| 合计 | | 2 180 | 100% | |

ABC分类法用图表示，如图8－4。

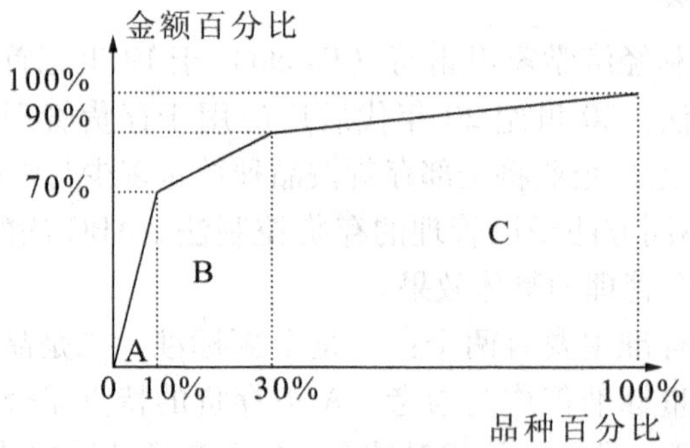


图8－4　ABC分类法示意图

ABC分类使企业分清主次，采取相应的对策进行有效的管理、控制。企业在组织经济进货批量、储存期分析时，对 A、B 两类存货可以分别按品种、类别进行。对 C 类存货只需要加以灵活掌握即可，一般不必进行上述各方面的测算与分析。

根据 ABC 分析的结果，结合企业实际情况，对 A、B、C 三类对象进行有区别的管理。其管理方式归纳如表 8－11 所示。

表 8－11　ABC 分类管理方式表

| | A类 | B类 | C类 |
|---|---|---|---|
| 管理要点 | 投入较大力量精心管理，勤进少储，将库存压缩到最低水平 | 按经营方针调节库存水平，有时控制严一些，有时松一些 | 集中大量订货，以较高的库存来节省订货费用 |
| 订货方式 | 计算每种物品的订货量，按最优的订货批量，采用定期订货方式，订货量由预测决定 | 采用定量订货方式，当库存降到订货点，便提出订货，订货量为经济批量 | 用两个库位储存物资，一个库位发货完毕，另一个库位接续，同时补充第一库位的存货 |
| 金额水平 | 按品种或规格控制 | 按大类品种控制 | 按总金额控制 |
| 检查方式 | 经常检查 | 一般检查 | 按年度或季度检查 |
| 统计方法 | 详细统计，按品种规格规定统计项目 | 一般统计，按大类规定统计项目 | 按金额统计 |

### （四）挂签制度

挂签制度（Hang-label System）是传统的存货控制方法，是给库存商品或物资的每一项目均挂上一张带有编号的标签，当存货售出或消耗时将标签取下，记入“永续盘存卡”，以便控制。为保证不致发生缺货，必须事先在卡片上注明最低储存量，一旦实际库存余额达到这个水平，就立即提出订购申请。这种用标签控制存货的方法，称挂签制度。

## 四、存货储存期管理

从企业存货发生的支出看，存货投资所发生的费用支出，按照与储存时间的关系，可以分为固定储存费与变动储存费两类。固定储存费数额的大小，与存货储存期的长短无直接联系，如各项进货费用、管理费用等。变动储存费随着存货储存期的延长或缩短成正比例增减变动，如存货资金占用费（贷款购置存货的利息或现金购置存货的机会成本）、存货仓储管理费、仓储损耗。一般情况下，为计算方便，如果仓储损耗较小，亦将其并入固定储存费。存货本、量、利分析的关系式为：

利润＝毛利－固定储存费－销售税金及附加－(变动储存费×储存天数)

变动储存费 = 进价 × 变动费率

销售税金及附加 = 售价（不含税销售额）× 销售税金及附加率

存货的储存成本之所以会不断增加，主要是由于变动储存费随着存货储存期的延长而不断增加的结果。因此，利润与费用之间此增彼减的关系实际上是利润与变动储存费之间此增彼减的关系。随着存货储存期的延长，利润将日渐减少。当"毛利 - 固定储存费 - 销售税金及附加"的余额被变动储存费抵消到恰好等于企业目标利润时，表明存货已经到了保利期；当它完全被变动储存费抵消时，意味着存货已经到了保本期。无疑，存货如果能够在保利期内售出，所获得的利润便会超过目标值；反之将难以实现既定的利润目标；若存货不能在保本期内售出的话，企业便会蒙受损失。计算公式如下：

$$保本储存天数 = \frac{毛利 - 固定储存费 - 销售税金及附加}{每日变动储存费}$$

$$保利储存天数 = \frac{毛利 - 固定储存费 - 销售税金及附加 - 目标利润}{每日变动储存费}$$

在批进批出方式下，企业经销某一存货获利或亏损额，用以下公式计算：

某批存货获利或亏损额 = 日变动储存费 ×（保本储存天数 - 实际储存天数）

显然，如果一批存货较保本期每提前一天出售，应可以节约一天的变动储存费，即取得相当于一个日变动储存费的利润额。

[例 8 - 19] 某公司经销的 A 商品，本次共进货 2 000 件，单位进价（不含增值税）1 000元，单位售价1 200元（不含增值税），经销该批商品的一次费用28 000元。若货款均来自银行贷款，年利率 10.8%，该批存货的月保管费用率 3‰，销售税金及附加 8%。要求回答：

① 该批存货的保本储存期是多少？

② 若企业要求获得 3% 的投资利润率，计算保利期。

③ 存货实际储存 200 天，能否实现 3% 的目标投资利润率？差额是多少？

④ 若该批存货亏损了 40 000 元，问：实际储存了多少天？

$$保本储存天数 = \frac{(1\,200 - 1\,000) \times 2\,000 - 28\,000 - (1\,200 \times 2\,000 \times 8\%)}{1\,000 \times 2\,000 \times (10.8\% \div 360 + 3‰ \div 30)} = 225\ （天）$$

$$保利储存天数 = \frac{200 \times 2\,000 - 28\,000 - (1200 \times 2\,000 \times 8\%) - 1\,000 \times 2\,000 \times 3\%}{1\,000 \times 2\,000 \times (10.8\% \div 360 + 3‰ \div 30)} = 150\ （天）$$

批进批出经销该批商品实际获利额 = 800 ×（225 - 200）= 20 000（元）

经销该批存货目标利润 = 1 000 × 2 000 × 3% = 60 000（元）

差额 = 实际利润 - 目标利润 = 20 000 - 60 000 = -40 000（元）

差额率 = 实际利润率 - 目标利润率

　　= 20 000 ÷（1 000 × 2 000）× 100% - 3% = -2%

即：差额为 -4 万元，差额率 -2%，所以不能实现 3% 的目标投资利润率。

实际储存天数 = 225 + (40 000 ÷ 800) = 275（天）

通过对存货储存期的分析与控制，可以及时地将企业存货的信息传输给经营决策部门，如有多少存货已过保本期或保利期、金额多大、比重多高等，这样，决策者就可以针对不同情况，采取相应的措施。一般而言，凡是已过保本期的商品大多属于积压呆滞的存货，应当积极推销，压缩库存，将损失降至最低限度；对超过保利期但未过保本期的存货，应当首先检查销售状况，查明原因，是人为所致，还是市场行情已经逆转，有无过期积压存货的可能，若有，须尽早采取措施；至于那些尚未超过保利期的存货，企业亦应密切监督、控制，以防发生过期损失。从财务管理的角度出发，需要分析哪些存货基本能在保利期内销售出去，哪些存货介于保利期与保本期之间售出，哪些存货直至保本期已过才能售出或根本就没有市场需求。通过分析，财务部门应当通过调整资金供应政策，促使经营部门调整产品结构和投资方向，推动企业存货结构的优化，提高存货的投资效率。

保本保利储存期的损益分析是建立在批进批出的前提之上的。普遍的情形是存货大批量购进、小批量售出或批进零出。

批进零出经销某批存货的预计可获利额计算公式是：

$$\text{批进零出预计获利} = \text{每日变动储存费} \times \left(\text{保本储存天数} - \frac{\text{售完天数} + 1}{2}\right)$$

$$= \text{购进批量} \times \text{单位进价} \times \text{变动储存费率} \times \left(\text{保本储存天数} - \frac{\text{购进量} \div \text{日销量} + 1}{2}\right)$$

$$= \text{购进批量} \times \text{单位变动储存费率} \times \left(\text{保本储存天数} - \frac{\text{购进量} \div \text{日销量} + 1}{2}\right)$$

[**例** 8 -20] S 公司购进某存货 2 000 件，单位进价 1 000 元（不含增值税）。用于购货的款项来自银行贷款，月利率 12‰，企业月存货保管费用 13 500 元，存货购销的固定储存费 200 000 元。市场反馈信息表明，该存货日均销量约 12 件，需 167 天左右的时间方能全部售出，单位售价（不含增值税）1 250 元。销售税金及附加125 000元。

保本储存天数 =（毛利 - 固定储存费 - 销售税金及附加）÷ 每日变动储存费

$$= \frac{(1\ 250 - 1\ 000) \times 2\ 000 - 200\ 000 - 125\ 000}{2000\ 000 \times 12‰ \div 30 + 13\ 500 \div 30} = 140\ (\text{天})$$

$$\text{批进零出预计可获利额} = 1\ 250 \times \left(140 - \frac{167 + 1}{2}\right) = 70\ 000\ (\text{元})$$

[**例** 8 -21] S 公司购进 A 商品 1 000 箱，单位进价 2 000 元（不含增值税），款项均来自银行借款，月利率 15.6‰。每月预计保管费 6 000 元，存货经销的固定费用 18 000元。据预测该商品每天平均可售出 8 箱，单位售价每箱 2 600 元（不含增值税）。城建税按增值税 7%，教育费附加按增值税 3%。S 公司为一般纳税人，税率 17%。

要求：计算保本天数与全部销完可获得的利润。

$$毛利 =（单位售价 - 单位进价）\times 业务量 =（2\,600 - 2\,000）\times 1\,000 = 600\,000（元）$$

$$保本天数 = \frac{600\,000 - 18\,000 - 1\,000 \times 2\,600 \times 17\% \times (7\% + 3\%)}{1\,000 \times 2\,000 \times 15.6‰ \div 30 + 6\,000 \div 30} = 434（天）$$

$$全部销完可获利润 = 1\,240 \times \left(434 - \frac{1\,000 \div 8 + 1}{2}\right) = 460\,040（元）$$

## 五、存货日常管理

企业存货种类繁多，收发频繁，所涉环节较广，为了加强存货的实物管理，避免损失，减少损耗，提高经济效益，还必须做好存货的日常管理工作。具体应做到：

① 建立严格的存货管理责任制度。仓库管理人员应根据存货种类、规格、计量、性能等方面的特征，统一编号，分类存放，以提高工作效率和保管效果。并做好各类存货的收、付、存记录，力求账实相符。

② 标准定额，实行定额控制。制定先进合理的物资储备资金定额，实行“定额下库”，发动供应、库管人员严格控制储备资金定额；制定先进合理的物资消耗定额，建立定额发料制度，采取各种技术组织措施，不断降低原材料消耗量。

③ 改进物资的采购工作。组织就地、就近供应，选购价格合理、供应条件好的物资。节约采购成本，减少在途资金，可使企业在物资数量不变的情况下节约储备资金。逐步减少保险储备，也会有利于节约储备资金。

④ 经常性地对存货进行检查。存货盘盈、盘亏应及时查明原因，追究责任。对积压的存货或低于安全存量的存货，及时采取措施予以调整。对贵重存货和易发生意外的存货须特别注意安全，必要时建立人员出入、消防安全制度等。

# 思考与练习

**关键术语**

最佳现金持有量　应收账款信用　最佳存货批量　订货提前期　存货保险储备

**思考题**

1. 什么是企业的营运资金？具特点是什么？如何分类？

2. 企业为什么要持有现金？现金管理制度的主要内容是什么？试说明各现行使用的结算方式有哪些？有什么特点？如何运用？

3. 现金为何要进行预算？收支法和调整净收益法的主要内容是什么？

4. 现金成本包括哪些内容？最佳持有量如何确定？

5. 什么是应收款项？内容是什么？如何管理？应收票据如何贴现？

6. 如何评价企业的信用标准？什么是累计风险系数？

7. 存货管理的基本模式有哪些？经济订购量如何计算？

## 客观题

### 一、单项选择题

1. 在下列各项中，不能纳入企业现金预算范围的是：（ ）

A. 经营性现金支出　　B. 资本化借款利息

C. 经营性现金收入　　D. 资本性现金支出

2. 在确定最佳现金持有量时，成本分析模式和存货模式均需考虑的因素是：（ ）

A. 持有现金的机会成本　　B. 固定性转换成本

C. 现金短缺成本　　D. 现金保管费用

3. 各种持有现金的动机中，属于应付未来现金流入和流出随机波动的动机是：（ ）

A. 交易动机　　B. 预防动机

C. 投机动机　　D. 长期投资动机

4. 下列订货成本中属于变动性成本的是：（ ）

A. 采购人员计时工资　　B. 采购部门管理费用

C. 存货的保险费用　　D. 预付定金的机会成本

5. 在存在数量折扣的情况下，确定经济进货批量应考虑的成本因素是：（ ）

A. 进货费用和储存成本　　B. 进货成本和储存成本

C. 进价成本和储存成本　　D. 进货费用、储存成本和缺货成本

6. 下列各项中，属于现金短缺成本的是：（ ）

A. 现金管理人员工资

B. 现金与有价证券转换时的证券过户费

C. 现金与有价证券转换时的委托手续费

D. 企业由于没有足够的现金及时缴纳税款而支付的滞纳金

7. 基本经济进货批量模式所依据的假设不包括：（ ）

A. 存货进价稳定　　B. 一定时期的进货总量可以预测

C. 存货耗用或销售均衡　　D. 允许缺货

8. 通常用来表示信用标准的指标是：（ ）

A. 预计的坏账比率　　B. 现金比率　　C. 资金利用率　　D. 流动比率

9. 在对存货实行 ABC 分类管理的情况下，ABC 三类存货的品种数量比重大致为：（ ）

A. 0.7∶0.2∶0.1　　B. 0.1∶0.2∶0.7　　C. 0.5∶0.3∶0.2　　D. 0.2∶0.3∶0.5

10. 某企业现金收支状况比较稳定，全年的现金需要量 200 000 元，每次转换有价证券的固定成本为 400 元，有价证券的年利率为 10%。则达到最佳现金持有量时的全年转换成本是多少元？（ ）

A. 1 000　　B. 2 000　　C. 3 000　　D. 4 000

11. 在允许缺货的情况下，经济进货批量是使________的进货批量。（ ）

A. 进货成本与储存成本之和最小

B. 进货费用等于储存成本

C. 进货费用、储存成本与短缺成本之和最小

D. 进货成本等于储存成本与短缺成本之和

12. 在下列各项中，属于应收账款机会成本的是： （ ）

A. 收账费用　　B. 坏账损失

C. 应收账款占用资金的应计利息　　D. 对客户信用进行调查的费用

13. 在“5C”评估系统中，______是评估顾客信用的首要因素。 （ ）

A. 抵押　　B. 资本　　C. 能力　　D. 品质

14. 应收账款赊销效果的好坏，依赖于企业的信用政策。公司在对是否改变信用期限进行决策时，不考虑的因素是： （ ）

A. 风险投资的最低报酬率　　B. 产品变动成本率

C. 应收账款坏账损失率　　D. 公司的所得税率

15. 按照随机模式确定现金存量的下限时，应考虑的因素是： （ ）

A. 企业现金最高余额　　B. 有价证券的日利息率

C. 有价证券的每次转换成本　　D. 管理人员对风险的态度

16. 企业设定客户的信用标准时，不必考虑的因素是： （ ）

A. 客户的信誉　　B. 客户的偿债能力

C. 客户固定资产的变现能力　　D. 影响顾客付款能力的经济环境

17. 甲公司规定在任何条件下其现金余额不能低于5000元。现已知现金返回线的数值为6250元，则其现金量的控制上限应为多少元？ （ ）

A. 8 750　　B. 11 250　　C. 6 250　　D. 5 000

18. 为满足投机性而特殊置存过多的现金，使用这种方式更多的是： （ ）

A. 酒店　　B. 企业　　C. 农场　　D. 投资公司

19. 企业为了使其持有的交易性现金余额降到最低，可采取： （ ）

A. 力争现金流量同步　　B. 使用现金浮游量

C. 加速收款　　D. 推迟应收账款的支付

20. 某企业全年需用A材料2400吨，每次订货成本400元，每吨材料年储备成本12元，则每年最佳订货次数为多少次？ （ ）

A. 12　　B. 6　　C. 3　　D. 4

21. 流动资产是指可以在______年以内或超过1年的一个营业周期内变现或运用的资产。 （ ）

A. 1　　B. 2　　C. 3　　D. 半

22. 下列属于流动资产的特点的是： （ ）

A. 占用时间长、周转快、易变现　　B. 占用时间短、周转慢、易变现

C. 占用时间短、周转快、易变现　　D. 占用时间长、周转快、不易变现

23. 在资产总额和筹资组合都保持不变的情况下，如果固定资产增加，流动资产减少，而企业的风险和盈利： （ ）

A. 不变　　B. 增加　　C. 一个增加，另一个减少　　D. 不确定

24. 在企业做出筹资组合决策时，需要考虑的因素有： （ ）

A. 风险与成本、行业性质、经营规模、利息率状况

B. 风险与成本、企业收益、经营规模、资产负债率大小

C. 风险与成本、行业性质、经营水平、资产负债率大小

D. 风险与成本、企业收益、经营规模、利息率状况

25. 企业置存现金的原因，主要是为了满足： ( )

A. 交易性、预防性、收益性需要　　B. 交易性、投机性、收益性需要

C. 交易性、预防性、投机性需要　　D. 预防性、投机性、收益性需要

26. 企业6月10日赊购商品时双方约定“2/10，n/20”。在6月15日有能力付款，但直到6月20日才支付这笔款项。其目的是运用现金日常管理策略中的： ( )

A. 力争现金流量同步　　B. 使用现金浮游量

C. 加速收款　　D. 推迟付款

27. 预计明年通货膨胀率10%，销售量增长率6%，则销售额的名义增长率： ( )

A. 16%　　B. 16.6%　　C. 10%　　D. 6%

28. 下列不属于存货的储存成本的是： ( )

A. 存货占用资金应计的利息　　B. 仓库费用

C. 紧急额外购入成本　　D. 变质损失

29. 甲公司采用存货模式确定最佳现金持有量。如果在其他条件保持不变的情况下，资本市场的投资回报率从4%上涨为16%，那么企业在现金管理方面应采取的对策是： ( )

A. 将最佳现金持有量提高29.29%　　B. 将最佳现金持有量降低29.29%

C. 将最佳现金持有量提高50%　　D. 将最佳现金持有量降低50%

**二、多项选择题**

1. 为了提高现金使用效率，企业应当： ( )

A. 加速收款并尽可能推迟付款

B. 在不影响信誉的前提下推迟应付款的支付

C. 使用现金浮游量

D. 力争现金流入与现金流出同步

2. 利用存货模式分析确定最佳现金持有量时，不予考虑的成本费用项目有： ( )

A. 现金管理费用　　B. 现金与有价证券的转换成本

C. 持有现金的机会成本　　D. 现金短缺成本

3. 企业持有足够的现金，对于______具有重要的意义。 ( )

A. 降低风险　　B. 增强企业资产的流动性

C. 增强企业债务的可清偿性　　D. 增强企业资产的收益性

4. 下列项目中，与存货基本经济进货批量无关的是： ( )

A. 变动储存成本　　B. 订货提前期

C. 年度计划进货总量　　D. 存货单价

5. 通常情况下，企业持有现金的机会成本： ( )

A. 与现金余额成正比　　B. 等于有价证券的利息率

C. 与企业业务交易量成反比　　D. 与企业偿债能力成正比

6. 下列哪些属于交易性需要的现金支出： ( )

A. 到期还本付息　　B. 支付工资

C. 缴纳税款　　D. 支付股利

7. 下列各项中，企业制订信用标准时应予考虑的因素是：（　）

A. 同行业竞争对手的情况　　B. 企业自身的资信程度

C. 客户的资信程度　　D. 企业承担违约风险的能力

8. 引起缺货问题的原因主要有：（　）

A. 需求量的变化　　B. 交货期日需求量变大

C. 延迟交货　　D. 存货过量使用

9. 缩短信用期间有可能使：（　）

A. 销售额降低　　B. 应收账款占用资金降低

C. 收账费用降低　　D. 坏账损失降低

10. 存货管理的经济订货量基本模型建立于下列假设条件之上：（　）

A. 企业能及时补充所需存货

B. 存货单价不考虑销售折扣

C. 每批订货之间相互独立

D. 需求量稳定或虽有变化但可根据经验估计其概率

11. 确定建立保险储备量时的再订货点，需要考虑的因素有：（　）

A. 原材料在途时间　　B. 平均日需求量

C. 保险储备量　　D. 平均库存量

12. 下列与现金周转期有关的因素有：（　）

A. 存货周转期　　B. 应收账款周转期

C. 应付账款周转期　　D. 生产周期

13. 客户赊销某产品后能否按期偿还贷款主要取决于：（　）

A. 客户的信用品质　　B. 客户的财务状况

C. 企业的收账政策　　D. 客户能否实现该产品的价值转换

14. 构成企业信用政策的主要内容有：（　）

A. 信用标准　　B. 信用条件　　C. 信用期限　　D. 收账政策

15. 采用随机模式控制现金持有量，计算现金返回线 $R$ 的各项参数中包括：（　）

A. 每次现金与有价证券转换时发生的固定转换成本

B. 现金存量的上限

C. 有价证券的日利息率

D. 预期每日现金净流量的标准差

16. 企业运用存货模式确定最佳现金持有量所依据的假设包括：（　）

A. 所需现金只能通过银行借款取得　　B. 预算期内现金需要总量可以预测

C. 现金支出过程比较稳定　　D. 证券利率及转换成本可以获悉

17. 企业销售过程中的商业折扣又称：（　）

A. 现金折扣　　B. 价格折扣

C. 销售折扣　　D. 指买得越多，单价越低

18. 信用的“5C”系统中，能力指顾客的偿债能力，考察主要分析以下哪些财务比率？（　）

A. 流动比率　　B. 存货周转率　　C. 产权比率　　D. 资产负债率

19. 下列各项因素中，影响经济订货批量大小的有：（ ）

A. 仓库人员的固定月工资　　B. 存货的年耗用量

C. 存货资金的应计利息　　D. 保险储备量

20. 紧缩的流动资产投资的特点是：（ ）

A. 较低的流动资产/收入比率

B. 承担较大的流动资产持有成本，但短缺成本较小

C. 承担较小的流动资产持有成本，但短缺成本较大

D. 经营风险较大

21. 下列说法正确的是：（ ）

A. 现金持有量越大，机会成本越高　　B. 现金持有量越低，短缺成本越大

C. 现金持有量越大，管理成本越大　　D. 现金持有量越大，收益越高

22. 下列各项中，与企业储备存货有关的成本有：（ ）

A. 取得成本　　B. 管理成本

C. 储存成本　　D. 缺货成本

23. C 公司生产中使用的甲标准件，全年共需耗用 9 000 件。该标准件通过自制方式取得，储存变动成本是零件价值的 10%，其日产量 50 件，单位生产成本 50 元，每次生产准备成本 200 元，固定生产准备成本每年 20 000 元。假设一年按 360 天计算，下列各项正确的有：（ ）

A. 经济生产批量为 1 200 件

B. 经济生产批次为每年 12 次

C. 经济生产批量占用资金 30 000 元

D. 与经济生产批量相关的总成本 3 000 元

24. 以下关于运营资本政策的表述中，正确的有：（ ）

A. 采用稳健型筹资政策时，企业的风险和收益均较低

B. 在季节性低谷，除了自发性负债没有其他流动负债，则其所采用的政策是配合型筹资政策

C. 采用宽松的营运资本持有政策对投资者财富最大化来讲理论上是最佳的

D. 稳健型筹资政策与其他两种运营资本筹资政策相比，在生产经营的旺季需要的临时性负债最少

25. 宽松的流动资产投资政策的特点是：（ ）

A. 较低的流动资产/收入比率　　B. 承担较大的流动资产持有成本

C. 短缺成本较小　　D. 风险较大

26. 企业预防性现金数额大小：（ ）

A. 与企业现金流量的可预测性成反比　　B. 与企业借款能力成反比

C. 与企业业务交易量成反比　　D. 与企业偿债能力成正比

27. 现金是企业中流动性最强的资产，属于现金内容的项目包括：（ ）

A. 库存现金　　B. 银行存款　　C. 银行本票　　D. 银行汇票

28. 某企业采用随机模型控制现金余额，当现金达到上限时企业通常要投资 50 万元于有价证券。若企业认为任何时候其现金余额均不能低于 10 万元，则下列表述正确的有：（ ）

A. 上限为 85 万元

B. 下限为 10 万元

C. 最优返回限为 35 万元

D. 当现金降到下限时，企业应转让有价证券 25 万元

29. 关于确定最佳现金持有量的方法，下列说法正确的有：（ ）

A. 在存货模式中，最佳现金持有量指的是机会成本和交易成本相等的现金持有量

B. 随机模式相对于存货模式更具有普遍应用性

C. 存货模式的主要缺点是假定现金的流出量稳定不变

D. 最佳现金持有量指的是机会成本、管理成本和短缺成本之和最小的现金持有量

**三、判断题**

1. 按随机模式要求，当有价证券利息率下降时，企业应降低现金存量的上限。（ ）

2. 企业现金持有量过多会降低企业的收益水平。（ ）

3. 应收账款产生的原因之一是由于销售和收款的时间差距。它是一种商业信用。（ ）

4. 如果现金供应不充足，即使满足有关基本假设条件，也不能利用经济订货基本模型。（ ）

5. 研究存货保险储备量的目的是为了寻求缺货成本的最小化。（ ）

6. 经济订货批量越大，进货周期越长。（ ）

7. 按随机模式要求，当现金存量低于最优返回线时，应及时补足现金，以保证最佳现金余额。（ ）

8. 赊销是扩大销售的有力手段之一。应放宽信用条件，增加赊销量，增加利润。（ ）

9. 信用政策的制定是应收账款管理的核心。（ ）

10. 如果企业的还款能力较强，保障程度较高，则可适当增加预防性现金的数额。（ ）

11. 在随机模式控制中，现金余额波动越大的企业，越需关注有价证券投资的流动性。（ ）

12. 计算“应收账款占用资金应计利息”使用的资本成本是风险投资的最低报酬率。（ ）

13. 现金折扣是对顾客在商品价格上所做的扣减。现金折扣可减少收账费用和坏账损失。（ ）

14. 经济订货量是指能使订货总成本与储存总成本相等的订货批量。（ ）

15. 信用标准给客户的信用期很短，使应收账款周转率高，有利于增加利润。（ ）

16. 企业持有现金的目的是为了保证企业日常生产经营活动对现金的需求。（ ）

17. 现金持有量过多会提高资产的流动性，降低收益水平，降低风险。（ ）

18. 如果企业确定的信用标准过高，有利于降低违约风险，也会使企业销售收入扩大。（ ）

19. 采用存货 ABC 分类管理法时，通常应将 A 类存货作为重点管理对象。（ ）

20. 应付款的支付，推迟的时间越长越好。（ ）

21. 某企业目前正处于生产经营活动的旺季。该企业的资产总额 4 000 万元，其中长期资产 1 500 万元，永久性流动资产约占流动资产的 60%，负债总额 3 000 万元，其中长期负债 1 000 万元，流动负债中的 40% 为自发性负债。由此可得出结论，该企业奉行的是激进型营运资本筹资政策。（ ）

22. 随机模式下，计算出来的现金持有量比较保守，要低于其他模式的计算结果。（ ）

23. “5C”系统指顾客信用品质的五方面，其中“条件”指顾客财务实力和财务状况。（ ）

24. 订货提前期不会影响存货的经济订货批量、订货间隔时间和订货次数。（ ）

25. 应收账款管理中的应收账款包括两部分内容：一是应收销售款；二是应收票据。（ ）

26. 一般来说，现金循环周期的变化不会直接影响所需营运资金的数额。（ ）

27. 应收账款主要是由于结算上的原因造成的。（ ）

**练习题**

**习题一**

（一）资料：某公司现金部经理决定 $L$ 值应为 10 000 元，估计公司现金流量标准差 $\delta$ 为 1 000 元，持有现金的年机会成本为 15%，换算为 $i$ 值是 0.00042，每次转换有价证券的固定成本为 150 元。

（二）要求：根据随机模型，求目标现金余额。

**习题二**

（一）资料：某企业全年需用 A 材料 360 000kg，该材料单价 100 元，每次进货费用 400 元，单位材料年储存成本 8 元，单位缺货成本 10 元。销售企业规定：客户每批购买量不足 8 000kg，按标准价格计算；每批购买 8 000kg 以上、10 000kg 以下的，价格优惠 2%；每批购买量高于 10 000kg 的，价格优惠 3%。

（二）要求：

（1）如果不考虑商业折扣和缺货时，计算下列指标：①经济进货批量；②经济进货批量的存货相关总成本；③经济进货批量平均占用资金；④年度最佳进货批次。

（2）如果考虑商业折扣，但不考虑缺货，计算经济进货批量。

（3）如果不考虑商业折扣但考虑缺货，计算经济进货量和平均缺货量。

**习题三**

（一）资料：已知某公司的下列库存信息及相关信息：

（1）订货数量只能按 100 的倍数；

（2）年使用数量为 300 000 单位（假定一年有 50 周）；

（3）库存持有成本是商品购买价格的 30%；

（4）购买价格为每单位 10 元；

（5）订货成本为 50 元/单位；

（6）公司希望的安全存量为 1 000 单位（不包括运送期库存）；

（7）运送期为两周。

（二）要求计算：

（1）最优经济订货量水平为多少？

（2）若该店以此数量订货，则年平均库存持有成本为多少？年存货总成本为多少？

（3）每年的订货周期为多少周？（四舍五入取整）

（4）库存水平为多少时应补充订货？

**习题四**

（一）资料：B 企业准备购买一大型设备，初步确定了两家供应商。甲供应商的付款条件为（2/10，$n$/30），乙供应商的付款条件为（1/20，$n$/30），其他条件完全相同。

（二）要求计算：

（1）B 企业对甲、乙两供应商放弃现金折扣的成本；

（2）如果 B 企业准备放弃现金折扣，应选哪家供应商？

（3）如果 B 企业准备享受现金折扣，应选哪家供应商？

（4）如果短期借款利率为 35%，B 企业应放弃现金折扣，还是享受现金折扣？

**习题五**

（一）资料：ABC 公司预期下一年度会产生 375 000 元的现金流出量，这些现金流出将平均发生在每一天中。公司打算定期地出售其投资组合中的有价证券满足对现金的需求。该公司的有价证券能得到 12% 的报酬率，每次将有价证券转换为现金时，要负担 4 元的交易成本。

（二）要求：

（1）试运用存货模式来决定 ABC 公司每次将有价证券转换为现金时的最佳余额。

（2）ABC 公司的平均现金余额将为多少？

（3）ABC 公司每年所需的交易次数？

（4）为了维持最佳现金余额，ABC 公司每年需负担多少现金总成本？

**习题六**

（一）资料：某生产企业使用 A 零件，可外购也可自制。若外购，单价 4 元，一次订货成本 10 元；如果自制，单位成本 3 元，每次生产准备成本 600 元，每日产量 50 件。零件的全年需求量为 3 600件，储存变动成本为零件价值的 20%，每日平均需求量 10 件。

（二）要求：分别计算零件外购和自制的总成本，并选择较优的方案。

# 第9章　筹资管理

## 第1节　筹资管理概述

### 一、筹资管理的意义

筹资是指企业为了满足其经营活动、投资活动、资本结构调整等需要，运用一定的筹资方式，筹措和获取所需资金的一种行为。资金是企业的血液，是企业设立、生存和发展的物质基础，是企业开展生产经营活动的基本前提。任何一个企业，为了维持生产经营能力、保证生产经营正常运行，都必须拥有一定数量的资金。

筹资是企业一项重要的财务活动。企业财务是以现金收支为主的资金流转活动，筹资活动则是资金运转的起点。企业的生产经营活动，总是从筹集资金开始的。

筹资管理首先要确定企业资金筹集的渠道和规模，即究竟有多少资金应通过权益性资本筹集，有多少资金应通过负债筹集。其次要确定各种资金的期限，要符合资本成本最小化的原则，同时又不会造成过大的财务风险。可见，筹资是一个规划、比较、选择、决策的过程。筹资的必要性主要表现在以下方面：

① 满足经营运转的资金需要。筹资能够为企业生产经营活动的正常开展提供财务保障。筹集作为资金周转运动的起点，决定着企业资金运动的规模和生产经营发展的程度。企业新建时，要按照企业战略所确定的生产经营规模核定长期资本和流动资金的需要量。日常生产经营活动运行期间，需要维持一定数额的资金，以满足营业活动正常波动的需求。这都需要筹措相应数额的资金来满足生产经营活动的需要。

② 满足投资发展的资金需要。企业在成长时期，往往因扩大生产经营规模或对外投资需要大量资金。经营规模的扩大有两种形式：一种是新建厂房、增加设备，这是外延式的扩大再生产；另一种是引进技术，改进设备，提高固定资产的生产能力，培训工人，提高劳动生产率，这是内涵式的扩大再生产。不管是外延式的扩大再生产还是内涵式的扩大再生产，都会发生扩张性的筹资动机。同时，由于战略发展和资本经营的需要，还需开拓有发展前途的投资领域，以联营投资、股权投资和债权投资等形式对外投资。经营规模扩张和对外产权投资往往会产生大额的资金需求。

### 二、筹资的分类

企业筹资可以按不同的标准进行分类。

### （一）按企业所取得资金的权益特性不同分类

按企业所取得资金的权益特性不同，筹资分为股权筹资、债务筹资及衍生工具筹资三类。这也是企业筹资方式最常见的分类方法。

股权筹资形成股权资本，是企业依法长期拥有、能够自主调配运用的资本。股权资本在企业持续经营期间内，投资者不得抽回，因而也称之为企业的自有资本、主权资本或股东权益资本。股权资本是企业从事生产经营活动和偿还债务的本钱，是代表企业基本资信状况的一个主要指标。企业的股权资本通过吸收直接投资、发行股票、内部积累等方式取得。股权资本由于一般不用还本，形成了企业的永久性资本，因而财务风险小，但付出的资本成本相对较高。

股权筹资包括实收资本（股本）、资本公积金、盈余公积金和未分配利润等。其中，实收资本（股本）和实收资本溢价部分形成的资本公积金是投资者的原始投入部分；盈余公积金、未分配利润和部分资本公积金是原始投入资本在企业持续经营中形成的经营积累。盈余公积金、未分配利润共称为留存收益。股权筹资在经济意义上形成了企业的所有者权益，其金额等于企业资产总额减去负债总额后的余额。

债务筹资是企业通过借款、发行债券、融资租赁以及赊购商品或服务等方式取得的资金形成在规定期限内需要清偿的债务。由于债务筹资到期要归还本金和支付利息，对企业的经营状况不承担责任，因而具有较大的财务风险，但付出的资本成本相对较低。从经济意义上来说，债务筹资也是债权人对企业的一种投资，也可依法享有企业使用债务所取得的经济利益，因而也可以称之为债权人权益。

衍生工具筹资包括兼具股权与债务特性的混合融资和其他衍生工具融资。我国目前常见的混合融资是可转换债券融资，常见的其他衍生工具融资是认股权证融资。

### （二）按是否以金融机构为媒介分类

按是否以金融机构为媒介，筹资分为直接筹资和间接筹资两种类型。

直接筹资是指企业直接与资金供应者协商融通资本的一种筹资活动。直接筹资方式主要有吸收直接投资、发行股票、发行债券等。通过直接筹资既可以筹集股权资金，也可以筹集债务资金。按法律规定，公司股票、公司债券等有价证券的发行需要通过证券公司等中介机构进行，但证券公司所起到的只是承销的作用，资金拥有者并未向证券公司让渡资金使用权，因此发行股票、债券属于直接向社会筹资。

间接筹资是指企业借助银行等金融机构融通资本的筹资活动。在间接筹资方式下，银行等金融机构发挥了中介的作用，预先集聚资金，资金拥有者首先向银行等金融机构让渡资金的使用权，然后由银行等金融机构将资金提供给企业。间接筹资的基本方式是向银行借款，此外还有融资租赁等筹资方式。间接筹资形成的主要是债务资金，主要用于满足企业资金周转的需要。

### （三）按资金的来源范围不同分类

按资金的来源范围不同，筹资分为内部筹资和外部筹资两种类型。内部筹资是指企业通过利润留存而形成的筹资来源。内部筹资数额的大小主要取决于企业可分配利润的多少和利润分配政策(股利政策)，一般无需花费筹资费用，从而降低了资本成本。

外部筹资是指企业向外部筹措资金而形成的筹资来源。处于初创期的企业，内部筹资的可能性是有限的；处于成长期的企业，内部筹资往往难以满足需要。这就需要企业广泛地开展外部筹资，如发行股票、债券，取得商业信用，向银行借款等。企业向外部筹资大多需要花费一定的筹资费用，从而提高了筹资成本。

因此，企业筹资应先利用内部筹资，然后再考虑外部筹资。

#### （四）按所筹集资金的使用期限不同分类

按所筹集资金的使用期限不同分类，筹资分为长期筹资和短期筹资两种类型。

长期筹资是指企业筹集使用期限在 1 年以上的资金筹集活动。长期筹资的目的主要在于形成和更新企业的生产和经营能力，或扩大企业的生产经营规模，或为对外投资筹集资金。长期筹资通常采取吸收直接投资、发行股票、发行债券、取得长期借款、融资租赁等方式，所形成的长期资金主要用于购建固定资产、形成无形资产、进行对外长期投资、垫支流动资金、产品和技术研发等。从资金权益性质来看，长期资金可以是股权资金，也可以是债务资金。

短期筹资是指企业筹集使用期限在 1 年以内的资金筹集活动。短期资金主要用于企业的流动资产和日常资金周转，一般在短期内需要偿还。短期筹资经常利用商业信用、短期借款、保理业务等方式来筹集。

企业筹资方式之间的关系，见图 9－1。

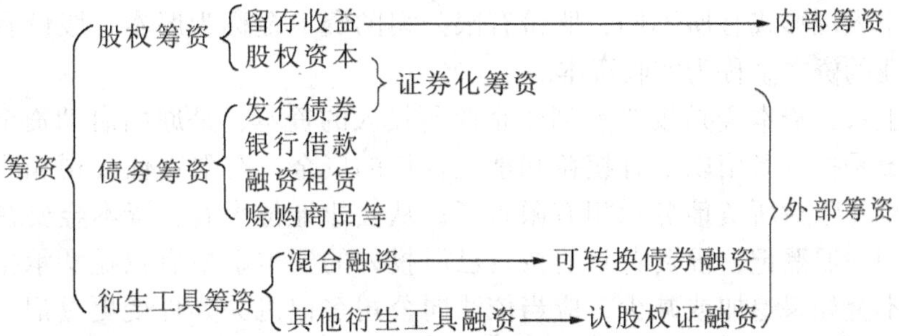


图 9－1　企业筹资的种类与关系

## 三、筹资管理的原则

筹资是企业的基本财务活动，是企业扩大生产经营规模和调整资本结构必须采取的行动。为经济有效地筹集资金，必须遵循一定的原则，具体包括：

① 遵守国家法律、法规，合法筹措资金。企业必须依法履行法律、法规和投资合同约定的责任，合法合规取得资金，依法信息披露，履约尽责，维护各方的合法权益。

② 分析生产经营需要，正确预测资金需要量。企业在筹资过程中，无论通过何种渠道，采用何种筹资方式，都应首先确定筹集资金的规模即资金需求量，使筹资量与需求量相互平衡，防止因筹资不足影响生产经营的正常进行，也要避免筹资过剩而降低资金使用的效率。

③ 安排筹资时间，适时取得资金。企业在筹资中，必须合理预测资金的需要时间，防止因负债过多而增加财务风险和偿债压力，也不能不考虑负债资金的杠杆作用。

④ 熟悉筹资渠道，选择资金来源。根据不同的筹资渠道和筹资方式及其难易程度、资金成本等，综合平衡，使筹资成本尽可能低，以提高筹资效率。

⑤ 研究筹资方式，优化资本结构。企业筹资要综合考虑股权资金与债务资金的关系、长期资金与短期资金的关系、内部筹资与外部筹资的关系，合理安排资本结构，保持适当偿债能力，防范企业财务危机，提高筹资效益。

## 四、资本金制度

资本金制度是国家对企业资本金的筹集、管理以及所有者的责权利等方面所作的法律规范。资本金是企业权益资本的主要部分，是企业长期稳定拥有的基本资金，此外，一定数额的资本金也是企业取得债务资本的必要保证。

### （一）资本金的本质特征

设立企业必须有法定的资本金。资本金是指企业在工商行政管理部门登记的注册资金，是投资者用以进行企业生产经营、承担民事责任而投入的资金。资本金在不同类型的企业中表现形式有所不同，股份有限公司的资本金称为股本，股份有限公司以外的一般企业的资本金称为实收资本。

从性质上看，资本金是投资者创建企业所投入的资本，是原始启动资金；从功能上看，资本金是投资者用以享有权益和承担责任的资金，有限责任公司和股份有限公司以其资本金为限对所负债务承担有限责任；从法律地位来看，资本金要在工商行政管理部门办理注册登记，投资者只能按自己所投入的资本金享有权益和承担责任，已经注册的资本金如果追加或减少，应当依法向公司登记机关办理变更登记。公司减资后的注册资本不得低于法定的最低限额。已经投入企业的资本金，除企业清算、减资、转让回购股权等特殊情况外，投资者不得随意从企业收回资本金。

### （二）资本金的筹集

（1）资本金的最低限额

我国《公司法》规定，股份有限公司注册资本的最低限额为人民币 500 万元。法律、行政法规对股份有限公司注册资本的最低限额有较高规定的，从其规定。上市的股份有限公司股本总额不少于人民币 3 000 万元，有限责任公司注册资本的最低限额为人民币 3 万元，一人有限责任公司的注册资本最低限额为人民币 10 万元。

（2）资本金的出资方式

我国《公司法》规定，投资者可以用货币出资，也可以用实物、知识产权、土地使用权等可以用货币估价并可以依法转让的非货币财产作价出资，但是法律、行政法规规定不得作为出资的财产除外。对作为出资的非货币财产应当评估作价，核实财产，不得高估或者低估作价。法律、行政法规对评估作价有规定的，从其规定。货币出资金额不得低于公司注册资本的30%。

（3）资本金缴纳的期限

资本金缴纳的期限，通常有三种办法：一是实收资本制，在企业成立时一次筹足资本金总额，实收资本与注册资本数额一致，否则企业不能成立；二是授权资本制，在企业成立时不一定一次筹足资本金总额，第一期资本筹集到位，企业即可成立，其余部分由董事会在企业成立后进行筹集，企业成立时的实收资本与注册资本可能不相一致；三是折衷资本制，在企业成立时不一定一次筹足资本金总额，类似于授权资本制，但规定首期出资的数额或比例及最后一期缴清资本的期限。

我国《公司法》规定，资本金的缴纳采用折衷资本制，资本金可以分期缴纳，但首次出资额不得低于法定的注册资本最低限额。股份有限公司和有限责任公司的股东首次出资额不得低于注册资本的20%，其余部分由股东自公司成立之日起两年内缴足，投资公司可以在5年内缴足。而对于一人有限责任公司，股东应当一次足额缴纳公司章程规定的注册资本额。

（4）资本金的评估

企业吸收实物、无形资产等非货币资产筹集资本金的，应按照评估确认的金额或者按合同、协议约定的金额计价。为避免虚假出资或通过出资转移财产，导致国有资产流失，国有及国有控股企业以非货币资产出资或者接受其他企业的非货币资产出资，需要委托有资格的资产评估机构进行资产评估，并以资产评估机构评估确认的资产价值作为投资作价的基础。经国务院、省政府批准实施的重大经济事项涉及的资产评估项目，分别由本级政府国有资产监管部门或者财政部门负责核准，其余资产评估项目一律实施备案制度。严格来说，其他企业的资本金评估时，并不一定要求必须聘请专业评估机构评估，相关当事人或者聘请的第三方专业中介机构评估后认可的价格也可成为作价依据。不过，聘请第三方专业中介机构来评估相关的非货币资产，能够更好地保证评估作价的真实性和准确性，有效地保护公司及其债权人的利益。

### （三）资本金管理的原则

资本金的管理，首先应当遵循资本保全这一基本原则。实现资本保全的具体要求，可分为资本确定、资本充实和资本维持三部分内容。

（1）资本确定原则

资本确定指企业设立时，必须明确规定企业的资本总额以及各投资者认缴的数额。

为了强化资本确定的原则，法律规定由工商行政管理机构进行企业注册资本的登记管理。这是保护债权人利益、明晰企业产权的根本需要。根据《公司法》等法律法规的规定，一方面，投资者以认缴的资本为限对公司承担责任；另一方面，投资者以实际缴纳的资本为依据行使表决权和分取红利。

企业获准工商登记（即正式成立）后30日内，应依据验资报告向投资者出具出资证明书等凭证，以此为依据确定投资者的合法权益，界定其应承担的责任。特别是占有国有资本的企业需要按照国家有关规定申请国有资产产权登记，取得企业国有资产产权登记证，但这并不免除企业向投资者出具出资证明书的义务，因为前者仅是国有资产管理的行政手段。

（2）资本充实原则

资本充实指企业筹集资本金的数额、方式、期限均要在投资合同或协议中约定，并在企业章程中加以规定，以确保企业能够及时、足额筹得资本金。

企业登记注册的资本金，投资者应在法律法规和财务制度规定的期限内缴足。如果投资者未按规定出资，即为投资者违约，企业和其他投资者可以依法追究其责任，国家有关部门还将按照有关规定对违约者进行处罚。投资者在出资中的违约责任有两种情况：一是个别投资者单方违约，企业和其他投资者可以按企业章程的规定，要求违约方支付延迟出资的利息、赔偿经济损失；二是投资各方均违约或外资企业不按规定出资，则由工商行政管理部门进行处罚。

注册资本必须进行验资，以保证出资的真实可信。对验资的要求，一是依法委托法定的验资机构，二是验资机构要按照规定出具验资报告，三是验资机构依法承担提供验资虚假或重大遗漏报告的法律责任。因出具的验资证明不实给公司债权人造成损失的，除能够证明自己没有过错的外，在其证明不实的金额范围内承担赔偿责任。

（3）资本维持原则

资本维持是指企业在持续经营期间有义务保持资本金的完整性。企业除由股东大会或投资者会议作出增减资本决议并按法定程序办理者外，不得任意增减资本总额。企业筹集的实收资本，在持续经营期间可以由投资者依照相关法律、法规以及企业章程的规定转让或者减少，投资者不得抽逃或者变相抽回出资。除《公司法》等有关法律、法规另有规定外，企业不得回购本企业发行的股份。股份公司可以回购本公司股份的情况有：减少公司注册资本；与持有本公司股份的其他公司合并；将股份奖励给本公司职工；股东因对股东大会作出的公司合并、分立决议持有异议而要求公司收购其股份。

股份公司依法回购股份，应当符合法定要求和条件，并经股东大会决议。用于将股份奖励给本公司职工而回购本公司股份的，不得超过本公司已发行股份总额的5%；用于收购的资金应当从公司的税后利润中支出；所收购的股份应当在1年内转让给职工。

# 第 2 节　股权筹资

股权筹资形成企业的股权资金，也称之为权益资本，是企业最基本的筹资方式。股权筹资又包含吸收直接投资、发行股票和利用留存收益三种主要形式。此外，我国上市公司引入战略投资者的行为，也属于股权筹资的范畴。从实际情况看，企业所能采用的筹资方式，一方面受法律环境和融资市场的制约，另一方面也受企业性质的制约。中小企业和非公司制企业的筹资方式比较受限；股份有限公司和有限责任公司的筹资方式相对多样。

## 一、吸收直接投资

吸收直接投资，是指企业按照“共同投资，共同经营，共担风险，共享收益”的原则，直接吸收国家、法人、个人和外商投入资金的一种筹资方式。吸收直接投资是非股份制企业筹集权益资本的基本方式。采用吸收直接投资的企业，资本不分为等额股份，无需公开发行股票。吸收直接投资实际出资额，注册资本部分形成实收资本；超过注册资本部分属于资本溢价，形成资本公积。

### （一）吸收直接投资的种类

（1）吸收国家投资

国家投资是指有权代表国家投资的政府部门或机构，以国有资产投入公司。这种情况下形成的资本叫国有资本。根据《公司国有资本与公司财务暂行办法》的规定，在公司持续经营期间，公司以盈余公积、资本公积转增实收资本的，国有公司和国有独资公司由公司董事会或经理办公会决定，并报主管财政机关备案；股份有限公司和有限责任公司由董事会决定，并经股东大会审议通过。吸收国家投资的特点是：

① 产权归属国家；

② 资金的运用和处置受国家约束；

③ 在国有公司中采用比较普遍。

（2）吸收法人投资

指法人单位以其依法可支配的资产投入公司。吸收法人投资有以下特点：

① 发生在法人单位之间；

② 以参与利润分配或控制为目的；

③ 出资方式灵活多样。

（3）吸收外商直接投资

吸收外商直接投资是指企业与其他国家的投资者共同投资，创办中外合资经营企业或者是中外合作经营企业。吸收外商直接投资的特点是：

① 与外商发生投融资关系；

② 共同经营，共担风险，共负盈亏，共享利益；

③ 可以以合资经营方式（股权式），也可以以合作经营方式（契约式）合作。

（4）吸收社会公众投资

指社会个人或本公司职工以个人合法财产投入公司。其特点：

① 参加投资的人员可以与企业无直接关系，也可以有直接关系；

② 参加人数可以较多，每人的投资额可能较少；

③ 以参与利润分配为目的。

### （二）吸收直接投资的出资方式

（1）以货币资产出资

货币资产出资方式是吸收直接投资中最重要的出资方式。企业的生产经营活动就是以货币资金支付开始的。我国《公司法》规定，公司全体股东或者发起人的货币资金出资金额不得低于公司注册资本的30%。

（2）以实物资产出资

实物资产出资方式，是指投资者以房屋、建筑物、设备等固定资产和材料、燃料、商品产品等流动资产所进行的投资。实物投资应符合以下条件：

① 适合企业生产、经营、研发等活动的需要；

② 技术性能良好；

③ 作价公平合理。

实物出资中实物的作价，可以由出资各方协商确定，也可以聘请专业资产评估机构评估确定。

（3）以土地使用权出资

土地使用权是指土地经营者对依法取得的土地在一定期限内有进行建筑、生产经营或其他活动的权利。土地使用权具有相对独立性，在土地使用权存续期间，包括土地所有者在内的其他任何人和单位，不能随意收回土地和非法干预使用权人的经营活动。企业吸收土地使用权投资应符合以下条件：

① 适合企业科研、生产、经营、研发等活动的需要；

② 地理、交通条件适宜；

③ 作价公平合理。

（4）以工业产权出资

以工业产权出资，是指投资者以专有技术、商标权、专利权、非专利技术等无形资产出资。投资者以工业产权出资应符合以下条件：

① 有助于企业研究、开发和生产出新的高科技产品；

② 有助于企业提高生产效率，改进产品质量；

③ 有助于企业降低生产消耗、能源消耗等各种消耗；

④ 作价公平合理。

以工业产权投资，实际上是把技术转化为资本，使技术的价值固定化。技术具有强烈的时效性，会因其不断老化落后而导致实际价值不断减少甚至完全丧失。因此，吸收工业产权等无形资产出资，对企业来讲风险较大。

国家对无形资产出资方式也有限制。我国《公司法》规定，股东或者发起人不得以劳务、信用、自然人姓名、商誉、特许经营权或者设定担保的财产等作价出资。对于非货币资产出资，需要满足三个条件：可以用货币估价；可以依法转让；法律不禁止。

我国《公司法》对无形资产出资的比例要求没有明确限制，但《外资企业法实施细则》另有规定，外资企业的工业产权、专有技术的作价应与国际上通常的作价原则相一致，且作价金额不得超过注册资本的20%。

### （三）吸收直接投资的程序

① 确定筹资数量。企业在新建或扩大经营时，要先确定资金的需要量。资金需要量应根据生产经营规模和供销条件等来核定，确保筹资数量与资金需要量相适应。

② 寻找投资单位。企业既要广泛了解有关投资者的资信、财力和投资意向，又要通过信息交流和宣传，使出资方了解企业的经营能力、财务状况以及未来预期，以便于公司从中寻找最合适的合作伙伴。

③ 协商和签署投资协议。找到合适的投资伙伴后，双方进行具体协商，确定出资数额、出资方式和出资时间。企业应尽可能吸收货币投资，如果投资方确有先进而适合需要的固定资产和无形资产，亦可采取非货币投资方式。对实物投资、工业产权投资、土地使用权投资等非货币资产，双方应按公平合理的原则协商定价。当出资数额、资产作价确定后，双方须签署投资的协议或合同，以明确双方的权利和责任。

④ 取得所筹集的资金。签署投资协议后，企业应按规定或计划取得资金。如果采取现金投资方式，还要编制拨款计划，确定拨款期限、每期数额及划拨方式，有时投资者还要规定拨款的用途，如把拨款区分为固定资产投资拨款、流动资金拨款、专项拨款等。如为实物、工业产权、非专利技术、土地使用权投资，必须核实财产。

财产数量是否准确，特别是价格有无高估低估的情况，关系到投资各方的经济利益，必须认真处理，必要时可聘请专业资产评估机构来评定，然后办理产权的转移手续取得资产。

吸收直接投资的程序，如图9-2所示。

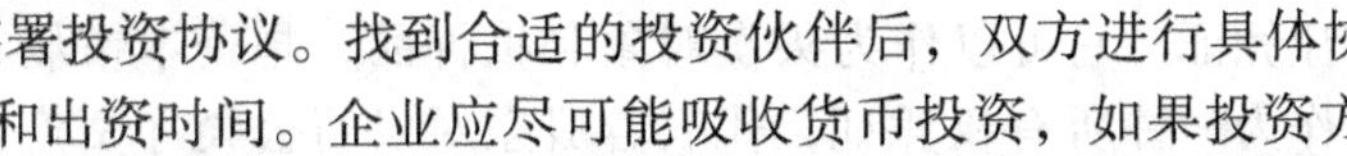


图9-2　吸收直接投资的程序

### （四）吸收直接投资的特点

① 能够尽快形成生产能力。吸收直接投资不仅可以取得一部分货币资金，而且能够直接获得所需的先进设备和技术，尽快形成生产经营能力。

② 容易进行信息沟通。吸收直接投资的投资者比较单一，股权没有社会化、分散化，甚至有的投资者直接担任公司管理层职务，公司与投资者易于沟通。

③ 手续简便，费用较低。吸收投资的手续相对比较简便，筹资费用较低。

④ 资本成本较高。相对于股票筹资来说，吸收直接投资的资本成本较高。当企业经营较好，盈利较多时，投资者往往要求将大部分盈余作为红利分配，因为企业向投资者支付的报酬是按其出资数额和实现利润的比率来计算的。

⑤ 企业控制权集中，不利于公司治理。采用吸收直接投资方式筹资，投资者一般都要求获得与投资数额相适应的经营管理权。如果某个投资者的投资额比例较大，则该投资者对企业的经营管理就会有相当大的控制权，容易损害其他投资者的利益。

⑥ 不利于产权交易。吸收投入资本由于没有证券为媒介，不利于产权交易，难以进行产权转让。

## 二、发行普通股股票

股票是股份公司为筹措股权资本而发行的，表示股东按其持有的股份享有权益和承担义务的可转让凭证，它可以作为买卖对象和抵押品，是资本市场主要的长期融资工具之一。股票作为一种所有权凭证，代表着股东对发行公司净资产的所有权。股票只能由股份有限公司发行。

### （一）股票的特征与分类

（1）股票的特点

① 永久性。公司发行股票所筹集的资金属于公司的长期自有资金，没有期限，不需归还。换言之，股东在购买股票之后，一般情况下不能要求发行企业退还股金。

② 流通性。股票作为一种有价证券，在资本市场上可以自由转让、买卖和流通，也可以继承、赠送或作为抵押品。股票特别是上市公司发行的股票具有很强的变现能力，流动性很强。

③ 风险性。由于股票的永久性，股东成了企业风险的主要承担者。风险的表现形式包括：股票价格的波动性、红利的不确定性、破产清算时股东处于剩余财产分配的最后顺序等。

④ 参与性。股东作为股份公司的所有者，拥有参与企业管理的权利，包括重大决策权、经营者选择权、财务监控权、公司经营的建议和质询权等。此外，股东还有承担有限责任、遵守公司章程等义务。

（2）股东的权利和义务

持有普通股股份者为普通股股东。《公司法》规定普通股股东有以下权利：

① 出席或委托代理人出席股东大会，并依公司章程规定行使表决权。这是普通股股东参与公司经营管理的基本方式。

② 股份转让权。股东持有的股份可以自由转让，但必须符合《公司法》、其他法规和公司章程规定的条件和程序。

③ 股利分配请求权。分享盈余也是普通股股东的一项基本权利。盈余的分配方案由股东大会决定。每个会计年度由董事会根据企业的盈利数额和财务状况来决定分发股利的多少，并经股东大会批准通过。

④ 对公司账目和股东大会决议的审查权和对公司事务的质询权。

⑤ 分配公司剩余财产的权利。当公司解散、清算时，普通股股东有分配公司剩余财产的权利。但是，公司破产清算时，财产的变价收入首先要用来清偿债务，然后支付给优先股股东，最后才能分配给普通股股东。所以，在破产清算时，普通股股东实际上很少能分到剩余财产。

⑥ 公司章程规定的其他权利。同时，普通股股东也基于其资格，对公司负有义务。我国《公司法》规定股东具有遵守公司章程、缴纳股款、对公司负有有限责任、不得退股等义务。

（3）股票的种类

① 按股东权利和义务，分为普通股股票和优先股股票。普通股股票简称普通股，是指公司发行的代表着股东享有平等的权利、义务，不加特别限制的，股利不固定的股票。普通股是最基本的股票，股份有限公司通常情况只发行普通股。

优先股股票简称优先股，是指公司发行的相对于普通股具有一定优先权的股票。其优先权利主要表现在股利分配优先权和分取剩余财产优先权上。优先股股东在股东大会上无表决权，在参与公司经营管理上受到一定限制，仅对涉及优先股权利的问题有表决权。

② 按票面有无记名，分为记名股票和无记名股票。记名股票是在股票票面上记载有股东姓名或将名称记入公司股东名册的股票，无记名股票不登记股东名称，公司只记载股票数量、编号及发行日期。

我国《公司法》规定，公司向发起人、国家授权投资机构、法人发行的股票，为记名股票；向社会公众发行的股票，可以为记名股票，也可以为无记名股票。

③ 按发行对象和上市地点，分为A股、B股、H股、N股和S股等。A股即人民币普通股票，由我国境内公司发行，境内上市交易，它以人民币标明面值，以人民币认购和交易。B股即人民币特种股票，由我国境内公司发行，境内上市交易，它以人民币标明面值，以外币认购和交易。H股是注册地在内地、上市在香港的股票，依此

类推，在纽约和新加坡上市的股票……就分别称为 N 股和 S 股。

④ 按股票是否标明金额分为面值股票和无面值股票。面值股票指在票面上标有一定金额的股票。这种股票的股东对公司享有的权利和承担义务的大小，依其所持有的股票票面金额占公司发行在外股票总面值的比例而定。

无面值股票是不在票面上标出金额，只载明所占公司股本总额的比例或股份数的股票。无面值股票的价值随公司财产的增减而变动，而股东对公司享有的权利和承担义务的大小，直接依据股票标明的比例而定。我国《公司法》不承认无面值股票，规定股票应记载股票的面额，并且其发行价格不得低于票面金额。

⑤ 按照发行时间的先后顺序，可分为始发股和增发股。始发股是公司设立时发行的股票。增发股是公司增资时发行的股票。始发股和增发股的发行条件、发行目的、发行价格都不尽相同，但是股东权益和义务是一样的。

### （二）股份有限公司的设立，股票的发行与上市

（1）股份有限公司的设立

设立股份有限公司，应当有 2 人以上 200 人以下发起人，其中须有半数以上的发起人在中国境内有住所。股份有限公司的设立可以采取发起设立或者募集设立的方式。发起设立是指由发起人认购公司应发行的全部股份而设立公司。募集设立是指由发起人认购公司应发行股份的一部分，其余股份向社会公开募集或者向特定对象募集而设立公司。

以发起设立方式设立股份有限公司的，公司全体发起人的首次出资额不得低于注册资本的 20%，其余部分由发起人自公司成立之日起 2 年内缴足（投资公司可以在 5 年内缴足）。

以募集设立方式设立股份有限公司的，发起人认购的股份不得少于公司股份总数的 35%。法律、行政法规另有规定的，从其规定。

股份有限公司的发起人应当承担下列责任：

① 公司不能成立时，发起人对设立行为所产生的债务和费用负连带责任；

② 公司不能成立时，发起人对认股人已缴纳的股款，负返还股款并加算银行同期存款利息的连带责任；

③ 在公司设立过程中，由于发起人的过失致使公司利益受到损害的，应当对公司承担赔偿责任。

（2）股份有限公司首次公开发行股票的条件

发行的股票必须：

① 每股金额相等。同次发行的股票，每股的发行条件和价格应当相同。

② 股票发行价格可以按照票面金额，也可以超过票面金额，但不得低于票面金额。

③ 股票应当载明公司名称、公司登记日期、股票种类、票面金额及代表的股份数、

股票编号等主要事项。

④ 向发起人、国家授权投资的机构、法人发行的股票，应当为记名股票；对社会公众发行的股票，可以为记名股票，也可以为无记名股票。

⑤ 公司发行记名股票的，应当置备股东名册，记载股东的姓名或者名称、住所、各股东所持股份、各股东所持股票编号、各股东取得其股份的日期；发行无记名股票的，公司应当记载其股票数量、编号及发行日期。

⑥ 公司公开发行新股，必须具备下列条件：具备健全且运行良好的组织结构；具有持续盈利能力，财务状态良好；最近 3 年财务会计文件无虚假记载，无其他重大违法行为；证券监督管理机构规定的其他条件。

具备上述条件的股份有限公司经申请，由国务院或国务院授权的管理部门批准，股票方可上市。股票上市公司必须公告其上市报告，并将申请文件存放在指定地点供公众查阅。股票上市公司还必须定期（年、半年、季度）公布财务状况和经营情况。

（3）股票首次发行的程序

① 发起人认足股份、缴付股资。发起方式设立的公司，发起人认购公司的全部股份；募集方式设立的公司，发起人认购的股份不得少于公司股份总数的 35%。发起人可以用货币出资，也可以用非货币资产作价出资。在发起设立方式下，发起人缴付全部股资后，应选举董事会、监事会，由董事会办理公司设立的登记事项；在募集设立方式下，发起人认足其应认购的股份并缴付股资后，其余部分向社会公开募集。

② 提出公开募集股份的申请。以募集方式设立的公司，发起人向社会公开募集股份时，必须向国务院证券监督管理部门递交募股申请，并报送批准设立公司的相关文件，包括公司章程、招股说明书等。

③ 公告招股说明书，签订承销协议。公开募集股份申请经国家批准后，应公告招股说明书。招股说明书应包括公司的章程、发起人认购的股份数、本次每股票面价值和发行价格、募集资金的用途等。同时，与证券公司等证券承销机构签订承销协议。

④ 招认股份，缴纳股款。发行股票的公司或其承销机构一般用广告或书面通知的办法招募股份。认股者一旦填写了认股书，就要承担认股书中约定的缴纳股款义务。如果认股者的总股数超过发起人拟招募的总股数，可以采取抽签的方式确定哪些认股者有权认股。认股者应在规定的期限内向代收股款的银行缴纳股款，同时交付认股书。股款收足后，发起人应委托法定的机构验资，出具验资证明。

⑤ 召开创立大会，选举董事会、监事会。发行股份的股款募足后，发起人应在规定期限内（法定 30 天）主持召开创立大会。创立大会由发起人、认股人组成，应有代表股份总数半数以上的认股人出席方可举行。创立大会通过公司章程，选举董事会和监事会成员，并有权对公司的设立费用进行审核，对发起人用于抵作股款的财产作价进行审核。

⑥ 办理公司设立登记，交割股票。经创立大会选举的董事会，应在创立大会结束后30天内，办理申请公司设立的登记事项。登记成立后，即向股东正式交付股票，公司登记成立之前不得向股东交割股票。

(4) 股票上市交易

股票上市交易是指股份有限公司公开发行的股票经批准在证券交易所挂牌交易。经批准在交易所上市的股票称为上市股票。

按照我国《公司法》和《证券法》的有关规定，“股份有限公司发行股票，应当符合下列条件：(一) 股票经国务院证券监督管理机构核准已公开发行；(二) 公司股本总额不少于人民币三千万元；(三) 公开发行的股份达到公司股份总数的百分之二十五以上；公司股本总额超过人民币四亿元的，公开发行股份的比例为百分之十以上；(四) 公司最近三年无重大违法行为，财务会计报告无虚假记载。”此外，公司股票上市还应符合证券交易所规定的其他条件，并报国务院证券监督管理机构批准。

股票上市对公司有利的方面，主要包括：

① 便于筹措新资金。证券市场是资本商品的买卖市场，证券市场上有众多的资金供应者。同时，股票上市经过了政府机构的审查批准并接受严格的管理，执行股票上市和信息披露的规定，容易吸引社会资本投资者。公司上市后，还可以通过增发、配股、发行可转换债券等方式进行再融资。

② 促进股权流通和转让。股票上市后便于投资者购买，提高了股权的流动性和股票的变现力，便于投资者认购和交易。

③ 促进股权分散化。上市公司拥有众多的股东，加之上市股票的流通性强，能够避免公司的股权集中，分散公司的控制权，有利于公司治理结构的完善。

④ 有利于提高公司知名度，吸引更多顾客。

⑤ 便于确定公司价值。股票上市后，公司股价有市价可循，便于确定公司的价值。对于上市公司来说，即时的股票交易行情，就是对公司价值的市场评价。同时，市场行情也能够为公司收购兼并等资本运作提供询价基础。

股票上市对公司不利的方面有：

① 上市成本较高，手续复杂严格；

② 信息披露成本较高，需要承担法律责任；

③ 信息公开可能会暴露公司的商业秘密；

④ 股份有时会歪曲公司的实际情况，影响公司声誉；

⑤ 可能会分散公司的控制权，造成管理上的困难。

(5) 股票上市的暂停、终止和特别处理

当上市公司出现经营情况恶化、存在重大违法违规行为或其他原因导致不符合上市条件时，就可能被暂停或终止上市。

根据《证券法》，“上市公司有下列情形之一的，由证券交易所决定暂停其股票上市交易：（一）公司股本总额、股权分布等发生变化不再具备上市条件；（二）公司不按照规定公开其财务状况，或者对财务会计报告作虚假记载，可能误导投资者；（三）公司有重大违法行为；（四）公司最近三年连续亏损；（五）证券交易所上市规则规定的其他情形。”“上市公司有下列情形之一的，由证券交易所决定终止其股票上市交易：（一）公司股本总额、股权分布等发生变化不再具备上市条件，在证券交易所规定的期限内仍不能达到上市条件；（二）公司不按照规定公开其财务状况，或者对财务会计报告作虚假记载，且拒绝纠正；（三）公司最近三年连续亏损，在其后一个年度内未能恢复盈利；（四）公司解散或者被宣告破产；（五）证券交易所上市规则规定的其他情形。”

上市公司出现财务状况异常或其他状况异常的，其股票交易将被交易所“特别处理（Special Treatment”，ST）。“财务状况异常”一般是指：

① 最近两个会计年度的审计结果显示的净利润为负值；

② 最近一个会计年度的审计结果显示其股东权益低于注册资本；

③ 最近一个会计年度经审计的股东权益扣除注册会计师和有关部门不予确认的部分后，低于注册资本；

④ 注册会计师对最近一个会计年度的财产报告出具无法表示意见或否定意见的审计报告；

⑤ 最近一份经审计的财务报告对上年度利润进行调整，导致连续两个会计年度亏损；

⑥ 经交易所或中国证监会认定为财务状况异常的。

“其他状况异常”是指自然灾害、重大事故等导致生产经营活动基本中止，公司涉及的可能赔偿金额超过公司净资产的诉讼等情况。

在上市公司的股票交易被实行特别处理期间，其股票交易遵循下列规则：

① 股票报价日涨跌幅限制为5%；

② 股票名称改为原股票名前加“ST”；

③ 上市公司的中期报告必须经过审计。

### （三）上市公司的股票发行

上市的股份有限公司在证券市场上发行股票，包括公开发行和非公开发行两种类型。公开发行股票又分为首次上市公开发行股票和上市公开发行股票。非公开发行即向特定投资者发行，也叫定向发行。

（1）首次上市公开发行股票（IPO）

首次上市公开发行股票（IPO，Initial Public Offering），是指股份有限公司对社会公开发行股票并上市流通和交易。实施IPO的公司，应当符合中国证监会颁布的《首次公开发行股票并上市管理办法》规定的相关条件，并经中国证监会核准。

实施 IPO 的基本程序是：

① 公司董事会应当依法就本次股票发行的具体方案、本次募集资金使用的可行性及其他事项作出决议，并提请股东大会批准；

② 公司股东大会就本次发行股票作出决议；

③ 由保荐人保荐并向证监会申报；

④ 证监会受理，并审批核准；

⑤ 自证监会核准发行之日起，公司应在 6 个月内公开发行股票；超过 6 个月未发行的，核准失效，须经证监会重新核准后方可发行。

（2）上市公开发行股票

上市公开发行股票是指股份有限公司已经上市后，通过证券交易所在证券市场上对社会公开发行股票。上市公司公开发行股票，包括增发和配股两种方式。其中，增发是指增资发行，即上市公司向社会公众发售股票的再融资方式；而配股是指上市公司向原有股东配售发行股票的再融资方式。增发和配股也应符合证监会规定的条件，并经过证监会的核准。

（3）非公开发行股票

上市公司非公开发行股票，是指上市公司采用非公开方式，向特定对象发行股票的行为，也叫定向募集增发。其目的往往是为了引入该机构的特定能力，如管理、渠道等。定向增发的对象可以是老股东，也可以是新投资者。总之，定向增发完成之后，公司的股权结构往往会发生较大变化，甚至发生控股权变更的情况。

在公司设立时，上市公开发行股票与非上市不公开发行股票相比较，上市公开发行股票方式的发行范围广，发行对象多，易于足额筹集资本，同时还有利于提高公司的知名度。但公开发行方式审批手续复杂严格，发行成本高。在公司设立后再融资时，上市公司定向增发和非上市公司定向增发相比较，上市公司定向增发优势在于：

① 有利于引入战略投资者和机构投资者；

② 有利于利用上市公司的市场化估值溢价，将母公司资产通过资本市场放大，从而提升母公司的资产价值；

③ 定向增发是一种主要的并购手段，特别是资产并购型定向增发，有利于集团企业整体上市，并同时减轻并购的现金流压力。

### （四）股票发行方式和销售方式

公司发行股票筹资，应当选择适宜的股票发行方式和销售方式，并恰当地制定发行价格，以便及时募足资本。

（1）股票发行方式

指公司通过何种途径发行股票。总的来讲，股票的发行方式可分为以下两类：

① 公开间接发行，是指通过中介机构，公开向社会公众发行股票。

② 不公开直接发行，是指不公开对外发行股票，只向少数特定的对象直接发行，因而不需要经中介机构承销。

（2）股票的销售方式

指股份有限公司向社会公开发行股票时所采取的股票销售方式。股票销售方法有两类：自行销售和委托中介机构销售

① 自行销售，指发行公司自己直接将股票销售给认购者。

② 委托销售，指发行公司将股票销售业务委托给证券经营机构代理。

**（五）普通股的定价**

股票发行价格通常有等价、时价和中间价三种。等价是指以股票面额为发行价格，即股票的发行价格与其面额等价，也称面值发行。时价是以公司原发行同种股票的现行市场价格为基准来选择增发新股的发行价格，也称市价发行。中间价是取股票市场价格与面额的中间值作为股票的发行价格。以中间价和时价发行都可能是溢价发行，也可能是折价发行。值得注意的是，我国《公司法》规定公司发行股票不准折价发行。

根据我国《证券法》的规定，股票发行采取溢价发行的，其发行价格由发行人与承销的证券公司协商确定。发行人通常会参考公司经营业绩、净资产、发展潜力、发行数量、行业特点、股市状态等，确定发行价格。在实际工作中，股票发行价格的确定方法主要有市盈率法、净资产倍率法和现金流量折现法。

（1）市盈率法

市盈率又称本益比（$P/E$），指股票市场价格与公司盈利的比率。计算公式为：

$$市盈率=\frac{每股市价}{每股净收益}$$

市盈率法是以公司股票的市盈率为依据确定发行价格的一种方法。采用市盈率法确定股票发行价格的步骤如下：

① 根据注册会计师审核后的盈利预测计算出发行公司的每股净收益。

$$每股净收益=\frac{净利润}{发行前总股数}$$

确定每股净收益的方法有两种：一是全摊销法。用发行当年预测全部净利润除以总股数，直接得出每股净利润。二是加权平均法。采用加权平均法确定每股净利润较为合理。因股票发行的时间不同，资金实际到位的先后对企业效益影响较大，同时投资者在购股后才应享受应有的权益。加权平均法的计算公式为：

$$每股净收益=\frac{发行当年预测净利润}{发行前总股数+本次公开发行股数\times\frac{12-发行月数}{12}}$$

② 根据二级市场的平均市盈率、发行公司各所处行业的情况（同类行业公司股票

的市盈率）、发行公司的经营状况及其成长性等拟定发行市盈率。

③ 依发行市盈率与每股净收益之乘积决定发行价。

发行价格 = 每股净收益 × 发行市盈率

（2）净资产倍率法

净资产倍率法又称资产净值法，是指通过资产评估和相关会计手段确定发行公司拟募股资产的每股净资产值，然后根据证券市场的状况将每股净资产值乘以一定的倍率，以此确定股票发行价格的方法。净资产倍率法在国外常用于房地产公司或资产现值要重于商业利益的公司的股票发行，但在国内一直广为采用。以净资产倍率法确定发行股票价格的计算公式：

发行价格 = 每股净资产值 × 溢价倍数

（3）现金流量折现法

现金流量折现法是指通过预测公司未来的盈利能力，据此计算出公司净现值，并按一定的折现率折算，从而确定股票发行价格的方法。其基本要点是：首先是用市场接受的会计手段预测公司每个项目若干年内每年的净现金流量，再按照市场公允的折现率分别计算出每个项目未来的净现金流量的净现值。公司的净现值除以公司股份数，即为每股净现值。采用此法应注意：第一，由于未来收益存在不确定性，发行价格通常要对上述每股净现值折让 20% ～30%。第二，用现金流量折现法定价的公司，其市盈率往往远高于平均水平，但这类公司发行上市时套算出来的市盈率与一般公司发行股票的市盈率之间不具可比性。

### （六）股票发行的成本

股票发行成本一般较高，通常和发行数量成反比。发行股票的成本主要由三部分组成：

① 给承销机构的报酬；

② 发行股票所应负担的法律费、印刷费；

③ 发行中的其他支出。

在这三部分中，承销机构的报酬最大，它由承销机构付给公司的股票价格与售给投资大众价格之间的差额构成。这种报酬是通过公司与承销机构之间讨价还价后决定的。这种差额越小，公司发行股票的成本就越低。

### （七）引入战略投资者

（1）战略投资者的概念与要求

我国在新股发行中引入战略投资者，允许战略投资者在公司发行新股中参与配售。

战略投资者，一般是指与发行人（公司）具有合作关系或有合作意向和潜力，与发行公司业务联系紧密且欲长期持有发行公司股票的法人。从国外风险投资机构对战略投资者的定义来看，一般认为战略投资者是能够通过帮助公司融资、提供营销与销售支持的业务，或通过个人关系增加投资价值的公司或个人投资者。

一般来说，作为战略投资者的基本要求是：

① 与公司的经营业务联系紧密；

② 出于长期投资目的而较长时期地持有股票；

③ 具有相当的资金实力，且持股数量较多。

（2）引入战略投资者的作用

战略投资者具有资金、技术、管理、市场、人才等方面的优势，能够增强企业的核心竞争力和创新能力。上市公司引入战略投资者，使其能够和上市公司之间形成紧密的、伙伴式的合作关系，并由此增强公司经营实力、提高公司管理水平、改善公司治理结构。因此，对战略投资者的基本资质条件要求是：拥有比较雄厚的资金、核心的技术、先进的管理等，同时要有较好的实业基础和较强的投融资能力。总体来说，引入战略投资对上市公司的作用是：

① 提升公司形象，提高资本市场认同度。战略投资者往往都是实力雄厚的境内外大公司、大集团，甚至是国际、国内500强，他们对公司股票的认购，是对公司潜在未来价值的认可和期望。

② 优化股权结构，健全公司法人治理。战略投资者占一定股权份额并长期持股，能够分散公司控制权，战略投资者参与公司管理，改善公司治理结构。战略投资者带来的不仅是资金和技术，更重要的是能带来先进的管理水平和优秀的管理团队。

③ 提高公司资源整合能力，增强公司的核心竞争力。战略投资者往往有较好的实业基础，能带来先进的工艺技术和广阔的产品营销市场，致力于长期投资合作，促进公司产品结构和产业结构的调整升级，有助于形成产业集群，整合公司的经营资源。

④ 达到阶段性的融资目标，加快实现公司上市融资的进程。战略投资者具有较强的资金实力，并与发行人签订有关配售协议，长期持有发行人股票，能给新上市的公司提供长期稳定的资本，帮助上市公司用较低的成本融得较多的资金，提高融资效率。

从我国上市公司的实际情况看，引入战略投资者还处于募集资金最大化的实用原则阶段。谁的申购价格高，谁就能够成为战略投资者，管理型、技术型的战略投资者还较少见。目前我国资本市场中的战略投资者，一般是追逐持股价差、有较大承受能力的股票持有者，大型证券投资机构居多。

### （八）发行普通股的优缺点

（1）发行普通股的优点

① 所有权与经营权相分离，分散公司控制权，有利于公司自主管理、自主经营。普通股筹资的股东众多，公司的日常经营管理事务主要由公司的董事会和经理层负责。

② 没有固定的股息负担，资本成本较低。公司有盈利，并认为适于分配时才分派股利；公司盈利较少，或者虽有盈利但现金短缺或有更好的投资机会，也可以少支付

或不支付股利。相对于吸收直接投资来说，普通股筹资的资本成本较低。

③ 能增强公司的社会声誉。普通股筹资使得股东大众化，由此给公司带来了广泛的社会影响。特别是上市公司，其股票的流通性强，有利于市场确认公司的价值。

④ 促进股权流通和转让。普通股筹资以股票作为媒介的方式便于股权的流通和转让，便于吸收新的投资者。

（2）发行普通股的缺点

① 筹资费用较高，手续复杂。

② 不易尽快形成生产能力。普通股筹资吸收的一般都是货币资金，还需要通过购置和建造形成生产经营能力。

③ 控制权分散，容易被经理人控制。流通性强的股票交易，也容易被恶意收购。

## 三、留存收益

### （一）留存收益的筹资途径

留存收益是指企业从历年实现的净利润中提取或形成的留存于企业的内部积累，它来源于企业在生产经营活动中所实现的净利润，包括盈余公积和未分配利润。从性质上看，企业通过合法有效的经营所实现的税后净利润，都属于企业的所有者。

投资者投入企业的资金，通过企业的生产经营活动，不仅要保持原有投资的完整，而且要力求超过原有投资的价值，即盈利。企业盈利扣除按规定交纳的所得税后，即为净利润。净利润的一部分可按协议、合同或公司章程的有关规定分配给投资者，作为投资者进行风险投资的回报；另一部分则留下来用于扩大生产经营规模，以便在今后为投资者创造更多的利润，或用于建立风险基金，弥补将来可能出现的亏损。

盈余公积是指按规定从净利润中提取的积累资金，是已指定用途的留存收益。盈余公积根据其用途可分为法定盈余公积（税后利润10%）和任意盈余公积。盈余公积可用于弥补亏损、转增资本（或股本），符合规定条件的企业，也可用于分派现金股利。

未分配利润指实现的净利润经过弥补亏损、提取盈余公积和向投资者分配利润后留存企业的已经结存的利润。未分配利润留待以后向投资者进行分配。未分配利润相对于盈余公积来说，属于未确定用途的留存收益。企业对于未分配利润的使用分配有较大的自主权。从数量上来说，未分配利润是指期初未分配利润加上本期实现的净利润，减去提取的各种盈余公积和分出利润后的余额。未分配利润有两层含义：一是留待以后年度处理的利润；二是未指定特定用途的利润。

### （二）留存收益筹资的特点

① 没有筹资费用。留存收益筹资是从企业税后利润中提取或留待以后年度进行分配的结存利润，不需要筹资费用。

② 维持公司的控制权分布。留存收益筹资是企业内部形成的，由此增加的权益资

本不会改变公司的股权结构，不会稀释原有股东的控制权。

③ 筹资数额有限。留存收益的最大数额是企业到期的净利润和以前年度未分配利润之和，不像外部筹资一次性可以筹集大量资金。如果企业发生亏损，那么当年就没有利润留存。另外，股东和投资者从自身期望出发，往往希望企业每年发放一定的利润，保持一定的利润分配比例。

## 四、股权筹资的优缺点

### （一）股权筹资的优点

① 股权筹资是企业稳定的资本基础。股权资本没有固定的到期日，无需偿还，是企业的永久性资本，除非企业清算时才有可能予以偿还。这对于保障企业对资本的最低需求，促进企业长期持续稳定经营具有重要意义。

② 股权筹资是企业良好的信誉基础。股权资本作为企业最基本的资本，代表了公司的资本实力，是企业与其他单位组织开展经营业务，进行业务活动的信誉基础。同时，股权资本也是其他方式筹资的基础，尤其可为债务筹资，包括银行借款、发行公司债券等，提供信用保障。

③ 企业财务风险较小。股权资本不用在企业正常营运期内偿还，不存在还本付息的财务风险。相对于债务资本而言，股权资本筹资限制少，资本使用上也无特别限制。另外，企业可以根据其经营状况和业绩的好坏决定向投资者支付报酬的多少，资本成本负担比较灵活。

### （二）股权筹资的缺点

① 资本成本负担较重。尽管股权资本的资本成本负担比较灵活，但一般而言，股权筹资的资本成本要高于债务筹资。这主要是由于投资者投资于股权特别是投资于股票的风险较高，投资者或股东相应要求得到较高的报酬率。企业长期不派发利润和股利，将会影响企业的市场价值。从企业成本开支的角度来看，股利、红利从税后利润中支付，而使用债务资本的资本成本允许税前扣除。此外，普通股的发行、上市等方面的费用也十分庞大。

② 容易分散企业的控制权。利用股权筹资，由于引进了新的投资者或出售了新的股票，必然会导致企业控制权结构的改变，分散了企业的控制权。控制权的频繁迭变，势必要影响企业管理层的人事变动和决策效率，影响企业的正常经营。

③ 信息沟通与披露成本较大。投资者或股东作为企业的所有者，有了解企业经营业务、财务状况、经营成果等的权利。企业需要通过各种渠道和方式加强与投资者的关系管理，保障投资者的权益。特别是上市公司，其股东众多而分散，他们只能通过公司的公开信息披露了解公司状况，这就需要公司花更多的精力，有些还需要设置专门的部门，进行公司的信息披露和投资者关系管理。

# 第3节 长期负债筹资

## 一、负债筹资概述

### （一）负债筹资的特点

债务筹资是指企业通过向银行借款、向社会发行公司债券、融资租赁以及赊购商品或劳务等方式筹集和取得资金。负债是企业一项重要的资金来源，几乎没有一家企业是只靠自有资本，而不运用负债就能满足资金需要的。负债筹资是与权益资本筹资性质不同的筹资方式。与普通股筹资相比，负债筹资的特点主要是：

① 所筹资金具有使用上的时间性，需到期偿还；

② 需固定支付债务利息而不论企业经营状况的好坏，从而形成企业固定的负担；

③ 资本成本一般比普通股筹资成本低，且不会分散投资者对企业的控制权。

### （二）负债的种类

企业向银行借款、发行债券、融资租赁和商业信用，是债务筹资的基本形式。负债可按时间分为长期负债和流动负债。其中，银行长期借款、发行债券、融资租赁等是长期负债；不足1年的短期借款、商业信用是短期负债。长期负债可以解决企业长期资金的不足，满足发展长期性固定资产的需要，且归还期较长，大多是分期还本付息，这对债务人来讲，还债压力或风险相对较小。但长期负债筹资一般成本较高，即长期负债的利率一般会高于短期负债利率；负债的限制较多，即债权人经常会向债务人提出一些限制性的条件以保证其能够及时、足额偿还债务本金和支付利息，从而形成对债务人的种种约束。

## 二、银行借款

银行借款是指企业向银行或其他非银行金融机构借入的、需要还本付息的款项，包括偿还期限超过1年的长期借款和1年及以内的短期借款。长期借款用于企业购建固定资产，短期借款满足流动资金周转的需要。

### （一）长期借款的种类

（1）按提供贷款的机构分类

按提供贷款的机构，分为政策性银行贷款、商业银行贷款和其他金融机构贷款。

① 政策性银行贷款。是指执行国家政策性贷款业务的银行向企业发放的贷款，通常为长期贷款。如国家开发银行贷款，主要满足企业承建国家重点建设项目的资金需要；中国进出口信贷银行贷款，主要为大型设备的进出口提供买方信贷或卖方信贷；中国农业发展银行贷款，主要用于确保国家对粮、棉、油等政策性收购资金的供应。

② 商业性银行贷款。是指由各商业银行，如中国工商银行、中国建设银行、中国农业银行、中国银行等，向工商企业提供的贷款，用以满足企业生产经营的资金需要，包括短期贷款和长期贷款。

③ 其他金融机构贷款。如从信托投资公司取得实物或货币形式的信托投资贷款，从财务公司取得的各种中长期贷款，从保险公司取得的贷款等。其他金融机构的贷款一般较商业银行贷款的期限要长，要求的利率较高，对借款企业的信用要求和担保的选择比较严格。

（2）按机构对贷款有无担保要求分类

按机构对贷款有无担保要求，分为信用贷款和担保贷款。

① 信用贷款指以借款人的信誉或保证人的信用为依据而获得的贷款。企业取得这种贷款，无需以财产作抵押。对于这种贷款，由于风险较高，银行通常要收取较高的利息，往往还附加一定的限制条件。

② 担保贷款指由借款人或第三方依法提供担保而获得的贷款。担保包括保证责任、财产抵押、财产质押。担保贷款包括保证贷款、抵押贷款和质押贷款。

保证贷款指按《担保法》规定的保证方式，以第三人作为保证人承诺在借款人不能偿还借款时，按约定承担一定保证责任或连带责任而取得的贷款。

抵押贷款指按《担保法》规定的抵押方式，以借款人或第三方的财产作为抵押物而取得的贷款。抵押是指债务人或第三方不转移财产的占有，将该财产作为债权的担保，债务人不履行债务时，债权人有权将该财产折价或者以拍卖、变卖的价款优先受偿。作为贷款担保的抵押品，可以是不动产、机器设备、交通运输工具等实物资产，可以是依法有权处分的土地使用权，也可以是股票、债券等有价证券等，它们必须是能够变现的资产。如果贷款到期借款企业不能或不愿偿还贷款，银行可取消企业对抵押品的赎回权。抵押贷款有利于降低银行贷款的风险，提高贷款的安全性。

质押贷款是指按《担保法》规定的质押方式，以借款人或第三方的动产或财产权利作为质押物而取得的贷款。质押是指债务人或第三方将其动产或财产权利移交债权人占有，将该动产或财产权利作为债权的担保，债务人不履行债务时，债权人有权以该动产或财产权利折价或者以拍卖、变卖的价款优先受偿。作为贷款担保的质押品，可以是汇票、支票、债券、存款单、提单等信用凭证，依法可以转让的股份、股票等有价证券，也可以是依法可转让的商标专用权、专利权、著作权中的财产权等。

（3）按取得贷款的用途分类

按取得贷款的用途，分为固定资产投资借款、更新改造借款、科技开发和新产品借款等。

① 固定资产投资借款指因购置固定资产需要资金而向银行申请借入的款项。

② 更新改造借款指因进行固定资产更新改造而向银行借入的款项。

### （二）长期借款的保护性条款

由于长期借款的期限长、风险大，按照国际惯例，银行通常对借款企业提出一些有助于保证贷款按时足额偿还的条件。债权人通常还在借款合同中附加各种保护性条款，以确保企业按要求使用借款和按时足额偿还借款。保护性条款一般有以下三类：

（1）例行性保护条款

这类条款作为例行常规，在大多数借款合同中都会出现。包括：

① 要求定期向提供贷款的金融机构提交财务报表，以使债权人随时掌握公司的财务状况和经营成果。

② 不准在正常情况下出售较多的非产成品存货，以保持企业正常生产经营能力。

③ 如期清偿应缴纳税金和其他到期债务，以防被罚款而造成不必要的现金流失。

④ 不准以资产作其他承诺的担保或抵押。

⑤ 不准贴现应收票据或出售应收账款，以避免或有负债等。

（2）一般性保护条款

一般性保护条款是对企业资产的流动性及偿债能力等方面的要求条款，这类条款应用于大多数借款合同。包括：

① 保持企业的资产流动性。要求企业需持有一定最低额度的货币资金及其他流动资产，以保持企业资产的流动性和偿债能力，一般规定了企业必须保持的最低营运资金数额和最低流动比率数值。

② 限制企业非经营性支出。如限制支付现金股利、购入股票和职工加薪的数额规模，以减少企业资金的过度外流。

③ 限制企业资本支出的规模。控制企业资产结构中的长期性资产的比例，以减少公司日后不得不变卖固定资产以偿还贷款的可能性。

④ 限制公司再举债规模。目的是防止其他债权人取得对公司资产的优先索偿权。

⑤ 限制公司的长期投资。如规定公司不准投资于短期内不能收回资金的项目，不能未经银行等债权人同意而与其他公司合并等。

（3）特殊性保护条款

这类条款是针对某些特殊情况而出现在部分借款合同中的条款，只有在特殊情况下才能生效。包括：要求公司的主要领导人购买人身保险；借款的用途不得改变；违约惩罚条款等。

上述各项条款结合使用，将有利于全面保护银行等债权人的权益。但借款合同是经双方充分协商后决定的，其最终结果取决于双方谈判能力的大小，而不是完全取决于银行等债权人的主观愿望。

### （三）长期借款的利率

长期借款利率有固定利率和浮动利率两种。固定利率是指在借款期限内，借款的利率保持不变。通常情况下，借贷双方会找出一家风险类似于借款企业的其他企业，再以发行期限等于长期借款的债券利率作为参考基准，来确定长期借款的利率。

浮动利率是指在借款期限内，借款的利率随着资本市场的利率而变动。当基本利率发生变动时，长期借款未偿还部分的利率要作同比例的涨跌。浮动利率的调整一般为每年一次，也可半年或每季调整一次。当资本市场波动起伏较大时，或借款数额较多，或借款的期限较长时，借款的利率就可能采用浮动利率。浮动利率通常有最高、最低限，并应在借款合同中明确。对于借款企业来讲，如果预测市场利率将上升，应与银行签订固定利率合同；反之，则应签订浮动利率合同。除了利息之外，银行还会向借款企业收取其他费用，如实行周转信贷协定所收取的承诺费、要求借款企业在本银行中保持补偿余额所形成的间接费用。这些费用会加大长期借款的成本。

### （四）长期借款的成本

长期借款的成本主要包括利息和其他费用。

①长期借款的利息。超过一年期借款的利息率通常高于短期借款，但信誉好或抵押品流动性强的借款企业，仍然可以争取到较低的长期借款利率。长期借款利率有固定利率和浮动利率两种。浮动利率通常有最高、最低限，并在长期借款合同中明确。对于借款企业来讲，若预测市场利率将上升，应与银行签订固定利率合同；反之，则应签订浮动利率合同。

②其他费用。除了利息之外，银行还会向借款企业收取其他费用，如实行周转信贷协定所收取的承诺费、要求借款企业在本银行中保持补偿余额所形成的间接费用等。

### （五）长期借款筹资的优缺点

（1）优点

① 筹资速度快。与发行债券、融资租赁等债权筹资方式相比，银行借款的程序相对简单，所花时间较短，公司可以迅速获得所需资金。

② 资本成本较低。利用银行借款筹资，比发行债券和融资租赁的利息负担要低，而且无需支付证券发行费用、租赁手续费用等筹资费用。

③ 筹资弹性较大。在借款之前，公司根据当时的资本需求与银行等贷款机构直接商定贷款的时间、数量和条件。在借款期间，若公司的财务状况发生某些变化，也可与债权人再协商，变更借款数量、时间和条件，或提前偿还本息。因此，借款筹资对公司具有较大的灵活性，特别是短期借款更是如此。

（2）缺点

① 限制条款多。与债券筹资相比较，银行借款合同对借款用途有明确规定，通过借款的保护性条款，对公司资本支出额度、再筹资、股利支付等行为有严格的约束，以后公司的生产经营活动和财务政策必将受到一定程度的影响。

② 筹资数额有限。银行借款的数额往往受到贷款机构资本实力的制约，不可能像

发行债券、股票那样一次筹集到大笔资金，无法满足公司大规模筹资的需要。

## 三、发行公司债券

公司债券是指企业依照法定程序发行的、约定在一定期限内还本付息的有价证券。债券是持券人拥有公司债权的书面证书，它代表持券人同发债公司之间的债权债务关系。公司债券主要是相对于国家和金融机构发行的政府债券和金融债券而言的，一般期限超过1年，发行目的通常是为建设大型项目筹集大笔的长期资金。

### （一）发行公司债券的条件与种类

（1）发行公司债券的条件

根据我国《公司法》的规定，股份有限公司、国有独资公司和两个以上的国有公司或者两个以上的国有投资主体投资设立的有限责任公司，具有发行债券的资格。我国《证券法》规定，“公开发行公司债券，应当符合下列条件：（一）股份有限公司的净资产不低于人民币三千万元，有限责任公司的净资产不低于人民币六千万元；（二）累计债券余额不超过公司净资产的百分之四十；（四）最近三年平均可分配利润足以支付公司债券一年的利息；（四）筹集的资金投向符合国家产业政策；（五）债券的利率不超过国务院限定的利率水平；（六）国务院规定的其他条件。公开发行公司债券筹集的资金，必须用于核准的用途，不得用于弥补亏损和非生产性支出。”

我国《证券法》规定，“公司申请债券上市交易，应当符合以下列条件：（一）公司债券的期限在一年以上；（二）公司实际发行额不少于人民币五千万元；（三）公司申请债券上市时仍符合法定的公司债券发行条件。”

（2）公司债券的种类

债券是一种借贷关系的书面凭证。企业发行的债券有多种形式，分类如下：

① 按债券上是否记名，分为记名债券和无记名债券。在公司债券上记载持券人姓名及住所、债券持有人取得债券的日期以及债券的编号等债券持有人信息。记名公司债券，由债券持有人以背书方式或者法律、法规规定的其他方式转让，转让后由公司将受让人的姓名或者名称及住所记载于公司债券存根簿。

无记名公司债券，应当在公司债券存根簿上载明债券总额、利率、偿还期限和方式、发行日期及债券的编号等。无记名公司债券的转让，由债券持有人将该债券交付给受让人后即发生转让的效力。

② 按能否转换为公司股权，分为可转换债券和不可转换债券。可转换债券，债券持有者可以在规定的时间内按规定的价格转换为公司的股票。可转换债券在发行时，对债券转换为股票的价格和比率等都应当作出详细的规定。可转换债券的发行主体是股份有限公司中的上市公司。不可转换债券是指不能转换为公司股票的债券。大多数公司债券都属于这种类型。

③ 按有无特定的财产担保，分为担保债券和信用债券。担保债券是指以以抵押方式担保发行人按期还本付息的债券。主要是指抵押债券。抵押债券按其抵押品的不同，又分为不动产抵押债券、动产抵押债券和证券信托抵押债券。信用债券是指无担保债券，是仅凭公司自身信用发行的、没有抵押品作抵押担保的债券。在公司清算时，信用债券的持有人因无特定的资产作担保品，只能作为一般债权人参与剩余财产的分配。

### （二） 发行公司债券的程序

① 作出决议。公司发行债券要由董事会制定方案，股东大会作出决议。

② 提出申请。我国规定，公司申请发行债券由国务院证券管理部门批准。证券管理部门按照国务院确定的公司债券发行规模审批公司债券的发行。公司申请应提交公司登记证明、公司章程、公司债券募集办法、资产评估报告和验资报告。

③ 公告募集办法。企业发行债券的申请经批准后，向社会公告债券募集办法。公司债券分私募发行和公募发行。私募发行是以特定的少数投资者为对象发行债券，而公募发行则是在证券市场上以非特定的广大投资者为对象公开发行债券。

④ 委托证券经营机构发售。公募间接发行是各国通行的公司债券发行方式。在这种发行方式下，发行公司与承销团签订承销协议。承销团由数家证券公司或投资银行组成，承销方式有代销和包销两种。代销是指承销机构代为推销债券，在约定期限内未售出的余额可退还发行公司，承销机构不承担发行风险。包销是指由承销团先购入发行公司拟发行的全部债券，然后再售给社会上的投资者，如果约定期限内未能全部售出，余额要由承销团负责认购。

⑤ 交付债券，收缴债券款，登记债券存根簿。发行债券通常不需经过填写认购证过程，由债券购买人直接向承销机构付款购买，承销单位付给企业债券。然后，发行公司向承销机构收缴债券款并结算代理费及预付款项。

### （三） 债券的发行价格

债券的发行价格是债券发行时使用的价格，亦即投资者购买债券时所支付的价格。公司债券的发行价格通常有三种：平价、溢价和折价。

平价是指以债券的票面金额为发行价格。溢价是指以高出债券票面金额的价格为发行价格。折价是指以低于债券票面金额的价格为发行价格。债券发行价格的形成受诸多因素的影响，其中主要是票面利率与市场利率的一致程度。债券的票面金额、票面利率在债券发行前即已参照市场利率和发行公司的具体情况确定下来，一并载明于债券之上。但在发行债券时已确定的票面利率不一定与当时的市场利率一致。为了协调债券购销双方在债券利息上的利益，就要调整发行价格。

（1） 影响债券发行价格的因素

① 债券面值。债券面值是确定债券发行价格的基本因素。债券面额越大，发行价格越高；反之越低。

② 票面利率。它又称息票率，是确定债券投资价值的主要因素。一般认为，债券的票面利率越高，投资价值越大，发行价格也就越高；反之，越低。

③ 市场利率。它又称贴现率，是影响债券发行价格的最主要的因素。在债券面值与票面利率一定的条件下，市场利率越高，发行价格越低；反之，越高。

④ 债券期限。债券期限决定着债券的投资风险。一般认为，期限越长，投资风险越大，要求投资报酬率也越高，债券的发行价格也就可能越低；反之，可能越高。

（2）债券发行价格的确定方法

从理论上讲，债券的投资价值由债券到期还本面额按市场利率折现的现值与债券各期债息的现值两部分组成。发行价格具体计算公式如下：

$$\begin{aligned}\text{债券发行价格} &= \text{本金现值} + \text{各期利息现值} \\ &= \text{面值} \times (P/F,\ i,\ n) + \text{各期利息} \times (P/A,\ i,\ n) \\ &= \frac{\text{债券面值}}{(1+\text{市场利率})^n} + \sum_{t=1}^{n} \frac{\text{债券面值} \times \text{票面利率}}{(1+\text{市场利率})^t}\end{aligned}$$

式中，$n$ 为债券的期限，$t$ 为付息期数，市场利率通常为债券发行时的市场利率。

由于票面利率与市场利率的差异，债券发行价格可能出现三种情况：等价、溢价、折价。当票面利率高于市场利率时，债券的发行价格高于面值，即溢价发行；当票面利率等于市场利率时，债券的发行价格等于面值，即等价（平价）发行；当债券的票面利率低于市场利率时，债券的发行价格低于面值，即折价发行。

［例9－1］A公司发行期限3年的债券面值100元，票面利率12%，每年年末结计利息。发行价格可分三种情况：

① 票面利率高于市场利率。设市场利率为10%：

$$\begin{aligned}\text{债券发行价格} &= 100 \times 12\% \times (P/A, 10\%, 3) + 100 \times (P/F, 10\%, 3) \\ &= 12 \times 2.487 + 100 \times 0.751 = 104.94\ (\text{元})\end{aligned}$$

② 票面利率等于市场利率。设市场利率为12%：

$$\begin{aligned}\text{债券发行价格} &= 100 \times 12\% \times (P/A, 12\%, 3) + 100 \times (P/F, 12\%, 3) \\ &= 12 \times 2.402 + 100 \times 0.712 = 100\ (\text{元})\end{aligned}$$

③ 票面利率低于市场利率。设市场利率为14%：

$$\begin{aligned}\text{债券发行价格} &= 100 \times 12\% \times (P/A, 14\%, 3) + 100 \times (P/F, 14\%, 3) \\ &= 12 \times 2.322 + 100 \times 0.676 = 95.46\ (\text{元})\end{aligned}$$

在实务中，公司并非一定要按上述公式计算出来的价格作为债券实际的发行价格。一般是用此计算结果作为确定债券发行价格的基础，结合自身的信誉情况、对资金的急需程度和对市场利率变化趋势的预测等各项情况，确定最合适的债券发行价格。对于企业债券溢价、折价或面值发行，国家在法律上没有硬性规定，但企业合理制定发行价格是其确保债券发行成功的关键之一。

在考虑货币时间价值和通货膨胀因素下，付息期对债券投资者的实际收益有很大影响。到期一次付息的债券，其利息通常是按单利计算的；而分期付息的债券，其实质是支付的复利息。所以企业在确定债券利息支付期时，必须要作仔细的研究。

### （四）债券的偿还

债券偿还时间按其实际发生与规定的到期日之间的关系，分为提前偿还与到期偿还两类，其中后者又包括分批偿还和一次偿还两种。

① 提前偿还。提前偿还又称提前赎回或收回，是指在债券尚未到期之前就予以偿还。只有在公司发行债券的契约中明确规定了有关允许提前偿还的条款，公司才可以进行此项操作。提前偿还所支付的价格通常要高于债券的面值，并随到期日的临近而逐渐下降。具有提前偿还条款的债券可使公司筹资有较大的弹性。当公司资金有结余时，可提前赎回债券；当预测利率下降时，也可提前赎回债券，而后以较低的利率来发行新债券。

② 分批偿还。如果公司在发行同一种债券的当时，就为不同编号或不同发行对象的债券规定了不同的到期日，这种债券就是分批偿还债券。因为各批债券的到期日不同，各自的发行价格和票面利率也可能不相同，导致发行费较高。但由于这种债券便于投资人挑选最合适的到期日，因而便于发行。

③ 一次偿还。一次偿还即债券到期日一次偿还本金。到期一次偿还的债券是最为常见的一种债券。

### （五）债券的资信评估

由于债券发行的公司众多，各个公司发行的各种债券信誉优劣各异，风险水平也不完全相同，因此市场需要专门的机构对债券进行资信评估。所谓资信评估，就是对债券发行公司的经营状况，获利能力、债权债务等资金信用进行评估。当前国际上最著名的债券评级机构有两个：穆迪投资者服务公司（Moody's Investor Service, Inc.）和标准－普尔公司（Standard & Poor Inc.）。他们将债券资信最高的5个等级称为投资性信用等级，低于投资性信用等级的称为投机性信用等级。具体分级见表9－1。

**表9－1　债券的信用等级及意义**

| 标准－普尔公司 | | 穆迪投资者服务公司 | |
|---|---|---|---|
| AAA | 最高级 | Aaa | 最高级 |
| AA | 高级 | Aa | 高级 |
| A | 中上级 | A | 中上级 |
| BBB | 中级 | Baa | 中级 |

（续上表）

| 标准－普尔公司 | | 穆迪投资者服务公司 | |
|---|---|---|---|
| BB | 中下级 | Ba | 中下级 |
| B | 投机级 | B | 投机级 |
| CCC，CC | 高度投机级 | Caa，Ca | 高度投机级 |
| C | 无收入 | C | 最低级 |
| D | 破产 | | |

各级评级机构在评级时，还使用＋或－对等级进行修正。

无论是对公司还是投资者，债券等级都是非常重要的，因为债券等级是反映公司违约风险的重要指标，会直接影响公司的筹资成本。在某些国家中还专门规定，商业银行和其他非银行金融机构所持有的债券不得低于BB级。因此公司债券等级一旦被评为BB级以下，销售就会变得相当困难。

在公司经营状况趋于恶化的情况下，如果公司债券等级尚未被降低，公司一般倾向于采用长期借款或短期债务融资，而不是公开发行新的债券。因为如果那样做会导致评级公司立即对其重新进行进行资信评估，使债券等级下降，筹资成本上升。

### （六）发行公司债券的筹资特点

① 一次筹资数额大。利用发行公司债券筹资，能够筹集大额的资金，满足公司大规模筹资的需要。这是在银行借款、融资租赁等债权筹资方式中，企业选择发行公司债券筹资的主要原因，也能够适应大型公司经营规模的需要。

② 提高公司的社会声誉。公司债券的发行主体。有严格的资格限制。发行公司债券，往往是股份有限公司和有实力的有限责任公司所为。通过发行公司债券，一方面筹集了大量资金，另一方面也扩大了公司的社会影响。

③ 募集资金的使用限制条件少。与银行借款相比，债券筹资募集资金的使用具有相对的灵活性和自主性。特别是发行债券所筹集的大额资金，能够也主要用于流动性较差的公司长期资产上。从资金使用的性质来看，银行借款一般期限短、额度小，主要用途为增加适量存货、增加小型设备等；反之，期限较长、额度较大，用于公司扩展、增加大型固定资产和基本建设投资的需求多采用发行债券方式。

④ 能锁定资本成本的负担。尽管公司债券的利息比银行借款高，但公司债券的期限长、利率相对固定。在预计市场利率持续上升的金融市场环境下，发行公司债券筹资，能够锁定资本成本。

⑤ 发行资格要求高，手续复杂。发行公司债券，实际上是公司面向社会负债，债权人是社会公众，因此国家为了保护投资者利益，维护社会经济秩序，对发债公司的资格有严格的限制，从申报、审批、承销到取得资金，需要经过众多环节和较长时间。

⑥ 资本成本较高。相对于银行借款筹资，发行债券的利息负担和筹资费用都比较高。而且债券不能像银行借款一样进行债务展期，加上大额的本金和较高的利息，在固定的到期日，将会对公司现金流量产生巨大的财务压力。

## 四、融资租赁

租赁是指通过签订资产出让合同的方式，使用资产的一方（承租方）通过支付租金，向出让资产的一方（出租方）取得资产使用权的一种交易行为。在这项交易中，承租方通过得到所需资产的使用权，完成了筹集资金的行为。

### （一）租赁的特征与分类

（1）租赁的基本特征

① 所有权与使用权相分离。银行信用虽然也是所有权与使用权相分离，但载体是货币资金，租赁则是资金与实物相结合基础上的分离。

② 融资与融物相结合。租赁是以商品形态与货币形态相结合提供的信用活动，出租人在向企业出租资产的同时，解决了企业的资金需求，具有信用和贸易双重性质。它不同于一般的借钱还钱、借物还物的信用形式，而是借物还钱，并以分期支付租金的方式来体现。租赁的这一特点使银行信贷和财产信贷融合在一起，成为企业融资的一种新形式。

③ 租金的分期归流。在租金的偿还方式上，租金与银行信用到期还本付息不一样，采取了分期回流的方式。出租方的资金一次投入，分期收回。对于承租方而言，通过租赁可以提前获得资产的使用价值，分期支付租金便于分期规划未来的现金流出量。

（2）租赁的分类

租赁分为融资租赁和经营租赁。

经营租赁是指由租赁公司向承租单位在短期内提供设备，并提供维修、保养、人员培训等的一种服务性业务，又称服务性租赁。经营租赁的特点主要有：

① 出租的设备一般由租赁公司根据市场需要选定，然后再寻找承租企业。

② 租赁期较短，短于资产的有效使用期，在合理的限制条件内承租企业可以中途解约。

③ 租赁设备的维修、保养由租赁公司负责。

④ 租赁期满或合同中止以后，出租资产由租赁公司收回。经营租赁比较适用于租用技术过时较快的生产设备。

融资租赁是指由租赁公司按承租单位要求出资购买设备，在较长的合同期内提供给承租单位使用的融资信用业务，它是以融通资金为主要目的的租赁。融资租赁的主要特点有：

① 出租的设备由承租企业提出要求购买，或者由承租企业直接从制造商或销售商那里选定。

② 租赁期较长，接近于资产的有效使用期，在租赁期间双方无权取消合同。

③ 由承租企业负责设备的维修、保养。

④ 租赁期满，按事先约定的方法处理设备，包括退还租赁公司，或继续租赁，或企业留购。通常采用企业留购办法，即以很少的“名义价格”（相当于设备残值）买下设备。

融资租赁是一种信用活动。通过融资租赁，出租人与承租人之间形成了一种债权债务关系。银行贷款是一种纯粹的货币借贷活动，仅仅能起到融资的作用。融资租赁则是以“融物”的形式达到“融资”目的，成为融资与融物相结合的一种信用活动。融资租赁对于出租人来讲，财产所占有的资金不能马上收回，等于向承租人发放了一笔贷款，再通过收取租金的形式收回贷款的本息，从而完成一笔放款业务。对于承租的企业来讲，分期支付的租金等于分期偿还借款的本息。扩大再生产的设备，可以购买，也可以租赁。通过融资租赁，租用企业等于筹集了资金，购买了设备。从这一点来讲，融资租赁对资金不充足又急需某种设备的企业来讲，是筹集资金的一种特殊方式，一条有效的融资渠道。融资租赁和经营租赁两者的区别，如表 9－2 所示。

**表 9－2　融资租赁和经营租赁两者的区别**

| | 项　目 | 融资租赁 | 经营租赁 |
|---|---|---|---|
| 1 | 业务原理 | 融资融物于一体 | 无融资特征，只是一种融物方式 |
| 2 | 租赁目的 | 融通资金，添置设备 | 暂时性使用，预防无形损耗风险 |
| 3 | 租期 | 较长，相当于设备经济寿命的大部分 | 较短，随承租人的需要而定 |
| 4 | 租金 | 包括设备价款 | 只是设备使用费 |
| 5 | 契约法律效力 | 不可撤销合同 | 经双方同意可中途撤销合同 |
| 6 | 租赁标的 | 一般为专用设备，也可为通用设备 | 通用设备居多 |
| 7 | 维修与保养 | 专用设备多为承租人负责，通用设备多为出租人负责 | 全部为出租人负责 |
| 8 | 承租人 | 一般为一个 | 设备经济寿命期内轮流租给多个承租人 |
| 9 | 灵活方便 | 不明显 | 明显 |

### （二）融资租赁的基本程序与形式

（1）融资租赁的基本程序

① 选择租赁公司，提出委托申请。当企业决定采用融资租赁方式以获取某项设备

时，需要了解各个租赁公司的资信情况、融资条件和租赁费率等，分析比较选定一家作为出租单位，然后向租赁公司申请办理融资租赁。

② 签订购货协议。由承租企业和租赁公司中的一方或双方，与选定的设备供应厂商进行购买设备的技术谈判和商务谈判，在此基础上与设备供应厂商签订购货协议。

③ 签订租赁合同。承租企业与租赁公司签订租赁设备的合同，如需要进口设备，还应办理设备进口手续。租赁合同是租赁业务的重要文件，具有法律效力。融资租赁合同的内容可分为一般条款和特殊条款两部分。

④ 交货验收、付款、保险。设备供应厂商将设备发运到指定地点，承租企业要办理验收手续。验收合格后签发交货及验收证书交给租赁公司，作为其支付货款的依据。

⑤ 定期交付租金。承租企业按租赁合同规定，分期交纳租金。这也就是承租企业对所筹资金的分期还款。

⑥ 合同期满处理设备。承租企业根据合同约定，对设备续租、退租或留购。

（2）融资租赁的基本形式

① 直接租赁。直接租赁是融资租赁的主要形式，承租方提出租赁申请时，出租方按照承租方的要求选购，然后再出租给承租方。

② 售后回租。售后回租是指承租方由于急需资金等各种原因，将自己资产售给出租方，然后以租赁的形式从出租方原封不动地租回资产的使用权。在这种租赁合同中，除资产所有者的名义改变之外，其余情况均无变化。

③ 杠杆租赁。杠杆租赁是指涉及承租人、出租人和资金出借人三方的融资租赁业务。一般来说，当所涉及的资产价值昂贵时，出租方自己只投入部分资金，通常为资产价值的20% ～40%，其余资金则通过将该资产抵押担保的方式，向第三方（通常为银行）申请贷款解决。租赁公司然后将购进的设备出租给承租方，用收取的租金偿还贷款，该资产的所有权属于出租方。出租人既是债权人也是债务人，如果出租人到期不能按期偿还借款，资产所有权则转移给资金的出借者。

### （三）融资租赁的判断

判断一项租赁是否属于融资租赁，不在于租约的形式，而在于交易的实质。如在一项租赁中，与资产所有权有关的全部风险和报酬实质上已转移，这种租赁就应归属为融资租赁。通常情况下，可依以下条件判断是否融资租赁：

① 在租赁期终了时，资产的所有权转让给承租人。

② 承租人有购买资产的选择权，其价格预计将充分低于行使选择权日的公允价值，在租赁开始日就相当肯定将来会行使此项选择权。

③ 租赁期为资产使用年限的大部分。资产的所有权最后可以转让，也可以不转让。

④ 在租赁开始日，租赁的最低付款额的现值大于或等于租赁资产的公允价值减去应当给出租人的补贴金和税款减免后的金额。资产所有权最后可以转让，也可以不转让。

只要具备上述条件之一者，可视为融资租赁。

### （四）融资租赁租金的计算

（1）租金的影响因素

① 设备原价及预计残值。包括设备买价、运输费、安装调试费、保险费等，以及该设备租赁期满后，出售可得的市价。设备价款一般根据市场行情，由承租人和出租人经协商确定。为防止出租人在价上加码，承租人也可直接与供货商谈判商定购价后，再与出租人谈判。

如果设备是从国外进口的，购置成本就是设备的到岸价格（即 CIF）；如果合同是购买价（FOB），即离岸价格，在货价上加上运费和途中保险费作为购置成本；如果进口合同用的是离岸价加运费价格（CSIF），在货价上另加途中保险费作为购置成本。

设备购置成本如果有些费用是由承租人直接支付的，则应扣除，以免重复。

② 利息。指租赁公司为承租企业购置设备垫付资金所应支付的利息。一般的租赁业务在签订合同以后的几个月或更长时间才由出租人对外支付租赁财产的货款，而租赁双方一般在签订合同的同时就将租赁的年利率固定下来。因此，出租者要承担几个月后市场利率上升的风险。签约日与付款日间隔时间越大，这个风险就越大。为了保障出租者的利益，应在其融资成本上加一定的风险利差。如果双方同意，也可以在付款日根据出租人的实际融资成本来确定租赁利率，这样做就由承租人承担利率风险。

③ 租赁手续费。指租赁公司承办租赁设备所发生的业务费用和必要的利润。租赁手续费包括办公费、差旅费、邮电费、银行费用、工资和税金以及必要的利润。手续费与购进设备成本之比称为手续费率。手续费的收取，目前国内和国际都没有统一的标准，我国当前各租赁公司收取手续费的标准，一般掌握在1% ～3%之间。收取的方式有两种：一是在签订合同时，承租人一次支付；二是把手续费计入租金总额中，随租金的收回而收回。如果是前者，则手续费不成为租金的构成要素。

④ 租金的支付方式。租金的支付方式也影响每期租金的多少。租金的支付有以下几种分类方式：其一按支付间隔期长短，分为年付、半年付、季付和月付等方式。其二，按在期初和期末支付，分为先付和后付。其三，按每次支付额，分为等额支付和不等额支付。实务中，承租企业与租赁公司商定的租金支付方式，大多为后付等额年金。

⑤ 租赁的期限。期限的长短既影响租金总额，也影响每期的租金数额。

（2）租金的计算

我国融资租赁实务中，租金的计算大多采用等额年金法。等额年金法下，通常要根据利率和租赁手续费率确定一个租费率，作为折现率。

[**例**9－2] 某企业于2010年1月1日从租赁公司租入一套设备，价值600万元，租期5年，租赁期满时预计残值50万元，归租赁公司。年利率10%。租金每年年末支付一次。则：

每年租金 $= [600-50\times(P/F,10\%,5)]\div(P/A,10\%,5)$

$= [600-50\times0.6209]\div3.7908=150.09$（万元）

为有计划地安排租金的支付，承租企业可编制租金摊销计划表（即预计每年年末应偿还租金——本金和利息）。根据本例资料编制租金摊销计划如表9-3所示。

**表9-3　租金摊销计划表**　（万元）

| 日期 | 期初本金<br>① | 支付租金<br>② | 应付利息<br>③=①×10% | 本金偿还额<br>④=②-③ | 本金余额<br>⑤=①-④ |
|---|---|---|---|---|---|
| 2010年12月31日 | 600.00 | 150.09 | 60.00 | 90.09 | 509.91 |
| 2011年12月31日 | 509.91 | 150.09 | 50.99 | 99.10 | 410.81 |
| 2012年12月31日 | 410.81 | 150.09 | 41.08 | 109.01 | 301.80 |
| 2013年12月31日 | 301.80 | 150.09 | 30.18 | 119.91 | 181.89 |
| 2014年12月31日 | 181.89 | 150.09 | 18.19 | 131.90 | 49.99≈50 |
| 合计 | | 750.45 | 200.44 | 550.01≈550 | |

表中：50万元是设备的期末残值，尾数差0.01是计算过程中的误差所致。

### （五）融资租赁的筹资特点

① 在资金缺乏情况下，能迅速获得所需资产。融资租赁使企业在资金短缺的情况下引进设备成为可能。特别是针对中小企业、新创企业而言，融资租赁是一条重要的融资途径。有时，大型企业对于大型设备、工具等固定资产，也需要融资租赁解决巨额资金的需要。如商业航空公司的飞机，大多是通过融资租赁取得的。

② 财务风险小，财务优势明显。融资租赁与购买的一次性支出相比，能够避免一次性支付的负担，而且租金支出是未来的、分期的，企业无需一次筹集大量资金偿还。还款时，租金可以通过项目本身产生的收益来支付，是基于未来的“借鸡生蛋、卖蛋还钱”的筹资方式。

③ 融资租赁筹资的限制条件较少。企业运用股票、债券、长期借款等筹资方式，都受到相当多的资格条件的限制，如足够的抵押品、银行贷款的信用标准、发行债券的政府管制等。相比之下，租赁筹资的限制条件很少。

④ 租赁能延长资金融通的期限。通常为设备而贷款的借款期限比该资产的物理寿命要短得多，而租赁的融资期限却可接近其全部使用寿命期限；并且其金额随设备价款金额而定，无融资额度的限制。

⑤ 免遭设备陈旧过时的风险。随着科学技术的不断进步，设备陈旧过时的风险很高，而多数租赁协议规定此种风险由出租人承担，承租企业可免受这种风险。

⑥ 资本成本高。其租金通常比举借银行借款或发行债券所负担的利息高得多，租

金总额通常要高于设备价值的30%。尽管与借款方式比，融资租赁能够避免到期一次性集中偿还的财务压力，但高额的固定租金也给各期的经营带来了分期的负担。

## 五、债务筹资的优缺点

### （一）债务筹资的优点

① 筹资速度较快。与股权筹资比，债务筹资不需要经过复杂的审批手续和证券发行程序，如银行借款、融资租赁等，可以迅速地获得资金。

② 筹资弹性大。发行股票筹资需要经过严格的审批手续；从企业的角度出发，由于股权不能退还，股权资本在未来永久性地给企业带来了资本成本的负担。利用债务筹资可以根据企业的经营情况和财务状况灵活商定债务条件，控制筹资数量，安排取得资金的时间。

③ 资本成本负担较轻。一般来说，债务筹资的资本成本要低于股权筹资。其一是取得资金的手续费用等筹资费用较低；其二是利息、租金等用资费用比股权资本要低；其三是利息等资本成本可以在税前支付。

④ 可以利用财务杠杆。债务筹资不改变公司的控制权，因而股东不会出于控制权稀释原因反对负债。债权人从企业那里只能获得固定的利息或租金，不能参加公司剩余收益的分配。当企业的资本报酬率高于债务利率时，会增加普通股股东的每股收益，提高净资产报酬率，提升企业价值。

⑤ 稳定公司的控制权。债权人无权参加企业的经营管理，利用债务筹资不会改变和分散股东对公司的控制权。

### （二）债务筹资的缺点

① 不能形成企业稳定的资本基础。债务资本有固定的到期日，到期需要偿还，只能作为企业的补充性资本来源。再加上取得债务往往需要进行信用评级，没有信用基础的企业和新创企业，往往难以取得足额的债务资本。现有债务资本在企业的资本结构中达到一定比例后，往往由于财务风险升高而不容易再取得新的债务资金。

② 财务风险大。债务资本有固定的到期日，有固定的利息负担，抵押、质押等担保方式取得的债务，资本使用上可能会有特别的限制。这些都要求企业必须有一定的偿债，要保持资产流动性及其资产报酬水平，作为债务清偿的保障，对企业的财务状况提出更高的要求，否则债务筹资会使企业利息负担加重，带来财务危机。

③ 筹资数额有限。债务筹资的数额会受到各种限制和贷款机构资本实力的制约，不能够一次筹集到大笔资金，筹资数额有限。

# 第4节　短期负债筹资

短期负债所筹资金使用时间较短，一般不超过一年。

## 一、短期借款

短期借款是指企业向银行和其他非银行金融机构借入的期限在1年以内的借款。

### （一）短期借款的种类

我国目前的短期借款按照目的和用途分为若干种，主要有生产周转借款、临时借款、结算借款等。按照国际通行做法，短期借款还可依偿还方式的不同，分为一次性偿还借款和分期偿还借款；依利息支付方法的不同，分为收款法借款、贴现法借款和加息法借款；依有无担保，分为抵押借款和信用借款等。

企业在申请借款时，应根据各种借款的条件和需要加以选择。

### （二）短期借款的取得

企业举借短期借款，首先必须提出申请，经审查同意后借贷双方签订借款合同，注明借款的用途、金额、利率、期限、还款方式、违约责任等，然后企业根据借款合同办理借款手续，借款手续完毕，企业便可取得借款。

### （三）短期借款的信用条件

按照国际通行做法，银行发放短期借款往往带有一些信用条件，主要包括：

① 信贷限额。信贷限额是银行对借款人规定的无担保贷款的最高额。信贷限额的有效期限通常为1年，但根据情况也可延期1年。一般来讲，企业在批准的信贷限额内，可随时使用银行借款。但是，银行并不承担必须提供全部信贷限额的义务。如果企业信誉恶化，即使银行曾同意过按信贷限额提供贷款，企业也可能得不到借款。这时，银行不会承担法律责任。

② 周转信贷协定。周转信贷协定是银行具有法律义务地承诺提供不超过某一最高限额的贷款协定。在协定的有效期内，只要企业的借款总额未超过最高限额，银行必须满足企业任何时候提出的借款要求。企业享用周转信贷协定，通常要就贷款限额的未使用部分付给银行一笔承诺费。

周转信贷协定的有效期通常超过1年，但实际上贷款每几个月发放一次，所以这种信贷具有短期和长期借款的双重特点。

③ 补偿性余额。补偿性余额是银行要求借款企业在银行中保持按贷款限额或实际借用额一定百分比（一般为10%～20%）的最低存款余额。从银行角度，补偿性余额可降低贷款风险，补偿遭受的贷款损失。对借款企业来讲，补偿性余额提高了借款的实际利率。

[例9-3] 某企业按年利率8%向银行借款10万元，银行要求维持贷款限额15%的补偿性余额。那么，企业实际可用的借款为：

实际可用的借款 $=10\times(1-15\%)=8.5$（万元）

该项借款的实际利率则为：

$$实际利率=\frac{10\times 8\%}{8.5}\times 100\%=9.4\%$$

④ 借款抵押。银行向财务风险较大的企业或对其信誉不甚有把握的企业发放贷款，有时需要有抵押品担保，以减少自己蒙受损失的风险。短期借款的抵押品经常是借款企业的应收账款、存货、股票、债券等。银行接受抵押品后，将根据抵押品的面值决定贷款金额，一般为抵押品面值的30%～90%。这一比例的高低，取决于抵押品的变现能力和银行的风险偏好。抵押借款的成本通常高于非抵押借款，这是因为银行主要向信誉好的客户提供非抵押贷款，而将抵押贷款看成是一种风险投资，故而收取较高的利率；同时，银行管理抵押贷款要比管理非抵押贷款困难，为此往往另外收取手续费。

企业向贷款人提供抵押品，会限制其财产的使用和将来的借款能力。

⑤ 偿还条件。贷款的偿还有到期一次偿还和在贷款期内定期（每月、季）等额偿还两种方式。一般来讲，企业不希望采用后一种偿还方式，因为这会提高借款的实际利率；而银行不希望采用前一种偿还方式，因为这会加重财务负担，增加拒付风险，同时会降低实际贷款利率。

⑥ 其他承诺。银行有时还要求企业为取得贷款而作出其他承诺，如及时提供财务报表、保持适当的财务水平（如特定的流动比率）等。如企业违背所作出的承诺，银行可要求企业立即偿还全部贷款。

### （四）短期借款利率及其支付方法

短期借款利率有多种，利息支付方法亦不尽相同，银行根据借款企业的情况选用。

（1）借款利率

① 优惠利率。是银行向财力雄厚、经营状况好的企业贷款时收取的名义利率，为贷款利率的最低限。

② 浮动优惠利率。是一种随其他短期利率的变动而浮动的优惠利率，即随市场条件的变化而随时调整变化的优惠利率。

③ 非优惠利率。指银行贷款向一般企业收取的高于优惠利率的利率，即在优惠利率的基础上加一定的百分比。例如，银行按高于优惠利率1%的利率向某企业贷款，若当时的最优利率为8%，向该企业贷款收取的利率即为9%；若当时的最优利率为7.5%，向该企业贷款收取的利率即为8.5%。

非优惠利率与优惠利率之间差距的大小，由借款企业的信誉、与银行的往来关系及当时的信贷状况决定。

（2）借款利息的支付方法

一般来讲，借款企业可以用三种方法支付银行贷款利息。

① 收款法。是在借款到期时向银行支付利息的方法。银行向工商企业发放的贷款大都采用这种方法收息。

② 贴现法。是银行向企业发放贷款时，先从本金中扣除利息部分，而到期时借款企业则要偿还贷款全部本金的一种计息方法。采用这种方法，企业可利用的贷款额只有本金减去利息部分后的差额，因此贷款的实际利率高于名义利率。

［例9－4］某企业从银行取得借款10 000元，期限1年，年利率（即名义利率）8%，利息额800元（10 000×8%）。按照贴现法付息。

实际可利用的贷款＝10 000－800＝9 200（元）

$$贷款的实际利率=\frac{800}{10\,000\times(1-8\%)}\times100\%=8.7\%$$

③ 加息法。是银行发放分期等额偿还贷款时采用的利息收取方法。在分期等额偿还贷款的情况下，银行要将根据名义利率计算的利息加到贷款本金上，计算出贷款的本息和，要求企业在贷款期内分期偿还本息之和的金额。由于贷款分期均衡偿还，借款企业实际上只平均使用了贷款本金的半数，却支付全额利息。这样，企业所负担的实际利率便高于名义利率大约1倍。

［例9－5］某企业借入（名义）年利率为12%的贷款20 000元，分12个月等额偿还本息。

$$该项借款的实际利率=\frac{20\,000\times12\%}{20\,000\div2}\times100\%=24\%$$

### （五）企业对银行的选择

随着金融信贷业的发展，可向企业提供贷款的银行和非银行金融机构增多，企业有可能在各贷款机构之间作出选择，以图对己最为有利。重要的是要选用适宜的借款种类、借款成本和借款条件，此外还应考虑下列有关因素：

① 银行对贷款风险的政策。通常银行对其贷款风险有着不同的政策，有的倾向于保守，只愿承担较小的贷款风险；有的富于开拓，敢于承担较大的贷款风险。

② 银行对企业的态度。不同银行对企业的态度各不一样。有的银行肯于积极地为企业提供建议，帮助分析企业潜在的财务问题，有着良好的服务，乐于为具有发展潜力的企业发放大量贷款，在企业遇到困难时帮助其渡过难关；也有的银行很少提供咨询服务，在企业遇到困难时一味地为清偿贷款而施加压力。

③ 贷款的专业化程度。一些大银行设有不同的专业部门，分别处理不同类型、行业的贷款。企业与这些拥有丰富专业化贷款经验的银行合作，会更多地受益。

④ 银行的稳定性。稳定的银行可以保证企业的借款不致中途发生变故。银行的稳

定性取决于它的资本规模、存款水平波动程度和存款结构。一般来讲，资本雄厚、存款水平波动小、定期存款比重大的银行稳定性好；反之，则稳定性差。

### （六）短期借款筹资的特点

在短期负债筹资中，短期借款的重要性仅次于商业信用。短期借款可以随企业的需要安排，便于灵活使用，且取得亦较简便。但其突出的缺点是短期内要归还，特别是在带有诸多附加条件的情况下更是风险加剧。

## 二、商业信用

### （一）商业信用的条件

商业信用的条件指销货人对付款时间和现金折扣所作的具体规定，主要有：预收货款；延期付款，但不涉及现金折扣；延期付款，但早付款可享受现金折扣。

（1）预收货款

指企业在销售商品时要求买方在卖方发出货物之前支付货款的情形。一般用于以下两种情况：

① 企业已知买方的信用欠佳；

② 销售生产周期长、售价高的产品。在这种信用条件下，销货单位可以得到暂时的资金来源，购货单位则要预先垫支一笔资金。

（2）延期付款，但不涉及现金折扣

指企业购买商品时，卖方允许企业在交易发生后一定时期内按发票金额支付货款的情形。如“net 45”，是指在45天内按发票金额付款。这种条件下的信用期间一般为30～60天，但有些季节性的生产企业可能为其顾客提供更长的信用期间。在这种情况下，买卖双方存在商业信用，买方可因延期付款而取得资金来源。

（3）延期付款，但早付款可享受现金折扣

在这种条件下，买方若提前付款，卖方可给予一定的现金折扣，如买方不享受现金折扣，则必须在一定时期内付清账款。如（2/10，*n*/30）便属于此种信用条件。应用现金折扣的目的主要是为了加速账款的收现。现金折扣一般为发票金额的1%～5%。

在这种条件下，双方存在信用交易。买方若在折扣期内付款，则可获得短期的资金来源，并能得到现金折扣；若放弃现金折扣，则可在稍长时间内占用卖方的资金。

### （二）现金折扣成本的计算

在采用商业信用形式销售产品时，为鼓励购买单位尽早付款，销货单位往往都规定一些信用条件，这主要包括现金折扣和付款期间两部分内容。如果销货单位提供现金折扣，购买单位应尽量争取获得此项折扣，因为丧失现金折扣的机会成本很高。

[**例** 9－6] 某企业按（2/10、*n*/30）的条件购入货物10万元。如果该企业在10天内付款，便享受了10天的免费信用期，并获得折扣0.2万元（10×2%），免费信用

额为9.8（=10-0.2）万元。

倘若买方企业放弃折扣，在10天后（不超过30天）付款，该企业便要承受因放弃折扣而造成的隐含利息成本。一般而言，放弃现金折扣的成本可由下式求得：

$$放弃现金折扣的成本=\frac{折扣百分比}{1-折扣百分比}\times\frac{360}{信用期-折扣期}$$

运用上式，该企业放弃折扣所负担的成本为：

$$放弃现金折扣的成本=\frac{2\%}{1-2\%}\times\frac{360}{30-10}=36.7\%$$

放弃现金折扣的成本与折扣百分比的大小、折扣期的长短同方向变化，与信用期的长短反方向变化。可见，如果买方企业放弃折扣而获得信用，其代价是较高的。然而，企业在放弃折扣的情况下，推迟付款的时间越长，其成本便会越小。如果企业延至50天付款，成本可计算为：

$$放弃现金折扣的成本=\frac{2\%}{1-2\%}\times\frac{360}{50-10}=18.4\%$$

#### （三）商业信用筹资的优缺点

商业信用筹资应用方便，筹资成本相对较低，限制条件较少，但期限一般较短。

## 三、短期融资券

#### （一）短期融资券的含义、特征及种类

（1）短期融资券的特征

短期融资券又称商业票据或短期债券，是由企业发行的无担保短期本票。在我国，短期融资券是指企业依照《短期融资券管理办法》的条件和程序，在银行间债券市场发行和交易，并约定在一定期限内还本付息的有价证券，是企业筹措短期（1年以内）资金的直接融资方式。具有以下特征：

① 发行人为非金融企业；

② 它是一种短期债券品种，期限不超过365天；

③ 发行利率（价格）由发行人和承销商协商确定；

④ 发行对象为银行间债券市场的机构投资者，不向社会公众发行；

⑤ 实行余额管理，待偿还融资券余额不超过企业净资产的40%；

⑥ 可以在全国银行间债券市场机构投资人之间流通转让。

（2）短期融资券的种类

① 按发行方式分类，分为经纪人代销的融资券和直接销售的融资券。经纪人代销的融资券又称间接销售融资券，指先由发行人卖给经纪人，然后由经纪人再卖给投资者的融资券。经纪人主要有银行、信托投资公司、证券公司等。企业委托经纪人发行融资券，要先支付一定数额的手续费。

直接销售的融资券指发行人直接销售给最终投资者的融资券。直接发行融资券的公司通常是经营金融业务的公司或自己有附属金融机构的公司，它们有自己的分支网点，有专门的金融人才，因此有力量自己组织推销工作，从而节约了间接发行时应付给证券公司的手续费。

② 按发行人的不同分类，分为金融企业的融资券和非金融企业的融资券。金融企业的融资券主要是指由各大公司所属的财务公司、各种信托投资公司、银行控股公司等发行的融资券。这类融资券一般都采用直接发行方式。非金融企业的融资券是指那些没有设立财务公司的工商企业所发行的融资券。这类企业一般规模不大，多数采用间接方式来发行融资券。

③ 按融资券的发行和流通范围分类，分为国内融资券和国际融资券。国内融资券是一国发行者在其国内金融市场上发行的融资券。发行这种融资券一般只要遵循本国法规和金融市场惯例即可。国际融资券是一国发行者在其本国以外的金融市场上发行的融资券。发行这种融资券，必须遵循有关国家的法律和国际金融市场的惯例。

### （二）短期融资券的发行

（1）短期融资券发行的条件。

一般来讲，只有实力雄厚、资信程度很高的大企业才有资格发行短期融资券。在我国，短期融资券的发行必须符合我国《短期融资券管理办法》中规定的发行条件。

（2）短期融资券的发行程序。

① 公司作出发行短期融资券的决策；

② 办理发行短期融资券的信用评级；

③ 向有关审批机构提出发行申请；

④ 审批机关对企业提出的申请进行审查和批准；

⑤ 正式发行短期融资券，取得资金。

### （三）短期融资券筹资的优缺点

短期融资券筹资的优点主要有：短期融资券的筹资成本较低；筹资数额比较大；发行短期融资券可以提高企业信誉和知名度。

缺点主要有：发行短期融资券的风险比较大，弹性比较小，发行条件比较严格。

## 四、应收账款转让

### （一）应收账款转让的含义及种类

应收账款转让指企业将应收账款出让给银行等金融机构以获取资金的一种筹资方式。应收账款转让筹资数额一般为应收账款扣减以下内容后的余额：

① 允许客户在付款时扣除的现金折扣；

② 贷款机构扣除的准备金、利息费用和手续费。其中，准备金是指因在应收账款

收回过程中可能发生销货退回和折让等而保留的扣存款。

应收账款转让按是否具有追索权，可分为附加追索权的应收账款转让和不附加追索权的应收账款转让。其中，附加追索权的应收账款转让，是指企业将应收账款转让给银行等金融机构，在有关应收账款到期无法从债务人处收回时，银行等金融机构有权向转让应收账款的企业追偿，或按照协议规定，企业有义务按照约定金额从银行等金融机构回购部分应收账款。应收账款的坏账风险由企业承担。

不附加追索权的应收账款转让，是指企业将应收账款转让给银行等金融机构，在有关应收账款到期，无法从债务人处收回时，银行等金融机构不能向转让应收账款的企业追偿。应收账款的坏账风险由银行承担。

### （二）应收账款转让筹资的优缺点

应收账款转让筹资的优点主要有：及时回笼资金；避免企业因赊销造成的现金流量不足；节省收账成本，降低坏账损失风险；有利于改善企业的财务状况，提高资产的流动性。缺点主要有：筹资成本较高；限制条件较多。

## 五、短期筹资与长期筹资的组合

在企业资金来源总额中，短期资金与长期资金各自占有一定比例称为筹资组合。

### （一）短期筹资与长期筹资的组合策略

（1）平稳型组合策略

平稳型组合策略指对临时性流动资产，用短期资金解决；而对永久性资产，包括永久性流动资产和固定资产，则用长期资金解决，以使资金的使用期间和资金来源的到期期限能相互配合。这里所说的临时性流动资产，是指受季节性或周期性影响的流动资产；这里所说的永久性流动资产，是指为了满足企业长期稳定的资金需要，即使处于经营低谷时也必须保留的流动资产。

在这种政策下，要求企业的临时性负债融资计划比较严密，实现资金的占用时间与负债的偿还时间配合。在经营性淡季和低谷阶段，企业除了自发性负债外没有其他流动负债，只有在对临时性流动资产的需求大到高峰时，企业才举借各种临时性债务。因此，平稳型组合策略是一种理想的、对企业有着较高资金使用要求的匹配策略。

（2）积极型组合策略

积极型组合策略指以长期资金来满足部分永久性资产的需要，而余下的永久性资产和临时性资产则用短期资金来满足。

在这种政策下，由于临时性负债（如短期借款）的资金成本一般低于长期负债和权益资本的资金成本，而激进型融资政策下临时性负债所占比例较大，所以该政策下企业的资金成本较低。为了满足永久性资产的长期资金需要，企业必然要在临时性负债到期后重新举债或申请债务延期，使企业更为经常地举债和还债，加大了筹资的困难和风险。所以，积极型融资政策是一种收益性和风险性都较高的组合策略。

(3) 保守型组合策略

保守型组合策略指企业不仅以长期资金来融通永久性资产（永久性流动资产和固定资产），而且还以长期资金满足由于季节性或周期性波动而产生的部分或全部临时性资产的资金需求。

与平稳型组合策略相比，在保守型组合策略下，临时性负债在企业的全部资金来源中所占比例较小，企业保留较多营运资金，可降低企业无法偿还到期债务的风险，同时蒙受短期利率变动损失的风险也较低。但降低风险的同时也降低了企业的收益，因为长期负债和权益资本在企业的资金来源中比重较高，且两者的资本成本通常会高于临时性流动负债的资本成本，若在生产经营淡季，企业仍要负担长期债务的利息。即使将过剩的长期资金投资于短期有价证券，其投资收益一般也会低于长期负债的利息，从而降低了企业整体的收益率。所以，保守型融资政策是一种低风险、低收益的组合策略。

#### （二）短期筹资与长期筹资的组合策略对企业收益和风险的影响

短期筹资与长期筹资的不同组合对企业收益和风险会产生不同程度的影响。企业资金来源中大部分资金属长期资金，包括长期负债和权益资本。这部分资金取得后可长期使用，风险小但资金成本较高，会给企业带来定期支付利息或发放股利的负担。余下部分资金是短期资金，主要是流动负债，这部分资金取得和使用成本一般较低，灵活性强，但使用期短，风险大。

在短期筹资与长期筹资的组合策略中，平稳型组合策略收益与风险居中，积极型组合策略收益与风险较高，保守型组合策略收益与风险较低。企业在选择短期筹资与长期筹资的组合策略时，应考虑长期资金与短期资金之间的平衡，权衡收益与风险。

## 第5节　衍生金融工具筹资

衍生金融工具筹资包括兼具股权和债务特性的混合融资和其他衍生金融工具融资。主要有优先股、可转换债券、认股权证等。

### 一、优先股筹资

#### （一）优先股的概念及种类

优先股是具有某些优惠的股票，公司可以给予其持有人某些优惠待遇，而普通股股东则不能享受这种优惠。优先股的主要特征是其股利率是固定的，并在普通股股利支付之前从税后利润中支付，所以优先股兼具普通股和债务的双重性质。优先股是西方企业筹资中比较常见的一种工具。在我国，《公司法》没有对优先股作出规定，而且我国上市公司中也很少发行优先股，但在海外上市的公司已经开始发行优先股。

优先股作为介于普通股和债务之间的融资工具，公司为了保障投资者的权利，通常规定某些附属的性质。根据附属的性质不同，优先股通常有以下几种类型：

① 累积优先股。指任何一年度未支付的股利可累积下来，在以后年度一起支付。当公司营业状况不好，无力支付股利时，可把股利累积下来，当公司营业状况好转，盈余增多时，再补发这些股利。一般而言，一个公司只有把所欠的优先股股利全部支付以后，才能支付普通股股利。比如，公司连续两年没有发放10%的优先股股利，如果优先股的总面额为100万，那么公司对优先股积欠了20万的股利，在没还清这20万股利之前，不能支付普通股股利。

② 可转换优先股。这种股票允许股东在一定时期内，以一定的比例，将优先股换成该公司的普通股票。交换的比例是事先确定的，其值取决于优先股与普通股的现行价格。例如，每股可转换优先股的价格为100元，每股普通股的价格为25元，这时就可能规定在今后一定时间（比如一年）内，以一股可转换优先股换4股普通股票。当然，只有在一年以内，普通股票的价格超过25元，优先股的价格不超过100元，优先股的持有人才愿意转换。

③ 参与优先股。这种优先股可参加公司盈余的分配。当一个公司的盈余较多时，优先股股东除按固定的股利率分得股利外，还有权分享额外的股利，其分配数额取决于每股普通股股利与每股优先股股利之差。例如，某优先股的面值额为100元，股利率为5%的参与优先股，如果普通股每股股利为8元，那么优先股除收到每股5元的固定股利外，可能还会分得3元的额外的股利。但是，公司通常很少采用参与优先股，大部分优先股都是非参与性的，只能获得固定的股利。

④ 股利率可调整的优先股。这种优先股的股利率并不是固定不变的，而可以随情况的变化而适当调整。考虑到金融市场大幅度波动，各种有价证券价格与银行存款利率变动很大，有些公司发行了股利率可调整的优先股，调整的依据主要是国库券利率的变动情况。

### （二）优先股股东的权利

优先股是相对于普通股而言的。这种“优先”主要是某些权利的优先，主要有：

① 优先分配股利的权利。股利分配上的优先权是优先股的最主要特征。优先股通常有固定的股利，通常按票面价值的一定百分比来计算。例如，票面价值为100元股利率为5%时，则每年支付给优先股的股利应为5元。优先股股利除数额固定外，还必须在普通股股利之前支付。

② 对资产的优先求偿权。在企业破产清算时，出售资产所得的收入，优先股股东位于债权人的求偿之后，但先于普通股股东。其金额只限于优先股的票面价值，加上累积未支付的股利。为了保护优先股的这些优先权，发行协议有时也会有一些限制条

款，比如，禁止发行对资产拥有更加优先或同等求偿权的证券。

③ 管理权。优先股股东的管理权限是有严格限制的。通常，在公司的股东大会上，优先股股东没有表决权，但是，当公司研究与优先股有关的问题时有权参加表决。例如，如果讨论把一般优先股改为可转换优先股时，或推迟优先股股利的支付时，优先股股东都有权参加股东大会并有权表决。

### （三）优先股的特点

优先股是一种复杂的证券，它虽属权益性资金，但却兼有债券性质。

从法律角度讲，优先股是企业权益资金的一部分。优先股股东所拥有的权利与普通股股东近似。优先股的股利不能像债务利息那样从税前扣除，而必须从税后盈余中支付。但优先股又具有债券的特征：优先股有固定的股利，这与债券利息相似；优先股对盈利的分配和剩余资产具有优先权，这也类似于债券。

另外，公司的不同利益集团，对优先股有不同的认识。普通股股东一般把优先股看成是一种特殊债券，因为它必须在普通股之前取得收益，分享资产。投资人在购买普通股票时也往往把优先股看做债券。但是，从债券的持有人来看，优先股则属于股票，因为它对债券起保护作用，可以减少债券投资的风险，属于权益资金。从公司管理当局和财务人员的观点来看，优先股则具有双重性质，这是因为，优先股虽没有固定的到期日，不用偿还本金，但往往需要支付固定的股利，成为财务上的一项负担。

### （四）优先股筹资的优缺点

（1）优先股筹资的优点

① 优先股没有固定的到期日，不用偿还本金。事实上等于使用的是一笔无限制的贷款，无偿还本金义务，也无须做再筹资计划。但大多数优先股又附有收回条款，这就使得使用这种资金更有弹性。当财务状况较弱时发行，而财务状况转强时收回，有利于结合资金需求，同时也能控制公司的财务结构。

② 股利的支付既固定，又有一定弹性。一般而言，优先股都采用固定股利，但固定股利的支付并不构成公司的法定义务。如果财务状况不佳，则可暂时不支付优先股股利，优先股股东也不能像债权人一样迫使公司破产。

③ 保持普通股股东的控制权。当公司既想向外界筹集权益资金，又不想丧失现有股东控制权时，则利用优先股筹资尤为恰当。从法律上讲，优先股属于权益资金，因而优先股扩大了权益基础，可适当增加公司的信誉，加强公司的借款能力。

（2）优先股筹资的缺点

① 优先股成本很高。优先股所支付的固定股利要从税后盈余中支付，不同于债务利息可在税前扣除。因此，优先股成本很高。

② 优先股筹资的限制较多。发行优先股，通常有许多限制条款，例如对普通股股利支付的限制，对公司借债的限制等。

③ 优先股股利可能会成为公司的财务负担。如前所述，优先股需要支付固定股利，但又不能在税前扣除，所以当盈余下降时，优先股的股利会成为一项较重的财务负担，有时不得不延期支付，从而影响到企业的信誉。

## 二、可转换债券

可转换债券是一种混合型证券，是公司普通债券与证券期权的组合体。可转换债券的持有人在一定时期内，可以按照事先规定的价格或转换比例，自由地选择是否转换为公司普通股的债券。

### （一）可转换债券的分类

按照转股权是否与可转换债券转换分离，可转换债券分为两类：

① 一般可转换债券。一般可转换债券，其转股权与债券不可分离，持有者直接按照债券面额和约定的转股价格，在约定的期限内将债券转换成股票。

② 可分离交易的可转换债券。可分离交易的可转换债券在发行时附有认股权证，是认股权证和公司债券的组合，又被称为“可分离的附认股权证的公司债”，发行上市后公司债券和认股权证各自独立流通、交易。认股权证的持有者认购股票时，需要按照认购价（行权价）出资购买股票。

### （二）可转换债券的基本性质

① 证券期权性。可转换债券给予了债券持有者未来的选择权，在事先约定的期限内，投资者可以选择将债券转换为普通股票，也可以放弃转换权利，持有至债券到期还本付息。由于可转换债券持有人具有在未来按一定的价格购买股票的权利，因此可转换债券实质上是一种未来的买入期权。

② 资本转换性。可转换债券在正常持有期，属于债权性质；转换成股票后，属于股权性质。在债券的转换期间中，持有人没有将其转换为股票，发行企业到期必须无条件地支付本金和利息。转换成股票后，债券持有人成为企业的股权投资者。资本双重性的转换，取决于投资者是否行权。

③ 赎回与回售。可转换债券一般都会有赎回条款，发债公司在可转换债券转换前，可以按一定条件赎回债券。通常，公司股票价格在一段时期内连续高于转股价格达到某一幅度时，公司会按事先约定的价格买回未转股的可转换公司债券。同样，可转换债券一般也会有回售条款，公司股票价格在一段时期内连续低于转股价格达到某一幅度时，债券持有人可按事先约定的价格将所持债券回卖给发行公司。

### （三）可转换债券的要素

可转换债券的要素指构成可转换债券基本特征的必要因素，它们表明可转换债券与不可转换债券（或普通债券）的区别。

（1）标的股票

可转换债券对股票的可转换性，实际上是一种股票期权或股票选择权，它的标的物就是可转换成的公司股票。可转换债券的标的股票一般是其发行公司自己的股票，但也有其他公司的股票，如可转换债券发行公司的上市子公司的股票。

（2）票面利率

可转换债券的票面利率一般会低于普通债券的票面利率。有时甚至会低于同期银行存款利率。因为可转换债券的投资收益中，除了债券的利息收益外，还附加了股票买入期权的收益。

（3）转换价格

指可转换债券在转换期间内据以转换成普通股的折算价格，即将可转换债券转换成普通股的每股普通股的价格。

可转换公司债发行之时，明确了以怎样的价格转换为普通股，这一规定的价格，就是可转换债券的转换价格（也称转股价格），如每股 10 元，即转换发生时投资者为取得普通股每股所支付的实际价格。在债券发售时，所确定的转换价格一般比发售日股票市场高出一定比例，如高出 10% ～30%。按照我国《可转换公司债券管理暂行办法》的规定，上市公司发行可转换债券的，以前 1 个月股票的平均价格为基准，上浮一定幅度作为转换价格。

［例 9 －7］某上市公司拟发行 5 年期可转换债券，面值 1 000 元，发行前 1 个月其股票平均价格经测算为每股 40 元，预计公司股价未来将明显上升，故确定可转换债券的转换价格比前 1 个月的股价上浮 25%。

该公司可转换债券的转换价格 = 40 ×（1 + 25%）= 50（元）

上例讲的是以某一固定的价格（50 元）将可转换债券转换为普通股。还有的可转换价格是变动的。如上例中的可转换债券发行公司规定：债券发行后的第 2 年至第 3 年内，可按照每股 50 元的转换价格将债券转换为普通股股票（即每张债券可转换为 20 股普通股股票）；债券发行后的第 3 年至第 4 年内，可按照每股 60 元的价格将债券转换为普通股股票（即每张债券可转换为 16. 67 股普通股股票）；债券发行后的第 4 年至第 5 年内，可按照每股 70 元的转换价格将债券转换为普通股股票（即每张债券可转换为 14. 29 股普通股股票）。因为转换价格越高，债券能够转换成的普通股股数越少，所以这种逐期提高可转换价格的目的，就在于促使可转换债券的持有者尽早地进行转换。

（4）转换比率

转换比率是指每一份可转换债券在既定的转换价格下能转换为普通股股票的数量。在债券面值和转换价格确定的前提下，转换比率为债券面值与转换价格之比。

转换比率 = 债券面值 ÷ 转换价格

如例 9 －7 中的第 2 年至第 3 年期每张债券可转换为 20 股普通股，第 3 年至第 4 年期每张债券可转换为 16. 67 股普通股，第 4 年至第 5 年期每张债券可转换为 14. 29 股普通股，就是转换债券的转换比率。

(5) 转换期

指可转换债券持有人能够行使转换权的有效日期。可转换债券的转换期可以与债券的期限相同，也可以短于债券的期限。

转换期间的设定通常有四种情形：债券发行日至到期日；发行日至到期日前；发行后某日至到期日；发行后某日至到期前。至于选择哪种，要看公司的资本使用状况、项目情况、投资者要求等。由于转换价格高于公司发债时股价，投资者一般不会在发行后立即行使转换权。

(6) 赎回条款

指发债公司按事先约定的价格买回未转股债券的条件规定，赎回一般发生在公司股票价格在一段时期内连续高于转股价格达到某一幅度时。赎回条款通常包括：不可赎回期间与赎回期；赎回价格（一般高于可转换债券的面值）；赎回条件（分为无条件赎回和有条件赎回）等。

① 不可赎回期。指可转换债券从发行时开始，不能被赎回的那段期间。例如，某债券的有关条款规定，该债券自发行日起 2 年之内不能由发行公司赎回。则债券发行日后的前 2 年就是不可赎回期。设立不可赎回期的目的，在于保护债券持有人的利益，防止发行企业滥用赎回权，强制债券持有人过早转换债券。不过并不是每种可转换债券都设有不可赎回条款。

② 赎回期。指可转换债券的发行公司可以赎回债券的期间。赎回期安排在不可赎回期之后，不可赎回期结束之后，即进入可转换债券的赎回期。

③ 赎回价格。指事前规定的发行公司赎回债券的出价。赎回价格一般高于可转换债券的面值，两者之差为赎回溢价。赎回溢价随债券到期日的临近而减少。例如，一种 20×3 年 1 月 1 日发行，面值100 元，期限 5 年，不可赎回期为 3 年，赎回期为 2 年的可赎回债券，规定到期前 1 年（即 20×6 年）的赎回价格为 110 元，到期年度（即 20×7 年年内）的赎回价格为 105 元等。

④ 赎回条件。指对可转换债券发行公司赎回债券的情况要求，即需要在什么样的情况下才能赎回债券。赎回条件分为无条件赎回和有条件赎回。无条件赎回是在赎回期内发行公司可随时按照赎回价格赎回债券。有条件赎回是对赎回债券有一些条件限制，只有在满足了这些条件之后才能由发行公司赎回债券。

发行公司在赎回债券之前，要向债券持有人发出通知，要求他们在将债券转换为普通股与卖给发行公司（即发行公司赎回）之间作出选择。一般而言，债券持有人会将债券转换为普通股。可见，设置赎回条款是为了促使债券持有人转换股份，因此又被称为加速条款；同时也能使发行公司避免市场利率下降后，继续向债券持有人支付较高的债券票面利率所蒙受的损失；或限制债券持有人过分享受公司收益大幅度上升所带来的回报。

（7）回售条款

指债券持有人有权按照事前约定的价格将债券卖回给发债公司的条件规定。回售一般发生在公司股票价格在一段时期内连续低于转股价格达到某一幅度时。回售对于投资者而言实际上是一种卖权，有利于降低投资者的持券风险。与赎回一样，回售条款也有回售时间、回售价格和回售条件等规定。

（8）强制性转换调整条款

指在某些条件具备之后，债券持有人必须将可转换债券转换为股票，无权要求偿还债权本金的规定。可转换债券发行之后，其股票价格可能出现巨大波动。如果股价长期表现不佳，又未设计回售条款，投资者就不会转股。公司可设置强制性转换调整条款，保证可转换债券顺利地转换成股票，预防投资者到期集中挤兑引发公司破产的悲剧。

### （四）发行可转换债券的条件

① 最近3年连续盈利，且最近3年净资产收益率平均在10%以上；属于能源、原材料、基础设施类的公司可以略低，但是不得低于7%；

② 可转换债券发行后，公司资产负债率不高于70%；

③ 累计债券余额不超过公司净资产额的40%；

④ 上市公司发行可转换债券，还应当符合关于公开发行股票的条件。

发行分离交易的可转换公司债券，除符合公开发行证券的一般条件外，还应当符合的规定包括：公司最近一期末经审计的净资产不低于人民币15亿元；最近3个会计年度实现的年均可分配利润不少于公司债券1年的利息；最近3个会计年度经营活动产生的现金流量净额平均不少于公司债券1年的利息；本次发行后累计公司债券余额不超过最近一期末净资产额的40%，预计所附认股权全部行权后募集的资金总量不超过拟发行公司债券金额等。分离交易的可转换公司债券募集说明书应当约定，上市公司改变公告的募集资金用途的，赋予债券持有人一次回售的权利。

所附认股权证的行权价格应不低于公告募集说明书日前20个交易日公司股票均价和前1个交易日的均价；认股权证的存续期间不超过公司债券的期限，自发行结束之日起不少于6个月；募集说明书公告的权证存续期限不得调整；认股权证自发行结束至少已满6个月起方可行权，行权期间为存续期限届满前的一段期间，或者是存续期限内的特定交易日。

### （五）可转换债券的筹资特点

① 灵活性较大。可转换债券将传统的债务筹资和股票筹资结合起来，具有灵活性。债券发行企业先以债务方式取得资金，到了债券转换期，如果股票市价较高，债券持有人将会按约定的价格转换为股票，避免了企业还本付息的负担。如果公司股票长期

低迷，投资者不愿意将债券转换为股票，企业即时还本付息清偿债务，也能避免未来长期的股权资本成本负担。

② 资本成本较低。可转换债券的利率低于同一条件下普通债券的利率，降低了公司的筹资成本；此外，在可转换债券转换成普通股票时，公司无需支付筹资费用，节约了股票的筹资成本。

③ 筹资效率高。可转换债券在发行时，规定的转换价格往往高于当时公司的股票价格。公司以固定价格向投资人销售股票，只要股价不出现剧烈波动，可转换债券都转换成股票，那么公司就相当于提前发行股票，筹集权益性资金，筹资效率高。

④ 存在不转换的财务压力。如果公司股票在转换期内处于低位，债券的持有人到期不会转换成股票，会造成公司在债券到期时兑付的资金压力。

⑤ 存在回售的财务压力。如果可转换债券发行后，公司股价并没有大幅度上涨，这就不能促使债券持有人将债券换成普通股。同时由于发行该批可转换债券而使负债比率提高，也使得一般投资者对购买普通股产生观望或信心不足的心理，给未来筹措权益资金的行动带来相当的难度，财务压力加大。

⑥ 股份大幅度上扬的风险。如果可转换债券在转换时，股价大幅度上扬，公司只能以较低的固定转换价格转换股票，会降低公司的股权筹资额。

## 三、认股权证

认股权证即股票认购授权证，是一种由上市公司发行的证明文件，持有人有权在一定时间内以约定价格认购该公司发行的一定数量的股票。广义的权证，是一种持有人有权于某一特定期间或到期日，按约定的价格，认购或沽出一定数量的标的资产的期权。按买或卖的不同权利，权证可分为认购权证和认沽权证，又称为看涨权证和看跌权证。本章仅介绍认购权证（即认股权证）。

### （一）认股权证的基本性质

① 证券期权性。认股权证本质上是一种股票期权，属于衍生金融工具，具有实现融资和股票期权激励的双重功能。但认股权证本身是一种认购普通股的期权，它没有普通股的红利收入，也没有普通股相应的投票权。

② 认股权证是一种投资工具。投资者可以通过购买认股权证获得市场价与认购价之间的股票差价收益，因此它是一种具有内在价值的投资工具。

### （二）认股权证的种类

① 美式认股证与欧式认股证。美式认股证是指权证持有人在到期日前，可以随时提出履约要求，买进约定数量的标的股票。欧式认股证是指权证持有人只能于到期日当天，才可买进标的股票。无论股证属欧式或美式，投资者均可在到期日前在市场出售转让其持有的认股权证。事实上，只有小部分权证持有人会选择行权，大部分投资

者均会在到期前沽出权证。

② 长期认股权证与短期认股权证。短期认股权证的认股期限一般在90天以内，认股权期限超过90天的，为长期认股权证。

**（三）认股权证的筹资特点**

① 认股权证是一种融资促进工具，它能促使公司在规定的期限内完成股票发行计划，顺利实现融资。

② 有助于改善上市公司的治理结构。采用认股权证进行融资，融资的实现是缓期分批实现的，上市公司及其大股东的利益和投资者是否在到期之前执行认股权证密切相关，因此在认股权证有效期间，上市公司管理层及其大股东任何有损公司价值的行为，都可能降低上市公司的股价，从而降低投资者执行认股权证的可能性，这将损害上市公司管理层及其大股东的利益。因此，认股权证将有效约束上市公司的败德行为，并激励他们更加努力地提升上市公司的市场价值。

③ 作为激励机制的认股权证有利于推进上市公司的股权激励机制。认股权证是常用的员工激励工具，通过给予管理者和重要员工一定的认股权证，可以把管理者和员工的利益与企业价值成长紧密联系在一起，建立一个管理者与员工通过提升企业价值再实现自身财富增值的利益驱动机制。

[**例**9－8] A公司在上海证券交易所上市。2010年，公司为了调整产品结构，拟投资3.8亿元引进一条生产线。公司制定了发行分离可转换债券的融资计划，计划第一期融资2亿元，第二期融资1.8亿元。

经证监会批准，A公司于2010年2月1日按面值发行了200万张、每张面值100元的分离交易可转换债券，合计2亿元，期限5年，票面利率1%（如果单独按面值发行一般公司债券，利率需要设定6%），按年付息。同时，每张债券的认购人获得公司派发的10份认股权证，权证总量3 800万份，该认股权证为欧式认股权证；行权比例2∶1（即2份认股权证可认购1股A股股票），行权价格10元/股。认股权证存续期24个月（即2010年2月1日至2012年1月31日），行权期为认股权证存续期最后五个交易日（行权期间权证停止交易）。假定债券和认股权证发行当日即上市。

公司2010年年末A股总数为3亿股（当年未增资扩股），当年实现净利润9 000万元。假定公司2011年上半年实现基本每股收益0.35元，上半年公司股价一直维持在每股10元左右。预计认股权证行权期截止前夕，每股认股权证价格将为1.2元（公司市盈率维持在15倍的水平）。

分析：发行分离交易的可转换公司债券后，2010年可节约的利息支出为：

节约利息＝2×（6%－1%）×11÷12＝0.092（亿元）

2010年公司基本每股收益为＝9 000÷30 000＝0.30（元/股）

为实现第二次融资，必须促使权证持有人行权，为此，公司股价应当达到的水平为：

股价 = 10 + 1.2 × 2 = 12.4（元）

2011 年基本每股收益应达到的水平 = 12.4 ÷ 15 = 0.83（元）

④ 公司发行分离交易可转换公司债券的主要目标是分两阶段融通项目第一期、第二期所需资金，特别是努力促使认股权证持有人行权，以实现发行分离交易可转换公司债券的第二次融资；主要风险是第二次融资时，股价低于行权价格，投资者放弃行权，导致第二次融资失败。

⑤ 公司为了实现第二次融资目标，应当采取的具体财务策略主要有：一最大限度发挥生产项目的效益，改善经营业绩，使股票得到市场认可；二是改善与投资者的关系及社会公众形象，提升公司股价的市场表现。

## 第 6 节　资金需求量预测

资金需求量是筹资的数量依据，必须科学合理地进行预测。筹资数量预测的基本目的是保证筹集的资金既能满足生产经营的需要，又不会产生资金多余而闲置。

### 一、因素分析法

因素分析法是指以有关资金占用项目的基期年度平均资金需求量为基础，根据预测年度的生产经营任务和资金周转加速的要求，分析调整，预测资金需求量的一种方法。这种方法计算简便，容易掌握，但预测结果不太精确。它通常用于品种繁多、规格复杂、资金用量较小的项目。计算公式如下：

资金需求量 =（基期资金平均占用 − 不合理占用）×（1 ± 预计销售增长率）×（1 ± 预计资金周转速度变动率）

［**例** 9 − 9］ A 公司上年度资金平均占用额为 6 600 万元，经分析，其中不合理部分为 600 万元，预计本年度销售增长 5%，资金周转加速 2%。则：

预测年度资金需求量 =（6 600 − 600）×（1 + 5%）×（1 − 2%）= 6 174（万元）

### 二、销售百分比法

销售百分比法是指根据销售增长与资产增长之间的关系，预测未来资金需求量的方法。企业的销售规模扩大时，要相应增加流动资产；如果销售规模增加很多，还必须增加长期资产。为取得扩大销售所需增加的资产，企业需要筹措资金。这些资金，一部分来自留存收益，另一部分通过外部筹资取得。通常，销售增长率较高时，仅靠留存收益不能满足资金需要，即使获利良好的企业也需外部筹资。因此，企业需要预先知道自己的筹资需求，提前安排筹资计划，否则就可能发生资金短缺问题。

销售百分比法将反映生产经营规模的销售因素与反映资金占用的资产因素连接起来，根据销售与资产之间的数量比例关系预计外部筹资需求量。假设某些资产与销售额存在稳定的百分比关系，根据销售与资产的比例关系预计资产额，根据资产额预计相应的负债和所有者权益，进而确定筹资需求量。基本步骤如下：

① 确定随销售额变动而变动的资产和负债项目。资产是资金使用的结果，随着销售额的变动，经营性资产项目将占用更多的资金。同时，随着经营性资产的增加，相应的经营性短期债务也会增加，如存货增加会导致应付账款增加，此类债务称为“自动性债务”或称“敏感项目”，可以为企业提供暂时性资金。经营性资产与经营性负债的差额通常与销售额保持稳定的比例关系。一般情况下，经营性资产项目包括库存现金、应收账款、存货等项目；而经营性负债项目包括应付票据、应付账款等项目，不包括短期借款、短期融资券、长期负债等筹资性负债。

② 确定经营性资产与经营性负债有关项目与销售额的比例关系。如果企业资金周转的营运效率保持不变，经营性资产与经营性负债将会随销售额的变动而呈正比例变动，保持稳定的百分比关系。企业应当根据历史资料和同业情况，剔除不合理的资金占用，寻找与销售额的稳定百分比关系。

③ 确定需要增加的筹资数量。预计由于销售增长而需要的资金需求增长额，扣除利润留存后，即为所需要的外部筹资额。

$$外部筹资需求量=\frac{A}{S_1}\cdot\Delta S-\frac{B}{S_1}\cdot\Delta S-P\cdot E\cdot S_2$$

式中，$A$ 为随销售而变化的敏感性资产，$B$ 为随销售而变化的敏感性负债，$S_1$ 为基期销售额，$S_2$ 为预测期销售额，$\Delta S$ 为销售变动额，$P$ 为销售净利率，$E$ 为利润留存率，$\frac{A}{S_1}$为敏感资产与销售额的关系百分比，$\frac{B}{S_1}$为敏感负债与销售额的关系百分比。

［**例 9－10**］A 公司 2010 年 12 月 31 日的简要资产负债表如表 9－4 所示。假定 A 公司 2009 年销售额 10 000 万元，销售净利率 10%，利润留存率 40%。2011 年销售额预计增长 20%，公司有足够生产能力，无需追加固定资产投资。

**表 9－4　A 公司资产负债表**（2010 年 12 月 31 日）

| 资产 | 金额（万元） | 与销售关系（%） | 负债与权益 | 金额（万元） | 与销售关系（%） |
|---|---|---|---|---|---|
| 货币资金 | 50 000 | 5 | 短期借款 | 250 000 | N |
| 应收账款 | 150 000 | 15 | 应付账款 | 100 000 | 10 |
| 存货 | 300 000 | 30 | 预收账款 | 50 000 | 5 |
| 固定资产 | 300 000 | N | 应付债券 | 100 000 | N |
| | | | 实收资本 | 200 000 | N |

（续上表）

| 资产 | 金额（万元） | 与销售关系（%） | 负债与权益 | 金额（万元） | 与销售关系（%） |
|---|---|---|---|---|---|
| | | | 留存收益 | 100 000 | N |
| 合计 | 800 000 | 50 | 合计 | 800 000 | 15 |

运用销售百分比法确定A公司2011年资金需要量。步骤如下：

① 确定有关项目及其与销售额的关系百分比。表中，N为不变动，指该项目不随销售的变化而变化。因此，表中所列数据的意义是：资产总额中，有50%随着销售收入的增加而增加，需要增加资金；负债与所有者权益项目中，有15%的负债是随着销售收入的增加而增加的，它们可以抵充一部分（15%）资金来源。

② 确定需要增加的资金量。表中看出，销售收入每增加100元，必须增加50元的资金占用，但同时自动增加15元的资金来源，两者差额有35%的资金需求。因此，每增加100元销售收入，必须取得35元的资金来源，销售额从100 000万元增加到120 000万元，增加了20 000万元，按35%的比率可预测将增加7 000万元的资金需求。

③ 确定外部融资需求的数量。2011年的净利润为12 000（=120 000×10%）万元，利润留存率为40%，则将有4 800万元利润留存下来，抵充一部分资金来源，另外还有2 200万元的资金必须从外部筹集。

根据A公司的资料，对外融资的需求量为：

外部融资需求量=50%×20 000－15%×20 000－40%×12 000=2 200（万元）

销售百分比法的优点，是能为筹资管理提供短期预计的财务报表，以适应外部筹资的需要，且易于使用。但在有关因素发生变动的情况下，必须相应地调整原有的销售百分比。

## 三、资金习性预测法

资金习性预测法指根据资金习性预测未来资金需要量的一种方法。所谓资金习性，指资金的变动同产销量变动之间的依存关系。按照资金同产销量之间的依存关系，可以把资金区分为不变资金、变动资金和半变动资金。

不变资金是指在一定的产销量范围内，不受产销量变动的影响而保持固定不变的那部分资金。也就是说，产销量在一定范围内变动，这部分资金保持不变。这部分资金包括：为维持营业而占用的最低数额的现金，原材料的保险储备，必要的成品储备，厂房、机器设备等固定资产占用的资金。

变动资金是指随产销量的变动而同比例变动的那部分资金。它一般包括直接构成产品实体的原材料、外购件等占用的资金。另外，在最低储备以外的现金、存货、应收账款等也具有变动资金的性质。

半变动资金是指虽然受产销量变化的影响，但不成同比例变动的资金，如一些辅助材料上占用的资金。半变动资金可采用一定的方法划分为不变资金和变动资金两部分。

### （一）根据资金占用总额与产销量的关系预测

这种方式是根据历史上企业资金占用总额与产销量之间的关系，把资金分为不变资金和变动资金两部分，然后结合预计的销售量来预测资金需求量。

设产销量为自变量 $x$，资金需求量为因变量 $y$，它们之间的关系可用下式表示：

$$y = a + bx$$

式中，$y$ 表示资金需求量，$a$ 为不变资金，$b$ 为单位产销量所需变动资金，$x$ 为产销量。

可见，只要求出 $a$ 和 $b$，并知道预测期的产销量，就可以用上述公式测算资金需求情况。$a$ 和 $b$ 可用回归直线方程求出。

回归直线方程是假设有 $n$ 期业务量与资金需求量资料，以合计数形式表达公式 $y = a + bx$ 的每一项：

$$\sum y = na + b\sum x$$

将上式每一项乘以 $x$，得：

$$\sum xy = a\sum x + b\sum x^2$$

把上述两个方程式联列成方程组，求出 $a$、$b$ 值：

$$a = \frac{\sum x^2 \sum y - \sum x \sum xy}{n\sum x^2 - (\sum x)^2} \qquad b = \frac{n\sum xy - \sum x \sum y}{n\sum x^2 - (\sum x)^2}$$

$a$ 和 $b$ 的值确定后，就可以根据 $a$ 和 $b$ 的值，预测任何业务量下的筹资需求量。

［例 9－11］A 公司历年产销量和资金变化情况如表 9－5 所示。20×6 年预计销售量为 18 万单位，需要预计 20×6 年的资金需求量。

**表 9－5　A 公司产销量与资金变化情况表**

| 年度 | 产销量 $x$（万单位） | 资金需求量 $y$（万元） |
|---|---|---|
| 20×1 | 1 000 | 4 000 |
| 20×2 | 1 100 | 4 100 |
| 20×3 | 1 200 | 4 150 |
| 20×4 | 1 200 | 4 150 |
| 20×5 | 1 400 | 4 500 |

根据表 9－5 整理出表 9－6。

表 9－6　资金需求量预测表（按总额预测）

| 年份 | 业务量 $x_i$（万件） | 资金 $y$（万元） | $x_i^2$ | $x_i y_i$ |
|---|---|---|---|---|
| 20×1 | 1 000 | 4 000 | 1 000 000 | 4 000 000 |
| 20×2 | 1 100 | 4 100 | 1 210 000 | 4 510 000 |
| 20×3 | 1 200 | 4 150 | 1 440 000 | 4 980 000 |
| 20×4 | 1 200 | 4 150 | 1 440 000 | 4 980 000 |
| 20×5 | 1 400 | 4 500 | 1 960 000 | 6 300 000 |
| 合计 $n=5$ | $\sum x_i$ = 5 900 | $\sum y_i$ = 20 900 | $\sum x_i^2$ = 7050 000 | $\sum x_i y_i$ = 24 770 000 |

计算 $a$、$b$ 值如下：

$$a=\frac{7050\,000\times20\,900-5\,900\times24\,770\,000}{5\times7\,050\,000-(5\,900)^2}=273.18$$

$$b=\frac{5\times24\,770\,000-5\,900\times20\,900}{5\times7\,050\,000-(5\,900)^2}=12.27$$

已知该企业 20×6 年业务量 18 万单位，将其代入直线方程 $y=a+bx$：

$y=a+bx=273.18+12.27\times18=494.04$（万元）

即该 A 公司 20×6 年业务量 18 万单位时，预计筹资总需求量为 494.04 万元。

**（二）采用逐项分析法预测**

根据各资金占用项目（如现金、存货、应收账款、固定资产）同产销量之间的关系，把各项目的资金都分成变动和不变两部分，然后汇总在一起，求出企业变动资金总额和不变资金总额，进而来预测资金需求量。

［例 9－12］B 公司 20×1～20×6 年现金占用与销售额的关系如表 9－7。

表 9－7　现金占用与销售额变化情况表　　（单位：万元）

| 年份 | 20×1 | 20×2 | 20×3 | 20×4 | 20×5 | 20×6 |
|---|---|---|---|---|---|---|
| 现金占用 $x$ | 11 000 | 11 500 | 16 000 | 16 000 | 12 000 | 18 000 |
| 销售收入 $y$ | 160 000 | 180 00 | 210 000 | 210 000 | 190 000 | 280 000 |

根据以上资料，采用适当的方法来计算不变资金和变动资金的数额。

如采用高低点法求 $a$ 和 $b$ 的值：

$$b=\frac{\text{高点收入期资金占用}-\text{低点收入期资金占用}}{\text{高点销售收入}-\text{低点销售收入}}$$

$$=\frac{18\,000-11\,000}{280\,000-160\,000}=0.058$$

将 $b=0.058$ 和 20×6 年数据代入公式 $y=a+bx$，得：

$a=280\ 000-0.058\times 18\ 000=278\ 956$（万元）

存货、应收账款、流动负债、固定资产等也可根据历史资料作这样的划分，然后汇总，列于表 9－8 中。

**表 9－8　资金需求量预测表**（分项预测）　　（单位：万元）

| 项　目 | 年度不变资金（$a$） | 每一元销售收入所需变动资金（$b$） |
|---|---|---|
| 流动资产 | | |
| 货币资金 | 27 956 | 0.058 |
| 应收账款 | 60 000 | 0.200 |
| 存货 | 50 440 | 0.172 |
| 小计 | 389 396 | 0.430 |
| 减：流动负债 | | |
| 应付账款及应付费用 | 30 000 | 0.100 |
| 净资金占用 | 359 396 | 0.330 |
| 固定资产 | | |
| 厂房、设备 | 82 000 | |
| 所需资金合计 | 441 396 | 0.330 |

根据表 9－8 的资料得出预测模型：

$y=441\ 396+0.33x$

运用上述预测模型，在利用历史资料确定 $a$、$b$ 数值的条件下，即可预测一定产销量 $x$ 所需要的资金总量 $y$。

如果 20×7 年的预计销售额为 300 000 万元，则有：

20×7 年的资金需求量 $=441\ 396+0.33\times 300\ 000=540\ 396$（万元）

进行资金习性分析，把资金划分为变动资金和不变资金两部分，从数量上掌握了资金同销售量之间的规律性，对准确地预测资金需求量有很大帮助。实际上，销售百分比法是资金习性分析法的具体运用。

运用线性回归法必须注意以下几个问题：

① 资金需求量与营业业务量之间线性关系的假定应符合实际情况；

② 确定 $a$、$b$ 数值，应利用连续若干年的历史资料来计算（一般要有 3 年以上的资料）；

③ 应考虑价格等因素的变动情况（可在价格发生变化年份的所需资金乘一个系数）。

# 思考与练习

**关键术语：**

权益性筹资　普通股　长期借款　债券　优先股　融资租赁　商业信用　资金习性　不变资金　变动资金　半变动资金　线性回归法

**思考题**

1. 企业资金筹集的目标是什么？筹集的方式有哪些？
2. 权益性资本的筹集有哪些种类？普通股股票可分为哪些种类？
3. 普通股股东有哪些权利？
4. 股票发行的条件有哪些？发行的方式、价格有哪些种？
5. 什么是优先股？优先股的种类有哪些？优先股与普通股相比，优点和不足有哪些？
6. 长期负债筹资有哪些类别？各有什么特点？
7. 债券及租赁融资方式在什么情况下运用？可转换债券的发行与转换有什么条件？
8. 融资租赁与经营租赁有什么区别？如何运用？租金应如何计算？

**客观题**

**一、单项选择题**

1. 从筹资的角度来看，下列筹资方式中筹资风险较小的是：（　　）

A. 债券　B. 长期借款　C. 融资租赁　D. 普通股

2. 某企业向银行借款 100 万元，期限 1 年，年利率 10%，按照贴现法付息。该项贷款的实际利率是：（　　）

A. 11%　B. 10%　C. 9%　D. 12%

3. 债务筹资的缺点不包括：（　　）

A. 财务风险大　B. 资金成本高

C. 不利于现金流量安排　D. 筹资数额有限

4. 某企业按年利率 10% 从银行借入款项 800 万元，银行要求企业按贷款限额的 15% 保持补偿余额。该借款的实际利率是：（　　）

A. 11%　B. 11.76%　C. 12%　D. 11.5%

5. 下列各项中，不属于长期借款一般保护性条款的有：（　　）

A. 贷款的专款专用　B. 红利与股票回购的现金限制

C. 资本支出的限制　D. 流动资本要求

6. 根据债券价格的计算公式，不影响债券发行价格的因素有：（　　）

A. 债权面额　B. 财务弹性　C. 市场利率　D. 债券期限

7. 厂房、机器设备等固定资产所占用的资金属于：（　　）

A. 不变资金　B. 变动资金　C. 半变动资金　D. 辅助资金

8. 下列吸收直接投资的出资方式中，存在较大风险的是：（　　）

A. 现金出资　B. 实物出资　C. 工业产权出资　D. 土地使用权出资

9. 下列各项中，不属于融资租赁特点的是：（　　）

A. 设备归承租方维修　　B. 融资成本高

C. 不得任意中止租赁合同　　D. 出租人和承租人之间未形成债权债务关系

10. 下列筹资方式中，可能没有筹资成本的是：（　　）

A. 吸收直接投资　B. 融资租赁　C. 发行公司债券　D. 利用商业信用

11. 长期借款筹资与长期债券筹资相比，其特点是：（　　）

A. 利息能节税　B. 筹资弹性大　C. 筹资费用大　D. 债务利息高

12. 筹资过程中向银行支付的借款手续费、因发行股票和债券而支付的发行费都属于：（　　）

A. 用资费用　B. 筹资费用　C. 固定费用　D. 变动费用

13. 某公司拟发行 5 年期债券进行筹资，债券面值金额为 100 元，票面利率为 12%，当时的市场利率为 10%，那么该公司债券发行价格应为：（　　）

A. 93. 22 元　B. 100 元　C. 105. 35 元　D. 107. 58 元

14. 某股份公司发行面值为 1000 元，利率为 5% 的债券，因当时的市场利率为 6%，折价发行，价格为 950. 87 元，则该债券的期限为：（　　）

A. 5　B. 6　C. 7　D. 8

15. 某企业借入资金 600 000 元，由于贷款银行要求将贷款数额的 20% 作为补偿性余额，故企业需向银行申请的贷款数额为：（　　）

A. 600 000 元　B. 720 000 元　C. 750 000 元　D. 672 000 元

16. 下列各项中，不属于租金构成项目的是：（　　）

A. 租赁资产购置成本　　B. 租赁相关的利息

C. 租赁营业成本　　D. 租赁的设备维护费

17. 设置回售条款的目的是：（　　）

A. 促使可转换债券的持有者尽早地转换债券

B. 有利于发行公司赎回可转换债券

C. 保证可转换债券顺利转换成股票

D. 保护债券投资人的利益

18. 可转换债券对投资者来说，可在一定时期将其转换为：（　　）

A. 收益较高的新发行债券　　B. 普通股

C. 优先股　　D. 其他有价证券

19. 放弃现金折扣的成本大小与：（　　）

A. 折扣百分比的大小呈反方向变化

B. 信用期的长短呈同向变化

C. 折扣百分比的大小、信用期的长短均呈同方向变化

D. 折扣期的长短呈同方向变化

20. 下列不属于自发性融资的是：（　　）

A. 应付债券　B. 应付票据　C. 应付账款　D. 预收账款

21. 若企业 2010 年的经营资产为 600 万元，经营负债为 200 万元，金融资产为 40 万元，金融负债为 400 万元，销售收入为 1 000 万元，若经营资产、经营负债占销售收入的比例不变，销售净利润

率为 10%，股利支付率为 50%，企业金融资产均可利用金融资产，若预计 2011 年销售收入达到 1 500 万元，则需要从外部筹集的资金是多少万元？（　）

A. 85　　B. 125　　C. 165　　D. 200

22. 某企业上年销售收入 1 000 万元，若预计下一年产品价格提高 5%，公司销售量增长 10%，确定的外部融资占销售增长的百分比为 25%，相应外部应追加的资金为多少万元？（　）

A. 38. 75　　B. 37. 5　　C. 25　　D. 25. 75

23. 甲公司 2009 年 3 月 5 日向乙公司购买了一处位于郊区的厂房，随后出租给丙公司。甲公司以自有资金向乙公司支付总价款的 30%，同时甲公司以该厂房为抵押向丁银行借入余下的 70% 价款。这种租赁方式是：（　）

A. 经营租赁　　B. 售后回租租赁　　C. 杠杆租赁　　D. 直接租赁

24. 某公司发行期限为 15 年的可转换公司债券，面值 1000 元，规定在 15 年内每张债券可转换为 25 股普通股股票，则可转换公司债券的转换价格是：（　）

A. 25　　B. 25　　C. 60　　D. 40

25. 从发行公司的角度来看，股票包销的优点是：（　）

A. 可获部分溢价收入　　B. 降低发行费用

C. 可获一定佣金　　D. 不承担发行风险

26. 相对于负债融资方式而言，采用普通股方式筹措资金的优点是：（　）

A. 有利于降低资金成本　　B. 有利于集中企业控制权

C. 有利于降低财务风险　　D. 有利于发挥财务杠杆的作用

27. 在市场利率大于票面利率的情况下，下列表述正确的是：（　）

A. 债券的发行价格大于其面值　　B. 债券的发行价格小于其面值

C. 债券的发行价格等于其面值　　D. 不确定

28. 筹集股权资本是企业筹集______的一种重要方式。（　）

A. 长期资本　　B. 短期资本　　C. 债券资本　　D. 以上都不是

29. 按照国际惯例，银行对借款企业通常都约定一些限制性的条款，其中不包括：（　）

A. 一般性限制条款　　B. 附加性限制条款

C. 例行性限制条款　　D. 特殊性限制条款

30. 根据我国《公司法》的规定，不具备债券发行资格和条件的公司是：（　）

A. 股份有限公司

B. 国有独资公司

C. 两个以上的国有投资主体投资设立的有限责任公司

D. 国有企业和外商共同投资设立的有限责任公司

31. 根据《公司法》的规定，累计债券总额不超过公司净资产的：（　）

A. 60%　　B. 40%　　C. 50%　　D. 30%

32. 如果某企业的信用条件是“2/10，n/30”，则丧失该现金折扣的资金成本为：（　）

A. 36%　　B. 18%　　C. 35. 29%　　D. 36. 73%

33. 抵押借款中的抵押物一般是指借款人或第三方的：（　）

A. 动产　　B. 不动产　　C. 权利　　D. 财产

34. 下列关于银行短期借款的说法错误的是：（ ）

A. 银行资金充足，实力雄厚，能随时为企业提供比较多的短期贷款

B. 银行短期借款的限制条件比较多，会构成对企业的限制

C. 银行短期借款的弹性较差，借款期限太短

D. 银行短期借款的资金成本较高

**二、多项选择题**

1. 可转换债券筹资与普通债券筹资相比，其优点有：（ ）

A. 有利于稳定股票市价　　B. 资金成本较低

C. 筹资灵活性较强　　D. 存在回购风险

2. 企业短期资金的筹集方式主要有：（ ）

A. 股票融资　　B. 利用商业信用

C. 应收账款转让　　D. 取得银行流动资金借款

3. 按卖方提供的信用条件，买方利用商业信用筹资需付出资金成本的情况有：（ ）

A. 卖方不提供现金折扣

B. 买方享有现金折扣

C. 放弃现金折扣，在信用期内付款

D. 卖方提供现金折扣，而买方逾期支付

4. 下列选项中，不属于普通股筹资优点的有：（ ）

A. 能增加公司信誉　　B. 可以发挥财务杠杆的作用

C. 税收负担轻　　D. 筹资限制少

5. 补偿性余额的约束使借款企业所受的影响有：（ ）

A. 减少了可用资金　　B. 提高了筹资成本

C. 减少了应付利息　　D. 增加了应付利息

6. 股票上市对公司的不利之处有：（ ）

A. 可以改变公司财务状况

B. 股价有时会歪曲公司实际情况，丑化公司声誉

C. 有可能分散公司的控制权

D. 信息公开可能暴露公司的商业秘密

7. 下列属于长期负债筹资特点的包括：（ ）

A. 可以解决企业长期资金的不足　　B. 还债压力或风险相对较小

C. 相对于短期负债成本较高　　D. 负债的限制较多

8. 普通股股东所拥有的权利包括：（ ）

A. 分享盈余权　　B. 优先认股权

C. 转让股份权　　D. 优先分配剩余财产权

9. 下列短期借款利息计算的方法中，实际利率高于名义利率的有：（ ）

A. 贴现法　　B. 收款法　　C. 加息法　　D. 分期付息到期还本

10. 下列选项中，属于银行与企业签订的借款合同中的基本条款的有：（ ）

A. 借款方式　　B. 还款期限　　C. 利息支付方式　　D. 物资担保

11. 相对于借款购置设备而言，融资租赁设备的主要优点有：（　　）

A. 筹资速度快　　B. 限制条款少

C. 设备淘汰风险小　　D. 财务风险大

12. 公司发行股票的主要目的有：（　　）

A. 利用股票市场客观评价企业　　B. 设立新的股份公司

C. 提高公司知名度　　D. 扩大经营规模

13. 企业在负债筹资决策中，除了考虑资金成本因素外，还需要考虑的因素有（　　）

A. 财务风险　　B. 偿还期限　　C. 偿还方式　　D. 限制条件

14. 融资租赁的资产，提取折旧的计价基础包括：（　　）

A. 协议或合同确定的价款　　B. 运输费和途中保险费

C. 安装调试费　　D. 安装交付使用后支付的利息

15. 商业信用筹资的优点主要表现在：（　　）

A. 筹资风险小　　B. 筹资成本低　　C. 限制条件小　　D. 筹资方便

16. 从规避投资风险的角度看，债券投资组合的主要形式有：（　　）

A. 短期债务与长期债务组合　　B. 信用债务与担保债务组合

C. 政府债务、金融债务与企业债务组合　　D. 附认股权债券与不附认股权债券组合

17. 与债券筹资方式相比，银行借款筹资的优点包括：（　　）

A. 筹资速度快　　B. 借款弹性大　　C. 使用限制少　　D. 筹资费用低

18. 在稳健型筹资政策下，临时性流动资产的资金来源可以是：（　　）

A. 临时性负债　　B. 长期负债　　C. 自发性负债　　D. 权益资本

19. 下列属于融资租赁特点的有：（　　）

A. 租期较长

B. 租赁期满后，租赁资产一般要归还给出租人

C. 租赁期内，出租人一般不提供维修和保养设备方面的服务

D. 承租人可随时向出租人提出租赁资产要求

20. 出租人既出租某项资产，又以该项资产为担保借入资金的租赁方式不是：（　　）

A. 直接租赁　　B. 售后租赁　　C. 杠杆租赁　　D. 经营租赁

21. 企业所需要的外部融资量取决于：（　　）

A. 销售增长　　B. 股利支付率

C. 销售净利率　　D. 可供动用的金融资产

22. 在其他条件确定的前提下，可转换债券的转换价值越高：（　　）

A. 对债权持有者越有利　　B. 对发行公司越有利

C. 转换比率越高　　D. 转换比率越低

23. 抵押贷款是要求企业以抵押品作为担保的贷款，抵押贷款担保的抵押品可以是：（　　）

A. 房屋　　B. 股票　　C. 债券　　D. 机器设备

24. 下列发行方式属于公开增发的发行方式为：（　　）

A. 配股　　B. 公开发行　　C. 非公开发行　　D. 股权再融资

25. 非公开增发的对象主要是针对：（　　）

A. 社会公众　　B. 财务投资者

C. 战略投资者　　D. 上市公司的控股股东或关联方

26. 企业需要长期资本的原因主要是：（　）

A. 构建固定资产　　B. 取的无形资产

C. 支付职工的月工资　　D. 垫支长期性流动资产等

E. 开展长期投资

27. 我国《公司法》中关于股份有限公司注册资本的规定包括：（　）

A. 注册资本的最低限额为人民币 500 万元

B. 公司全体发起人的首次出资额不得低于注册资本的 20%

C. 首次出资以外的其余部分由发起人自公司成立之日起两年内缴足

D. 注册资本缴足前，不得向他人募集股份

28. 筹集投入资本，投资者的投资形式可以是：（　）

A. 现金　　B. 有价证券　　C. 流动资产　　D. 固定资产

29. 筹集投入资本，应该采用一定的方法重新估价的是：

A. 存货　　B. 无形资产　　C. 固定资产　　D. 应收账款　　E. 现金

30. 根据我国《公司法》的规定，公司债券募集办法中应当载明的主要事项有：（　）

A. 发行公司的名称　　B. 债券募集资金的用途

C. 债券总额和债券的票面金额　　D. 债券利率的确定方式

31. 预付货款时买方在卖方发出货物之前支付的货款，一般用于两种情况：（　）

A. 销售生产周期长、售价高的产品　　B. 卖方的货物非常紧俏，供不应求时

C. 买方和卖方有口头协议　　D. 卖方已知买方的信用欠佳时

32. 利用短期融资券筹资的缺点是：（　）

A. 发行风险较大　　B. 发行成本较高　　C. 筹资数额不大　　D. 筹资弹性较小

**三. 判断题**

1. 长期债券投资的目的是合理利用暂时闲置的资金和获得企业的控制权。（　）

2. 企业需用一设备，买价为 4 000 元，可用 10 年。如租用，则每年年初需付租金 600 元，除此以外，买与租的其他情况相同。假设利率为 10%，则租赁该设备较优。（　）

3. 自销方式发行股票具有可及时筹足资本，免于承担发行风险等特点。（　）

4. 赎回价格与可转换债券面值的差额称为赎回溢价。随债券到期日的临近而减少。（　）

5. 一般应付票据的筹资成本低于银行借款成本。（　）

6. 如果有两家公司提供不同的信用条件，则应当选择放弃现金折扣成本最低的，这样就可降低企业的机会成本。（　）

7. 租赁期现金流量一般采用公司的加权平均资本成本做折现率。（　）

8. 长期负债的时间越长，还债的压力或风险相对于短期负债要大得多。（　）

9. 采用逐期提高可转换价格的目的，是为了促使可转换债券持有人尽早转换。（　）

10. 融资租赁方式在租赁期内，承租人必须连续支付租金，经双方协商同意后可以退租。（　）

11. 债券之所以会存在溢价发行和折价发行，是因为从债券的开印到正式发行，往往需要经过一段时间，在这段时间内如果资金商场上的利率发生变化，就只能靠调整发行价格的方法来使债券顺

利发行。 （ ）

12. 企业自留资金可以通过吸收直接投资和利用留存收益的方式进行筹集。 （ ）

13. 从理论上讲，债券的面值就应是它的发行价格因此债券的发行计息还是以债券的面值为依据，而不是以其发行价格为依据。 （ ）

14. 抵押借款的资金成本通常低于非抵押借款，并且抵押品的账面价值决定贷款金额。 （ ）

15. 由于可转换债券赋予持有者一种特殊的选择权，所以其利率通常低于普通债券，从而节约了企业利息支出。 （ ）

16. 留存收益是企业利润留存所形成的，所以留存收益没有资金成本。 （ ）

17. 典型的经营租赁是指短期的、不完全补偿的、可撤销的净租赁。 （ ）

18. 对于借款企业来讲，若预测到市场利率上升，应与银行签订浮动利率合同。 （ ）

19. 收益公司债券是只有当公司获得盈利时向持券人支付利息的债券。 （ ）

20. 收益公司债券给发行公司带来固定利息费用，对投资者而言收益较小，但风险也小。（ ）

21. 因素分析法比较简单，对筹资数量的预测结果不太精确。 （ ）

22. 筹资预测的回归分析法中，现金、存货、应收账款是可变资本，而固定资产是不变资本。 （ ）

23. 所有企业都可以采用筹集投入资本的形式筹措自有资本。 （ ）

24. 发行股票是所有公司制企业筹集自有资金的基本方式。 （ ）

25. 长期借款无论是资金成本还是筹资费用都较股票、债券低。 （ ）

26. 债券的发行价格与股票的发行价格一样，只允许等价和溢价发行，不允许折价发行。（ ）

27. 融资租赁合同期满时，承租企业根据合同约定，可以对设备续租、退租或留购。 （ ）

28. 信用额度指商业银行和企业之间商定的在未来一段时间内银行必须向企业提供的担保贷款。 （ ）

29. 利用商业信用融资的限制较多，而利用银行信用融资的限制较少。 （ ）

30. 短期融资券发行须由符合条件的金融机构承销，企业自身不具有销售融券的资格。 （ ）

31. 短期融资券筹资数额比较大，而银行一般不会向企业发放巨额的流动资金借款，因此对于需要巨额资金的企业，短期融资券更适合。 （ ）

## 练习题

### 习题一

（一）资料：华伍公司五年前购入了一台设备，价值80 000元，现在的市价为20 000元。该设备采用直线法计提折旧，没有残值，现在账面价值为40 000元。公司计划购买一台同样的新设备，价值为125 000元，使用年限为5年，预计残值10 000元。由于采用新设备后产量增加，每年可增加现金收入50 000元。新设备使用时增加的变动成本约为年增加现金收入的60%。生产效率的提高，使现金经营费用，尤其人工成本每年可节约25 000元。新设备使用初期需投入营运资本5 000元，还要为新设备安装底架，价值为45 000元，也按直线法计提折旧，5年后其残值约为30 000元（仍可继续使用）。假设在下一年年初购入新设备，卖掉旧设备，营运资本5年后全部收回。华伍公司的目标资本结构为负债占30%。公司可从银行获得利率为10%的贷款购买新设备，该项贷款不会改变公司的资本结构。该公司的股票$\beta$值为0.9。公司从所有者的投资中取得营运资本和安装底架所需的资金。所得税率为30%。

（二）要求：

（1）若无风险收益率为6%，市场风险收益率为15.04%，计算所有者权益的资本成本。

（2）计算加权平均资本成本，并说明是否可以据此对新设备的购入进行评价。

（3）这项更新计划是否可以实施？

（4）计算新设备借款的成本。

**习题二**

（一）资料：某公司向银行借入短期借款10 000元，支付银行贷款利息的方式同银行协商后的结果是，银行提出三种方案：

（1）如采用贴现法付息，利息率为6%；

（2）如采用收款法付息，利息率为7%；

（3）如采用加息法付息，利息率为5%。

（二）要求：如果你是该公司的财务经理，你选择哪种支付利息的方式，并说明理由。

**习题三**

（一）资料：ABC公司与某商业银行有一份100万元的循环周转信贷协定，作为可信赖的客户，其贷款利率定为银行资本成本（即可转让定期存单利率）加上2%。另外周转信贷限额中的未使用部分，银行收取0.5%的承诺费。

（二）要求：

（1）如果2009年可转让定期存单利率为4%，且公司平均使用总承诺限额的60%，则2009年这项贷款的年预期成本总额为多少元？

（2）如果同时还考虑到支付的承诺费，贷款的年实际利率是多少？

**习题四**

（一）资料：A公司20×4～20×8年的产销量和资本需要量如表9-9所示。假定20×9年预计产销量为78 000件。

（二）要求：利用回归直线法预测20×9年资金需要量。

**表9-9　A公司产销量与资金需要量表**（单位：万）

| 年度 | 产销量（$x$） | 资本需要量（$y$） |
|---|---|---|
| 20×4 | 6.0 | 500 |
| 20×5 | 5.5 | 475 |
| 20×6 | 5.0 | 450 |
| 20×7 | 6.5 | 520 |
| 20×8 | 7.0 | 550 |

**习题五**

（一）资料：A公司去年实现的销售收入为6 000万元，净利润为720万元，留存收益为288万元。2008年年末的经营资产为3 000万元，经营负债为1 500万元。假设经营资产销售百分比和经营负债销售百分比保持不变。

（二）回答下面互不相关的问题：

（1）若该公司既不发行新股也不举借新债，销售净利率和股利支付率不变，不存在可动用的金融资产，计算今年可实现的销售额。

（2）若今年预计销售额为7 000万元，销售净利率变为8%，留存收益率为20%，可动用金融资产为100万元，则外部融资额为多少？

**习题六**

（一）资料：A公司按年利率5%向银行借款100万元，期限3年。根据公司于银行签订的贷款协定，银行要求保持贷款总款15%的补偿余额，不按复利计息。

（二）要求计算：（1）实际可用的借款额；（2）实际负担的年利率。

**习题七**

（一）资料：四海公司2010年需要追加外部筹资49万元。公司敏感负债与销售收入的比例为18%，税前利润占销售收入的比率为8%，公司所得税税率25%，税后利润50%留用于公司。2009年公司销售收入15亿元，预计2010年增长5%。

（二）要求计算2010年：（1）公司留用利润；（2）公司资产增加额。

**习题八**

（一）资料：东方公司拟发行面额1 000元、票面利率6%、5年期债券，每年年末付息一次。

（二）要求：测算该债券在市场利率下的发行价格：

（1）市场利率为5%；

（2）市场利率为6%；

（3）市场利率为7%。

**习题九**

（一）资料：若刚购买了认股权证，可以45元购买两股股票。股票市价为每股26元，认股权证的市价超过理论价值10元。一年后，每股升价到50元，但认股权证现可以超过理论价值2元出售。

（二）要求计算：如果今年每股发放股利1元，普通股的投资报酬率是多少？认股权证的投资报酬率是多少？为什么两者的报酬率不同？

**习题十**

（一）资料：A公司需要筹集990万元资金，使用期5年，有以下两个筹资方案：

（1）甲方案：委托××证券公司公开发行债券，债券面值1 000元，承销差价（留给证券公司的发行费用）每张票据51.60元，票面利率14%，每年付息一次，5年到期一次还本。发行价格根据当时的预期市场利率确定。

（2）乙方案：向某银行借款，名义利率10%，补偿性余额10%，5年后到期一次还本付息（单利计息）。

（二）要求计算：假设当时的预期市场利率（资金的机会成本）为10%，不考虑所得税的影响。

（1）甲方案的债券发行价格应该是多少？

（2）根据得出的价格发行债券，假设不考虑时间价值，哪个筹资方案的成本（指总的现金流出）较低？

（3）如果考虑时间价值，哪个筹资方案的成本较低？

**习题十一**

（一）资料：某公司属于基础设施类上市公司，经省级人民政府推荐，报中国证监会审批，拟发行可转换公司债券，有关内容如表所示：

（1）拟申请发行11 000万元、5年期可转换公司债券，利率按现行银行同期存款利率4.5%执行。该公司经审计的最近3年的有关财务会计数据如下表所示：（单位：万元）

| 项目 \ 年度 | 2003 年（3 月 31 日） | 2002 年 | 2001 年 | 2000 年 |
|---|---|---|---|---|
| 总资产 | 56 300 | 54 500 | 46 400 | 43 400 |
| 负债 | 19 000 | 18 000 | 13 000 | 12 500 |
| 净利润 | 800 | 3 100 | 2 500 | 2 300 |
| 净资产收益率 | 2.14% | 8.49% | 7.49% | 7.44% |
| 股东权益 | 37 300 | 36 500 | 33 400 | 30 900 |

（2）2003 年 3 月 31 日负债含 2002 年 6 月 18 日发行的 3000 万元、3 年到期一次还本付息债券。

（3）2002 年 12 月 31 日的普通股股数为 10000 万股。

（4）2003 年 6 月 3 日为减少注册资本，回购本公司股票 600 万股（每股回购价格 5 元）。

（5）2003 年 10 月 2 日持有该上市公司可转换公司债券的投资者按约定的价格（每股 8 元的转化价格）将其持有的可转换公司债券转换为普通股，已知该批可转换公司债券的账面价值为 3 060 万元，面值为 3 000 万元（每张债券的面值为 100 元）。

（6）2003 年 4 月 1 日至 2003 年 12 月 31 日实现的净利润为 2 000 万元。

（7）2003 年 12 月 31 日该公司派发现金股利 500 万元。

（二）根据上述内容，回答下列问题：

（1）根据该公司提供的财务数据，该公司是否符合发行可转换公司债券的条件？并说明理由。

（2）该公司回购本公司股票是否符合法律规定？并说明理由。

（3）计算 2003 年该公司的每股收益、每股净资产和每股股利。

（4）假设该公司 2003 年 12 月 31 日的市净率为 1.6，公司股票为固定增长股票，股利固定增长率为 6%，计算该公司股票的预期收益率。

# 第10章　资本成本和资本结构

## 第1节　资本成本

### 一、资本成本的内容

资本成本是指投资资本的机会成本。这种成本不是实际的成本，而是一种失去的收益，是将资本用于项目投资所放弃其他投资机会的收益。

资本成本的概念包括两方面：一是与公司的筹资活动有关，它是企业筹集资金和使用资金的成本，即筹资成本或公司的资本成本；二是与公司的投资活动有关，它是投资者要求的最低报酬率，即是投资项目的资本成本。广义地说，企业使用任何资金（包括短期和长期资金）都要付出代价。狭义资本成本仅指筹借和使用长期资金（包括自有和借入的长期资金）的成本。

资本成本是衡量资本结构优化程度的标准，也是对投资获得经济效益的最低要求。资本成本是资本所有权与资本使用权分离的结果。对出资者而言，由于让渡了资本使用权，要求取得一定的补偿，资本成本表现为让渡资本使用权所带来的投资报酬；对筹资者而言，由于取得了资本使用权，必须支付一定代价。资本成本表现为取得资本使用权所付出的代价。公司要达到股东财富最大化，必须使所有投入最小化，其中包括资本成本的最小化。因此，正确计算和合理降低资本成本是制定筹资决策的基础。公司的投资决策必须建立在资本成本的基础上，任何投资项目的投资收益率必须高于资本成本。企业估算资本成本的目的主要是进行长期资本筹资决策，编制资本预算，以及对长期投资项目进行财务评价。

长期资本的成本，包括长期负债、优先股、普通股、保留盈余等的资本成本。

资本成本是公司取得资本使用权的代价，资本成本的内容很复杂，归纳起来，分为筹资费和占用费两类。

**（一）筹资费**

筹资费指企业在资本筹措过程中为获取资本而付出的代价，如向银行支付的借款手续费，因发行股票、公司债券而支付的发行费等。筹资费用通常在资本筹集时一次性发生，在资本使用过程中不再发生，因此视为筹资数额的一项扣除。这些费用通常在筹资时一次性支付，相应减少了企业筹资可动用的金额，故计算资本成本时应一并考虑。

### （二）占用费

占用费指企业在资本使用过程中因占用资本而付出的代价，如向银行等债权人支付的利息，向股东支付的股利等。占用费是因为占用了他人资金而必须支付的，是资本成本的主要内容。

资本占用费与筹资金额大小、时间长短有直接关系。从风险角度，可分为无风险报酬和风险报酬。

① 无风险报酬。指投资者将其资本投向无风险项目所获得的报酬，有时也称为"安全收益率"，如国库券或银行存款利息率加保值率计算所得的报酬。现实中，并不存在无风险的证券，因为任何投资都存在一定程度的通货膨胀或违约等风险。

② 风险报酬。亦称风险溢酬，指投资者将资本投向风险项目所要求得到高于无风险报酬的补偿。由于企业经营环境的不确定性，如经营风险和财务风险等各种风险的客观存在，使得企业未来收益带有不确定性。因此，投资者要求风险越大，补偿率越高。

企业不可能只有一种资本来源，普通股、优先股和债务是常见的三种来源。每一种资本来源称为一种资本要素。每种资本要素要求的报酬率称为要素成本。由于风险不同，每种资本要素要求的报酬率不同，但每种要素的投资人都希望在投资上取得报酬。公司的资本成本是构成企业资本结构中各种资金来源成本的组合，即各要素成本的加权平均值。

## 二、资本成本的作用

① 用于投资决策。当投资项目与公司现有业务相同时，资本成本是合适的折现率。当然，在确定一个项目风险恰好等于现有资产平均风险时，需要谨慎的判断。根据项目风险与公司风险的差别，适当调增或调减折现率可以估计项目的资本成本。评价项目最普遍的方法是净现值法和内涵报酬率法。采用净现值法时，项目资本成本是计算净现值的折现率；采用内涵报酬率法时，项目资本成本是其"取舍率"或最低报酬率。因此，项目资本成本是项目投资评价的基准。

② 用于筹资决策。筹资决策的核心是确定资本结构。最优资本结构是使股票价格最大化的资本结构。由于预测资本结构变化对平均资本成本的影响比预测其对股票价格的影响容易，因此加权平均资本成本可以指导资本结构决策。

③ 用于营运资本管理。在管理营运资本方面，资本成本可以用来评估营运资本投资政策和营运资本筹资政策。例如，决定存货的采购批量和储存量、制定销售信用政策和决定是否赊购等，都需要使用资本成本作为重要依据。

④ 用于企业价值评估。评估企业价值时，只要采用折现现金流量法，需要使用公司资本成本作为公司现金流量折现率。

⑤ 用于业绩评价。日渐兴起的以价值为基础的业绩评价，其核心指标是经济增加值。计算经济增加值需要使用公司资本成本。公司资本成本与资本市场相关，所以经济增加值可以把业绩评价和资本市场联系在一起。

## 三、影响资本成本的因素

在市场经济环境中，多方面的综合作用决定着企业资本成本的高低，这些因素发生变化时，就需要调整资本成本。

### （一）外部因素

① 利率。市场利率上升，公司的债务成本会上升。根据资本资产定价模型，利率上升也会引起普通股和优先股的成本上升。资本成本上升，投资的价值会降低，抑制公司的投资。利率下降，公司的资本成本也会下降，从而刺激公司投资。

② 市场风险溢价。由资本市场上的供求双方决定，个别公司无法控制。根据资本资产定价模型，市场风险溢价会影响股权成本。股权成本上升时，各公司会增加债务筹资，并推动债务成本上升。

③ 税率。税率变化直接影响税后债务成本以及公司加权平均资本成本。此外，资本性收益的税务政策变化会影响人们对于权益投资和债务投资的选择，并间接影响公司的最佳资本结构。

### （二）内部因素

① 资本结构。企业改变资本结构时，资本成本也会随之改变。增加债务比重，会使平均资本成本降低，但同时会加大公司的财务风险。财务风险提高，又会引起债务成本和权益成本上升。因此，公司应适度负债，寻求资本成本最小化的资本结构。

② 股利政策。股利政策影响净利润中分配给股东的比例。根据股利折现模型，股利政策是决定权益成本的因素之一。公司改变股利政策，就会引起权益成本的变化。

③ 投资政策。公司的资本成本反映现有资产的平均风险。如果公司向高于现有资产风险的新项目大量投资，公司资产的平均风险就会提高，并使得资本成本上升。因此，公司投资政策变化时资本成本就会发生变化。

一定时期内，国民经济体系中资金供给总量是一定的，而资本是一种稀缺资源，因此企业一次性需要筹集的资金规模越大，占用资金时限越长，资本成本就越高。当然，融资规模、时限与资本成本的正向相关性并非线性关系，一般说来，融资规模在一定限度内，并不引起资本成本的明显变化，当融资规模突破一定限度时，才引起资本成本的明显变化。

## 四、资本成本计算的基本公式

资本成本的计算视资金来源的不同而异。如果资金是借入的，资本成本是借款利率（相对数）或利息额（绝对数）；如果资金是投资者自有的，资本成本按投资者希望获得的报酬来确定，一般为预期的投资报酬率（相对数）或报酬额（绝对数）。

### （一）一般模式

为了便于分析比较，资本成本通常用不考虑时间价值的一般通用模型计算，用相对数即资本成本率表达。计算时，将初期的筹资费用作为筹资额的一项扣除，扣除筹资费用后的筹资额称为筹资净额。资本成本率通用的计算公式是：

$$资本成本率 = \frac{资金占用费}{筹资净额} = \frac{资金占用费}{筹资总额 \times (1 - 筹资费用率)}$$

$$K = \frac{D}{P - F}$$

式中，$K$ 为资本成本率，$D$ 为资金占用费，$P$ 是筹资总额，$F$ 为筹资费用。

### （二）折现模式

对于金额大、时间超过一年的长期资本，更准确一些的资本成本率计算方式是采用折现模式，即将债务未来还本付息或股权未来股利分红的折现值与目前筹资净额相等时的折现率作为资本成本率。

即由：筹资净额现值 - 未来资本清偿额现金流量现值 = 0，可知：

资本成本率（$K$）= 所采用的折现率（$i$）

在预测分析中，资本成本作为“贴现率”，用以计算分析各投资方案的现金流量现值、净现值和现值指数，比较不同的投资方案。

资本成本是一项“财务标准”，它对企业筹资、投资，乃至经营管理都有重要意义。例如，某企业拟与外商合营兴办合资企业，如果中方合作者不投资兴办合资企业，其资本在原来的企业中经营，每年可以获得 12% 的盈利，则这个新合资企业投资的机会成本就是 12%，新合资企业的资金利润率必须大于 12% 这个最低收益率中方企业合作者才有投资价值。

## 五、个别资本成本的计算

个别资本成本是指单一融资方式的资本成本，包括银行借款资本成本、公司债券资本成本、融资租赁资本成本、普通股资本成本和留存收益资本成本等，其中前三类是债务资本成本，后两类是权益资本成本。

### （一）银行借款资本成本的计算

银行借款资本成本主要是指取得借款支付的利息。银行借款资本成本包括借款利息和借款手续费用。利息费用税前支付，可以起抵税作用。一般计算税后资本成本率，税后资本成本率与权益资本成本率具有可比性。计算公式：

$$银行借款资本成本率 = \frac{年利率 \times (1 - 所得税税率)}{1 - 筹资费率} \times 100\%$$

$$K_b = \frac{i(1-T)}{1-f} \times 100\%$$

式中，$K_b$ 为银行借款资本成本率，$i$ 为银行借款年利率，$f$ 为筹资费用率，$T$ 为所得税税率。

对于长期借款，考虑时间价值，还可以用折现模式计算资本成本。

［例 10－1］A 公司取得银行 5 年期借款 1 000 万元，年利息率 8%，每年付息一次，到期一次还本，借款的费用率 0.2%，所得税税率 25%。

A 公司这项长期借款的资本成本如下：

$$K_b = \frac{8\% \times (1-25\%)}{1-0.2\%} \times 100\% = 6.012\%$$

### （二）债券资本成本的计算

债券资本成本包括债券利息和发行费用。债券可以溢价发行，也可以折价发行。债券的资本成本率按一般模式计算。

$$\text{债券资本成本率} = \frac{\text{年利息} \times (1-\text{所得税税率})}{\text{债券筹资总额} \times (1-\text{筹资费率})} \times 100\%$$

$$K_b = \frac{I(1-T)}{L(1-f)} \times 100\%$$

式中，$L$ 为公司债券筹资总额，$I$ 为公司债券的年利息额，其它同上。

［例 10－2］S 企业以 1 100 元的价格溢价发行面值 1 000 元、期限 5 年、票面利率 6% 的公司债券一批。每年付息一次，到期一次还本，发行费用率 3%，所得税税率 25%。该项公司债券的资本成本计算如下：

$$K_b = \frac{1\,000 \times 6\% \times (1-25\%)}{1\,100 \times (1-3\%)} \times 100\% = 4.22\%$$

### （三）融资租赁资本成本的计算

融资租赁各期的租金中，包含有每期本金的偿还和各期手续费用（即租赁公司的各期利润），其资本成本率只能按贴现模式计算。

［例 10－3］D 公司租入一项设备，该设备价值 600 万元，租期 5 年。租赁期满预计残值 5 万元，归租赁公司所有。年利率 10%，每年租金 130 万元。该融资资本成本为：

$$600 - 5 \times (P/F, K_b, 5) = 130 \times (P/A, K_b, 5)$$

按内插法计算，得 $K_b \approx 10\%$。

债务的形式具有多样性，例如，浮动利率债务、利息和本金偿还时间不固定的债务、可转换债券和附带认股权的债务等，使债务成本的估计较为复杂。

在估计债务成本时，还要注意区分债务的历史成本和未来成本。一般来说，作为投资决策和企业价值评估依据的资本成本，分析的是未来借入新债务的成本。现有债务的历史成本主要用于过去业绩的分析，对于未来的决策是不相关的沉没成本。

### （四）普通股资本成本的计算

普通股资本成本主要是指向股东支付的各期股利。由于各期股利并不固定，普通股的资本成本只能按贴现模式计算，并假定各期股利的变化具有一定的规律性。如果是上市公司的普通股，其资本成本还可以根据该公司股票收益率与市场收益率的相关性，按资本资产定价模型法估计。

（1）股利增长模型法

股利增长模型法是假定资本市场有效，股票市场价格与价值相等。普通股股东要求的收益率较高，且通常要求逐年增长。一般公式为：

$$普通股资本成本=\frac{股利\times(1+股利增长率)}{普通股筹资总额\times(1-筹资费率)}+股利增长率$$

如果设股票本期支付的股利为 $D_0$，未来各期股利按 $g$ 速度增长，当前股票市场价格为 $P_0$，$f$ 为筹资费率，则普通股资本成本 $K_s$ 为：

$$K_s=\frac{D_0(1+g)}{P_0(1-f)}\times 100\%+g=\frac{D_1}{P_0(1-f)}\times 100\%+g$$

［例 10－4］Q 公司普通股市价 20 元，筹资费用率 2%，本年发放现金股利每股 0.5 元，预计股利年增长率 10%。

$$K_s=\frac{0.5\times(1+10\%)}{20\times(1-2\%)}\times 100\%+10\%=\frac{0.55}{19.6}\times 100\%+10\%=12.81\%$$

［例 10－5］D 公司普通股每股发行价 100 元，筹资费用率 5%，预计下期每股股利 12 元，以后每年的股利增长率 2%。该公司的普通股成本为：

$$K=\frac{12}{100\times(1-5\%)}\times 100\%+2\%=14.63\%$$

（2）资本资产定价模型法

资本资产定价模型法（CAPM）假定资本市场有效，股票市场价格与价值相等。如果假定无风险报酬率为 $R_f$，市场平均报酬率为 $R_m$，股票的贝塔系数为 $\beta$，普通股资本成本计算公式为：

$$K_s=R_f+\beta(R_m-R_f)$$

［例 10－6］D 公司普通股 $\beta$ 系数为 1.5，此时一年期国债利率 5%，市场平均报酬率 12%。则该普通股资本成本率为：

$$K_s=5\%+1.5\times(12\%-5\%)=15.5\%$$

（3）无风险利率加风险溢价法

无风险利率加风险溢价法是鉴于普通股的求偿权在债权和优先股之后，所以持有普通股的风险要大于持有债权的风险。在这种情况下，普通股股票持有人就有必要要求一定的风险补偿，即普通股期限收益率超出无风险利率的那部分风险补价 $R_P$。在这种方法下，普通股资本成本率计算公式为：

$K_s = R_f + R_P$

[例 10-7] D 公司普通股的风险溢价估计为 8%，此时无风险利率 4%，则该公司普通股资本成本率为：

$K_s = 8\% + 4\% = 12\%$

### （五）优先股资本成本的计算

优先股资本成本是企业所发行的优先股股票的成本。优先股要支付筹资费用，股息也要定期支付。但与债券利息不同，股息是以税后净利支付的，也没有固定的到期日。计算公式为：

$$\text{优先股资本成本率} = \frac{\text{优先股总额年股息额}}{\text{优先股筹资总额} \times (1 - \text{筹资费率})} \times 100\%$$

$$K_s = \frac{D}{P_0(1-f)} \times 100\%$$

式中，$D$ 为优先股年股息额，$P_0$ 是按发行价格计算的优先股筹资总额，$f$ 为筹资费率。

[例 10-8] S 公司拟发行一部分优先股股票，股票面值 130 万元，按溢价计算为 150 万元，筹资费率 4%，年股息率 15%。则优先股成本率为：

$$\text{优先股成本率} = \frac{130 \times 15\%}{150 \times (1 - 4\%)} \times 100\% = 13.54\%$$

当企业资产不足抵债时，优先股股票持有人的索赔权，次于债券持有人，而先于普通股股票持有人。所以优先股股票持有人的投资风险大于债券持有人，这使优先股股息率一般要高于债券利率，发行优先股股票筹资费也较高，而且支付优先股股息是从税后利润支付的，并不会减少企业应缴的所得税。所以，优先股成本率明显地高于债券成本率。但是，优先股股票筹集的资金属于企业自有资金，企业可长期占用，不能退股，因此在一定条件下，企业乐于采用这种能增加企业产权的筹资方式。

### （六）留存收益资本成本的计算

留存收益是企业税后净利形成的，是一种所有者权益，其实质是所有者向企业追加股权投资。企业利用留存收益筹资无需发生筹资费用。如果企业将留存收益用于再投资，所获得的收益率低于股东自己进行一项风险相似的投资项目的收益率，企业就应该将其分配给股东。留存收益的资本成本率表现为股东追加投资要求的报酬率，其计算与普通股成本相同，不同点在于留存收益资本成本率不考虑筹资费用。

留存收益成本的估算比债务成本的估算更难，这是因为很难对诸如企业未来发展前景及股东对未来风险所要求的风险溢价作出准确的测定。计算留存收益资本成本的方法很多，主要有股利增长模型法和资本资产定价模型法。

（1）股利增长模型法

股利增长模型法是依照股票投资的收益率不断提高的思路计算留存收益成本。一般假定收益以固定的年增长率递增，则留存收益成本的计算公式为：

$$K_s = \frac{D_1}{P_0} \times 100\% + G$$

式中，$K_s$ 是留存收益成本，$D_1$ 是预期年股利额，$P_0$ 是普通股市价，$G$ 是普通股利年增长率。

［例 10－9］T 公司普通股目前市价 56 元。估计股利年增长率 12%，本年发放股利 2 元。则：

$$D_1 = 2 \times (1 + 12\%) = 2.24 \text{（元）}$$

$$K_S = \frac{2.24}{56} \times 100\% + 12\% = 16\%$$

（2）资本资产定价模型法

资本资产定价模型法是按照资本资产定价模型计算留存收益资本成本的方法。计算公式为：

$$K_s = R_f + \beta(R_m - R_f)$$

式中，$R_f$ 是无风险报酬率，$\beta$ 是股票的贝塔系数，$R_m$ 是股票平均必要报酬率。

［例 10－10］某期间证券市场的无风险报酬率为 10%，平均风险股票必要报酬率为 14%，Q 公司普通股 $\beta$ 值为 1.2。留存收益资本成本为：

$$K_s = 10\% + 1.2 \times (14\% - 10\%) = 14.8\%$$

投资者购买股票是为了收益，但收益与风险始终是一对矛盾：收益高，风险大；风险小，收益相对就少。根据风险与收益对等原则，一般情况下各筹资方式的资本成本由小到大依次为：银行借款、公司债券、优先股、留存收益、普通股等。

## 六、综合资本成本的计算

综合资本成本是指多元化融资方式下的综合资本成本，反映了企业资本成本整体水平的高低。在衡量和评价单一融资方案时，需要计算个别资本成本；在衡量和评价企业筹资总体的经济性时，需要计算企业的综合资本成本。综合资本成本用于衡量企业资本成本水平，确立企业理想的资本结构。

企业综合资本成本，是以各项个别资本在企业总资本中的比重为权数将资本成本进行加权平均而得到的总资本成本。计算公式为：

$$K_w = \sum_{j=1}^{n} K_j W_j$$

式中，$K_w$ 是综合资本成本，$K_j$ 是第 $j$ 种个别资本成本，$W_j$ 是第 $j$ 种个别资本在全部资本中的比重（权数）。

综合资本成本的计算，存在权数价值的选择问题，即各项个别资本按什么权数确定资本比重。确定基础可选择账面价值、市场价值、目标价值等权数计算。

(1) 账面价值权数

账面价值权数即以各项个别资本的会计报表账面价值为基础来计算资本权数，确定各类资本占总资本的比重。其优点是资料容易取得，可以直接从资产负债表中得到，而且计算结果比较稳定。其缺点是，当债券和股票的市价与账面价值差距较大时，导致按账面价值计算出来的资本成本不能反映目前从资本市场上筹集资本的现时机会成本，不适合评价现时的资本结构。

[例 10-11] R 公司账面价值，现有资金总额 10 000 万元，其中，长期借款3 000 万元，公司债券 3 500 万元，普通股 3 000 万元，留存收益 500 万元，其资本成本率分别为 4%、6%、14% 和 13%。计算该企业的综合资本成本率，需先计算各种资金所占的比重：

长期借款占资金总额的比重 = 3 000 ÷ 10 000 = 0.3

公司债权占资金总额的比重 = 3 500 ÷ 10 000 = 0.35

普通股占资金总额的比重 = 3 000 ÷ 10 000 = 0.3

留存收益占资金总额的比重 = 500 ÷ 10 000 = 0.05

再计算综合资本成本（加权）：

$K_w = 0.3 \times 4\% + 0.35 \times 6\% + 0.3 \times 14\% + 0.05 \times 13\% = 8.15\%$

(2) 市场价值权数

市场价值权数即以各项个别资本的现行市价为基础来计算资本权数，确定各类资本占总资本的比重。其优点是能够反映现时的资本成本水平，有利于进行资本结构决策。但现行市价处于经常变动之中，不容易取得，而且现行市价反映的只是现时的资本结构，不适用未来的筹资决策。

(3) 目标价值权数

目标价值权数即以各项个别资本预计的未来价值为基础来确定资本权数，确定各类资本占总资本的比重。目标价值是目标资本结构要求下的产物，是公司筹措和使用资金对资本结构的一种要求。对于公司筹措新资金，需要反映期望的资本结构来说，目标价值是有益的，适用于未来的筹资决策，但目标价值的确定难免具有主观性，从而使这种计算方法不易推广。

## 七、边际资本成本

### （一）边际资本成本的概念

由于任何一个公司都不可能以一个既定的资金成本筹集到无限多的资金，超过一定限度，资金成本就会变化。

边际资本成本（MCC，Marginal Cost of Capital），是指企业追加筹资的成本，即每增加一个单位资金而增加的资金成本。在现实中，边际资本成本通常在某一筹资区间内保持稳定，当企业以某种筹资方式筹资超过一定限度时，边际资本成本会提高，此时即使企业保持原有的资本结构，也仍有可能导致加权综合资本成本提高。追加筹资时，不能仅仅考虑目前所使用的资金的成本，还要考虑为投资项目新筹集的资金的成本，这就需要计算资金的边际成本。

企业追加筹资有时可能只采取一种筹资方式。但在筹资数额较大，或目标资本结构既定的情况下，往往需要通过多种筹资方式的组合来实现。这时，边际资本成本应该按加权平均法计算，而且其资本比例必须以市场价值确定。

[**例** 10－12] S公司目标资本结构为：债务20%，优先股30%，普通股权益（包括普通股和留存收益）50%。现拟追加筹资200万元，个别资本成本预计为：债务10%，优先股12%，普通股15%。计算追加筹资200万元的边际资本成本如表10－1。

**表10－1　S公司边际资本成本计算表**

| 个别资本 | 目标结构（%） | 追加筹资（市场价值） | 个别资本成本（%） | 加权平均资本成本（%） |
|---|---|---|---|---|
| | ① | ②＝①×②合计 | ③ | ④＝①×③ |
| 债务 | 20 | 40 | 10 | 2.0 |
| 优先股 | 30 | 60 | 12 | 3.6 |
| 普通股 | 50 | 100 | 15 | 7.5 |
| 合计 | 100 | 200 | | 13.1 |

当企业拟筹资进行某项投资时，应以边际资本成本作为评价该项目可行性的经济标准，根据边际资本成本进行投资方案取舍。

**（二）边际资本成本规划**

在未来追加筹资过程中，为了便于比较选择不同规模范围内的筹资组合，企业可以预先计算不同筹资规模的边际资本成本，并以表或图的形式表示其动态的资本成本变化过程，以便明显地观察其动态变化。

边际资本成本规划四个步骤：第一，确定目标资本结构；第二，测算个别资本的成本率；第三，计算筹资总额分界点；第四，计算边际资本成本。

筹资分界点是指在保持某资本成本率的条件下，可以筹集到的资金总额度。一旦筹资额超过筹资分界点，即使维持现有的资本结构，其资本成本率也会增加。

$$\text{筹资总额分界点} = \frac{\text{某种筹资方式的成本分界点}}{\text{目标资金结构中该种筹资方式所占比重}}$$

根据计算出的分界点，可得出若干组新的筹资范围，对各筹资范围分别计算加权综合资本成本，即可得到各种筹资范围的边际资本成本。

［例 10－13］S 公司目前有资金 100 万元，其中长期债务 20 万元，普通股权益（含留存收益）80 万元。为了适应追加投资的需要，公司准备筹措新资。试测算追加筹资的边际资本成本。

第 1 步，确定目标资本结构。经分析测算后，S 公司的财务人员认为目前的资本结构处于目标资本结构范围，在今后增资时应予保持，即长期债务 20%，普通股权益 80%。

第 2 步，测算确定个别资本成本。财务人员分析了资本市场状况和公司的筹资能力，认为随着公司筹资规模的不断增加，各种资金的成本率也会增加，测算结果如表 10－2 所示。

**表 10－2　S 公司筹资资料**

| 筹资方式 | 目标资本结构① | 追加筹资数额范围② | 个别资本成本率③（%） |
|---|---|---|---|
| 长期债务 | 0.2 | 10 000 以下<br>10 000 ～ 40 000<br>40 000 以上 | 6<br>7<br>8 |
| 普通股 | 0.8 | 22 500 以下<br>22 500 ～ 75 000<br>75 000 以上 | 14<br>15<br>16 |

第 3 步，计算筹资总额分界点。S 公司计算的筹资总额分界点如表 10－3 所示。

**表 10－3　S 公司筹资总额分界点计算表**

| 筹资方式 | 个别资本成本率（%） | 筹资范围（元） | 筹资总额分界点（元） | 筹资总额范围（元） |
|---|---|---|---|---|
| 长期债务 | 6<br>7<br>8 | 10 000 以下<br>10 000 ～ 40 000<br>40 000 以上 | 10 000 ÷ 0.2 = 50 000<br>40 000 ÷ 0.2 = 200 000<br>— | 50 000 以下<br>50 000 ～ 200 000<br>200 000 以上 |
| 普通股 | 14<br>15<br>16 | 22 500 以下<br>22 500 ～ 75 000<br>75 000 以上 | 22 500 ÷ 0.8 = 28 125<br>75 000 ÷ 0.8 = 93 750<br>— | 28 125 以下<br>28 125 ～ 93 750<br>93 750 以上 |

表 10－2 中，分界点是指特定筹资方式成本变化的分界点。例如，对长期债务而言，在 10 000 元以内，其成本为 6%，而在目标资本结构中，债务的比重为 20%，这表明债务成本由 6% 上升到 7% 之前，企业可筹集 50 000 元的资金。当筹资总额在

50 000 ～ 200 000 元之间时，债务成本上升到 7%。

第 4 步，计算边际资本成本。根据第 3 步计算的筹资总额分界点可得出如下五组新的筹资范围：①28 125 元以下；②28 125 ～ 50 000 元；③50 000 ～ 93 750 元；④93 750 ～ 200 000 元；⑤200 000 元以上。对这五个筹资总额范围分别测算其加权资本成本，可得各种筹资范围资金的边际成本，计算过程如表 10 -4 所示。

**表 10 -4　边际资本成本计算表**

| | 筹资总额范围（元） | 筹资方式 | 目标资本结构（%） | 个别资本成本（%） | 边际资本成本（%） |
|---|---|---|---|---|---|
| 1 | 0 ～ 28 125 | 长期债务 | 20 | 6 | 1. 2 |
| | | 普通股 | 80 | 14 | 11. 2 |
| | | | 第一个范围的边际资本成本 = 12. 4% | | |
| 2 | 28 125 ～ 50 000 | 长期债务 | 20 | 6 | 1. 2 |
| | | 普通股 | 80 | 15 | 12 |
| | | | 第二个范围的边际资本成本 = 13. 2% | | |
| 3 | 50 000 ～ 93 750 | 长期债务 | 20 | 7 | 1. 4 |
| | | 普通股 | 80 | 15 | 12 |
| | | | 第三个范围的边际资本成本 = 13. 4% | | |
| 4 | 93 750 ～ 200 000 | 长期债务 | 20 | 7 | 1. 4 |
| | | 普通股 | 80 | 16 | 12. 8 |
| | | | 第四个范围的边际资本成本 = 14. 2% | | |
| 5 | 200 000 以上 | 长期债务 | 20 | 8 | 1. 6 |
| | | 普通股 | 80 | 16 | 12. 8 |
| | | | 第五个范围的边际资本成本 = 14. 4% | | |

## 第 2 节　杠杆效应

财务管理中存在着类似于物理学中的杠杆效应，表现为：由于特定固定支出或费用的存在，导致当某一财务变量以较小幅度变动时，另一相关变量会以较大幅度变动。财务管理中的杠杆效应包括经营杠杆、财务杠杆和总杠杆三种效应形式。杠杆效应既可以产生杠杆利益，也可能带来杠杆风险。

## 一、成本习性、边际贡献与息税前利润

### （一）成本习性及分类

成本习性是指成本总额与业务量之间在数量上的依存关系。成本按习性可划分为固定成本、变动成本和混合成本三类。

（1）固定成本

固定成本是指在一定时期和一定业务量范围内其总额不随业务量发生任何变动，保持相对稳定的那部分成本。随着产量的增加，它将分配给更多数量的产品，也就是说，单位固定成本将随产量的增加而逐渐变小。属于固定成本的主要有按直线法计提的折旧费、保险费、管理人员工资、办公费等。

固定成本还可进一步区分为约束性固定成本和酌量性固定成本两类。

① 约束性固定成本。属于企业“经营能力”成本，是企业为维持一定的业务量所必须负担的最低成本，如厂房、机器设备折旧费、长期租赁费等。企业的经营能力一经形成，在短期内很难有重大改变，因而这部分成本具有很大的约束性，管理当局的决策行动不能轻易改变其数额。要想降低约束性固定成本，只能从合理利用经营能力入手。

② 酌量性固定成本。属于企业“经营方针”成本，是企业根据经营方针确定的一定时期（通常为一年）的成本，如广告费、研究与开发费、职工培训费等。这部分成本的发生，可以针对企业经营方针和财务状况的变化，斟酌其开支情况。因此，要降低酌量性固定成本，就要在预算时精打细算，合理确定这部分成本的数额。

应当指出的是，固定成本总额只是在一定时期和业务量的一定范围内保持不变。这里所说的一定范围，通常为相关范围，超过了相关范围，固定成本也会发生变动。因此，固定成本必须和一定时期、一定业务量联系起来进行分析。从较长时间来看，所有的成本都在变化，没有绝对不变的固定成本。

（2）变动成本

变动成本是指在特定产量范围内其总额随着业务量成正比例变动的那部分成本。直接材料、直接人工等都属于变动成本。但从产品单位成本看，直接材料、直接人工将保持不变。

与固定成本相同，变动成本也存在相关范围，即只有在一定范围之内，产量和成本才能完全成同比例变化，即完全的线性关系，超过了一定的范围，这种关系就不存在。例如，当一种新产品还是小批量生产时，由于生产还处于成熟阶段，直接材料和直接人工耗费可能较多，随着产量的增加，工人对生产过程逐渐熟练，可使单位产品的材料和人工费用降低。在这一阶段，变动成本不一定与产量完全成同比例变化，而是表现为小于产量增减幅度。在这以后，生产过程比较稳定，变动成本与产量成同比

例变动，这一阶段的产量便是变动成本的相关范围。然而，当产量达到一定程度后，再大幅度增产可能会出现一些新的不利因素，使成本的增长幅度大于产量的增长幅度。

（3）混合成本

有些成本虽然也随业务量的变动而变动，但不成同比例变动，这类成本称为混合成本。混合成本按其与业务量的关系又可分为半变动成本、阶梯式成本、延期式成本和曲线成本，见图 10 - 1 ～ 图 10 - 5。

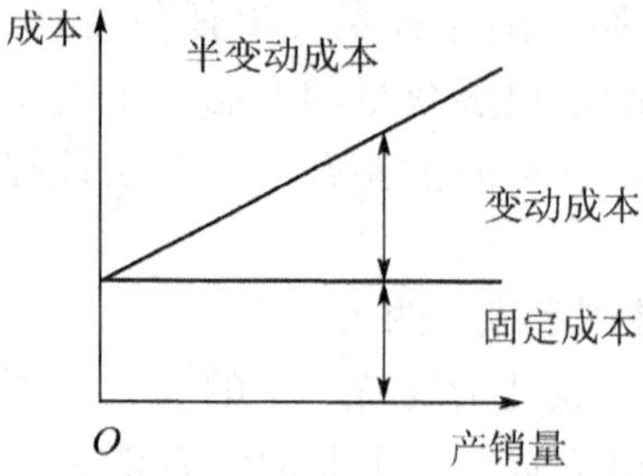


图 10 - 1　半变动成本习性模型

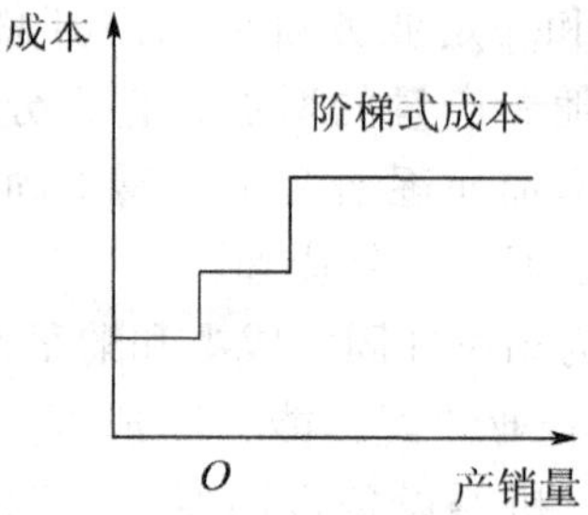


图 10 - 2　阶梯式成本习性模型

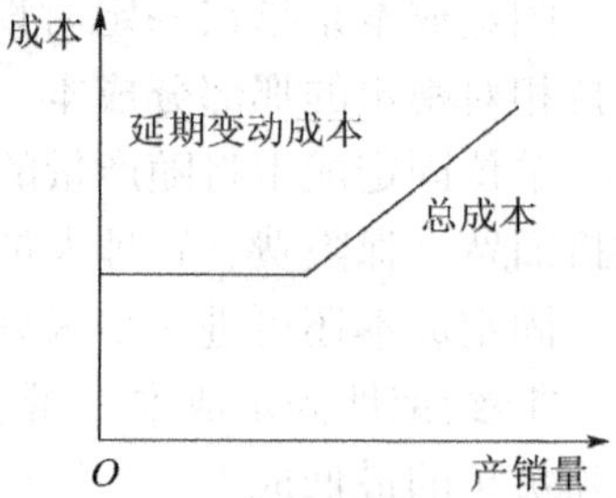


图 10 - 3　延期变动成本习性模型

① 半变动成本。它通常有一个初始量，类似于固定成本，在这个初始量的基础上随产量的增长而增长，又类似于变动成本。例如，在租用机器设备时，有的租约规定租金同时按两种标准计算：一是每年支付一定租金数额（固定部分）；二是每运转一小时支付一定租金数额（变动部分）。

② 阶梯式成本。这类成本随产量的变化而呈阶梯形增长，产量在一定限度内，这种成本不变，当产量增长到一定限度后，这种成本就跳跃到一个新水平。化验员、质量检查人员的工资属于这类成本。

③ 延期式成本。指在一定业务范围内，成本总额保持相对稳定，超过特定业务量则成本开始随业务量成比例增长的成本。

④ 曲线成本。指总额随产量增长呈曲线增长的成本。这种成本和产量有线性关系，但不是直线关系。

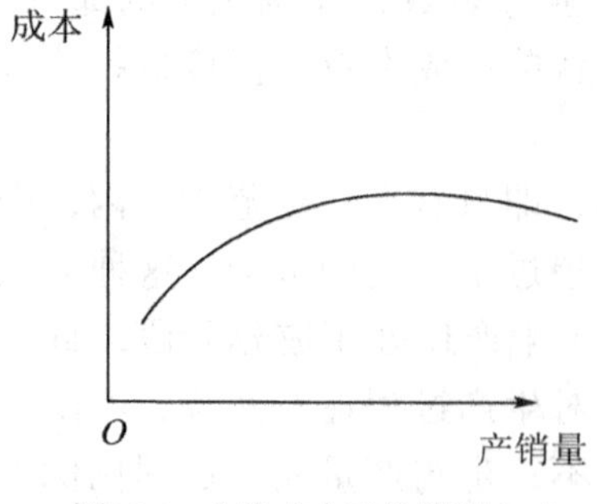


图10-4　曲线成本习性模型(一)

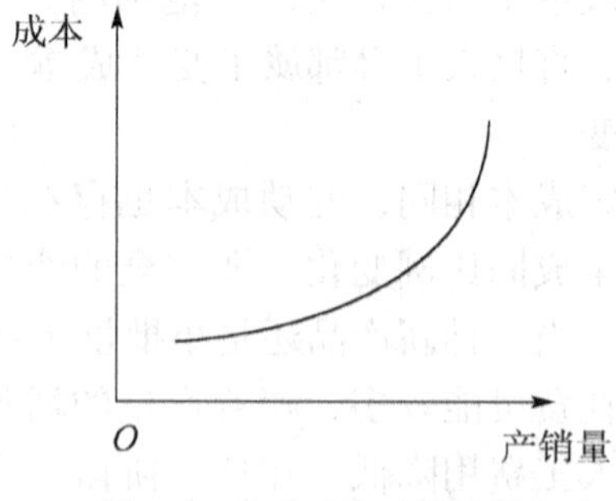


图10-5　曲线成本习性模型(二)

企业发生的大量费用都属于混合成本。为了经营管理的需要，必须把混合成本分为固定成本与变动成本两个部分。分解的方法很多，常用和简单的方法是高低点法。

高低点法就是取某一时期中最高业务和最低业务这两点下的成本进行对比，然后把成本分解为变动成本和固定成本的一种方法。

$$单位变动成本（b）=\frac{最高点最低点之间的成本差异数}{最高点最低点之间的业务量差异数}$$

$$固定成本（a）=\begin{matrix}最高（或最低）点业务\\量下的总成本（y）\end{matrix}-b\times\begin{matrix}最高（或最低）\\点的业务量（x）\end{matrix}$$

［**例 10－14**］S 企业 20×9 年上半年各月实际发生的机器工作小时和维修成本资料如表 10－5。

**表 10－5　机器工作小时及维修成本**

| 月份 | 1 | 2 | 3 | 4 | 5 | 6 |
|---|---|---|---|---|---|---|
| 机器工作小时 | 14 000 | 11 500 | 16 000 | 18 000 | 11 000 | 13 000 |
| 维修成本（元） | 16 000 | 18 400 | 21 000 | 27 000 | 19 000 | 19 000 |

最高业务量是 4 月份、最低业务量是 5 月份，分别取这两点上的数字进行计算。

$$单位变动成本=\frac{27\,000-19\,000}{18\,000-11\,000}=1.143（元／工时）$$

$$固定成本=27\,000-1.143\times18\,000=6\,426（元）$$

$$或\qquad=19\,000-1.143\times11\,000=6427（元）$$

注：6 426 元与 6 427 元之间差 1 元，是由单位变动成本之尾差引起的，不必介意。

（4）总成本习性模型

成本按习性可分为变动成本、固定成本和混合成本三类。

混合成本又可以按一定方法分解成变动部分和固定部分。可表示为：

$y=a+bx$

式中，$y$ 为总成本，$a$ 为固定成本，$b$ 为单位变动成本，$x$ 为业务量（如产销量，这里假定产量与销量相等，下同）。

显然，若能求出公式中 $a$ 和 $b$ 的值，就可以利用这个直线方程进行成本预测、成本决策和其他短期决策。

### （二）边际贡献及其计算

边际贡献指销售收入减去变动成本以后的差额。计算公式为：

边际贡献＝销售收入－变动成本＝（销售单价－单位变动成本）×产销量

　　　　＝单位边际贡献×产销量

若以 $M$ 表示边际贡献，$p$ 表示销售单价，$b$ 表示单位变动成本，$x$ 表示产销量，$m$

表示单位边际贡献，则上式可表示为：

$$M = px - bx = (p - b)x = mx$$

### （三）息税前利润及其计算

息税前利润指企业支付利息和交纳所得税前的利润。其计算公式为：

息税前利润＝销售收入总额－变动成本总额－固定成本

＝（销售单价－单位变动成本）×产销量－固定成本

＝边际贡献总额－固定成本

若以 EBIT 表示息税前利润，$a$ 表示固定成本，则上式可表示为：

$$\text{EBIT} = px - bx - a = (p - b)x - a = M - a$$

式中，固定成本和变动成本中不应包括利息费用因素。息税前利润也可以用利润总额加上利息费用求得。

## 二、经营杠杆效应

### （一）经营杠杆

经营杠杆指由于固定性经营成本的存在使企业的资产报酬（息税前利润）变动率大于业务量变动率的现象。经营杠杆反映了资产报酬的波动性，用以评价企业的经营风险。用息税前利润（EBIT）表示资产总报酬，则有公式：

$$\text{EBIT} = S - V - F = (P - V_c)Q - F = M - F$$

式中，EBIT 为息税前利润，$S$ 为销售额，$V$ 为变动性经营成本，$F$ 为固定性经营成本，$Q$ 为产销量，$P$ 为销售单价，$V_c$ 为单位变动成本，$M$ 为边际贡献。

息税前利润的计算公式中，影响它的因素包括产品售价、产品需求、产品成本等。当产品成本中存在固定成本时，如果其他条件不变，产销量的增加虽然不会改变固定成本总额，但会降低单位产品分摊的固定成本，从而提高单位产品利润，使息税前利润的增长率大于产销量的增长率，进而产生经营杠杆效应。当不存在固定性经营成本时，所有成本都是变动性经营成本，边际贡献等于息税前利润，此时息税前利润变动率与产销量的变动率完全一致。

### （二）经营杠杆系数

只要存在固定性经营成本，就会存在经营杠杆效应。但不同的产销量，其经营杠杆效应的大小程度是不一致的。测算经营杠杆效应程度，常用指标为经营杠杆系数。

经营杠杆系数（DOL，Degree of Operating Leverage），是息税前利润变动率与产销量变动率的比：

$$\text{DOL} = \frac{\text{息税前利润变动率}}{\text{产销量变动率}} = \frac{\Delta\text{EBIT}/\text{EBIT}}{\Delta S/S}$$

式中，DOL 为经营杠杆系数，ΔEBIT 为息税前利润变动额，$\Delta S$ 为产销量变动值。

上式经整理，经营杠杆系数的计算也可以简化为：

$$\text{DOL} = \frac{\text{基期边际贡献}}{\text{基期息税前利润}} = \frac{M}{M-F} = \frac{\text{EBIT}+F}{\text{EBIT}}$$

[例 10－15] D公司产销某种服装，固定成本5 000万元，变动成本率70%。年产销额50 000万元时，变动成本35 000万元，固定成本5 000万元，息税前利润10 000万元；年产销额70 000万元时，变动成本49 000万元，固定成本仍为5 000万元，息税前利润16 000万元。经营杠杆系数为：

$\Delta S = 70\,000 - 50\,000 = 20\,000$（万元）

$\Delta\text{EBIT} = (70\,000 - 49\,000 - 5\,000) - 10\,000 = 6\,000$（万元）

$$\text{DOL} = \frac{\Delta\text{EBIT}/\text{EBIT}}{\Delta S/S} = \frac{6\,000}{10\,000} \div \frac{20\,000}{50\,000} = 1.5$$

还可计算为：

$$\text{DOL} = \frac{M}{M-F} = \frac{50\,000 \times 30\%}{10\,000} = 1.5$$

即D公司产销量增长了40%，息税前利润增长了60%，经营杠杆系数为1.5倍。

[例 10－16] M公司固定成本总额400万元，变动成本率60%，在营业额2 000万元时，息税前利润400万元。则营业杠杆系数为：

$$\text{DOL} = \frac{S - V_C}{S - V_C - F} = \frac{2000 - 2000 \times 60\%}{2000 - 2000 \times 60\% - 400} = 2$$

或计算为：$\text{DOL} = 1 + \frac{F}{\text{EBIT}} = 1 + \frac{400}{400} = 2$

M公司经营杠杆系数的经济意义是：当销售额（营业额）增长1倍时，息税前利润将增长2倍；反之，当销售额（营业额）下降1倍时，息税前利润将下降2倍。

### （三）经营杠杆与经营风险的关系

经营风险是指企业由于生产经营上的原因而导致的资产报酬波动的风险，主要原因是市场需求和生产成本等因素的不确定性。经营杠杆本身并不是资产报酬不确定的根源，只是资产报酬波动的表现。但是，经营杠杆放大了市场和生产等因素变化对利润波动的影响。经营杠杆系数越高，表明资产报酬等利润波动程度越大，经营风险也就越大。根据经营杠杆系数的计算公式可导出：

$$\text{DOL} = \frac{\text{EBIT}+F}{\text{EBIT}} = 1 + \frac{F}{\text{EBIT}}$$

上式表明，在企业不发生经营性亏损、息税前利润为正的前提下，经营杠杆系数最低为1，不会为负数；只要有固定性经营成本存在，经营杠杆系数总是大于1。

影响经营杠杆系数的因素包括企业成本结构中的固定成本比重和息税前利润水平。其中，息税前利润水平又受产品销售数量、销售价格、成本水平（单位变动成本和固定成本总额）高低的影响。固定成本比重越高、成本水平越高、产品销售数量和销售价格水平越低，经营杠杆系数越大，反之亦然。

［例 10－17］K 公司生产 A 产品，固定成本 1 000 万元，变动成本率 60%，当销售额分别为 10 000 万元、5 000 万元、2 500 万元时，经营杠杆系数可计算为：

$$DOL_{10\,000}=\frac{10\,000-10\,000\times 60\%}{10\,000-10\,000\times 60\%-1\,000}=1.33$$

$$DOL_{5\,000}=\frac{5\,000-5\,000\times 60\%}{5\,000-5\,000\times 60\%-1\,000}=2$$

$$DOL_{2\,500}=\frac{2\,500-2\,500\times 60\%}{2\,500-2\,500\times 60\%-1\,000}=\infty$$

结果表明：在其他因素不变的情况下，销售额越小，经营杠杆系数越大，经营风险也就越大，反之亦然。如销售额为 10 000 万元时，DOL 为 1.33，销售额为 5 000 万元时，DOL 为 2，显然后者的不稳定性大于前者，经营风险也大于前者。在销售额处于盈亏临界点 2 500 万元时，经营杠杆系数趋于无穷大，此时表明该企业销售额稍有减少便会导致更大的亏损。

从成本角度讲，在企业全部成本中，固定成本所占比重较大时，单位产品分摊的固定成本额就多。若产销量发生变动，单位产品分摊的固定成本会随之变动，从而导致利润更大幅度地变动，经营风险就大；反之，经营风险就小。

## 三、财务杠杆效应

### （一）财务杠杆

一般地讲，企业在经营中总会发生借入资本。企业负债经营，不论利润多少，债务利息是不变的。因此，当利润增大时，每 1 元利润所负担的利息就会相对地减少，从而使投资者收益有更大幅度的提高。这种债务对投资者收益的影响称为财务杠杆。

只要在企业的筹资方式中有固定财务费用支出的债务，就会存在财务杠杆效应。财务杠杆是指由于固定性资本成本的存在，而使得企业的普通股收益（或每股收益）变动率大于息税前利润变动率的现象。财务杠杆反映了股权资本报酬的波动性，用以评价企业的财务风险。用普通股收益或每股收益表示普通股权益资本报酬，则有：

$$TE=(EBIT-I)(1-T)$$

$$EPS=\frac{(EBIT-I)(1-T)}{N}$$

式中，TE 为全部普通股净收益，EPS 为每股收益，$I$ 为债务资本利息，$T$ 为所得税税率，$N$ 为普通股股数。

看来，影响普通股收益的因素包括资产报酬、资本成本、所得税税率等因素。在其他条件不变时，固定利息费用等资本成本存在，息税前利润的增加虽然不改变固定利息费用总额，但会降低每一元息税前利润分摊的利息费用，从而提高每股收益，使得普通股收益的增长率大于息税前利润的增长率，进而产生财务杠杆效应。当不存在固定利息、股息等资本成本时，息税前利润就是利润总额，此时利润总额变动率与息税前利润变动率完全一致。如果两期所得税税率和普通股股数保持不变，每股收益的变动率与利润总额变动率也完全一致，进而与息税前利润变动率一致。

### （二）财务杠杆系数

只要企业融资方式中存在固定性资本成本，就存在财务杠杆效应。如固定利息、固定融资租赁费等的存在，都会产生财务杠杆效应。在同一固定的资本成本支付水平上，不同的息税前利润水平对固定的资本成本的承受负担是不一样的，其财务杠杆效应的大小程度是不一致的。测算财务杠杆效应程度，常用指标为财务杠杆系数。财务杠杆系数（DFL，Degree of Financial Leverage）是每股收益变动率与息税前利润变动率的倍数：

$$\text{DFL}=\frac{\text{每股收益变动率}}{\text{息税前利润变动率}}=\frac{\Delta \text{EPS}/\text{EPS}}{\Delta \text{EBIT}/\text{EBIT}}$$

上式经整理，财务杠杆系数的计算也可以简化为：

$$\text{DFL}=\frac{\text{息税前利润总额}}{\text{息税前利润总额}-\text{利息}}=\frac{\text{EBIT}}{\text{EBIT}-I}$$

［例 10－18］M 公司全部资本 750 万元，债务资本比 40%，债务利率 12%，息税前利润 80 万元。则财务杠杆系数可计算为：

$$\text{DFL}=\frac{\text{EBIT}}{\text{EBIT}-I}=\frac{80}{80-750\times 40\%\times 12\%}=1.82$$

M 公司财务杠杆系数 1.82 的含义是，当息税前利润增长 1 倍时，普通股每股利润将增长 1.82 倍；反之，当息税前利润下降 1 倍时，普通股每股利润将下降 1.82 倍。当资本结构、利率、息税前利润等因素发生一定变化时，财务杠杆系数也会发生变动，从而表示不同程度的财务杠杆利益和财务风险。

［例 10－19］A、B、C 三个公司的资本总额均为 1 000 万元，所得税税率均为 25%，每股面值均为 1 元。A 公司资本全部由普通股组成；B 公司债务资本 300 万元（利率 10%），普通股 700 万元；C 公司债务资本 500 万元（利率 10.8%），普通股 500 万元。三个公司 20×1 年 EBIT 均为 200 万元，20×2 年 EBIT 均为 300 万元，EBIT 增长了 50%。有关财务指标如表 10－6 所示。

表 10－6　A、B、C 公司普通股收益及财务杠杆的计算

| 利润项目 | | A 公司 | B 公司 | C 公司 |
|---|---|---|---|---|
| 普通股股数（万股） | | 1 000 | 700 | 500 |
| 息税前利润（EBIT，万元） | 20×1 年 | 200 | 200 | 200 |
| | 20×2 年 | 300 | 300 | 300 |
| | 增长率 | 50% | 50% | 50% |
| 净利润（万元） | 20×1 年 | 150 | 120 | 96 |
| | 20×2 年 | 225 | 195 | 171 |
| | 增长率 | 50% | 62.5% | 78.13% |
| 普通股收益（万元） | 20×1 年 | 150 | 120 | 96 |
| | 20×2 年 | 225 | 195 | 171 |
| | 增长率 | 50% | 62.5% | 78.13% |
| 每股收益（元/股） | 20×1 年 | 0.15 | 0.171 | 0.192 |
| | 20×2 年 | 0.225 | 0.279 | 0.342 |
| | 增长率 | 50% | 63.16% | 78.13% |
| 财务杠杆系数 | | 1.00 | 1.26 | 1.56 |

可见，资本成本固定型的资本所占比重越高，财务杠杆系数就越大。A 公司由于不存在固定资本成本的资本，没有财务杠杆效应；B 公司存在债务资本，其普通股收益增长幅度是息税前利润增长幅度的 1.26 倍；C 公司存在债务资本，并且债务资本的比重比 B 公司高，其普通股收益增长幅度是息税前利润增长幅度的 1.56 倍。

### （三）财务杠杆与财务风险的关系

财务风险是指由于筹资原因产生的资本成本负担而导致普通股收益波动的风险，主要原因是资产报酬的不利变化和资本成本的固定负担。由于财务杠杆的作用，当企业的息税前利润下降时，企业仍然需要支付固定的资本成本，导致普通股剩余收益以更快的速度下降。财务杠杆放大了资产报酬变化对普通股收益的影响，财务杠杆系数越高，表明普通股收益的波动程度越大，财务风险也就越大。只要有固定性资本成本存在，财务杠杆系数总是大于 1。

影响财务杠杆的因素包括企业资本结构中债务资本比重、普通股收益水平、所得税税率水平。其中，普通股收益水平又受息税前利润、固定资本成本（利息）高低的影响。债务成本比重越高，固定的资本成本支付额越高，息税前利润水平越低，财务杠杆效应越大；反之亦然。

[例10－20] 在表10－6的计算中，A、B、C三个公司20×2年的财务杠杆系数分别为1.00、1.26、1.56。这表明，当EBIT下降时，A公司的EPS与之同步下降，而B公司和C公司的EPS会以更大的幅度下降。导致A、B、C三个公司EPS不为负数的EBIT最大降幅，如表10－7。

表10－7 A、B、C三个公司EPS不为负数的EBIT最大降幅

| | DFL | EPS降低 | EBIT降低 |
|---|---|---|---|
| A公司 | 1.00 | 100% | 100% |
| B公司 | 1.26 | 100% | 79.37% |
| C公司 | 1.56 | 100% | 64.10% |

结果表明，A公司EBIT降低100%，B公司EBIT降低79.37%，C公司EBIT降低64.10%，普通股收益都会出现亏损。还有，C公司不能支付利息、不能满足普通股股利要求的财务风险远高于其他公司。这也说明，当债务资本比率较高时，投资者将负担较多的债务成本，并经受较多的负债作用所引起的收益变动的冲击，从而加大财务风险；反之，当债务资本比率较低时，财务风险就小。

## 四、总杠杆效应

### （一）总杠杆

总杠杆指由于固定经营成本和固定资本成本的存在，导致普通股每股收益变动率大于产销量变动率的现象。

经营杠杆和财务杠杆可以独自发挥作用，也可以综合发挥作用，总杠杆是用来反映两者之间共同作用结果的，即权益资本报酬与产销量之间的变动关系。由于固定性经营成本的存在，产生经营杠杆效应，导致产销量变动对息税前利润变动有放大作用；同样，由于固定性资本成本的存在，产生财务杠杆效应，导致息税前利润变动对普通股每股收益有放大作用。两种杠杆共同作用，将导致产销量的变动引起普通股每股收益更大的变动。

### （二）总杠杆系数

只要企业同时存在固定性经营成本和固定性资本成本，就存在总杠杆效应。产销量变动通过息税前利润的变动，传导至普通股收益，使得每股收益发生更大的变动。

用总杠杆系数（DTL，Degree of Total Leverage）表示总杠杆效应程度，可见，总杠杆系数是经营杠杆系数和财务杠杆系数的乘积，是普通股每股收益变动率相当于产销量变动率的倍数：

$$DTL = \frac{\text{普通股每股收益变动率}}{\text{产销量变动率}} = \frac{\Delta EPS/EPS}{\Delta S/S}$$

经过整理，总杠杆系数的计算也可以简化为：

$$DTL = DOL \cdot DFL = \frac{\text{基期边际贡献}}{\text{基期利润总额}} = \frac{M}{M - F - I}$$

总杠杆系数也可根据其含义计算，即它是营业杠杆系数和财务杠杆系数的乘积：

总杠杆系数 = 营业杠杆系数 × 财务杠杆系数

$$DTL = DOL \cdot DFL = \frac{Q(P-V)}{Q(P-V) - F - I}$$

$$= \frac{S - V_C}{S - V_C - F - I}$$

[**例 10 - 21**] 续例 10 - 19，M 公司固定成本总额 400 万元，变动成本率 60%，在营业额 2 000 万元时，息税前利润 400 万元，其营业杠杆系数为 2；M 公司全部资本 750 万元，债务资本比为 40%，债务利率 12%，息税前利润为 80 万元，财务杠杆系数为 1.82。则：

$DTL = DOL \cdot DFL = 2 \times 1.82 = 3.64$

计算表示，M 公司的销售额增长 1 倍时，股本利润率会以 3.64 倍的速度增长。

[**例 10 - 22**] F 公司有关资料如表 10 - 7 的 1 ～ 9 行，分别计算的经营杠杆系数、财务杠杆系数和总杠杆系数如表 10 - 8 的 10 ～ 12 行。

**表 10 - 8　杠杆效应计算表**　（单位：万元）

| | 项　目 | 20×1 年 | 20×2 年 | 变动率 |
|---|---|---|---|---|
| 1 | 营业收入（单价 100 元/件） | 10 000 | 12 000 | +20% |
| 2 | 边际贡献（单位 40 元/件） | 4 000 | 4 800 | +20% |
| 3 | 固定成本 | 2 000 | 2 000 | – |
| 4 | 息税前利润（EBIT） | 2 000 | 2 800 | +40% |
| 5 | 利息 | 500 | 500 | – |
| 6 | 利润总额 | 1 500 | 2 300 | +53.33% |
| 7 | 所得税（税率 25%） | 375 | 575 | +53.33% |
| 8 | 净利润 | 1 125 | 1 725 | +53.33% |
| 9 | 每股收益（EPS，股本 2 000 万） | 0.56 | 0.86 | +53.57% |
| 10 | 经营杠杆（$DOL = 1 + \frac{F}{EBIT}$） | 2 | 1.71 | –14.5% |
| 11 | 财务杠杆（$DFL = \frac{EBIT}{EBIT - I}$） | 1.33 | 1.22 | –8.27% |
| 12 | 总杠杆（DTL） | 2.66 | 2.09 | –21.43% |

总杠杆的意义，首先在于能够估计出销售变动对每股收益造成的影响；其次，它使我们看到了经营杠杆与财务杠杆之间的相互关系，即为了达到某一总杠杆系数，经营杠杆和财务杠杆可以有很多不同的组合。如经营杠杆系数较高的公司可以在较低的程度上使用财务杠杆；经营杠杆系数较低的公司可以在较高的程度上使用财务杠杆等。这有待公司在考虑了各有关的具体因素之后作出选择。

企业总杠杆系数越大，每股收益的波动幅度越大。由于总杠杆作用使普通股每股收益大幅度波动而造成的风险，称为总风险。总风险直接反映企业的整体风险。在其他因素不变的情况下，总杠杆系数越大，总风险越大；总杠杆系数越小，总风险越小。

## 第3节　资本结构

### 一、资本结构概述

资本结构，是指企业各种长期资本来源的构成和比例关系。企业的资本由长期债务资本和权益资本构成。资本结构指的是长期债务资本和权益资本各占多大的比例。一般来说，资本结构不包括短期负债，而将短期负债列入营运资本管理。

资本结构是企业筹资决策的核心问题，企业应综合考虑有关影响因素，运用适当的方法确定最佳资本结构，并在以后追加筹资中继续保持。企业现有资本结构不合理，应通过筹资活动进行调整，使其趋于合理化。

不同的资本结构会给企业带来不同的后果。企业利用债务资本进行举债经营具有双重作用，既可以发挥财务杠杆效应，也可能带来财务风险。因此，企业必须权衡财务风险和资本成本的关系，确定最佳的资本结构。评价企业资本结构最佳状态的标准应该是能够提高股权收益或降低资本成本，最终目的是提升企业价值。股权收益，表现为净资产报酬率或普通股每股收益；资本成本，表现为企业的综合资本成本率。根据资本结构理论，当企业综合资本成本最低时，企业价值最大。所谓最佳资本结构，是指在一定条件下使企业综合资本成本最低、企业价值最大的资本结构。资本结构优化的目标，是降低综合资本成本率或提高普通股每股收益。

从理论上讲，最佳资本结构是存在的，但由于企业内部条件和外部环境的经常性变化，动态地保持最佳资本结构十分困难。因此在实践中，目标资本结构通常是企业结合自身实际进行适度负债经营所确立的资本结构。

### 二、资本结构理论

理论界对资本结构有着若干不同的认识。最早提出资本结构理论这一问题的是美国经济学家戴维·杜兰德。杜兰德认为，早期企业的资本结构是按照净利理论、营业净利理论和传统折衷理论建立的。1958 年，莫迪格利尼和米勒又提出了著名的 MM 理论。在此基础上，后人又进一步提出了代理理论和等级筹资理论等。

### （一）净利理论

净利理论的基本观点是，企业价值或股东财富不只取决于企业资产盈利能力亦即息税前利润水平，还取决于由资产盈利能力和资本结构共同决定的归于股东的净收益之大小。

该理论认为，利用债务可以降低企业的综合资本成本。由于债权的投资报酬率固定，债权人有优先求偿权，所以债权投资风险低于股权投资风险，债权资本成本率一般低于股权资本成本率。因此，负债程度越高，加权平均资本成本就越低。当负债比率达到 100% 时，企业价值将达到最大。

净利理论假设负债的资本成本 $K_d$ 和股票的资本成本 $K_s$ 均固定不变，即假设企业能以固定利率 $K_d$ 发行债券筹措负债资金；同时，股票投资者要求的报酬率 $K_s$ 不变。在财务的资本结构理论分析中，负债资本成本小于权益资本成本已是一贯的假设。在这些假设前提下，随着企业资本结构中负债比例即 $D/S$ 上升，加权综合资本成本 WACC 将趋于下降，企业价值 $V$（EBIT/WACC）则会因负债增加而上升。因此，为使加权综合资本成本 WACC 最小化和企业价值 $V$ 最大化，企业负债率就应迫近于 100%。

净利理论下的加权综合资本成本 WACC 和企业价值 $V$ 可用图示 10－6 表示。

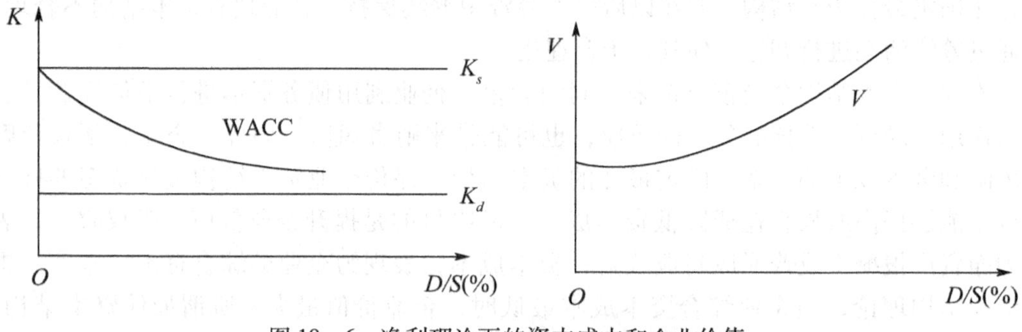


图 10－6　净利理论下的资本成本和企业价值

这是一种极端的资本结构理论观点。这种观点虽然考虑到财务杠杆利益，但忽略了财务风险。很明显，如果公司的债权资金比例过高，财务风险就会很高，公司的加权平均资本成本率就会上升，公司的价值反而下降。

### （二）营业净利理论

该理论认为，资本结构与企业的价值无关，决定企业价值高低的关键要素是企业的净营业收益。尽管企业增加了成本较低的债务资金，同时也加大了企业的风险，导致权益资金成本的提高，企业的综合资本成本仍保持不变。不论企业的财务杠杆程度如何，其整体的资本成本不变，企业的价值也就不受资本结构的影响，因而不存在最佳资本结构。

营业净利理论得出上述基本观点，本质上也是源于其所作的假设，即假设负债资本成本 $K_d$ 不变，但股票的资本成本 $K_s$ 则会随负债的增加而上升。这一假设意味着：第一，$K_d$ 固定不变，即假设企业能以固定的利率发行债券筹措负债资金，也就是说，债权人不会因企业负债的增加而要求更高的报酬率；第二，$K_s$ 会随企业负债率的提高而上升，即假设股东认为负债会增加归于股东的未来现金流量的风险，从而随负债率上升而要求更高的报酬率；第三，假设负债带来的利益正好被负债带来的成本所抵消。

如果上述假设能够成立，那么加权综合资本成本 WACC 不变，亦即资本成本及企业价值 $V$ 保持不变，亦即资本成本及企业价值与企业资本结构无关。

营业净利理论下的加权综合资本成本 WACC 和企业价值 $V$ 的这一关系可用图 10－7 表示。

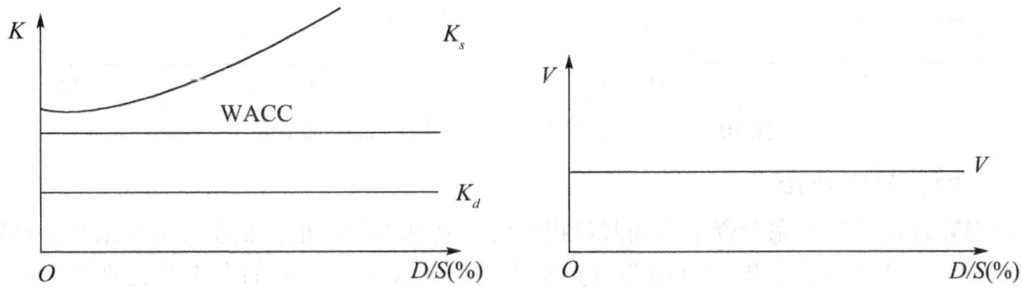


图 10－7　营业净利理论下的资本成本和企业价值

这种观点虽然认识到债权资金比例的变动会产生财务风险，可能影响公司股权资金成本率，但实际上公司的加权平均资本成本不可能是一个常数。公司净营业收益的确会影响公司价值，但公司价值不仅仅取决于公司净营业收益的多少。

**（三）传统折衷理论**

根据净利理论，企业理论上的最佳资本结构应该是在负债率迫近于100%；根据营业净利理论，企业不存在最优资本结构，亦即任意的企业资本结构都是等价的。

事实上，西方大多数财务学者和实际工作者在20 世纪50 年代都采取了一种折衷理论，介于净利理论和营业净利理论之间，杜兰特称之为“传统理论”。该理论假设：

① 负债的资本成本 $K_d$ 、股票的资本成本 $K_s$ 以及加权综合资本成本 WACC 均非固定不变；

② 在一定的负债率范围内，$K_d$ 和 $K_s$ 的上升均很不显著，但超过一定的负债率范围之后，$K_d$ 和 $K_s$ 会不断加速上升。

根据上述假设，不难证明：

① 当负债为零，亦即 $D/S=0$ 时，$WACC = K_s$ ，WACC 处于高位而 $V$ 处于低位；

② 当负债率大于零但不超过一定范围时，由于 $K_d$、$K_s$ 上升均不显著，较小的 $K_d$ 权重

增大和较大的 $K_s$ 权重缩小导致 WACC 下降的作用，超过 $K_d$ 和 $K_s$ 各自不显著的上升导致 WACC 上升的作用，故加权综合资本成本 WACC 逐渐下降，企业价值 $V$ 逐渐上升；

③ 当企业负债率超过一定范围之后，$K_d$ 和 $K_s$ 均不断加速上升，导致加权综合资本成本 WACC 整体上升和企业价值 $V$ 的下降。

传统折衷理论的基本观点可用图 10－8 表示。

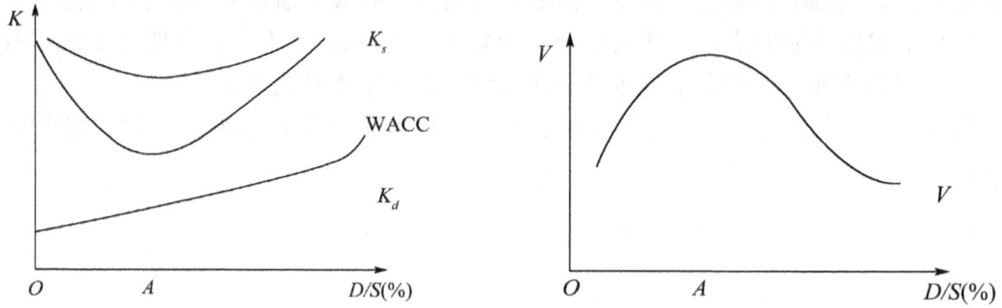


图 10－8 传统折衷理论下的资本成本和企业价值

### （四）MM 理论

MM 理论是基于完美资本市场假设提出的，其基本观点是：企业价值是由其全部资产的盈利能力决定的，即与负债与权益资本的结构无关。早期的资本结构理论是建立在经验和判断基础上的，缺乏严格的推理及证明。1958 年美国的弗朗哥·莫迪格莱尼（Franco Modigliani）和莫顿·米勒（Merton Miller）两位教授在一系列假设条件下建立并证明了资本结构理论——MM 理论。1958 年，美国财务学家莫迪利亚尼（Modigliani）和米勒（Miller）在美国计量经济学年会发表了著名的论文《资本成本、公司财务和投资理论》。在文章中，他们提出了被后人称作"整个现代企业资本结构理论的奠基石"的 MM 定理。他们证明了由于债务利息免税，税收的屏蔽作用使企业在全部使用债务时其价值达到最大。MM 理论首次以严格的理论推导得出了负债和企业价值的关系，推动了财务管理科学理论的发展。后来资本结构理论的研究和深入大多建立在 MM 理论的基础之上。

（1）MM 定理的内容

MM 定理的内容是：如果投资决策和筹资决策相互独立，不考虑企业所得税、个人所得税和企业破产风险，资本市场充分有效，那么企业的资本结构与企业的市场价值无关，即企业在筹资决策时资本结构的选择不会影响企业的市场价值。

MM 理论严格地基于下列假设

① 完全资本市场。这意味着债券和股票的交易无交易成本；投资者和公司以同等利率借款。

② 企业的经营风险可用 EBIT 的方差衡量，有相同经营风险的企业处于同一风险

级上。

③ 所有债务都无风险，债务利率为无风险利率。

④ 投资者对企业未来收益和收益风险的预期是相同的。

⑤ 投资者预期的 EBIT 固定不变。所有现金流量都是固定年金，即企业的增长率为零。

MM 理论有两种类型：无所得税的 MM 模型和有所得税的 MM 模型。

第一，无企业所得税条件下的 MM 理论。假定公司无所得税，MM 理论证明了两个著名的命题。

命题一，企业价值与企业的资本结构无关。即：

$$V_l = \frac{EBIT}{WACC} = \frac{EBIT}{K_{su}} = V_u$$

式中，$V_l$ 是有负债企业的市场价值，$K_{su}$ 是无负债企业权益资本成本，$V_u$ 是无负债企业的市场价值。

命题二，负债企业的股本等于同一风险等级中全部为股本的企业的股本成本加上风险报酬。这里的风险报酬是债务对企业权益资本之比（$D/S$）与无负债企业股本成本 $K_{su}$ 及债务成本 $K_d$ 之差（$K_{su} - K_d$）的乘积：

$$K_{sl} = K_{su} + (K_{su} - K_d)\frac{D}{S}$$

式中，$K_{sl}$ 是负债企业的股本成本，$K_{su}$ 是无负债企业的股本成本，$K_d$ 是税前债务成本，$D$ 是债务的市场价值，$S$ 是普通股的市场价值。

这两个命题可用图 10－9 表示。

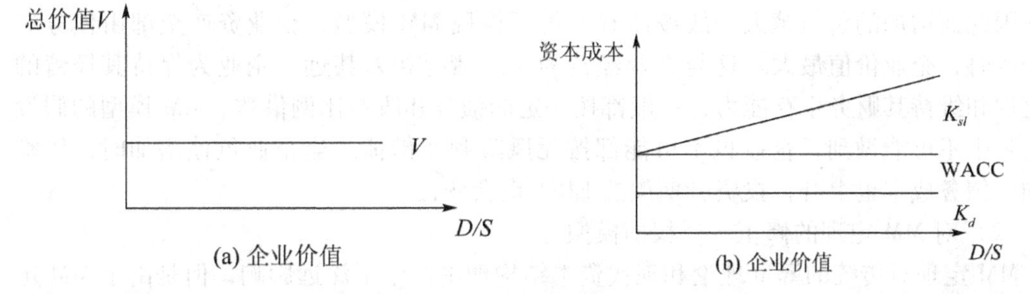


图 10－9　无税 MM 模型的企业价值和资本成本

可以看出，由于企业负债增加引起股东要求收益率增加，低债务成本所增加的收益正好被股本成本上升的支出所抵消，所以增加负债不能增加企业价值，也不影响企业的加权综合资本成本。

第二，有企业所得税的 MM 理论。公司所得税是实际存在的，债务利息在税前交纳，普通股股息则在税后支付，这两者的差别导致负债和权益资本对企业价值的不同影响。有公司所得税的 MM 模型证明了两个命题。

命题一：负债企业的价值等于相同风险的无债企业价值，加上因负债少赋税而增加的企业价值。即：

$$V_L = V_u + TD$$

式中，$V_L$ 是有负债企业的市场价值，$V_u$ 是无负债企业的市场价值，$T$ 是所得税税率，$D$ 是企业的债务数量。

命题二：负债企业的股本成本等于同一风险等级中，无负债企业的股本成本加上风险报酬，此风险报酬与债务和权益比，无负债企业股本成本和债务成本差及企业所得税率有关：

$$K_{sl} = K_{su} + \frac{D}{S}(1 - T)(K_{su} - K_d)$$

这两个命题可用图 10－10 表示。

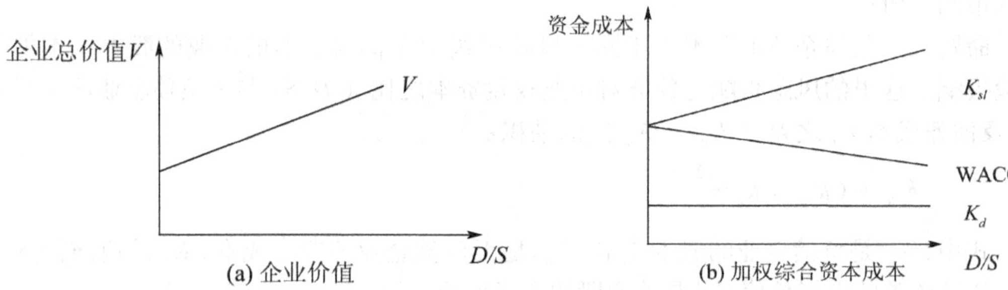


图 10－10　有公司所得税 MM 模型的企业价值和资本成本

企业由于负债而少付所得税称为税收的屏蔽作用。负债越多，税收屏蔽作用越大，企业因此而增加的价值越大。故按照有公司所得税 MM 模型，企业资产全部由债务资本构成时，企业价值最大。这与企业经营的实际情况相差甚远。企业为保持其经营的稳定性和维持其财务生存能力，一般都按一定的债务和股本比例借款。MM 模型的假设在实际中不可能做到，企业也不可能都按无风险利率借债。当企业负债增加时，风险增加，债务成本也上升，投资者期望的 EBIT 也会变化。

（2）对 MM 定理的修正——权衡模型

MM 定理对传统的筹资理论和现代资本结构理论产生了深远影响，但是由于 MM 定理的许多假设条件明显与现实不符，从而使得其难以得到实践的肯定。为此，财务学界展开了对 MM 定理修正的研究，并取得了较丰富的进展。

莫迪利亚尼和米勒在 1963 年对 MM 定理进行改进，提出由于负债利息可以在税前列支而具有抵税作用（免交所得税），企业可以通过增加负债筹资，改变原有资本结构，享受免税优惠，从而提高企业价值。这个修正后的 MM 定理在财务界的名声大振，使企业改进资本结构得到很大启示。

根据纯 MM 理论，企业价值 $V_l$ 由无负债时的企业价值 $V_u$ 和负债利息减税 $T \cdot D$ 两部分组成。但是，由于财务拮据和代理成本的存在，当负债权益比超过（$D/S$）′时，负债减税效果逐渐被与破产相关的财务拮据和代理成本抵消，到（$D/S$）′点，负债的边际减税收益等于边际的负债相关损失，此时负债企业价值最大；超过（$D/S$）′点，负债引起的边际损失将超过边际减税收益，企业总价值下降。经修改后的 MM 模型是一种权衡模型，表达式为：

$V_L = V_U + TD -$（预期拮据成本现值 - 代理成本现值）

权衡模型说明了企业有一个最优负债量，即存在最优资本结构。按此资本结构筹资，企业价值最大，加权综合资本成本最低。

### （五）代理理论

代理理论的创始人詹森和麦克林认为，企业资本结构会影响经理人员的工作水平和其他行为选择，从而影响企业未来现金收入和企业市场价值。该理论认为，公司债务的违约风险是财务杠杆系数的增函数，随着公司债权资本的增加，债权人的监督成本随之上升，债权人会要求更高的利弊。这种代理成本最终要由股东承担（即股权代理成本增加），公司资本结构中债权比率过高会导致股东价值的降低。均衡的企业所有权结构是由股权代理成本和债权代理成本之间的平衡关系来决定的，债权资本适度的资本结构会增加股东的价值。除债务的代理成本之外，还有一些代理成本涉及公司雇员、消费者和社会等，在资本结构决策中也应予以考虑。

### （六）优序融资理论

1984 年，梅耶斯等学者提出了一种新的优序融资理论。认为，首先外部筹资的成本不仅包括管理和证券承销成本，还包括不对称信息所产生的“投资不足效应”而引起的成本。为消除“投资不足效应”而引起的成本，企业可以选择用内部积累的资金去满足净现值为正的投资机会。所以，通过比较外部筹资和内部筹资的成本，当企业面临投资决策时，理论上首先考虑运用内部资金。其次，债务筹资优于股权筹资。

优序融资理论的两个中心思想是

① 偏好内部筹资；

② 如果需要外部筹资，则偏好债务筹资。

由于企业所得税的节税利益，负债筹资可以增加企业的价值，即负债越多，企业价值增加越多。这是负债的第一种效应。但财务危机成本期望值的现值和代理成本的现值会导致企业价值的下降，即负债越多，企业价值减少额越大。这是负债的第二种效应。负债比率较小时，第一种效应大；负债比率较大时，第二种效应大。由于上述两种效应相抵消，企业应适度负债。最后，由于非对称信息的存在，企业需要保留一定的负债容量以便有利可图的投资机会来临时可发行债券，避免以太高的成本发行新股。

按照等级筹资理论，不存在明显的目标资本结构，虽然留存收益和增发新股均属股权筹资，但前者最先选用，后者最后选用；获利能力较强的公司之所以安排较低的债权比率，并不是由于已确立较低的目标债权比率，而是由于不需要外部筹资；获利能力较差的公司选用债权筹资是由于没有足够的留存收益，而且在外部筹资选择中债权筹资为首选。

从成熟的证券市场来看，企业的优序融资模式，首先是内部筹资，其次是借款，发行债券，可转换债券，最后是发行新股筹资。但对于新兴证券市场来说却未必如此。

20 世纪 80 年代，新兴证券市场具有明显的股权融资偏好（如中国），企业筹资顺序的选择几乎与等级筹资模型是背道而驰的。原因主要是：第一，在不健全的资本市场机制前提下，市场和股东对代理人（董事会和经理）的监督效率很低，经理们有较多的私人信息和可支配的现金流量；第二，代理人认为企业股权筹资的成本是以股利来衡量的，而股利的发放似乎是按代理人的计划分配的，从而使他们认为股票筹资的成本是廉价的；第三，经理利用股权筹资可使他们承担较小的破产风险。在我国现阶段的证券市场，企业的股利支付率很低，使代理人错误地认为股权筹资的成本很低。在我国企业的财务实物中，有相当多的代理人还没有把最优债务比理论和筹资优序理论应用到企业筹资中，多半是以简单的直观判断和表面的资金成本来选择筹资方式，这无疑走进了股权投资偏好的误区。实际上，在我国证券市场进行股票筹资的成本是较高的，远远高于银行目前的贷款利率，对于处于稳定成长期或成熟期的企业来讲，股权筹资并不经济。

优序融资理论的启示是：股票筹资成本并不低，不是上市公司或拟上市公司筹资的惟一途径。特别是对于已经进入稳定成长期或成熟期的企业来说，筹资的最优策略应是发行债券及可转换债券，或通过银行等金融机构进行商业借款。无理性地进行大规模的股票筹资，不仅资金成本提高，而且也加大经营业绩压力，这也是西方国家在进入成熟期后举债筹资回购股票的主要原因。

## 三、影响资本结构的因素

资本结构是一个产权结构问题，是社会资本在企业经济组织形式中的资源配置结果。资本结构的变化，将直接影响社会资本所有者的利益。

① 企业经营状况的稳定性和成长率。企业产销量的稳定程度对资本结构有重要影响：如果产销量稳定，企业可较多地负担固定的财务费用；如果产销量和盈余有周期性，则要负担固定的财务费用将承担较大的财务风险。经营发展能力表现为未来产销量的增长率，如果产销量能够以较高的水平增长，企业可以采用高负债的资本结构，以提升权益资本的报酬。

② 企业的财务状况和信用等级。企业财务状况良好，信用等级高，债权人愿意向

企业提供信用，企业容易获得债务资本；相反，如果企业财务情况欠佳，信用等级不高，债权人投资风险大，这样会降低企业获得信用的能力，加大债务资本筹资的资本成本。

③ 企业的资产结构。企业的资产结构是企业筹集资本后进行资源配置和使用后的资金占用结构，包括长短期资产构成和比例，以及长短期资产内部的构成和比例。资产结构对企业资本结构的影响主要包括：拥有大量固定资产的企业主要通过长期负债和发行股票筹集资金；拥有较多流动资产的企业更多地依赖流动负债筹集资金；资产适用于抵押贷款的企业负债较多；以技术研发为主的企业则负债较少。

④ 企业投资人和管理当局的态度。从企业所有者的角度看，如果企业股权分散，企业可能更多地采用权益资本筹资以分散企业风险。如果企业为少数股东控制，股东通常重视企业控股权问题，为防止控股权稀释，企业一般尽量避免普通股筹资，而是采用优先股或债务资本筹资。从企业管理当局的角度看，高负债资本结构的财务风险高，一旦经营失败或出现财务危机，管理当局将面临市场接管的威胁或者被董事会解聘。因此，稳健的管理当局偏好于选择低负债比例的资本结构。

⑤ 行业特征和企业发展周期。不同行业资本结构差异很大。产品市场稳定的成熟产业经营风险低，因此可提高债务资本比重，发挥财务杠杆作用。高新技术企业的产品、技术、市场尚不成熟，经营风险高，因此可降低债务资本比重，控制财务杠杆风险。在同一企业不同发展阶段，资本结构安排不同。企业初创阶段，经营风险高，在资本结构安排上应控制负债比例；企业发展成熟阶段，产品产销量稳定和持续增长，经营风险低，可适度增加债务资本比重，发挥财务杠杆效应；企业收缩阶段，产品市场占有率下降，经营风险逐步加大，应逐步降低债务资本比重，保证经营现金流量能够偿付到期债务，保持企业持续经营能力，减少破产风险。

⑥ 经济环境的税务政策和货币政策。资本结构决策必然要研究理财环境，特别是宏观经济状况。政府调控经济的手段包括财政税收政策和货币金融政策，当所得税税率较高时，债务资本的抵税作用大，企业可以充分利用这种作用来提高企业价值。货币金融政策影响资本供给，从而影响利率水平的变动，当国家执行紧缩的货币政策时，市场利率较高，企业债务资本成本增大。

## 四、资本结构优化

资本结构优化，要求企业权衡负债的低资本成本和高财务风险的关系，确定合理的资本结构。资本结构优化的目标是降低综合资本成本或提高普通股每股收益。

从上述分析可知，利用负债资金具有双重作用，适当利用负债可以降低企业资本成本，但当企业负债比率太高时，会带来较大的财务风险。为此，企业必须权衡财务风险和资本成本的关系，确定最佳资本结构。最佳资本结构是指在一定条件下使企业加权平均资本成本最低、企业价值最大的资本结构。

确定最佳资本结构的方法有每股收益无差别点法、比较资金成本法和公司价值分析法。

### （一）每股收益无差别点法

每股收益无差别点法又称每股利润无差别点法或息税前利润—每股收益分析法（EBIT—EPS 分析法），是计算不同方案下的每股收益相等时所对应的盈利水平，通过比较在企业预期盈利水平下的不同融资方案的每股收益，选择每股收益较大的融资方案，进而确定合理的资本结构的方法。

每股收益无差别点法用每股收益的变化来判断资本结构是否合理。在资本结构管理中，利用债务资本的目的之一就在于债务资本能够提供财务杠杆效应，利用负债筹资的财务杠杆作用来增加股东财富。

每股收益受到经营利润水平、债务资本成本水平等因素的影响，分析每股收益与资本结构的关系，可以找到每股收益无差别点。每股收益无差别点，是指不同筹资方式下每股收益都相等时的息税前利润或业务量水平。根据每股收益无差别点，可以分析判断在什么样的息税前利润水平或产销量水平前提下，适于采用何种筹资组合方式，进而确定企业的资本结构。

在每股收益无差别点上，无论是采用债务还是股权筹资方案，每股收益都是相等的。当预期息税前利润或业务量水平大于每股收益无差别点时，应当选择财务杠杆效应较大的筹资方案；反之亦然。

在每股收益无差别点上，不同筹资方案的 EPS 是相等的，用公式表示如下：

$$\frac{(\overline{\mathrm{EBIT}} - I_1)(1 - T) - D_1}{N_1} = \frac{(\overline{\mathrm{EBIT}} - I_2)(1 - T) - D_2}{N_2}$$

$$\overline{\mathrm{EBIT}} = \frac{N_2 I_1 - N_1 I_2}{N_2 - N_1}$$

式中：$\overline{\mathrm{EBIT}}$为息税前利润平衡点，即每股收益无差别点；$I_1$、$I_2$ 为两种筹资方式下的年利息；$N_1$、$N_2$ 为两种筹资方式下流通在外的普通股股数；$T$ 为所得税税率，$D_1$、$D_2$ 为优先股股息。

每股收益无差别点可以用销售量、销售额、息税前利润来表示，还可以用边际贡献来表示。如果已知每股收益相等时的销售水平，也可以计算出有关的成本水平。

每股收益分析时，当销售额（或息税前利润）大于每股无差别点的销售额（或息税前利润）时，运用负债筹资可获得较高的每股收益；反之，运用权益筹资可获得较高的每股收益。每股收益越大，风险也越大，如果每股收益的增长不足以补偿风险增加所需要的报酬，尽管每股收益增加，股价仍会下降。

每股收益无差别点的原理比较容易理解，测算过程较为简单。这种方法只考虑了资本结构对每股收益的影响，并假定每股收益最大，股票价格也就最高。但把资本结构对风险的影响置于视野之外，是不全面的，因为随着负债的增加，投资者的风险加大，股票价格和企业价值也会有下降的趋势。所以，单纯地用 EBIT—EPS 分析法有时会作出错误的决策。但在资金市场不完善的时候，投资人主要根据每股收益的多少来作出投资决策，每股收益的增加也的确有利于股票价格的上升。

每股收益无差别点法以普通股每股收益最高为决策标准，没有考虑财务风险因素，其决策目标实际上是每股收益最大化而不是公司价值最大化，可用于资本规模不大、资本结构不太复杂的股份有限公司。

［例 10－23］A 公司目前发行在外普通股 100 万股（每股 1 元），无优先股，以平价发行利率 5% 的债券 400 万元。该公司打算为一个新的投资项目融资 500 万元，新项目投产后公司每年息税前利润增加到 200 万元。有两个方案可选择：按 6% 的利率平价发行债券（方案一）；按每股 10 元发行新股（方案二）。所得税税率 30%。要求：

① 计算两个方案的每股收益；

② 计算两个方案每股收益无差别点的息税前利润；

③ 判断哪个方案更好（不考虑资本结构对风险的影响）。

分析：① 两个方案的每股收益计算结果如表 10－9 所示。

**表 10－9　两个方案的每股收益计算**

| 项目 | 方案一 | 方案二 |
|---|---|---|
| 息税前利润 | 200 | 200 |
| 目前利息 | 400×5%＝20 | 400×5%＝20 |
| 新增利息 | 500×6%＝30 | 0 |
| 税前利润 | 150 | 180 |
| 税后利润 | 150×（1－30%）＝105 | 180×（1－30%）＝126 |
| 普通股股数（万股） | 100 | 150 |
| 每股收益（元） | 1.05 | 0.84 |

② $$\frac{(\overline{EBIT}-20-30)\times(1-30\%)}{100}=\frac{(\overline{EBIT}-20)\times(1-30\%)}{150}$$

每股收益无差别点 $\overline{EBIT}=110$（万元）。

③ 由于方案一每股收益 1.05 元大于方案二的 0.84 元，息税前利润 200 万元大于每股收益无差别点息税前利润 110 万元，所以应该选择方案一负债筹资。

当企业需要的资本额较大时，可能会采用多种筹资方式组合融资。这时，需要详细比较分析各种组合筹资方式下的资本成本及其对每股收益的影响，选择每股收益最高的筹资方式。

[例 10-24] T 公司目前资本结构为：总资本 1 000 万元，其中：债务资本 400 万元（年利率 10%）；普通股资本 600 万元（600 万股，面值 1 元，市价 5 元），无优先股。企业由于扩大经营规模，需要追加筹资 800 万元，所得税税率 25%，不考虑筹资费用因素。经考查，有三种筹资方案：

A 方案：增发普通股 200 万股，每股发行价 3 元；同时向银行借款 200 万元，利率保持原来的 10%。

B 方案：增发普通股 100 万股，每股发行价 3 元；同时溢价发行 500 万元面值为 300 万元的公司债券，票面利率 15%。

C 方案：不增发普通股，溢价发行 600 万元面值 400 万元的公司债券，票面利率 15%；由于受债券发行数额的限制，需要补充向银行借款 200 万元，利率 10%。

三种方案各有优劣：增发普通股能够减轻资本成本的固定性支出，但股数增加会摊薄每股收益；采用债务筹资方式能够提高每股收益，但增加了固定性资本成本负担，受到的限制较多。基于上述原因，筹资方案需要两两比较。

A、B 方案的比较：

$$\frac{(\overline{EBIT}-40-20)\times(1-25\%)}{600+200}=\frac{(\overline{EBIT}-40-45)\times(1-25\%)}{600+100}$$

解得$\overline{EBIT}=260$ 万元。

B、C 方案的比较：

$$\frac{(\overline{EBIT}-40-45)\times(1-25\%)}{600+100}=\frac{(\overline{EBIT}-40-80)\times(1-25\%)}{600}$$

解得$\overline{EBIT}=330$ 万元。

A、C 方案的比较：

$$\frac{(\overline{EBIT}-40-20)\times(1-25\%)}{600+200}=\frac{(\overline{EBIT}-40-80)\times(1-25\%)}{600}$$

解得$\overline{EBIT}=300$ 万元。

筹资方案两两比较时，产生了三个筹资分界点，上述分析结果可用图 10-11 表示。

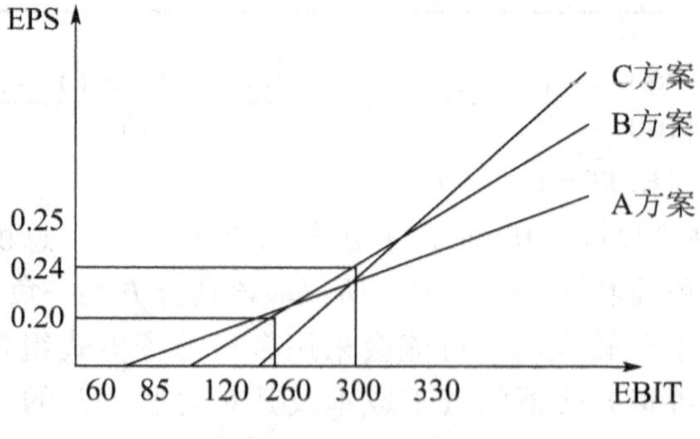


图 10-11　每股收益无差别点分析图

从图 10－11 中可以看出：企业 EBIT 预期为 260 万元以下时，应当采用 A 筹资方案；EBIT 预期在 260 ～ 330 万元之间时，应当采用 B 筹资方案；EBIT 预期为 330 万元以上时，应当采用 C 筹资方案。

### （二）综合资本成本比较法

综合资本成本比较法是指在不考虑各种融资方式在数量与比例上的约束以及财务风险差异时，通过计算和比较各种基于市场价值的长期融资组合方案的综合资本成本，选择综合资本成本率最低方案的方法。

该方法的基本思路是：决策前先拟定若干个备选方案，分别计算各方案的加权平均资本成本，并根据加权平均资本成本的高低来确定资本结构。

［例 10－25］T 公司需筹集 1 000 万元长期资本，可以用银行借款、发行债券、发行普通股三种方式筹集，其个别资本成本率已分别测定，有关资料如表 10－10 所示。

**表 10－10　T 公司资本成本与资本结构数据表**

| 筹资方式 | 资本结构 | | | 个别资本成本 |
|---|---|---|---|---|
| | A 方案 | B 方案 | C 方案 | |
| 银行借款 | 40% | 30% | 20% | 6% |
| 发行债券 | 20% | 30% | 20% | 8% |
| 普通股 | 40% | 40% | 60% | 10% |
| 合计 | 100% | 100% | 100% | |

分别计算三个方案的综合资本成本 $K$：

A 方案：$K = 40\% \times 6\% + 20\% \times 8\% + 40\% \times 10\% = 8.0\%$

B 方案：$K = 30\% \times 6\% + 30\% \times 8\% + 40\% \times 10\% = 8.2\%$

C 方案：$K = 20\% \times 6\% + 20\% \times 8\% + 60\% \times 10\% = 8.8\%$

还需根据企业筹资评价的其他标准，考虑企业的其他因素，对各个方案进行修正之后，再选择其中成本最低的方案。设本例中，我们假设其他因素对方案选择影响甚小，则 A 方案的综合资本成本最低。这样，该公司的资本结构为贷款 400 万元，发行债券 200 万元，发行普通股 400 万元，共计 1 000 万元。

［例 10－26］M 公司现拟扩大经营规模，需追加筹资。有两个追加筹资方案可供选择，有关资料如表 10－11。

表 10－11　各追加筹资方案资本成本

| 筹资方式 | 追加筹资方案一 | | 追加筹资方案二 | |
|---|---|---|---|---|
| | 筹资额（万元） | 资本成本（%） | 筹资额（万元） | 资本成本（%） |
| 长期借款 | 50 | 8 | 60 | 9 |
| 优先股 | 10 | 14 | 20 | 14 |
| 普通股 | 40 | 16 | 20 | 16 |
| 合计 | 100 | | 100 | |

各方案的加权资本成本计算如下：

方案一：加权资本成本 $= \dfrac{50}{100} \times 8\% + \dfrac{10}{100} \times 14\% + \dfrac{40}{100} \times 16\% = 11.8\%$

方案二：加权资本成本 $= \dfrac{60}{100} \times 9\% + \dfrac{20}{100} \times 14\% + \dfrac{20}{100} \times 16\% = 11.4\%$

通过以上计算可知，方案二的边际资本成本低于方案一，因此追加筹资方案二优于方案一。设该公司原有资本结构：债券 100 万元，资本成本 10%；普通股 300 万元，资本成本 13%；长期借款 200 万元，资本成本 9%。可将原方案与追加方案汇合，结果如表 10－12。

表 10－12　追加筹资方案与原方案汇合的资本成本

| 筹资方式 | 原资本结构 | | 追加筹资方案一 | | 追加筹资方案二 | | 汇合后筹资方案 | | | |
|---|---|---|---|---|---|---|---|---|---|---|
| | | | | | | | 方案一 | | 方案二 | |
| | 筹资金额（万元） | 资本成本（%） | 筹资金额（万元） | 资本成本（%） | 筹资金额（万元） | 资本成本（%） | 筹资（万元） | 成本（%） | 筹资（万元） | 成本（%） |
| 长期借款 | 200 | 9 | 50 | 8 | 60 | 9 | 250 | 8.8 | 260 | 9 |
| 债券 | 100 | 10 | — | — | — | — | 100 | 10 | 100 | 10 |
| 优先股 | — | — | 10 | 14 | 20 | 14 | 10 | 14 | 20 | 14 |
| 普通股 | 300 | 13 | 40 | 16 | 20 | 16 | 340 | 13.35 | 320 | 13.19 |
| 合计 | 600 | 11.17 | 100 | 11.8 | 100 | 11.4 | 700 | 11.26 | 700 | 11.20 |

汇合后，方案二的筹资成本（11.20%）低于方案一（11.26%），是更佳方案。

成本比较法通俗易懂，计算过程也不是十分复杂，是确定资本结构的一种常用方法。但因所拟订的方案数量有限，故有把最优方案漏掉的可能。综合资本成本比较法一般适用于资本规模较小、资本结构较为简单的非股份制企业。

### （三）公司价值分析法

上述两种方法都是从账面价值的角度进行资本结构优化分析，没有考虑市场反应，也没有考虑风险因素。公司价值分析法是在考虑市场风险基础上，以公司市场价值为标准进行资本结构优化，即能够提升公司价值的资本结构，就是合理的资本结构。这种方法主要用于对现有资本结构进行调整，适用于资本规模较大的上市公司资本结构优化分析。同时，在公司价值最大的资本结构下，公司的综合资本成本也是最低的。公司价值的计算公式是：

$V=S+B$

式中，$V$表示公司价值，$S$表示权益资本价值，$B$表示债务资本价值。

如果假设公司各期的 EBIT 不变，债务资本的市场价值等于其面值，权益资本的市场价值可以通过下式计算：

权益资本的市场价值 $S=\dfrac{(\mathrm{EBIT}-I)(1-T)-D-P_D}{K_s}$

$P_D$为优先股股息。

权益资本成本 $K_s=R_s=R_f+\beta(R_m-R_f)$

而此时，企业的加权平均资本成本$K_w$由债务资本成本（已考虑所得税因素）与权益资本成本各自占企业价值的比例确定。计算公式为：

$$K_w=K_b\frac{B}{V}+K_s\frac{S}{V}$$

[例 10－26] E 公司息税前利润 4 000 万元，资本总额账面价值 10 000 万元。设无风险报酬率 6%，证券市场平均报酬率 10%，所得税税率 40%。经测算，企业不同债务水平下的权益资本成本率和债务资本成本如表 10－13 所示。

**表 10－13　不同债务水平下的权益资本成本和债务资本成本**

| | 债务市场价值 $B$（万元） | 税前债务利息 $K_b$ | 股票 $\beta$ 系数 | 权益资本成本率（%）（$K_s=6\%+\beta\cdot(10\%-6\%)$） |
|---|---|---|---|---|
| 1 | 0 | — | 1.50 | 12.0 |
| 2 | 2 000 | 8.0% | 1.55 | 12.2 |
| 3 | 4 000 | 8.5% | 1.65 | 12.6 |
| 4 | 6 000 | 9.0% | 1.80 | 13.2 |
| 5 | 8 000 | 10.0% | 2.00 | 14.0 |
| 6 | 10 000 | 12.0% | 2.30 | 15.2 |
| 7 | 12 000 | 15.0% | 2.70 | 16.8 |

可以计算出 E 公司不同资本结构下的企业总价值和综合资本成本，如表 10－14。

**表 10－14　E 公司价值和综合资本成本计算表**　　（单位：万元）

| | 债务市场价值 $B$（万元）① | 股票市场价值 $S$（万元）② | 公司总价值 $V$（万元）③＝①＋② | 债务税后资本成本率 $K_b$（%）④ | 普通股资本成本率 $K_s$（%）⑤ | 综合资本成本率 $K_w$（%）⑥ |
|---|---|---|---|---|---|---|
| 1 | 0 | 20 000 | 20 000 | — | 12.00 | 12.00 |
| 2 | 2 000 | 18 885 | 20 885 | 4.80 | 12.20 | 11.49 |
| 3 | 4 000 | 17 428 | 21 428 | 5.10 | 12.60 | 11.20 |
| 4 | 6 000 | 15 727 | 21 727 | 5.40 | 13.20 | 11.04 |
| 5 | 8 000 | 13 714 | 21 714 | 6.00 | 14.00 | 11.05 |
| 6 | 10 000 | 11 053 | 21 053 | 7.20 | 15.20 | 11.40 |
| 7 | 12 000 | 7 857 | 19 857 | 9.00 | 16.80 | 12.09 |

第②栏第 1 行的数据计算如下：

$$股票市场价值\ S=\frac{(\mathrm{EBIT}-I)(1-T)}{K_s}$$

$$=\frac{(4\,000-0)\times(1-40\%)}{12\%}=20\,000(万元)$$

第③栏第 1 行的数据计算如下：

公司总价值 $V=S+B=20\,000+0=20\,000$（万元）

第④栏第 1 行的数据计算如下：

债务税后资本成本率 $K_b=i(1-T)=0\%\times(1-40\%)=0\%$

第⑤栏第 1 行的数据计算如下：

权益资本成本率 $K_s=R_f+\beta(R_m-R_f)=6\%+1.5\times(10\%-6\%)=12\%$

第⑥栏第 1 行的数据计算如下：

$$综合资本成本率\ K_w=K_b\frac{B}{V}+K_s\frac{S}{V}$$

$$=0\%\times\frac{0}{20\,000}+12\%\times\frac{20\,000}{20\,000}=12.0\%$$

第②栏第 2 行的数据计算如下：

$$股票市场价值\ S=\frac{(4000-2000\times8\%)\times(1-40\%)}{12.2\%}=18885(万元)$$

第③栏第 2 行的数据计算如下：

公司总价值 $V=S+B=18\,885+2\,000=20\,885$（万元）

第④栏第 2 行的数据计算如下：

债务税后资本成本率 $K_b=i(1-T)=8\%\times(1-40\%)=4.8\%$

第⑤栏第 2 行的数据计算如下：

权益资本成本率 $K_s = R_f + \beta(R_m - R_f) = 6\% + 1.55 \times (10\% - 6\%) = 12.2\%$

第⑥栏第 2 行的数据计算如下：

综合资本成本率 $K_w = K_b \frac{B}{V} + K_s \frac{S}{V}$

$$= 4.80\% \times \frac{2000}{20\,885} + 12.2\% \times \frac{18\,885}{208\,85} = 11.49\%$$

第②栏第 3 行的数据计算如下：

股票市场价值 $S = \frac{(4\,000 - 4\,000 \times 8.5\%) \times (1 - 40\%)}{12.6\%} = 17\,429$(万元)

第③栏第 3 行的数据计算如下：

公司总价值 $V = S + B = 17\,429 + 4\,000 = 21\,429$（万元）

第④栏第 3 行的数据计算如下：

债务税后资本成本率 $K_b = i(1 - T) = 8.5\% \times (1 - 40\%) = 5.1\%$

第⑤栏第 3 行的数据计算如下：

权益资本成本率 $K_s = R_f + \beta(R_m - R_f) = 6\% + 1.65 \times (10\% - 6\%) = 12.6\%$

第⑥栏第 3 行的数据计算如下：

综合资本成本率 $K_w = K_b \frac{B}{V} + K_s \frac{S}{V}$

$$= 5.1\% \times \frac{4\,000}{21\,428} + 12.6\% \times \frac{17\,428}{21\,428} = 11.20\%$$

第②栏第 4 行的数据计算如下：

股票市场价值 $S = \frac{(4\,000 - 6\,000 \times 9\%) \times (1 - 40\%)}{13.2\%} = 15\,727$(万元)

第③栏第 4 行的数据计算如下：

公司总价值 $V = S + B = 15\,727 + 6\,000 = 21\,727$（万元）

第④栏第 4 行的数据计算如下：

债务税后资本成本率 $K_b = i(1 - T) = 9\% \times (1 - 40\%) = 5.40\%$

第⑤栏第 4 行的数据计算如下：

权益资本成本率 $K_s = R_f + \beta(R_m - R_f) = 6\% + 1.8 \times (10\% - 6\%) = 13.2\%$

第⑥栏第 4 行的数据计算如下：

综合资本成本 $K_w = K_b \frac{B}{V} + K_s \frac{S}{V}$

$$= 5.4\% \times \frac{6\,000}{21\,727} + 13.2\% \times \frac{15\,727}{21\,727} = 11.05\%$$

第②栏第 5 行的数据计算如下：

股票市场价值 $S = \frac{(4\,000 - 8\,000 \times 10\%) \times (1 - 40\%)}{14\%} = 13\,714$(万元)

第③栏第5行的数据计算如下：

公司总价值 $V = S + B = 13\ 714 + 8\ 000 = 21\ 714$（万元）

第④栏第5行的数据计算如下：

债务税后资本成本率 $K_b = i(1 - T) = 10\% \times (1 - 40\%) = 6\%$

第⑤栏第5行的数据计算如下：

权益资本成本率 $K_s = R_f + \beta(R_m - R_f) = 6\% + 2 \times (10\% - 6\%) = 14\%$

第⑥栏第5行的数据计算如下：

$$综合资本成本率\ K_w = K_b \frac{B}{V} + K_s \frac{S}{V}$$

$$= 6\% \times \frac{8\ 000}{21\ 714} + 14\% \times \frac{13\ 714}{21\ 714} = 11.05\%$$

第②栏第6行的数据计算如下：

$$股票市场价值\ S = \frac{(4\ 000 - 10\ 000 \times 12\%) \times (1 - 40\%)}{15.2\%} = 11\ 053(万元)$$

第③栏第6行的数据计算如下：

公司总价值 $V = S + B = 11\ 053 + 10\ 000 = 21\ 053$（万元）

第④栏第6行的数据计算如下：

债务税后资本成本率 $K_b = i(1 - T) = 12\% \times (1 - 40\%) = 7.2\%$

第⑤栏第6行的数据计算如下：

权益资本成本率 $K_s = R_f + \beta(R_m - R_f) = 6\% + 2.3 \times (10\% - 6\%) = 15.2\%$

第⑥栏第6行的数据计算如下：

$$综合资本成本率\ K_w = K_b \frac{B}{V} + K_s \frac{S}{V}$$

$$7.2\% \times \frac{100\ 00}{21\ 053} + 15.2\% \times \frac{11\ 053}{21\ 053} = 11.40\%$$

第②栏第7行的数据计算如下：

$$股票市场价值\ S = \frac{(4\ 000 - 12\ 000 \times 15\%) \times (1 - 40\%)}{16.8\%} = 7\ 857(万元)$$

第③栏第7行的数据计算如下：

公司总价值 $V = S + B = 7\ 857 + 12\ 000 = 19\ 857$（万元）

第④栏第7行的数据计算如下：

债务税后资本成本率 $K_b = i(1 - T) = 15\% \times (1 - 40\%) = 9\%$

第⑤栏第7行的数据计算如下：

权益资本成本率 $K_s = R_f + \beta(R_m - R_f) = 6\% + 2.7 \times (10\% - 6\%) = 16.8\%$

第⑥栏第7行的数据计算如下：

$$平均资本成本率K_w = K_b\frac{B}{V} + K_s\frac{S}{V}$$

$$= 9\% \times \frac{12\ 000}{19\ 857} + 16.8\% \times \frac{7\ 857}{19\ 857} = 12.09\%$$

E公司在没有债务资本的情况下，公司的总价值等于股票的账面价值（表10－14中第1行）。当公司增加一部分债务时，财务杠杆开始发挥作用，股票市场价值大于其账面价值，公司总价值上升，综合资本成本下降。在债务达到6 000万元时，公司的总价值最高，综合资本成本最低。但是，债务超过6 000万元后，随着利息率的不断上升，财务杠杆作用逐步减弱甚至显现负作用，公司总价值下降，综合资本成本上升。因此，债务为6 000万元时的资本结构是该公司的最优资本结构。

与综合资本成本法和每股收益无差别点法相比，公司价值分析法充分考虑了公司的财务风险和资本成本等因素的影响，进行资本结构的决策以公司价值最大化为标准，更符合公司价值最大化的财务目标。但其测算原理及过程较为复杂，通常用于资本规模较大的上市公司。

关于公司价值的内容和测算基础与方法，目前主要有两种认识：

第一，公司价值等于其未来净收益（或现金流量，下同）按照一定的折现率折现的价值，即公司未来净收益的折现值。这种测算方法的原理有其合理性，但因其中所含的不易确定的因素很多，难以在实践中加以应用。

第二，公司价值是其股票的现行市场价值。公司股票的现行市场价值按其现行市场价格来计算，有其客观合理性，但一方面，股票的价格经常处于波动之中，很难确定按哪个交易日的市场价格计算，另一方面，只考虑股票的价值而忽略长期债务的价值不符合实际情况。

## 五、资本结构调整

当企业现有资本结构与目标资本结构存在较大差异时，企业需要进行资本结构的调整。

企业调整资本结构的方法有：

① 存量调整。在不改变现有资产规模的基础上，根据目标资本结构要求，对现有资本结构进行调整。存量调整的方法有：债转股、股转债、增发新股偿还债务、调整现有负债结构，如与债权人协商将长短期负债转换；调整权益资本结构，如以资本公积转增股本。

② 增量调整。通过追加筹资量，以增加总资产的方式来调整资本结构。其主要途径是从外部取得增量资本，如发行新债、举借新贷款、进行融资租赁、发行新股票等。

③ 减量调整。通过减少资产总额的方式来调整资本结构。其主要途径包括：提前归还借款、收回发行在外的可提前收回债券、股票回购减少公司股本、进行企业分立等。

# 思考与练习

**关键术语**

财务杠杆　营业杠杆　总杠杆　财务拮据　代理成本　税后资本利润率无差异点

**思考题**

1. 什么是资本成本？资本成本有何作用？

2. 如何计算个别资本成本和综合资本成本？试列示其计算公式。

3. 资本结构理论有哪些内容？MM 理论的基本内容是什么？

4. 什么是最优资本结构？资本结构决策的方法有哪些？资本结构如何调整？

**客观题**

**一、单项选择题**

1. 在测算加权平均资金成本时，需确定资金比重，确定资金比重取决于各种资金价值的选择。能够反映企业期望的资本结构，适用于企业筹措新资金所采用的资金价值的是：（　　）

A. 账面价值　　B. 市场价值　　C. 目标价值　　D. 历史价值

2. 认为资本结构与企业的价值无关，因此企业不存在最佳资本结构的理论是：（　　）

A. 净收益理论　　B. 营业净利理论　　C. MM 理论　　D. 等级筹资理论

3. 若全部资本中权益资本和债务资本各占 50%，则下列关于企业相关风险的叙述正确的是：（　　）

A. 只存在经营风险　　B. 只存在财务风险

C. 同时存在经营风险和财务风险　　D. 财务风险和经营风险相互抵消

4. 某公司的经营杠杆系数为 1.8，财务杠杆系数为 1.5，则该公司销售额每增长 1 倍，就会造成每股收益增长：（　　）

A. 1.2 倍　　B. 1.5 倍　　C. 0.3 倍　　D. 2.7 倍

5. 财务管理中的杠杆原理是指由于固定生产经营成本和利息费用的存在，当企业的产销量发生较小的变化时，会产生较大变化的是：（　　）

A. 所有者权益　　B. 销售收入　　C. 资产总额　　D. 每股收益

6. 如果某企业资本结构中负债额为零，税前资本利润率的变动风险主要来源于：（　　）

A. 负债利率变动　　B. 资产利润率变动

C. 主权资本成本率变动　　D. 税率变动

7. 在其他因素不变的情况下，复合杠杆系数与风险的关系表现在：（　　）

A. 复合杠杆系数越大，经营风险越大　　B. 复合杠杆系数越大，财务风险越大

C. 复合杠杆系数与复合风险成同向变动　　D. 复合杠杆系数与复合风险成反方向变动

8. 企业在选择追加筹资方案时，决策的依据是：（　　）

A. 综合资本成本　　B. 资金边际成本

C. 个别资金成本　　D. 变动成本

9. 某公司年营业收入为 500 万元，变动成本率为 40%，经营杠杆系数为 1.5，财务杠杆系数为 2。如果固定成本增加 50 万元，那么复合杠杆系数将变为：（　　）

A. 2.4　　B. 3　　C. 6　　D. 8

10. 企业为维持一定经营能力所必须负担的最低成本是：（　）

A. 固定成本　　B. 酌量性固定成本

C. 约束性固定成本　　D. 沉没成本

11. 某企业 20×1 年每股收益无差别点处的息税前利润为 300 万元，该企业下年预计息税前利润会达到 500 万元，但需要追加筹资 200 万元。下列筹资方式中最可行的是：（　）

A. 发行普通股　　B. 发行优先股

C. 利用企业的留存收益　　D. 发行公司债券

12. 若某一企业的经营处于盈亏临界状态，则下列说法错误的是：（　）

A. 此时销售额处于销售收入线与总成本线的交点

B. 此时的经营杠杆系数趋于无穷小

C. 此时的营业利润率等于零

D. 此时的边际贡献等于固定成本

13. 当财务杠杆系数为 1 时，下列表述正确的是：（　）

A. 息税前利润增长为零　　B. 息税前利润为零

C. 利息与优先股股息为零　　D. 固定成本为零

14. 某上市公司预计未来 5 年股利调整增长，然后转为正常增长，则下列各项普通股评价模型中，最适宜于计算该股票价值的是：（　）

A. 股利固定模型　　B. 零成长股票模型　　C. 两阶段模型　　D. 股利固定增长模型

15. "当负债达 100% 时，企业价值最大"，持有这种观点的资本结构理论是：（　）

A. 代理理论　　B. 净收益理论　　C. 净营业收益理论　　D. 等级筹资理论

16. 下列资本结构调整的方法中，属于减量调整的是：（　）

A. 债转股　　B. 发行新债　　C. 提前归还借款　　D. 增发新股偿还债务

17. 甲公司设立于 20×8 年 12 月 31 日，预计 20×9 年年底投产。目前证券市场属于成熟市场，根据等级筹资理论的原理，甲公司在确定筹资顺序时，优先考虑的筹资方式是：（　）

A. 内部筹资　　B. 发行债券　　C. 增发股票　　D. 向银行借款

18. 从资本成本的计算与应用价值角度考虑，资本成本属于：（　）

A. 实际成本　　B. 标准成本　　C. 沉没成本　　D. 机会成本

19. 下列关于资本成本概念表述错误的是：（　）

A. 资本成本是一种机会成本

B. 资本成本指可以从现有资产获得的，符合投资者期望的最小收益率

C. 任何投资项目的投资收益率必须高于资本成本

D. 在数量上资本成本等于企业筹资和使用资金付出的代价

20. 某公司经批准发行优先股，筹资费率和股息率分别为 5% 和 9%，优先股成本为：（　）

A. 9.47%　　B. 5.71%　　C. 5.49%　　D. 5.26%

21. 某期间市场无风险报酬率为 10%，平均风险股票必要报酬率为 14%。某公司普通股投资风险 β 系数为 1.2。该普通股资本成本为：（　）

A. 14%　　B. 14.8%　　C. 12%　　D. 16.8%

22. 调整企业资本结构并不能： ( )

A. 降低财务风险 B. 降低经营风险 C. 降低资本成本 D. 改变融资弹性

23. 财务杠杆系数同企业资本结构密切相关，须支付固定性资金成本的债务资金所占比重越大，企业的财务杠杆系数： ( )

A. 越大 B. 越小 C. 不变 D. 反比例变化

24. 资本成本包括： ( )

A. 筹资费用和利息费用 B. 使用费用和筹资费用

C. 借款利息、债券利息和发行手续费 D. 利息费用和向所有者分配的利润

25. 一般而言，下列筹资方式中，资金成本最低的是： ( )

A. 发行股票 B. 债券成本 C. 长期借款 D. 保留盈余

26. 经营杠杆影响企业的： ( )

A. 税前利润 B. 税后利润 C. 息税前利润 D. 财务费用

27. 某企业的经营杠杆系数为2，预计息税前利润将增长10%，在其他条件不变的情况下，销售量将增长： ( )

A. 5% B. 10% C. 15% D. 20%

28. 只要企业的经营利润为正数，则企业的经营杠杆系数： ( )

A. 恒大于1 B. 与固定成本成比例

C. 与销售量成正比 D. 与企业的风险成反比

29. 最佳资本结构是指企业在一定时期和一定条件下： ( )

A. 企业价值最大的资本结构

B. 企业目标资本结构

C. 加权平均资本成本最低的目标资本结构

D. 加权平均资本成本最低、企业价值最大的资本结构

30. 每股利润变动率相当于销售变动率的倍数，称为： ( )

A. 经营杠杆系数 B. 财务杠杆系数 C. 总杠杆系数 D. 边际资本成本

**二、多项选择题**

1. 确定最优资本结构的定量分析方法有： ( )

A. 因素分析法 B. 比较资金成本法

C. 公司价值分析法 D. 息税前利润—每股收益分析法

2. 影响企业边际贡献大小的因素有： ( )

A. 固定成本 B. 销售单价 C. 单位变动成本 D. 产销量

3. 下列各项中，影响复合杠杆系数变动的因素有： ( )

A. 固定生产经营成本 B. 单位边际贡献

C. 产销量 D. 固定利息

4. 下列关于经营杠杆系数的叙述，正确的有： ( )

A. 在固定成本不变的情况下，经营杠杆系数说明业务量变动所引起的息税前利润的变动幅度

B. 假设其他因素不变，销售额越大，经营杠杆系数就越大，经营风险就越大

C. 当销售额达到盈亏临界点时，经营杠杆系数趋于无穷小

D. 降低经营杠杆系数的措施有：增加销售额、降低单位变动成本和固定成本

5. 影响财务杠杆系数的因素包括：（ ）

A. 变动成本 B. 产品价格 C. 销售量 D. 优先股股利

6. 下列各项中，可以用来衡量财务风险指标的是：（ ）

A. 息税前利润的标准差 B. 复合杠杆系数

C. 每股收益的标准差 D. 财务杠杆系数

7. 下列各项中，说法正确的是：（ ）

A. 企业利用债务筹资的利息率高于优先股股息率 B. 债券筹资具有减税效应

C. 负债筹资具有财务杠杆效应 D. 负债筹资会加大企业的财务风险

8. 下列关于财务杠杆系数的描述，正确的有：（ ）

A. 财务杠杆系数是由企业资金结构决定的，债务资金比率越高时，财务杠杆系数越大

B. 财务杠杆系数反映财务风险的大小，财务杠杆系数越小，财务风险越大

C. 财务杠杆系数不受销售结构的影响

D. 财务杠杆系数可以反映息税前利润随着每股收益的变动而变动的幅度

9. 企业进行筹资决策时，需要考虑的因素有：（ ）

A. 资金成本 B. 财务风险 C. 资金期限 D. 限制条件

10. 影响企业综合资金成本的因素主要有：（ ）

A. 资金结构 B. 个别资金成本高低 C. 筹集资金总额 D. 筹资期限长短

11. 在下列各种资本结构理论中，支持“负债越多企业价值越大”观点的有：（ ）

A. 代理理论 B. 净收益理论 C. 净营业收益理论 D. 修正的 MM 理论

12. 决定着企业资本成本高低的因素：（ ）

A. 总体经济环境 B. 证券市场条件

C. 企业内部的经营和融资状况 D. 项目融资规模

13. 能够使得经营杠杆系数成反方向变化的影响因素有：（ ）

A. 销售量 B. 单价 C. 单位变动成本 D. 变动成本

14. 下列关于资本成本的说法中，正确的有：（ ）

A. 资本成本的计算主要以年度的相对比率为计算单位

B. 资本成本可以视为项目投资或使用资金的机会成本

C. 资本成本的本质是企业为筹资和使用资金而实际付出的代价

D. 企业的加权平均资本成本由资本市场和企业经营者共同决定

15. 在个别资本成本中需要考虑抵税作用的是：（ ）

A. 债券成本 B. 借款成本 C. 普通股成本 D. 留存收益成本

16. 企业债务成本过高时，可以采取以下方式调整其资本结构：（ ）

A. 利用税后留存归还债务，以降低债务比重

B. 以公积金转增资本

C. 将可转换债券转换为普通股

D. 提前偿还长期债务，筹集相应的权益资金

17. 在个别资本成本中，属于权益资本成本的是：（ ）

A. 长期借款成本　　B. 优先股成本　　C. 普通股成本　　D. 留存收益成本

18. 下列项目中，属于资本成本中筹资费用内容的是：（　　）

A. 借款手续费　　B. 债券发行费　　C. 债券利息　　D. 股利

19. 资本权重的确定方法有：（　　）

A. 票面价值权重法　　B. 账面价值权重法

C. 市场价值权重法　　D. 目标资本权重法

20. 关于企业经营风险，下列说法正确的是：（　　）

A. 市场对企业产品的需求越稳定，经营风险就越小

B. 产品售价变动不大，经营风险就小

C. 企业调整价格的能力越强，经营风险就越小

D. 固定成本所占比重较大时，经营风险就小

21. 对每股收益无产别点的表述正确的是：（　　）

A. 在每股收益无差别点上，负债筹资和权益筹资可获得相同的每股收益

B. 当息税前盈余高于无差别点的息税前盈余时，运用负债筹资有利

C. 当销售额低于无差别点的销售额时，运用负债筹资更有利

D. 每股收益无差别点是判断资本结构合理与否的标准

22. 以下关于留存收益资本成本说法正确的是：（　　）

A. 它不存在成本问题　　B. 其成本是一种机会成本

C. 它的成本计算不考虑筹资费用　　D. 它相当于股东投资于某种股票所要求的必要报酬率

**三、判断题**

1. 经营杠杆本身并不是经营风险的来源，而只是放大了经营风险。（　　）

2. 当息税前利润大于零时，除非固定成本为零或业务量无穷大，否则息税前利润的变动率总是大于边际贡献的变动率。（　　）

3. 随着负债的增加，投资者的风险加大，股票价格和企业价值也会有增加的趋势。（　　）

4. 计算资金的边际成本时应采用加权平均法计算，适用的权数是资金的账面价值权数。（　　）

5. 资金的边际成本是指每增加一个单位资金而增加的成本，主要用来度量追加筹集资金的资金成本。（　　）

6. 在其他因素不变的情况下，固定成本越大，经营杠杆系数越小，风险也越小。（　　）

7. 在不考虑风险的情况下，在每股收益无差别点处采用债务方式筹资比采用发行普通股更有优势。（　　）

8. 假设企业不存在租赁行为，若企业的负债筹资为零且无优先股股本，则财务杠杆系数为1。（　　）

9. 经营杠杆能够扩大市场和生产等不确定性因素对利润变动的影响。（　　）

10. 从成熟证券市场看，企业筹资的有序模式首先是内部筹资，其次是增发股票、发行债券和可转换债券，最后才是银行借款。（　　）

11. 资本成本计算与否，通常会影响企业的融资决策，而不会影响投资决策。（　　）

12. 如果考虑货币时间价值，长期借款的税前资本成本是使借款的现金流入现值等于其现金流出现值的折现率。（　　）

13. 企业的产品售价和固定成本同时发生变化，经营杠杆系数有可能不变。 (　　)

14. 项目的资本成本与项目的必要报酬率一般是不一致的。 (　　)

15. 经营杠杆效应产生的原因是由于经营成本中存在固定成本。 (　　)

16. 企业全部资本中，权益资本和债务资本各占50%，则企业只存在经营风险。 (　　)

17. 财务杠杆系数是由企业资本结构决定的，财务杠杆系数越大，财务风险越大。 (　　)

18. 当销售额达到盈亏临界点时，经营杠杆系数趋近于零。 (　　)

19. 最佳资本结构是指在一定时期内加权平均资本成本最低，企业价值最大化的资本结构。 (　　)

20. 发行普通股没有固定的利息负担，因此其资本成本较低。 (　　)

## 练习题

**习题一**

（一）资料：某企业目前拟筹资2 500万元。其中，发行债券面值800万元，发行价700万元，筹资费率2%，债券年利率为10%；短期借款500万元，年利率7%，无筹资费；普通股1 000万元，筹资费率为4%，第一年预期股利率为10%，以后每年增长4%。剩余资金采用留存收益方式取得，所得税率为25%。

（二）要求：计算该方案的综合资金成本。

**习题二**

（一）资料：某企业年销售额为210万元，税前利润48万元，固定成本24万元，变动成本率60%；全部资本200万元，负债比率40%，负债利息率15%。

（二）要求：计算该企业的经营杠杆系数、财务杠杆系数和总杠杆系数。

**习题三**

（一）资料：S公司生产的Q产品。三种可能销售的情况是：较好概率20%，销量1 000台；一般概率50%，销量800台；较差概率30%，销量500台。设产品售价100万元/台，单位变动成本60万元，企业固定成本总额1 000万元，资金总额6亿元，负债/资本＝30/70。借款利率5%，企业共有普通股3亿股，每股面值1元，所得税税率25%。

（二）要求计算：（1）DOL、DFL、DTL；（2）每股盈余EPS期望值及每股盈余的标准差。

**习题四**

（一）资料：某公司拥有长期资金100万元，其中长期借款20万元、长期债券30万元、普通股50万元。为满足追加投资需要，拟筹措新资，需确定筹措新资的资本成本。财务人员采取的规划步骤如下：

1. 确定的目标资本结构。设该企业的财务人员分析认为，目前的资本结构置于目标范围内，应当予以保持。即：长期借款20%、长期债券30%、普通股50%的资本结构。

2. 确定各种资金来源的资本成本。一般情况下，当筹资总额增加，各种资本成本也会随之变化。设该企业财务人员测算确定的资本成本动态资料如表所示。

| 资本种类 | 目标资本结构（%） | 新筹资额 | 资本成本（%） |
|---|---|---|---|
| 长期借款 | 20% | 12 万元内 | 6.0 |
| | | 12 ～ 30 万元 | 8.0 |
| | | 30 万元以上 | 10.0 |
| 长期债券 | 30% | 30 万元内 | 10.0 |
| | | 30 ～ 45 万元 | 12.0 |
| | | 45 万元以上 | 15.0 |
| 普通股 | 50% | 30 万元内 | 12.0 |
| | | 30 ～ 60 万元 | 15.0 |
| | | 60 万元以上 | 18.0 |

（二）要求：对该公司边际资本成本进行规划。

**习题五**

（一）资料：W 公司的资本总额为 1 000 万元：债务资本 200 万元、权益资本 800 万元。现拟追加筹资 200 万元，有两种方案：

①增加权益资本；②增加负债。该公司增资前的负债利率 10%，若采用负债增资，则利率提高到 12%，增资后息税前利润率可达 20%，该企业所得税税率 25%。这两种方案的税后资本利润率如下表。（单位：万元）

| 项目 | （1）增加主权资本 | （2）增加负债 |
|---|---|---|
| 资产总额 | 1 200 | 1 200 |
| 其中：主权资本 | 800 +200 | 800 |
| 负债 | 200 | 200 +200 |
| 息税前利润（EBIT） | 1 200 ×20% =240 | 1 200 ×20% =240 |
| 减：利息 | 200 ×10% =20 | 400 ×12% =48 |
| 税前利润 | 220 | 192 |
| 减：所得税（25%） | 55 | 48 |
| 税后净利润 | 165 | 144 |
| 税后资本利润率 | 16.5% | 18% |

（二）要求：

（1）计算息税前利润无差异点；

（2）作出筹资决策。

**习题六**

（一）资料：Y 公司发行一笔期限为 5 年的债券，债券面值为 1 000 万元，溢价发行，实际发行价格为面值的 110%，票面利率为 10%，每年末付一次利息，筹资费率为 5%，所得税率 25%。

（二）要求：计算该债券的成本。

# 第 11 章　收益分配管理

## 第 1 节　收益分配概述

### 一、收益分配的意义

收益分配管理是对企业收益与分配的主要活动及其形成的财务关系的组织与调节，是企业将一定时期内所创造的经营成果合理地在企业内部、外部各利益相关者之间进行有效分配的过程。企业的收益分配有广义和狭义两种概念。广义的收益分配是指对企业的收入和净利润进行分配，包括对企业收入的分配和对企业净利润的分配两个层次的内容。狭义的收益分配则仅仅是指对企业净利润的分配。本章所指收益分配是广义的收益分配概念，即对企业收入和净利润的分配。

企业通过经营活动取得收入后，要按照补偿成本、缴纳所得税、提取公积金、向投资者分配利润等顺序进行收益分配。收益分配不仅是资产保值、保证简单再生产的手段，也是资产增值、实现扩大再生产的工具。收益分配可以满足国家政治职能与组织经济职能的需要，是处理所有者、经营者等各方面物质利益关系的基本。

收益分配管理作为现代企业财务管理的重要内容之一，对于维护企业与各相关利益主体的财务关系、提升企业价值具有重要意义。具体而言，企业收益分配管理的意义表现在以下四个方面：

① 收益分配集中体现了企业所有者、债权人与职工之间的利益关系。企业所有者是企业权益资金的提供者，按照谁出资谁受益的原则，投资者应得的投资收益须通过企业的收益分配来实现，而获得投资收益的多少取决于企业盈利状况及利润分配政策。通过收益分配，投资者能实现预期的收益。同时，企业信誉提高，有利于企业未来融通资金。

企业的债权人在向企业投入资金的同时也承担了一定的风险，企业的收益分配应体现出对债权人利益的充分保护。除了按时支付到期本金、利息外，企业在进行收益分配时也要考虑债权人未偿付本金的保障程度，否则将在一定程度上削弱企业的偿债能力，从而降低企业的财务弹性。

职工是价值的创造者，是企业收入和利润的源泉。为了正确、合理地处理好企业各方利益相关者的需求，就必须对企业所实现的收益进行合理分配。

② 收益分配是企业进行再生产的重要条件。生产经营过程中投入的各类资金，随

着生产经营活动的进行不断消耗和转移，形成成本费用，最终构成商品价值的一部分。销售收入的取得，为企业成本费用的补偿提供了前提，为企业简单再生产的正常进行创造了条件。通过收益分配，企业能形成一部分自行安排的资金，可以增强企业生产经营的财力，有利于企业扩大再生产。

③ 收益分配是企业优化资本结构的重要措施。留存收益是企业重要的权益资金来源，收益分配的多少，影响企业积累的多少，从而影响权益与负债的比例，即资本结构。企业价值最大化的目标要求企业的资本结构最优，因而收益分配便成了优化资本结构、降低资本成本的重要措施。

④ 收益分配是国家建设资金的重要来源之一。在企业正常的生产经营活动中，职工不仅为自己创造了价值，还为社会创造了一定的利润。利润代表企业的新创财富，是企业收入的重要构成部分。通过收益分配，国家财政也能够集中一部分企业利润，由国家有计划地分配使用，实现国家政治职能和经济职能，为社会经济的发展创造良好条件。

## 二、收益分配的原则

收益分配作为企业一项重要的财务活动，关系着投资者、债权人等各方的利益，涉及企业的生存与发展，应当遵循以下原则：

① 依法分配原则。企业的收益分配必须依法进行。为了规范企业的收益分配行为，维护各利益相关者的合法权益，国家颁布了相关法律、法规，严格规定了企业收益分配的基本要求、一般程序和重要比例。企业应当认真执行，不得违反。

② 分配与积累并重原则。企业的收益分配必须坚持积累与分配并重的原则。企业通过经营活动赚取收益，既要保证企业简单再生产的持续进行，又要不断积累企业扩大再生产的财力基础，恰当处理分配与积累之间的关系，留存一部分净收益以供未来分配之需，在增强企业抵抗风险能力的同时，提高企业经营的稳定性与安全性。

③ 兼顾各方利益原则。企业的收益分配必须兼顾各方面的利益。企业是经济社会的基本单元，企业的收益分配涉及国家、企业股东、债权人、职工等多方面的利益。企业在进行收益分配时，应当统筹兼顾，维护各利益相关者的合法权益。正确处理它们之间的关系，协调其矛盾，保证企业的生存和长远发展。

④ 投资与收益对等原则。企业的收益分配必须坚持投资与收益对等原则，即企业进行收益分配应当体现“谁投资谁受益”、收益大小与投资比例相适应的原则。投资者因其投资行为而享有收益权，投资收益应同其投资比例对等，不允许发生任何一方随意多分多占的现象。这样才能从根本上实现收益分配中的公开、公平、公正，有效保护投资者的利益，提高投资者的积极性。

## 三、确定收益分配政策时应考虑的因素

### （一）法律因素

为了保护债权人和股东的利益，法律法规就公司的收益分配作出规定，公司的收益分配政策必须符合相关法律规范的要求。相关要求主要体现在资本保全约束、偿债能力约束、资本积累约束、超额累积利润约束等几个方面。

① 资本保全约束。要求公司股利的发放不能侵蚀资本，即公司不能因支付股利而引起资本减少。资本保全的目的，在于防止企业任意减少资本结构中的所有者权益的比例，以保护债权人的利益。

② 偿债能力约束。偿债能力是指企业按时足额偿还各种到期债务的能力，是企业确定收益分配政策时要考虑的一个基本因素。现金股利是企业现金的支出，而大量的现金支出必然影响公司的偿债能力。因此，公司在确定股利分配数量时，一定要考虑现金股利分配对公司偿债能力的影响，保证在现金股利分配后公司仍能保持较强的偿债能力，防止企业无力偿付债务的情况出现，维护公司的信誉和借贷能力，保证公司的正常资金周转。

③ 资本积累约束。要求企业必须按照一定的比例和基数提取各种公积金，股利只能从企业的可供分配收益中支付，企业当期的净利润按照规定提取各种公积金后和过去累积的留存收益形成企业可供分配的收益。另外，在进行收益分配时，一般应当贯彻“无利不分”的原则，即当企业出现年度亏损时，一般不进行利润分配。

④ 超额累积利润约束。因为资本利得与股利收入的税率并不一致，往往股东接受股利缴纳的所得税高于其进行股票交易的资本利得税。公司通过保留利润来提高其股票价格，则可使股东避税。有些国家的法律禁止公司过度地积累盈余，如果一个公司盈余的积累大大超过公司目前及未来投资的需要，则可看做是过度保留，将被加征额外的税款。如美国《国内收入法》规定。如果国内税务局能够查实企业是故意压低股利支付率以帮助股东逃避缴纳个人所得税，就可对企业的累积盈余处以惩罚性的税率。我国法律目前对此尚未作出规定。

⑤ 净利润约束。一般规定，企业年度累计净利润必须为正数时，才可以发放股利，以前年度亏损必须弥补。

### （二）公司因素

公司在确定收益分配政策时，出于长期发展和短期经营的考虑，需要考虑以下因素，来确定收益分配政策。

① 现金流量。公司资金的正常周转，是公司生产经营得以有序进行的必要条件。因此，保证企业正常的经营活动对现金的需求是确定收益分配政策的最重要限制因素。企业在进行收益分配时，必须充分考虑企业的现金流量，而不仅仅是企业的净收益。

由于会计规范的要求和核算方法的选择，有一部分项目增加了企业的净收益，但并未增加企业可供支配的现金流量。因此，在确定收益分配政策时，企业应当充分考虑这方面的影响。

② 投资需求。企业的收益分配政策应当考虑未来投资需求的影响。如果一个公司有较多的投资机会，那么它需要有强大的资金支持，因而往往少发放股利采用低股利支付水平的分配政策；相反，如果一个公司的投资机会比较少，那么就有可能倾向于采用较高的股利支付水平。

③ 筹资能力。企业收益分配政策受其筹资能力的限制。如果公司具有较强的筹资能力，随时能筹集到所需资金，那么公司有可能采取较为宽松的股利政策。

④ 资产的流动性。企业现金股利的支付能力，在很大程度上受其资产变现能力的限制。较多地支付现金股利，会减少企业的现金持有量，使资产的流动性降低，而保持一定的资产流动性是企业正常运转的基础和必要条件。如果一个公司的资产有较强的变现能力，现金的来源比较充裕，则它的股利支付能力也比较强。

⑤ 盈利的稳定性。企业收益分配政策在很大程度上会受其盈利稳定性的影响。一般来讲，一个公司的盈利越稳定，面临经营风险和财力风险越小，筹资能力越强，股利支付水平较高。

⑥ 筹资成本。留存收益是企业内部筹资的一种重要方式，它同发行新股或举债相比，有成本低的优点。因此，很多企业在确定收益分配政策时，往往将企业的净收益作为首选的筹资渠道，特别是在负债资金较多、资本结构欠佳的时期。

⑦ 股利政策惯性。一般情况下，企业不宜经常改变其收益分配政策。企业在确定收益分配政策时，应当充分考虑股利政策调整有可能带来的负面影响。如果企业历年采取的股利政策具有一定的连续性和稳定性，那么重大的股利政策调整有可能对企业的声誉、股票价格、负债能力、信用等多方面带来影响。另外，靠股利来生活和消费的股东不愿意投资于股利波动频繁的股票。

⑧ 其他因素。收益分配政策的确定还会受其他公司因素的影响，如上市公司所处行业也会影响到它的股利政策。朝阳行业一般处于调整成长期，甚至能以数倍于经济发展速度的水平发展，因此就可能进行较高比例的股票股利支付；而夕阳产业则由于处在衰退期，会随着经济的高增长而萎缩，难以进行高比例的分红；对公用事业来说，则往往有及时、充裕的现金来源，而且可选择的投资机会有限，所以发放的现金股利的可能性较大。另外，企业可能有意地多发股利使股价上升，使已发行的可转换债券尽快实现转换，从而达到调整资本结构或兼并、反收购的目的等。

### （三）股东因素

股东在收入控制权、税赋风险及投资机会等方面的考虑，也会对企业的收益分配政策产生影响。

① 稳定的收入。有的股东依赖公司发放的现金股利维持生活，他们往往要求公司保持较高水平的股利支付水平，反对公司留存过多的收益。另外，有些股东认为留存利润使公司股票价格上升而获得资本利得具有较大的不确定性，取得现实的股利比较可靠。因此，这些股东也会倾向于多分配股利。

② 控制权。收益分配政策也会受到现有股东对控制权要求的影响。以现有股东为基础组成的董事会，在长期的经营中可能形成了一定的有效控制格局，他们往往会将股利政策作为维持其控制地位的工具。当公司为有利可图的投资机会筹措所需资金，而外部又无适当的筹资渠道可以利用时，为避免由于增发新股，可能会有新的股东加入公司而打破目前已经形成的控制格局，股东就会倾向于较低的股利支付水平，以便从内部的留存收益中取得所需资金。

③ 税赋。公司的股利政策会受股东对税赋因素考虑的影响。一般来讲，股利收入的税率要高于资本利得的税率，很多股东会由于对税赋因素的考虑而偏好于低股利支付水平。因此，低股利政策会使他们获得更多纳税上的好处。

④ 投资机会。股东的外部投资机会也是公司制定分配政策必须考虑的一个因素。如果公司将留存收益用于在投资的所得报酬低于股东个人单独将股利收入投资于其他投资机会所得的报酬，则股东倾向于公司不应多留存收益，而应多发股利给股东，因为这样做，将对股东更有利。

**（四）债务契约与通货膨胀**

（1）债务契约

一般来说，股利支付水平越高，留存收益越少，公司的破产风险加大，就越有可能损害到债权人的利益。因此，为了保证自己的利益不受侵害，债权人都会在公司借款合同、债务契约以及租赁合约中加入关于借款公司股利政策的限制性条款，以限制公司股利的发放。

限制条款通常包括以下方面：

① 未来股利只能以签订合同之后的收益发放，即不能以过去留存收益来发放；

② 营运资金低于某一特定金额时不得发放股利；

③ 将利润的一部分以偿债基金的形式留存下来；

④ 利息保障倍数低于一定水平时不得发放股利等。

（2）通货膨胀

通货膨胀会带来货币购买力水平下降、固定资产重置资金来源不足，此时，企业往往不得不考虑留用一定的利润，以弥补由于货币购买力水平下降而造成的固定资产重置资金缺口。因此，在通货膨胀时期，企业一般会采取偏紧的收益分配政策。

## 第2节　收入管理

企业的收入是指企业在销售商品、提供劳务、转让资产使用权所取得的各种收入的总称。由于销售收入一般是企业的收入主体，故一般企业的收入主要是指销售收入，即企业在日常生产经营活动中，销售商品、提供劳务形成的收入总额。

销售收入是企业的重要财务指标，在资金运动过程中处于起点和终点的地位，具有重要的经济意义。它是企业简单再生产的扩大再生产的资金来源，是加速资金周转的前提，必须加强对销售收入的管理。销售收入的制约因素，包括产品的销售数量和销售价格，因此，企业在经营管理过程中一定要做好销售预测分析以及销售定价管理。

### 一、销售预测分析

销售预测分析是指通过市场调查，以有关的历史资料和各种信息为基础，运用科学的预测方法和管理人员的实际经验，对企业产品在计划期间的销售量或销售额作出预计或估量的过程。企业在进行销售预测时，应充分研究和分析企业产品销售的相关资料，如产品价格、产品质量、售后服务、推销方法等。此外，对企业所处的市场环境、物价指数、市场占有率及经济发展趋势等情况也应进行研究分析。

销售预测的方法有很多种，主要包括定性分析法和定量分析法。

#### （一）定性分析法

定性分析法即非数量分析法，是指由专业人员根据实际经验，对预测对象的未来情况及发展趋势作出预测的一种分析方法。定性分析法一般适用于预测对象的历史资料不完备或无法进行定量分析时，主要包括推销员判断法、专家判断法和产品寿命周期分析法。

（1）推销员判断法

推销员判断法又称意见汇集法，是由企业熟悉市场情况及相关变化信息的经营管理人员对由推销人员调查得来的结果进行综合分析，从而作出预测的方法。

（2）专家判断法

专家判断法是通过组织专家会议，运用专家各方面专业知识和经验的判断能力，相互启发，集思广益，对成本等重大战略目标的决策进行预测的方法。该法与推销员判断法相比，其优点在于信息量大，考虑因素多，易于展开思路。适用于进行初步预测分析，或对已提出的预测方案进行评价。但专家判断法的准确性比较差，在预测时易受专家个性、会议时间、专家感情等方面的影响。专家判断法有三种形式：个别专家意见汇集法、专家小组法和德尔菲法。

个别专家意见汇集法是分别向每位专家征求本企业产品未来销售情况的个人判断

和意见，然后综合专家意见确定预测值。

专家小组法是将专家分成若干小组，运用专家智慧进行判断和预测。该方法的缺点在于小组中其他专家的意见可能会受到权威专家的意见的影响，客观性得不到保证。

德尔菲法是由20世纪40年代美国兰德公司设计提出的著名的定性分析法，它实质上是专家判断法的发展。它不同于专家判断法把一组专家召集在一起对预测对象发表意见，而是通过中间机构以匿名方式征求每个专家的意见，以消除专家间在个性、情感等方面的相互影响。经过几轮反复调查和总结，最后取得专家们一致意见的预测。德尔菲法的特点是匿名调查，统计处理，信息反馈。

[**例** 11－1] 某公司准备投产一种新产品，现请A、B两类专家进行销售预测，A类专家为技术专家，拟定加权权数为5；B类专家为管理专家，拟定加权权数为3。另外，本企业直接销售人员预测新产品市场最高销售量为260万件，拟定加权权数为2。A、B两类专家对新产品销售预测的分析判断如表11－1。

**表11－1　新产品销售量专家调查表**

| 状况 | A类专家（权数5） | | | B类专家（权数3） | | |
|---|---|---|---|---|---|---|
| | 销售量（万件） | 概率 | 期望值 | 销售（万件） | 概率 | 期望值 |
| 1 | 238 | 30% | 71.40 | 230 | 10% | 23.00 |
| 2 | 270 | 60% | 162.00 | 238 | 50% | 119.00 |
| 3 | 290 | 10% | 29.00 | 270 | 40% | 108.00 |
| 合计 | | 100% | 262.40 | | 100% | 250.00 |

根据表11－1资料，并考虑本企业销售人员的意见，新产品销售预测值为：

$$\text{新产品预测销售量}=\frac{262.40\times5+250\times3+260\times2}{5+3+2}=258.20(\text{万件})$$

（3）产品寿命周期分析法

产品寿命周期分析法是利用产品在不同寿命周期上销售量的变化趋势进行销售预测。它根据产品的寿命周期四阶段——萌芽期、成长期、成熟期和衰退期，判断产品所处的阶段并作出预测。

### （二）销售预测的定量分析法

定量分析法也称数量分析法，是指在预测对象有关资料完备的基础上，运用一定的数学方法，建立预测模型作出预测。它一般包括趋势预测分析法和因果预测分析法两大类。

（1）趋势预测分析法

趋势预测分析法主要包括算术平均法、加权平均法、移动平均法和指数平滑法等。

① 算术平均法。即将若干历史时期的实际销售量或销售额作为样本值，求出其算术平均数，并将该平均数作为下期销售量的预测值。计算公式为：

$$Y = \frac{\sum_{i=1}^{n} X_i}{n}$$

式中，$Y$ 是预测值，$X_i$是第 $i$ 期的实际销售量，$n$ 为期数。

算术平均法适用于每月销售量波动不大的产品的销售预测。

[例 11 -2] W 公司 20 ×1 ～ 20 ×8 年的产品销售量资料如表 11 -2。

**表 11 -2　产品销售量资料**

| 年　度 | 20 ×1 | 20 ×2 | 20 ×3 | 20 ×4 | 20 ×5 | 20 ×6 | 20 ×7 | 20 ×8 |
|---|---|---|---|---|---|---|---|---|
| 销售量（万吨） | 3 200 | 3 300 | 3 100 | 3 300 | 3 400 | 3 500 | 3 400 | 3 600 |

根据算术平均法的计算公式，公司 20 ×9 年的预测销售量为：

$$预测销售量（Y）= \frac{3\,200 + 3\,300 + 3\,100 + 3\,300 + 3\,400 + 3\,500 + 3\,400 + 3\,600}{8}$$

$$=3\,350（万吨）$$

② 加权平均法。是将若干期的历史资料（实际销售量或销售额）作为样本值，将各个样本值按照一定的权数计算得出加权平均数，并将加权平均数作为下期销售量的预测值。由于市场变化一般较大，离预测期越近的样本值对其影响越大，而离预测期越远的则越小，所以权数的选取应遵循“近大远小”的原则。计算公式为：

$$Y = \sum_{i=1}^{n} W_i X_i$$

式中，$Y$ 是预测值，$W_i$是第 $i$ 期的权数（$0 < W_i \leqslant W_{i+1} < 1$，且 $\sum_{i=1}^{n} W_i = 1$），$X_i$是第 $i$ 期的实际销售量，$n$ 是期数。

[例 11 -3] 沿用例 11 -2 中的资料，假设 W 公司 20 ×1 ～ 20 ×8 年 W 公司各期数据的权数如表 11 -3。

**表 11 -3　产品销售量资料及权数**

| 年　度 | 20 ×1 | 20 ×2 | 20 ×3 | 20 ×4 | 20 ×5 | 20 ×6 | 20 ×7 | 20 ×9 |
|---|---|---|---|---|---|---|---|---|
| 销售量（万吨） | 3 200 | 3 300 | 3 100 | 3 300 | 3 400 | 3 500 | 3 400 | 3 600 |
| 权数 | 5% | 6% | 8% | 10% | 12% | 15% | 19% | 25% |

根据加权平均法的计算公式，W 公司 20 ×9 年的预测销售量为：

预测销售量 $Y = \sum_{i=1}^{n} W_i X_i = 3\,200 \times 5\% + 3\,300 \times 6\% \cdots 3\,400 \times 19\% + 3\,600 \times 25\%$

$= 3\,415$（万吨）

加权平均法较算术平均法更为合理，计算也较方便，在实践中应用较多。

③ 移动平均法。是从 $n$ 期的时间数列销售量中选取 $m$ 期（$m$ 数值固定，且 $m < n/2$）数据作为样本值，求其 $m$ 期的算术平均数，并不断向后移动计算观测期平均值，以最后一个 $m$ 期的平均数作为未来第 $n+1$ 期预测销售量的一种方法。这种方法假设预测值主要受最近 $m$ 期销售量的影响。其计算公式为：

$$Y_{n+1} = \frac{X_{n-(m-1)} + X_{n-(m-2)} + \cdots + X_{n-1} + X_n}{m}$$

为了使预测值更能反映销售量变化的趋势，对上述结果按趋势值进行修正，计算公式为：

$$\overline{Y}_{n+1} = Y_{n+1} + (Y_{n+1} - Y_n)$$

由于移动平均法只选用了 $n$ 期数据中的最后 $m$ 期作为计算依据，故代表性较差，计算起来也比较麻烦，适用于销售量略有波动的产品预测。

[例 11－4] 沿用例 11－2 的资料。假定 W 公司预测前期（20×8 年）的预测销售量为 3 350 万吨，要求分别用移动平均法和修正的移动平均法预测 W 公司 20×9 年的销售量（设定样本期为 3 期）。根据有关资料，分析计算如下：

根据移动平均法的计算公式，W 公司 20×9 年的预测销售量为：

$$Y_{n+1} = \frac{3\,500 + 3\,400 + 3\,600}{3} = 3\,500\text{(万吨)}$$

根据修正的移动平均法计算公式，W 公司 20×9 年修正的预测销售量为：

$$\overline{Y}_{n+1} = 3\,500 + (3\,500 - 3\,600) = 3\,400\text{（万吨）}$$

④ 指数平滑法。这实质上是一种加权平均法，是以事先确定的平滑指数 $a$ 及（$1-a$）作为权数进行加权计算，预测销售量的一种方法。计算公式为：

$$Y_{n+1} = aX_n + (1-a)Y_n$$

式中：$Y_{n+1}$ 是未来第 $n+1$ 期的预测值；$Y_n$ 是第 $n$ 期预测值，即预测前期的预测值；$X_n$ 是第 $n$ 期的实际销售量，即预测前期的实际销售量；$a$ 是平滑指数；$n$ 是期数。

平滑指数的取值通常在 0.3 ～ 0.7 之间，取值大小决定了前期实际值与预测值对本期预测值的影响。采用较大的平滑指数，预测值可以反映样本值新近的变化趋势；采用较小的平滑指数，则反映了样本值变动的长期趋势。因此，在销售量波动较大或进行短期预测时，选择较大平滑指数；在销售量波动较小或进行长期预测时，选择较小平滑指数。

[例 11－5] 沿用例 11－2 的资料。W 公司 20×8 年实际销售量为 3 600 万吨，原

预测销售量为 3 350 万吨，平滑指数 $a=0.5$。要求用指数平滑法预测公司 20×9 年的销售量。

根据指数平滑法的计算公式，W 公司 20×9 年的预测销售量为：

$$预测销售量\ Y_{n+1}=aX_n+(1-a)Y_n$$
$$=0.5\times3\,600+(1-0.5)\times3\,350=3\,475（万吨）$$

该方法运用比较灵活，适用范围较广，但平滑指数选择具有一定的主观性。

（2）因果预测分析法

因果预测分析法是指通过影响产品销售量（因变量）的相关因素（自变量）以及它们之间的函数关系，并利用这种函数关系进行产品销售预测的方法。因果预测分析法最常用的是回归分析法，这里主要介绍回归直线法。

回归直线法也称一元回归分析法。它假定影响预测对象销售量的因素只有一个，建立销售量 $y$ 与其影响因素 $x$ 之间的函数关系 $y=f(x)$，利用已知资料数据，对函数中自变量 $x$ 进行估计和检验，得到预测模型。假设已知变量（即自变量）为 $x$，所需预测的未知变量为 $y$（即因变量），则一元线性回归预测方程为：

$$y=a+bx$$

参数 $a$ 与 $b$ 用下列最小二乘公式估算：

$$b=\frac{n\sum xy-\sum x\sum y}{n\sum x^2-\left(\sum x\right)^2}$$

$$a=\frac{\sum y-b\sum x}{n}$$

求出 $a$、$b$ 的值后，代入 $y=a+bx$，结合自变量 $x$ 的取值，即可求得预测对象 $y$ 的预测销售量或销售额。

［**例 11－6**］G 公司 20×1～20×6 年上半年各月销售量与广告费资料如表 11－4 所示。

**表 11－4　G 公司 20×1～20×6 年销售量与广告费资料**

| 年份 | 20×1 | 20×2 | 20×3 | 20×4 | 20×5 | 20×6 |
|---|---|---|---|---|---|---|
| 广告费（元） | 10 000 | 8 000 | 10 000 | 9 000 | 11 000 | 12 000 |
| 销售量（吨） | 160 000 | 120 000 | 150 000 | 140 000 | 170 000 | 180 000 |

根据资料，用回归直线法计算参数，如表 11－5。

表 11－5 参数计算表

| 年份 | 广告费 $x$（千元） | 销售量 $y$（万吨） | $x^2$ | xy | $y^2$ |
|---|---|---|---|---|---|
| 20×1 | 10 | 16 | 100 | 160 | 256 |
| 20×2 | 8 | 12 | 64 | 96 | 144 |
| 20×3 | 10 | 15 | 100 | 150 | 225 |
| 20×4 | 9 | 14 | 81 | 126 | 196 |
| 20×5 | 11 | 17 | 121 | 187 | 289 |
| 20×6 | 12 | 18 | 144 | 216 | 324 |
| $n=6$ | $\sum x=60$ | $\sum y=92$ | $\sum x^2=610$ | $\sum xy=935$ | 1434 |

计算 $a$、$b$ 值如下：

$$b=\frac{6\times935-60\times92}{6\times610-60^2}=1.5$$

$$a=\frac{92-1.5\times60}{6}=0.33$$

如果该企业 20×7 年预计支出广告费 13 000 元，则预测销售量为：

$y=0.33+1.5\times13=19.83$(万吨)

## 二、销售定价管理

销售定价不仅影响产品的边际贡献，而且影响产品的销售数量与市场地位，进而对企业收入产生复杂而直接的影响。正确制定销售定价策略，直接关系到企业的生存和发展。

### （一）销售定价管理的含义

销售定价管理是指在调查分析的基础上选用合适的产品定价方法，为销售的产品制定最为恰当的售价，以实现经济效益最大化的过程。

企业销售各种产品都必须确定合理的产品销售价格。产品价格的高低直接影响到销售量的大小，进而影响到企业的盈利水平。单价水平过高，导致销售量降低，如果达不到保本点，企业就会亏损；单价水平过低，虽然会起到促销作用，但单位毛利降低，使企业的盈利水平下降。因此，产品销售价格的高低，价格策略运用得恰当与否，都会影响到企业正常的生产经营活动，甚至企业的生存和发展。进行良好的销售定价管理，可以使企业的产品更富有吸引力，扩大市场占有率，改善企业的相对竞争地位。

### （二）影响产品价格的因素

影响产品价格的因素非常复杂，主要包括：

① 价值因素。价格是价值的货币表现，价值的大小决定着价格的高低，而价值量的大小又是由生产产品的社会必要劳动时间决定的。因此，提高社会劳动生产率，缩短生产产品的社会必要劳动时间，可以相对地降低产品价格。

② 成本因素。成本是影响定价的基本因素。企业必须获得可以弥补已发生成本费用的足够多的收入，才能长期生存发展下去。虽然短期内的产品价格有可能会低于其成本，但从长期来看，产品价格应等于总成本加上合理的利润，否则企业无利可图，难以长久生存。

③ 市场供求因素。市场供求变动对价格的变动具有重大影响。当一种产品的市场供应大于需求时，就会引起价格下降；而当其供应小于需求时，则会推动价格的提升。市场供求关系是永远矛盾着的两个方面，因此产品价格也会随着供求关系变动而不断波动。

④ 竞争因素。产品竞争程度不同，对定价的影响也不同。竞争越激烈，对价格的影响也越大。在完全竞争的市场，企业几乎没有定价的主动权；在不完全竞争的市场，竞争的强度主要取决于产品生产的难易和供求形势。为了做好定价决策，企业必须充分了解竞争对手的情况，最重要的是竞争对手的定价策略。

⑤ 政策法规因素。各个国家对市场物价的高低和变动都有限制和法律规定，同时国家会通过生产市场、货币金融等手段间接调节价格。企业在制定定价策略时一定要很好地了解本国及所在国有关方面的政策和法规。

### （三）产品定价方法

产品定价方法包括以成本为基础的定价方法和以市场需求为基础的定价方法两类。

（1）以成本为基础的定价方法

作为定价基础的成本，即变动成本、制造成本和完全成本。

变动成本是指其总额会随业务量的变动而变动的成本。变动成本可以作为增量产品的定价依据，但不能作为一般产品的定价依据。

制造成本是指企业为生产产品或提供劳务等发生的直接费用支出，一般包括直接材料、直接人工和制造费用。由于它不包括各种期间费用，因此不能正确反映企业产品的真实价值消耗和转移。利用制造成本定价不利于企业简单再生产的继续进行。

完全成本是指企业为生产、销售一定种类和数量的产品所发生的费用总额，包括制造成本和管理费用、销售费用及财务费用等各种期间费用。在完全成本基础上制定价格，既可以保证企业简单再生产的正常进行，又可以使劳动者为社会劳动所创造的价值得以全部实现。因此，当前产品定价的基础，多数采用产品的完全成本。

① 完全成本加成定价法。是在完全成本的基础上，加合理利润来定价。合理利润的确定，在工业企业一般是根据成本利润率，而在商业企业一般是根据销售利润率。

在考虑税金的情况下，计算公式为：

成本利润率定价：

$$成本利润率 = \frac{预测利润总额}{预测成本总额} \times 100\%$$

$$单位产品价格 = \frac{单位成本 \times (1 + 成本利润率)}{1 - 适用税率}$$

销售利润率定价：

$$销售利润率 = \frac{预测利润总额}{预测销售总额} \times 100\%$$

$$单位产品价格 = \frac{单位成本}{1 - 销售利润率 - 适用税率}$$

式中，单位成本是指单位完全成本，可用单位制造成本加上单位产品负担的期间费用来确定。

[例 11－7] E 公司生产 A 产品，预计单位产品的制造成本 200 元/件。计划销售 10 000 件，计划期的期间费用总额 100 万元，产品适用的消费税税率 10%，成本利润率必须达到 20%。用完全成本加成定价法测算的单位产品价格为：

$$A产品单位产品价格 = \frac{\left(200 + \frac{1\ 000\ 000}{10\ 000}\right) \times (1 + 20\%)}{1 - 10\%} = 400（元/件）$$

② 保本点定价法。保本点是指企业处于不盈不亏的销售点。保本点定价法是使企业销售处于保本的状况来定价。采用保本点定价的产品价格应是企业的最低价格。

$$单位产品价格 = \frac{单位固定成本 + 单位变动成本}{1 - 适用税率} = \frac{单位完全成本}{1 - 适用税率}$$

[例 11－8] T 企业生产 B 产品，本期计划销售量为 10 000 吨，应负担的固定成本总额为 50 000 元，单位产品变动成本为 600 元，适用的消费税税率为 8%。根据上述资料，运用保本点定价法来测算的单位 B 产品价格为：

$$B产品单位价格 = \frac{\frac{50\ 000}{10\ 000} + 600}{1 - 8\%} = \frac{605}{0.92} = 657.61（元/吨）$$

③ 目标利润法。目标利润是指企业在预定时期内应实现的利润水平。目标利润定价法是根据预期目标利润和产品销售量、产品成本、适用税率等因素来确定产品销售价格的方法。计算公式为：

$$单位产品价格 = \frac{目标利润总额 + 完全成本总额}{产品销售量 \times (1 - 适用税率)} = \frac{单位目标利润 + 单位完全成本}{1 - 适用税率}$$

[例 11－9] W 公司生产 C 产品，本期计划销售量为 10 000 吨，目标利润总额为 400 万元，完全成本总额为 8 000 万元，适用的消费税税率为 8%，根据上述资料，运

用目标利润法来测算的单位 C 产品价格为：

$$单位C产品价格 = \frac{4\,000\,000 + 80\,000\,000}{10\,000 \times (1 - 8\%)} = 9\,130.43(元/吨)$$

即要保住目标利润总额 400 万元，每吨销售价格必须在 9 130. 43 元。

④ 变动成本定价法。是指企业在生产能力有剩余的情况下增加生产一定数量的产品所应分担的成本。这些增加的产品可以不负担企业的固定成本，只负担变动成本。在确定价格时产品成本仅以变动成本计算。此处所指变动成本是指完全变动成本，包括变动制造费用和变动期间费用。计算公式为：

$$单位产品价格 = \frac{单位变动成本 \times (1 + 成本利润率)}{1 - 适用税率}$$

[例 11－10] D 公司生产 T 产品，设计生产能力为 20 000 吨，计划生产 18 000 吨，预计单位产品的变动成本为 200 元，计划期的固定成本费用总额为 360 000 元，该产品适用的消费税税率为 10%，成本利润率要求达到 20%。假定本年度接到一额外订单，订购 1 000 吨 T 产品，单价 290 元。问：该企业计划内产品单位价格是多少？是否应接受这一额外订单？

根据上述资料计算，企业计划内生产的产品价格为：

$$计划内T产品单位产品价格 = \frac{\left(200 + \frac{360\,000}{18000}\right) \times (1 + 20\%)}{1 - 10\%} = 293.33(元/吨)$$

$$追加生产的T产品单位产品价格 = \frac{200 \times (1 + 20\%)}{1 - 10\%} = 266.67(元/吨)$$

因额外订单单价（290 元/吨）高于其按变动成本计算的价格（266. 67 元/吨），故应接受这一额外订单。

（2）以市场需求为基础的定价方法

以成本为基础的定价方法，主要关注企业的成本状况而不考虑市场需求状况，因而这种方法制定的产品价格不一定满足企业销售收入或利润最大化的要求。最优价格应是企业取得最大销售收入或利润时的价格。以市场需求为基础的定价方法可以契合这一要求，主要有需求价格弹性系数定价法和需求函数定价法等。

① 需求价格弹性系数定价法。产品在市场上的供求变动关系，实质上体现在价格的刺激和制约作用上。需求增大导致价格上升，刺激企业生产；而需求减小，则会引起价格下降，从而制约了企业的生产规模。从另一个角度看，企业也可以根据这种关系，通过价格的升降来作用于市场需求。在其他条件不变的情况下，某种产品的需求量随其价格的升降而变动的程度，就是需求价格弹性系数。计算公式为：

$$E = \frac{\Delta Q/Q_0}{\Delta P/P_0}$$

式中，$E$ 是某种产品的需求价格弹性系数，$\Delta P$ 是价格变动量，$\Delta Q$ 是需求变动量，$P_0$ 是基期单位产品价格，$Q_0$ 是基期需求量。

运用需求价格弹性系数确定产品的销售价格时，计算公式为：

$$P = \frac{P_0 Q_0^{\alpha}}{Q^{\alpha}}$$

式中：$P_0$ 是基期单位产品价格；$Q_0$ 是基期需求量；$E$ 是需求价格弹性系数；$P$ 是单位产品价格；$Q$ 是预计销售量；$\alpha$ 是需求价格弹性系数绝对值的倒数，即 $\frac{1}{|E|}$。

［例 11－11］Q 企业生产销售 R 产品。20×9 年前三个季度中，实际销售价格和销售数量如表 11－6 所示。若企业在第四季度要完成 40 000 吨的销售任务，那么销售价格应为多少？

**表 11－6　前三季度 R 产品销售价格和销售数量**

| 项目 | 第 1 季度 | 第 2 季度 | 第 3 季度 |
| --- | --- | --- | --- |
| 销售价格（元/吨） | 7 500 | 8 000 | 7 800 |
| 销售数量（吨） | 38 590 | 33 780 | 35 580 |

根据上述资料，R 产品的销售价格的计算过程为：

$$E_1 = \frac{(33\,780 - 38\,590) \div 38\,590}{(8\,000 - 7\,500) \div 7\,500} = -1.87$$

$$E_2 = \frac{(35\,580 - 33\,780) \div 33\,780}{(7\,800 - 8\,000) \div 8\,000} = -2.13$$

$$E = \frac{E_1 + E_2}{2} = \frac{-1.87 - 2.13}{2} = -2$$

$$\alpha = \frac{1}{|E|} = \frac{1}{|-2|} = \frac{1}{2}$$

$$P = \frac{P_0 Q_0^{\alpha}}{Q^{\alpha}} = \frac{7\,800 \times 35\,580^{1/2}}{40\,000^{1/2}} = 7\,356.4(\text{元})$$

即第四季度要完成 4 000 件的销售任务，其单位产品的销售价格为 7 356.4 元。

② 边际分析定价法。是指基于微分极值原理，通过分析不同价格与销售量组合下的产品边际收入、边际成本和边际利润之间的关系决策的一种定量分析方法。边际是指自变量每增加或减少一个单位所带来的因变量的差异。那么，产品边际收入、边际成本和边际利润就是指销售量每增加或减少一个单位所形成的收入、成本和利润的差额。按照微分极值原理，如果利润函数的一阶导数等于零，即边际利润等于零，边际收入等于边际成本，那么利润将达到最大值。此时的价格就是最优销售价格。

当收入函数和成本函数均可微时，直接对利润函数求一阶导数即可得到最优售价；

当收入函数或成本函数为离散型函数时，可以通过列表法分别计算各种价格与销售量组合下的边际利润，在边际利润大于或等于零的组合中，边际利润最小时的价格就是最优售价。

### （四）价格策略

企业之间的竞争在很大程度上表现为企业产品在市场上的竞争。市场占有率的大小是衡量产品市场竞争能力的主要指标。除了提升产品质量之外，根据具体情况合理运用不同的价格策略，可以有效地提高产品的市场占有率和企业的竞争能力。主要的价格策略有：

① 折让定价策略。指在一定条件下，以降低产品的销售价格来刺激购买者，从而达到扩大产品销售量的目的。价格的折让主要表现是折扣，一般表现为单价折扣、数量折扣、现金折扣、推广折扣和季节折扣等形式。单价折扣是指给予所有购买者以价格折扣，而不管其购买数量的多少。数量折扣即按照购买者购买数量的多少所给予的价格折扣。购买数量越多，则折扣越大；反之，则越小。现金折扣即按照购买者付款期限长短所给予的价格折扣，其目的是鼓励购买者尽早偿还贷款，以加速资金周转。推广折扣是指企业为了鼓励中间商帮助推销本企业产品而给予的价格优惠。季节折扣即企业为鼓励购买者购买季节性商品所给予的价格优惠。这样可以鼓励购买者提早采购，减轻企业的仓储压力，加速资金周转。

② 心理定价策略。指针对购买者的心理特点而采取的一种定价策略，主要有声望定价、尾数定价、双位定价和高位定价等。声望定价是指企业按照其产品在市场上的知名度和消费者中的信任程度来制定产品价格的一种方法。一般地，声望越高，价格越高，这就是产品的“名牌效应”。尾数定价即在制定产品价格时，价格的尾数取接近整数的小数（如199.9元）或带有一定谐音的数（158元）等。它一般只适用于价值较小的中低档日用消费品定价。双位定价是指在向市场以挂牌价格销售时，采用两种不同的标价来促销的一种定价方法。比如：某产品标明“原价158元，现促销价99元”。这种策略适用于市场接受程度较低或销路不太好的产品。高位定价即根据消费者“价高质优”的心理特点实行高标价促销的方法。但高位定价必须是优质产品，不能弄虚作假。

③ 组合定价策略。是针对相关产品组合所采取的一种方法。它根据相关产品在市场竞争中的不同情况，使互补产品价格有高有低，或使组合售价优惠。对于具有互补关系的相关产品，可以采取降低部分产品价格而提高互补产品价格，促进销售，提高利润，如便宜的整车与高价的配件等。对于具有配套关系的相关产品，可对组合购买进行优惠，如西服套装的上衣和裤子等。组合定价策略可以扩大销售量，节约流通费用，有利于企业整体效益的提高。

④ 寿命周期定价策略。是根据产品从进入市场到退出市场的生命周期，分阶段确

定不同价格的定价策略。产品在市场中的寿命周期一般分为推广期、成长期、成熟期和衰退期。推广期产品需要获得消费者的认同，进一步占有市场，应采用低价促销策略；成长期的产品有了一定的知名度，销售量稳步上升，可以采用中等价格；成熟期的产品市场知名度处于最佳状态，可以采用高价促销，但由于市场需求接近饱和，竞争激烈，定价时必须考虑竞争者的情况，以保持现有市场销售量；衰退期的产品市场竞争力下降，销售量下滑，应该降价促销或维持现价并辅之以折扣等其他手段，同时，积极开发新产品，保持企业的市场竞争优势。

## 第3节 分配管理

### 一、股利分配及其程序

#### （一）股利分配的概念

股利分配是指公司制企业向股东分派股利，是企业利润分配的一部分。股利分配涉及的方面很多，如股利支付程序中各日期的确定、股利支付比率的确定、股利支付形式的确定、支付现金股利所需资金筹集方式的确定等。其中，最主要的是确定股利的支付比率，即用多少盈余发放股利，多少盈余为公司所留用（称为内部筹资），因为它会对公司股票价格产生影响。

#### （二）股利分配程序

根据我国《公司法》的规定，公司税后利润分配的顺序是：

① 弥补企业以前年度亏损。公司的法定公积金不足以弥补以前年度亏损的，在提取法定公积金之前，应当先用当年利润弥补亏损。

② 提取法定盈余公积金。根据《公司法》的规定，法定盈余公积金的提取比例为当年税后利润（弥补亏损后）的10%。法定盈余公积金已经达到注册资本的50%时可不再提取。法定盈余公积金可用于弥补亏损、扩大公司生产经营或转增资本，但企业用盈余公积金转增资本后，法定盈余公积金的余额不得低于转增前公司注册资本的25%。

③ 提取任意盈余公积金。根据《公司法》的规定，公司从税后利润中提取法定公积金后，经股东会或者股东大会决议，还可以从税后利润中提取任意公积金。

④ 向股东投资者分配股利（利润）。根据《公司法》的规定，公司弥补亏损和提取公积金后所余税后利润，可以向股东（投资者）分配股利（利润）。其中，有限责任公司股东按照实缴的出资比例分取红利，全体股东约定不按照出资比例分取红利的除外。股份有限公司按照股东持有的股份比例分配，但股份有限公司章程规定不按持股比例分配的除外。

根据《公司法》的规定，股东会、股东大会或者董事会违反相关规定，在公司弥补亏损和提取法定公积金之前向股东分配利润的，股东必须将违反规定分配的利润退还公司。另外，公司持有的本公司股份不得分配利润。

### （三）股利分配方案应考虑的因素

股利分配方案的确定，需要考虑以下几个方面的内容：

（1）选择股利政策

股利政策不仅会影响股东的利益，也会影响公司的正常运营以及未来的发展。因此，制定恰当的股利政策就显得尤为重要。由于各种股利政策各有利弊，所以公司在进行股利政策决策时，要综合考虑公司面临的各种具体影响因素，适当遵循收益分配的各项原则，以保证不偏离公司目标。

另外，每家公司都有自己的发展历程，就规模和盈利来讲，都会有初创阶段、增长阶段、稳定阶段、成熟阶段和衰退阶段等。在不同的发展阶段，公司所面临的财务、经营等问题都会有所不同，比如初创阶段公司的获利能力、现金流入量水平、融资能力、对资金的需求等，和公司在经历高速增长阶段之后的成熟阶段相比，是完全不同的，所以公司制定的股利政策还要与其所处的发展阶段相适应。

公司在不同成长与发展阶段宜采用的股利政策可用表 11－7 来描述。

**表 11－7　不同成长与发展阶段宜采用的股利政策**

| 发展阶段 | 特点 | 适用的股利政策 |
|---|---|---|
| 初创阶段 | 公司经营风险高，有投资需求且融资能力差 | 剩余股利政策 |
| 快速发展阶段 | 公司快速发展，投资需求大 | 低正常加额外股利政策 |
| 稳定增长阶段 | 公司业务稳定增长，投资需求减少，净现金流入量增加，每股净收益呈上升趋势 | 固定或稳定增长型股利政策 |
| 成熟阶段 | 公司盈利水平稳定，公司通常已经积累了一定的留存收益和资金 | 固定支付率股利政策 |
| 衰退阶段 | 公司业务锐减，获利能力和现金获得能力下降 | 剩余股利政策 |

（2）确定股利支付水平

股利支付水平通常用股利支付率来衡量。股利支付率是当年发放股利与当年净利润之比或每股股利除以每股收益。股利支付率的制定往往使公司处于两难境地。低股利支付率政策虽然有利于公司对收益的留存，有利于扩大投资规模和未来的持续发展，但显然在资本市场上对投资者的吸引力会大大降低，进而影响到公司未来的增资扩股；而高股利支付率政策有利于增强公司股票的吸引力，有助于公司在公开市场上筹措资金，但由于留存收益的减少，又会给企业资金周转带来影响，加重公司财务负担。

是否对股东派发股利以及股利支付率高低的确定，取决于企业对下列因素的权衡：①企业所处的成长周期；②企业的投资机会；③企业的筹资能力及筹资成本；④企业的资本结构；⑤股利的信号传递功能；⑥借款协议及法律限制；⑦股东偏好；⑧通货膨胀等因素。

## 二、股利支付程序和方式

### （一）股利的支付程序

公司在选择了股利政策、确定了股利支付水平和方式后，应当进行股利的发放。公司股利的发放必须遵循相关的要求，按照日程安排来进行。股利支付需要按照下列日程来进行：

① 预案公布日。上市公司分派股利时，首先要由公司董事会制定分红预案，包括本次分红的数量、分红的方式、股东大会召开的时间、地点及表决方式等。以上内容由公司董事会向社会公开发布。

② 宣布日。董事会制定的分红预案必须经过股东大会讨论。只有讨论通过之后，才能公布正式分红方案及实施的时间。

③ 股权登记日。这是由公司在宣布分红方案时确定的一个具体日期。凡是在此指定日期收盘之前，取得了公司股票，成为公司在册股东的投资者都可以作为股东享受公司分派的股利。在此日之后取得股票的股东则无权享受已宣布的股利。

④ 除息日。在除息日，股票的所有权和领取股息的权利分离，股利权利不再从属于股票。所以，在这一天购入公司股票的投资者不能享有已宣布发放的股利。另外，由于失去了附息的权利，除息日的股价会下跌。下跌的幅度约等于分派的股息。

⑤ 股利发放日。在这一天，公司按公布的分红方案向股权登记日在册的股东实际支付股利。

### （二）股利支付形式

大多数情况下，非股份制企业投资分红一般采用现金方式。但股份公司股利支付形式有一定的特殊性，除了现金股利外，还存在其他股利支付形式。常见的有：

① 现金股利。指以现金支付股利，是企业最常见的，也是最易被投资者接受的股利支付方式。这种形式能满足大多数投资者希望得到一定数额的现金这种实在收益的要求。但这种形式增加了企业现金流出量，增加企业的支付压力，在特殊情况下，有悖于留存现金用于企业投资与发展的初衷。因此，采用现金股利形式时，企业必须具备两个基本条件：一是企业要有足够的未指明用途的留存收益（未分配利润）；二是企业要有足够的现金。因此，公司在支付现金股利前需筹备充足的现金。

② 股票股利。是公司以发行的股票作为股利支付的方式。股票股利并不直接增加

股东的财富，不导致公司现金的流出或负债的增加，也不因此而增加公司的财产，但会引起所有者权益各项目的结构发生变化。发放股票股利后，如果盈利总额与市盈率不变，会由于普通股的增加而引起每股收益和每股股利的下降。但由于股东所持有的股份的比例不变，每位股东所持有的股票市场价值总额仍然保持不变，因而股票股利不涉及公司的现金流。

[**例** 11－12] S 公司在发放股票股利前，股东权益情况见表 11－8。

若 S 公司宣布发放 10% 的股票股利，即发放 2 万股普通股股票，并规定现有股东每持 10 股可得 1 股新发放股票。若股票当时市价 20 元，随着股票股利的发放，需从“未分配利润”项目划转出的资金为 20×200 000×10%＝40 万元。

**表 11－8　S 公司发放股票股利前的股东权益**

|  |  |
|---|---|
| 普通股（20 万股流通在外，每股面值 1 元） | 20 万元 |
| 资本公积 | 40 万元 |
| 未分配利润 | 200 万元 |
| 股东权益合计 | 260 万元 |

**表 11－9　S 公司股票股利后的股东权益**

|  |  |
|---|---|
| 普通股（22 万股流通在外，每股面值 1 元） | 22 万元 |
| 资本公积 | 78 万元 |
| 未分配利润 | 160 万元 |
| 股东权益合计 | 260 万元 |

由于股票面值不变，此次再发放 2 万股，普通股只应增加“普通股”项目 2 万元，其余的 38 万元（40 万元－2 万元），则应作为股票溢价转至“资本公积”项目，而公司股东权益总额保持不变。发放股票股利后，公司股东权益各项目见表 11－9。

表 11－8 与 11－9 的比较说明，发放股票股利不会对公司股东权益总额产生影响，但会发生资金在各股东权益项目间的再分配。发放股票股利后，如果盈利总额不变，会由于普通股股数增加而引起每股收益和每股市价的下降，但又由于股东所持股份的比例不变，每位股东所持股票的市场价值总额仍保持不变。

股票股利是一种比较特殊的股利。股票股利对公司来说，并没有现金流出公司，也不会导致公司的财产减少，而只是将公司的留存收益转化为股本。但股票股利会增加流通在外的股票数量，同时降低股票的每股价值。它不会改变公司股东权益总额，但会改变股东权益的构成。它不会引起公司资产的流出或负债的增加，而只涉及股东权益内部结构的调整，即在减少未分配利润项目金额的同时，增加公司股本额，同时还可能引起资本公积的增减变化，但它们之间是此消彼长的关系，股东权益总额并不改变。

发放股票股利对每股收益的影响，通过每股收益、每股市价的调整直接算出：

$$\text{发放股票股利后的每股收益} = \frac{E_0}{1 + D_S}$$

式中，$E_0$ 为发放股票股利前的每股收益，$D_S$ 为股票股利发放率。

发放股票股利对每股市价的影响：发放股票股利后的每股市价 = $\frac{M}{1 + D_S}$

式中，$M$ 为股利分配权转移日的每股市价。

[例 11－13] 接例 11－12。设 S 公司本年盈余为 44 万元，T 股东持有 2 万股 S 公司的普通股股票，发放股票股利对 T 的影响，如表 11－10 所示。

**表 11－10　S 公司发放股票股利对 T 股东的影响**

| 项　目 | 发放前 | 发放后 |
|---|---|---|
| 每股收益（EPS，元/股） | 44 ÷ 20 = 2.2 | 44 ÷ 22 = 2 |
| 每股市价（元/股） | 20 | 20 ÷（1 + 10%）= 18.18 |
| 持股比例（%） | 2 ÷ 20 = 10% | 2.2 ÷ 22 = 10% |
| 持股总价值（万元） | 20 × 2 = 40 | 18.18 × 2.2 = 40 |

发放股票股利后的每股收益 = $\frac{E_0}{1 + D_S} = \frac{2.2}{1 + 10\%} = 2$（元）

发放股票股利后的每股市价 = 20 ÷（1 + 10%）= 18.18（元）

股票股利对股东来讲，其意义主要有以下几点：

① 如果公司在发放股票股利后同时发放现金股利，股东会因所持股数的增加而得到更多的现金；

② 有时公司发放股票股利后其股价并不成比例下降，这可使股东得到股票价值相对上升的好处；

③ 发放股票股利通常由成长中的公司所为，因此投资者往往认为发放股票股利预示着公司将会有较大发展，利润将大幅度增长，足以抵消增发股票带来的消极影响。这种心理会稳定住股价甚至反致略有上升；

④ 在股东需要现金时，还可以将分得的股票股利出售。有些国家税法规定，出售股票所需交纳的资本利得（价值增值部分）税率，比收到现金股利所需交纳的所得税率低，这使得股东可以从中获得纳税上的好处。

（3）财产股利

财产股利是以现金以外的资产支付的股利，主要是以公司所拥有的其他企业的有价证券，如债券、股票作为股利支付给股东。

（4）负债股利

负债股利也称期票股利，是公司以负债形式支付的股利，通常以公司的应付票据支付给股东，不得已情况下也有发行公司债券抵付股利的。

财产股利和负债股利实际上是现金股利的替代。这两种股利方式目前在我国公司实务中很少使用，但并非法律所禁止。

## 三、股利政策分析

股利政策是指在法律允许的范围内企业是否发放股利、发放多少股利以及何时发放股利的方针及对策。

企业的净收益可以支付给股东，也可以留存在企业内部。股利政策的关键问题是确定分配和留存的比例。股利政策不仅会影响股东的财富，而且会影响企业在资本市场上的形象以及企业股票的价格，更会影响企业的长短期利益，因此，合理的股利政策对企业及股东来讲是非常重要的。企业应当确定适当的股利政策，并使其保持连续性，以便股东据以判断其发展的趋势。在实际工作中，通常有以下股利政策可供选择：

### （一）收益分配的理论基础

收益分配与股利、股票市价有关系，因此存在着不同的观点并形成了不同的股利理论。股利理论主要包括股利无关论、股利相关论、所得税差异理论及代理理论。

（1）股利无关论

股利无关论认为，在一定的假设条件限定下，股利的支付率不影响公司的市场价值，公司的市场价值高低由投资决策的优劣决定，单就股利政策来说，无所谓最佳与最次，它与企业的市场价值无关，企业的权益资本成本与股利分配政策无关。

股利无关论是在这样一些假设上提出的：

① 公司的投资政策已确定并且已经为投资者所理解；

② 不存在股票的发行和交易费用；

③ 不存在个人或公司所得税；

④ 不存在信息不对称；

⑤ 经理与外部投资者之间不存在代理成本。

（2）股利相关论

股利相关理论认为，企业的股利政策会影响到股票价格。主要观点包括以下两种：

① 股利重要论。该理论认为，现实的资本市场环境不是完美或完全的，有许多不确定的因素存在。在不确定的条件下，现金股利是有把握的收入，其风险要比未来的资本投资收益小得多。对于普遍厌恶风险的投资者来说希望公司将利润以现金股利形式分配给投资者，而不是为获得风险性大的资本利得而将利润留存公司。这就是所谓的“双鸟在林，不如一鸟在手”。在这种思想影响下，当公司提高其股利支付率时，就会降低投资者的风险，投资者可要求较低的必要报酬率，公司股票价格上升；如果公司降低其股利支付率或延付股利，则会增加投资者的风险，投资者必然要求较高的必要报酬率，以作为负担额外风险的补偿，从而导致公司股价下降。

② 信号传递理论。该理论认为，在信息不对称的情况下，投资者相信作为内部人的管理层就公司目前的经营状况和前景拥有权威的信息。而股利分配政策的变化具有

信息传递的功能，是管理层向市场传递其所掌握内部信息的一种手段。股利支付向投资者发出了有关管理层对公司未来盈利和现金流估计的信号。若预测企业发展形势良好，公司收益水平的提高能够支付长期增加的股利时，管理当局就会通过增加股利的方式将这一利好信息及时告诉股东和潜在的投资者；相反，若预测企业发展形势堪忧，未来持续盈利的能力不理想时，管理当局通常会维持甚至降低现有的股利水平。

（3）所得税差异理论

所得税差异理论认为，由于普遍存在的税率的差异及纳税时间的差异，资本利得收入比股利收入更有助于实现收益最大化目标，企业应当采用低股利政策。由于认为股利收入和资本利得收入是不同类型的收入，所以在很多国家对它们征收所得税的税率不同。一般地，对资本利得收入征税的税率低于对股利收入征收的税率。另外，即使不考虑税率差异因素的影响，股利收入纳税和资本利得收入的纳税时间选择更具有弹性。这样，即使股利收入和资本利得收入没有税率上的差别，仅就纳税时间而言，由于投资者可以自由后推资本利得收入纳税时间，它们之间也会存在延迟纳税带来的收益差异。

因此，在其他条件不变的情况下，投资者更偏好资本利得收入而不是股利收入。而持有高股利支付政策股票的投资者，为了取得与低股利支付政策股票相同的税后净收益，必须要求有一个更高的税前回报预期。所以会导致资本市场上的股票价格与股利支付水平呈反方向变化，而权益资本成本与股利支付水平呈正向变化的情况。

（4）代理理论

代理理论认为，股利政策有助于减缓管理者与股东之间的代理冲突。股利政策是协调股东与管理者之间代理关系的一种约束机制，较多地派发现金股利至少具有以下好处，股利分配一方面可以减少公司管理人员所用的自由现金流量，使其失去了可用于满足自身利益（如装修豪华办公室，购置高档汽车等）的资金来源；另一方面股利分配减少了公司的盈余公积，当公司需要扩大规模时，使用留存收益这种内部融资方式提供的资金可能性会减小，而进入资本市场进行融资意味着公司将接受更多更严格的监督和检查。如果公司想通过资本市场筹集资金，公司只有凭借其优良业绩才能在资本市场上筹措到资金，因此管理层就会努力经营提升公司的价值。那么股东对管理层的监管问题以及管理层对风险的回避问题都能在一定程度上得到缓和。这样新资本的供应者实际上帮助老股东监控了管理人员，股利支付则成了一种间接约束管理人员的监管机制和降低代理成本的有效途径。

### （二）股利分配政策

（1）剩余股利政策

剩余股利政策指公司生产经营所获得的净收益首先应满足公司的资金需求，如果还有剩余，则派发股利，如果没有剩余；则不派发股利。其决策步骤如下：

① 根据公司的投资计划确定公司的目标资本预算。

② 根据公司的目标资本结构及最佳资本预算，预计公司资金需求中所需要的权益资本数额。

③ 最大限度地用留存收益来满足资金需求中所需增加的股东权益数额。

④ 留存收益在满足公司股东权益增加需求后，如果有剩余再用来发放股利。

[**例** 11－14] 假设 S 公司 20×8 年的税后净利润 2 000 万元，20×9 年的投资计划需要资金 2 200 万元。公司目标资本结构为权益资本占 60%，债务资本占 40%。那么按照目标资本结构的要求，公司投资方案所需的权益资本数额为：

投资方案所需权益资本 = 2 200 × 60% = 1 320（万元）

公司当年全部可用于分派的盈利为 2 000 万元，除了可以满足上述投资方案所需的权益性资本额以外，还有剩余可以用于分派股利。20×8 年可以发放的股利数额为：

可发放的股利 = 2 000 － 1 320 = 680（万元）

假设该公司当年流通在外的普通股为 1 000 万股，那么每股股利为：

每股股利 = 680 ÷ 1 000 = 0.68（元）

剩余股利政策的优点是，留存收益优先保证再投资的需要，从而有助于降低再投资的资金成本，保持最佳的资本结构，实现企业价值的长期最大化。剩余股利政策的缺点是，如果完全遵照执行剩余股利政策，股利发放额就会每年随投资机会和盈利水平的波动而波动。即使在盈利水平不变的情况下，股利也将与投资机会的多寡呈反方向变动，投资机会越多，股利越少；反之，投资机会越少，股利发放越多。而在投资机会维持不变的情况下，股利发放额将因公司每年盈利的波动而同方向波动。剩余股利政策不利于投资者安排收入与支出，也不利于公司树立良好的形象，一般适用于公司初创阶段。

（2）固定或稳定增长股利政策

固定或稳定增长股利政策指公司将每年派发的股利额固定在某一特定水平，或是在此基础上维持某一固定比率逐年稳定增长。只有在确信公司未来的盈利增长不会发生逆转时，才会宣布实施固定或稳定增长的股利政策。在固定或稳定增长的股利政策下，首先确定的是股利分配额，而且该分配额一般不随资金需求的波动而波动。

固定或稳定增长股利政策的优点是：第一，稳定的股利向市场传递着公司正常发展的信息，有利于树立公司良好的形象，增强投资者对公司的信心，稳定股票价格；第二，稳定的股利额有利于投资者安排股利收入和支出，特别是对那些对股利有着很高依赖性的股东；第三，稳定的股利政策可能不符合剩余股利理论，但考虑到股票市场会受到多种因素的影响，为了使股利维持在稳定的水平上，即使推迟某些投资方案或者暂时偏离目标资本结构，也可能要比降低股利或降低股利增长率更为有利。

固定或稳定增长股利政策的缺点是：股利的支付与盈余脱节。当盈余较低时仍要支付固定的股利，这可能导致资金短缺，财务状况恶化；同时不能像剩余股利政策那样保持较低的资本成本。

一般来说，公司确定的固定股利额不应太高，要留有余地，以免陷入公司无力支付的被动局面。固定或稳定增长的股利政策一般适用于经营比较稳定或正处于成长期的企业，且很难被长期采用。

（3）固定股利支付率政策

固定股利支付率政策指公司将每年净收益的某一固定百分比作为股利分派给股东。这一百分比通常称为股利支付率。股利支付率一经确定，不得随意变更。

固定股利支付率越高，公司留存的净收益越少，在这一股利政策下，只要公司的税后利润一经计算确定，所派发的股利也就相应确定了。

固定股利支付率政策的优点：一是可以使股利与盈余配合。采用固定股利支付率政策，股利与公司盈余紧密地配合，体现了多盈多分、少盈少分、无盈不分的股利分配原则。二是较为科学合理。由于公司的盈利能力在年度间是经常变动的，因此每年的股利也应当随着公司收益的变动而变动，并保持分配与留存收益间的一定比例关系。采用固定股利支付率政策，公司每年按固定的比例从税后利润中支付现金股利。从企业支付能力的角度看，这是一种稳定的股利政策。

固定股利支付率政策的缺点：一是传递的信息容易成为公司的不利因素。大多数公司每年的收益很难保持稳定不变，如果公司每年收益状况不同，固定支付率的股利政策将导致公司每年股利分配额的频繁变化，而股利通常被认为是公司未来前途的信号传递，那么波动的股利向市场传递的信息就是公司未来收益前景不明确、不可靠等，很容易给投资者带来公司经营状况不稳定、投资风险较大的不良印象。二是容易使公司面临较大的财务压力。因为公司实现的盈利越多，一定支付比率下派发的股利就越多，如果公司实现利润较多而现金流量不好，也不代表公司有充足的现金派发股利，只能表明公司盈利状况较好而已。如果现金流量状况并不好，还要按固定比率派发股利的话，很容易给公司造成较大的现金支付压力。三是缺乏财务弹性。股利支付率是公司股利政策的主要内容，模式的选择、政策的制定是公司的财务手段和方法。在不同阶段，根据财务状况制定不同的股利政策，会更有效地实现公司的财务目标。但在固定股利支付率政策下，公司丧失了利用股利政策的财务方法，缺乏财务弹性。四是合适的固定股利支付率的确定难度大。如果固定股利支付率确定得较低，不能满足投资者对投资收益的要求；而固定股利支付率确定得较高，没有足够的现金派发股利时，会给公司带来巨大财务压力。另外，当公司发展需要大量资金时，也要受其制约。所以，确定较优的股利支付率的难度很大。

由于公司每年面临的投资机会、筹资渠道都不同，一成不变地奉行一种按固定比率发放股利政策的公司，在实际中并不多见。固定股利支付率政策只是比较适用于那些处于稳定发展且财务状况也较稳定的公司。

（4）低正常股利加额外股利政策

低正常股利加额外股利政策指企业事先设定一个较低的正常股利额，每年除了按正常股利额向股东发放现金股利外，还在企业盈利情况较好、资金较为充裕的年度，向股东发放高于每年度正常股利的额外股利。

低正常股利加额外股利政策的优点：一是具有较大的财务弹性。低正常股利加额外股利政策，赋予公司一定的灵活性，使公司在股利发放上留有余地和具有较大的财务弹性。同时，每年可以根据公司的具体情况，选择不同的股利发放水平，以完善公司的资本结构，进而实现公司的财务目标。二是投资者较为有收益保障。低正常股利加额外股利政策有助于稳定股价，增强投资者信心。由于公司每年固定派发的股利维持在一个较低的水平上，在公司盈利较少或需用较多的留存收益进行投资时，公司仍然能够按照既定承诺的股利水平派发股利，使投资者保持一个固有的收益保障，这有助于维持公司股票的现有价格。而当公司盈利状况较好且有剩余现金时，就可以在正常股利的基础上再派发额外股利，而额外股利信息的传递则有助于公司股票的股价上扬，增强投资者信心。

可以看出，低正常股利加额外股利政策既吸收了固定股利政策对股东投资收益的保障优点，同时又摒弃其对公司所造成的财务压力方面的不足，所以在资本市场上颇受投资者和公司的欢迎。

低正常股利加额外股利政策的缺点：一是使投资者感到收益不稳定。由于年份之间公司的盈利波动使得额外股利不断变化，或时有时无造成分派的股利不同，容易给投资者以公司收益不稳定的感觉。二是可能会引起公司股价下跌。当公司在较长时期持续发放额外股利后，可能会被股东误认为是“正常股利”，而一旦取消了这部分额外股利，传递出去的信号可能会使股东认为这是公司财务状况恶化的表现，进而可能会引起公司股价下跌的不良后果。所以相对来说，对那些盈利水平随着经济周期而波动较大的公司或行业，这种股利政策也许是一种不错的选择。

## 四、股票分割和股票回购

### （一）股票分割

（1）股票分割概述

股票分割又称股票拆细，是指将面额较高的股票交换为面额较低的股票的行为，即将一股股票拆分成多股股票的行为。例如，两股换一股的股票分割，是指两股新股换一股旧股等。

股票分割对企业的财务结构不会产生任何影响，一般只会使发行在外股数增加，每股面值降低，并由此使每股市价下跌，而资产负债表中股东权益各账户（普通股、

资本公积、留存盈利等）的余额都保持不变，股东权益合计数也维持不变。

［例 11 - 15］S 公司在股票分割之前的资本结构如表 11 - 12。

**表 11 - 12　S 公司股票分割前的资本结构**

|  |  |
|---|---|
| 普通股（40 万股流通在外，每股面值 2 元） | 80 万元 |
| 资本公积 | 400 万元 |
| 留存盈利 | 400 万元 |
| 股东权益合计 | 880 万元 |

**表 11 - 13　S 公司股票分割后的资本结构**

|  |  |
|---|---|
| 普通股（80 万股流通在外，每股面值 1 元） | 80 万元 |
| 资本公积 | 400 万元 |
| 留存盈利 | 400 万元 |
| 股东权益合计 | 880 万元 |

若经董事会决议，决定实施两股换一股的股票分割计划，分割之后资金结构如表 11 - 13。

如果该公司本年度净利润 80 万元，那么在股票分割前，每股收益 2 元（80 万元/40 万股）；假设该公司股票分割后净利润不变，分割后的每股收益为 1 元（80 万元/80 万股），每股市价也会因此下降。从实践效果看，除了会计处理不同外，股票分割可以说与股票股利基本相同。在实务上，两者之间的差别较小，一般根据有关证券管理部门的规定来加以区别。例如，美国纽约证券交易所规定，发行 25% 以上的股票股利即被认为是股票分割。

（2）股票分割的作用

① 降低股票市价，吸引更多的投资者。一般情况下，股票价格太高不利于股票交易活动，而股票价格的下降则有助于股票交易，有利于吸引更多的投资者，易于增加该股票在投资者之间的换手，并且可以使更多的资金实力有限的潜在股东变成持股的股东。因此，股票分割可以促进股票的流通和交易。

② 为新股发行作准备。股票价格太高使许多潜在投资者力不从心而不敢轻易对公司股票进行投资。在新股发行之前，利用股票分割降低股票价格，有利于提高股票的可转让性和促进市场交易活动，由此增加投资者对股票的兴趣，促进新发行股票的畅销。

③ 有助于公司兼并、合并政策的实施。当一个公司兼并或合并另一个公司时，一些公司首先将自己的股票加以分割，有助于增加对方股东的吸引力。

［例 11 - 16］假定 A 公司准备通过股票交换来实施对 B 公司的兼并。设 A、B 两公司目前的股票市场价格分别为 40 元和 4 元。根据对双方企业价值的分析，A 公司认为，1∶10 的交换比率（即 1 股 A 公司股票换 10 股 B 公司的股票）对于双方股东似乎是公平合理的。但 1∶10 的比例，有可能会使 B 公司股东在心理上难于接受。为此，A 公司决定先按 5 股换 1 股，对本公司的股票进行股票分割，然后再按 1∶2 的交换比率实施对 B 公司的兼并。这样做的结果，尽管实质并未改变，但 1∶2 的交换比率易于为 B 公司股东所接受，有助于兼并的顺利完成。这一过程的计算和结果如表 11 - 14 所示。

表 11－14 A 公司股票分割前后的股票市价及对照

| | 股票分割前 | | 股票分割后 | |
|---|---|---|---|---|
| | 股票市价 | 交换比率 | 股票市价 | 交换比率 |
| A 公司 | 40 元 | 1 | 8 元 | 1 |
| B 公司 | 4 元 | 10 | 4 元 | 2 |

在有些情况下，某些公司认为其股票价格过低，为提高其股票的每股市价而采取反分割措施。例如，某公司股票市价为 5 元，公司为提高其股票市价，决定采用 4 股旧股换 1 股新股的反分割行动。反分割的结果，将使其股价由原来的每股 5 元提高到每股 20 元。

### （二）股票回购

（1）股票回购及其法律规定

股票回购指公司在有多余现金时，向股东回购自己的股票，出资将其发行的流通在外的股票以一定价格购买回来予以注销或作为库存股的一种资本运作方式。

我国《公司法》规定，公司不得收购本公司股份。但是，有下列情形之一的除外：

① 减少公司注册资本；

② 与持有本公司股份的其他公司合并；

③ 将股份奖励给本公司职工；

④ 股东因对股东大会作出的公司合并、分立决议持异议，要求公司收购其股份的。

（2）股票回购的动机

在证券市场上，股票回购的动机主要有以下几点：

① 现金股利的替代。对公司来讲，派发现金股利会对公司产生未来的派现压力，而股票回购属于非正常股利政策，不会对公司产生未来的派现压力。对股东来讲，需要现金的股东可以选择出售股票，不需要现金的股东可以选择继续持有股票。因此，当公司有富余资金，但又不希望通过派现方式进行分配的时候，股票回购可以作为现金股利的一种替代。

② 提高每股收益。由于财务上的每股收益指标是以流通在外的股份数作为计算基础，有些公司为了自身形象、上市需求和投资人渴望高回报等原因，采取股票回购的方式来减少实际支付股利的股份数，从而提高每股收益指标。

③ 改变公司的资本结构。股票回购可以改变公司的资本结构，提高财务杠杆水平。无论是用现金回购还是举债回购股份，都会提高财务杠杆水平，改变公司的资本结构。在现金回购方式下，假定公司的负债规模不变，那么股票回购之后的权益资本在公司资本结构中的比重下降，公司财务杠杆水平提高；而在举债回购股份的情况下，一方面是公司负债规模增加，另一方面是公司权益资本比重下降，公司财务杠杆水平更会

明显提高。因此，公司在认为权益资本在资本结构中所占比例较大时，会为了调整资本结构而进行股票回购，从而在一定程度上降低整体资金成本。

④ 传递公司的信息以稳定或提高公司的股价。由于信息不对称和预期差异，证券市场上的公司股票价格可能被低估，而过低的股价将会对公司产生负面影响。因此，如果公司认为公司的股价被低估时，可以进行股票回购，以向市场和投资者传递公司真实的投资价值，稳定或提高公司的股价。这时，股票回购就是公司管理层向市场和投资者传递公司内部信息的一种手段。一般情况下，投资者会认为股票回购意味着公司认为其股票价值被低估而采取的应对措施。

⑤ 巩固既定控制权或转移公司控制权。许多股份公司的大股东为了保证其所代表股份公司的控制权不被改变，往往采取直接或间接的方式回购股票，从而巩固既有的控制权。另外，有些公司的法定代表人并不是公司大股东的代表，为了保证不改变在其公司中的地位，也为了能在公司中实现自己的意志，往往也采取股票回购的方式分散或削弱原控股股东的控制权，以实现控制权的转移。

⑥ 防止敌意收购。股票回购有助于公司管理者避开竞争对手企图收购的威胁，因为它可以使公司流通在外的股份数变少，股价上升。从而使收购方要获得控制公司的法定股份比例变得更为困难。而且，股票回购可能会使公司的流动资金大大减少，财务状况恶化，这样的结果也会减少收购公司的收购兴趣。

⑦ 满足认股权的行使。在企业发行可转换债券、认股权证或施行经理人员股票期权计划及员工持股计划的情况下，采取股票回购的方式既不会稀释每股收益，又能满足认股权的行使。

⑧ 满足企业兼并与收购的需要。在进行企业兼并与收购时，产权交换的实现方式包括现金购买及换股两种。如果公司有库藏股，则可以用公司的库藏股来交换被并购公司的股权，这样可以减少公司的现金支出。

⑨ 分配公司超额现金。如果一个公司的现金超过其投资机会的需要量，但又没有足够的盈利性投资机会可以使用这笔资金，则公司为股东利益着想，就有可能通过股票回购的方式，而不使用现金股利的方式，将资金分配给股东。这是因为，在盈利保持不变的情况下，股票回购可使流通在外的股数减少，由此使每股盈余和每股市价提高。假定市盈率保持不变，则股东持有股份的总价值将由此而达到最大化。

［**例 11－17**］ A 公司有盈利 500 万元，流通在外的普通股 100 万股。公司董事会决定，将其中 200 万元盈利分配给股东。分配形式有两种：现金股利或股票回购。目前的股票市价为每股 30 元，已考虑预期每股 2 元股利的影响。

现公司决定以每股 32 元的价格回购 62 500 股（200 万 ÷ 32）流通在外的股票。如果股票回购前后市盈率保持不变，公司盈利不变，股票回购对剩余股东产生的影响如表 11－15。

表 11－15　A 公司股票回购对股东的影响

| 项　目 | 股票回购前 | 股票回购后 |
|---|---|---|
| ①盈余总额 | 500 万元 | 500 万元 |
| ②流通在外股数 | 100 万股 | 93.75 万股 |
| ③每股盈余（EPS）（①÷②） | 5 元 | 5.33 元 |
| ④市盈率 | 6 倍 | 6 倍 |
| ⑤股利前的每股市价（③×④） | 30 元 | 32 元 |
| ⑥预期每股股利 | 2 元 | 0 元 |

可以看出，如果公司选择发放现金股利，则股票每股可得 32 元（30 元市价＋2 元股利）的价值，而在股票回购的情况下，股东每股市价也是 32 元，所差别的是，前者所得为 2 元股利，而后者是资本利得。如果资本利得税率低于股利收入所得税率，则股票回购可使股东得到更多的实惠。当然，市盈率将有可能随股票回购而发生变动，在此情况下，剩余的股东是盈是亏，将取决于市盈率的高低走向。另外，股东对于现金股利和资本利得的偏好也不一致，公司在作股利决策时也应考虑这一因素。

（3）股票回购的方式

① 按照股票回购的地点不同，分为场内公开收购和场外协议收购。场内公开回购是指公司把自己等同于任何潜在的投资者，委托证券公司代自己按照公司股票当前市场价格回购；场外协议收购是指公司与某一类或某几类投资者直接见面，通过协商来回购股票的一种方式。协商的内容包括价格与数量的确定，以及回执时间等。

② 按照股票回购对象的不同，分为在资本市场上进行随机回购、向全体股东招标回购、向个别股东协商回购。在资本市场上随机收购的方式最为普遍，但往往受到监管机构的严格监控；在向全体股东招标回购的方式下，回购价格通常高于当时的股票价格，具体的回购工作一般要委托金融中介机构进行，成本费用较高；向个别股东协商回购由于不是面向全体股东，所以必须保持回购价格的公正合理性，以免损害其他股东的利益。

③ 按照筹资方式不同，可分为举债回购、现金回购和混合回购。举债回购是指企业通过银行等金融机构借款的办法来回购公司的股份；现金回购是指企业利用剩余资金来回购本公司的股票；如果企业既动用剩余资金，又向银行等金融机构举债来回购本公司股票，则称之为混合回购。

④ 按照回购价格的确定方式不同，分为固定价格要约回购和荷兰式拍卖回购。固定价格要约回购是指企业在特定时间发出的以某一高出股票当前市场价格的价格水平，回购既定数量股票的卖出报价；荷兰式拍卖回购指在股票回购价格确定方面给予公司更大的灵活性。首先公司指定回购价格的范围和计划回购的数量，然后由股东进行投

标，公司在汇总所有股东提交的价格和数量后，确定股票回购的“价格—数量曲线”，并根据实际回购数量确定最终的回购价格。

## 思考与练习

### 关键术语

销售预测　收益分配　股利理论　现金股利　股票股利　股票分割　股票回购

### 思考题

1. 什么是收益分配？收益分配的基本原则是什么？确定收益分配政策时应考虑的因素有哪些？
2. 股利理论有哪些？各股利政策的基本原理、优缺点和适用范围是什么？
3. 股利分配的程序、股利分配方案的确定、以及股利的发放程序是什么？
4. 股票股利的含义和优点是什么？股票分割的特点及作用是什么？
5. 简述股票回购的含义、动机、方式及对股东的影响。

### 客观题

**一、单项选择题**

1. 我国上市公司不得用于支付股利的权益资金是：（　　）

A. 原始投资　B. 任意盈余公积　C. 法定盈余公积　D. 上年未分配利润

2. 认为公司分配的股利越多，公司的市场价值也就越大的股利理论是：（　　）

A. 所得税差异理论　B. “在手之鸟”理论　C. 股利无关论　D. 代理理论

3. 公司采用固定股利政策发放股利的好处主要表现为：（　　）

A. 降低资金成本　B. 维持股价稳定　C. 提高支付能力　D. 实现资本保全

4. 相对于其他股利政策而言，既可以维持股利的稳定性，又有利于优化资金结构的是：（　　）

A. 剩余股利政策　B. 固定股利政策

C. 固定股利支付率政策　D. 低正常股利加额外股利政策

5. 在下列公司中，通常适合采用固定股利政策的是：（　　）

A. 收益显著增长的公司　B. 收益相对稳定的公司

C. 财务风险较高的公司　D. 投资机会较多的公司

6. 如果上市公司以其应付票据作为股利支付给股东，则这种股利的方式称为：（　　）

A. 现金股利　B. 股票股利　C. 财产股利　D. 负债股利

7. 下列不属于股票回购动机的是：（　　）

A. 提高财务杠杆比例，改善企业资本结构　B. 分配企业超额现金

C. 降低股价，吸引更多的投资人　D. 满足企业兼并与收购的需要

8. 在下列各项中，能够增加普通股股票发行在外股数，但不改变公司资本结构的行为是：（　　）

A. 支付现金股利　B. 增发普通股　C. 股票分割　D. 股票回购

9. 下列各项中，不属于股票回购方式的是：（　　）

A. 用本公司普通股股票换回优先股　　B. 与少数大股东协议购买本公司普通股股票

C. 在市场上直接购买本公司普通股股票　　D. 向股东标购本公司普通股股票

10. 在特定期间向市场发出以高出股票当前市场价格的某一价格的回购方式属于：（　　）

A. 公开市场回购　　B. 要约回购　　C. 协议回购　　D. 私募回购

11. 甲企业2008年实际销售量为2 600吨，原预测销售量为2 485吨，平滑指数a = 0.7。要求用指数平滑法预测公司2009年的销售量为多少吨？（　　）

A. 2 519.5　　B. 2565.5　　C. 2532.5　　D. 2110.5

12. 某企业生产A产品，预计单位产品的制造成本为150元，计划销售70 000件，计划期的期间费用总额为3 500 000元，该产品适用的消费税税率为5%，目标成本利润率为25%，则运用完全成本加成定价法测算的A产品单位价格为：（　　）

A. 258.43　　B. 250.95　　C. 271.22　　D. 263.16

13. 企业采用剩余股利政策进行收益分配的主要优点是：（　　）

A. 有利于稳定股价　　B. 获得财务杠杆利益

C. 降低综合资本成本　　D. 增强公众投资信心

14. 在企业初创阶段时，适宜的股利分配政策是：（　　）

A. 固定股利政策　　B. 剩余股利政策

C. 固定股利支付率政策　　D. 低正常股利加额外股利政策

15. 下列各项中，将会导致企业股本变动的股利形式是：（　　）

A. 财产股利　　B. 负债股利　　C. 股票股利　　D. 现金

16. 上市公司发放股票股利的优点是：（　　）

A. 可以提高公司股票市场价格　　B. 促进上市公司股票交易和流通

C. 使公司每股利润上升　　D. 可以增加所有者权益总额

17. 在下列股利分配政策中，能保持股利与收益之间一定的比例关系，并体现多盈多分、少盈少分、无盈不分原则的是：（　　）

A. 剩余股利政策　　B. 固定或稳定增长股利政策

C. 固定股利支付率政策　　D. 低正常股利加额外股利政策

18. 在选择股利政策时，以代理成本和外部融资成本之和最小化为标准所依据的股利理论是：（　　）

A. "手中鸟"理论　　B. 信号传递理论　　C. MM理论　　D. 代理理论

19. 股票分割的主要作用不包括：（　　）

A. 降低每股股价　　B. 提高投资者对公司股票的信心

C. 向市场和投资者传递"公司发展前景良好"的信号　　D. 巩固现有股东既定控制权

20. 某公司现有发行在外的普通股1 000万股，每股面值1元，资本公积6 000万元，未分配利润8 000万元，每股市价20元，若按5%的比例发放股票股利并按市价折算，公司资本公积的报表列示将为多少万元？

A. 7 000　　B. 6 950　　C. 5 050　　D. 300

## 二、多项选择题

1. 企业的收益分配应当遵循的原则要求：（　　）

A. 投资与收益对等　　B. 投资机会优先

C. 兼顾各方面利益　　D. 分配与积累并重

2. 确定企业收益分配政策时需要考虑的法律约束因素主要包括：（ ）

A. 资本保全约束　　B. 资本积累约束

C. 偿债能力约束　　D. 稳定股价约束

3. 在什么情况下，公司会限制股利发放：（ ）

A. 盈利不够稳定　　B. 筹资能力强

C. 投资机会不多　　D. 收益可观但是资产流动性差

4. 企业选择股利分配政策通常需要考虑的因素包括：（ ）

A. 企业所处的成长与发展阶段　　B. 企业支付能力的稳定情况

C. 企业获利能力的稳定情况　　D. 企业的信誉情况

5. 股东从保护自身利益的角度出发，在确定股利分配政策时应考虑的因素有：（ ）

A. 避税　　B. 控制权　　C. 稳定收入　　D. 规避风险

6. 下列哪种股利政策是基于股利相关论确立的：（ ）

A. 剩余股利政策　　B. 固定股利政策

C. 固定股利比例政策　　D. 正常股利加额外股利政策

7. 上市公司发放股票股利可能导致的结果有：（ ）

A. 公司股东权益内部结构发生变化　　B. 公司股东权益总额发生变化

C. 公司每股收益下降　　D. 公司股份总额发生变化

8. 股票股利和股票分割均会使：（ ）

A. 有利于促进股票流通和交易　　B. 股东权益总额减少

C. 普通股股数增加　　D. 每股收益下降

9. 下列说法正确的是：（ ）

A. 企业举债能力强，可能采取较为宽松的利润分配政策

B. 当公司预期未来有较好的投资机会时，会增加用于分配的收益金额

C. 处于成长中的公司多采取少分多留的政策，而陷入经营收缩的公司多采取多分少留的政策

D. 公司的资产流动性差，但收益可观，可以分配较多的现金股利

10. 下列股票回购属于对上市公司有影响的有：（ ）

A. 股票回购较易造成资金紧张，资产流动性降低，影响企业的后续发展

B. 企业进行股票回购，在一定程度上削弱了对债权人利益的保障

C. 股票回购可以节约个人税收，而且具有更大的灵活性

D. 股票回购会轻易导致企业操作股价

11. 下列表述正确的有：（ ）

A. 在除息日之前购买的股票，不能领取本次股利

B. 在股权登记日取得股票的股东无权领取本次分派的股利

C. 在股利发放日，新购入股票的投资者能分享本次股利

D. 在除息当天或是以后，股利权不从属于股票

12. 企业在确定股利支付水平时，应当考虑的因素有：（ ）

A. 投资机会　　B. 筹资成本　　C. 资本结构　　D. 股东偏好

13. 按照资本保全约束要求，企业发放股利所需资金的来源包括：（　　）

A. 当期利润　　B. 留存收益　　C. 原始投资　　D. 股本

14. 造成股利波动较大，给投资者以公司不稳定的感觉的股利分配政策有：（　　）

A. 剩余股利政策　　B. 固定或持续增长的股利政策

C. 固定股利支付率政策　　D. 低正常股利加额外股利政策

15. 采用现金股利形式的企业必须具备的两个条件有：（　　）

A. 企业要有足够的现金　　B. 企业要有足够的净利润

C. 企业要有足够的留存收益　　D. 企业要有足够的未指明用途的留存收益

16. 企业发放股票股利：（　　）

A. 实际上是企业盈利的资本化　　B. 能达到节约企业现金的目的

C. 可使股票价格不至于过高　　D. 会使企业财产价值增加

17. 就上市公司而言，发放股票股利：（　　）

A. 企业所有者权益内部结构调整，不会引起股东权益总额的增减变化

B. 向市场和投资者传递“公司发展前景良好”的有利信息

C. 有利于防止被恶意收购

D. 有利于促进新股的发行

18. 下列关于股票股利、股票分割和股票回购的表述中，正确的有：（　　）

A. 发放股票股利会导致股价下降，因此股票股利会使股票总市场价值下降

B. 如果发放股票股利后股票市盈率增加，则原股东所持股票的市场价值增加

C. 发放股票股利和进行股票分割对企业的所有者权益各项目的影响是相同的

D. 股票回购本质上是现金股利的一种替代选择，但是两者带给股东的净财富效应不同

19. 下列各项中，会导致企业采取低股利政策的事项有：（　　）

A. 物价持续上升　　B. 金融市场利率走势下降

C. 企业资产的流动性较弱　　D. 企业盈余不稳定

20. 企业实施剩余股利政策，意味着：（　　）

A. 公司接受了股利无关理论

B. 公司可以保持理想的资本结构

C. 公司统筹考虑了资本预算、资本结构和股利政策等基本财务问题

D. 兼顾了各类股东、债权人的利益

21. 下列各项中，属于企业分配利润应该遵循的原则有：（　　）

A. 依法分配的原则　　B. 资本保全的原则

C. 充分保护债权人利益的原则　　D. 多方及长短期利益兼顾的原则

22. 发放股票股利与发放现金股利相比，其优点包括：（　　）

A. 减少股东税负　　B. 改善公司资本结构

C. 提高每股收益　　D. 避免公司现金流出

**三、判断题**

1. 在通货膨胀时期，企业一般会采取偏紧的收益分配政策。（　　）

2. 从理论上说，债权人不得干预企业的资金投向和股利分配方案。（　）

3. 按照股利的所得税差异理论，股利政策不仅与股价相关，且由于税赋影响，企业应采取高股利政策。（　）

4. 根据所得税差异理论，资本市场上的股票价格与股利支付水平呈反向变化，而权益资本成本与股利支付水平呈正向变化。（　）

5. 代理理论认为，高支付率的股利政策有助于降低企业的代理成本，但同时也会增加企业的外部融资成本。（　）

6. 剩余股利分配政策的优点是有利于保持理想的资金结构，降低综合资金成本。（　）

7. 固定股利支付率政策不受经营状况的影响，有利于公司股票价格的稳定。（　）

8. 公司的衰退阶段应当采用稳定增长型股利政策来吸引股东。（　）

9. 财产股利是以现金以外的其他资产支付的股利，主要是以公司发行的有价证券如公司债券、公司股票等作为股利发放给股东。（　）

10. 在除息日之前，股利权从属于股票；从除息日开始，新购入股票的人不能分享本次已宣告发放的股利。（　）

11. 股票分割不仅有利于促进股票流通和交易，而且还有助于公司并购政策的实施。（　）

12. 与发放现金股利相比，股票回购可提高每股收益，使股价上升或维持在一个合理的水平上。（　）

13. 固定股利支付率政策的主要缺点，在于公司股利支付与其盈利能力相脱节，当盈利较低时仍要支付较高的股利，容易引起公司资金短缺、财务状况恶化。（　）

14. 派发股票股利有可能会导致公司资产的流出或负债增加。（　）

15. 在其他条件不变的情况下，股票分割会使发行在外的股票总数增加，降低资产负债率。（　）

16. 股票分割对公司的资本结构和股东权益不会产生任何影响，但会引起每股面值降低，并由此引起每股收益和每股市价下跌。（　）

17. 股东为防止控制权稀释，往往希望公司提高股利支付率。（　）

18. 负债资金较多、资金结构不健全的企业在选择筹资渠道时，往往将留用利润作为首选，以降低筹资的外在成本。（　）

19. 执行剩余股利政策，股利发放额不受盈利水平影响，而是会受投资机会的影响。（　）

20. 处于成长中的公司多采取低股利政策；陷于经营收缩的公司多采取高股利政策。（　）

21. 股票回购会使公司的股票价值被低估。（　）

22. 股票回购容易造成资金紧缺，资产流动性变差，影响公司发展后劲。（　）

**练习题**

**习题一**

（一）资料：A公司成立于2007年1月1日，2007年度实现的净利润为1 000万元，分配现金股利550万元，提取盈余公积450万元（所提盈余公积均已指定用途）。2008年实现的净利润为900万元（不考虑计提法定盈余公积的因素）。2009年计划增加投资，所需资金为700万元。假定公司目标资本结构为自有资金占60%，借入资金占40%。

（二）要求计算：

（1）在保持目标资本结构的前提下，计算2009年投资方案所需的自有资金额和需要从外部借入的资金额。

（2）在保持目标资本结构的前提下执行剩余股利政策，计算2008年分配的现金股利。

（3）在不考虑目标资本结构的前提下执行固定股利政策，计算2008年分配的现金股利、可用于2009年投资的留存收益和需要额外筹集的资金额。

（4）不考虑目标资本结构的前提下，如果公司执行固定股利支付率政策，计算该公司的股利支付率和2008年度应分配的现金股利。

（5）假定公司2009年面临着从外部筹资的困难，只能从内部筹资，不考虑目标资本结构，计算在此情况下2008年度应分配的现金股利。

**习题二**

（一）资料：B公司当年年底的所有者权益总额是5 000万元，普通股600万股。目前资本结构：长期负债占75%，所有者权益占25%。没有流动负债，公司的所得税税率25%，预计继续增加长期债务不会改变当前10%的利息率水平。董事会在讨论明年的资金安排时，提出了3个方案：1. 计划年度分配现金股利，0.1元/股；2. 为新的投资项目筹资600万元资金；3. 计划年度维持当前资本结构，并且不增发新股。

（二）要求：测算实现董事会上述要求所需要的息税前利润。

**习题三**

（一）资料：华强公司2001～2009年的产品销售量资料如下表：

| 年度 | 2001 | 2002 | 2003 | 2004 | 2005 | 2006 | 2007 | 2008 | 2009 |
|---|---|---|---|---|---|---|---|---|---|
| 销售量（吨） | 1950 | 1980 | 1890 | 2010 | 2070 | 2100 | 2040 | 2260 | 2110 |
| 权数 | 0.03 | 0.05 | 0.07 | 0.08 | 0.1 | 0.13 | 0.15 | 0.18 | 0.21 |

（二）要求：

（1）根据以上相关资料，用算术平均法预测公司2010年的销售量；

（2）根据上述相关资料，用加权平均法预测公司2010年的销售量；

（3）分别用移动加权平均法和修正的移动加权平均法预测公司2010年的销售量（假设样本期为四期）；

（4）若平滑指数a=0.6，要求利用指数平滑法预测公司2010年的销售量（假设移动平均样本期为4期）。

**习题四**

（一）资料：某地区一生产企业生产D产品，设计生产能力为20 000件，计划生产15 000件，预计单位产品的变动成本为200元，计划期的固定成本费用总额为420 000元，该产品适用的消费税率为5%，成本利润率必须达到25%。假定本年度接到一额外订单，订购2 000件D产品，单价265元。

（二）要求：

（1）计算企业计划内产品单位价格是多少？

（2）是否接受额外订单？

**习题五**

（一）资料：甲公司本年实现的净利润为 500 万元，资产合计 5600 万元，当前每股市价 10 元。年终利润分配前的股权收益项目资料如下表：

| 股本——普通股（每股面值 4 元，200 万股） | 800 万元 |
|---|---|
| 资本公积 | 320 万元 |
| 未分配利润 | 1680 万元 |
| 所有者权益合计 | 2800 万元 |

（二）要求：计算回答下述相关的问题：

（1）计划按每 10 股送 1 股的方案发放股票股利，股票股利的金额按市价计算，计算完成这一分配方案的股东权益各项目数额，以及每股收益和每股净资产；

（2）计划按每 10 股送 1 股的方案发放股票股利，股票股利的金额按市价计算，并按发放股票股利前的股数派发每股现金股利 0. 2 元。计算完成这一分配方案后股东权益各项目数额，以及每股收益和每股净资产；

（3）若每 1 股分割为 4 股，计算完成这一分配方案后的股东权益个项目数额，及每股收益和每股净资产。

# 第 12 章　短期财务预算

## 第 1 节　财务预算概述

### 一、财务预算的内容

财务预算是根据企业目标所编制的经营、资本、财务等年度收支计划，即以货币及其他数量形式反映的有关企业未来一段期间内生产经营活动各项目标的行动计划与相应措施，包括特种决策预算、日常业务预算与短期财务预算。

特种决策预算是指企业不经常发生的、需要根据特定决策临时编制的一次性预算。特种决策预算包括经营决策预算和投资决策预算两种类型。

日常业务预算是指与企业日常经营活动直接相关的经营业务的各种预算。包括：①销售预算；②生产预算；③直接材料耗用量及采购预算；④应交增值税、销售税金及附加预算；⑤直接人工预算；⑥制造费用预算；⑦产品成本预算；⑧期末存货预算；⑨销售费用预算；⑩管理费用预算等内容。

短期财务预算是由某一特定时期一系列日常业务预算构成的计划指标。各项预算之间相互联系，相互关联，构成一个预算体系。它用货币方式，反映企业未来一定预算期内财务状况和经营成果，以及现金收支等价值指标的各种预算的总称，具体包括现金预算、财务费用预算、预计利润表和预计资产负债表等内容。各预算的主要联系如图 12－1 所示。

财务预算内容复杂，编制财务预算时，要采用科学、适当的方法。常见方法包括固定预算、弹性预算、增量预算、零基预算、定期预算、滚动预算、概率预算等。

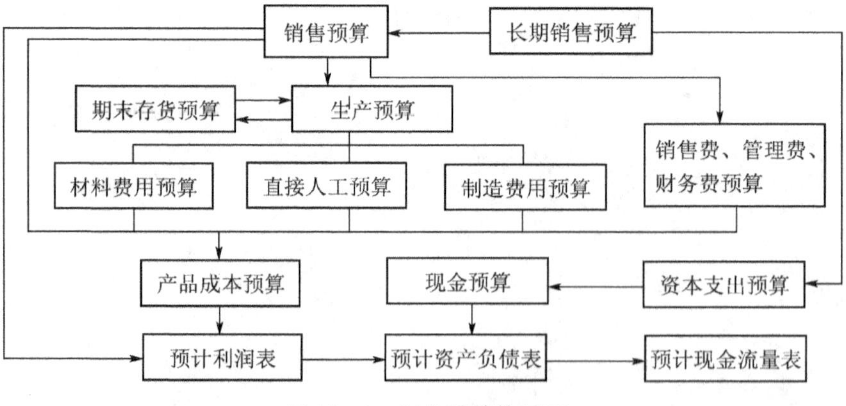


图 12－1　财务预算体系图

## 二、财务预算的意义

① 规划。财务预算使管理层在制定经营计划时更具前瞻性。

② 沟通和协调。财务预算通过编制预算，使各个部门的管理者更好地扮演纵向和横向沟通的角色。

③ 资源分配。由于企业资源有限，通过财务预算可将资源分配给获利能力相对较高的部门、项目和产品。

④ 营运控制。财务预算可以作为一种控制标准，通过将实际成果与预算相比较，可让管理者找出差异，分析原因，改善经营。

⑤ 绩效评估功能。通过财务预算建立绩效评估体系，可帮助各个部门管理者做好绩效评估工作。

财务预算可以使企业决策目标所涉及的经济资源进行配置，以计划的形式具体地、系统地反映出来，使决策目标具体化、系统化、定量化。

## 三、编制预算的原则

① 以经营目标为前提。编制财务预算时，应以企业明确的经营目标为前提。例如，如果确定了投资目标，在资金需要量预算时，就要考虑到投资目标的实现；确定了目标利润，就能相应地确定目标成本，编制有关营业收入、费用成本的预算。

② 全面性、完整性、综合性。凡是会影响企业经营目标实现的业务、事项，均应以货币或其他计量形式来具体地用预算加以反映，要避免由于预算缺乏周详的考虑而影响目标的实现。有关预算指标之间要相互衔接，勾稽关系要明确，以保证整个预算的全面、完整，并体现综合性。

③ 积极可靠，留有余地。要充分估计目标实现的可能性，不要把预算指标定得过低或过高，保证预算能在实际执行过程中，充分发挥其指导和控制作用。为了适应市场千变万化，预算又必须留有余地，具有一定的灵活性，以免在意外事项发生时造成被动，影响平衡，影响原定目标的实现。

在大公司的组织架构中，一般都专设有一个预算委员会，负责预算的编制及监督实施。预算委员会通常由企业供应、生产、销售、财务等部门主管人员以及总会计师或财务总监组成，主要任务是制定和颁布有关预算制度的全盘政策，审查和协调各部门的预算申报工作，处理有关方面在编制预算时可能发生的矛盾和争执，最后批准预算、下达指标，并随时检查预算的执行情况。国际知名大公司的治理结构中，预算委员会具有很高的权威性。

# 第 2 节　财务预算的编制方法

## 一、固定预算与弹性预算

### （一）固定预算

固定预算又称静态预算，是指在编制预算时，只根据预算期内正常的、可实现的某一固定业务量（如生产量、销售量）水平作为惟一基础来编制预算的一种方法。

固定预算存在适应性差和可比性差的缺点，一般适用于产销量稳定、能准确预测产品需求和成本的企业，也可用于编制固定费用预算等。

[例 12 -1] S 公司 20×9 年 A 产品计划产量 5 000 台，成本预算计划如表 12 -1。

表 12 -1　A 产品成本的固定预算

| 成本项目 | 单位预算成本（元/台） | 计划产量（台） | 总预算成本（万元） |
|---|---|---|---|
| 直接材料 | 5 000 | 5 000 | 2 500 |
| 直接人工 | 1 000 | 5 000 | 500 |
| 制造费用 | 2 000 | 5 000 | 1 000 |
| 成本总额 | 8 000 | 5 000 | 4 000 |

如果 A 产品本年实际生产了 6 000 台，实际总成本 4 680 万元，其中，耗用原料 2 880 万元，人工费 630 万元，制造费用 1 170 万元，单位成本 7 800 元。为正确反映由于产量变动对成本的影响，需要将原来的固定成本预算按产量调整为新的成本预算。

按产量调整的固定预算 = ∑(单位预算成本 × 实际产量)

S 公司 20×9 年按产量调整的固定预算，可用表 12 -2 表示。

表 12 -2　按产量调整的成本预算　　　　（单位：万元）

| 成本项目 | 固定预算 | 实际数 | 差异 | 按产量调整的固定预算 | 实际费用 | 差异 |
|---|---|---|---|---|---|---|
| 直接材料 | 2 500 | 2 880 | +380 | 3 000 | 2 880 | -120 |
| 直接人工 | 500 | 630 | +130 | 600 | 630 | +30 |
| 制造费用 | 1 000 | 1 170 | +170 | 1 200 | 1 170 | -30 |
| 成本总额 | 4 000 | 4 680 | +680 | 4 800 | 4 680 | -120 |

可见，S 公司本年 A 产品固定预算中，按未调整的预算看，超支 680 元，但按产量调整预算后，节约 120 万元，且知其主要是材料消耗降低，应总结经验。

### （二）弹性预算

弹性预算又称变动预算或滑动预算，是指在成本性态分析的基础上，以业务量、成本和利润之间的依存关系为依据，以预算期可预见的各种业务量水平为基础，编制能够适应多种情况预算的一种方法。

编制弹性预算所依据的业务量可以是生产量、销售量、直接人工工时、机器工时、材料消耗量或直接人工工资等。

与固定预算相比，弹性预算具有预算范围宽和可比性强的优点，理论上适用于编制财务预算中所有与业务量相关的预算，但实务中主要用于编制弹性成本费用预算和利润预算，尤其是编制成本费用预算。

（1）弹性成本预算

弹性成本预算的关键是进行成本形态分析，将全部成本最终区分为变动成本和固定成本两大类。变动成本主要根据单位业务量来控制，固定成本则按总额控制。预算公式如下：

$y = a + bx$

式中，$y$ 为成本的弹性预算，$a$ 为固定成本预算数，$b$ 为单位变动成本预算数，$x$ 是预计业务量。

在此基础上，按事先选择的业务量计量单位和确定的有效变动范围，根据该业务量与有关成本费用项目之间的内在关系即可编制弹性成本预算。

［例 12－2］S 公司 20×9 年预计生产 A 产品 5 000 台，实际生产了 6 000 台，其固定预算成本和实际成本如表 12－3。

表 12－3　A 产品固定预算成本与实际成本的比较

| | 固定预算成本（5 000 台，万元） | 实际生产成本（6 000 台，万元） | 成本差异（＋1 000 台，万元） |
|---|---|---|---|
| 直接材料 | 2 500 | 2 880 | +380 |
| 直接人工 | 500 | 630 | +130 |
| 制造费用 | 1 000 | 1 170 | +170 |
| 成本总额（元） | 4 000 | 4 680 | +680 |

弹性成本预算和实际成本如表 12－4。

表 12－4　A 产品弹性预算成本与实际成本的比较

| | 单位（元/台） | 弹性预算（5 000 台，万元） | 弹性预算（6 000 台，万元） | 实际成本（6 000 台，万元） | 差异（万元） |
|---|---|---|---|---|---|
| 直接材料 | 5 000 | 2 500 | 3 000 | 2 880 | －120 |
| 直接人工 | 1 000 | 500 | 600 | 630 | ＋30 |
| 变动制造费 | 600 | 300 | 360 | 468 | ＋108 |
| 小计 | 6 600 | 3 300 | 3 960 | 3 978 | ＋18 |
| 固定制造费 | 1 400 | 700 | 700 | 702 | ＋2 |
| 合计 | 8 000 | 4 000 | 4 660 | 4 680 | ＋20 |

实际成本与固定成本预算进行比较，实际超支 680 万元。但由于生产量的增加，难以评价企业的实际成绩。如果把实际成本与成本的弹性预算进行比较，结论就完全相反。可见，弹性预算比固定预算更能清楚地表明企业实际工作成绩的好坏。

成本的弹性预算编制出来以后，就可以编制利润的弹性预算。利润的弹性预算反映了企业在预算期内各种业务量水平上应获得的利润指标。

（2）弹性利润预算

弹性利润预算是根据成本、业务量和利润之间的依存关系，为适应多种业务量变化而编制的利润预算。弹性利润预算是以弹性成本预算为基础编制的，其主要内容包括销售量、价格、单位变动成本、贡献边际和固定成本。

［**例** 12－3］S 公司 20×9 年预算的 A 产品，预计和实际的每台销售价格均为 1 万元，固定销售费用为 86 万元和 90 万元。如果当年生产的产品已全部销售，其他资料同前例，则 S 公司利润的弹性预算与实际利润的比较如表 12－5 所示。

表 12－5　利润弹性预算与实际利润的比较　　（单位：万元）

| | 弹性预算 | | 实际 | 差异 |
|---|---|---|---|---|
| 销售量（台） | 5 000 | 6 000 | 6 000 | 0 |
| 销售收入 | 5 000 | 6 000 | 6 000 | 0 |
| 变动成本 | 3 300 | 3 960 | 3 978 | ＋18 |
| 边际贡献 | 1 700 | 2 040 | 2 022 | －18 |
| 固定制造成本 | 700 | 700 | 702 | ＋2 |
| 固定销售成本 | 86 | 86 | 90 | ＋4 |
| 税前利润（万元） | 914 | 1 254 | 1 230 | －24 |

可见，S公司A产品的利润总额实际比计划减少了24万元，究其原因，销售量和销售收入已经完成计划，但变动成本实际比计划超支了18万元，所以边际贡献实际比计划减少了18万元。同时，该种产品的固定成本控制不力，固定成本总额实际比计划超支了2万元，再加上由于固定销售成本超支4万元，利润自然也就减少了24万元。

## 二、增量预算与零基预算

### （一）增量预算

增量预算是指以基期成本费用水平为基础，结合预算期业务量水平及有关降低成本的措施，通过有关费用项目编制预算的方法。增量预算以过去的费用发生水平为基础，主张不需要在预算内容上作较大的调整，企业现有业务活动及开支水平是合理的，应在预算期予以保持。

增量预算的缺点是不加分析地保留或接受原有的成本费用项目，导致无效及不合理费用无法得到有效控制，形成不必要的开支，造成预算上的浪费。

### （二）零基预算

零基预算是指在编制预算时，对所有的预算支出项目均以零为基底，不考虑其以往情况如何，从根本上研究、分析每项预算支出是否有必要及支出数额的大小。零基预算是1970年由彼比·派尔（P. A. Phyrr）提出来的。他当时在美国德克萨斯工具公司担任财务预算编制工作，在编制该公司的费用预算时，派尔提出零基预算的概念。美国前总统卡特在担任佐治亚州州长时，曾在该州极力推广零基预算法。卡特当选总统后，曾指示1979年的联邦政府预算要全面采用零基预算的方法。零基预算法在20世纪70～80年代的美国十分盛行，在不少公司的预算管理中，发挥了较好的作用。

零基预算与传统预算的编制方法不同。传统的预算编制是在上期预算执行结果的基础上，结合预算期的情况，加以适当的调整而编制预算。因此，传统的预算方法优点是比较简便，但是它以过去的水平为基础，实际就是承认过去是合理的，无需改进，因循沿袭下去，所以容易造成预算的不足，或者是安于现状，造成预算浪费。

零基预算强调一切从零开始，对传统预算的缺点进行改革，它要求对各个业务项目从实际出发，逐项审议各项业务需要多少人力、物力和财力，并说明其经济效果，在此基础上，按项目的轻重缓急性质，分配预算经费。这种预算不以历史为基础来修修补补，而是以零为出发点，一切推倒重来，零基预算法即因此而得名。

［例12－4］S公司本年第1季度各部门提出来的经费预算，经预算委员会审核后排队如表12－6所示。

表 12-6　S 公司 20×3 年各部门经费预算　（单位：元）

| 预算项目 | 一车间 | 二车间 | 辅助生产 | 厂办 | 其他 | 合计 |
|---|---|---|---|---|---|---|
| ①完成任务必须的经费 | 400 000 | 250 000 | 450 000 | 350 000 | … | 4 000 000 |
| ②采取措施本期能获得经济效益的项目经费 | 50 000 | 60 000 | 100 000 | 50 000 | … | 800 000 |
| ③采取措施以后能获得经济效益的项目经费 | 50 000 | 40 000 | 50 000 | 0 | … | 300 000 |
| ④实施战略规划需经费 | 100 000 | 30 000 | 0 | 50 000 | … | 600 000 |
| ⑤其他 | 10 000 | 5 000 | 5 000 | 3 000 | … | 150 000 |
| 合　计 | 610 000 | 385 000 | 605 000 | 453 000 | … | 5 850 000 |

如果该企业第一季度的预算资金只有 5 560 000 元，经费预算委员会研究，决定本年预算资金分配大致以这样的原则分配：第①项经费必须 100% 保证；第②项经费满足 90%；第③项经费满足 85%；第④项经费满足 80%；第⑤项经费满足 70%。则可根据上述经费预算的审定意见，重新安排预算如表 12-7。

表 12-7　根据预算委员会决定的预算资金分配　（单位：元）

| 预算项目 | 一车间 | 二车间 | 辅助生产 | 厂办 | 其他 | 合计 |
|---|---|---|---|---|---|---|
| 1. 完成任务必须的经费 | 400 000 | 250 000 | 450 000 | 350 000 | … | 4 000 000 |
| 2. 采取措施本期能获得经济效益的项目经费 | 45 000 | 54 000 | 90 000 | 45 000 | … | 720 000 |
| 3. 采取措施以后能获得经济效益的项目经费 | 42 500 | 34 000 | 42 500 | 0 | … | 255 000 |
| 4. 实施战略规划需经费 | 80 000 | 24 000 | 0 | 40 000 | … | 480 000 |
| 5. 其他 | 7 000 | 3 500 | 3 500 | 2 100 | … | 105 000 |
| 合　计 | 574 500 | 365 500 | 586 000 | 437 000 | … | 5 560 000 |

企业应该根据实际需要，有选择地保证重点项目的需要。

零基预算法有较多优点，主要是不仅能压缩经费开支，而且能切实做到把有限的经费用在最需要的地方。同时，零基预算不受过去老框框的制约，能够充分发挥各级管理人员的积极性和创造性，促进各级预算部门精打细算，量力而行，合理使用资金，提高经济效益。但由于零基预算一切支出均以零为起点进行分析，因而编制预算的工作量较大，所花费的时间和代价较传统的预算高，有时甚至得不偿失。为此，有的企业每隔若干年进行一次零基预算，以后几年内略作适当调整。这样既简化了预算编制的工作量，又能起到控制费用的作用。

从零基预算的优点看，运用它在学校或预算事业单位控制费用，要比企业更为适宜。在国外，不少学校运用它控制费用已经多年。例如，美国的斯坦福大学曾经运用零基预算，有效地削减了公共服务补助支出和多余人员的数量及其薪资支出。美国审计总署（GAO）认为："我们相信零基预算是能够执行的，而且还应与联邦预算程序结合起来，这个结论反映了我们的信念，即零基预算的概念是正确的，但是它们已被机械性程序蒙上阴影。这些概念，如分析选择项目的方法，建立可供选择的基金配置层次，评价项目的效果，以及确定管理人员规划的优先次序等，已被成功地与某些组织的预算制度结合在一起。"

## 三、定期预算与滚动预算

### （一）定期预算

定期预算是以固定不变的会计期间（如年度、季度、月度）作为预算的期间编制预算的方法。

定期预算的优点是能够保证预算期间与会计期间相对应，便于将会计报告的数据与预算数相比较，便于对预算的执行结果进行分析和评价。但不利于前后各期间的预算衔接，不能适应连续不断的活动进行预算管理。

### （二）滚动预算

滚动预算又称连续预算或永续预算，主要特点是不将预算期与会计年度挂钩，而是连续不断地始终保持一定时间，如一年中的12个月。每过1个月，就根据新情况进行调整，并修订后1个月预算，在原来的预算期末随即补充下一月的预算，逐期向后滚动。这种预算要求一年中，头几个月的预算要详细完整，后几个月可略粗一些。随着时间的推移，原来较粗的预算逐渐由粗变细，后面随之又补充新的较粗的预算。以此往复，不断滚动。

滚动预算的优点：首先是保持了预算的完整性和连续性，从动态预算中把握企业的未来；其次，能使各级管理人员始终保持对未来12个月甚至更长远的生产经营活动作周详的考虑和全盘规划，保证企业的各项工作有条不紊地进行；再次，便于外界对企业经营状况的了解；最后，由于预算不断调整与修订，使得预算与实际情况更相适应，有利于充分发挥预算的指导和控制作用。

为避免预算编制工作较繁琐的手续，可采用按季度滚动的方法。在执行预算的那个季度里，再按月份具体地编制各月预算，这样可适当简化预算的编制工作。另外，采用滚动预算，必须有一个与之相适应的外部条件，如与企业计划衔接，材料供应比较及时等。如果这些外部条件仍然是以自然年为基础，一年一年安排的，则企业要编制滚动预算是有困难的。

## 四、概率预算

在编制预算过程中，涉及的变量很多，如业务量、价格、成本等，在生产和销售正常的情况下，这些变量的预计可能是一个定值（如收入与成本的关系）。但是，在市场的供需、产销变动比较大的情况下，这些变量的数字就难以确定，需要根据客观条件对有关变量作一些近似的估计，估计它们可能变动的范围，分析它们在该范围内出现的可能性（概率），然后对各变量进行调整，计算期望值，编制预算。这种运用概率所编制的预算，叫做概率预算。

概率预算必须根据不同情况来编制。如果销售量的变动与成本变动并无直接联系，则只要用各自的概率分别计算销售收入、变动成本、固定成本等的期望值，就可直接计算利润的期望值。

[**例** 12－5] S 公司 20×9 年预计 B 产品单位售价 1 000 元，预计销售在较差、一般、较好的概率分别为 0.2、0.5、0.3，对应的销售量分别为 4 000 件、5 000 件、6 000 件，对应的固定成本 20 万元、30 万元、40 万元；变动成本的情况是：控制较差、一般、较好的概率分别为 0.3、0.4、0.3，其对应的变动成本分别为 410 元、400 元、390 元。

该公司预测的销售波动概率与期望值如表 12－8。

**表 12－8　销售量波动的概率与期望值**　　（单位：件）

| 销售状况 | 销售量（$x_i$） | 概率（$p_i$） | $x_i \cdot p_i$ |
|---|---|---|---|
| 较差 | 4 000 | 0.2 | 800 |
| 一般 | 5 000 | 0.5 | 2 500 |
| 较好 | 6 000 | 0.3 | 1 800 |
| 销售量期望值 | | | 5 100 |

如果销售量变动与成本变动有密切联系，就要用计算联合概率的方法来计算期望值。

S 公司 20×9 年度销售、成本的弹性预算如表 12－9。

表 12－9　S 公司 20×9 年度销售、成本预算资料

| 销售量 | | 销售单价（元/台） | 单位变动成本 | | 固定成本（元） | 联合概率 ①×② |
|---|---|---|---|---|---|---|
| 数量（件） | 概率① | | 金额（元） | 概率② | | |
| 4 000 | 0.2 | 1 000 | 410 | 0.3 | 200 000 | 0.06 |
| | | | 400 | 0.4 | | 0.08 |
| | | | 390 | 0.3 | | 0.06 |
| 5 000 | 0.5 | 1 000 | 410 | 0.3 | 300 000 | 0.15 |
| | | | 400 | 0.4 | | 0.20 |
| | | | 390 | 0.3 | | 0.15 |
| 6 000 | 0.3 | 1 000 | 410 | 0.3 | 400 000 | 0.09 |
| | | | 400 | 0.4 | | 0.12 |
| | | | 390 | 0.3 | | 0.09 |

根据表 12－9 资料，计算利润期望值如表 12－10。

表 12－10　S 公司 20×4 年度销售、成本、利润期望值

| 销售量（件） | 概率 | 单价（元） | 变动成本（元/件） | 概率 | 固定成本（万元） | 推算利润（万元） | 联合概率 | 利润期望值（万元） |
|---|---|---|---|---|---|---|---|---|
| 4 000 | 0.2 | 1000 | 410 | 0.3 | 20 | 216 | 0.06 | 12.96 |
| 4 000 | 0.2 | 1000 | 400 | 0.4 | 20 | 220 | 0.08 | 17.60 |
| 4 000 | 0.2 | 1000 | 390 | 0.3 | 20 | 224 | 0.06 | 13.44 |
| 5 000 | 0.5 | 1000 | 410 | 0.3 | 30 | 265 | 0.15 | 39.75 |
| 5 000 | 0.5 | 1000 | 400 | 0.4 | 30 | 270 | 0.20 | 54.00 |
| 5 000 | 0.5 | 1000 | 390 | 0.3 | 30 | 275 | 0.15 | 41.25 |
| 6 000 | 0.3 | 1000 | 410 | 0.3 | 40 | 314 | 0.09 | 28.26 |
| 6 000 | 0.3 | 1000 | 400 | 0.4 | 40 | 320 | 0.12 | 38.40 |
| 6 000 | 0.3 | 1000 | 390 | 0.3 | 40 | 326 | 0.09 | 29.34 |
| 合计 | | | | | | | 1.00 | 275.00 |

S 公司的销售量为 4 000 件时，单位变动成本为 410 元，固定成本为 200 000 元，推算利润为 4 000×（1 000－410）－200 000＝216 万元。由于这种情况的可能性（联合概率）为 0.2×0.3＝0.06，所以利润的期望值为 216×0.06＝12.96 万元……如此类推，汇总计算，得到总利润的期望值为 275 万元。

# 第3节　现金预算的编制

## 一、编制销售预算

销售预算是指为规划一定预算期内，因组织销售活动而引起的预计销售收入而编制的一种日常业务预算。由于其他预算都需要在销售预算的基础上编制或者大都与销售预算数据相关，因此它是编制财务预算的关键和起点。

资本预算需要在销售预测的基础上，根据企业年度目标利润确定的预计销售量和销售价格等参数进行编制。其编制程序为：

① 计算各产品的预计销售收入。按照各产品预计单价和预计销售量计算预计销售收入，公式为：

某种产品预计销售收入 = 该种产品预计单价 × 该产品预计销售量

公式中，单价可以根据市场供求关系并通过价格决策来决定；预计销售量则需要根据市场预测或销售合同并结合企业生产能力来确定。

② 预计预算期所有产品的预计销售收入总额。计算公式为：

预计销售收入总额 = $\sum$ 某种产品预计销售收入

③ 预计在预算期发生的与销售收入相关的增值税销项税额。计算公式为：

某期增值税的销项税额 = 该期预计销售收入总额 × 该期适用的增值税税率

④ 预计预算期含税销售收入。计算公式为：

某期含税销售收入 = 该期预计销售收入 + 该期预计销项税额

为了便于编制财务预算，还应编制与销售收入有关的经营现金收入预算表，反映全年各季销售所得的现销含税收入和回收以前期应收账款的现金收入。计算公式为：

某预算期经营现金收入 = 经该期现销含税收入 + 该期回收以前期的应收账款

式中，现销含税收入和回收以前期的应收账款的计算公式为：

某期现销含税收入 = 该期含税销售收入 × 该期预计现销率

某期回收以前期的应收账款 = 本期期初应收账款 × 该期的预计应收账款回收率

式中，现销率是指一定期间现销含税收入占该期含税销售收入的百分比指标；应收账款回收率为以前期应收账款在本期回收的现金额占相关的应收账款的百分比指标。在财务预算中，现销率和回收率通常为已知的经验数据。

还可以计算出企业预算期末的应收账款余额：

预算期末应收账款余额 = 预算期初应收账款余额 + 该期含税销售收入 - 本期经营现金收入

[**例** 12-6] Q公司单一生产和销售A产品。适用17%的增值税税率。假设每季度

销售收入中，本季收到现金60%，另外的40%要到下季度才能收到现金。已知预计销售量、预计单位销售价以及收回上年应收账款。本年根据市场情况作销售预算如表12－11。

表12－11 Q公司销售预算 （单位：万元）

| 季度 | 1 | 2 | 3 | 4 | 全年 |
|---|---|---|---|---|---|
| 预计销售量（台） | 100 | 150 | 200 | 180 | 630 |
| 预计单位售价 | 40 | 40 | 40 | 40 | 40 |
| 销售收入 | 4 000 | 6 000 | 8 000 | 7 200 | 25 200 |
| 增值税销项税额 | 680 | 1 020 | 1 360 | 1 224 | 4 284 |
| 含税销售收入 | 4 680 | 7 020 | 9 360 | 8 424 | 29 484 |
| 本期预计现销收入(60%) | 2 808 | 4 212 | 5 616 | 5 054.4 | 17 690.4 |
| 收回上年应收账款 | 820 | | | | 820 |
| 收回上季应收账款 | | 1 872 | 2 808 | 3 744 | 8 424 |
| 年末应收账款 | | | | 3 369.6 | 3 369.6 |
| 销货现金收入合计(万元) | 3 628 | 6 084 | 8 424 | 8798.4 | 26 934.4 |

在销售预算表中包括预计现金收入的计算，其目的是为编制现金预算提供必要的资料。以Q公司的销售预算为例，第1季度的现金收入包括两部分，即上年应收账款在本年第1季度收到的货款，以及本季度销售中可能收到货款的部分。

## 二、编制生产预算

生产预算是指为规划一定预算期内预计生产量水平而编制的一种日常业务预算。生产预算是在销售预算的基础上编制的，其主要内容有预计销售量、期初和期末存货、生产量。生产预算的“预计销售量”来自销售预算。其他数据在编制销售预算表时，在表中依数据计算得出。基本公式如下：

某种产品预计生产量＝预计销售量＋预计期末存货量－预计期初存货量

预计期末存货＝下季度销售量×一定比例

预计期初存货＝上季度期末存货

生产预算是所有日常业务预算中惟一只使用实物量计量单位的预算，虽然不直接涉及现金收支，但与其他预算密切相关。

［例12－7］Q公司本年根据销售预算，作生产预算如表12－12。

表 12－12　Q 公司生产预算

| 季度 | 1 | 2 | 3 | 4 | 全年 |
| --- | --- | --- | --- | --- | --- |
| 预计销售量（台） | 100 | 150 | 200 | 180 | 630 |
| 加：预计期末存货 | 15 | 20 | 18 | 20 | 20 |
| 合计 | 115 | 170 | 218 | 200 | 650 |
| 减：预计期初存货 | 10 | 15 | 20 | 18 | 10 |
| 预计生产量（台） | 105 | 155 | 198 | 182 | 640 |

由于企业的生产和销售在一般情况下很难做到"同步同量"，这就需要设置一定的存货，以保证能在发生额外需求时按时供货，并可调节均衡生产，节省赶工的额外支出。存货数量通常按下期销售量的一定百分比确定，本例中的 Q 公司，即按 10% 计算期末存货，年初存货是编制预算时预计的，年末存货根据长期销售趋势来确定。

Q 公司的这一案例中，假设年初有存货 10 台，年末留存 20 台。存货预算也可单独编制。

如果企业的产品种类很多，生产预算在实际编制时就比较复杂。一般条件下，企业的产量受到生产能力的限制，存货数量受到仓库容量的限制，只能在一定范围内安排存货数量和各期生产量。此外，有的季度可能销量很大，可以用赶工方法增产，为此要多付加班费，如果提前在淡季生产，会因增加存货而多付资金利息。因此，遇到这种情况，就要灵活处理，按实际情况进行预算。

## 三、编制直接材料预算

直接材料预算是指为规划一定预算期内因组织生产活动和材料采购活动预计发生的直接材料需用量、采购数量和采购成本而编制的一种经营预算。

直接材料预算既反映预算期内各种材料消耗量水平，又规定材料采购量及其采购成本计划。直接材料预算在编制时，应以生产预算为基础编制，同时考虑原材料存货水平。主要有直接材料的单位产品消耗量、生产需用量、期初和期末存量等。

直接材料预算包括需用量和采购预算两个部分，主要计算公式如下：

某材料产品需用量 = $\sum$（当期生产量 × 单位产品消耗定额）

某材料预计采购量 =（生产需用量 + 期末存量）－ 期初存量

［**例** 12－8］Q 公司编制直接材料预算，根据销售和生产预算编制直接材料预算如表 12－13。

表 12－13　Q 公司直接材料预算

| 季度 | 1 | 2 | 3 | 4 | 全年 |
|---|---|---|---|---|---|
| ①预计生产量（台） | 105 | 155 | 198 | 182 | 640 |
| ②单位产品定额消耗（kg） | 10 | 10 | 10 | 10 | 10 |
| ③预计生产需用量（kg） | 1 050 | 1 550 | 1 980 | 1 820 | 6 400 |
| ④加：预计期末存量 | 310 | 396 | 364 | 400 | 400 |
| ⑤合计（kg） | 1 360 | 1 946 | 2 344 | 2 220 | 6 800 |
| ⑥减：预计期初存量 | 300 | 310 | 396 | 364 | 300 |
| ⑦预计材料采购量（kg） | 1 060 | 1 636 | 1 948 | 1 856 | 6 500 |
| ⑧预计单价（万元/kg） | 1 | 1 | 1 | 1 | 1 |
| ⑨预计采购金额（万元） | 1 060 | 1 636 | 1 948 | 1 856 | 6 500 |
| ⑩期初结存金额（万元） | 300 | | | | 300 |
| ⑪期末结存金额（万元） | | | | 400 | 400 |

Q 公司的直接材料预算表中，“预计生产量”的数据来自生产预算，“单位产品材料用量”数据来自标准成本资料或消耗定额资料，“预计生产需用量”是上述两项的乘积。期初和期末的材料存货量是根据当前情况和长期销售预测估计的。各季度“期末材料存量”根据下季度生产量的一定百分比确定，本例按 20% 计算。各季度“期初材料存量”是上季度的期末存量。

第⑤行“合计（kg）”中，全行合计 6 800kg，系四个季度预计需要量合计加上预计期末存量得出：6 400＋400＝6 800（kg），也可用该行合计数减去前 3 季重复计算的数字后得出：

第⑤行合计＝(1 360＋1 946＋2 344＋2 220)－(310＋396＋364)＝6 800（kg）

## 四、编制直接人工预算

直接人工预算是指为规划一定预算期内人工工时的消耗水平和人工成本水平而编制的一种经营预算。直接人工成本包括直接工资和按直接工资的一定比例计算的其他直接费用（如应付福利费）。

编制直接人工预算的主要依据是已知的标准工资率、标准单位直接人工工时、其他直接费用计提标准和生产预算中的预计生产量等资料。编制时，应先计算各产品有关直接人工总工时，再根据每小时人工成本计算出人工总成本。基本公式如下：

人工总工时 = $\sum$（各产品单位工时 × 预计生产量）

人工总成本 = $\sum$（每小时人工成本 × 人工总工时）

[例 12－9] Q 公司本年的直接人工预算如表 12－14。

表 12－14　Q 公司直接人工预算

| 季度 | 1 | 2 | 3 | 4 | 全年 |
|---|---|---|---|---|---|
| 预计生产量（台） | 105 | 155 | 198 | 182 | 640 |
| 单位产品工时（小时） | 5 000 | 5 000 | 5 000 | 5 000 | 5 000 |
| 人工总工时（小时） | 525 000 | 775 000 | 990 000 | 910 000 | 3 200 000 |
| 每小时人工成本（元） | 8 | 8 | 8 | 8 | 8 |
| 人工总成本（万元） | 420 | 620 | 792 | 728 | 2 560 |

## 五、编制制造费用预算

制造费用预算指为规划一定预算期内除直接材料和直接人工预算以外预计发生的其他生产费用水平而编制的一种日常业务预算。

制造费用预算通常分为变动制造费用预算和固定制造费用预算两部分。变动制造费用预算以生产预算为基础来编制，如果有完善的标准成本资料，用单位产品的标准成本与产量相乘，即可得到相应的预算金额。如果没有标准成本资料，就需要逐项预计计划产量需要的各项制造费用。固定制造费用预算需要逐项进行预计，通常与本期产量无关，按每季实际需要的支付额预计，然后求出全年数。

[例 12－10] Q 公司制造费用预算如表 12－15。

表 12－15　Q 公司制造费用预算　　（单位：万元）

| 季度 | 1 | 2 | 3 | 4 | 全年 |
|---|---|---|---|---|---|
| 变动制造费用： | | | | | |
| 间接人工费 | 105 | 155 | 198 | 182 | 640 |
| 间接材料消耗 | 105 | 155 | 198 | 182 | 640 |
| 修理费 | 210 | 310 | 396 | 364 | 1 280 |
| 水电费 | 105 | 155 | 198 | 182 | 640 |
| 小计 | 525 | 775 | 990 | 910 | 3 200 |
| 固定制造费用： | | | | | |
| 管理人员工资 | 200 | 200 | 200 | 200 | 800 |

（续表 12－15）

| 季度 | 1 | 2 | 3 | 4 | 全年 |
|---|---|---|---|---|---|
| 折旧费 | 1 000 | 1 000 | 1 000 | 1 000 | 4 000 |
| 修理费 |  | 240 | 300 | 300 | 840 |
| 保险费 | 75 | 85 | 110 | 90 | 360 |
| 其他 | 100 | 100 | 100 | 100 | 400 |
| 小计 | 1 375 | 1 625 | 1 710 | 1 690 | 6 400 |
| 合计 | 1 900 | 2 400 | 2 700 | 2 600 | 9 600 |
| 减：折旧 | 1 000 | 1 000 | 1 000 | 1 000 | 4 000 |
| 现金支出的制造费用 | 900 | 1 400 | 1 700 | 1 600 | 5 600 |

小时费用分配率可计算如下（本例人工总工时 320 万工时，见直接人工预算表）：

变动制造费用分配率＝3 200 万元÷320 万工时＝10（元/工时）

固定制造费用分配率＝6 400 万元÷320 万工时＝20（元/工时）

## 六、编制产品成本预算

产品成本预算是指为规划一定预算期内每种产品的单位产品成本、生产成本、销售成本等内容而编制的一种日常业务预算。本预算需要在生产预算、直接材料预算、直接人工预算和制造费用预算的基础上编制，同时也为编制预计利润表和预计负债表提供数据。

产品销售成本预算是生产预算、直接材料预算、直接人工预算、制造费用预算的汇总。其主要内容是预算产品的单位销售成本和总成本。产品单位成本的有关数据来自前述的材料预算、人工预算和制造费用预算；生产量、期末存货量来自生产预算；销售量来自销售预算、生产成本、存货成本和销货成本等数字，根据单位成本和有关数量计算得出。公式如下：

产品销售成本＝$\sum$（销售量×产品单位成本）

［例 12－11］ Q 公司的产品成本预算，根据材料、人工、制造费用预算的资料计算如表 12－16。

表 12－16 Q 公司产品销售成本预算

| | 单耗定额 | 单价（元） | 单位成本（万元） | 生产成本（640 台） | 期末存货（20 台） | 销货成本（630 台） |
|---|---|---|---|---|---|---|
| 直接材料 | 10kg | 10 000 | 10 | 6 400 | 200 | 6 300 |
| 直接人工 | 5 000 小时 | 8 | 4 | 2 560 | 80 | 2 520 |
| 变动制造费 | 5 000 小时 | 10 | 5 | 3 200 | 100 | 3 150 |
| 固定制造费 | 5 000 小时 | 20 | 10 | 6 400 | 200 | 6 300 |
| 合计（万元） | | | 29 | 18 560 | 580 | 18 270 |

## 七、编制期间费用预算

期间费用亦称期间成本，与一定期间相联系，直接从企业当期销售收入中扣除的费用。从企业的损益情况来看，期间费用与产品销售成本、产品销售税金及附加一起从产品销售收入中扣除后作为企业当期的营业利润。当期的期间费用是全额从当期损益中扣除的，其发生额不影响下一个会计期间。期间费用一般包括销售费用、管理费用和财务费用三类。

销售费用预算是指为规划一定预算期内企业在销售阶段组织产品销售预计发生各项费用水平而编制的一种日常业务预算。它以销售预算为基础，要分析销售收入、销售利润和销售费用的关系，力求实现销售费用的最有效使用。在安排销售费用时，要利用本量利分析方法，费用的支出应能获得更多的收益。在草拟销售费用预算时，要对过去的销售费用进行分析，考查过去销售费用支出的必要性和效果。销售费用预算应和销售预算相配合，应有按品种、按地区、按用途的具体数额。

管理费用预算指为规划一定预算期内因管理企业预计发生的各项费用水平而编制的一种日常业务预算。管理费用是搞好一般管理业务所必要的费用。随着企业规模的扩大，一般管理职能日益显得重要，从而其费用也相应增加，在编制管理费用预算时，要分析企业的业务成绩和一般经济状况，务必做到费用合理化。管理费用多属于固定成本，所以一般是以过去的实际开支为基础，按预算期的可预见变化来调整。重要的是，必须充分考察每种费用是否必要，以便提高费用效率。

财务费用预算是指反映预算期内因筹措使用资金而发生财务费用水平的一种预算。财务费用一般是指企业因借款而发生的利息，以及银行手续费等。应根据预算年度企业预计借款数额、利率水平，以及具体情况进行预算。

［**例** 12－12］Q 公司根据销售量等资料编制销售费用、管理费用、财务费用预算如表 12－17。

表 12－17　Q 公司销售费用、管理费用、财务费用预算　（单位：万元）

| 季度 | 1 | 2 | 3 | 4 | 全年 |
|---|---|---|---|---|---|
| 销售费用： | | | | | |
| 销售人员工资 | 100 | 100 | 100 | 100 | 400 |
| 广告费 | 500 | 500 | 500 | 500 | 2 000 |
| 包装费、运输费 | 100 | 100 | 100 | 100 | 400 |
| 保管费 | 100 | 100 | 100 | 100 | 400 |
| 合计 | 800 | 800 | 800 | 800 | 3 200 |
| 管理费用： | | | | | |
| 管理人员工资 | 200 | 200 | 200 | 200 | 800 |
| 折旧费 | 100 | 100 | 100 | 100 | 400 |
| 保险费 | 5 | 5 | 5 | 5 | 20 |
| 办公费 | 50 | 50 | 50 | 50 | 200 |
| 合计 | 355 | 355 | 355 | 355 | 1 420 |
| 财务费用：利息 | 80 | 80 | 80 | 100 | 340 |
| 三费合计 | 1 235 | 1 235 | 1 235 | 1 255 | 4 960 |
| 减：折旧费 | 100 | 100 | 100 | 100 | 400 |
| 支付现金的费用 | 1 135 | 1 135 | 1 135 | 1 155 | 4 560 |

## 八、编制现金预算

现金预算是企业财务总预算的中心，是用来反映预算期内企业现金流转状况的预算。这里说的现金是指企业的库存现金和银行存款等货币资金，编制现金预算的目的在于合理地处理现金收支业务，调度资金，保证企业财务的正常运转。现金预算由四部分内容组成：

① 现金收入。指期初现金结存数和预算期内预计发生的现金收入，如现销收入、收回应收款项、应收票据到期兑现和票据贴现等。

② 现金支出。指预算期内预计发生的现金支出，如采购材料支付货款、支付工资、支付制造费用、支付销售、管理及财务费用、偿还应付款项、交纳税金、购买设备和分配利润等。

③ 现金的多余或不足。指现金收支相抵后的余额，若收大于支，现金多余。除了可用于偿还银行借款外，还可购买短期投资有价证券；若收小于支，则现金不足，需

设法筹资。

④ 资金的筹集和运用。反映预算期内因资金不足向银行借款，或发放短期商业票据以筹集资金，以及还本付息情况。

以上四部分之间的关系是：

现金收入 - 现金支出 + 现金筹措(现金不足时) = 期末现金余额

现金收入 - 现金支出 - 现金投放(现金多余时) = 期末现金余额

现金预算实际上是其他业务预算(如销售预算、材料预算、工资预算、费用预算等)有关现金收支部分的汇总，以及收支差额平衡措施的具体计划。它的编制要以其他各项预算为基础，或者说其他预算在编制时要为现金预算做好数据准备。

[**例** 12 - 13] Q 公司本年度的现金预算，如表 12 - 18 所示。

**表 12 - 18　Q 公司现金预算**　　(单位：万元)

| 季度 | 1 | 2 | 3 | 4 | 全年 | 备注 |
|---|---|---|---|---|---|---|
| 期初现金余额 | 4 000 | 3 693 | 3 566 | 5 995 | 4 000 | |
| 加：销货现金收入 | 3 628 | 6 084 | 8 424 | 8 798. 4 | 26 934. 4 | 表 12 - 11 |
| 可供使用现金 | 7 628 | 9 777 | 11 990 | 14 793. 4 | 30 934. 4 | |
| 减：各项支出 | | | | | | |
| 直接材料 | 1 060 | 1 636 | 1 948 | 1 856 | 6 500 | 表 12 - 13 |
| 直接人工 | 420 | 620 | 792 | 728 | 2 560 | 表 12 - 14 |
| 制造费用 | 900 | 1 400 | 1 700 | 1 600 | 5 600 | 表 12 - 15 |
| 销售、管理、财务费用 | 1 135 | 1 135 | 1 135 | 1 155 | 4 560 | 表 12 - 17 |
| 预交所得税 | 170 | 170 | 170 | 170 | 680 | 估计 680 |
| 购买设备 | | 10 000 | | | 10 000 | |
| 预分股利 | 250 | 250 | 250 | 250 | 1 000 | 估计 1000 |
| 支出合计 | 3 935 | 15 211 | 5 995 | 5 759 | 30 900 | |
| 现金多余或不足 | 3 693 | - 5 434 | 5 995 | 9 034. 4 | 34. 4 | |
| 银行取得短期借款 | | 9 000 | | | 9 000 | |
| 归还银行短期借款 | | | | 2 000 | 2 000 | |
| 期末现金余额 | 3 693 | 3 566 | 5 995 | 7 034. 4 | 7 034. 4 | |

“现金收入”部分包括期初现金余额和预算期现金收入，销货现金收入是其主要来源。期初的“现金余额”是在编制预算时预计的。“销货现金收入”的数据来自销售预算。“可供使用现金”是期初余额与本期现金收入之和。

"现金支出"部分包括预算期的各项现金支出。"直接材料"、"直接人工"、"制造费用"、"销售、管理、财务费用"的数据，分别来自前述有关预算，此外，还包括所得税、购置设备、股利分配等现金支出，有关的数据分别来自另行编制的专门预算。

"现金多余或不足"部分列示现金收入合计与现金支出合计的差额。差额为正，说明收大于支，现金有多余，可用于偿还过去向银行取得的借款，或者用于短期投资；差额为负，说明支大于收，现金不足，要向银行取得新的借款。本例中，该企业第二季度向银行借款9 000万元，以弥补现金不足。至第三、四季度，企业现金多余，可用于偿还借款，设企业第四季向银行还款2 000万元。还款后，仍需保持最低现金余额（设该企业为1 000万元），因此只能部分归还借款。

现金预算以各项营业预算和资本预算为编制基础，反映了各预算期的收入款项和支出款项，在资金不足时筹措资金，资金多余时及时处理现金余额，同时提供了现金控制的最低限额，从而发挥现金管理的作用。

## 第4节　预计财务报表

### 一、预计利润表

预计利润表是以货币为计量单位，全面、综合地表现预算期内经营成果的计划，以及利润分配的预算数。其中，利润各指标根据各有关业务预算编制而成的，而利润分配各指标则根据企业利润分配预计数预算。

［例12－14］Q公司本年预计利润表，根据前述各业务预算及企业利润分配预计数编制，如表12－19。

**表12－19　Q公司预计利润及利润分配表**　　（单位：万元）

| 项　目 | 金　额 | 备注 |
|---|---|---|
| 销售收入 | 25 200 | 表12－11 |
| 销售成本 | 18 270 | 表12－16 |
| 毛利 | 6 930 | |
| 销售、管理、财务费用 | 4 960 | 表12－17 |
| 利润总额 | 1 970 | |
| 所得税（25%） | 492.5 | |
| 税后净收益 | 1 477.5 | |
| 期初未分配利润 | 1 610 | |
| 分配股利（本期税后利润×60%） | 886.5 | |
| 期末未分配利润 | 2 201 | |

预计利润表中，“销售收入”项目的数据来自销售收入预算；“销售成本”项目的数据来自销售成本预算，“毛利”项目的数据是前两项的差额；“销售、管理、财务费用”项目的数据来自销售费用、管理费用、财务费用预算等。

这里的“所得税”项目，是在利润规划时估计的，并应列入现金预算，它本来不是根据“利润”和所得税税率计算出来的，因为有诸多纳税调整的事项存在。但是，本例从简设计了所得税，按利润总额25%计算。

预计的利润表与实际的利润表内容、格式相同，只不过数字是面向预算期的。它是在汇总销售、成本、销售费用、管理费用、财务费用以及营业外收支等预算的基础上编制的。通过编制预计的利润表，可以了解企业预期的盈利水平。如果预算利润与最初编制方针中的目标利润有较大的不一致，就需要调整部门预算，力争达到目标，或者经企业领导同意后修改目标利润。

## 二、预计资产负债表

预计资产负债表是以货币形式反映的预算期末财务状况的总括性预算。编制预计资产负债表的目的，在于判断预算期财务状况的稳定性和流动性。如果通过预计资产负债表的分析，发现某些财务比率不佳，必要时可修改有关预算，以保证预算的科学性、合理性。

预计资产负债表的“年初数”根据上年期末数填写，其余各项均应依据前面所作的各项业务预算的数字分析填列。

[例 12－15] Q公司的预计资产负债表 如表 12－20。

**表 12－20　Q公司预计资产负债表**　　　　（单位：万元）

| 资产 | 年初数 | 年末数 | 负债及所有者权益 | 年初数 | 年末数 |
|---|---|---|---|---|---|
| 现金（表 12－18） | 4 000 | 7 034.4 | 短期借款 | 0 | 7000 |
| 应收账款（表 12－11） | 820 | 3 369.6 | 应付账款 | 2 000 | 2 000 |
| 原材料（表 12－13） | 300 | 400 | 应付工资 | 1 700 | 1 700 |
| 产成品（表 12－16） | 290 | 580 | 其他应付款 | 2 000 | 800 |
| 房屋 | 15 000 | 15 000 | 应交税金 | 100 | 5 183 |
| 设备（表 12－18） | 20 000 | 30 000 | 长期借款 | 9 000 | 9 000 |
| 累计折旧（表 12－15，17） | 4 000 | 8 400 | 实收资本 | 20 000 | 20 000 |
| 无形资产 | | | 未分配利润(12－19) | 1 610 | 2 201 |
| 资产总额 | 36 410 | 47 984 | 负债及所有者权益 | 36 410 | 42 801 |

Q 公司的预计资产负债表中，大部分项目的数据来源已注明在表中。房屋、实收资本、长期借款等项目本年度没有变化。“累计折旧”的计算如下：

累计折旧 = 4 000 + (4 000 + 400) = 8 400（万元）

“期末未分配利润”计算如下：

期末未分配利润 = 期初未分配利润 + 本期利润 - 本期分配股利

= 1 610 + 1 477. 5 - 886. 5 = 2 201（万元）

“应收账款”项目根据销售预算中的第 4 季度销售额和本期收现率计算：

期末应收账款 = 本期销售额 × (1 - 本期收现率)

= 8 424 × (1 - 60%) = 3 369. 9（万元）

其他项目根据具体情况预算确定。

## 三、预算月度财务收支

企业日常管理中的月度财务收支预算，主要有两种方法：

### （一）现金收支法

现金收支法是以预测各月度内生产经营的现金流入量和流出量的具体数字，对比求出现金多余或现金不足的方法。步骤如下：

① 预测现金流入量。预测企业在计划期内的销售量和销售价格，考虑赊销情况估计各种可能收到的现金流入，并对其他收入如固定资产变价收入等非营业性质的现金流入作出适当估计。

② 预测现金流出量。即预测物料和商品采购、工薪支出、购置固定资产、税金支出以及其他支出的数额及支出时间。

③ 确定计划期现金不足或是多余，编制月度现金收支预算表。格式如表 12 - 21。

**表 12 - 21　月度现金收支预算**（现金收支法）

| | 7 月 | 8 月 | 9 月 |
|---|---|---|---|
| 预期现金收入总额（千元，下同） | 4 200 | 4 800 | 5 800 |
| 其中：营业收入 | 3 800 | 4 000 | 5 200 |
| 其他业务收入 | 250 | 60 | 100 |
| 应收账款收回 | 150 | 120 | 400 |
| 其他 | | 620 | 100 |
| 预期现金支出总额 | 4 450 | 4 610 | 6 180 |
| 其中：购进固定资产 | 500 | 1 000 | 800 |
| 物料采购 | 2 700 | 2 300 | 4 000 |
| 工薪支出 | 1 000 | 1 050 | 1 050 |

（续表 12－21）

| | 7月 | 8月 | 9月 |
|---|---|---|---|
| 税金交纳 | 200 | 210 | 250 |
| 其他 | 50 | 50 | 80 |
| 现金净收入 | －250 | ＋190 | －380 |
| 加：期初现金（含银行存款）余额 | 220 | －30 | ＋160 |
| 现金余额 | －30 | ＋160 | －220 |
| 减：需要最低现金额 | 16 | 16 | 16 |
| 现金溢余或不足 | －46 | ＋144 | －236 |

“预期现金收入总额”部分包括期初现金余额和预算期现金收入，销货取得的现金收入是其主要来源。期初“现金余额”是在编制预算时预计的。“销货现金收入”的数据来自销售预算。“可供使用现金”是期初余额与本期现金收入之和。

“预期现金支出总额”部分包括预算期的各项现金支出。“直接材料”“直接人工”“制造费用”“销售与管理费用”的数据，分别来自有关预算。此外，还包括所得税、购置设备、股利分配等现金支出，有关的数据分别来自另行编制的专门预算。

“现金溢余或不足”部分列示现金收入合计与现金支出合计的差额。差额为正，说明收大于支，现金有多余，可用于偿还过去向银行取得的借款，或者用于短期投资；差额为负，说明支大于收，现金不足，要向银行取得新的借款。

### （二）调整净收益法

调整净收益法是以权责发生制确定的计划期损益为基础，通过逐笔处理影响损益和现金余额的会计事项，把本期净收益数字调整为现金收付制基础。编制步骤如下：

① 将按权责发生制原则计算的本期净收益，调整为按现金收付制原则计算的本期净收益。

② 调整后的净收益加上与损益计算无关的现金收入、减与损益无关的现金支出，调整为预算期内现金溢余或不足。

③ 将预算期内现金的溢余或不足，加期初现金余额、减期末现金余额，再扣除发放现金股利的支出，即为预算期现金的溢余或不足。如果现金溢余，可用来偿还借款或进行短期投资等，若为不足，则应设法弥补。

按调整净损益法编制的月度现金收支预算，其一般格式如表 12－22。

表 12－22　**现金收支预算**（调整净损益法）

| | 7月 | 8月 | 9月 |
|---|---|---|---|
| 税前净收益（千元，下同） | 800 | 980 | 900 |
| 加：折旧 | 50 | 50 | 52 |
| 提取坏账准备 | 10 | 10 | 12 |
| 账款收回超过销售数额 | 80 | | 50 |
| 预提费用 | 50 | 50 | 50 |
| 减：营业额超过账款收回数额 | | 60 | |
| 按现金收付制基础的税前净收益 | 990 | 1030 | 1064 |
| 减：应交所得税 | 300 | 360 | 460 |
| 现金收付制基础税后净收益 | 690 | 670 | 604 |
| 加：存货减少额 | | 60 | 54 |
| 出售有价证券 | | | 150 |
| 出售固定资产 | 200 | 360 | |
| 应付账款增加数 | | 900 | |
| 减：存货增加数 | 80 | | 628 |
| 购进有价证券 | 80 | | 500 |
| 购进固定资产 | 500 | 1000 | 60 |
| 应付账款减少数 | | 800 | |
| 偿还长期债务 | 480 | | |
| 现金余额增加数 | －250 | 190 | －380 |
| 加：期初现金余额 | 220 | －30 | 160 |
| 现金余额 | －30 | 160 | －220 |
| 减：需要最低现金 | 16 | 16 | 16 |
| 现金多余或不足 | －46 | ＋144 | －236 |

企业应根据长期市场预测和生产能力，编制长期销售预算。以此为基础，确定本年度的销售预算，并根据企业财力确定资本支出预算。销售预算是年度预算的编制起点，进而根据“以销定产”的原则确定生产预算，同时确定所需要的销售费用。生产预算的编制，除了考虑计划销售量外，还要考虑现有存货和年末存货，根据生产预算来确定直接材料、直接人工和制造费用预算。产品成本预算和现金预算是有关预算的汇总。预计利润表、预计资产负债表和预计现金流量表是全部预算的综合。

# 思考与练习

**关键术语**

固定预算　弹性预算　零基预算　滚动预算

**思考题**

1. 掌握弹性预算、零基预算、滚动预算的编制方法与优缺点
2. 掌握现金预算的编制依据、编制流程和编制方法
3. 掌握预计利润表和预计资产负债表的编制方法
4. 熟悉固定预算、增量预算及定期预算的编制方法与优缺点
5. 了解财务预算的含义与功能及其在财务管理环节和财务预算体系中的地位。

**客观题**

**一、单项选择题**

1. 财务预算管理中，不属于总预算内容的是：（　　）

A. 现金预算　B. 生产预算　C. 预计利润表　D. 预计资产负债表

2. 在下列各项中，不属于财务预算内容的是：（　　）

A. 预计资产负债表　B. 现金预算　C. 预计利润表　D. 销售预算

3. 以预算期内正常的、可实现的某一业务量水平为唯一基础来编制预算的方法称为：（　　）

A. 零基预算　B. 定期预算　C. 静态预算　D. 滚动预算

4. 基于一系列可预见的业务量水平编制的、能适应多种情况的预算是：（　　）

A. 弹性预算　B. 固定预算　C. 增量预算　D. 零基预算

5. 下列各项弹性成本预算中，计算工作量大，但结果相对较精确的编制方法是：（　　）

A. 公式法　B. 列表法　C. 图示法　D. 因素法

6. 某企业按百分比法编制弹性利润预算表，预算销售收入100万元，变动成本60万元，固定成本为30万元，利润总额为10万元；如果预算销售收入达到110万元，预算利润总额为多少万元？（　　）

A. 14　B. 11　C. 4　D. 1

7. 不受现有费用项目和开支水平限制，并能够克服增量预算缺点的预算方法是：（　　）

A. 弹性预算　B. 固定预算　C. 零基预算　D. 滚动预算

8. 在基期成本费用水平的基础上，结合预算期业务量及有关降低成本的措施，通过调整有关原有成本项目而编制的预算，称为：（　　）

A. 弹性预算　B. 零基预算　C. 增量预算　D. 滚动预算

9. 下列各项中，不属于增量预算基本假定的是：（　　）

A. 增加费用预算是值得的　B. 预算费用标准必须进行调整

C. 原有的各项开支都是合理的　D. 现有的业务活动为企业必需

10. 可以保持预算的连续性和完整性，并能克服传统定期预算缺点的预算方法是：（　　）

A. 弹性预算　B. 零基预算　C. 滚动预算　D. 固定预算

11. 在下列各项中，不属于滚动预算的滚动方式的是：（　　）

A. 逐年滚动方式　B. 逐季滚动方式　C. 逐月滚动方式　D. 混合滚动方式

12. 能同时以实物量指标和价值量指标反映经营收入和相关现金收支的预算是：（　）

A. 现金预算　B. 销售预算　C. 生产预算　D. 产品成本预算

13. 某期现金预算中假定出现了正值的现金收支差额，且超过额定的期末现金余额时，单纯从财务预算调剂现金余缺的角度看，该期不宜采用的措施是：（　）

A. 偿还部分借款利息　B. 偿还部分借款本金

C. 抛售短期有价证券　D. 购入短期有价证券

14. 某企业编制第四季度的直接材料消耗与采购预算，预计季初材料存量为 500 千克，季度生产需用量为 2 500 千克，预计期末存量为 300 千克，材料采购单价为 10 元，若材料采购货款有 40% 当期付清，另外 60% 在下季度付清，则该企业预计资产负债表年末"应付账款"项目为：（　）

A. 10 800　B. 13 800　C. 23 000　D. 16 200

15. 下列项目中，原本属于日常业务预算，但因其需要根据现金预算的相关数据来编制，因此被纳入财务预算的是：（　）

A. 财务费用预算　B. 预计利润表　C. 销售费用预算　D. 预计资产负债表

16. 总预算是指：（　）

A. 业务预算　B. 财务预算　C. 销售预算　D. 专门决策预算

17. 在基期成本费用水平的基础上，结合预算期业务量水平及其有关降低成本的措施，通过调整有关费用项目而编制的预算，称为：（　）

A. 弹性预算　B. 零基预算　C. 增量预算　D. 滚动预算.

18. 下列各项中，其预算期不与会计期间挂钩的预算方法是：（　）

A. 弹性预算　B. 零基预算　C. 滚动预算　D. 固定预算

19. 根据财务预算体系的分类，下列预算中，属于财务预算的是：（　）

A. 销售预算　B. 现金预算　C. 材料采购预算　D. 直接人工预算

20. 在下列预算方法中，能够适应多种业务量水平并能克服固定预算方法缺点的是：（　）

A. 弹性预算方法　B. 增量预算方法　C. 零基预算方法　D. 滚动预算方法

21. 财务预算体系中的最后环节是：（　）

A. 业务预算　B. 财务预算　C. 专门决策预算　D. 弹性利润预算

22. 材料采购预算的主要编制基础是：（　）

A. 销售预算　B. 现金预算　C. 生产预算　D. 单位生产成本预算

23. 企业在确定年度预算目标体系时，其核心指标是：（　）

A. 预计销售收入　B. 预计目标成本　C. 预计目标利润　D. 预计资金总额

24. 某企业 2009 年第一季度产品生产量预算为 1 500 件，单位产品材料用量 5kg/件，期初材料库存量 1 000kg，第一季度根据第二季度生产耗用材料的 10% 安排季末存量，预计第二季度生产耗用 7 800kg。材料采购价格预计 12 元/kg，第一季度材料采购的金额为多少元？（　）

A. 78 000　B. 87 360　C. 92 640　D. 99 360

25. 不需要另外预计现金支出和收入，直接参加现金预算汇总的预算是（　）

A. 材料预算　B. 销售预算　C. 人工预算　D. 期间费用预算

## 二、多项选择题

1. 在下列各项中，属于日常业务预算的有：（ ）

A. 销售预算　B. 现金预算　C. 生产预算　D. 销售费用预算

2. 相对固定预算而言，弹性预算的优点有：（ ）

A. 预算成本低　B. 预算工作量小　C. 预算可比性强　D. 预算适用范围宽

3. 弹性成本预算编制方法的公式法的缺点在于：（ ）

A. 编制工作量大　B. 不能直接查出特定业务量下的总成本

C. 按项目分解成本比较麻烦　D. 误差较大

4. 编制弹性利润预算的因素法适用于：（ ）

A. 单一品种经营的企业

B. 多品种经营的企业

C. 采用分算法处理固定成本的多品种经营企业

D. 任何类型的企业

5. 相对定期预算而言，滚动预算的优点有：（ ）

A. 透明度高　B. 及时性强

C. 预算工作量小　D. 连续性、完整性和稳定性突出

6. 产品成本预算，是______预算的汇总。（ ）

A. 生产　B. 直接材料采购与消耗

C. 直接人工　D. 制造费用

7. 在编制生产预算时，计算某种产品预计生产量应考虑的因素包括：（ ）

A. 预计材料采购量　B. 预计产品销售量

C. 预计期初产品存货量　D. 预计期末产品存货量

8. 下列以生产预算为基础直接编制的预算有：（ ）

A. 直接材料预算　B. 变动制造费用预算

C. 销售及管理费用预算　D. 直接人工预算

9. 在编制现金预算的过程中，可作为其编制依据的有：（ ）

A. 日常业务预算　B. 预计利润表

C. 预计资产负债表　D. 特种决策预算

10. 弹性成本预算的编制方法包括：（ ）

A. 公式法　B. 因素法　C. 列表法　D. 百分比法

11. 专门反映企业未来一定预算期内预计财务状况和经营成果的预算为：（ ）

A. 预计资产负债表　B. 现金预算　C. 预计利润表　D. 销售预算

12. 能在现金预算中反映的内容有：（ ）

A. 资金筹措预算　B. 预计利润表

C. 现金收入预算　D. 现金支出预算

13. 在编制现金预算时，计算某期现金余缺必须考虑的因素有：（ ）

A. 期初现金余额　B. 期末现金余额　C. 当期现金支出　D. 当期现金收入

14. 某批发企业销售甲产品，第三季度各月预计的销售量分别为 1 000 件、1 200 件和 1 100 件，

企业计划每月月末商品存货量为下月预计销售量的20%。下列各项预计中，正确的是：（　）

A. 8月份期初存货为240件　　B. 8月份采购量为1 180件

C. 8月份期末存货为220件　　D. 第三季度采购量为3 300件

15. 下列哪些属于财务预算的内容？（　）

A. 现金预算　　B. 预计利润表和预计资产负债表

C. 单位生产成本预算　　D. 销售及管理费用预算

16. 下列各项中，属于滚动预算优点的有：（　）

A. 能使企业各级管理人员对未来始终整整12个月时间的考虑和规划

B. 保证企业的经营管理工作能够稳定而有序的进行

C. 能使预算期间与会计期间相对应

D. 便于将实际数与预算数进行对比

17. 在下列各项中，被纳入现金预算的有：（　）

A. 缴纳税金　　B. 经营性现金支出

C. 资本性现金支出　　D. 股利与利息支出

18. 编制预计利润表的依据包括：（　）

A. 现金预算　　B. 专门决策预算　　C. 业务预算　　D. 预计资产负债表

19. 单位生产成本预算，是下列哪些预算的汇总？（　）

A. 生产预算　　B. 材料采购预算　　C. 直接人工预算　　D. 制造费用预算

20. 预算具有下列哪些作用：（　）

A. 通过引导和控制经济活动、使企业经营达到预期目标

B. 可以作为业绩考核的标准

C. 可以显示实际与目标的差距

D. 可以实现企业内部各个部门之间的协调

**三、判断题**

1. 总预算是企业所有以货币及其他数量形式反映的、有关企业未来一段时间内全部经营活动各项目标的行动计划与相应措施的数量说明。（　）

2. 永续预算能够使预算期间与会计年度相配合，便于考核预算的执行结果。（　）

3. 生产预算是规定预算期内有关产品生产数量、产值和品种结构的一种预算。（　）

4. 特种决策预算包括经营决策预算和投资决策预算，一般情况下，特种决策预算的数据要纳入日常业务预算和现金预算。（　）

5. 在编制预计资产负债表时，对表中的年初项目和年末项目均需根据各种日常业务预算和专门决策预算的预计数据分析填列。（　）

6. 在财务预算的编制过程中，编制预计财务报表的正确程序是：先编制预计资产负债表，然后再编制预计利润表。（　）

7. 财务预算具有资源分配的功能。（　）

8. 滚动预算又称滑动预算，是指在编制预算时将预算期与会计年度脱离，随着预算的执行，不断延伸补充预算，逐期向后滚动，使预算期永远保持为一个固定期间的一种预算编制方法。（　）

9. 增量预算与零基预算相比，能够调动各部门降低费用的积极性。（　）

10. 生产预算是预算编制的起点。 ( )

11. 预算是为实现企业目标而对各种资源和经营活动的安排，必须与战略或目标保持一致。 ( )

12. 零基预算是为克服固定预算的缺点而设计的一种先进预算方法。 ( )

13. 弹性预算主要适用于财务预算中与业务量有关的各种预算。 ( )

14. 弹性预算只是一种编制费用预算的方法。 ( )

15. 编制滚动预算，应将纳入预算的各项费用划分为不可延缓费用项目和可延缓费用项目。 ( )

16. 为克服传统固定预算的缺点，人们设计了一种适用面广、机动性强，可适用于多种情况的预算方法，即滚动预算。 ( )

17. 财务预算的编制应以销售预算为起点，根据各种预算之间的勾稽关系，按顺序从前往后进行，直至编制出预计财务报表。 ( )

18. 材料采购预算和直接人工预算均同时反映业务量消耗和成本消耗，但后一种预算的支出均属于现金支出。 ( )

19. 确定预算目标，从根本上说就是协调公司股东、董事会、经营者利益的过程。 ( )

## 练习题

### 习题一

（一）资料：某企业 2011 年 1 月 31 日的资产负债表反映的部分数据如右表：（单位：万元）

| 现金 | 35 000 | 固定资产 | 250 000 |
|---|---|---|---|
| 应收账款 | 79 200 | | |
| 存货 | 160 000 | 资产总计 | 524 200 |

（1）销售收入预算：2 月份 100 000 万元，3 月份 120 000 万元；

（2）预计销售当月可收回货款 60%，其余款项可在次月收回；

（3）每月购货为下月计划销售额的 70%，均为当月付款；

（4）预交所得税 5 000 万元；

（5）每月用现金支付的其他费用为 5 000 万元，每月发生的各种非付现费用为 15 000 万元；

（6）公司适用的消费税率为 8%，增值税率为 17%，城建税率为 7%，教育费附加率为 3%，假设流转税均需在当月支付，所得税率为 25%。

（二）要求计算：

（1）2011 年 2 月份预算的现金期末余额；

（2）若销售毛利率为 30%，该月份的预计税后利润总额；

（3）2011 年 2 月 28 日的应收账款额。

### 习题二

（一）资料：MC 公司只生产一种产品，预计 2009 年全年生产量为 2500 件。预计全年生产所需要的甲材料为 15 800 千克，预计全年生产所需要的乙材料为 25 200 千克，甲材料的预计单价为 150 元，乙材料的预计单价为 100 元；预计全年生产所需要总工时为 10 000 小时，预计全年直接人工成本为 65 000 元，预计变动制造费用全年为 45 000 元。2009 年预计产成品和在产品资料如下表：

| 年初产成品存货量 | 年末产成品存货量 | 年初在产品存货量 | 年末在产品存货量 | 年初产成品成本 | |
|---|---|---|---|---|---|
| | | | | 单位额 | 总额 |
| 80 | 120 | 0 | 0 | 1 800 | 144 000 |

月末在产品很少，采用不计算在产品成本计算法划分完工在产，产成品按先进先出法计价。

（二）要求：用变动成本法为MC公司编制2009年产品成本预算。

| 成本项目 | 单价 | 单位用量 | 单位成本 | 总成本 |
|---|---|---|---|---|
| 直接材料 | | | | |
| 甲 | | | | |
| 乙 | | | | |
| 小计 | | | | |
| 直接人工 | | | | |
| 变动制造费用 | | | | |
| 合计 | | | | |
| 加：在产品期初余额 | | | | |
| 减：在产品期末余额 | | | | |
| 预计产品生产成本 | | | | |
| 加：产成品期初余额 | | | | |
| 减：产成品期末余额 | | | | |
| 预计产品销售成本 | | | | |

**习题三**

（一）资料：A公司根据销售预测，对某产品预测2011年度的销售量作如下预计：第一季度5 000件，第二季度为6 000件，第三季度为8 000件，第四季度为7 000件，每个季度的期末结存量，应为下一季度预计销售量的10%，若年初结存量为750件，年末结存量为600件，单位产品材料消耗定额为2千克/件，单位产品工时定额为5小时/件，单位工时的工资额为0.6元。

（二）要求：根据以上资料编制该公司的生产预算、材料消耗预算和直接人工预算。

A公司2011年度生产预算、材料消耗预算：

| 项目 | 一季度 | 二季度 | 三季度 | 四季度 | 全年合计 |
|---|---|---|---|---|---|
| 预计销售量 | | | | | |
| 加：预计期末结存 | | | | | |
| 预计需要量 | | | | | |
| 减：预计期初结存 | | | | | |
| 预计生产量 | | | | | |
| 材料定额单耗（kg） | | | | | |
| 预计直接材料消耗量（kg） | | | | | |

A 公司 2011 年度直接人工预算：

| 项目 | 一季度 | 二季度 | 三季度 | 四季度 | 全年合计 |
| --- | --- | --- | --- | --- | --- |
| 预计生产量（件） | | | | | |
| 单耗工时（小时） | | | | | |
| 直接人工小时数 | | | | | |
| 单位工时的工资率（元） | | | | | |
| 预计直接人工成本（元） | | | | | |

**习题四**

（一）资料：A 公司每季度的期末结存量为下一季度预计消耗量的 10%，年初结存材料 900kg，年末为 1 000kg，计划单价为 10 元。材料当季付款 70%，余下下季度再付，期初应付账款为40 000元。

（二）要求：根据上述资料和习题 4 有关资料编制材料采购预算。

| 项目 | | 一季度 | 二季度 | 三季度 | 四季度 | 全年合计 |
| --- | --- | --- | --- | --- | --- | --- |
| 直接材料采购预算 | 预计生产量（件） | | | | | |
| | 材料定额单耗（kg） | | | | | |
| | 预计生产需要量（kg） | | | | | |
| | 加：期末结存量（kg） | | | | | |
| | 减：期初结存量（kg） | | | | | |
| | 预计材料采购量（kg） | | | | | |
| | 材料计划单价 | | | | | |
| | 预计购料金额 | | | | | |
| 预计现金支出 | 应付账款期初余额 | | | | | |
| | 一季度购料付现 | | | | | |
| | 二季度购料付现 | | | | | |
| | 三季度购料付现 | | | | | |
| | 四季度购料付现 | | | | | |
| | 现金支出合计 | | | | | |

# 第13章　财务分析与业绩评价

## 第1节　财务分析概述

### 一、财务分析的意义

财务分析是以企业财务报告及其他相关资料为主要依据，采用一系列分析方法，对企业一定期间的财务状况和经营成果进行研究和评价，反映企业在运营过程中的利弊得失和发展趋势，为改进企业财务管理和优化经济决策提供重要的财务信息。

财务分析可判断企业的偿债能力、营运能力、盈利能力、发展能力及财务状况和财务实力；评价和考核经营业绩，揭示财务的问题；挖掘企业潜力，寻求提高经营管理水平和经济效益的途径；评价企业发展趋势。因此，财务分析具有重要的现实意义。

### 二、财务信息的需求者

财务信息的需求者包括企业投资者、债权人、经营者、政府、注册会计师、供应商、员工等。出于不同的利益考虑，对财务报表分析信息有着各自不同的要求。

（1）投资者

投资者为决定是否投资，需要分析公司未来盈利能力和经营风险；为决定是否转让股份，需要分析盈利状况、股价变动和发展前景；为考察经营者业绩，需要分析资产盈利水平、破产风险和竞争能力；为决定股利分配政策，需要分析筹资状况。

（2）债权人

债权人为决定是否给公司贷款，需要分析贷款的报酬和风险；为了解债务人短期偿债能力，需要分析其流动状况；为了解债务人长期偿债能力，需要分析其盈利状况和资本结构。债权人投入的资金具有利息固定、支付优先，但不能参与剩余利益分享等特点，对投资安全性特别关注。因此，债权人更重视企业偿债能力指标。

（3）经营者

企业经营者作为管理者，为满足不同利益相关者的需要，协调各方面的利益关系，需要进行内容广泛的财务分析，几乎包括外部使用人关心的所有问题。

（4）政府

政府兼具多重身份，既是宏观经济管理者，又是国有企业的所有者和重要的市场参与者。因此，除了关注投资所产生的社会效应外，也会重点考虑投资经济效益。因此，政府为履行其职能，需要了解公司纳税情况、遵守政府法规和市场秩序情况以及员工收入和就业状况。

（5）注册会计师

注册会计师为减少审计风险，需要评估公司的盈利性和破产风险；为确定审计重点，需要分析财务数据的异常变动。

（6）其他财务信息使用者

包括供应商、客户、公司员工、并购分析师和社会媒体等各个方面。供应商为决定是否建立长期合作关系，需要分析公司长期盈利能力和偿债能力，为决定信用政策，需要分析公司短期偿债能力；客户为决定是否建立长期合作关系，需要分析公司持续供货能力和售后服务能力；公司员工为决定职业发展规划，需要分析公司的持续经营能力和盈利能力等。

## 三、财务分析的局限性

财务分析的局限性，主要表现为财务分析所依据的报表资料的局限性、分析方法的局限性和分析指标的局限性。财务分析所依据的资料主要是企业所提供的财务会计报告，包括会计报表、会计报表附注和财务情况说明书，而这些资料本身就具有局限性，包括数据缺乏可比性、缺乏可靠性和存在滞后性等。

财务分析方法主要包括比率分析法、比较分析法和趋势分析法，都是依据企业已经存在的数据进行分析，根据《企业会计制度》的规定，年度财务会计报告可以在年度后的四个月内提供，因此财务报表分析所依据的资料与企业业务的实际发生时间有很长的时间间隔，这会导致分析的效果不理想。

财务分析指标主要包括流动比率、速动比例、已获利息倍数、应收账款周转率、存货周转率、销售利润率、资本保值增值率、净资产收益率等，由于各个指标有一定的局限性以及对个别指标概念界定的不统一，导致分析结果有一定的局限性。

# 第 2 节　财务分析方法

财务分析的方法包括趋势分析法、比率分析法、因素分析法等。

## 一、趋势分析法

又称水平分析法，是通过对比两期或连续数期财务报告的相同指标，确定其增减变动的方向、数额和幅度，考查企业财务状况、经营成果和现金流量变动趋势的方法。包括：重要财务指标的比较、财务报表的比较和报表项目构成的比较三种方式。

### （一）重要财务指标的比较

是将不同时期财务报告中的相同指标或比率进行比较，直接观察其增减变动情况及变动幅度，考察其发展趋势，预测其发展前景。主要有：

（1）定基动态比率

是以某一时期的数额为固定的基期数额而计算的动态比率。公式：

$$定基动态比率 = \frac{分析期数额}{固定基期数额} \times 100\%$$

［例 13－1］假设某企业 2006 年净利润 100 万元，2007 年净利润 120 万元，2008 年净利润 150 万元。以 2006 年为固定基期，分析 2007～2008 年利润增长比率。

2007 年定基动态比率＝120÷100＝120%

2008 年定基动态比率＝150÷100＝150%

（2）环比动态比率

是以每一分析期的前期数额为基期数额而计算的动态比率。计算公式：

$$环比动态比率 = \frac{分析期数额}{前期数额} \times 100\%$$

［例 13－2］仍以上题的数据为例。以 2006 年为固定基期，分析 2007～2008 年利润增长比率。

2007 年环比动态比率＝120÷100＝120%

2008 年环比动态比率＝150÷120＝125%

### （二）财务报表的比较

财务报表的比较是将连续数期的财务报表金额并列起来，比较其相同指标的增减变动金额和幅度，据以判断企业财务状况、经营成果和现金流量发展变化的一种方法。运用该方法进行比较分析时，最好是既计算有关指标增减变动的绝对值，又计算其增减变动的相对值。这样可以有效地避免分析结果的片面性。会计报表的比较，具体包括资产负债表比较、利润表比较和现金流量表比较等。

［例 13－3］某企业利润表中反映 2006 年的净利润为 50 万元，2007 年的净利润为 100 万元，2008 年的净利润为 160 万元。

通过绝对值分析：

2007 年较 2006 年相比，净利润增长了 100－50＝50（万元）。

2008 年较 2007 年相比，净利润增长了 160－100＝60（万元）。

说明 2008 年的效益增长好于 2007 年。

通过相对值分析：

2007 年较 2006 年相比净利润增长率为（100－50）÷50×100%＝100%。

2008 年较 2007 年相比净利润增长率为（160－100）÷100×100%＝60%。

说明 2008 年的效益增长不及 2007 年明显。

### （三）财务报表项目构成的比较

是以会计报表中的某个总体指标为 100%，再计算出其各组成项目占该总体指标的百分比，比较各个组成项目百分比的增减变动，以此来判断有关财务活动的变化趋势。

这种方式较前两种更能准确地分析企业财务活动的发展趋势。它既可用于同一企业不同时期财务状况的纵向比较，又可用于不同企业之间的横向比较。同时，这种方法还能消除不同时期（不同企业）之间业务规模差异的影响，有利于分析企业的耗费和盈利水平，但资本结构的计算较为复杂。

趋势分析法的优点是简便、直观，但应注意：所对比指标的计算口径必须一致；剔除偶发性项目的影响；运用例外原则对某项有显著变动的指标做重点分析，研究其产生的原因，以便采取措施和对策，趋利避害。

## 二、比率分析法

是以同一期财务报表若干重要项目的相关数据相互比较，求出比率，用以分析和评价公司的经营活动以及公司目前和历史状况的一种方法，是财务报表分析最基本的工具。主要有构成比率、效率比率、相关比率三类。

### （一）构成比率

又称结构比率，是某项财务指标的各组成部分数值占总体数值的百分比，反映部分与总体的关系。利用构成比率可以考察总体中某个部分的形成和安排是否合理，以便协调各项财务活动。计算公式：

$$构成比率=\frac{某个组成部分数值}{总体数值}\times 100\%$$

### （二）效率比率

是用来计算某项财务活动中所费与所得的比率，反映投入与产出、耗费与收入的比例关系。效率比率指标可考察经营成果，评价经济效益的水平。如将利润项目与营业成本、营业收入、资本等项目加以对比，可以计算成本利润率、营业净利率、资本金利润率等指标，从不同角度比较盈利能力的高低及其增减变化情况，分析考察财务成果，评价企业经营状况和经济效益水平。

### （三）相关比率

是以某个项目与其有关但又不同的项目加以对比所得的比率，反映有关经济活动中财务指标间的相互关系。相关比率考察有联系的业务安排是否合理，能否保障企业生产经营活动顺畅运行。如将流动资产与流动负债相比，计算流动比率，判断企业的短期偿债能力。

比率分析法具有计算简便、计算结果容易判断的优点，同时可对不同规模、不同行业的企业进行比较，但采用这一方法时应注意以下几点：

① 对比项目的相关性。计算比率的分子和分母必须具有相关性及逻辑关系，确保计算的比率能够说明问题，具有财务意义。在构成比率指标中，部分指标必须是总体指标这个大系统中的一个小系统；在效率指标中，投入与产出必须有因果关系；在相

关比率指标中，两个对比指标也要有内在联系，才能评价有关经济活动之间是否协调均衡，安排是否合理。

② 对比口径的一致性。计算比率的分子和分母必须在计算时间、范围、计算价格、计量单位等方面保持口径一致，具有可比性。通常，计算比率的分子、分母必须来自同一企业、同一时期的财务报表。

③ 比率指标要有对比的标准。财务比率能从指标的联系中，揭示企业财务活动的内在关系，但所提供的只是企业某一时点或某一时期的实际情况。采用的比率指标要有对比的标准，以便对财务状况作出正确的评价。通常用作对比的标准有目标标准、历史标准、行业标准及公认标准等。

## 三、因素分析法

是依据分析指标与其驱动因素的关系，从数量上确定各因素对分析指标影响方向及程度的一种方法。采用这种方法的假设前提是，当有若干因素对分析指标产生影响作用时，假定其他各个因素都无变化，顺序确定每个因素单独变化所产生的影响。常用的因素分析法主要有连环替代法和差额分析法两种。

### （一）连环替代法

是将分析指标分解为各个可以计量的因素，根据各个因素之间的依存关系，顺次用各因素的比较值（通常为实际值）、替代基准值（通常为标准值或计划值），据以测定各因素对分析指标的影响。

［例 13－4］某企业材料费用总额实际数比计划数增加 316 000 元，请用连环替代法根据表 13－1 中的资料计算各因素变动对材料费用总额的影响程度。

**表 13－1　产品材料消耗资料表**

| 项　目 | 单　位 | 计划数 | 实际数 | 差异 |
|---|---|---|---|---|
| 产品产量 | 件 | 200 | 190 | －10 |
| 材料单耗 | 千克 | 300 | 320 | 20 |
| 材料单价 | 元 | 15 | 20 | 5 |
| 材料费用总额 | 元 | 900 000 | 1 216 000 | 316 000 |

根据表 13－1 的资料，材料费用总额实际数比计划数增加了 316 000 元，这是分析对象。运用连环替代法，计算各因素对材料费用总额的影响程度如下：

计划指标：200 × 300 × 15 = 900 000（元）　①

第一次替代：190 × 300 × 15 = 855 000（元）　②

第二次替代：190 × 320 × 15 = 912 000（元）　③

第三次替代：190 × 320 × 20 = 1 216 000（元）　④

因素分析：

②－①＝855 000－900 000＝－45 000（元）　　产量下降的影响

③－②＝912 000－855 000＝57 000（元）　　单耗增加的影响

④－③＝1 216 000－912 000＝304 000（元）　　价格提高的影响

－45 000＋57 000＋304 000＝316 000（元）　　全部因素的影响

（二）**差额分析法**

是连环替代法的一种简化形式，利用各个因素的比较值与基准值之间的差额，计算各因素对分析指标的影响。

［**例** 13－5］仍以表 13－1 的数据为例。采用差额分析法计算确定各因素变动对材料费用的影响。

产量下降对材料费用的影响：

(190－200)×300×15＝－45 000（元）

材料消耗增加对材料费用的影响：

190×(320－300)×15＝57 000（元）

价格提高对材料费用的影响：

190×320×(20－15)＝304 000（元）

因素分析法可全面分析各因素对某一经济指标的影响，又可单独分析某个因素对某一经济指标的影响，在财务报表分析中应用广泛。运用时，应注意以下问题：

① 因素分解的关联性。即构成经济指标的各因素确实是形成该项指标差异的内在原因，它们之间存在着客观的因果关系。

② 因素替代的顺序性。在实际工作中，往往是按照先数量后质量，先实物量后价值量，先原始后派生，先主要后次要，先分子后分母的顺序替代，不可随意加以颠倒。

③ 顺序替代的连环性。在计算每一个因素变动的影响时，都是在前一次计算的基础上进行，并采用连环比较的方法确定因素变化影响的结果。

④ 计算结果的假定性。由于因素分析法计算的每一个因素变动的影响值会因替代计算顺序的不同而有差别，计算结果具有一定程度的假定性和近似性。

## 第 3 节　财务指标分析

财务指标分析主要对偿债能力、营运能力、盈利能力和发展能力四个方面进行分析，其主要依据是财务会计报表及相关资料。为了便于说明，本节各项财务比率的计算分析主要以 A 公司为实例。A 公司 2009 年的资产负债表、利润表如表 13－2 和表 13－3 所示。

表 13－2　资产负债表

编制单位：A 公司　　　　2009 年 12 月 31 日　　　　（单位：万元）

| 资产 | 年初数 | 年末数 | 负债及所有者权益 | 年初数 | 年末数 |
|---|---|---|---|---|---|
| | | | 流动负债： | | |
| 流动资产： | | | 短期借款 | 4 000 | 4 600 |
| 货币资金 | 1 600 | 1 800 | 应付账款 | 2 000 | 2 400 |
| 交易性金融资产 | 2 000 | 1 000 | 预收账款 | 600 | 800 |
| 应收账款 | 2 400 | 2 600 | 其他应付款 | 200 | 200 |
| 预付账款 | 80 | 140 | 流动负债合计 | 6 800 | 8 000 |
| 存货 | 8 000 | 10 400 | 非流动负债： | | |
| 其他流动资产 | 120 | 160 | 长期借款： | 4 000 | 5 000 |
| 流动资产合计 | 14 200 | 16 100 | 负债合计 | | |
| | | | 股东权益： | | |
| 长期股权投资 | 800 | 800 | 股本 | 24 000 | 24 000 |
| 固定资产 | 24 000 | 28 000 | 盈余公积 | 3 200 | 3 200 |
| 无形资产 | 1 000 | 1 100 | 未分配利润 | 2 000 | 5 800 |
| | | | 股东权益合计 | 29 200 | 33 000 |
| 资产合计 | 40 000 | 46 000 | 负债及股东权益合计 | 40 000 | 46 000 |

表 13－3　利润表

编制单位：A 公司　　　　2009 年度　　　　（单位：万元）

| 项　目 | 上年实际 | 本年累计 |
|---|---|---|
| 一、业务收入 | 3 6000 | 40 000 |
| 减：业务成本 | 21 400 | 24 400 |
| 业务税金及附加 | 2 160 | 2 400 |
| 减：营业费用 | 3 240 | 3 800 |
| 管理费用 | 1 600 | 2 000 |
| 财务费用 | 400 | 600 |
| 加：公允价值变动收益 | 1 200 | 2 000 |
| 投资收益 | 600 | 600 |
| 二、营业利润 | 8 400 | 8 800 |
| 加：营业外收入 | 200 | 300 |
| 减：营业外支出 | 1 200 | 1 300 |
| 三、利润总额 | 8 000 | 8 400 |
| 减：所得税费用（税率 25%） | 200 | 21 000 |
| 四、净利润 | 6 000 | 6 300 |

## 一、偿债能力指标

偿债能力指企业偿还到期债务（包括本息）的能力。偿债能力指标包括短期偿债能力指标和长期偿债能力指标。

### （一）短期偿债能力指标

指企业流动资产对流动负债及时足额偿还的保证程度，是衡量企业当期财务能力尤其是流动资产变现能力的重要标志。企业短期偿债能力的衡量指标主要有流动比率、速动比率和现金流动负债比率三项。

（1）流动比率

流动比率是流动资产与流动负债的比率，它表明企业每一元流动负债有多少流动资产作为偿还保证，反映企业用可在短期内转变为现金的流动资产偿还到期流动负债的能力，是企业短期偿债能力的一个存量比率指标。

$$流动比率=\frac{流动资产}{流动负债}$$

流动资产一般包括现金、有价证券、应收账款及库存现金。流动资产的变现能力一般较强。流动负债一般包括应付账款、短期应付票据、本年到期的债务、应付未付的所得税及其他未付开支。通常偿付流动负债需要现金支付。如果一个公司遇到财务困难，它会延缓应付账款的支付，拖欠银行贷款等。为了支付到期债务，企业必须在相应的时间使流动资产转化为足以支付债务的现金。流动资产可在短期内转化为现金，并且可以以接近设定的价格转化为现金。要具备一定偿债能力，必须使流动资产与流动负债之间保持一定的比例。若流动负债上升速度过快，会使流动比率下降。

一般情况下，流动比率越高，说明企业短期偿债能力越强。通常认为，流动比率的下限为1，而流动比率等于2时较为适当。流动比率过低，表明企业可能难以按期偿还债务；流动比率过高，表明企业流动资产占用较多，会影响资金的使用效率和企业的筹资成本，进而影响盈利能力。

运用流动比率指标时，应注意以下几个问题：

① 虽然流动比率越高，偿还短期债务的流动资产保证程度越强，但这并不等于说企业有足够的现金或存款用来偿债。

② 从短期债权人的角度看，自然希望流动比率越高越好，但从企业经营角度看，过高的流动比率通常意味着企业闲置现金的持有量过多，必然造成机会成本的增加和盈利能力的降低。企业应尽可能将流动比率维持在不使货币资金闲置的水平。

③ 流动比率是否合理，不同行业、不同企业以及同一企业不同时期的评价标准是不同的。因此，不应用统一的标准来评价各企业流动比例合理与否。

［**例 13－6**］根据表 13－2 的资料，A 公司 2009 年的流动比率为：

$$年初流动比率 = \frac{14\ 200}{6\ 800} = 2.09$$

$$年末流动比率 = \frac{16\ 100}{8\ 000} = 2.01$$

该公司2009年年初和年末的流动比率均超过一般公认标准，反映该公司具有较强的短期偿债能力。

（2）净营运资本

净营运资本指流动资产超过流动负债的部分，是企业在某一时点流动资产归还和抵偿流动负债后的剩余。计算公式：

净营运资本 = 流动资产 - 流动负债

计算净营运资本使用的“流动资产”和“流动负债”，通常可以直接取自资产负债表。如果流动资产与流动负债相等，则并不足以保证偿债，因为债务的到期与流动资产的现金生成不可能同步同量，企业必须保持流动资产大于流动负债，即保持有一定数额的净营运资本作为缓冲，以防止流动负债“穿透”流动资产。

当流动资产大于流动负债时，净营运资本为正数，表明长期资本的数额大于长期资产，超出部分被用于流动资产。净营运资本的数额越大，财务状况就越稳定；反之，表明长期资本小于长期资产，有部分长期资产由流动负债提供资金来源。

（3）速动比率

速动比率指企业速动资产与流动负债的比率。它假定速动资产是可以用于偿债的资产，表明每一元流动负债有多少速动资产作为偿还保障。速动资产指流动资产减去存货、1年内到期的非流动资产以及其他流动资产后的余额。由于剔除了存货等这些变现能力较弱且不稳定的资产，因此速动比率较之流动比率能够更加准确、可靠地评价企业资产的流动性及其偿还短期负债的能力。计算公式：

$$速动比率 = \frac{速动资产}{流动负债}$$

速动资产 = 货币资金 + 交易性金融资产 + 应收账款 + 应收票据

= 流动资产 - 存货 - 1年内到期的非流动资产 - 其他流动资产

一般情况下，速动比率越高，说明企业偿还流动负债的能力越强。通常认为，速动比率等于1时较为适当；速动比率小于1，表明企业面临很大的偿债风险；速动比率大于1，表明企业会因现金及应收账款占用过多而增加企业的机会成本。

运用速动比率指标应注意的是：

① 速动比率过大或过小都有其负面影响。速动比率过大，虽然说明企业具有较强的偿债能力，但同时说明企业流动资产利用效益低下；反之，如果企业速动比率过小，则会使其面临短期债务无法偿还的风险。

② 尽管速动比率较之流动比率更能反映出流动负债偿还的安全性和稳定性，但并

不能认为速动比率较低的企业的流动负债到期绝对不能偿还。实际上，如果企业存货流转顺畅，变现能力较强，即使速动比率较低，只要流动比率高，企业仍然能偿还到期的债务本息。

③ 不同行业的速动比率略有差异。

④ 企业债务结构上的差异，导致企业不同时期在债务偿还规模上存在较大差异，从而导致速动比率在不同时期的差异。

[**例** 13－7] 根据表 13－2 的资料，A 企业 2009 年的速动比率为：

$$年初流动比率=\frac{14\ 200-8\ 000}{6\ 800}=0.91$$

$$年末流动比率=\frac{16100-10400}{8000}=0.71$$

分析表明，该企业 2009 年末的速动比率比年初有所降低。虽然该企业流动比率超过一般公认标准，但流动资产中存货所占比重过大，导致企业速动比率未达到一般公认标准，企业的实际偿债能力并不理想，须采取措施加以扭转。

（4）现金流量比率

现金流量比率指企业一定时期的经营现金净流量同流动负债的比率，是一个流量指标。它可以从现金流量角度来反映企业当期偿付短期负债的能力。计算公式：

$$现金流量比率=\frac{经营活动现金净流量}{流动负债（年末或平均）}\times 100\%$$

其中，经营活动现金净流量指一定时期内（如 1 年）经营活动所产生的现金及现金等价物流入量与流出量的差额，是可以用来偿付的现金流量；流动负债可以是年末流动负债，也可以是平均负债。

现金流量比率从现金流入和流出的动态角度对企业的实际偿债能力进行考察。由于有利润的年份不一定有足够的现金来偿还债务，所以利用以收付实现制为基础计量的现金流动负债比率指标，能充分体现企业经营活动所产生的现金净流量可以在多大程度上保证当期流动负债的偿还，直观反映出企业偿还流动负债的实际能力。用该指标评价企业偿债能力更加谨慎，该指标越大，表明企业经营活动产生的现金净流量越多，越能保证企业按期偿还到期债务。但也并不是越大越好，该指标越大表明企业流动资金利用不充分，盈利能力不强。

[**例** 13－8] 根据表 13－2 的资料，同时假设 A 公司 2009 年年初和年末的经营现金净流量分别为 6 000 万元和 8 500 万元。该年现金流动负债比率为：

$$年初现金流量比率=\frac{6\ 000}{6\ 800}\times 100\%=88\%$$

$$年末现金流量比率=\frac{8\ 500}{8\ 000}\times 100\%=106\%$$

该企业2009年年末现金流动负债比率比年初现金流动负债比率有明显的提高，表明A公司的短期偿债能力增强。

（5）现金比率

速动资产中，流动性最强、可直接用于偿债的资产称为现金资产。现金资产包括货币资金、交易性金融资产等。它们与其他速动资产有区别，其本身就是可以直接偿债的资产，而非速动资产需要等待不确定的时间，才能转换为确定数额的现金。现金比率指现金资产与流动负债的比率，它假设现金是可以偿债的资产，表明每一元流动负债有多少现金作为偿还保障。计算公式为：

$$现金比率 = \frac{货币资金 + 交易性金融资产}{流动负债} \times 100\%$$

分析短期偿债能力要注意影响短期偿债能力的表外因素，如表13－4。

**表13－4　影响短期偿债能力的因素（表外因素）**

| | |
|---|---|
| 1. 增强短期偿债能力的因素 | ①可动用的银行贷款指标；②准备很快变现的非流动资产；③偿债能力的声誉 |
| 2. 降低短期偿债能力的因素 | ①与担保有关的或有负债，如果数额较大且可能发生，就应在评价偿债能力时给予关注；<br>②经营租赁合同中承诺的付款，很可能是需要偿付的义务；<br>③建造合同、长期资产购置合同中的分阶段付款也是一种承诺，应视同需要偿还的债务 |

### （二）长期偿债能力指标

长期偿债能力指企业偿还长期负债的能力。企业长期偿债能力的衡量指标主要有资产负债率、产权比率、或有负债比率、已获利息倍数和带息负债比率五项。

（1）资产负债率

资产负债率又称负债比率，是指企业负债总额对资产总额的比率，它反映企业资产对债权人权益的保障程度。计算公式：

$$资产负债率（负债比率） = \frac{负债总额}{资产总额} \times 100\%$$

资产负债率是国际公认的衡量企业负债偿还能力和经营风险的重要指标，比较保守的经验判断一般为不高于50%，一般公认60%比较好。一般情况下，资产负债率越小，表明企业偿债能力越强。

资产负债率分析时应注意从不同利益相关者的角度对该指标进行分析。从债权人的立场看，他们最关心的是贷给企业的款项能否按期收回本金和利息。如果资产负债率过高，则表明企业的债务负担重，资金实力不强，偿债缺乏保障，这对债权人是不利的。因此，他们希望债务比例越低越好，企业偿债有保证，贷款就不会有太大的风险。从股东的立场看，由于企业通过举债筹措的资金与股东提供的资金在经营中发挥同样的作用，所以股东关心的是全部资本利润率是否超过借入款项的利息率，即借入资本的代价。在全部资本利润率高于借入资金利息率时，负债比例越高超好，否则反之。从经营者的立场看，如果举债过多，超出债权人心理承受能力，则债权人会认为是不保险的，企业就借不到钱。但如果企业不举债，或者负债的比率很低，则说明企业畏缩不前，对前途信心不足，利用债权人的资金从事经营活动的能力较差。从财务管理的角度看，企业应当审时度势，全面考虑，在利用资产负债率指标制定借入资金策略时，必须充分估计预期的利润和增加的风险，并权衡两者的利弊得失。

[**例** 13－9] 根据表 13－2 的资料，A 企业 2009 年的资产负债率为：

$$年初资产负债率=\frac{10\ 800}{40\ 000}\times 100\%=27\%$$

$$年末资产负债率=\frac{13000}{46000}\times 100\%=28.26\%$$

该企业 2009 年年初、年末的资产负债率均不高，说明企业长期偿债能力较强。如果企业未来有较强的盈利能力，还可适当提高负债率以充分发挥财务杠杆作用。

（2）产权比率和权益乘数

产权比率指企业负债总额与所有者权益总额的比率，反映企业股东权益对债权人权益的保障程度。计算公式：

$$产权比率=\frac{负债总额}{股东权益总额}\times 100\%$$

一般情况下，产权比率越低，说明企业长期偿债能力越强，债权人权益的保障程度越高，承担的风险越小，但企业不能充分发挥负债的财务杠杆效应。在评价产权比率适度与否时，应从提高盈利能力与增强偿债能力两个方面综合分析，即在保障债务偿还安全的前提下，应尽可能提高产权比率。

产权比率与资产负债率对评价偿债能力的作用基本相同。两者的主要区别是：资产负债率侧重于分析债务偿付安全性的物质保障程度；产权比率则侧重于揭示财务结构的稳健程度以及自有资金对偿债风险的承受能力。

[**例** 13－10] 根据表 13－2 的资料，A 公司 2009 年的产权比率为：

$$年初产权比率=\frac{10\ 800}{29\ 200}\times 100\%=37\%$$

$$年末产权比率=\frac{13\ 000}{33\ 000}\times 100\%=39.4\%$$

该企业 2009 年年初、年未的产权比率都不高，同资产负债率的计算结果相互印证表明企业的长期偿债能力较强，债权人的保障程度较高。

权益乘数指资产总额与股东权益的比率，表示每一元股东权益拥有的总资产。

$$权益乘数=\frac{资产总额}{股东权益}=1+产权比率=\frac{1}{1-资产负债率}$$

权益乘数越大，表明所有者投入企业的资本占全部资产的比重越小，企业负债程度越高；该比率越小，表明所有者投入企业的资本占全部资产的比重越大，企业的负债程度越低，债权人权益受保护的程度也就越高。

（3）或有负债比率

或有负债比率指企业或有负债总额对股东权益总额的比率，反映股东权益应对可能发生的或有负债的保障程度。公式如下：

$$或有负债比率=\frac{或有负债总额}{股东权益总额}\times 100\%$$

或有负债总额 = 已贴现商业承兑汇票金额 + 对外担保金额 + 未决诉讼、未决仲裁金额（除贴现或担保引起的诉讼或仲裁） + 其他或有负债金额

一般情况下，或有负债比率越低，表明企业的长期偿债能力越强，股东权益应对或有负债的保障程度越高；或有负债比率越高，表明企业承担的相关风险越大。

［**例 13－11**］ 据表 13－2 的资料，同时假设 A 公司 2009 年年初和年末的或有事项只是对外提供担保，担保金额分别为 300 万元和 250 万元。或有负债比率为：

$$年初或有负债比率=\frac{300}{29\ 200}\times 100\%=1.03\%$$

$$年末或有负债比率=\frac{250}{33\ 000}\times 100\%=0.76\%$$

A 公司年末的或有负债比率比年初有所降低，表明公司应对或有负债可能引起的连带偿还等风险的能力有所增强。

（4）已获利息倍数

已获利息倍数指企业一定时期息税前利润与利息支出的比率，反映了盈利能力对债务偿付的保障程度。其中，息税前利润总额指利润总额与利息支出的合计数，利息支出指实际支出的借款利息、债券利息等。计算公式：

$$已获利息倍数=\frac{息税前利润总额}{利息支出}\times 100\%$$

息税前利润总额 = 利润总额 + 利息支出 = 净利润 + 所得税 + 利息支出

已获利息倍数反映了企业盈利能力的大小，是衡量长期偿债能力大小的重要指标。一般情况下，已获利息倍数越高，表明企业长期偿债能力越强。通常认为，该指标为 3 时较为合适。从长期看，若要维持正常偿债能力，已获利息倍数至少应当大于 1。已获利息倍数过小，企业将面临亏损以及偿债的安全性与稳定性下降的风险。

如何合理确定企业的已获利息倍数，需要与其他企业特别是本行业的平均水平进行比较。同时，从稳健性原则出发，最好比较本企业连续几年的该项指标，并选择最

低指标年度的数据作为标准。这是因为，企业不仅在经营好的年头要偿债，在经营不好的年头也要偿还债务。某一个年度利润很高，已获利息倍数也会很高，但不能年年如此。采用指标最低年度的数据，可以保证最低的偿债能力。

[例 13－12] 据表 13－3 的资料，假定表中财务费用全部为利息支出。A 企业已获利息倍数为：

$$2008\text{ 年已获利息倍数} = \frac{8\,000 + 400}{400} = 21$$

$$2009\text{ 年已获利息倍数} = \frac{8\,400 + 600}{600} = 15$$

应当说，企业 2008 年和 2009 年的已获利息倍数都较高，有较强的偿付负债利息的能力。不过，还需结合企业往年的情况和行业的特点进行判断。

（5）带息负债比率

带息负债比率指企业某一时点的带息负债总额与负债总额的比率，反映企业负债中带息负债的比重，在一定程度上体现了企业未来偿债尤其是偿还利息的压力。

$$\text{带息负债比率} = \frac{\text{短期借款} + 1\text{ 年内到期的长期负债} + \text{应付债券} + \text{应付利息} + \text{长期借款}}{\text{负债总额}} \times 100\%$$

带息负债比率越低，表明企业的偿债压力越低，尤其是偿还债务利息的压力越低；带息负债比率较高，表明企业承担的偿债风险和偿还利息的风险较大。

[例 13－13] 据表 13－2 的资料，同时假设 A 公司 2009 年年初和年末的短期借款和长期借款均带息借款。带息负债比率为：

$$\text{年初带息负债比率} = \frac{8\,000}{10\,800} \times 100\% = 74\%$$

$$\text{年末带息负债比率} = \frac{9\,600}{13\,000} \times 100\% = 73.8\%$$

公司年末带息负债比率比年初略低，但带息负债占负债总额的比重较大，表明公司承担了较大的偿还债务及其利息的压力。

影响长期偿债能力的表外因素，一是长期租赁，即当企业的经营租赁量比较大、期限比较长或具有经常性时，就形成了一种长期性筹资；二是债务担保，即需要根据有关资料判断担保责任带来的潜在长期负债问题；三是未决诉讼，未决诉讼一旦判决败诉，会影响偿债能力。因此在评价企业长期偿债能力时也要考虑其潜在影响。

## 二、营运能力指标

营运能力是指企业基于外部市场环境的约束，通过内部人力资源和生产资料的配置组合而对财务目标实现所产生作用的大小。营运能力指标包括人力资源营运能力指标和生产资料营运能力指标。

**（一）人力资源营运能力指标**

人力资源营运能力通常采用劳动效率指标。劳动效率指企业营业收入或净产值与平均职工人数（可以视不同情况具体确定）的比率。计算公式为：

$$劳动效率=\frac{营业收入或净产值}{平均职工人数}$$

劳动效率考核评价主要是采用比较的方法。例如，将实际劳动效率与本企业计划水平、历史先进水平或同行业平均先进水平等指标进行对比，进而确定其差异程度，分析造成差异的原因，以选择适宜对策，提高人力资源劳动效率。

**（二）生产资料营运能力指标**

生产资料营运能力指企业的总资产及其各个组成要素的营运能力。资产营运能力的强弱取决于资产的周转速度、资产运行状况、资产管理水平等多种因素。比如说资产的周转速度，一般来说，周转速度越快，资产的使用效率越高，营运能力越强；反之，营运能力就越差。资产的周转速度通常用周转率和周转天数来表示。

（1）周转率

指企业在一定时期内资产的周转额与平均余额的比率，反映资产在一定时期的周转次数。周转次数越多，周转速度越快，资产营运能力越强。

$$周转率(周转次数)=\frac{周转额}{资产平均余额}$$

（2）周转天数

即周转次数的倒数与计算期天数的乘积，反映资产周转一次需要的时间长度。周转期越短，表明周转速度越快，资产营运能力越强。

$$周转期(周转天数)=\frac{计算期天数（360）}{周转次数}=\frac{资产平均余额\times 计算期天数（360）}{周转数}$$

生产资料营运能力可以从流动资产周转、固定资产周转、总资产周转等方面进行分析。

（3）流动资产周转情况

反映流动资产周转情况的指标主要有应收账款周转率、存货周转率和流动资产周转率。

应收账款周转率是企业一定时期营业收入或销售收入与平均应收账款余额的比率，反映企业应收账款变现速度的快慢和管理效率的高低。计算公式：

$$应收账款周转率(周转次数)=\frac{营业收入}{平均应收账款余额}\times 100\%$$

$$平均应收账款余额=\frac{应收账款余额年初数+应收账款余额年末数}{2}$$

$$应收账款周转率(周转天数)=\frac{平均应收账款余额\times 360}{营业收入}$$

应收账款周转率反映了企业应收账款变现速度的快慢及管理效率的高低。一般地，应收账款周转率越高，平均收账期间就越短，应收账款的回收速度就越快，表明收账迅速，账龄较短，资产流动性强，短期偿债能力强，可以减少坏账损失等；否则，企业的营运资金则过多地呆滞在应收账款上，影响其正常的资金周转。

运用应收账款周转率进行分析时，应注意以下几个问题：

① 报表的外部使用人很难取得赊销收入净额这项数据，可以把现金销售视为收账期为零的赊销，以销售收入净额来代替赊销收入净额进行计算。

② 公式中的应收账款包括会计核算中“应收账款”和“应收票据”等赊销账款在内，且金额应为扣除坏账准备后的净额。

③ 由于季节性经营、大量采用分期收款或现金方式结算等都可能使本指标结果失实，所以应结合企业前后期间、行业平均水平进行综合评价。

④ 分子、分母的数据应注意时间口径的一致性。

平均收账期也可作为一个单独的指标计算和分析。其计算公式如下：

$$\text{平均收账期}=\frac{360}{\text{应收账款周转率}}$$

［**例 13－14**］根据表 13－2、表 13－3 的资料，假定 A 公司 2007 年年末应收账款余额 2 200 万元。该公司 2008、2009 年应收账款周转率计算如下：

2008 年：

$$\text{平均应收账款}=\frac{2\,200+2\,400}{2}=2\,300\text{（万元）}$$

$$\text{应收账款周转率}=\frac{36\,000}{2\,300}=15.65\text{（次）}$$

$$\text{应收账款周转天数}=\frac{360}{15.65}\approx 23\text{（天）}$$

2009 年：

$$\text{平均应收账款}=\frac{2\,400+2\,600}{2}=2\,500\text{（万元）}$$

$$\text{应收账款周转率}=\frac{40\,000}{2\,500}=16\text{（次）}$$

$$\text{应收账款周转天数}=\frac{360}{16}\approx 22.5\text{（天）}$$

结果表明，该企业 2009 年应收账款周转率比 2008 年有所改善，周转次数由 15.65 次提高为 16 次，周转天数由 23 天缩短为 22.5 天。说明企业的营运能力有所增强，对流动资产的变现能力和周转速度也会起到促进作用。

存货周转率指企业一定时期的营业成本与存货平均余额之间的比率，反映企业生产经营各环节的管理状况以及企业的偿债能力和盈利能力。它是衡量企业从取得存货、投入生产到销售收回（包括现金销售和赊销）等环节中，存货运营效率的一个综合性指标。计算公式如下：

$$存货周转率(周转次数)=\frac{营业成本}{平均存货余额}$$

$$平均存货余额=\frac{存货余额年初数+存货余额年末数}{2}$$

$$存货周转期(周转天数)=\frac{平均存货余额\times 360}{营业成本}$$

存货周转天数的计算与平均收账期相同。公式如下：

$$存货周转天数=\frac{360}{存货周转率}$$

存货周转率越高表明存货周转速度越快，存货的资金占用水平越低，流动性越强，存货转换为现金、应收账款的速度越快；而存货周转速度越慢，则变现能力越差。因此，提高存货周转率可以提高企业的变现能力。

存货周转率指标的好坏反映存货管理水平，它不仅影响企业的短期偿债能力，也是整个企业管理的重要内容。存货既不能储存过少，否则可能造成生产中断或销售紧张；又不能储存过多，否则可能形成呆滞、积压。同时，一定要保证结构合理、质量可靠。运用存货周转率进行分析时，应注意以下几个问题：

① 存货计价方法对存货周转率具有较大的影响。因此，在分析企业不同时期或不同企业的存货周转率时，应注意存货计价方法及计算口径是否一致。

② 分子、分母的数据应注意时间上的一致性。

③ 存货周转天数不是越低越好。存货过多会浪费资金，存货过少又不能满足流转需要。在特定的生产经营条件下，存在一个最佳的存货水平，所以存货不是越少越好。

④ 应注意应付款项、存货和应收账款（或销售）之间的关系。一般来说，销售增加会拉动应收账款、存货、应付账款的增加，不会引起周转率的明显变化。

⑤ 应关注构成存货的产成品、自制半成品、原材料、在产品和周转材料之间的比例。

［**例 13－15**］根据表 13－2、表 13－3 的资料，假定 A 公司 2007 年年末存货余额 7 600 万元。该公司 2008、2009 年存货周转率计算如下：

2008 年：

$$平均存货=\frac{7\ 600+8\ 000}{2}=7800(万元)$$

$$存货周转率=\frac{21\ 400}{7\ 800}=2.74(次)$$

$$存货周转天数=\frac{360}{2.74}\approx 131(天)$$

2009 年：

$$平均存货 = \frac{8\,000 + 10\,400}{2} = 9\,200\text{（万元）}$$

$$存货周转率 = \frac{24\,400}{9\,200} = 2.65\text{（次）}$$

$$存货周转天数 = \frac{360}{2.65} \approx 136\text{（天）}$$

结果表明，该企业 2009 年存货周转率比上年有所延缓，次数由 2.74 次降为 2.65 次，周转天数由 131 天增加为 136 天，反映出企业 2009 年存货管理效率不如上年，原因可能是当年存货增长幅度过快。

［例 13－16］S 公司全年销售总额 5 000 万元（全部为赊销），销售毛利 30%。如果公司计划本年度存货周转率为 5，平均存货应为多少？如果公司计划应收账款平均占用资金 500 万元，应收账款必须在多少天内收回？

$$平均存货占用 = \frac{5\,000 \times (1 - 30\%)}{5} = 700\text{（万元）}$$

$$应收账款周转率 = \frac{5\,000}{500} = 10\text{（次）}$$

$$存货周转天数 = \frac{360}{10} = 36\text{（天）}$$

流动资产周转率是企业一定时期营业收入与平均流动资产总额的比率，反映全部流动资产的利用效率。计算公式：

$$流动资产周转率(周转次数) = \frac{营业收入}{平均流动资产总额}$$

$$流动资产总额 = \frac{流动资产总额年初数 + 流动资产总额年末数}{2}$$

$$流动资产周转期(周转天数) = \frac{平均流动资产总额 \times 360}{营业收入}$$

流动资产周转率反映流动资产的周转速度，是从企业全部资产中流动性最强的流动资产角度对企业资产的利用效率进行分析，揭示影响资产质量的主要因素。周转速度快，会相对节约流动资产，等于相对扩大资产投入，增强企业盈利能力；而延缓周转速度，需要补充流动资产参加周转，会形成资金浪费，降低企业盈利能力。但是，流动资产周转率究竟多少为好，并没有一个确定的标准。通常应参照企业历年的数据并结合行业特点进行比较，然后做出评价。

［例 13－17］根据表 13－2、表 13－3 的资料，假定 A 公司 2007 年年末流动资产余额 12 000 万元。该公司 2008 ～ 2009 年流动资产周转率计算如下：

2008 年：

$$平均流动资产 = \frac{12\,000 + 14\,200}{2} = 13\,100（万元）$$

$$流动资产周转率 = \frac{36\,000}{13\,100} = 2.75（次）$$

$$流动资产周转天数 = \frac{360}{2.75} \approx 131（天）$$

2009 年：

$$平均流动资产 = \frac{14\,200 + 16\,100}{2} = 15\,150（万元）$$

$$流动资产周转率 = \frac{40\,000}{15\,150} = 2.64（次）$$

$$流动资产周转天数 = \frac{360}{2.64} \approx 136（天）$$

可见，该公司 2009 年流动资产周转速度比 2008 年延缓了 5 天，流动资金占用增加：

$$\frac{(136 - 131) \times 40\,000}{360} \approx 556（万元）$$

（4）固定资产周转情况

反映固定资产周转情况的主要指标是固定资产周转率。固定资产周转率是企业一定时期营业收入与平均固定资产净值的比值。计算公式：

$$固定资产周转率(周转次数) = \frac{营业收入}{平均固定资产净值}$$

$$平均固定资产净值 = \frac{固定资产净值年初数 + 固定资产净值年末数}{2}$$

$$固定资产周转期(周转天数) = \frac{平均固定资产净值 \times 360}{营业收入}$$

一般情况下，固定资产周转率高，表明固定资产利用充分，固定资产投资得当，固定资产结构分布合理，能够充分发挥固定资产的使用效率；如果固定资产周转率低，则表明企业固定资产使用效率低，提供的生产成果少，营运能力差。

运用固定资产周转率进行分析时，应注意以下几个问题：

① 由于公式中的固定资产净值是固定资产原值减累计折旧，再减已提取的固定资产减值准备后的余额，因此常常会因为企业所采取的固定资产折旧方法以及折旧年限、固定资产减值准备计算方法的不同产生差异，导致固定资产周转率缺乏可比性。

② 固定资产周转率的分析标准并无确定值，通常应参考行业或地区或全国的同期指标值。

［**例** 13－18］根据表 13－2、表 13－3 的资料，假定 A 公司 2007 年年末固定资产

净值 23 600 万元。该公司 2008、2009 年固定资产周转率计算如下：

2008 年：

$$固定资产平均净值 = \frac{23\,600 + 24\,000}{2} = 23\,800（万元）$$

$$固定资产周转率 = \frac{36\,000}{23\,800} = 1.51（次）$$

2009 年：

$$固定资产平均净值 = \frac{24\,000 + 28\,000}{2} = 26\,000（万元）$$

$$固定资产周转率 = \frac{40\,000}{26\,000} = 1.54（次）$$

结果表明，公司 2009 年固定资产周转率比上年有所加快，主要原因是固定资产净值的增加幅度低于销售收入净额增长幅度，表明营运能力有所提高。

（5）总资产周转情况

反映总资产周转情况的主要指标是总资产周转率。它是企业一定时期营业收入与平均资产总额的比值。计算公式：

$$总资产周转率(周转次数) = \frac{营业收入}{平均资产总额}$$

$$平均资产总额 = \frac{资产总额年初数 + 资产总额年末数}{2}$$

$$总资产周转期(周转天数) = \frac{平均资产总额 \times 360}{营业收入}$$

$$资产现金回收率 = \frac{经营现金净流量}{平均资产总额} \times 100\%$$

一般来说，总资产周转率越高，表明企业全部资产的使用效率较高，说明同样的资产取得的收益越多，则资产的管理水平越高，相应的企业的营运能力和偿债能力越强。具体分析时，经营者可以将当期的总资产周转率和上期的指标进行对比，也可将本企业指标与同行业平均水平对比，以评价资产管理水平的高低。

［例 13－19］据表 13－2、表 13－3 的资料，假定 A 公司 2007 年年末总资产余额 38 000 万元。该公司 2008、2009 年总资产周转率计算如下：

2008 年：

$$总资产平均余额 = \frac{38\,000 + 40\,000}{2} = 39\,000（万元）$$

$$总资产周转率 = \frac{36\,000}{39\,000} = 0.92（次）$$

2009 年：

$$总资产平均余额 = \frac{40\ 000 + 46\ 000}{2} = 43\ 000\ （万元）$$

$$总资产周转率 = \frac{40\ 000}{43\ 000} = 0.93\ （次）$$

结果表明，公司2009年全部资产周转率比2008年有所加快。这是由于该公司固定资产平均净值的增长(9.24%)虽低于销售收入的增长程度(11.11%)，但流动资产平均余额的增长程度(15.6%)却高于销售收入的增长程度，所以总资产的利用效果有了提高，但幅度不大。

（6）其他资产质量指标

不良资产比率和资产现金回收率等指标也能够反映资产的质量状况和资产的利用效率，从而在一定程度上体现生产资料的营运能力。其计算公式：

$$不良资产比率 = \frac{资产减值准备 + 应提未提和应摊未摊的潜亏挂账 + 未处理资产损失}{资产总额 + 资产减值准备余额}$$

$$资产现金回收率 = \frac{经营现金净流量}{平均资产总额} \times 100\%$$

［例13－20］据表13－2、表13－3的资料，同时假设A公司2007年年末的资产总额38 000万元，2008年度和2009年度的经营现金净流量分别为5 000万元和7 000万元。资产现金回收率的计算如下：

$$2008年资产现金回收率 = \frac{5\ 000}{(38\ 000 + 40\ 000)/2} \times 100\% = 12.82\%$$

$$2009年资产现金回收率 = \frac{7\ 000}{(40\ 000 + 46\ 000)/2} \times 100\% = 16.28\%$$

结果表明，该公司2009年度的资产现金回收率比上年更高。这是因为该公司经营现金净流量的增长程度（40%）远高于平均资产总额的增长程度（10.26%）。

## 三、盈利能力指标

盈利能力是指企业资金增值的能力，表现为收益数额的大小与水平的高低。盈利是企业生存发展的基础，不仅关系到企业所有者的利益，也是偿还债务的重要来源，受到投资者、债权人、企业管理当局的广泛关注。公司大量决策和行动的综合结果，形成了盈利能力，前面介绍的各种财务比率给出了公司经营过程的信息，它们最终将反映到公司的盈利能力上。盈利能力指标主要包括营业利润率、成本费用利润率、盈余现金保障倍数、资产净利率、净资产收益率和资本收益率六项。

实务中，盈利能力分析是通过对企业生产经营过程中的产出、耗费和利润之间的比例关系来研究企业和评价企业盈利能力，其衡量指标主要有营业毛利率、营业利润率、营业净利率和成本费用利润率等。上市公司还采用每股收益、每股股利、市盈率、每股净资产等指标评价其盈利能力。

### （一）营业利润率

营业利润率是企业一定时期营业利润与营业收入的比率：

$$营业净利率=\frac{净利润}{营业收入}\times 100\%$$

$$营业利润率=\frac{营业利润}{营业收入}\times 100\%$$

营业利润率越高，表明企业市场竞争力越强，发展潜力越大，盈利能力越强。在实务中，也经常使用毛利率、营业净利率等分析企业经营业务的获利水平。公式如下：

$$营业毛利率=\frac{营业收入-营业成本}{营业收入}\times 100\%$$

［例 13－21］据表 13－2 资料，该公司 2008～2009 年的营业利润率如下：

$$2008\ 年营业利润率=\frac{8\ 400}{36\ 000}\times 100\%=23.3\%$$

$$2009\ 年营业利润率=\frac{8\ 800}{40\ 000}\times 100\%=22\%$$

结果表明，A 公司的营业利润率有所下降。通过分析可以看出，这种下降趋势主要是由于公司 2009 年成本费用增加所致，但由于下降的幅度不大，可见公司的经营方向和产品结构仍符合现有市场需要。

### （二）成本费用利润率

成本费用利润率是企业一定时期利润总额与成本费用总额的比率：

$$成本费用利润率=\frac{利润总额}{成本费用总额}\times 100\%$$

成本费用总额＝营业成本＋营业税金及附加＋销售费用＋管理费用＋财务费用

成本费用利润率越高，表明企业为取得利润而付出的代价越小，成本费用控制得越好，盈利能力越强。同利润一样，成本费用的计算口径也可以分为不同的层次，比如主营业务成本、营业成本等。在评价成本费用开支效果时，应当注意成本费用与利润之间在计算层次和口径之间的对应关系。

［例 13－22］据表 13－3 的资料，计算 A 公司 2008～2009 年的成本费用利润率。

$$2008\ 年成本费用利润率=\frac{8\ 000}{21\ 400+2\ 160+3\ 240+1\ 600+400}\times 100\%=27.8\%$$

$$2009\ 年成本费用利润率=\frac{8\ 400}{24\ 400+2\ 400+3\ 800+2\ 000+600}\times 100\%=25.3\%$$

结果表明，A 公司 2009 年度的成本费用利润率比 2008 年度有所下降，公司应当深入检查导致成本费用上升的因素，改进有关工作，以便扭转效益指标下降的状况。

### （三）盈余现金保障倍数

盈余现金保障倍数是企业一定时期经营现金净流量同净利润的比值，反映了企业当期净利润中现金收益的保障程度，真实地反映了企业盈余的质量。计算公式：

$$盈余现金保障倍数=\frac{经营现金净流量}{净利润}$$

盈余现金保障倍数是从现金流入和流出的动态角度，对企业收益的质量进行评价，对企业的实际收益能力进行再次修正。盈余现金保障倍数在收付实现制基础上，充分反映出企业当期净收益中有多少是有现金保障的，挤掉了收益中的水分，体现出企业当期收益的质量状况，同时减少了权责发生制会计对收益的操纵。

一般而言，企业当期净利润大于0时，该指标应当大于1。该指标越大，表明企业经营活动产生的净利润对现金的贡献越大。但由于指标分母变动较大，致使该指标的数值变动也比较大，所以对该指标应根据企业实际效益状况有针对性地分析。

[例13－23] 据表13－3的资料，同时假设2008年度和2009年度的经营现金净流量分别为5 000万元和7 000万元。A公司2008～2009年的盈余现金保障倍数如下：

$$2008年盈余现金保障倍数=\frac{5\ 000}{6\ 000}=0.83$$

$$2009年盈余现金保障倍数=\frac{7\ 000}{6\ 300}=1.11$$

结果表明，A公司2009年盈余现金保障倍数比2008年有提高，是因为在净利润略有增长的情况下，经营现金净流量有较大增长，表明该公司收益的流动性有所提高。

### （四）资产净利率

资产净利率指企业一定时期内获得的净利润与资产平均总额的比率。表示企业包括净资产和负债在内的全部资产的总体盈利能力，用以评价企业运用全部资产的总体盈利能力，反映了企业资产的综合利用效果。计算公式：

$$资产净利率=\frac{净利润}{平均资产总额}\times 100\%$$

资产净利率反映全部资产获取收益的水平，反映盈利能力和投入产出状况。通过对该指标的深入分析，可以增强各个利益相关者对企业资产经营的关注，促进提高单位资产的收益水平。一般情况下，可据此指标与市场资本利率进行比较，如果该指标大于市场利率，表明企业充分利用财务杠杆，进行负债经营，获取尽可能多的收益。该指标越高，表明资产利用效益越好，整个企业盈利能力越强。

[例13－24] 根据表13－3的资料。A公司2008～2009年的资产净利率如下：

$$2008年资产净利率=\frac{6\ 000}{39\ 000}\times 100\%=15.38\%$$

$$2009年资产净利率=\frac{6\ 300}{43\ 000}\times 100\%=14.65\%$$

结果表明，A公司2009年度的资产净利率比2008年度有所降低，是因为在净利润略有增长的情况下，资产有较大增长。

### （五）权益净利率

权益净利率是企业一定时期净利润与平均净资产的比率，反映了企业自有资金的投资收益水平。计算公式：

$$权益净利率=\frac{净利润}{平均净资产}\times 100\%$$

$$平均净资产=\frac{所有者权益年初数+所有者权益年末数}{2}$$

其中，权益净利率是评价企业自有资本及其累积获取报酬水平的最具综合性与代表性的指标，反映企业资本运营的综合效益。该指标通用性强，适应范围广，不受行业局限，在国际上的企业综合评价中使用效率非常高。通过对该指标的综合对比分析，可以看出企业盈利能力在同行业中所处的地位，以及与同类企业的差异水平。净资产收益率越高，企业自有资本获取收益的能力越强，运营效益越好。对企业投资人、债权人利益的保证程度越高。

［例 13－25］据表 13－2、表 13－3 的资料，同时假设 A 公司 2007 年度的年末资产净额 26 000 万元。该公司 2008 年度和 2009 年度权益净利率的计算如下：

$$2008\text{ 年权益净利率}=\frac{6\,000}{(26\,000+29\,200)/2}\times 100\%=21.74\%$$

$$2009\text{ 年权益净利率}=\frac{6\,300}{(29\,200+33\,000)/2}\times 100\%=20.25\%$$

结果表明，2009 年权益净利率比上年降低了 1.49 个百分点，主要是由于该公司所有者权益的增长快于净利润增长所引起的。所有者权益增长率为(31 100 －27 600) ÷27 600 ×100% ＝12.68%，净利润增长率为(6 300 －6 000) ÷6 000 ×100% ＝5%。

### （六）每股收益

每股收益也称每股利润或每股盈余，是反映企业普通股股东持有每一股份所能享有企业利润或承担企业亏损的业绩评价指标。每股收益的计算包括基本每股收益和稀释每股收益。

基本每股收益的计算公式为：

$$基本每股收益=\frac{归属于普通股股东的当期净利润}{当期发行在外普通股的加权平均数}$$

$$当期发行在外普通股加权平均数=期初发行在外普通股股数+当期新发行在外普通股股数\times\frac{已发行时间}{报告期时间}-当期回购普通股股数\times\frac{已发行时间}{报告期时间}$$

其中，报告期的时间按已发行时间、报告期时间和已回购时间一般按天数计算，在不影响计算结果的前提下，也可以按月份简化计算。

稀释每股收益是在考虑潜在普通股稀释性影响的基础上，对基本每股收益的分子、分母进行调整后，再计算的每股收益。潜在的稀释性因素包括认股权证、可转换债券、股票期权等。每股收益越高，表明公司的盈利能力越强。

每股收益是分析上市公司盈利能力的一个综合性较强的财务指标，可以分解为若干个相互联系的财务指标。因此，在对每股收益进行分析时，可以运用连环替代法来分析各个要素对指标的影响。计算公式：

$$\begin{aligned}
\text{每股收益} &= \frac{\text{净利润}}{\text{普通股平均股数}} = \frac{\text{净利润}}{\text{平均股东权益}} \times \frac{\text{平均股东权益}}{\text{普通股平均股数}} \\
&= \text{股东权益收益率} \times \text{平均每股净资产} \\
&= \frac{\text{净利润}}{\text{资产平均总额}} \times \frac{\text{资产平均总额}}{\text{平均股东权益}} \times \frac{\text{平均股东权益}}{\text{普通股平均股数}} \\
&= \text{总资产收益率} \times \text{股东权益比率} \times \text{平均每股净资产} \\
&= \frac{\text{净利润}}{\text{营业收入}} \times \frac{\text{营业收入}}{\text{资产平均总额}} \times \frac{\text{资产平均总额}}{\text{平均股东权益}} \times \frac{\text{平均股东权益}}{\text{普通股平均股数}} \\
&= \text{营业净利润} \times \text{总资产周转率} \times \text{股东权益比率} \times \text{平均每股净资产}
\end{aligned}$$

[**例** 13－27] 据表 13－2、表 13－3 的资料，同时假定 A 公司 2007 年度的年末资产总额 38 000 万元，年末净资产 26 000 万元，2007 年至 2009 年发行在外普通股股数均为 15 000 股。计算所需数据如表 13－4 所示。

**表 13－4　计算所需数据**　（单位：万元）

| 项　　目 | 2007 年 | 2008 年 | 2009 年 |
|---|---|---|---|
| 净利润 | | 6 000 | 6 300 |
| 营业收入 | | 36 000 | 40 000 |
| 年末资产总额 | 38 000 | 40 000 | 46 000 |
| 资产平均总额 | | 39 000 | 43 000 |
| 年末股东权益总额 | 26 000 | 29 200 | 33 000 |
| 平均股东权益 | | 27 600 | 31 100 |
| 年末普通股股数 | 15 000 | 15 000 | 15 000 |
| 普通股平均股数 | 15 000 | 15 000 | 15 000 |
| 每股收益 | | 0. 4 | 0. 42 |
| 营业净利率 | | 16. 67% | 15. 75% |
| 总资产周转率 | | 0. 92 | 0. 93 |
| 股东权益比率 | | 141. 3% | 138. 26% |
| 平均每股净资产 | | 1. 84 | 2. 07 |

每股收益 = 营业净利率 × 总资产收益率 × 股东权益比率 × 平均每股净资产

2008 年指标：16. 67% ×0. 92 ×141. 3% ×1. 84 =0. 399　　①

第一次替代：15. 75% ×0. 92 ×141. 3% ×1. 84 =0. 377　　②

第二次替代：15. 75% ×0. 93 ×141. 3% ×1. 84 =0. 381　　③

第三次替代：15. 75% ×0. 93 ×138. 26% ×1. 84 =0. 373　　④

第四次替代：15. 75% ×0. 93 ×138. 26% ×2. 07 =0. 419　　⑤

② - ① =0. 377 -0. 399 = -0. 022　　营业净利率下降的影响

③ - ② =0. 381 -0. 377 =0. 004　　总资产周转率上升的影响

④ - ③ =0. 373 -0. 381 = -0. 008　　股东权益比率下降的影响

⑤ - ④ =0. 419 -0. 373 =0. 046　　平均每股净资产增加的影响

### （七）每股股利

每股股利是上市公司本年发放的普通股现金股利总额与年末普通股总数的比值，反映上市公司当期利润的积累和分配情况。计算公式：

$$每股股利 = \frac{普通股股利总额}{年末发行在外普通股股利}$$

［例 13 -28］据表 13 -2、表 13 -3 的资料，同时假定 A 公司 2008 年度和 2009 年度分别发放普通股股利 15 万元和 17 万元，2008 年度和 2009 年发行在外普通股股数均为 15 000 股。该公司 2008 年度和 2009 年度每股股利的计算如下：

$$2008\text{ 年每股股利} = \frac{150\ 000}{15\ 000} = 10\text{（元）}$$

$$2009\text{ 年每股股利} = \frac{170\ 000}{15\ 000} = 11.3\text{（元）}$$

计算可知，该公司 2008 年度的每股股利比 2007 年度上涨了 1. 3 元，这是由于该公司普通股总数没有变化，而发放的普通股股利增加引起的。

### （八）市盈率

市盈率是上市公司普通股每股市价与每股收益的比率，反映投资者对上市公司每股净利润愿意支付的价格。可以用来估计股票的投资报酬和风险。计算公式：

$$市盈率 = \frac{普通股每股市价}{普通股每股收益}$$

一般来说，市盈率高，说明投资者对该公司发展前景看好，愿意出较高的价格购买该公司股票。但某种股票的市盈率过高，也意味着这种股票具有较高的投资风险。

［例 13 -29］据表 13 -2、表 13 -3 的资料，同时假定 A 公司 2007 年度至 2009 年度发行在外普通股股数均为 15 000 股，2008 年和 2009 年年末的每股市价分别为 5 元和 6 元。该公司 2008 年度和 2009 年度年末市盈率的计算如下：

$$2008\text{ 年市盈率}=\frac{5}{6\ 000/15\ 000}=12.5$$

$$2009\text{ 年市盈率}=\frac{6}{6\ 300/15\ 000}=14.29$$

2009 年市盈率比 2008 年上升，说明投资者对公司发展前景进一步看好。

### （九）市净率

市净率是指普通股每股市价与每股净资产的比率，反映普通股股东愿意为 1 元净资产支付的价格。计算公式：

$$\text{市净率}=\frac{\text{每股市价}}{\text{每股净资产}}$$

### （十）每股净资产

每股净资产是上市公司年末净资产即股东权益与年末普通股总数的比值：

$$\text{每股净资产}=\frac{\text{年末股东权益}}{\text{年末普通股总数}}$$

［**例 13－30**］据表 13－2、表 13－3 的资料，同时假设 A 公司 2008 年度和 2009 年度发行在外普通股股数为 15 000 股。该公司每股净资产计算如下：

$$2008\text{ 年每股净资产}=\frac{29\ 200}{15\ 000}=1.95$$

$$2009\text{ 年每股净资产}=\frac{33\ 000}{15\ 000}=2.2$$

## 四、发展能力指标

发展能力是企业在生存基础上，扩大规模、壮大实力的潜在能力。主要考察八项指标：营业收入增长率、资本保值增值率、资本积累率、总资产增长率、营业利润增长率、技术投入比率、营业收入三年平均增长率和资本三年平均增长率。

### （一）营业收入增长率

营业收入增长率是企业本年营业收入增长额与上年营业收入总额的比率，反映企业营业收入的增减变动情况。计算公式：

$$\text{营业收入增长率}=\frac{\text{本年营业收入增长额}}{\text{上年营业收入总额}}\times 100\%$$

本年营业收入增长额＝本年营业收入总额－上年营业收入总额

营业收入增长率是衡量企业经营状况和市场占有能力，预测企业经营业务拓展趋势的重要指标。营业收入增长率大于零，表明企业本年营业收入有所增长，该指标值越高，表明营业收入的增长速度越快，市场前景越好；若该指标小于零，则说明产品或服务不畅，或质次价高，或是存在售后服务方面的问题，导致市场份额萎缩。该指标应结合企业历年的营业收入水平、市场占有率、行业未来发展等因素进行判断。

[例 13－31] 据表 13－3 的资料。A 公司 2009 年度的营业收入增长率计算如下：

$$营业收入增长率 = \frac{40\ 000 - 36\ 000}{36\ 000} \times 100\% = 11.1\%$$

### （二）资本保值增值率

资本保值增值率是扣除客观因素后的本年末所有者权益总额与年初所有者权益总额的比率，反映企业当年资本在企业自身努力下实际增减变动的情况。计算公式：

$$资本保值增值率 = \frac{扣除客观因素后的年末所有者权益总额}{年初所有者权益总额} \times 100\%$$

一般认为，资本保值增值率越高，表明企业的资本保全状况越好，所有者权益增长越快，债权人的债务越有保障。该指标通常应当大于 100%。

[例 13－32] 据表 13－3 的资料，同时假设不存在客观因素。A 公司 2009 年度的资本保值增值率计算如下：

$$资本保值增值率 = \frac{33\ 000}{29\ 200} \times 100\% = 113.01\%$$

### （三）资本积累率

资本积累率是本年所有者权益增长额与年初所有者权益的比率，反映企业当年资本的积累能力。计算公式：

$$资本积累率 = \frac{本年所有者权益增长额}{年初所有者权益} \times 100\%$$

本年所有者权益增长额＝所有者权益年末数－所有者权益年初数

资本积累率是企业当年所有者权益总的增长幅度，反映所有者权益在当年的变动水平，体现了企业资本的积累情况，是企业发展强盛的标志，也是扩大再生产的源泉，展示了企业的发展潜力。同时，资本积累率还反映了投资者投入企业资本的保全性和增长性。该指标若大于零，表明资本积累越多，应对风险、持续发展的能力越强；该指标小于零，表明企业资本受到侵蚀，所有者利益受到损害。

[例 13－33] 据表 13－2 的资料。A 公司 2009 年的资本积累率计算如下：

$$资本积累率 = \frac{33\ 000 - 29\ 200}{29\ 200} \times 100\% = 13.01\%$$

### （四）总资产增长率

总资产增长率是本年总资产增长额同年初资产总额的比率，反映企业本期资产规模的增长情况。计算公式：

$$总资产增长率 = \frac{本年总资产增长额}{年初资产总额} \times 100\%$$

本年总资产增长额＝年末资产总额－年初资产总额

总资产增长率是从企业资产总量方面衡量企业的发展能力，表明规模增长水平对发展后劲的影响。该指标越高，表明一定时期内资产经营规模扩张的速度越快。实际分析时，不能简单地认为指标高，应对风险和发展能力强、前景好，应注意考虑资产规模扩张的质和量的关系，以及后续发展能力，避免资产盲目扩张。

[例13－34] 据表13－2的资料。A公司2009年度的总资产增长率计算如下：

$$总资产增长率=\frac{46\,000-40\,000}{40\,000}\times 100\%=15\%$$

### （五）营业利润增长率

营业利润增长率是本年营业利润增长额与上年营业利润总额的比率，反映企业营业利润的增减变动情况。计算公式：

$$营业利润增长率=\frac{本年总利润增长额}{上年营业利润总额}\times 100\%$$

本年营业利润增长额＝本年营业利润总额－上年营业利润总额

[例13－35] 据表13－3的资料。A公司2009年度的营业利润增长率如下：

$$营业利润增长率=\frac{8\,800-8\,400}{8\,400}\times 100\%=4.76\%$$

### （六）技术投入比率

技术投入比率是本年科技支出（包括用于研究开发、技术改造、科技创新等方面的支出）与本年营业收入的比率，反映企业在科技进步方面的投入，在一定程度上可以体现企业的发展潜力。计算公式：

$$技术投入比率=\frac{本年科技支出合计}{本年营业收入净额}\times 100\%$$

### （七）营业收入三年平均增长率

营业收入三年平均增长率表明营业收入连续三年的增长情况，反映企业持续发展态势和市场扩张能力。计算公式：

$$营业收入三年平均增长率=\left(\sqrt[3]{\frac{本年营业收入总额}{三年前营业收入总额}}-1\right)\times 100\%$$

该指标越高，表明企业累积的基础越牢，可持续发展能力越强，发展潜力越大。营业收入三年平均增长率指标能够反映企业的经营业务增长趋势和稳定程度，体现企业的连续发展状况和发展能力，避免因少数年份业务波动而对发展潜力的错误判断。一般认为，营业收入三年平均增长率越高，表明企业营业持续增长势头越好，市场扩张能力越强。

### （八）资本三年平均增长率

资本三年平均增长率表示企业资本连续三年的积累情况，在一定程度上反映了企业的持续发展水平和发展趋势。计算公式：

$$资本三年平均增长率=\left(\sqrt[3]{\frac{年末所有者权益总额}{三年前所有者权益总额}}-1\right)\times 100\%$$

该指标能反映资本积累或资本扩张的历史发展状况，以及企业稳步发展的趋势。一般认为，资本三年平均增长率越高，表明企业所有者权益得到保障的程度越高，应对风险和持续发展的能力越强。

## 第4节　综合指标评价

### 一、综合指标评价概述

综合评价的最终目的在于全面、准确、客观地揭示与披露企业财务状况和经营管理成果，并对企业经济效益的优劣作出系统的、合理的评价。显然，要达到这样一个分析目的，仅仅测算出几项财务指标是很难得出合理、正确的综合性结论的，有时甚至会得出错误的结论。因此，要想对企业财务状况和经营成果有一个总的评价，只有将企业偿债能力、营运能力、盈利能力及发展能力等各项分析指标作为一个整体，系统、全面地对企业财务状况和经营成果进行相互关联的分析，采用适当的标准进行综合性评价，才能得出正确的分析结论。所谓综合分析，就是将各项财务报表分析指标作为整体，系统、全面地对企业经营状况、财务状况进行解剖与分析。

综合财务指标体系的建立，应当具备三个基本素质：

① 指标要素齐全适当。财务综合分析以各财务报表单项指标及各指标要素为基础，各单项指标要素及计算一定要真实、全面和适当，所设置的评价指标必须能够涵盖企业盈利能力、偿债能力、营运能力和发展能力等诸方面总体分析的要求。

② 主辅指标功能匹配。财务指标众多，进行综合财务报表分析，一定要抓重点，只有抓住主要目标，才能抓住影响企业财务状况的主要矛盾。在对主要财务指标进行分析的基础上对辅助指标进行分析，才能分析透彻，把握准确、详尽。在利用主辅指标时，还应特别注意主辅指标间的本质联系和层次关系。

③ 满足多方信息需要。财务综合分析要能够尽量满足企业利害关系各方的不同财务信息要求，切不可仅从企业内部管理的角度，或债权人、或国家宏观监管等某一方面的要求进行分析，做出判断，要从多角度、多层次进行综合评价和分析。

### 二、综合指标评价方法

综合指标评价方法主要有杜邦财务报表分析体系和沃尔比重评分法。

#### （一）杜邦财务报表分析体系

杜邦财务报表分析体系（简称杜邦体系），是利用各财务指标间的内在关系对企业综合经营理财及经济效益进行系统分析评价的方法。该体系以权益净利率为核心，分解为若干财务指标，通过分析各分解指标的变动对权益净利率的影响，揭示企业盈利能力及其变动原因。杜邦体系各主要指标之间的关系如下：

权益净利率 = 资产净利率 × 权益乘数

= 营业净利率 × 总资产周转率 × 权益乘数

$$\text{营业净利率} = \frac{\text{净利润}}{\text{营业收入}}$$

$$\text{总资产周转率} = \frac{\text{营业收入}}{\text{平均资产总额}}$$

$$\text{权益乘数} = \frac{\text{平均资产总额}}{\text{平均所有者权益总额}} = \frac{1}{1-\text{资产负债率}}$$

在具体运用杜邦体系进行分析时，可以采用因素分析法，首先确定营业净利率、总资产周转率和权益乘数的基准值，然后顺次代入这三个指标的实际值，分别计算分析这三个指标的变动对净资产收益率的影响方向和程度。还可以使用因素分析法进一步分解各个指标，并分析其变动的深层次原因，找出解决的方法。

[例 13－36] 据表 13－2、表 13－3 的资料，A 公司 2009 年度杜邦财务报表分析体系的各项指标如图 13－1 所示。

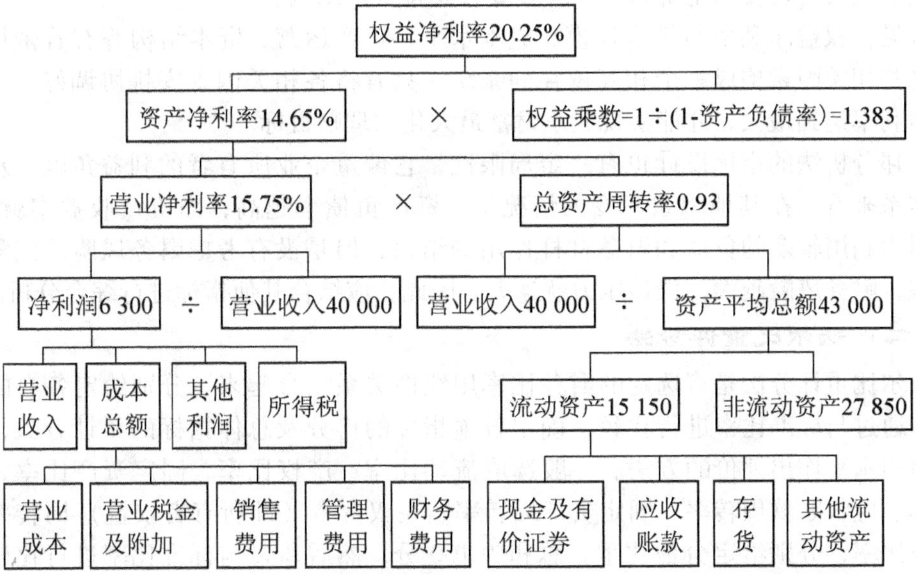


图 13－1　A 公司杜邦系统分析图

从杜邦分析图中，可以了解到：

① 权益净利率是一个综合性最强的财务比率，是杜邦财务体系的核心。该指标反映了所有者投入资本的盈利能力，它取决于企业的资产净利率和权益乘数。权益净利率反映企业运用资产进行生产经营活动的效率高低，而权益乘数则主要反映企业的筹资情况，即企业资金来源结构。

② 资产净利率是影响权益净利率的最重要财务比率，也是整个财务报表分析的十分重要的财务指标，综合性也很强。它是营业净利率和资产周转率的乘积。因此，要进一步从营业活动和资产管理两方面来分析。

③ 营业净利率反映了企业净利润与销售收入之间的关系，提高销售净利率是提高企业盈利的关键。一般来说，营业收入增加，企业的净利润会随之增加，但要想提高营业净利率，必须一方面提高营业收入，另一方面降低各种成本费用，这样才能使净利润的增长高于营业收入的增长，从而使营业净利率得到提高。

④ 资产周转率揭示出企业运用资产实现营业收入的综合能力。对资产周转率的分析，可以从资产的构成比例是否恰当、资产的使用效率是否正常、资产的运用效果是否理想等方面进行详细分析。

⑤ 权益乘数主要受资产负债率的影响。负债比例大，权益乘数就高，说明企业有较高的负债程度，能给企业带来较大的杠杆利益，同时也给企业带来较大的风险。因此，企业既要合理使用全部资产，又要妥善安排资本结构。

可见，权益净利率与销售规模、成本水平、资产运营、资本结构等有着密切的联系，这些相关因素构成一个相互依存的系统，只有将各相关因素安排协调好，才能使权益净利率达到最大，才能实现股东财富最大化的理财目标。

杜邦分析法的指标设计也有一定局限性，它偏重企业所有者的利益角度。从杜邦指标体系来看，在其他因素不变的情况下，资产负债率越高，净资产收益率就越高。这是因为利用较多的负债和财务杠杆作用的结果，但是没有考虑财务风险的因素，负债越多，财务风险越大，偿债压力就越大。因此，应结合其他指标进行综合分析。

### （二）沃尔比重评分法

沃尔比重评分法是将选定的财务比率用线性关系结合起来，分别给定各自的分数比重，通过与标准比率进行比较，确定各项指标的得分及总体指标的累计分数，对企业的信用水平作出评价的方法。一般选取流动比率、产权比率、固定资产比率、存货周转率、应收账款周转率、固定资产周转率、主权资本（即所有者权益）周转率等七项财务比率，分别给定分数比重，总和为 100 分，然后通过与标准比率进行比较，确定各项指标的得分及总体指标的累计分数，对企业作出综合评价。

原始意义上的沃尔比重分析法存在两个缺陷：一是不能证明为什么要选择这七项指标；二是当某项指标严重异常时会对总分产生不合逻辑的重大影响。因此，在选择指标时，还应当适当选取一些非财务指标作为参考。

沃尔比重评分法的基本步骤包括：选择评价指标并分配指标权重；确定各项评价指标的标准值与标准系数；对各项评价指标计分并计算综合分数；形成评价结果。

［例 13－37］运用沃尔比重评分法对 A 公司评价的基本步骤如下：

① 选择评价指标并分配指标权重，如表 13－4 所示。

② 确定各项评价指标的标准值，如表 13－4 所示。

**表 13－4　指标权重分配和标准值**

| 选择的指标 | 分配的权重 | 对 A 公司评价 |
|---|---|---|
| 一、偿债能力 | 20 | |
| 1. 资产负债率 | 12 | 60% |
| 2. 已获利息倍数 | 8 | 3 |
| 二、盈利能力指标 | 38 | |
| 1. 权益净利率 | 25 | 25% |
| 2. 资产净利率 | 13 | 16% |
| 三、营运能力指标 | 18 | |
| 1. 总资产周转率 | 9 | 2 |
| 2. 流动资产周转率 | 9 | 5 |
| 四、发展能力指标 | 24 | |
| 1. 营业增长率 | 12 | 10% |
| 2. 资本累计率 | 12 | 15% |
| | 100 | |

$$\text{各项评价指标的得分} = \text{各项指标的权重} \times \left(\frac{\text{指标的实际值}}{\text{标准值}}\right)$$

③ 对各项评价指标计分并计算综合分数，如表 13－5 所示。

综合分数 = $\sum$各项评价指标的得分

**表 13－5　综合分数**

| 选择的指标 | 分配的权重① | 指标的标准值② | 指标的实际值③ | 实际得分<br>④＝①×③÷② |
|---|---|---|---|---|
| 一、偿债能力 | 20 | | | |
| 1. 资产负债率 | 12 | 60% | 28.26% | 5.65 |
| 2. 已获利息倍数 | 8 | 3 | 15 | 40 |

续上表

| 选择的指标 | 分配的权重① | 指标的标准值② | 指标的实际值③ | 实际得分 ④=①×③÷② |
|---|---|---|---|---|
| 二、盈利能力指标 | 38 | | | |
| 1. 权益净利率 | 25 | 25% | 16.2% | 16.21 |
| 2. 资产净利率 | 13 | 16% | 9.21% | 7.48 |
| 三、营运能力指标 | 18 | | | |
| 1. 总资产周转率 | 9 | 2 | 0.93 | 4.19 |
| 2. 流动资产周转率 | 9 | 5 | 2.64 | 4.75 |
| 四、发展能力指标 | 24 | | | |
| 1. 营业增长率 | 12 | 10% | 11.1% | 13.33 |
| 2. 资本累计率 | 12 | 15% | 13.01% | 10.41 |
| 综合得分 | 100 | | | 102.02 |

④ 形成评价结果。最终评价时，如果综合得分大于100，则说明企业的财务状况较好；反之，则说明企业的财务状况比同行业平均水平或本企业历史先进水平差。由于A公司的综合得分为102.02，大于100，说明其财务状况较为良好。

# 第5节　业绩评价

## 一、业绩评价的意义

业绩评价是运用数理统计和运筹学方法，建立综合评价指标体系，对照相应的评价标准，定量分析与定性分析相结合对企业一定经营期间的盈利能力、资产质量、债务风险以及经营增长等经营业绩和努力程度等的综合评判。

科学地评价企业业绩，可以为出资人行使经营者的选择权提供重要依据，有效地加强对企业经营者的监管和约束，为有效激励经营者提供可靠依据，还可以为政府有关部门、债权人、企业职工等利益相关方提供有效的信息支持。

## 二、业绩评价的内容

根据国务院国资委要求，业绩评价由财务业绩定量评价和管理业绩定性评价两部分组成。

### （一）财务业绩定量评价

财务业绩定量评价是指对企业一定期间的盈利能力、资产质量、债务风险和经营增长四个方面进行定量对比分析和评判。

① 企业盈利能力分析与评判。主要通过资本及资产报酬水平、成本费用控制水平和经营现金流量状况等方面的财务指标，综合反映企业的投入产出水平以及盈利质量和现金保障状况。

② 企业资产质量分析与评判。主要通过资产周转速度、资产运行状态、资产结构以及资产有效性等方面的财务指标，综合反映企业所占用经济资源的利用效率、资产管理水平和资产的安全性。

③ 企业债务风险分析与评判。主要通过债务负担水平、资产负债结构、或有负债情况、现金偿债能力等方面的财务指标，综合反映企业的债务水平、偿债能力及其面临的债务风险。

④ 企业经营增长分析与评判。主要通过销售增长、资本积累、效益变化以及技术投入等方面的财务指标，综合反映企业的经营增长水平及发展后劲。

### （二）管理业绩定性评价

管理业绩定性评价是指在企业财务业绩定量评价的基础上，通过采取专家评议的方式，对企业一定期间的经营管理水平进行定性分析和综合评判。

## 三、业绩评价指标

业绩评价指标一般由财务业绩定量评价和管理业绩定性评价两大体系构成。确定各项具体指标后，分别分配权重，使之成为一个完整的指标体系。

### （一）财务业绩定量评价指标

财务业绩定量评价指标依据各项指标的功能作用划分为基本指标和修正指标。

其中，基本指标反映企业一定期间财务业绩的主要方面，并得出企业财务业绩定量评价的基本结果。修正指标根据财务指标的差异性和互补性，对基本指标的评价结果作进一步的补充和矫正。

① 盈利能力指标。包括净资产收益率、资产净利率两个基本指标和营业利润率、盈余现金保障倍数、成本费用利润率、资本收益率四个修正指标。主要反映企业一定经营期间的投入产出水平和盈利质量。

② 资产质量指标。包括总资产周转率、应收账款周转率两个基本指标和不良资产比率、流动资产周转率、资产现金回收率三个修正指标。主要反映企业所占用经济资源的利用效率、资产管理水平与资产的安全性。

③ 债务风险指标。包括资产负债率、已获利息倍数两个基本指标和速动比率、现金流动负债比率、带息负债比率、或有负债比率四个修正指标。主要反映企业的债务水平、偿债能力及其面临的债务风险。

④ 经营增长指标。包括营业收入增长率、资本保值增值率两个基本指标和营业利润增长率、总资产增长率、技术投入率三个修正指标，主要反映企业的经营增长水平、资本增值状况及发展后劲。

### （二）管理业绩定性评价指标

管理业绩定性评价指标包括企业发展战略的确立与执行、经营决策、发展创新、风险控制、基础管理、人力资源、行业影响、社会贡献等八个方面的指标。主要反映企业在一定经营期间所采取的各项管理措施及管理成效。如表 13－6 所示。

表 13－6　管理业绩定性评价指标

| 评价指标 | 反映内容 |
|---|---|
| 战略管理 | 制定战略规划的科学性，战略规划是否符合企业实际，员工对战略规划的认知程度，战略规划的保障措施及其执行力，以及战略规划的实施效果等方面的情况 |
| 经营决策 | 决策管理、决策程序、决策方法、决策执行、决策监督、责任追究等方面采取的措施及实施效果，重点反映企业是否存在重大经营决策失误 |
| 发展创新 | 经营管理创新、工艺革新、技术改造、新产品开发、品牌培育、市场拓展、专利申请及核心技术研发等方面的措施及成效 |
| 风险控制 | 财务风险、市场风险、技术风险、管理风险和道德风险等方面的管理和控制措施及效果，包括风险控制标准、风险评估程序、风险方法与化解措施等 |
| 基础管理 | 制度建设、内部控制、重大事项管理、信息化建设、标准化管理等方面的情况，包括财务管理、对外投资、采购与销售、存货管理、质量管理、安全管理、法律事务等 |
| 人力资源 | 人才结构、人才培养、人才引进、人才储备、人事调配、员工绩效管理、分配与激励、企业文化建设、员工工作热情等方面的情况 |
| 行业影响 | 主营业务的市场占有率、对国民经济及区域经济的影响力与带动力、主要产品的市场认可程度、是否具有核心竞争能力以及产业引导能力等方面的情况 |
| 社会贡献 | 资源节约、环境保护、吸纳就业、工资福利、安全生产、上缴税收、商业诚信、和谐社会建设等方面的贡献程度和社会责任的履行情况 |

企业管理绩效定性评价指标应当根据评价工作需要作进一步细化，能够量化的应当采用量化指标进行反映，如表 13－7 所示。

**表 13－7　业绩评价指标及其权重**

| 评价内容与权数 | | 财务业绩（70%） | | | | 管理业绩（30%） | |
|---|---|---|---|---|---|---|---|
| | | 基本指标 | 权数 | 修正指标 | 权数 | 评议指标 | 权数 |
| 盈利能力状况 | 34 | 净资产收益率<br>总资产收益率 | 20<br>14 | 营业利润率<br>盈余现金保障倍数<br>成本费用利润率<br>资本收益率 | 10<br>9<br>8<br>7 | 战略管理<br>发展创新<br>经营决策<br>风险控制<br>基础管理<br>人力资源<br>行业影响<br>社会贡献 | 18<br>15<br>16<br>13<br>14<br>8<br>8<br>8 |
| 资产质量状况 | 22 | 总资产周转率<br>应收账款周转率 | 10<br>12 | 不良资产比率<br>流动资产比率<br>资产现金回收率 | 9<br>7<br>6 | | |
| 债务风险状况 | 22 | 资产负债率<br>已获利息倍数 | 12<br>10 | 速动比率<br>现金流动负债比率<br>带息负债比率<br>或有负债比率 | 6<br>6<br>5<br>5 | | |
| 经营增长状况 | 22 | 营业增长率<br>资本保值增长率 | 12<br>10 | 营业利润增长率<br>总资产增长比率<br>技术投入比率 | 10<br>7<br>5 | | |

## 四、业绩评价标准和评价方法

业绩评价标准分为财务业绩定量评价标准和管理业绩定性评价标准，通常由政府等权威部门统一测算和发布。

### （一）评价标准

财务业绩定量评价标准，包括国内行业标准和国际行业标准，并按照不同行业、不同规模及指标类型划分档次；管理业绩定性评价标准，根据评价内容，结合企业经营管理的实际水平和出资人监管要求等统一测算并划分档次。如表 13－8 所示。

**表 13－8　评价标准**

| 评价标准 | | 内　容 | 评价档次（标准系数） |
|---|---|---|---|
| 财务业绩定量评价标准 | 国内行业标准 | 根据国内企业年度财务和经营管理统计的数据，运用数理统计方法，分年度、分行业、分规模统一测算 | 优秀（1.0）<br>良好（0.8）<br>平均（0.6）<br>较低（0.4）<br>较差（0.2） |
| | 国际行业标准 | 根据居于行业国际领先地位的大型企业相关财务指标实际值，或者根据同类型企业相关财务指标的先进值，在剔除会计核算差异后统一测算 | |
| 管理业绩定性评价标准 | | 根据评价内容，结合企业经营管理的实际水平和出资人监管要求等统一测算 | 优、良、中、低和差。 |

## （二）评价方法

（1）财务业绩定量评价方法

财务业绩定量评价是运用功效系数法的原理，以企业评价指标实际值，对照企业所处行业、规模、标准值，按照既定的计分模型进行定量测算。其基本步骤包括：

① 提取相关数据，加以调整，计算各项指标实际值。财务业绩定量评价的基本数据资料主要为企业评价年度财务会计报告。为了客观、公正地评价企业业绩，保证评价基础数据真实、完整、合理，在实施评价前通常应当对基础数据进行核实，视实际情况按照重要性和可比性原则进行适当调整。在此基础上，运用前文列出的各项指标的计算公式，确定各项指标的实际值。

② 确定各项指标标准值。各项指标的标准值是有关权威部门运用数理统计方法，分年度、行业、规模统一测算和发布的。企业一般可以根据自己的主营业务领域对照国家规定的行业基本分类，选择适合自己的行业标准值。

③ 按照既定模型对各项指标评价计分。财务业绩评价包括基本指标和修正指标，两种指标的计分模型是不同的。

财务业绩定量评价基本指标计分是按照功效系数法计分原理，将评价指标实际值对照行业评价标准值，按照既定的计分公式计算各项基本指标得分。计算公式为：

$$基本指标总得分 = \sum 单项基本指标得分$$

$$本档基础分 = 指标权数 \times 本档标准系数$$

$$单项基本指标得分 = 本档基础分 + 调整分$$

财务业绩定量评价修正指标的计分是在基本指标计分结果的基础上，运用功效系数法原理，分别计算盈利能力、资产质量、债务风险和经营增长四个部分的综合修正系数，再据此计算出修正后的分数。计算公式为：

$$调整分 = 功效系数 \times (上档基础分 - 本档基础分)$$

$$某部分基本指标分析系数 = \frac{该部分基本指标得分}{该部分权数}$$

单项修正系数控制修正幅度为0.7～1.3。

计算修正指标单项修正系数过程中，对于一些特殊情况需要进行调整：

$$某指标加权修正系数 = \frac{修正指标权数}{该部分权数} \times 该指标单项修正系数$$

$$某指标单项修正系数 = 1.0 + (本档标准系数 + 功效系数 \times 0.2 - 该部分基本指标系数)$$

如果修正指标实际值达到优秀值以上，其单项修正系数的计算公式如下：

$$单项修正系数 = 1.2 + 本档标准系数 - 该部分基本指标分析系数$$

如果修正指标实际值处于较差值以下，其单项修正系数的计算公式如下：

单项修正系数 =1.0 - 该部分基本指标分析系数

如果资产负债率≥100%，指标得0分；其他情况按照规定的公式计算。

如果盈余现金保障倍数分子为正数，分母为负数，单项修正系数确定为1.1；如果分子为负数，分母为正数，单项修正系数确定为0.9；如果分子分母同为负数，单项修正系数确定为0.8。

如果不良资产比率≥100%或分母为负数，单项修正系数确定为0.8。

对于营业利润增长率指标，如果上年主营业务利润为负数，本年为正数，单项修正系数为1.1；如果上年主营业务利润为零本年为正数，或者上年为负数本年为零，单项修正系数确定为1.0。

如果个别指标难以确定行业标准，该指标单项修正系数确定为1.0。

④ 计算财务业绩评价分值，形成评价结果。在计算出财务业绩定量评价分值的基础上，需要对定量评价进行深入分析，诊断企业经营管理存在的薄弱环节，形成评价结果。

（2）管理业绩定性评价方法

管理业绩定性评价指运用综合分析判断法的原理，根据评价期间企业管理业绩状况等相关因素的实际情况，对照管理业绩定性评价参考标准，对企业管理业绩指标进行分析、评议，确定评价分值。其基本步骤包括：

① 收集整理相关资料。为了深入了解企业的管理业绩状况，可以通过问卷调查、访谈等方式，充分收集并认真整理管理业绩评价的有关资料。财务业绩定量评价结果也是进行管理业绩定性评价的重要资料之一。

② 参照管理业绩定性评价标准，分析企业管理业绩状况。

③ 对各项指标评价计分。管理业绩定性评价指标的计分一般通过专家评议打分完成（聘请的专家通常不少于7位）。评议专家应当在充分了解企业管理绩效状况的基础上，对照评价参考指标，采取综合分析判断法，对企业管理绩效指标作出分析评议，评判各项指标所处的水平档次，并直接给出评价分数。其计算公式如下：

$$管理业绩定性评价指标分数 = \sum 单项指标分数$$

$$单项指标分数 = \frac{\sum 每位专家给定的单项指标分数}{专家人数}$$

④ 计算管理业绩评价分值，形成评价结果。管理绩效定性评价工作的最后是汇总管理绩效定性评价指标得分，形成定性评价结论。

（3）计算综合业绩评价分值形成综合评价结果

根据财务业绩定量评价结果和管理业绩定性评价结果，按照既定的权重和计分方法，计算出业绩评价总分，考虑相关因素进行调整后，得出企业综合业绩评价分值。计算公式：

综合业绩评价分值 = 财务业绩定量评价分数 ×70% + 管理业绩定性评价分数 ×30%

综合评价结果是根据企业综合业绩评价分值及分析得出的评价，结论分为优（A）、良（B）、中（B）、低（D）和差（E）五个等级，评价级别是对每种类型再划分次级，以体现同一评价类型的差异，采用字母和在字母右上端标注“++”、“+”、“-”的方式表示，如表 13 - 9 所示。

**表 13 - 9　综合评价结果**

| 综合业绩评价分值 | | 评价类型 | 评价级别 |
|---|---|---|---|
| ≥85 分 | ≥95 分 | 优（A） | $A^{++}$ |
| | ≥90 分、<95 分 | | $A^{+}$ |
| | ≥85 分、<90 分 | | A |
| ≥70 分、<85 分 | ≥80 分、<85 分 | 良（B） | $B^{+}$ |
| | ≥75 分、<80 分 | | B |
| | ≥70 分、<75 分 | | $B^{-}$ |
| ≥50 分、<70 分 | ≥60 分、<70 分 | 中（C） | C |
| | ≥50 分、<60 分 | | $C^{-}$ |
| ≥40 分、<50 分 | | 低（D） | D |
| <40 分 | | 差（E） | E |

## 五、业绩评价报告

业绩评价报告是根据业绩评价结果编制反映被评价企业业绩状况的文件，由报告正文和附件构成。综合评价报告正文应当包括：评价目的、评价依据与评价方法、评价过程、评价结果以及评价结论需要说明的重大事项等内容。

业绩评价报告附件应当包括：企业经营业绩分析报告、评价结果、计分表、问卷调查结果分析、专家咨询报告、评价基础数据及调整情况等内容。

# 思考与练习

**关键术语**

财务分析　趋势分析　比率分析　因素分析　财务指标　偿债能力指标　营运能力指标　盈利能力指标　发展能力指标　杜邦财务报表分析　沃尔比重评分法　业绩评价

**思考题**

1. 财务报表分析的目的是什么？基本方法有哪些？

2. 财务报表分析的指标都有哪些？如何理解和运用它们？

3. 分析偿债能力、营运能力、盈利能力和发展能力的指标与方法有哪些？

4. 杜邦分析法在企业综合财务报表分析中的作用是什么？

5. 如何对企业进行业绩评价？业绩评价由哪些部分组成？

**客观题**

**一、单项选择题**

1. 若流动比率大于1，则下列说法中一定正确的是：（　　）

A. 速动比率大于1　　B. 速动比率小于1

C. 短期偿债能力较强　　D. 营运资金大于零

2. 所有者进行财务报表分析的最主要目的在于：（　　）

A. 分析企业的资本保值和增值能力

B. 分析企业的偿债能力

C. 分析企业经营理财的各个方面

D. 关注企业的社会效益和分析企业财务活动的合规性和合法行

3. 下列各项指标中，能够更为谨慎地评价企业短期偿债能力的指标是：（　　）

A. 流动比率　　B. 速动比率

C. 现金流动负债比率　　D. 已获利息倍数

4. 某公司无优先股，每股盈余为4元，每股发放股利为2元，留存收益为500万元。年底每股账面价值为30元，负债总额为5000万元，则该公司的资产负债率为：（　　）

A. 30%　　B. 33%　　C. 40%　　D. 44%

5. 下列指标属于效率比率分析指标的有：（　　）

A. 资产负债率　　B. 成本利润率

C. 流动比率　　D. 流动资产占全部资产的比重

6. 计算应收账款周转率时，应收账款是指：（　　）

A. 未扣除坏账准备的应收账款总额

B. 包括“应收账款”和“应收票据”等的全部赊销账款

C. “应收账款”账户的期末余额

D. 仅在本年度发生的应收账款

7. 下列有关对资产负债率的评价中，正确的是：（　　）

A. 从企业经营者的角度看，负债比率越小越好

B. 从债权人的角度看，负债比率越小越好

C. 从企业所有者的角度看，负债比率越大越好

D. 无论从经营者还是债权人的角度看，负债比率越小越好

8. 某公司资产负债率60%，净资产收益率26.5%，销售净利率20%，则总资产周转率为：（　　）

A. 1.98　　B. 0.95　　C. 0.53　　D. 0.22

9. 以下关于已获利息倍数的叙述正确的是：（　　）

A. 已获利息倍数是指企业税后利润与利息费用的比率

B. 已获利息倍数不仅反映了企业盈利能力的大小，也是衡量企业长期偿债能力大小的重要标志

C. 已获利息倍数应当小于 1 为好

D. 已获利息倍数越小，说明企业支付债务利息的能力越强

10. 权益乘数越小，表明企业的负债程度： （ ）

A. 越高　　B. 越低　　C. 不确定　　D. 为零

11. 某企业流动比率大于 1，以银行存款 10 000 元偿还短期借款，流动比率的变化趋势：（ ）

A. 上升　　B. 下降　　C. 不变　　D. 无法确定

12. 既是反映企业盈利能力的指标，又是整个财务指标分析体系核心指标的是： （ ）

A. 净资产收益率　　B. 资产净利率

C. 主营业务利润率　　D. 资本保值增值率

13. 与产权比率相比较，资产负债率评价企业偿债能力的侧重点是： （ ）

A. 揭示财务结构的稳健程度　　B. 揭示债务偿付安全性的物质保障程度

C. 揭示主权资本对偿债风险的承受能力　　D. 揭示负债与长期资金的对应关系

14. 某企业资产负债表中，现金 8 000 元，银行存款 50 000 元，应收账款 10 000 元，交易性金融资产 20 000 元，存货 25 000 元，预付账款 5 000 元，流动负债合计 110 000 元，则该企业的速动比率为： （ ）

A. 1.2　　B. 1.07　　C. 0.8　　D. 0.68

15. 已知某公司年末流动负债 40 万元，其他流动资产 5 万元，销售成本 120 万元，流动比率 2，速动比率 1.5。存货周转率 3，则年初存货为多少万元? （ ）

A. 60　　B. 65　　C. 70　　D. 75

16. 某企业税后利润 134 万元，所得税税率 33%，利息费用 50 万元，其中资本化的利息费用 5 万元，债券的利息 15 万元，则该企业的已获利息倍数为： （ ）

A. 7.67　　B. 4.90　　C. 5.44　　D. 4.23

17. 在计算速动比率时要从流动资产中扣除存货部分，其原因是： （ ）

A. 存货的数量难以确定　　B. 存货的变现能力最低

C. 存货的价值变化大　　D. 存货的质量难以保证

18. 杜邦分析法主要用于： （ ）

A. 变现能力分析　　B. 资产管理能力分析

C. 财务状况综合分析　　D. 长期偿债能力分析

19. 债务比率用以衡量企业的： （ ）

A. 短期偿债能力　　B. 变现能力

C. 长期偿债能力　　D. 盈利能力

20. 某公司 2000 年销售净收入 315 000 元，应收账款年末 18 000 元，年初 16 000 元，其应收账款周转次数是： （ ）

A. 10　　B. 15　　C. 18.5　　D. 20

21. 某企业原流动比率为 2：1，速动比率为 1：1，现以银行存款预付下半年的报刊杂志费，则企业的： （ ）

A. 流动比率下降　　B. 速动比率下降

C. 两种比率均不变　　D. 两种比率均提高

22. 在企业总资产周转率为 1.8 次时，会引起该指标下降的经济业务是：（　）

A. 销售商品取得收入　　B. 借入一笔生产资金借款

C. 用银行存款购入一台设备　　D. 用银行存款支付了一年电话费

23. 某公司流动比率为 2：2，将引起流动比率下降的经济业务是：（　）

A. 收到股利　　B. 借入短期借款

C. 用现金偿还应付账款　　D. 销售商品取得收入

24. 某企业本期资产负债率为 47%，则：（　）

A. 企业已资不抵债　　B. 企业有较好的偿债能力

C. 不说明什么问题　　D. 企业不具备负债经营能力

25. 可用于企业财务状况趋势分析的方法是：（　）

A. 比率分析法　　B. 比较分析法

C. 杜邦分析法　　D. 财务比率综合分析法

26. 企业又收到投资者投入资本 200 000 元，则本期资本金负债率：（　）

A. 提高　　B. 下降

C. 保持不变　　D. 可能提高也可能下降

27. 在杜邦财务报表分析体系中，综合性最强的财务比率是：（　）

A. 净资产收益率　　B. 总资产净利率

C. 总资产周转率　　D. 营业净利率

28. 某企业 2006 年主营业务收入净额为 36 000 万元，流动资产平均余额为 4 000 万元，固定资产平均余额为 8 000 万元。假定没有其他资产，该企业 2006 年的总资产周转率为多少次？（　）

A. 3.0　　B. 3.4　　C. 2.9　　D. 3.2

29. 影响速动比率的重要因素是：（　）

A. 存货的变现能力　　B. 应收账款的变现能力

C. 企业的偿债声誉　　D. 流动负债的性质

30. 某企业某年的财务杠杆系数为 2.5，息税前利润（EBIT）的计划增长率为 10%，假定其他因素不变，则该年普通股每股收益（EPS）的增长率为：（　）

A. 4%　　B. 5%　　C. 20%　　D. 25%

31. 在下列各项指标中，其算式的分子、分母均使用本年数据的是：（　）

A. 资本保值增值率　　B. 技术投入比率

C. 总资产增长率　　D. 资本积累率

32. 在下列财务业绩评价指标中，属于企业盈利能力基本指标的是：（　）

A. 营业利润增长率　　B. 资产净利率

C. 总资产周转率　　D. 资本保值增值率

33、下列各项中，不属于财务业绩定量评价指标的是：（　）

A. 盈利能力指标　　B. 资产质量指标

C. 经营增长指标　　D. 人力资源指标

34. 为满足不同利益相关者的需要，协调各方利益关系，需要广泛的财务分析的主体是：（　）

A. 权益投资者　　B. 企业债权人

C. 治理层和管理层　　D. 政府

35. 在财务分析中，将通过对比两期或连续数期财务报告中的相同指标，以说明企业财务状况或经营成果变动趋势的方法称为：（　　）

A. 水平分析法　　B. 比率分析法

C. 因素分析法　　D. 环比分析法

36. 甲公司 2008 年的营业净利率比 2007 年下降 5%，总资产周转率提高 10%，假定其他条件与 2007 年相同，那么甲公司 2008 年的净资产收益率比 2007 年提高：（　　）

A. 4.5%　　B. 5.5%　　C. 10%　　D. 10.5%

37. 当企业的长期资本不变时，增加长期资产则：（　　）

A. 会降低财务状况的稳定性　　B. 会提高财务状况的稳定性

C. 对财务状况的稳定性没有影响　　D. 增强企业偿债能力

38. 下列业务中，能够降低企业短期偿债能力的是：（　　）

A. 企业采用分期付款方式购置一台大型机械设备

B. 企业从某国有银行取得 3 年期 500 万元的贷款

C. 企业向战略投资者进行定向增发

D. 企业向股东发放股票股利

39. 在下列关于资产负债率、权益乘数和产权比率之间关系的表达式中，正确的是：（　　）

A. 资产负债率 + 权益乘数 = 产权比率　　B. 资产负债率 − 权益乘数 = 产权比率

C. 资产负债率 × 权益乘数 = 产权比率　　D. 资产负债率 ÷ 权益乘数 = 产权比率

40. 某企业的资产利润率为 20%，若产权比率为 1，则权益净利率为：（　　）

A. 15%　　B. 20%　　C. 30%　　D. 40%

41. 某公司 2011 年度销售净额 6000 万元。年初应收账款余额 300 万元，年末应收账款余额 500 万元，坏账准备按应收账款余额 10% 提取。该公司应收账款周转天数为：（　　）

A. 15　　B. 17　　C. 22　　D. 24

42. 两家商业企业本期销售收入、存货平均余额相同，但毛利率不同，则毛利率高的企业存货周转率：（以销售成本为基础计算）（　　）

A. 高　　B. 低　　C. 不变　　D. 难以判断

43. 某企业 2011 年的总资产周转次数 2 次，非流动资产周转次数 3 次，则流动资产周转天数为：（　　）

A. 360　　B. 180　　C. 120　　D. 60

## 二、多项选择题

1. 财务报表分析的方法主要包括：（　　）

A. 趋势分析法　　B. 比率分析法　　C. 因素分析法　　D. 定性分析法

2. 已获利息倍数指标所反映的企业财务层面包括：（　　）

A. 盈利能力　　B. 长期偿债能力　　C. 短期偿债能力　　D. 举债能力

3. 关于财务报表分析有关指标的说法中，正确的有：（　　）

A. 流动比率反映企业短期偿债能力，但有的企业流动比率较高，却没有能力支付到期的应付账款

B. 产权比率揭示了企业负债与股东权益的对应关系

C. 与资产负债率比，产权比率侧重于揭示财务结构的稳健程度及权益资本对偿债风险的承受能力

D. 较之流动比率或速动比率，现金流动负债比率衡量短期债务的偿还能力更为保险

4. 影响速动比率的因素有：（　　）

A. 应收账款　B. 存货　C. 预付账款　D. 短期借款

5. 企业拥有较多的速动资产，则可能会：（　　）

A. 提高机会成本　B. 降低财务风险

C. 减少流动资产的收益　D. 加强偿还短期债务的保障程度

6. 存货周转率的提高意味着：（　　）

A. 企业流动性提高　B. 短期偿债能力增强

C. 存货占用资金水平较低　D. 存货变现速度加快

7. 下列关于应收账款周转率的说法正确的是：（　　）

A. 应收账款周转率是评价应收账款流动性大小的一个重要财务比率

B. 应收账款周转率越高，说明企业收账迅速，账龄短

C. 应收账款周转率越小越好

D. 应收账款周转率越高，说明资产流动性越强，短期偿债能力越强

8. 下列各项指标中，不属于企业生产资料营运能力分析的是：（　　）

A. 流动资产周转率　B. 固定资产周转率

C. 资产净利率　D. 劳动效率

9. 影响应收账款周转率指标利用价值的因素是：（　　）

A. 销售折让与折扣的波动　B. 季节性经营引起的销售额波动

C. 大量使用分期付款结算方式　D. 大量使用现金结算的销售

10. 其他条件不变的情况下，会引起资产净利率指标上升的经济业务有：（　　）

A. 用银行存款归还短期借款　B. 以银行存款购入存货

C. 用现金偿还应付账款　D. 向银行借入短期借款

11. 下列关系式中，正确的是：（　　）

A. 资产负债率 + 产权比率 = 1　B. 权益乘数 = 1 ÷（1 - 资产负债率）

C. 权益乘数 = 1 + 产权比率　D. 资产负债率 × 产权比率 = 1

12. 采用相关比率要注意的问题有：（　　）

A. 对比项目的相关性　B. 对比口径的一致性

C. 衡量标准的科学性　D. 例外事项重点分析

13. 分析企业资金周转状况的指标有：（　　）

A. 速动比率　B. 已获利息倍数

C. 应收账款回收期　D. 固定资产周转率

14. 下列指标中比率越高，说明企业盈利能力越强的有：（　　）

A. 资产报酬率　B. 成本费用利润率

C. 负债比率　D. 应收账款周转率

15. 计算下列指标时，其分母需要采用平均数的有：（ ）

A. 劳动效率 B. 应收账款周转次数

C. 资产净利率 D. 应收账款周转天数

16. 从杜邦分析体系可知，提高资产报酬率的途径可以有：（ ）

A. 加强负债管理，提高负债比率 B. 加强资产管理，提高资产利用率

C. 加强销售管理，提高销售利润率 D. 增强资产流动性，提高流动比率

17. 速动资产包括：（ ）

A. 流动资产－流动负债 B. 短期投资和货币资金

C. 应收账款和其他应收款 D. 存货

18. 反映企业短期偿债能力的指标主要是：（ ）

A. 资产负债率 B. 流动比率 C. 速动比率 D. 现金比率

19. 反映企业营运能力的主要指标是：（ ）

A. 应收账款周转率 B. 存货周转率 C. 销售利润率 D. 资产周转率

20. 趋势分析法是：（ ）

A. 水平分析法 B. 静态分析法

C. 将不同时期相同项目进行比较 D. 将不同时期不同项目进行比较

21. 应收账款周转天数是分析企业流动资产营运情况的指标：（ ）

A. 周转天数少，表明应收账款周转慢 B. 周转天数少，表明应收账款周转快

C. 周转天数多，表明企业信用标准严格 D. 周转天数多，表明企业信用标准放宽

22. 可以用来分析说明资产利润率变化原因的指标有：（ ）

A. 销售利润率 B. 资产周转率 C. 销售收入 D. 长期及流动资产

23. 影响每股收益的财务指标有：（ ）

A. 总资产净利率 B. 资产净利率 C. 权益乘数 D. 每股净资产

24. 运用因素分析法进行分析时，应注意的问题有：（ ）

A. 因素分解的关联性 B. 因素替代的顺序性

C. 顺序替代的连环性 D. 计算结果的假定性

25. 公司当年经营利润多却不能偿还到期债务。为查清其原因，应检查的财务比率包括：（ ）

A. 资产负债率 B. 流动比率 C. 存货周转率 D. 应收账款周转率

26. 权益乘数的高低取决于企业的资金结构，权益乘数越高：（ ）

A. 资产负债率越高 B. 财务风险越大

C. 财务杠杆作用度越大 D. 产权比率越低

27. 下列各项中，影响企业长期偿债能力的事项有：（ ）

A. 未决诉讼 B. 债务担保 C. 长期租赁 D. 或有负债

28. 下列会影响长期偿债能力，但属于资产负债表之外的影响因素有：（ ）

A. 已获利息倍数提高 B. 融资租赁

C. 经常性的经营租赁 D. 债务担保

29. 企业的下列经济活动中，影响经营活动现金流量的有：（ ）

A. 经营活动 B. 投资活动 C. 分配活动 D. 筹资活动

30. 假设其他因素不变，下列变动中有助于提高杠杆贡献率的有：（　）

A. 提高资产净利率　　B. 降低负债税后利息率

C. 减少净负债的金额　　D. 减少资产周转次数

**三、判断题**

1. 流动比率越高，表明企业有足够的流动资产偿还债务，则企业的偿债能力越强。（　）

2. 无论是企业的短期债权人，还是企业投资者、经营者，都希望流动比率越高越好。（　）

3. 若速动比率指标较低，则企业偿还到期流动负债的保障程度较差。（　）

4. 如果固定资产净值增加幅度高于销售收入净额增长幅度，则会引起固定资产周转速度加快，表明企业的营运能力有所提高。（　）

5. 如果已获利息倍数低于1，则企业一定无法支付到期利息。（　）

6. 权益乘数指标可以反映财务杠杆利益的大小。权益乘数越大，说明企业负债程度越高，能给企业带来较大的财务杠杆利益，但同时也带来较大的财务风险。（　）

7. 营运资金越多，表明企业偿还短期债务的能力越强，短期债务越有保障。（　）

8. 通常情况下，已获利息倍数越大，表明企业可以偿还债务利息的可能性也越大。（　）

9. 存货周转率越高，表明其变现的速度越快，周转额越大，资金占用越少，因此，企业的存货储备量应越少越好。（　）

10. 总资产周转率越高，表明企业全部资产的使用效率越高；如果比率较低，则说明资产使用效率较差，最终还会影响企业的盈利能力。（　）

11. 现金流动负债比率过高，将会使企业的机会成本增加，收益减少。（　）

12. 净资产收益率能够反映所有者投入资金的盈利能力，反映企业筹资、投资、资产运营等活动的效率，因此，提高净资产收益率是实现财务管理目标的基本保障。（　）

13. 资本积累率可以反映企业当年资本的积累能力，是评价企业发展能力的重要指标。（　）

14. 财务报表分析的目的是了解企业各方面的财务状况。（　）

15. 流动比率越高，表明企业的偿债能力越强，经营管理水平越高。（　）

16. 现金比率越大越好。（　）

17. 某企业资产报酬率16.8%，权益乘数2.1，则该企业的自有资金利润率为8%。（　）

18. 某公司年末资产总额2000万元，负债总额1060万元，则其权益乘数2.13。（　）

19. 存货周转次数越多，表明企业的经营状况越好。（　）

20. 销售收入利润率是衡量企业资本金盈利能力的指标。（　）

21. 出售固定资产可使资产负债率提高。（　）

22. 资产负债率大于1时，说明企业有较好的偿债能力和负债经营能力。（　）

23. 企业经营业绩评价体系是一个以财务指标与非财务指标相结合的完整评价体系，应力求达到内部与外部的平衡、长期与短期的平衡。（　）

24. 会计处理应借记应付账款，却误借记应收账款，这种错误必然导致流动比率上升。（　）

25. 比率分析法是指利用财务报表中性质相同的指标进行对比分析。（　）

26. 所有者最关心的是企业的偿债能力，债权人最关心的是企业的盈利能力。（　）

27. 反映每元销售收入中职工为社会新创造价值所占份额的指标是社会贡献率。（　）

28. 毛利率越大，说明在净销售收入中销售成本所占比重越小，企业盈利能力越强。（　）

29. 企业营运资金余额越大，说明企业风险越小，收益率越高，偿债能力越强。（　　）

**练习题**

**习题一**

（一）资料：某企业的全部流动资产为600 000元，流动比率为1.5。该公司刚完成以下两项交易：（1）购入商品160 000元以备销售，其中80 000元为赊购。（2）购置运输车辆一部，价值50 000元，其中30 000元以银行存款支付，其余开出3月期应付票据一张。

（二）要求：计算每笔交易后的流动比率。

**习题二**

（一）资料：某企业年销售额（全部赊销）500 000元，毛利率20%，流动资产100 000元，流动负债80 000元，存货40 000元，现金5 000元（1年按360天计算）。

（二）要求：（1）计算该企业的流动比率、速动比率和现金比率；

（2）如该企业要求存货年周转次数达16次（以销售成本计算），年平均存货持有量应为多少？

（3）如果该企业要求应收账款平均持有量达到40 000元水平，问应收账款回收期应为多少天？

**习题三**

（一）资料：A公司有关资料如下：

（1）2011年末简化资产负债表如下表。（单位：万元）

| 资产 | 金额 | 负债与所有者权益 | 金额 |
|---|---|---|---|
| 货币资金 | 30 | 应付票据 | 25 |
| 应付账款 | 60 | 应收账款 | 55 |
| 存货 | 80 | 应付职工薪酬 | 10 |
| 长期投资 | 30 | 长期借款 | 100 |
| 固定资产净额 | 300 | 股本 | 250 |
| | | 未分配利润 | 60 |
| 总计 | 500 | 总计 | 500 |

（2）该公司2011年度销售收入为1 500万元，净利润为75万元。

（二）要求计算：（1）销售利润率；（2）总资产周转率（用年末数计算）；（3）权益乘数。

**习题四**

（一）资料：某企业2008年流动资产为120万元，年初存货为60万元，年初应收账款为38万元。2011年年末的有关资料为：流动负债70万元，流动比率2.2，速动比率1.2，现金比率0.6。全年应收账款周转率为5次，全年销售成本156万元，销售收入中赊销收入所占的比重为40%。假定该企业流动资产仅包括速动资产与存货。

（二）要求计算：（1）该企业年末流动资产、年末存货和年末应收账款；

（2）该企业流动资产周转率和存货周转率。

**习题五**

（一）资料：A公司2011年度资产负债表和利润表资料如下表所示。A公司发行在外普通股2010年1 000万股，2011年1200万股，平均市价分别为2.2元1股和2.5元1股，2011年派息400万元。

A 公司资产负债表（2011 年 12 月 31 日）　　（单位：万元）

| 项目 | 年初数 | 年末数 | 项目 | 年初数 | 年末数 |
|---|---|---|---|---|---|
|  |  |  | 流动负债： |  |  |
| 流动资产： |  |  | 短期借款 | 200 | 150 |
| 货币资金 | 880 | 1 550 | 应付账款 | 600 | 400 |
| 短期投资 | 132 | 60 | 应付职工薪酬 | 180 | 300 |
| 应收账款 | 1 080 | 1 200 | 应付股利 | 500 | 800 |
| 预付货款 | 200 | 250 | 一年内到期的长期负债 | 120 | 150 |
| 存货 | 808 | 880 | 流动负债合计 | 1 600 | 1 800 |
| 流动资产合计 | 3 100 | 3 940 | 长期负债： |  |  |
| 长期投资： |  |  | 应付债券 | 100 | 200 |
| 长期投资 | 300 | 500 | 长期借款 | 200 | 300 |
| 固定资产： |  |  | 股东权益 |  |  |
| 固定资产原价 | 2 500 | 2 800 | 股本 | 1 500 | 1 800 |
| 减：累计折旧 | 750 | 880 | 资本公积 | 500 | 700 |
| 固定资产净值 | 1 750 | 1 920 | 盈余公积 | 800 | 1 000 |
| 无形及其他资产 |  |  | 未分配利润 | 500 | 600 |
| 无形资产 | 50 | 40 | 股东权益合计 | 3 300 | 4 100 |
| 资产合计 | 5 200 | 6 400 | 负债及股东权益合计 | 5 200 | 6 400 |

A 公司利润表（2011 年度）　　（单位：万元）

| 项目 | 本年数 | 上年数 |
|---|---|---|
| 一、营业收入 | 15 000 | 11 500 |
| 减：营业成本（销售成本） | 8500 | 6 900 |
| 　　销售费用 | 500 | 450 |
| 　　管理费用 | 840 | 750 |
| 　　财务费用（利息费用） | 60 | 50 |
| 　　进货费用 | 40 | 35 |
| 　　营业税金及附加 | 750 | 575 |
| 二、营业利润 | 4 310 | 2 740 |
| 加：投资收益 | 70 | 50 |
| 　　营业外收入 | 50 | 60 |
| 减：营业外支出 | 30 | 50 |
| 三、税前利润 | 4 400 | 2 800 |
| 减：所得税（50%） | 2 200 | 1 400 |
| 四、税后净利 | 2 200 | 1 400 |

（二）要求：（1）根据报表资料分别对该公司偿债能力、营运能力、盈利能力等各项进行分析；（2）用杜邦分析法进行综合分析。

**习题六**

（一）资料：A 公司 2011 年 12 月 31 日资产负债表如下表所示。

资产负债表　　　　（单位：万元）

| 项　目 | 年初数 | 年末数 | 项　目 | 年初数 | 年末数 |
|---|---|---|---|---|---|
| 流动资产 | | | | | |
| 货币资金 | 110 | 95 | 流动负债合计 | 220 | 218 |
| 应收账款净额 | 135 | 150 | 长期负债合计 | 290 | 372 |
| 存货 | 160 | 170 | 负债合计 | 510 | 590 |
| 长期股权投资 | 30 | 35 | 所有者权益合计 | 715 | 720 |
| 流动资产合计 | 425 | 450 | | | |
| 固定资产 | 800 | 860 | | | |
| 合　计 | 1 225 | 1 310 | 合　计 | 1 225 | 1 310 |

另外，该公司2010年销售净利率为20%，总资产周转率0.7次，权益乘数1.71，自有资金利润率23.94%。2011年销售收入净额1 014万元（其中赊销收入570万元），净利润253.5万元。

（二）要求计算：

（1）年末的流动比率、速动比率、产权比率、资产负债率和权益乘数；

（2）计算应收账款周转率、固定资产周转率、总资产周转率；

（3）计算销售净利率、资本保值增值率；

（4）采用因素分析法，分析销售净利率、总资产周转率和权益乘数对自有资金利润率的影响。

**习题七**

（一）资料：F公司经营多种产品，最近两年的财务报表数据摘要如下（单位：万元）：

| 利润表数据 | 上年 | 本年 |
|---|---|---|
| 营业收入 | 10 000 | 30 000 |
| 　销货成本（变动成本） | 7 300 | 23 560 |
| 　管理费用（固定成本） | 600 | 800 |
| 　营业费用（固定成本） | 500 | 1 200 |
| 　财务费用（借款利息） | 100 | 2 640 |
| 税前利润 | 1 500 | 1 800 |
| 　所得税 | 500 | 600 |
| 净利润 | 1 000 | 1 200 |
| 资产负债表数据 | 上年末 | 本年末 |
| 货币资金 | 500 | 1 000 |
| 应收账款 | 2 000 | 8 000 |
| 存货 | 5 000 | 20 000 |
| 其他流动资产 | 0 | 1 000 |

（续上表）

| 利润表数据 | 上年 | 本年 |
|---|---|---|
| 流动资产合计 | 7 500 | 30 000 |
| 固定资产 | 5 000 | 30 000 |
| 资产总计 | 12 500 | 60 000 |
| 短期借款 | 1 850 | 15 000 |
| 应付账款 | 200 | 300 |
| 其他流动负债 | 450 | 700 |
| 流动负债合计 | 2 500 | 16 000 |
| 长期借款 | 0 | 29 000 |
| 负债合计 | 2 500 | 45 000 |
| 股本 | 9 000 | 13 500 |
| 盈余公积 | 900 | 1 100 |
| 未分配利润 | 100 | 400 |
| 所有者权益合计 | 10 000 | 15 000 |
| 负债及所有者权益总计 | 12 500 | 60 000 |

（二）要求：进行以下计算、分析和判断（提示：为了简化计算和分析，计算各种财务比率时需要的存量指标如资产、所有者权益等，均使用期末数；一年按360天计算）。

（1）净利润变动分析：该公司本年净利润比上年增加了多少？按顺序计算确定所有者权益变动和权益净利率变动对净利润的影响数额（金额）。

（2）权益净利率变动分析：确定权益净利率变动的差额，按顺序计算确定资产净利率和权益乘数变动对权益净利率的影响数额（百分点）。

（3）资产净利率变动分析：确定资产净利率变动的差额，按顺序计算确定资产周转率和销售净利率变动对资产净利率的影响数额（百分点）。

（4）资产周转天数分析：确定总资产周转天数变动的差额，按顺序计算确定固定资产周转天数和流动资产周转天数变动对总资产周转天数的影响数额（天数）。

（5）风险分析：计算上年（销售额为10 000万元）的经营杠杆、财务杠杆和总杠杆；本年（销售额为30 000万元）的经营杠杆、财务杠杆和总杠杆。

**习题八**

（一）资料：甲酒店是一家总部位于中国某市的五星级酒店集团。近年来，甲酒店在全国范围内通过托管、合并与自建等方式大力发展经营业务。一家投资公司准备向甲酒店投资入股，现在正对甲酒店的财务状况进行分析。为了进行比较，该投资公司选取了乙酒店作为参照对象，乙酒店是中国酒店业的龙头企业。甲酒店和乙酒店的资产负债表数据与利润表数据如下：

**两家酒店的资产负债表对比（2011 年 12 月 31 日）（单位：万元）**

| | 甲酒店 | | 乙酒店 | |
|---|---|---|---|---|
| | 年末余额 | 年初余额 | 年末余额 | 年初余额 |
| 货币资金 | 21 376 | 22 659 | 74 173 | 67 775 |
| 应收票据 | 0 | 900 | 2 | 11 |
| 应收账款 | 7 985 | 4 924 | 3 271 | 4 092 |
| 预付款项 | 33 372 | 15237 | 1 765 | 198 |
| 应收利息 | 0 | 0 | 0 | 0 |
| 应收股利 | 0 | 0 | 1323 | 320 |
| 其他应收款 | 9 190 | 10 617 | 2 657 | 3 210 |
| 存货 | 24 106 | 45 672 | 1 257 | 1 081 |
| 其他流动资产 | 39 | 0 | 0 | 0 |
| 流动资产合计 | 96 068 | 100 009 | 84 448 | 76 687 |
| 可供出售金融资产 | 0 | 0 | 90 921 | 395 650 |
| 长期股权投资 | 6 121 | 6 174 | 95 143 | 99 223 |
| 固定资产 | 164 917 | 93 684 | 25 556 | 27 989 |
| 在建工程 | 6 148 | 9 337 | 699 | 865 |
| 工程物资 | 136 | 0 | 0 | 0 |
| 无形资产 | 15 479 | 8 958 | 21 614 | 22 086 |
| 商誉 | 0 | 0 | 1 100 | 1 100 |
| 长期待摊费用 | 22 389 | 10 475 | 2 678 | 1 667 |
| 递延所得税资产 | 2 307 | 528 | 37 | 983 |
| 非流动资产合计 | 217 497 | 129 156 | 237 748 | 549 563 |
| 资产总计 | 313 565 | 229 165 | 322 196 | 626 250 |
| 短期借款 | 70 200 | 50 200 | 550 | 1 100 |
| 应付票据 | 2 000 | 0 | 0 | 0 |
| 应付账款 | 6 336 | 4 299 | 5 471 | 5 592 |
| 预收款项 | 8 089 | 5 101 | 2 286 | 2 428 |
| 应付职工薪酬 | 1 043 | 1 095 | 7 392 | 7 948 |
| 应交税费 | 5 028 | 5 442 | 1 847 | 4 033 |
| 应付股利 | 0 | 69 | 18 | 643 |
| 其他应付款 | 31 380 | 15 134 | 3 310 | 4 168 |
| 一年内到期的非流动负债 | 6 773 | 6 500 | 0 | 0 |

（续上表）

| | 甲酒店 | | 乙酒店 | |
|---|---|---|---|---|
| | 年末余额 | 年初余额 | 年末余额 | 年初余额 |
| 其他流动负债 | 4 | 0 | 0 | 0 |
| 流动负债合计 | 130 853 | 87 840 | 20 874 | 25 912 |
| 长期借款 | 33 784 | 41 564 | 204 | 204 |
| 长期应付款 | 12 713 | 10 288 | 0 | 0 |
| 专项应付款 | 0 | 2 635 | 0 | 0 |
| 预计负债 | 0 | 0 | 221 | 0 |
| 递延所得税负债 | 1 081 | 1 441 | 18 111 | 95 105 |
| 其他非流动负债 | 6 477 | 8 368 | 0 | 0 |
| 非流动负债合计 | 54 055 | 64 296 | 18 536 | 95 309 |
| 负债合计 | 184 908 | 152 136 | 39 410 | 121 221 |
| 股本 | 36 868 | 34 568 | 60 324 | 60 324 |
| 资本公积 | 49 002 | 14 793 | 133 909 | 362 350 |
| 盈余公积 | 1 290 | 1 159 | 44 387 | 41 835 |
| 未分配利润 | 41 497 | 26 509 | 44 166 | 40 520 |
| 股东权益合计 | 128 657 | 77 029 | 282 786 | 505 029 |
| 负债及股东权益总计 | 313 565 | 229 165 | 322 196 | 626 250 |

**两家酒店的利润表对比（2011 年度）** （单位：万元）

| | 甲酒店 | | 乙酒店 | |
|---|---|---|---|---|
| | 本年金额 | 上年金额 | 本年金额 | 上年金额 |
| 营业收入 | 90 137 | 61 182 | 79 363 | 83 476 |
| 营业成本 | 42 406 | 23 385 | 24 855 | 25 441 |
| 营业税金及附加 | 4 938 | 3 056 | 3 266 | 3 419 |
| 销售费用 | 1 736 | 1 097 | 23 056 | 23 154 |
| 管理费用 | 27 586 | 21 355 | 17 504 | 18 648 |
| 财务费用 | 6 638 | 3 736 | −1 745 | −742 |
| 资产减值损失 | 904 | 172 | 32 | −28 |
| 投资收益（股权） | −53 | 55 | 17 909 | 18 565 |
| 营业利润 | 5 876 | 8 436 | 30 304 | 32 149 |
| 营业外收入 | 8 957 | 11 236 | 1 901 | 341 |

（续上表）

| | 甲酒店 | | 乙酒店 | |
|---|---|---|---|---|
| | 本年金额 | 上年金额 | 本年金额 | 上年金额 |
| 营业外支出 | 134 | 167 | 82 | 35 |
| 利润总额 | 14 699 | 19 505 | 32 123 | 32 455 |
| 所得税费用 | 1 436 | 2 342 | 3 269 | 4 495 |
| 净利润 | 13 263 | 17 163 | 28 854 | 27 960 |

注：假设利息费用等于财务费用，货币资金均处理为金融资产，长期应付款均为经营性应付款，应收票据、应付票据均为无息票据。

（二）要求：（1）按照改进杜邦财务分析体系分别计算甲酒店与乙酒店2011年度的经营资产、经营负债、金融资产、金融负债、净经营资产、税后经营净利润和税后利息的金额，结果填入给定的表格中（小数点后取三位小数）。

| | | 甲酒店 | 乙酒店 |
|---|---|---|---|
| 经营资产 | 年初余额 | | |
| | 年末余额 | | |
| 经营负债 | 年初余额 | | |
| | 年末余额 | | |
| 金融资产 | 年初余额 | | |
| | 年末余额 | | |
| 金融负债 | 年初余额 | | |
| | 年末余额 | | |
| 净经营资产 | 年初余额 | | |
| | 年末余额 | | |
| 税后经营净利润 | 本年金额 | | |
| 税后利息 | 本年金额 | | |

（2）根据改进杜邦财务分析体系分别计算甲酒店和乙酒店2011年度的税后经营净利率、净经营资产周转次数、净经营资产净利率、税后利息率、经营差异率、净财务杠杆、杠杆贡献率、净资产收益率，结果填入给定的表格中（计算净经营资产周转次数和净财务杠杆时小数点后取四位小数，其他百分率指标小数点后取三位小数）。

| | 甲酒店 | 乙酒店 | 指标差异 = 甲酒店 - 乙酒店 |
|---|---|---|---|
| 税后经营净利率（%） | | | |
| 净经营资产周转次数 | | | |

（续上表）

| | 甲酒店 | 乙酒店 | 指标差异 = 甲酒店 - 乙酒店 |
|---|---|---|---|
| 净经营资产净利率（%） | | | |
| 税后利息率（%） | | | |
| 经营差异率（%） | | | |
| 净财务杠杆 | | | |
| 杠杆贡献率（%） | | | |
| 净资产收益率（%） | | | |

（3）以乙酒店为基准使用连环替代法并按照净经营资产净利率差异、税后利息率差异和净财务杠杆差异的顺序，计算甲酒店与乙酒店净资产收益率差异的驱动因素，结果填入给定的表格中（净财务杠杆小数点后取四位小数，其他百分率指标小数点后取三位小数）。

| 差异影响因素 | 乙酒店 | 替换净经营资产净利率 | 替换税后利息率 | 替换净财务杠杆 |
|---|---|---|---|---|
| 净经营资产净利率（%） | | | | |
| 税后利息率（%） | | | | |
| 经营差异率（%） | | | | |
| 净财务杠杆 | | | | |
| 杠杆贡献率（%） | | | | |
| 净资产收益率（%） | | | | |
| 差异影响（%） | | | | |

（4）根据要求（2）计算的指标结果，简要指出甲酒店与乙酒店相比，在哪些方面存在不足。

（5）使用传统杜邦分析体系分别计算甲酒店与乙酒店的资产营运能力，并与改进杜邦体系的分析结果相比较，结果有何差异？并简要说明理由。

# 附录　习题参考答案

## 第1章　总论

客观题

一、单项选择题

1. C　2. B　3. D　4. C　5. C　6. C　7. C　8. B　9. A　10. A　11. B　12. C　13. D　14. A　15. B　16. C　17. B　18. A　19. C　20. C　21. A　22. D　23. D　24. A　25. C

二、多项选择题

1. BCD　2. AC　3. AB　4. AD　5. ABCD　6. BCD　7. BC　8. BCD　9. ACD　10. ABD　11. ABCD　12. ABC　13. ABD　14. ABC　15. ABCD　16. ABD　17. ABCD　18. BCD　19. ABD　20. AD　21. ABCD

三、判断题

1. √　2. ×　3. √　4. ×　5. ×　6. √　7. √　8. √　9. √　10. √　11. √　12. ×　13. ×　14. ×　15. √　16. √　17. ×　18. ×　19. √　20. ×　21. ×　22. ×　23. ×

## 第2章　财务管理体制和环境

一、单项选择题

1. A　2. C　3. C　4. D　5. C　6. D　7. C　8. D　9. B　10. B　11. A　12. D　13. A　14. D　15. B　16. B　17. D　18. C　19. B　20. D

二、多项选择题

1. BC　2. ACD　3. ABCD　4. AB　5. ABCD　6. ABD　7. ABC　8. ABC　9. AC　10. BCD　11. ABCD　12. CD　13. ABCD　14. BD　15. ABCD　16. AD

三、判断题

1. √　2. ×　3. √　4. √　5. √　6. √　7. ×　8. √　9. √　10. √　11. √　12. ×　13. √　14. ×　15. √　16. ×　17. ×　18. √　19. ×　20. ×

## 第3章　资金时间价值及应用

一、单项选择题

1. C　2. C　3. D　4. C　5. B　6. C　7. C　8. D　9. C　10. A　11. B　12. A　13. D　14. C　15. A　16. D　17. A　18. B　19. C　20. C　21. C　22. D

二、多项选择题

1. BCD　2. ACD　3. BCD　4. AD　5. CD　6. ABCD　7. BCD　8. AC　9. ACD　10. BC　11. ABCD　12. AC

三、判断题

1. ×　2. ×　3. ×　4. √　5. ×　6. √　7. ×　8. ×　9. ×　10. ×　11. ×

**练习题**

习题一　（1）1 295 元；（2）1 268 元；（3）621 元；（4）587 元；（5）15%；（6）16.67 万元；（7）4 748.09 元；（8）8.16%；（9）6.14%

习题二　（1）13.08 万元；（2）13.165 万元

习题三　（1）44928 元；（2）43057 元；（3）流入 4.3056 万、流出 4.928 万。投资决策：不可行。

习题四　（1）由已知得：$F = 24, P = 12, i = 8\%$；因为 $F = P(F/P, i, n)$，所以 $(F/P, 8\%, n) = F/P = 24/12 = 2$，查表得：$(F/P, 8\%, 9) = 1.999 \approx 2$，因此需 9 年可使现有货币增加 1 倍。

（2）$(F/P, 8\%, n) = 2.5$；查表用内插法求解：$(n - 11)/1 = (2.5 - 2.3316)/(2.5182 - 2.3316)$，所以 $n = 11.9$(年)；需 11.9 年可使现有货币增加 1.5 倍。

习题五　（1）20×8 年年初 A 设备投资额的终值为 100 000 ×（1 + 12% ×2）= 124 000（元）。20×8 年年初各年预期收益的现值之和为 78 816（元）。

（2）20×8 年年初 A 设备投资额的终值为 100 000 × $(1+12\%)^2$ = 125 440（元）。

20×8 年年初各年预期收益的现值之和为 80 541（元）。

习题六　（1）甲银行的实际利率：$i_{甲} = (1 + r/m)^m - 1$　所以 $i_{甲} = (1 + 8\%/4)^3 - 1 = 8.24\%$。

（2）乙银行名义复利率为 7.94%。

习题七　该企业现在需要存入银行的金额 = 50 000/ $(1+10\%)^{10}$ = 19 275.25（元）。

习题八　（1）实际年利率 17%；（2）5 年后本利和 219.11（万元）。

习题九　NPV = 2.372 − 3.0725 = −7 005 元，不可行。

习题十　还款期 15 年，月供 2371 元；若还款期为 23 年，月供 1 837.78 元。

习题十一　方案 1 的终值：$F_1 = 120$（万元）；方案 2 的终值：$F_2 = 123.065$（万元）。由于方案 2 的终值大于方案 1 的终值，所以应选择方案 1，即 5 年后一次付 120 万元。

## 第 4 章　收益与风险分析

一、单项选择题

1. A　2. B　3. A　4. B　5. C　6. B　7. B　8. B　9. D　10. D　11. A　12. B　13. D　14. C　15. B　16. C　17. D　18.　A　19. B　20. C　21. C　22. B　23. D

二、多项选择题

1. ABC　2. CD　3. ACD　4. ABC　5. ABC　6. BCD　7. ABCD　8. ABD　9. AB　10. ABCD　11. ABCE　12. ABC　13. AD　14. ABCD　15. BD　16. ACD　17. AD　18. AD　19. ABCD　20. ABD　21. ABD

三、判断题

1. ×　2. ×　3. ×　4. ×　5. ×　6. √　7. ×　8. ×　9. ×　10. √　11. √　12. ×　13. √　14. √　15. √　16. √　17. √　18. √　19. √　20. ×　21. √

**练习题**

习题一　（1）甲项目收益率期望值 = 0.2 ×20% + 0.6 ×10% + 0.2 ×5% = 11%；乙项目收益率期望值 = 0.2 ×30% + 0.6 ×10% + 0.2 ×(−10%) = 10%。

（2）甲项目收益率标准离差 = 4.90%；乙项目收益率标准离差 = 12.65%。

（3）因为甲乙两个项目期望值不同，所以应当比较二者的标准离差率进而比较风险的大小：

甲标准离差率 44.55%；乙标准离差率 126.5%。因为乙项目的标准离差率大于甲项目的标准离差率，所以乙项目的风险大于甲项目。

（4）风险收益率 4.46%，必要收益率 = 9.46%。

习题二

（1）A 股票的期望收益率 10.6%，$\sigma^2 = 0.027684$，A 股票的标准差 $\sigma = 16.64\%$。

（2）该股票的 $\beta$ 系数 0.83。

（3）该股票的必要收益率 7.49%。

（4）因为期望收益率 10.6% 大于必要收益率 7.49%，所以可投资该股票。

习题三

（1）甲股票必要收益率 16%；乙股票必要收益率 14%；丙股票必要收益率 10%；丁股票必要收益率 12%。

（2）投资组合的 $\beta$ 系数 1.5。

（3）投资组合的必要收益率 14%。

习题四　甲方案：收益期望值 65 万元，方差 2 515 万元，标准离差 50.15 万元；标准离差率 0.77。

乙方案：收益期望值 61.25 万元，方差 1 694.69 万元。

标准离差 41.17 万元；标准离差率 0.67。

决策：在两个投资方案的期望值不相同的情况下，甲方案的标准离差率大，投资风险大；乙方案标准离差率小，风险小。可选用乙投资方案。

习题五　期望报酬率 A = 24%，期望报酬率 B = 25%；期望报酬率 C = 26%；A 标准差 $\sigma = 0.1\,497$，B 标准差 $\sigma = 0.2\,408$，C 标准差 $\sigma = 0.3\,323$；A 标准离差率 = 0.6 238，B 标准离差率 = 0.9 632，C 标准离差率 = 1.2781。决策：应选择 A 方案。

习题六　（1）组合的 $\beta$ 系数 1.67，组合的风险收益率 8.35%，组合的预期收益率 13.35%。

（2）调整后的组合 $\beta$ 系数 1.07，组合的风险收益率 5.35%，组合的预期收益率 10.35%。

习题七　$R = 16.53\%$。

习题八　改变前 $\beta = 1.37$，改变后 $\beta = 1.55$；改变前预期报酬率 = 17%，改变后预期报酬率 = 18.4%。

习题九　（1）甲项目的预期报酬率 10%，乙项目的预期报酬率 11%；甲项目的标准差 13.45%，乙项目的标准差 7.35%；甲项目的标准离差率 1.35，乙项目的标准离差率 0.67。

（2）两个项目预期报酬率均超过必要收益率 8%，但甲项目的标准离差率大于 1，应选择乙项目。

所选项目的风险价值系数 $b = 0.1045$。

（3）甲项目：$10\% = 4\% + \beta \times (12\% - 4\%)$，所以甲项目 $\beta = 0.75 =$ 相关系数 $\times 13.41\% \div 6\%$，得甲项目与市场组合的相关系数 = 0.34；乙项目：$11\% = 4\% + \beta \times (12\% - 4\%)$，所以乙项目 $\beta = 0.875 =$ 相关系数 $\times 7.35\% \div 6\%$，得乙项目与市场组合的相关系数 = 0.71。

习题十　组合报酬率 11.6%，组合标准差 11.11%，组合协议差 1.92%。

习题十一　（1）投资组合 $\beta$ 系数 1.5，投资组合风险收益率 6%。

（2）投资组合风险收益额 1.8 万元。

（3）投资A必要收益率18.4%，投资B必要收益率14%，投资C必要收益率12%。

（4）投资组合的必要报酬率16%。

习题十二　协方差0.96%，组合标准差10.67%。

习题十三　（1）甲资产的预期收益率8%，乙资产的预期收益率9%。

（2）甲资产的标准差11.51%，乙资产的标准差15.17%。

（3）甲资产变化系数1.44，乙资产变化系数1.69。

## 第5章　证券估值

一、单项选择题

1. B　2. C　3. D　4. D　5. A　6. D　7. D　8. A　9. A　10. A　11. B　12. C　13. C　14. A　15. C　16. B　17. D　18. D　19. A　20. B

二、多项选择题

1. ABCD　2. BCD　3. BCD　4. AB　5. ABCD　6. AB　7. BC　8. BD　9. BD　10. BC　11. ABC　12. ABCD　13. ACD　14. ABD　15. CD　16. ABCD　17. ABC　18. AC

三、判断题

1. √　2. √　3. ×　4. √　5. ×　6. √　7. √　8. ×　9. ×　10. √　11. ×　12. √　13. ×　14. √　15. √　16. ×　17. ×　18. √　19. √　20. √

**练习题**

习题一

（1）发行价格1 038.87元

（2）$R=8.50\%$

（3）$900=\frac{1\ 100}{1+R}$，解得 $R=22.22\%$。

习题二　（1）计算前4年股利的价值：

| 年份 | 股利 | ($P/S$，12%，$n$) | 现值 |
|---|---|---|---|
| 1 | $4\times(1+18\%)=4.72$ | 0.8 929 | 4.21 |
| 2 | $4\times(1+18\%)^2=5.57$ | 0.7972 | 4.44 |
| 3 | $4\times(1+18\%)^3=6.57$ | 0.7118 | 4.68 |
| 4 | $4\times(1+18\%)^4=7.75$ | 0.6 355 | 4.93 |
| 合计 | | | 18.26 |

第四年普通股的内在价值 $V_4=7.75\times(1+10\%)\div(12\%-10\%)=426.25$（元）

该股票的内在价值 $V_0=18.26+426.25\div(1+12\%)^4=282.49$（元）

（2）$V_3=\frac{7.75}{12\%}=64.58$

$V_0=4.21+4.44+4.68+4.93+64.58\times64.58\times(P/F,12\%,4)=59.33$（元）

习题三　（1）该董事的观点是错误的。在固定股利增长模型中“$P_0=D_1\div(k-g)$”，当股利较高时，在其他条件不变的情况下，价格的确也会较高，但是其他条件不是不变的。如果公司提高了股利支付率，增长率 $g$ 就会下降，股票价格不一定会上升。事实上，如果股权收益率 $P>K$，价格反而会下降。

（2）股利支付率的提高将减少可持续增长率，因为用于再投资企业的资金减少了。股利支付率的上升会减少股票账面价值，原因也是一样的。

（3）$K=4\%+(8\%-4\%)\times1.5=10\%$

股票价值计算见下表：

| 年份 | 0 | 1 | 2 | 3 | 合计 |
|---|---|---|---|---|---|
| 每股股利（元） | 2 | 2.3 | 2.65 | 2.86 | |
| 现值系数（$I=10\%$） | | 0.9091 | 0.8264 | 0.7513 | |
| 股利现值（元/股） | | 2.09 | 2.19 | 2.15 | 6.43 |
| 第3年年末股价（元/股） | | | | 28.6 | |
| 第3年年末股价现值（元/股） | | | | 21.49 | 21.49 |
| 股票价值 | | | | | 27.92 |

公司股票的内在价值将高于其市价，这一分析表明：采用新项目，公司股价将会上升，它的风险溢价也会上升。

习题四　（1）A债券的价值1067.7元，债券被市场低估。

（2）B债券价值957.665元。

结论：债券价值与债券市价相差较大，资本市场不完全有效。

习题五　（1）甲公司证券组合的贝塔系数1.4。

（2）甲公司证券组合的风险收益率7%。

（3）甲公司证券组合的必要投资收益率17%。

（4）A股票的必要投资收益率20%。

（5）$R=18.8\%<20\%$，所以甲公司当前出售A股票不利。

## 第6章　项目投资

一、单项选择题

1. C　2. C　3. A　4. B　5. D　6. A　7. C　8. A　9. C　10. D　11. D　12. D　13. B　14. A　15. B　16. B　17. A　18. B　19. D　20. B　21. C　22. B　23. B　24. D　25. B　26. B　27. B

二、多项选择题

1. ABD　2. BC　3. AB　4. ABD　5. ABC　6. AB　7. ABD　8. ABCD　9. ABC　10. BCD　11. BCD　12. BCD　13. BD　14. AC　15. ABC　16. ABD　17. ABCD　18. CD　19. AD　20. ABD　21. ABC　22. BCD　23. ABCD

三、判断题

1. ×　2. ×　3. ×　4. ×　5. √　6. √　7. ×　8. ×　9. √　10. ×　11. ×　12. ×　13. ×　14. √　15. ×　16. √　17. √　18. √　19. √　20. ×　21. √　22. ×　23. ×　24. ×

**练习题**

习题一　（1）项目计算期12年。

（2）固定资产投资100万元，无形资产投资20万元，固定资产原值105万元，生产经营期第一年的流动资金需用额22万元，首次流动资金投资额22万元，生产经营期第二年流动资金需用额30万元，生产经营期第二年的流动资金投资额8万元，流动资金投资30万元。

（3）建设投资额 = 100 + 20 = 120（万元）。

（4）原始总投资额 = 120 + 30 = 50（万元）。

（5）投资总额 = 150 + 5 = 155（万元）。

习题二　建设投资合计 = 100 + 300 + 600 = 1 000（万元）；流动资金投资 = 150 + 50 = 200（万元），原始投资 = 1 000 + 200 = 1 200（万元）；项目总投资 = 1 200 + 200 = 1 400（万元）。

习题三　（1）固定资产年折旧额38 400元。

（2）$NCF_{1\sim4}$ = 75 900元，$NCF_5$ = 83 900元，NPV = 92 130.11元，净现值率46.07%。

（3）现值指数1.4607。

习题四　使用旧设备的现金流出量现值 = 9 000 + 3 000 ×（$P/A$,10%,5）= 900，

使用新设备的现金流出量现值23 791元。

差额（新 - 旧）= 23 791 - 20 373 = 3 418（元）

决策：由于使用新设备比使用旧设备多发生现金流出3 418元，故应放弃采用新设备。

习题五　（1）该设备各年净现金流量测算：

$NCF_0$ = -100万元；$NCF_{1\sim4}$ = 39万元；$NCF_5$ = 44万元

（2）静态投资回收期 = 100 ÷ 39 = 2.56（年）。

（3）该设备投资收益率 = 20 ÷ 100 = 20%。

（4）该投资项目的净现值 = 50.95万元。

习题六　（1）投资方案A的净现值为：

$NPV_A$ = 11.14万元。

（2）投资方案B的净现值为：

设备每年的折旧额 = 200 ×（1 - 10%）/5 = 36（万元），每年的经营成本85万元，每年的总成本121万元，每年应交增值税15.3万元，每年营业税金及附加1.53万元，每年息税前利润27.47万元，每年的调整所得税8.241万元，息前税后利润19.229万元。

$NCF_0$ = -200（万元），$NCF_{1\sim5}$ = 19.229 + 36 = 55.229万元，

$NCF_5$ = 200 × 10% = 20（万元）；$NCF_B$ = 21.78万元。

（3）应该选择投资方案B。

习题七　（1）$NCF_0$ = -100万元，$NCF_{1\sim10}$ = 10 + 100 ÷ 10 = 20（万元），NPV = -100 + 20 ×（$P/A$，10%，10）= 22.89万元。

（2）$NCF_0$ = -100万元，$NCF_{1-9}$ = 10 +（100 - 5）÷ 10 = 19.5（万元），$NCF_{10}$ = 19.5 + 5 = 24.5万元。

（3）$NCF_0$ = -100万元，$NCF_1$ = 0，$NCF_{2-11}$ = 20万元，NPV = -100 + 20 × [（$P/A$,10%,11）-（$P/A$,10%,1）] = 11.72万元。

（4）$NCF_{0\sim1}$ = -50万元，$NCF_{2-11}$ = 20万元，NPV = 16.265万元。

习题八　（1）新设备原始投资 100 000 元，旧设备的原始投资 30 000 元，新旧设备原始投资差额 = 100 000 - 30 000 = 70 000（元）。

（2）新设备年折旧额 =（100 000 - 6 000）÷ 4 = 23 500（元），旧设备年折旧额 =（30 000 - 3 000）÷ 4 = 6 750（元），新旧设备年折旧的差额 = 23 500 - 6 750 = 16 750（元）。

（3）在不考虑利息费用的情况下，年净利润就是年息前税后净利润。

息前税后净利润 = 息税前利润 ×（1 - 所得税率）

新设备的每年净利 =［600 000 -（400 000 - 3 000 + 23 500）］×（1 - 25%）= 154 875（元）

旧设备的每年净利 =［600 000 -（400 000 + 6 750）］×（1 - 25%）= 144 937.5（元）

新旧设备每年净利差 = 154875 - 144 937.5 = 9 937.5（元）

（4）新旧设备残值差 = 6 000 - 3 000 = 3 000（元）。

（5）新旧设备的净现金流量：$NCF_0$ = - 100 000 元，$NCF_{1\sim3}$ = 154 875 + 23 500 = 178 375（元），$NCF_4$ = 154 875 + 23 500 + 6 000 = 184 375（元）；

旧设备的净现金流量：$NCF_0$ = - 30 000 元，$NCF_{1\sim3}$ = 151 687.5 元，$NCF_4$ = 154 687.5 元。

（6）新旧设备的净现金流量差额为：$\triangle NCF_0$ = - 70 000 元，$\triangle NCF_{1\sim3}$ = 178 375 - 151 687.5 = 26 687.5（元），$\triangle NCF_4$ = 29 687.5 元。

（7）以新设备替换旧设备的差额净现值：△NPV = 16 645.71 元。

新设备替换旧设备的差额净现值大于 0，所以应选择购置新设备替换旧设备。

## 第 7 章　证券投资

一、单项选择题

1. A　2. D　3. A　4. B　5. A　6. C　7. C　8. C　9. B　10. C　11. B　12. D　13. C　14. A　15. C　16. D　17. B　18. A　19. C　20. C　21. C　22. D　23. B　24. D　25. A　26. D　27. A　28. D　29. C　30. B

二、多项选择题

1. ABC　2. BD　3. AB　4. ABCD　5. ABCD　6. CD　7. ABCD　8. ABCD　9. ABCD　10. BCD　11. ABC　12. ABC　13. AC　14. ABCD　15. ABC　16. ABCD　17. ABCD　18. BCD　19. BCD　20. AC　21. ABC　22. CD　23. ABCD　24. BC　25. BCD　26. AD

三、判断题

1. ×　2. √　3. ×　4. ×　5. ×　6. √　7. ×　8. ×　9. √　10. √　11. ×　12. ×　13. √　14. ×　15. √　16. √　17. ×　18. ×　19. √　20. √

**练习题**

习题一　（1）每年计息一次的债券投资价值 1848.33 元。

（2）一次还本付息复利计算的债券投资价值 1824.84 元。

（3）一次还本付息单利计息的债券投资价值 1738.52 元。

（4）折价发行无息的债券投资价值 1241.80 元。

习题二　收益率为 18% 时，NPV = 4.995 元，收益率为 16% 时，NPV = 5.24 元，收益率 = 17.08%。

习题三　（1）A 公司债券的发行价格 87.71 元，A 公司债券的资本成本 6.58%。

（2）A 公司债券到期收益率 9.83%。

（3）A 公司债券内在价值 77.4 元，B 公司股票内在价值 15.9 元，C 公司股票价值 = 1.5 ÷ 12% = 12.5 元。

A公司债券发行价格为87.71元，高于其投资价值77.4元，故不值得投资；B公司股票现行市价为14元，低于其投资价值15.9元，故值得投资，东方公司应投资购买B股票。C公司股票现行市价为13元，高于其投资价值12.5元，故不值得投资。

习题四 （1）计算年初下列指标：

① 基金净资产价值总额=6 000万元，② 基金单位净值=6 000/2 500=2.4元，③ 基金认购价2.52元，④ 基金赎回价2.4元。

（2）计算年末下列指标：

① 该基金公司基金净资产价值总额=10 000-1 600=8 400（万元），② 基金单位净值=8 400/3 000=2.8（元），③ 基金认购价=2.8+2.8×5%=2.94（元），④ 基金赎回价=2.8-0=2.8（元）。

（3）20×8年投资人的基金收益率40%。

习题五 （1）登记日前附权优先认股权的价值2元。

（2）无优先认股权的股票价格28元。

习题六 转化率为25；转换价格=1000÷25=40（元）。

习题七 A投资者的收益率25%，B投资者的收益率100%。

习题八 A投资者卖出合约使用的资金=1 400×30×10×5%=21 000（元），A投资者获得价差=（1 400-1 350）×30×10=15 000（元），资金利润率=15 000÷21 000=71.43%。

习题九 （1）投资组合的$\beta$系数1.5，投资组合的风险收益率6%。

（2）投资组合风险收益额=6%×30=1.8（万元）。

（3）投资A股票的必要报酬率18.4%，投资B股票的必要报酬率14%，投资C股票的必要报酬率12%。

（4）投资组合的必要收益率16%，A股票的内在价值15.67元/股，B股票的内在价值7.14元/股，C股票的内在价值4.17元/股。

（5）A股票市价高于其内在价值，应出售；B和C市价低于其内在价值，应继续持有。

习题十 理论价值1.5元。

## 第8章 营运资金

一、单项选择题

1. B 2. A 3. B 4. A 5. B 6. D 7. D 8. A 9. B 10. B 11. C 12. C 13. D 14. D 15. D 16. C 17. A 18. D 19. A 20. B 21. A 22. C 23. B 24. A 25. C 26. D 27. B 28. C 29. D

二、多项选择题

1. ABCD 2. AD 3. ABC 4. BD 5. AB 6. ABCD 7. ACD 8. ABCD 9. ABCD 10. ABC 11. ABC 12. ABC 13. ABD 14. ABD 15. ACD 16. CD 17. BD 18. AB 19. BC 20. ACD 21. AB 22. ACD 23. AD 24. AD 25. BC 26. AB 27. ABCD 28. ABCD 29. ABCD

三、判断题

1. × 2. √ 3. × 4. √ 5. × 6. √ 7. × 8. × 9. √ 10. × 11. √ 12. √ 13. √ 14. × 15. × 16. × 17. √ 18. √ 19. √ 20. × 21. √ 22. × 23. × 24. √ 25. × 26. × 27. ×

**练习题**

习题一 最佳现金持有量$Q$=16 463（元），最高持有量$H$=29 389元。

即该公司目标现金余额 16 463 元。若现金持有额达到 29 389 元，则买进 12 926 元证券；若现金持有额降至 10 000 元，则卖出 6 463 元证券。

习题二　（1）不考虑商业折扣和缺货：经济进货批量 $=\sqrt{\dfrac{2\times360000\times400}{8}}=6\ 000$（kg）

经济进货批量的存货相关总成本 $=\sqrt{2\times360\ 000\times400\times8}=48\ 000$（元）

经济进货批量平均占用资金 $=6\ 000\div2\times100=300\ 000$（元）

年度最佳进货批次 $=360\ 000\div6\ 000=60$（次）

（2）考虑商业折扣，但不考虑缺货：

按 6 000kg 进货，则没有折扣，存货相关总成本 = 36 048 000 元

按 8 000kg 进货，折扣 2%，存货相关总成本 35 330 000 元；按 10 000kg 进货，折扣 3%，存货相关总成本 34 974 400 元。可见，进货批量为 10 000kg 时存货相关总成本最低。因此，经济进货批量为 10 000kg。

（3）不考虑商业折扣但考虑缺货，经济进货批量 8 050kg，平均缺货量 3 578kg。

习题三　（1）$Q=[(2\times300\ 000\times50)\div(10\times30\%)]^{1/2}=3\ 162.278$，依题意取值 3 200（单位）。

（2）年库存持有成本 $=(3\ 200\div2+1\ 000)\times10\times30\%=7\ 800$（元），存货的年总成本 3 012 486.8 元。

（3）每年订货次数 $=300\ 000\div3\ 200=93.75$（次），订货周期 $=50\div93.75=0.5$（周）。

（4）平均每星期需要量 6 000（单位），再订货点 = 4 000（单位）。

习题四　（1）放弃甲供应商现金折扣的成本 36.73%，放弃乙供应商现金折扣的成本 36.36%。

（2）如果 B 企业准备放弃现金折扣，应选择放弃现金折扣成本较低的供应商，即乙供应商。

（3）由于放弃现金折扣的成本就是享受现金折扣的收益，所以如果 B 企业准备享受现金折扣，应选择甲供应商。

（4）短期借款利率为 35%，均低于放弃现金折扣的成本，如果企业现金不足，应借款以享受现金折扣。

习题五　（1）最佳现金持有量 $Q=\sqrt{\dfrac{2\times4\times37\ 500}{12\%}}=5\ 000$（元）

（2）平均现金余额 $=\dfrac{Q}{2}=\dfrac{5\ 000}{2}=2\ 500$（元）

（3）每年需交易次数 $=\dfrac{375\ 000}{5\ 000}=75$（次）

最低现金总成本 $=\dfrac{5\ 000}{2}\times12\%+\dfrac{375\ 000}{5\ 000}\times4=600$（元）

习题六　①外购零件 $Q'=300$ 件，$T_C(Q')=240$ 元，$T_C=14\ 640$ 元。

②自制零件：$Q'=3\ 000$ 件，$T_C(Q')=1\ 440$ 元，$T_C=12\ 240$ 元。

由于自制的总成本（12 240 元）低于外购的总成本（14 640 元），故以自制为宜。

## 第9章　筹资管理

一、单项选择题

1. D　2. A　3. B　4. B　5. A　6. B　7. A　8. C　9. D　10. D　11. B　12. B　13. D　14. B　15. C　16. D　17. D　18. B　19. D　20. A　21. A　22. A　23. C　24. D　25. D　26. C　27. B　28. A　29. B　30. D　31. B　32. D　33. D　34. C

二、多项选择题

1. ABC　2. BCD　3. CD　4. BC　5. AB　6. BCD　7. ABCD　8. ABC　9. AC　10. ABC　11. ABC　12. BD　13. ABCD　14. ABC　15. BCD　16. ABCD　17. ABD　18. ABCD　19. AC　20. ABD　21. ABCD　22. BD　23. ABCD　24. AB　25. BCD　26. ABD　27. ABCD　28. ACD　29. ABCD　30. ABCD　31. AD　32. AD

三、判断题

1. ×　2. ×　3. ×　4. √　5. √　6. ×　7. ×　8. ×　9. √　10. √　11. √　12. √　13. √　14. ×　15. √　16. ×　17. ×　18. ×　19. √　20. ×　21. √　22. ×　23. ×　24. ×　25. √　26. ×　27. √　28. ×　29. ×　30. √　31. √

**练习题**

习题一　(1) 所有者权益资本成本14.136%。

(2) 加权平均资本成本12%。

由于新设备购入不影响公司的资本结构，所以加权平均资本成本代表了公司原有资产的风险水平，公司可以据此对新设备的购入进行评价。

(3) 计算购入新设备的净现值：

旧设备变现损失减税额 = (40 000 − 20 000) × 30% = 6 000

新设备折旧 = (125 000 − 10 000) ÷ 5 = 23 000

底架折旧 = (45 000 − 30 000) ÷ 5 = 3000

旧设备折旧 = 20 000 ÷ 5 = 4 000

增加的折旧 = 23 000 + 3 000 − 4 000 = 22 000

息前税后利润 = [50000 × (1 − 60%) + 25 000 − 22 000] × (1 − 30%) = 16 100

$NCF_0$ = −(125 000 + 45 000 + 5 000 − 20 000) = −155 000

$NCF_1$ = 16 100 + 22 000 + 6 000 = 44 100

$NCF_{2\sim4}$ = 16 100 + 22 000 = 38 100

$NCF_5$ = 38 100 + 10 000 + 30 000 + 5 000 = 83 100

净现值13 230.03元。

因购入新设备净现值大于零，所以应购入。

(4) 由于借款利率为10%，所得税率是30%，利息可以在税前扣除，故：

企业实际承担的资金成本 = 10% × (1 − 30%) = 7%。

习题二　应采用贴现法付息。因为：

(1) 采用贴现法付息实际利率6.38%；(2) 采用收款法付息实际利率7%；(3) 采用加息法付息实际利率10%。

习题三　(1) 年预期成本额3.8万元；(2) 实际利率6.33%。

习题四　（1）根据资料，计算整理出相关数据如下表：

| 年度 | 产销量 $x$ | 资本需要总量 $y$ | $xy$ | $x^2$ |
|---|---|---|---|---|
| 20×4 | 6.0 | 500 | 3 000 | 36 |
| 20×5 | 5.5 | 475 | 2 612.5 | 30.25 |
| 20×6 | 5.0 | 450 | 2 250 | 25 |
| 20×7 | 6.5 | 520 | 3 380 | 42.25 |
| 20×8 | 7.0 | 550 | 3 850 | 49 |
| $n=5$ | $\sum x = 30$ | $\sum y = 2495$ | $\sum xy = 15\,092.5$ | $\sum x^2 = 182.5$ |

（2）利用回归方程计算下列相关数据，得 $a=2\,050$ 万元；$b=49$ 万元。

（3）将 $a=2\,050$ 万元，$b=49$ 万元代入方程 $y=a+bx$ 得 $y=2\,050+49x$。

（4）资金需求量为 2 050 + 49 × 7.8 = 2 432.2（万元）。

习题五　（1）销售净利率 = 720 ÷ 6.000 × 100% = 12%

留存收益率 = 288 ÷ 720 × 100% = 40%

经营资产销售百分比 = 3.000 ÷ 6.000 × 100% = 50%

经营负债销售百分比 = 1.500 ÷ 6 000 × 100% = 25%

销售增长率 23.76%，今年可实现的销售额 7 425.6 万元。

（2）外部融资额 38 万元。

习题六　（1）A 公司实际可用的借款额 85 万元。

（2）A 公司实际负担的年利率 5.88%。

习题七　四海公司 2010 年公司销售收入预计 157 500 万元，比 2009 年增加了 7 500 万元。

四海公司 2010 年预计敏感负债增加：7 500 × 18% = 1 350（万元）。

四海公司 2010 税后利润为：150 000 × 8% ×（1 + 5%）×（1 − 25%）= 9 450（万元）。

其中 50% 即 4 725 万元公司留用，因此公司留用利润额为 4 725 万元。

四海公司 2010 年公司资产增加额为：1 350 + 4 725 + 49 = 6 124（万元）。

习题八　（1）如果市场利率 5% 低于票面利率，该债券属于溢价发行。发行价格 1 043 元。

$$\frac{1\,000}{(1+5\%)^5}+\sum_{t=1}^{5}\frac{1\,000\times 6\%}{(1+5\%)^t}=1\,043(\text{元})$$

（2）如果市场利率 5% 与票面利率一致，该债券属于等价发行。发行价格 1 000 元。

$$\frac{1\,000}{(1+6\%)^5}+\sum_{t=1}^{5}\frac{1\,000\times 6\%}{(1+6\%)^t}=1\,000(\text{元})$$

（3）如果市场利率 7% 高于票面利率，该债券属于折价发行。发行价格 959 元。

$$\frac{1\,000}{(1+7\%)^5}+\sum_{t=1}^{5}\frac{1000\times 6\%}{(1+7\%)^t}=959(\text{元})$$

习题九　普通股的投资报酬率 = 1/26 = 3.84%；购买时认股权证的市价 = 10 +（2 × 26 − 45）= 17（元），一年后的市价 = 2 +（2 × 50 − 45）= 57（元），认股权证的报酬率 =（57 − 17）÷ 17 = 235.3%。

两者不同原因在于认股权证投资的报酬率要考虑股价因素，股票除非转让，否则报酬不考虑股价因素。

习题十　(1) 甲方案债券发行价格 = 1151.6 元/张。

(2) 不考虑时间价值：

甲方案：每张债券公司可得现金 = 1 151.60 - 51.60 = 1 100（元）

发行债券的张数 = 9 900 000 ÷ 1 100 = 9 000（张）

总成本 = 还本数额 + 利息数额 = 9 000 × 1 000 × (1 + 14% × 5) = 1 530（万元）

乙方案：借款总额 = 990 ÷ (1 - 10%) = 1 100（万元）

借款本金与利息 = 1 100 × (1 + 10% × 5) = 1 650（万元）

因此，甲方案的成本较低。

(3) 考虑时间价值：

甲方案：每年付息现金流出 = 900 × 14% = 126（万元）

利息流出的总现值 = 126 × 3.7 907 = 477.63（万元）

5 年末还本流出现值 = 900 × 0.6 209 = 558.81（万元）

利息和本金流出总现值 = 558.81 + 477.63 = 1 036.44（万元）

乙方案：5 年末本金和利息流出 = 1 100 × (1 + 10% × 5) = 1 650（万元）

5 年末本金和利息流出的现值 = 1 650 × 0.6 209 = 1024.49（万元）

因此，乙方案的成本较低。

习题十一　(1) 该公司符合发行可转换债券的条件。根据有关规定，该上市公司发行可转换公司债券符合以下条件：

① 最近 3 年连续盈利，且最近 3 年净资产利润率平均在 10% 以上，属于能源、原材料、基础设施类的公司可以略低，但不得低于 7%。

该公司的财务数据表明，该公司最近 3 年连续盈利，A 公司属于基础设施类公司，最近 3 年净资产利润率平均在 7% 以上。

② 可转换公司债券发行后，资产负债率不高于 70%。

根据该公司 2003 年 3 月 31 日的财务数据，发行 11 000 万元的可转换公司债券后，资产负债率为 44.58%，低于 70% 上限。

③ 累计债券余额不超过公司净资产额的 40%。

该公司发行 11 000 万元的可转换公司债券后，累计债券余额 14 000 万元（11 000 + 3 000），占公司净资产额 37 300 万元的比重为 37.53%。

④ 可转换公司债券的利率不超过银行同期存款的利率水平。该公司确定的可转换公司债券的利率符合这一规定。

⑤ 可转换债券的发行额不少于 1 亿元。该公司可转换公司债券的发行额 11 000 万元符合这一规定。

(2) 该公司回购本公司股票符合法律规定。

按照《公司法》的规定，除非为减少公司注册资本而注销股份或者与持有本公司股票的其他公司合并，公司不得收购本公司的股票。所以，该公司为了减少注册资本回购本公司的股票符合法律规定。

（3）计算2003年该公司的每股收益、每股净资产和每股股利：

① 2003年加权平均股数9 762.5万股，每股收益0.29元；

② 2003年12月31日的普通股股数9775万股，2003年12月31日的净资产38 860万元，每股净资产 $=\frac{38\ 860}{9\ 775}=3.98$（元）；③每股股利 $=\frac{500}{9\ 775}=0.05$（元）。

（4）每股市价6.37元，$D_0=0.05$ 元／股，$P_0=6.37$ 元／股，$R_s=0.05\times(1+6\%)\div6.37+6\%=6.83\%$。

## 第10章　资本成本和资本结构

一、单项选择题

1. C　2. B　3. C　4. D　5. D　6. B　7. C　8. B　9. C　10. C　11. D　12. B　13. C　14. C　15. B　16. C　17. A　18. D　19. D　20. A　21. B　22. C　23. A　24. B　25. D　26. C　27. A　28. A　29. D　30. C

二、多项选择题

1. BCD　2. BCD　3. ABCD　4. AD　5. ABCD　6. CD　7. BCD　8. AC　9. ABCD　10. AB　11. BD　12. ABCD　13. AB　14. ABD　15. AB　16. ACD　17. BC　18. AB　19. BCD　20. ABC　21. ABD　22. BCD

三、判断题

1. √　2. √　3. ×　4. ×　5. √　6. ×　7. ×　8. √　9. √　10. ×　11. ×　12. √　13. √　14. ×　15. √　16. ×　17. √　18. ×　19. √　20. ×

**练习题**

习题一　（1）债券的资金成本8.75%。

（2）短期借款的资金成本5.25%。

（3）普通股的资金成本14.42%。

（4）留存收益的资金成本14%。

（5）计算综合资金成本。债券的资金比重 = 700 ÷ 2 500 = 0.28，短期借款的资金比重 = 500 ÷ 2 500 = 0.2，普通股的资金比重 = 1 000 ÷ 2 500 = 0.4，留存收益的资金比重 = 300 ÷ 2 500 = 0.12。该方案的综合资金成本10.95%。

习题二　经营杠杆系数1.4，财务杠杆系数1.25，总杠杆系数 = 1.4 × 1.25 = 1.75。

习题三　（1）DOL = 1.034；DFL = 1.014；DTL = 1.05

（2）销售期望值 = 0.2 × 1 000 + 0.5 × 800 + 0.3 × 500 = 750（台）

边际贡献 = 750 ×（100 − 60）= 30 000（万元）

EBIT = 30 000 − 1 000 = 29 000（万元），利息 = 60 000 × 30% × 5% = 900（万元）

每股盈余EPS期望值 = [（29 000 − 900）×（1 − 25%）] ÷ 30 000 = 0.7025（元/股）

较好 = 0.9525（元/股），一般 = 0.7525（元/股），较差 = 0.4525（元/股）

可验证：0.9525 × 0.2 + 0.7525 × 0.5 + 0.4525 × 0.3 = 0.7025（元/股）

方差 $\sigma^2=18.3\%$，每股盈余标准差0.4246。

习题四　（1）计算筹资突破点。略

（2）边际资本成本规划。根据上述计算的突破点数据，可得5组新的筹资范围：①60万元以内；

②60 万～100 万元；③100 万～120 万元；④120 万～150 万元；⑤150 万元以上。对这 5 组筹资范围分别计算加权综合资本成本，即可得到各种筹资范围的边际资本成本。结果如下：

| 筹资额范围 | 资金种类 | 资本结构 | 资本成本 | 边际资本成本 |
|---|---|---|---|---|
| 60 万元以内 | 长期借款<br>长期债券<br>普通股 | 20%<br>30%<br>50% | 6%<br>10%<br>12% | 6% ×20% =1.2%<br>10% ×30% =3.0%<br>12% ×50% =6.0% |
| | | | | 10.2% |
| 60～100 万元 | 长期借款<br>长期债券<br>普通股 | 20%<br>30%<br>50% | 8%<br>10%<br>15% | 8% ×20% =1.6%<br>10% ×30% =3.0%<br>15% ×50% =7.5% |
| | | | | 12.1% |
| 100～120 万元 | 长期借款<br>长期债券<br>普通股 | 20%<br>30%<br>50% | 8%<br>12%<br>15% | 8% ×20% =1.6%<br>12% ×30% =3.6%<br>15% ×50% =7.5% |
| | | | | 12.7% |
| 120～150 万元 | 长期借款<br>长期债券<br>普通股 | 20%<br>30%<br>50% | 8%<br>12%<br>18% | 8% ×20% =1.6%<br>12% ×30% =3.6%<br>18% ×50% =9.0% |
| | | | | 14.2% |
| 150 万元以上 | 长期借款<br>长期债券<br>普通股 | 20%<br>30%<br>50% | 10%<br>15%<br>18% | 10% ×20% =2.0%<br>15% ×30% =4.5%<br>18% ×50% =9.0% |
| | | | | 15.5% |

习题五　（1）息税前利润无差异点：

EBIT =160 万元。

权益资本收益率 10.5%。

（2）筹资决策：当息税前利润等于 160 万元时，选择增加权益资本筹资和选择负债筹资都是一样的；当息税前利润预计大于 160 万元时，则追加负债筹资更为有利；当息税前利润预计小于 160 万元时，则增加权益资本筹资更为有利。

习题六　首先求到期收益率。根据债券定价公式：

$$1\,000 \times 110\% = \sum_{t=1}^{5} [1000 \times 110\%] \div (1 + k_b)^i + 1000 \div (1 + k_b)^5$$

利用插值法可得 $k_b = 8\%$。然后考虑税收和手续费，计算税后资本成本：

$$k_b = \frac{8\% \times (1 - 25\%)}{1 - 5\%} = 6.3\%$$

## 第11章 收益分配管理

一、单项选择题

1. A 2. B 3. B 4. D 5. B 6. D 7. C 8. C 9. A 10. B 11. B 12. D 13. C 14. B 15. C 16. B 17. C 18. D 19. D 20. B

二、多项选择题

1. ACD 2. ABC 3. AD 4. ABCD 5. ABCD 6. BCD 7. ACD 8. ACD 9. AC 10. ABD 11. AD 12. ABCD 13. AB 14. AC 15. AD 16. ABC 17. AD 18. BD 19. ACD 20. ABC 21. ABCD 22. AD

三、判断题

1. √ 2. × 3. × 4. √ 5. √ 6. √ 7. × 8. × 9. × 10. √ 11. √ 12. √ 13. × 14. × 15. × 16. √ 17. × 18. √ 19. × 20. √ 21. × 22. √

**练习题**

习题一 （1）2009 年投资方案所需的自有资金额 420 万元，2009 年投资方案所需从外部借入的资金额 280 万元。

（2）2008 年度应分配的现金股利 480 万元。

（3）2008 年度应分配的现金股利 = 上年分配的现金股利 = 550 万元，可用于 2009 年投资的留存收益 = 900 - 550 = 350（万元），2009 年投资需要额外筹集的资金额 = 700 - 350 = 350（万元）。

（4）该公司的股利支付率 = 550/1000 × 100% = 55%，2008 年度应分配的现金股利 = 900 × 55% = 495（万元）。

（5）2008 年度应分配的现金股利 200 万元。

习题二 （1）计划年度发放现金股利所需的税后利润 = 0.1 × 600 = 60（万元）。

（2）新项目所需的税后利润 = 600 × 25% = 150（万元）。

（3）计划年度税后利润 = 60 + 150 = 210（万元）。

（4）计划年度税前利润 = 210 ÷（1 - 25%）= 280（万元）。

（5）计划年度总的借款利息 =（5 000 ÷ 25% × 75% + 600 × 75%）× 10% = 1 545（万元）。

（6）息税前利润 = 280 + 1 545 = 1 825（万元）。

习题三 （1）算术平均法下，公司 2010 年的预测销售量为：

（1 950 + 1 980 + 1 890 + 2 010 + … + 2 110）÷ 9 = 2 045.56（吨）

（2）加权平均法下，公司 2010 年预测销售量为：

$Y_{2010} = 1\,950 \times 0.03 + 1\,980 \times 0.05 + 1\,890 \times 0.07 + \cdots + 2\,110 \times 0.21 = 2\,086.5$（吨）

（3）移动平均法：①移动平均法下，公司 2010 年预测销售量为：$Y_{2010} = 2\,127.5$ 吨；②修正的移动平均法下，公司 2010 年预测销售量为：$Y_{2009} = 2\,117.5$ 吨；

$\overline{Y}_{2010} = Y_{2010} + (Y_{2010} - Y_{2009}) = 2137.5$ 吨。

（4）指数平滑法下，公司 2010 年预测销售量 2 113 吨。

习题四 （1）计划内单位 D 产品价格 300 元。

（2）追加 2000 件的单间变动成本为 200 元，则计划外单位 D 产品价格 = [200 ×（1 + 25%）]/(1 - 5%) = 263.16(元)。

因为额外订单单价高于其按变动成本计算的价格，故应接受这一额外订单。

习题五　（1）发放股票股利后普通股数 = 200 ×（1 + 10%）= 220（万股）

发放股票股利后的普通股本 = 4 × 220 = 880（万元）

发放股票股利后的未分配利润 = 1 680 − 20 × 10 = 1 480（万元）

发放股票股利后的资本公积 = 320 + 20 ×（10 − 4）= 440（万元）

发放股票股利后的所有者权益总额 = 2 800 万元

每股收益 = 500/220 = 2.27（元）

每股净资产 = 2 800/220 = 12.73（元）

（2）发放股票股利前的普通股数 = 200 万股

发放股票股利后的普通股数 = 200 ×（1 + 10%）= 220（万股）

发放股票股利后的普通股本 = 4 × 220 = 880（万元）

发放股票股利后的资本公积 = 320 + 20 ×（10 − 4）= 440（万元）

现金股利 = 0.2 × 200 = 40（万元）

利润分配后的未分配利润 = 1 680 − 10 × 20 − 40 = 1 440（万元）

利润分配后的所有者权益 = 880 + 440 + 1440 = 2 760（万元）

每股收益 = 500/220 = 2.27（元）

每股净资产 = 2 760/220 = 12.55（元）

（3）分割后的股数为 800 万股，股东权益各项目金额不变。

每股收益 = 500/800 = 0.63（元）

每股净资产 = 2 800/800 = 3.5（元）

## 第 12 章　短期财务预算

一、单项选择题

1. B　2. D　3. C　4. A　5. B　6. A　7. C　8. C　9. B　10. C　11. A　12. B　13. C　14. B　15. A　16. B　17. C　18. C　19.　B　20. A　21. B　22. C　23. C　24. B　25. C

二、多项选择题

1. ACD　2. CD　3. BCD　4. AC　5. ABD　6. ABCD　7. BCD　8. ABD　9. AD　10. AC　11. AC　12. ACD　13. ACD　14. ABC　15. AB　16. AB　17. ABCD　18. ABC　19. ABCD　20. BD

三、判断题

1. ×　2. ×　3. ×　4. ×　5. ×　6. ×　7. √　8. ×　9. ×　10. ×　11. √　12. ×　13. ×　14. ×　15. ×　16. ×　17. √　18. √　19. √

**练习题**

习题一　（1）2011 年 2 月份期初现金余额 35 000 万元，本月经营现金收入 149 400 万元，购货现金支出 = 120 000 × 70% ×（1 + 17%）= 98 280（万元），支付的其他费用 5 000 万元，应交消费税 = 100 000 × 8% = 8 000（万元），

应交增值税 = 100 000 × 17% − 120 000 × 70% × 17% = 2 720（万元）

应交城建税和教育费附加 =（8 000 + 2 720）×（7% + 3%）= 1 072（万元）

现金期末余额 64 328 万元。

（2）2011 年 2 月份的预计税后利润额为 928 万元，预计税后利润额 = 928 ×（1 − 25%）= 696（万元）。

（3）2011 年 2 月份的应收账款额是：

应收账款额 = 100 000 ×（1 + 17%）× 40% = 46800（万元）。

习题二

| 成本项目 | 单价 | 单位用量 | 单位成本 | 总成本 |
|---|---|---|---|---|
| 直接材料 | | | | |
| 甲 | 150 | 15 800 ÷ 2 500 = 6.32 | 948 | 2 370 000 |
| 乙 | 100 | 25 200 ÷ 2 500 = 10.08 | 1 008 | 2 520 000 |
| 小计 | | | 1 956 | 4 890 000 |
| 直接人工 | 65 000 ÷ 10 000 = 6.5 | 10 000 ÷ 2 500 = 4 | 26 | 65 000 |
| 变动制造费用 | 45 000 ÷ 10 000 = 4.5 | 10 000 ÷ 2 500 = 4 | 18 | 45 000 |
| 合计 | | | 2 000 | 5 000 000 |
| 在产品期初余额 | | | 0 | 0 |
| 在产品期末余额 | | | 0 | 0 |
| 预计产品生产成本 | | | 2 000 | 5 000 000 |
| 加：产成品期初余额 | | | 1 800 | 144 000 |
| 减：产成品期末余额 | | | 2 000 | 120 × 2 000 = 240 000 |
| 预计产品销售成本 | | | 4 904 000 ÷ 2 460 = 1 993.5 | 4 904 000 |

习题三

A 公司 2011 年度生产预算和材料消耗预算

| 项目 | 一季度 | 二季度 | 三季度 | 四季度 | 全年合计 |
|---|---|---|---|---|---|
| 预计销售量 | 5 000 | 6 000 | 8 000 | 7 000 | 26 000 |
| 加：预计期末结存 | 600 | 800 | 700 | 600 | 600 |
| 预计需要量 | 5 600 | 6 800 | 8 700 | 7 600 | 26 600 |
| 减：预计期初结存 | 750 | 600 | 800 | 700 | 750 |
| 预计生产量 | 4 850 | 6 200 | 7 900 | 6 900 | 25 850 |
| 材料定额单耗（千克） | 2 | 2 | 2 | 2 | 2 |
| 预计直接材料消耗量（千克） | 9 700 | 12 400 | 15 800 | 13 800 | 51 700 |

A 公司 2011 年度直接人工预算

| 项目 | 一季度 | 二季度 | 三季度 | 四季度 | 全年合计 |
| --- | --- | --- | --- | --- | --- |
| 预计生产量（件） | 4 850 | 6 200 | 7 900 | 6 900 | 25 850 |
| 单耗工时（小时） | 5 | 5 | 5 | 5 | 5 |
| 直接人工小时数 | 24 250 | 31 000 | 39 500 | 34 500 | 129 250 |
| 单位工时的工资率（元） | 0.6 | 0.6 | 0.6 | 0.6 | 0.6 |
| 预计直接人工成本（元） | 14 550 | 18 600 | 23 700 | 20 700 | 77 550 |

习题四

| 项目 | | 一季度 | 二季度 | 三季度 | 四季度 | 全年合计 |
| --- | --- | --- | --- | --- | --- | --- |
| 直接材料采购预算 | 预计生产量（件） | 4 850 | 6 200 | 7 900 | 6 900 | 25 850 |
| | 材料定额单耗（千克） | 2 | 2 | 2 | 2 | 2 |
| | 预计生产需要量（千克） | 9 700 | 12 400 | 15 800 | 13 800 | 51 700 |
| | 加：期末结存量（千克） | 1 240 | 1 580 | 1 380 | 1 000 | 1 000 |
| | 减：期初结存量（千克） | 900 | 1 240 | 1 580 | 1 380 | 900 |
| | 预计材料采购量（千） | 10 040 | 12 740 | 15 600 | 13 420 | 51 800 |
| | 材料计划单价 | 10 | 10 | 10 | 10 | 10 |
| | 预计购料金额 | 100 400 | 127 400 | 156 000 | 134 200 | 51 800 |
| 预计现金支出 | 应付账款期初余额 | 40 000 | | | | 40 000 |
| | 一季度购料付现 | 70 280 | 30 120 | | | 100 400 |
| | 二季度购料付现 | | 89 180 | 38 220 | | 127 400 |
| | 三季度购料付现 | | | 109 200 | 46 800 | 15 600 |
| | 四季度购料付现 | | | | 93 940 | 93 940 |
| | 现金支出合计 | 110 280 | 119 300 | 147 420 | 140 740 | 517 740 |

## 第 13 章　财务分析与业绩评价

一、单项选择题

1. D　2. A　3. C　4. C　5. B　6. B　7. B　8. C　9. B　10. B　11. A　12. A　13. B　14.　B　15. B　16. B　17. B　18. C　19. C　20. C　21. C　22. B　23. B　24. B　25. B　26. B　27. A　28. A　29. B　30. D　31. B　32. B　33. D　34. C　35. A　36. A　37. A　38. A　39. C　40. D　41. D　42. B　43.　D

二、多项选择题

1. ABC　2. ABD　3. ABCD　4. AD　5. ABCD　6. ABCD　7. ABD　8. CD　9. BCD　10. AC　11. BC　12. ABC　13. CD　14. AB　15. ABC　16. BC　17. BC　18. BCD　19. ABD　20. AC　21. BD　22. ABCD　23. ACD　24. ABCD　25. BCD　26. ABC　27. ABCD　28. ACD　29. AB　30. AB

三、判断题

1. × 2. × 3. × 4. × 5. × 6. √ 7. × 8. √ 9. × 10. √ 11. √ 12. √ 13. √ 14. √ 15. × 16. × 17. × 18. √ 19. × 20. × 21. × 22. × 23. √ 24. √ 25. × 26. × 27. × 28. √ 29. ×

**练习题**

习题一 (1) 流动负债40 0000元。(2) 流动比率1.42。(3) 速动比率=1.4。

习题二 (1) 流动比率1.25，速动比率0.75，现金比率=0.0625。

(2) 毛利额100 000元，销货成本400 000元。

平均存货=400 000÷16=25 000（元）

(3) 应收账款回收期=360×40 000÷500 000=28.8（天）

习题三 (1) 销售利润率=75÷1500×100% =5%

(2) 总资产周转率=1500÷500=3（次）

(3) 权益乘数=1÷(1-190÷500)=1.613

习题四 (1) 年末流动资产=70×2.2=154（万元），年末速动资产=70×1.2=84（万元），年末现金类资产=70×0.6=42（万元），年末存货=154-84=70（万元），年末应收账款=84-42=42（万元）。

(2) 平均流动资产=137万元，平均存货=65万元，平均应收账款=40万元，流动资产周转率=200÷137=1.46（次），存货周转率=156÷65=2.4（次）。

习题五 (1) 流动比率=3 940÷1 800=2.19，速动比率=(3 940-880)÷1 800=1.7，现金比率=(1 550+60)÷1 800=0.89，资产负债率=(1 800+500)÷6 400=0.36，产权比率=(1 800+500)÷4 100=0.56，已获利息倍数=(4 400+60)÷60=74.33。

流动资产周转率=15 000÷[(3 100+3 940)÷2]=4.26（次）

应收账款周转率=15 000÷[(1 080+1 200)÷2]=13.16（次）

存货周转率=8 500÷[(808+880)÷2]=10.07（次）

固定资产周转率=15 000÷[(2 500+2 800)÷2]=5.66（次）

总资产周转率=15 000÷[(5 200+6 400)÷2]=2.59（次）

销售毛利率=(15 000-8 500)÷15 000=0.43

成本费用利润率=2 200÷(15 000-4 310)=20.58%

销售净利率=2 200÷15 000=14.67%

资产净利率=2 200÷[(5 200+6 400)÷2]=37.93%

资本金利润率=2 200÷1 800=1.22

权益资本利润率=2 200÷4 100=53.66%

每股盈余=2 200÷1 200=1.86（元/股）

每股股利=400÷1 200=0.33（元/股）

市盈率=2.5÷1.86=1.34

(2) 杜邦分析法分析如下图所示。

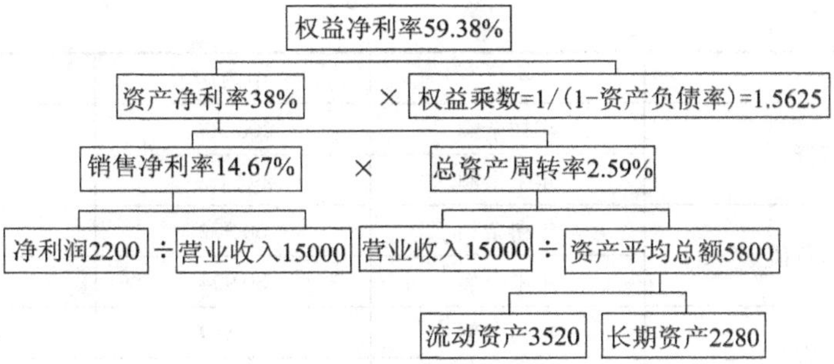


杜邦分析图

习题六 （1）年末流动比率 = 450 ÷ 218 = 2.06，年末速动比率 = (450 − 170 − 35) ÷ 218 = 1.12，年末现金比率 = 95 ÷ 218 = 0.44，年末产权比率 = 590 ÷ 720 = 0.82，年末资产负债率 = 590 ÷ 1 310 = 45%，年末权益乘数 = 1 ÷ (1 − 45%) = 1.82。

（2）应收账款周转率 = 570 ÷ [(135 + 150) ÷ 2] = 4（次）

固定资产周转率 = 1014 ÷ [(800 + 860) ÷ 2] = 1.22(次)

总资产周转率 = 1014 ÷ [(1 225 + 1 310) ÷ 2] = 0.8（次）

（3）销售净利率 = 253.5 ÷ 1014 = 25%；资本保值增值率 = 720 ÷ 715 = 1.01

（4）销售净利率变动对自有资金利润率的影响 = (25% − 20%) × 0.7 × 1.71 = 5.99%

总资产周转率变动对自有资金利润率的影响 = 25% × (0.8 − 0.7) × 1.71 = 4.28%

权益乘数变动对自有资金利润率的影响 = 25% × 0.8 × (1.82 − 1.71) = 2.2%

习题七 （1）净利润变动分析：净利润增加 = 1 200 − 1 000 = 200（万元）因为：净利润 = 所有者权益 × 权益净利率，上年权益净利率 = 1 000 ÷ 10 000 = 10%，本年权益净利率 = 1 200 ÷ 15 000 = 8%，所有者权益增加影响利润数额 = (15 000 − 10 000) × 10% = 500（万元）。

权益净利率下降影响利润数额 = 15 000 × (8% − 10%) = −300（万元）。

（2）权益净利率变动分析：权益净利率的变动 −2%。因为：权益净利率 = 资产净利率 × 权益乘数，上年权益乘数 = 12 500 ÷ 10 000 = 1.25，本年权益乘数 = 60 000 ÷ 15 000 = 4，上年资产净利率 = 1 000 ÷ 12 500 = 8%；本年资产净利率 = 1 200 ÷ 60 000 = 2%，资产净利率下降对权益净利率的影响 −7.5%，权益乘数上升对权益净利率的影响 5.5%。

（3）资产净利率变动因素分析：资产净利率变动 = 2% − 8% = −6%。因为：资产净利率 = 资产周转率 × 销售净利率，资产周转率变动对资产净利率的影响 −3%，销售净利率变动对资产净利率的影响 −3%。

（4）资产周转天数分析：总资产周转天数变动 = 360/0.5 − 360/0.8 = 720 − 450 = 270（天）。因为：总资产周转天数 = 固定资产周转天数 + 流动资产周转天数。固定资产周转天数变动影响 180 天，流动资产周转天数影响 90 天。

习题八 （1）

<table>
<tr><th></th><th></th><th>甲酒店</th><th>乙酒店</th></tr>
<tr><td rowspan="2">经营资产</td><td>年初余额</td><td>206 506</td><td>162 825</td></tr>
<tr><td>年末余额</td><td>292 189</td><td>157 102</td></tr>
<tr><td rowspan="2">经营负债</td><td>年初余额</td><td>60 372</td><td>119 917</td></tr>
<tr><td>年末余额</td><td>80 924</td><td>38 656</td></tr>
<tr><td rowspan="2">金融资产</td><td>年初余额</td><td>22 659</td><td>463 425</td></tr>
<tr><td>年末余额</td><td>21 376</td><td>165 094</td></tr>
<tr><td rowspan="2">金融负债</td><td>年初余额</td><td>91 764</td><td>1 304</td></tr>
<tr><td>年末余额</td><td>103 984</td><td>754</td></tr>
<tr><td rowspan="2">净经营资产</td><td>年初余额</td><td>146 134</td><td>42 908</td></tr>
<tr><td>年末余额</td><td>211 265</td><td>118 446</td></tr>
<tr><td rowspan="2">净负债</td><td>年初余额</td><td>69 105</td><td>－462 121</td></tr>
<tr><td>年末余额</td><td>82 608</td><td>－164 340</td></tr>
<tr><td>税后经营净利润</td><td>本年金额</td><td>19 252. 509</td><td>27 286. 580</td></tr>
<tr><td>税后利息</td><td>本年金额</td><td>5 989. 509</td><td>－1 567. 420</td></tr>
</table>

（2）

| | 甲酒店 | 乙酒店 | 指标差异＝甲酒店－乙酒店 |
|---|---|---|---|
| 税后经营净利率（%） | 21. 359% | 34. 382% | －13. 023% |
| 净经营资产周转次数 | 0. 5044 | 0. 9837 | －0. 4793 |
| 净经营资产净利率（%） | 10. 774% | 33. 822% | －23. 048% |
| 税后利息率（%） | 7. 896% | 0. 5% | 7. 396% |
| 经营差异率（%） | 2. 878% | 33. 322% | －30. 444% |
| 净财务杠杆 | 0. 7 376 | －0. 7 952 | 1. 5 328 |
| 杠杆贡献率（%） | 2. 123% | －26. 498% | 28. 621% |
| 净资产收益率（%） | 12. 897% | 7. 324% | 5. 573% |

（3）

| 差异影响因素 | 乙酒店 | 替换净经营资产净利率 | 替换税后利息率 | 替换净财务杠杆 |
|---|---|---|---|---|
| 净经营资产净利率（%） | 33. 822% | 10. 774% | 10. 774% | 10. 774% |
| 税后利息率（%） | 0. 5% | 0. 5% | 7. 896% | 7. 896% |

（续上表）

| 差异影响因素 | 乙酒店 | 替换净经营资产净利率 | 替换税后利息率 | 替换净财务杠杆 |
|---|---|---|---|---|
| 经营差异率（%） | 33.322% | 10.274% | 2.878% | 2.878% |
| 净财务杠杆 | -0.7952 | -0.7952 | -0.7952 | 0.7376 |
| 杠杆贡献率（%） | -26.498% | -8.17% | -2.289% | 2.123% |
| 净资产收益率（%） | 7.324% | 2.604% | 8.485% | 12.897% |
| 差异影响（%） | | -4.72% | 5.881% | 4.412% |

(4) 甲与乙相比的不足主要是净经营资产净利率较低，净经营资产净利率低的原因是由于税后经营净利率和净经营资产周转次数均较低。

(5)

| | 甲酒店 | 乙酒店 | 指标差异 = 甲酒店 - 乙酒店 |
|---|---|---|---|
| 销售净利率（%） | 14.71% | 36.37% | -21.66% |
| 资产周转次数 | 33.23% | 16.73% | 16.50% |
| 资产利润率（%） | 4.89% | 6.08% | -1.19% |

按照传统杜邦体系，甲与乙相比资产利润率较低，原因是销售净利润率低造成。

与改进体系分析的差异是：传统法认为甲酒店的资产管理能力还是比乙酒店强；但按改进分析体系的分析，认为甲酒店的经营资产管理能力比乙酒店弱。差异的原因在于传统分析体系没有区分经营资产和金融资产，没有区分经营负债和金融负债，没有区分经营损益和金融损益。

# 附表

## 附表1 复利终值系数表 $(1+i)^n$，$(F/P, i, n)$

| $n \backslash i$ | 1% | 2% | 3% | 4% | 5% | 6% | 7% | 8% | 9% | 10% |
|---|---|---|---|---|---|---|---|---|---|---|
| 1 | 1.010 | 1.020 | 1.030 | 1.040 | 1.050 | 1.060 | 1.070 | 1.080 | 1.090 | 1.100 |
| 2 | 1.020 | 1.040 | 1.061 | 1.082 | 1.102 | 1.124 | 1.145 | 1.166 | 1.188 | 1.210 |
| 3 | 1.030 | 1.061 | 1.093 | 1.125 | 1.158 | 1.191 | 1.225 | 1.260 | 1.295 | 1.331 |
| 4 | 1.041 | 1.082 | 1.126 | 1.170 | 1.216 | 1.262 | 1.311 | 1.360 | 1.412 | 1.464 |
| 5 | 1.051 | 1.104 | 1.159 | 1.217 | 1.276 | 1.338 | 1.403 | 1.469 | 1.539 | 1.611 |
| 6 | 1.062 | 1.126 | 1.194 | 1.265 | 1.340 | 1.419 | 1.501 | 1.587 | 1.677 | 1.772 |
| 7 | 1.072 | 1.149 | 1.230 | 1.316 | 1.407 | 1.504 | 1.606 | 1.714 | 1.828 | 1.949 |
| 8 | 1.083 | 1.172 | 1.267 | 1.369 | 1.477 | 1.594 | 1.718 | 1.851 | 1.993 | 2.144 |
| 9 | 1.094 | 1.195 | 1.305 | 1.423 | 1.551 | 1.689 | 1.838 | 1.999 | 2.172 | 2.358 |
| 10 | 1.105 | 1.219 | 1.344 | 1.480 | 1.629 | 1.791 | 1.967 | 2.159 | 2.367 | 2.594 |
| 11 | 1.116 | 1.243 | 1.384 | 1.539 | 1.710 | 1.898 | 2.105 | 2.332 | 2.580 | 2.853 |
| 12 | 1.127 | 1.268 | 1.426 | 1.601 | 1.796 | 2.012 | 2.252 | 2.518 | 2.813 | 3.138 |
| 13 | 1.138 | 1.294 | 1.469 | 1.665 | 1.886 | 2.133 | 2.410 | 2.720 | 3.066 | 3.452 |
| 14 | 1.149 | 1.319 | 1.513 | 1.732 | 1.980 | 2.261 | 2.579 | 2.937 | 3.342 | 3.797 |
| 15 | 1.161 | 1.346 | 1.558 | 1.801 | 2.079 | 2.397 | 2.759 | 3.172 | 3.642 | 4.177 |
| 16 | 1.173 | 1.373 | 1.605 | 1.873 | 2.183 | 2.540 | 2.952 | 3.426 | 3.970 | 4.595 |
| 17 | 1.184 | 1.400 | 1.653 | 1.948 | 2.292 | 2.693 | 3.159 | 3.700 | 4.328 | 5.054 |
| 18 | 1.196 | 1.428 | 1.702 | 2.026 | 2.407 | 2.854 | 3.380 | 3.996 | 4.717 | 5.560 |
| 19 | 1.208 | 1.457 | 1.754 | 2.107 | 2.527 | 3.026 | 3.617 | 4.316 | 5.142 | 6.116 |
| 20 | 1.220 | 1.486 | 1.806 | 2.191 | 2.653 | 3.207 | 3.870 | 4.661 | 5.604 | 6.727 |
| 21 | 1.232 | 1.516 | 1.860 | 2.279 | 2.786 | 3.400 | 4.141 | 5.034 | 6.109 | 7.400 |
| 22 | 1.245 | 1.546 | 1.916 | 2.370 | 2.925 | 3.604 | 4.430 | 5.437 | 6.659 | 8.140 |
| 23 | 1.257 | 1.577 | 1.974 | 2.465 | 3.072 | 3.820 | 4.741 | 5.871 | 7.258 | 8.954 |
| 24 | 1.270 | 1.608 | 2.033 | 2.563 | 3.225 | 4.049 | 5.072 | 6.341 | 7.911 | 9.850 |
| 25 | 1.282 | 1.641 | 2.094 | 2.666 | 3.386 | 4.292 | 5.427 | 6.848 | 8.623 | 10.835 |
| 26 | 1.295 | 1.673 | 2.157 | 2.772 | 3.556 | 4.549 | 5.807 | 7.396 | 9.399 | 11.918 |
| 27 | 1.308 | 1.707 | 2.221 | 2.883 | 3.733 | 4.822 | 6.214 | 7.988 | 10.245 | 13.110 |
| 28 | 1.321 | 1.741 | 2.288 | 2.999 | 3.920 | 5.112 | 6.649 | 8.627 | 11.167 | 14.421 |
| 29 | 1.335 | 1.776 | 2.357 | 3.119 | 4.116 | 5.418 | 7.114 | 9.317 | 12.172 | 15.863 |
| 30 | 1.348 | 1.811 | 2.427 | 3.243 | 4.322 | 5.743 | 7.612 | 10.063 | 13.268 | 17.449 |
| 35 | 1.417 | 2.000 | 2.814 | 3.946 | 5.516 | 7.686 | 10.677 | 14.785 | 20.414 | 28.102 |
| 40 | 1.489 | 2.208 | 3.262 | 4.801 | 7.040 | 10.286 | 14.974 | 21.725 | 31.409 | 45.259 |
| 45 | 1.565 | 2.438 | 3.782 | 5.841 | 8.985 | 13.765 | 21.002 | 31.920 | 48.327 | 72.890 |
| 50 | 1.645 | 2.692 | 4.384 | 7.107 | 11.467 | 18.420 | 29.457 | 46.902 | 74.358 | 117.39 |

| n \ i | 11% | 12% | 13% | 14% | 15% | 16% | 17% | 18% | 19% | 20% |
|---|---|---|---|---|---|---|---|---|---|---|
| 1 | 1. 110 | 1. 120 | 1. 130 | 1. 140 | 1. 150 | 1. 160 | 1. 170 | 1. 180 | 1. 190 | 1. 200 |
| 2 | 1. 232 | 1. 254 | 1. 277 | 1. 300 | 1. 323 | 1. 346 | 1. 369 | 1. 392 | 1. 416 | 1. 440 |
| 3 | 1. 368 | 1. 405 | 1. 443 | 1. 482 | 1. 521 | 1. 561 | 1. 602 | 1. 643 | 1. 685 | 1. 728 |
| 4 | 1. 518 | 1. 574 | 1. 630 | 1. 689 | 1. 749 | 1. 811 | 1. 874 | 1. 939 | 2. 005 | 2. 074 |
| 5 | 1. 685 | 1. 762 | 1. 842 | 1. 925 | 2. 011 | 2. 100 | 2. 192 | 2. 288 | 2. 386 | 2. 488 |
| 6 | 1. 870 | 1. 974 | 2. 082 | 2. 195 | 2. 313 | 2. 436 | 2. 565 | 2. 700 | 2. 840 | 2. 986 |
| 7 | 2. 076 | 2. 211 | 2. 353 | 2. 502 | 2. 660 | 2. 826 | 3. 001 | 3. 185 | 3. 379 | 3. 583 |
| 8 | 2. 305 | 2. 476 | 2. 658 | 2. 853 | 3. 059 | 3. 278 | 3. 511 | 3. 759 | 4. 021 | 4. 300 |
| 9 | 2. 558 | 2. 773 | 3. 004 | 3. 252 | 3. 518 | 3. 803 | 4. 108 | 4. 435 | 4. 785 | 5. 160 |
| 10 | 2. 839 | 3. 106 | 3. 395 | 3. 707 | 4. 046 | 4. 411 | 4. 807 | 5. 234 | 5. 695 | 6. 192 |
| 11 | 3. 152 | 3. 479 | 3. 836 | 4. 226 | 4. 652 | 5. 117 | 5. 624 | 6. 176 | 6. 777 | 7. 430 |
| 12 | 3. 498 | 3. 896 | 4. 335 | 4. 818 | 5. 350 | 5. 936 | 6. 580 | 7. 288 | 8. 064 | 8. 916 |
| 13 | 3. 883 | 4. 363 | 4. 898 | 5. 492 | 6. 153 | 6. 886 | 7. 699 | 8. 599 | 9. 596 | 10. 699 |
| 14 | 4. 310 | 4. 887 | 5. 535 | 6. 261 | 7. 076 | 7. 988 | 9. 007 | 10. 147 | 11. 420 | 12. 839 |
| 15 | 4. 785 | 5. 474 | 6. 254 | 7. 138 | 8. 137 | 9. 266 | 10. 539 | 11. 974 | 13. 590 | 15. 407 |
| 16 | 5. 311 | 6. 130 | 7. 067 | 8. 137 | 9. 358 | 10. 748 | 12. 330 | 14. 129 | 16. 172 | 18. 488 |
| 17 | 5. 895 | 6. 866 | 7. 986 | 9. 276 | 10. 761 | 12. 468 | 14. 426 | 16. 672 | 19. 244 | 22. 186 |
| 18 | 6. 544 | 7. 690 | 9. 024 | 10. 575 | 12. 375 | 14. 463 | 16. 879 | 19. 673 | 22. 901 | 26. 623 |
| 19 | 7. 263 | 8. 613 | 10. 197 | 12. 056 | 14. 232 | 16. 777 | 19. 748 | 23. 214 | 27. 252 | 31. 948 |
| 20 | 8. 062 | 9. 646 | 11. 523 | 13. 743 | 16. 367 | 19. 461 | 23. 106 | 27. 393 | 32. 429 | 38. 338 |
| 21 | 8. 949 | 10. 804 | 13. 021 | 15. 668 | 18. 822 | 22. 574 | 27. 034 | 32. 324 | 38. 591 | 46. 005 |
| 22 | 9. 934 | 12. 100 | 14. 714 | 17. 861 | 21. 645 | 26. 186 | 31. 629 | 38. 142 | 45. 923 | 55. 206 |
| 23 | 11. 026 | 13. 552 | 16. 627 | 20. 362 | 24. 891 | 30. 376 | 37. 006 | 45. 008 | 54. 649 | 66. 247 |
| 24 | 12. 239 | 15. 179 | 18. 788 | 23. 212 | 28. 625 | 35. 236 | 43. 297 | 53. 109 | 65. 032 | 79. 497 |
| 25 | 13. 585 | 17. 000 | 21. 231 | 26. 462 | 32. 919 | 40. 874 | 50. 658 | 62. 669 | 77. 388 | 95. 396 |
| 26 | 15. 080 | 19. 040 | 23. 991 | 30. 167 | 37. 857 | 47. 414 | 59. 270 | 73. 949 | 92. 092 | 114. 48 |
| 27 | 16. 739 | 21. 325 | 27. 109 | 34. 390 | 43. 535 | 55. 000 | 69. 345 | 87. 260 | 109. 59 | 137. 37 |
| 28 | 18. 580 | 23. 884 | 30. 633 | 39. 204 | 50. 066 | 63. 800 | 81. 134 | 102. 97 | 130. 41 | 164. 84 |
| 29 | 20. 624 | 26. 750 | 34. 616 | 44. 693 | 57. 575 | 74. 009 | 94. 927 | 121. 50 | 155. 19 | 197. 81 |
| 30 | 22. 892 | 29. 960 | 39. 116 | 50. 950 | 66. 212 | 85. 850 | 111. 07 | 143. 37 | 184. 68 | 237. 38 |
| 35 | 38. 575 | 52. 800 | 72. 068 | 98. 100 | 133. 18 | 180. 31 | 243. 50 | 328. 00 | 440. 70 | 590. 67 |
| 40 | 65. 001 | 93. 051 | 132. 78 | 188. 88 | 267. 86 | 378. 72 | 533. 87 | 750. 38 | 1051. 7 | 1469. 8 |
| 45 | 109. 53 | 163. 99 | 244. 64 | 363. 68 | 538. 77 | 795. 44 | 1170. 5 | 1716. 7 | 2509. 7 | 3657. 3 |
| 50 | 184. 56 | 289. 00 | 450. 74 | 700. 23 | 1083. 7 | 1670. 7 | 2566. 2 | 3927. 4 | 5988. 9 | 9100. 4 |

| n \ i | 21% | 22% | 23% | 24% | 25% | 26% | 27% | 28% | 29% | 30% |
|---|---|---|---|---|---|---|---|---|---|---|
| 1 | 1.210 | 1.220 | 1.230 | 1.240 | 1.250 | 1.260 | 1.270 | 1.280 | 1.290 | 1.300 |
| 2 | 1.464 | 1.488 | 1.513 | 1.538 | 1.563 | 1.588 | 1.613 | 1.638 | 1.664 | 1.690 |
| 3 | 1.772 | 1.816 | 1.861 | 1.907 | 1.953 | 2.000 | 2.048 | 2.097 | 2.147 | 2.197 |
| 4 | 2.144 | 2.215 | 2.289 | 2.364 | 2.441 | 2.520 | 2.601 | 2.684 | 2.769 | 2.856 |
| 5 | 2.594 | 2.703 | 2.815 | 2.932 | 3.052 | 3.176 | 3.304 | 3.436 | 3.572 | 3.713 |
| 6 | 3.138 | 3.297 | 3.463 | 3.635 | 3.815 | 4.002 | 4.196 | 4.398 | 4.608 | 4.827 |
| 7 | 3.797 | 4.023 | 4.259 | 4.508 | 4.768 | 5.042 | 5.329 | 5.629 | 5.945 | 6.275 |
| 8 | 4.595 | 4.908 | 5.239 | 5.590 | 5.960 | 6.353 | 6.768 | 7.206 | 7.669 | 8.157 |
| 9 | 5.560 | 5.987 | 6.444 | 6.931 | 7.451 | 8.005 | 8.595 | 9.223 | 9.893 | 10.604 |
| 10 | 6.728 | 7.305 | 7.926 | 8.594 | 9.313 | 10.086 | 10.915 | 11.806 | 12.761 | 13.786 |
| 11 | 8.140 | 8.912 | 9.749 | 10.657 | 11.642 | 12.708 | 13.862 | 15.112 | 16.462 | 17.922 |
| 12 | 9.850 | 10.872 | 11.991 | 13.215 | 14.552 | 16.012 | 17.605 | 19.343 | 21.236 | 23.298 |
| 13 | 11.918 | 13.264 | 14.749 | 16.386 | 18.190 | 20.175 | 22.359 | 24.759 | 27.395 | 30.288 |
| 14 | 14.421 | 16.182 | 18.141 | 20.319 | 22.737 | 25.421 | 28.396 | 31.691 | 35.339 | 39.374 |
| 15 | 17.449 | 19.742 | 22.314 | 25.196 | 28.422 | 32.030 | 36.062 | 40.565 | 45.587 | 51.186 |
| 16 | 21.114 | 24.086 | 27.446 | 31.243 | 35.527 | 40.358 | 45.799 | 51.923 | 58.808 | 66.542 |
| 17 | 25.548 | 29.384 | 33.759 | 38.741 | 44.409 | 50.851 | 58.165 | 66.461 | 75.862 | 86.504 |
| 18 | 30.913 | 35.849 | 41.523 | 48.039 | 55.511 | 64.072 | 73.870 | 85.071 | 97.862 | 112.46 |
| 19 | 37.404 | 43.736 | 51.074 | 59.586 | 69.389 | 80.731 | 93.815 | 108.89 | 126.24 | 146.19 |
| 20 | 45.259 | 53.358 | 62.821 | 73.864 | 86.736 | 101.72 | 119.14 | 139.38 | 162.85 | 190.05 |
| 21 | 54.764 | 65.096 | 77.269 | 91.592 | 108.42 | 128.17 | 151.31 | 178.41 | 210.08 | 247.06 |
| 22 | 66.264 | 79.418 | 95.041 | 113.57 | 135.53 | 161.49 | 192.17 | 228.36 | 271.00 | 321.18 |
| 23 | 80.180 | 96.889 | 116.90 | 140.83 | 169.41 | 203.48 | 244.05 | 292.30 | 349.59 | 417.54 |
| 24 | 97.017 | 118.21 | 143.79 | 174.63 | 211.76 | 256.39 | 309.95 | 347.14 | 450.98 | 542.80 |
| 25 | 117.39 | 144.21 | 176.86 | 216.54 | 264.70 | 323.05 | 393.63 | 478.90 | 581.76 | 705.64 |
| 26 | 142.04 | 175.94 | 217.54 | 268.51 | 330.87 | 407.04 | 499.92 | 613.00 | 750.47 | 917.33 |
| 27 | 171.87 | 214.64 | 267.57 | 332.95 | 413.59 | 512.87 | 634.89 | 784.64 | 968.10 | 1192.5 |
| 28 | 207.97 | 261.86 | 329.11 | 412.86 | 516.99 | 646.21 | 806.31 | 1004.3 | 1248.9 | 1550.3 |
| 29 | 251.64 | 319.47 | 404.81 | 511.95 | 646.23 | 814.23 | 1024.0 | 1285.6 | 1611.0 | 2015.4 |
| 30 | 304.48 | 389.76 | 497.91 | 634.82 | 807.79 | 1025.9 | 1300.5 | 1645.5 | 2078.2 | 2620.0 |
| 35 | 789.75 | 1053.4 | 1401.8 | 1861.1 | 2465.2 | 3258.1 | 4296.7 | 5653.9 | 7424.0 | 9727.9 |
| 40 | 2048.4 | 2847.0 | 3946.4 | 5455.9 | 7523.2 | 10347 | 14195 | 19426 | 26520 | 36118 |
| 45 | 5313.0 | 7694.7 | 11110 | 15994 | 22958 | 32860 | 46899 | 66749 | 94740 | 134106 |
| 50 | 13780 | 20796 | 31279 | 46890 | 70065 | 104358 | 154948 | 229349 | 338443 | 497929 |

## 附表2　复利现值系数表 $1/(1+i)^n$，$(P/F,\ i,\ n)$

| $n\backslash i$ | 1% | 2% | 3% | 4% | 5% | 6% | 7% | 8% | 9% | 10% |
|---|---|---|---|---|---|---|---|---|---|---|
| 1 | 0.990 | 0.980 | 0.971 | 0.962 | 0.952 | 0.943 | 0.935 | 0.926 | 0.917 | 0.909 |
| 2 | 0.980 | 0.961 | 0.943 | 0.925 | 0.907 | 0.890 | 0.873 | 0.857 | 0.842 | 0.826 |
| 3 | 0.971 | 0.942 | 0.915 | 0.889 | 0.864 | 0.840 | 0.816 | 0.794 | 0.772 | 0.751 |
| 4 | 0.961 | 0.924 | 0.888 | 0.855 | 0.823 | 0.792 | 0.763 | 0.735 | 0.708 | 0.683 |
| 5 | 0.951 | 0.906 | 0.863 | 0.822 | 0.784 | 0.747 | 0.713 | 0.681 | 0.650 | 0.621 |
| 6 | 0.942 | 0.888 | 0.837 | 0.790 | 0.746 | 0.705 | 0.666 | 0.630 | 0.596 | 0.564 |
| 7 | 0.933 | 0.871 | 0.813 | 0.760 | 0.711 | 0.665 | 0.623 | 0.583 | 0.547 | 0.513 |
| 8 | 0.923 | 0.853 | 0.789 | 0.731 | 0.677 | 0.627 | 0.582 | 0.540 | 0.502 | 0.467 |
| 9 | 0.914 | 0.837 | 0.766 | 0.703 | 0.645 | 0.592 | 0.544 | 0.500 | 0.460 | 0.424 |
| 10 | 0.905 | 0.820 | 0.744 | 0.676 | 0.614 | 0.558 | 0.508 | 0.463 | 0.422 | 0.386 |
| 11 | 0.896 | 0.804 | 0.722 | 0.650 | 0.585 | 0.527 | 0.475 | 0.429 | 0.388 | 0.350 |
| 12 | 0.887 | 0.788 | 0.701 | 0.625 | 0.557 | 0.497 | 0.444 | 0.397 | 0.356 | 0.319 |
| 13 | 0.879 | 0.773 | 0.681 | 0.601 | 0.530 | 0.469 | 0.415 | 0.368 | 0.326 | 0.290 |
| 14 | 0.870 | 0.758 | 0.661 | 0.577 | 0.505 | 0.442 | 0.388 | 0.340 | 0.299 | 0.263 |
| 15 | 0.861 | 0.743 | 0.642 | 0.555 | 0.481 | 0.417 | 0.362 | 0.315 | 0.275 | 0.239 |
| 16 | 0.853 | 0.728 | 0.623 | 0.534 | 0.458 | 0.394 | 0.339 | 0.292 | 0.252 | 0.218 |
| 17 | 0.844 | 0.714 | 0.605 | 0.513 | 0.436 | 0.371 | 0.317 | 0.270 | 0.231 | 0.198 |
| 18 | 0.836 | 0.700 | 0.587 | 0.494 | 0.416 | 0.350 | 0.296 | 0.250 | 0.212 | 0.180 |
| 19 | 0.828 | 0.686 | 0.570 | 0.475 | 0.396 | 0.331 | 0.277 | 0.232 | 0.194 | 0.164 |
| 20 | 0.820 | 0.673 | 0.554 | 0.456 | 0.377 | 0.312 | 0.258 | 0.215 | 0.178 | 0.149 |
| 21 | 0.811 | 0.660 | 0.538 | 0.439 | 0.359 | 0.294 | 0.242 | 0.199 | 0.164 | 0.135 |
| 22 | 0.803 | 0.647 | 0.522 | 0.422 | 0.342 | 0.278 | 0.226 | 0.184 | 0.150 | 0.123 |
| 23 | 0.795 | 0.634 | 0.507 | 0.406 | 0.326 | 0.262 | 0.211 | 0.170 | 0.138 | 0.112 |
| 24 | 0.788 | 0.622 | 0.492 | 0.390 | 0.310 | 0.247 | 0.197 | 0.158 | 0.156 | 0.102 |
| 25 | 0.780 | 0.610 | 0.478 | 0.375 | 0.295 | 0.233 | 0.184 | 0.146 | 0.116 | 0.092 |
| 26 | 0.772 | 0.598 | 0.464 | 0.361 | 0.281 | 0.220 | 0.172 | 0.135 | 0.106 | 0.084 |
| 27 | 0.764 | 0.586 | 0.450 | 0.347 | 0.268 | 0.207 | 0.161 | 0.125 | 0.098 | 0.076 |
| 28 | 0.757 | 0.574 | 0.437 | 0.333 | 0.255 | 0.196 | 0.150 | 0.116 | 0.090 | 0.069 |
| 29 | 0.749 | 0.563 | 0.424 | 0.321 | 0.243 | 0.185 | 0.141 | 0.107 | 0.082 | 0.063 |
| 30 | 0.742 | 0.552 | 0.412 | 0.308 | 0.231 | 0.174 | 0.131 | 0.099 | 0.075 | 0.057 |
| 35 | 0.706 | 0.500 | 0.355 | 0.253 | 0.181 | 0.130 | 0.094 | 0.068 | 0.049 | 0.036 |
| 40 | 0.672 | 0.453 | 0.307 | 0.208 | 0.142 | 0.097 | 0.067 | 0.046 | 0.032 | 0.022 |
| 45 | 0.639 | 0.410 | 0.264 | 0.171 | 0.111 | 0.073 | 0.048 | 0.031 | 0.021 | 0.014 |
| 50 | 0.608 | 0.372 | 0.228 | 0.141 | 0.087 | 0.054 | 0.034 | 0.021 | 0.013 | 0.009 |

| n\ i | 11% | 12% | 13% | 14% | 15% | 16% | 17% | 18% | 19% | 20% |
|---|---|---|---|---|---|---|---|---|---|---|
| 1 | 0.901 | 0.893 | 0.885 | 0.877 | 0.870 | 0.862 | 0.855 | 0.847 | 0.840 | 0.833 |
| 2 | 0.812 | 0.797 | 0.783 | 0.769 | 0.756 | 0.743 | 0.731 | 0.718 | 0.706 | 0.694 |
| 3 | 0.731 | 0.712 | 0.693 | 0.675 | 0.658 | 0.641 | 0.624 | 0.609 | 0.593 | 0.579 |
| 4 | 0.659 | 0.636 | 0.613 | 0.592 | 0.572 | 0.552 | 0.534 | 0.516 | 0.499 | 0.482 |
| 5 | 0.593 | 0.567 | 0.543 | 0.519 | 0.497 | 0.476 | 0.456 | 0.437 | 0.419 | 0.402 |
| 6 | 0.535 | 0.507 | 0.480 | 0.456 | 0.432 | 0.410 | 0.390 | 0.370 | 0.352 | 0.335 |
| 7 | 0.482 | 0.452 | 0.425 | 0.400 | 0.376 | 0.354 | 0.333 | 0.314 | 0.296 | 0.279 |
| 8 | 0.434 | 0.404 | 0.376 | 0.351 | 0.327 | 0.305 | 0.285 | 0.266 | 0.249 | 0.233 |
| 9 | 0.391 | 0.361 | 0.333 | 0.300 | 0.284 | 0.263 | 0.243 | 0.225 | 0.209 | 0.194 |
| 10 | 0.352 | 0.322 | 0.295 | 0.270 | 0.247 | 0.227 | 0.208 | 0.191 | 0.176 | 0.162 |
| 11 | 0.317 | 0.287 | 0.261 | 0.237 | 0.215 | 0.195 | 0.178 | 0.162 | 0.148 | 0.135 |
| 12 | 0.286 | 0.257 | 0.231 | 0.208 | 0.187 | 0.168 | 0.152 | 0.137 | 0.124 | 0.112 |
| 13 | 0.258 | 0.229 | 0.204 | 0.182 | 0.163 | 0.145 | 0.130 | 0.116 | 0.104 | 0.093 |
| 14 | 0.232 | 0.205 | 0.181 | 0.160 | 0.141 | 0.125 | 0.111 | 0.099 | 0.088 | 0.078 |
| 15 | 0.209 | 0.183 | 0.160 | 0.140 | 0.123 | 0.108 | 0.095 | 0.084 | 0.074 | 0.065 |
| 16 | 0.188 | 0.163 | 0.141 | 0.123 | 0.107 | 0.093 | 0.081 | 0.071 | 0.062 | 0.054 |
| 17 | 0.170 | 0.146 | 0.125 | 0.108 | 0.093 | 0.080 | 0.069 | 0.060 | 0.052 | 0.045 |
| 18 | 0.153 | 0.130 | 0.111 | 0.095 | 0.081 | 0.069 | 0.059 | 0.051 | 0.044 | 0.038 |
| 19 | 0.138 | 0.116 | 0.098 | 0.083 | 0.070 | 0.060 | 0.051 | 0.043 | 0.037 | 0.031 |
| 20 | 0.124 | 0.104 | 0.087 | 0.073 | 0.061 | 0.051 | 0.043 | 0.037 | 0.031 | 0.026 |
| 21 | 0.112 | 0.093 | 0.077 | 0.064 | 0.053 | 0.044 | 0.037 | 0.031 | 0.026 | 0.022 |
| 22 | 0.101 | 0.083 | 0.068 | 0.056 | 0.046 | 0.038 | 0.032 | 0.026 | 0.022 | 0.018 |
| 23 | 0.091 | 0.074 | 0.060 | 0.049 | 0.040 | 0.033 | 0.027 | 0.022 | 0.018 | 0.015 |
| 24 | 0.082 | 0.066 | 0.053 | 0.043 | 0.035 | 0.028 | 0.023 | 0.019 | 0.015 | 0.013 |
| 25 | 0.074 | 0.059 | 0.047 | 0.038 | 0.030 | 0.024 | 0.020 | 0.016 | 0.013 | 0.010 |
| 26 | 0.066 | 0.053 | 0.042 | 0.033 | 0.026 | 0.021 | 0.017 | 0.014 | 0.011 | 0.009 |
| 27 | 0.060 | 0.047 | 0.037 | 0.029 | 0.023 | 0.018 | 0.014 | 0.011 | 0.009 | 0.007 |
| 28 | 0.054 | 0.042 | 0.033 | 0.026 | 0.020 | 0.016 | 0.012 | 0.010 | 0.008 | 0.006 |
| 29 | 0.048 | 0.037 | 0.029 | 0.022 | 0.017 | 0.014 | 0.011 | 0.008 | 0.006 | 0.005 |
| 30 | 0.044 | 0.033 | 0.026 | 0.020 | 0.015 | 0.012 | 0.009 | 0.007 | 0.005 | 0.004 |
| 35 | 0.026 | 0.019 | 0.014 | 0.010 | 0.008 | 0.006 | 0.004 | 0.003 | 0.002 | 0.002 |
| 40 | 0.015 | 0.011 | 0.008 | 0.005 | 0.004 | 0.003 | 0.002 | 0.001 | 0.001 | 0.001 |
| 45 | 0.009 | 0.006 | 0.004 | 0.003 | 0.002 | 0.001 | 0.001 | 0.001 | 0.000 | 0.000 |
| 50 | 0.005 | 0.003 | 0.002 | 0.001 | 0.001 | 0.001 | 0.000 | 0.000 | 0.000 | 0.000 |

| n \ i | 21% | 22% | 23% | 24% | 25% | 26% | 27% | 28% | 29% | 30% |
|---|---|---|---|---|---|---|---|---|---|---|
| 1 | 0. 826 | 0. 820 | 0. 813 | 0. 806 | 0. 800 | 0. 794 | 0. 787 | 0. 781 | 0. 775 | 0. 769 |
| 2 | 0. 683 | 0. 672 | 0. 661 | 0. 650 | 0. 640 | 0. 630 | 0. 620 | 0. 610 | 0. 601 | 0. 592 |
| 3 | 0. 564 | 0. 551 | 0. 537 | 0. 524 | 0. 512 | 0. 500 | 0. 488 | 0. 477 | 0. 466 | 0. 455 |
| 4 | 0. 467 | 0. 451 | 0. 437 | 0. 423 | 0. 410 | 0. 397 | 0. 384 | 0. 373 | 0. 361 | 0. 350 |
| 5 | 0. 386 | 0. 370 | 0. 355 | 0. 341 | 0. 328 | 0. 315 | 0. 303 | 0. 291 | 0. 280 | 0. 269 |
| 6 | 0. 319 | 0. 303 | 0. 289 | 0. 275 | 0. 262 | 0. 250 | 0. 238 | 0. 227 | 0. 217 | 0. 207 |
| 7 | 0. 263 | 0. 249 | 0. 235 | 0. 222 | 0. 210 | 0. 198 | 0. 188 | 0. 178 | 0. 168 | 0. 159 |
| 8 | 0. 218 | 0. 204 | 0. 191 | 0. 179 | 0. 168 | 0. 157 | 0. 148 | 0. 139 | 0. 130 | 0. 123 |
| 9 | 0. 180 | 0. 167 | 0. 155 | 0. 144 | 0. 134 | 0. 125 | 0. 116 | 0. 108 | 0. 101 | 0. 094 |
| 10 | 0. 149 | 0. 137 | 0. 126 | 0. 116 | 0. 107 | 0. 099 | 0. 092 | 0. 085 | 0. 078 | 0. 073 |
| 11 | 0. 123 | 0. 112 | 0. 103 | 0. 094 | 0. 086 | 0. 079 | 0. 072 | 0. 066 | 0. 061 | 0. 056 |
| 12 | 0. 102 | 0. 092 | 0. 083 | 0. 076 | 0. 069 | 0. 062 | 0. 057 | 0. 052 | 0. 047 | 0. 043 |
| 13 | 0. 084 | 0. 075 | 0. 068 | 0. 061 | 0. 055 | 0. 050 | 0. 045 | 0. 040 | 0. 037 | 0. 033 |
| 14 | 0. 069 | 0. 062 | 0. 055 | 0. 049 | 0. 044 | 0. 039 | 0. 035 | 0. 032 | 0. 028 | 0. 025 |
| 15 | 0. 057 | 0. 051 | 0. 045 | 0. 040 | 0. 035 | 0. 031 | 0. 028 | 0. 025 | 0. 022 | 0. 020 |
| 16 | 0. 047 | 0. 042 | 0. 036 | 0. 032 | 0. 028 | 0. 025 | 0. 022 | 0. 019 | 0. 017 | 0. 015 |
| 17 | 0. 039 | 0. 034 | 0. 030 | 0. 026 | 0. 023 | 0. 020 | 0. 017 | 0. 015 | 0. 013 | 0. 012 |
| 18 | 0. 032 | 0. 028 | 0. 024 | 0. 021 | 0. 018 | 0. 016 | 0. 014 | 0. 012 | 0. 010 | 0. 009 |
| 19 | 0. 027 | 0. 023 | 0. 020 | 0. 017 | 0. 014 | 0. 012 | 0. 011 | 0. 009 | 0. 008 | 0. 007 |
| 20 | 0. 022 | 0. 019 | 0. 016 | 0. 014 | 0. 012 | 0. 010 | 0. 008 | 0. 007 | 0. 006 | 0. 005 |
| 21 | 0. 018 | 0. 015 | 0. 013 | 0. 011 | 0. 009 | 0. 008 | 0. 007 | 0. 006 | 0. 005 | 0. 004 |
| 22 | 0. 015 | 0. 013 | 0. 011 | 0. 009 | 0. 007 | 0. 006 | 0. 005 | 0. 004 | 0. 004 | 0. 003 |
| 23 | 0. 012 | 0. 010 | 0. 009 | 0. 007 | 0. 006 | 0. 005 | 0. 004 | 0. 003 | 0. 003 | 0. 002 |
| 24 | 0. 010 | 0. 008 | 0. 007 | 0. 006 | 0. 005 | 0. 004 | 0. 003 | 0. 003 | 0. 002 | 0. 002 |
| 25 | 0. 009 | 0. 007 | 0. 006 | 0. 005 | 0. 004 | 0. 003 | 0. 003 | 0. 002 | 0. 002 | 0. 001 |
| 26 | 0. 007 | 0. 006 | 0. 005 | 0. 004 | 0. 003 | 0. 002 | 0. 002 | 0. 002 | 0. 001 | 0. 001 |
| 27 | 0. 006 | 0. 005 | 0. 004 | 0. 003 | 0. 002 | 0. 002 | 0. 002 | 0. 001 | 0. 001 | 0. 001 |
| 28 | 0. 005 | 0. 004 | 0. 003 | 0. 002 | 0. 002 | 0. 002 | 0. 001 | 0. 001 | 0. 001 | 0. 001 |
| 29 | 0. 004 | 0. 003 | 0. 002 | 0. 002 | 0. 002 | 0. 001 | 0. 001 | 0. 001 | 0. 001 | 0. 000 |
| 30 | 0. 003 | 0. 003 | 0. 002 | 0. 002 | 0. 001 | 0. 001 | 0. 001 | 0. 001 | 0. 000 | 0. 000 |
| 35 | 0. 001 | 0. 001 | 0. 001 | 0. 001 | 0. 000 | 0. 000 | 0. 000 | 0. 000 | 0. 000 | 0. 000 |
| 40 | 0. 000 | 0. 000 | 0. 000 | 0. 000 | 0. 000 | 0. 000 | 0. 000 | 0. 000 | 0. 000 | 0. 000 |
| 45 | 0. 000 | 0. 000 | 0. 000 | 0. 000 | 0. 000 | 0. 000 | 0. 000 | 0. 000 | 0. 000 | 0. 000 |
| 50 | 0. 000 | 0. 000 | 0. 000 | 0. 000 | 0. 000 | 0. 000 | 0. 000 | 0. 000 | 0. 000 | 0. 000 |

## 附表3　年金终值系数表 $[(1+i)^n-1]/i,(F/A,i,n)$

| $n\backslash i$ | 1% | 12% | 3% | 4% | 5% | 6% | 7% | 8% | 9% | 10% |
|---|---|---|---|---|---|---|---|---|---|---|
| 1 | 1.000 | 1.000 | 1.000 | 1.000 | 1.000 | 1.000 | 1.000 | 1.000 | 1.000 | 1.000 |
| 2 | 2.010 | 2.020 | 2.030 | 2.040 | 2.050 | 2.060 | 2.070 | 2.080 | 2.090 | 2.100 |
| 3 | 3.030 | 3.060 | 3.091 | 3.122 | 3.153 | 3.184 | 3.215 | 3.246 | 3.278 | 3.310 |
| 4 | 4.060 | 4.122 | 4.184 | 4.246 | 4.310 | 4.375 | 4.440 | 4.506 | 4.573 | 4.641 |
| 5 | 5.101 | 5.204 | 5.309 | 5.416 | 5.526 | 5.637 | 5.751 | 5.867 | 5.985 | 6.105 |
| 6 | 6.152 | 6.308 | 6.468 | 6.633 | 6.802 | 6.975 | 7.153 | 7.336 | 7.523 | 7.716 |
| 7 | 7.214 | 7.434 | 7.662 | 7.898 | 8.142 | 8.394 | 8.654 | 8.923 | 9.200 | 9.487 |
| 8 | 8.286 | 8.583 | 8.892 | 9.214 | 9.549 | 9.897 | 10.260 | 10.637 | 11.028 | 11.436 |
| 9 | 9.369 | 9.755 | 10.159 | 10.583 | 11.027 | 11.491 | 11.978 | 12.488 | 13.021 | 13.579 |
| 10 | 10.462 | 10.950 | 11.464 | 12.006 | 12.578 | 13.181 | 13.816 | 14.487 | 14.193 | 15.937 |
| 11 | 11.567 | 12.169 | 12.808 | 13.486 | 14.207 | 14.972 | 15.784 | 16.645 | 17.560 | 18.531 |
| 12 | 12.683 | 13.412 | 14.192 | 15.026 | 15.917 | 16.870 | 17.888 | 18.977 | 20.141 | 21.384 |
| 13 | 13.809 | 14.680 | 15.618 | 16.627 | 17.713 | 18.882 | 20.141 | 21.495 | 22.953 | 24.523 |
| 14 | 14.947 | 15.974 | 17.086 | 18.292 | 19.599 | 21.015 | 22.550 | 24.215 | 26.019 | 27.975 |
| 15 | 16.097 | 17.293 | 18.599 | 20.024 | 21.579 | 23.276 | 25.129 | 27.152 | 29.361 | 31.772 |
| 16 | 17.258 | 18.639 | 20.157 | 21.825 | 23.657 | 25.673 | 27.888 | 30.324 | 33.003 | 35.950 |
| 17 | 18.430 | 20.012 | 21.762 | 23.698 | 25.840 | 28.213 | 30.840 | 33.750 | 36.974 | 40.545 |
| 18 | 19.615 | 21.412 | 23.414 | 25.645 | 28.132 | 30.906 | 33.999 | 37.450 | 41.301 | 45.599 |
| 19 | 20.811 | 22.841 | 25.117 | 27.671 | 30.539 | 33.760 | 37.379 | 41.446 | 46.018 | 51.159 |
| 20 | 22.019 | 24.297 | 26.870 | 29.778 | 33.066 | 36.786 | 40.995 | 45.762 | 51.160 | 57.275 |
| 21 | 23.239 | 25.783 | 28.676 | 31.969 | 35.719 | 39.993 | 44.865 | 50.423 | 56.765 | 64.002 |
| 22 | 24.472 | 27.299 | 30.537 | 34.248 | 38.505 | 43.392 | 49.006 | 55.457 | 62.873 | 71.403 |
| 23 | 25.716 | 28.845 | 32.453 | 36.618 | 41.430 | 46.996 | 53.436 | 60.893 | 69.532 | 79.543 |
| 24 | 26.973 | 30.422 | 34.426 | 39.083 | 44.502 | 50.816 | 58.177 | 66.765 | 76.790 | 88.497 |
| 25 | 28.243 | 32.030 | 36.459 | 41.646 | 47.727 | 54.865 | 63.249 | 73.106 | 84.70 | 198.347 |
| 26 | 29.526 | 33.671 | 38.553 | 44.312 | 51.113 | 59.156 | 68.676 | 79.954 | 93.324 | 109.18 |
| 27 | 30.821 | 35.344 | 40.710 | 47.084 | 54.669 | 63.706 | 74.484 | 87.351 | 102.72 | 121.10 |
| 28 | 32.129 | 37.051 | 42.931 | 49.968 | 58.403 | 68.528 | 80.698 | 95.339 | 112.97 | 134.21 |
| 29 | 33.450 | 38.792 | 45.219 | 52.966 | 62.323 | 73.640 | 87.347 | 103.97 | 124.14 | 148.63 |
| 30 | 34.785 | 40.568 | 47.575 | 56.085 | 66.439 | 79.058 | 94.461 | 113.28 | 136.31 | 164.49 |
| 35 | 41.660 | 49.994 | 60.462 | 73.652 | 90.320 | 111.43 | 138.24 | 172.32 | 215.71 | 271.02 |
| 40 | 48.886 | 60.402 | 75.401 | 95.026 | 120.80 | 154.76 | 199.64 | 259.06 | 337.88 | 442.59 |
| 45 | 56.481 | 71.893 | 92.720 | 121.03 | 159.70 | 212.74 | 285.75 | 386.51 | 525.86 | 718.90 |
| 50 | 64.463 | 84.579 | 112.80 | 152.67 | 209.35 | 290.34 | 406.53 | 573.77 | 815.08 | 1163.9 |

| n \ i | 11% | 12% | 13% | 14% | 15% | 16% | 17% | 18% | 19% | 20% |
|---|---|---|---|---|---|---|---|---|---|---|
| 1 | 1.000 | 1.000 | 1.000 | 1.000 | 1.000 | 1.000 | 1.000 | 1.000 | 1.000 | 1.000 |
| 2 | 2.110 | 2.120 | 2.130 | 2.140 | 2.150 | 2.160 | 2.170 | 2.180 | 2.190 | 2.200 |
| 3 | 3.342 | 3.374 | 3.407 | 3.440 | 3.473 | 3.506 | 3.539 | 3.572 | 3.606 | 3.640 |
| 4 | 4.710 | 4.779 | 4.850 | 4.921 | 4.993 | 5.066 | 5.141 | 5.215 | 5.291 | 5.368 |
| 5 | 6.228 | 6.353 | 6.480 | 6.610 | 6.742 | 6.877 | 7.014 | 7.154 | 7.297 | 7.442 |
| 6 | 7.913 | 8.115 | 8.323 | 8.536 | 8.754 | 8.977 | 9.207 | 9.442 | 9.683 | 9.930 |
| 7 | 9.783 | 10.089 | 10.405 | 10.730 | 11.067 | 11.414 | 11.772 | 12.142 | 12.523 | 12.916 |
| 8 | 11.859 | 12.300 | 12.757 | 13.233 | 13.727 | 14.240 | 14.773 | 15.327 | 15.902 | 16.499 |
| 9 | 14.164 | 14.776 | 15.416 | 16.085 | 16.786 | 17.519 | 18.285 | 19.086 | 19.923 | 20.799 |
| 10 | 16.722 | 17.549 | 18.420 | 19.337 | 20.304 | 21.321 | 22.393 | 23.521 | 24.709 | 25.959 |
| 11 | 19.561 | 20.655 | 21.814 | 23.045 | 24.349 | 25.733 | 27.200 | 28.755 | 30.404 | 32.150 |
| 12 | 22.713 | 24.133 | 25.650 | 27.271 | 29.002 | 30.850 | 32.824 | 34.931 | 37.180 | 39.581 |
| 13 | 26.212 | 28.029 | 29.985 | 32.089 | 34.352 | 36.786 | 39.404 | 42.219 | 45.244 | 48.497 |
| 14 | 30.095 | 32.393 | 34.883 | 37.581 | 40.505 | 43.672 | 47.103 | 50.818 | 54.841 | 59.196 |
| 15 | 34.405 | 37.280 | 40.417 | 43.842 | 47.580 | 51.660 | 56.110 | 60.965 | 66.261 | 72.035 |
| 16 | 39.190 | 42.753 | 46.672 | 50.980 | 55.717 | 60.925 | 66.649 | 72.939 | 79.850 | 87.442 |
| 17 | 44.501 | 48.884 | 53.739 | 59.118 | 65.075 | 71.673 | 78.979 | 87.068 | 96.022 | 105.93 |
| 18 | 50.396 | 55.750 | 61.725 | 68.394 | 75.836 | 84.141 | 94.406 | 103.74 | 115.27 | 128.12 |
| 19 | 56.939 | 63.440 | 70.749 | 78.969 | 88.212 | 98.603 | 110.28 | 123.41 | 138.17 | 154.74 |
| 20 | 64.203 | 72.052 | 80.947 | 91.025 | 102.44 | 115.38 | 130.03 | 146.63 | 165.42 | 186.69 |
| 21 | 72.265 | 81.699 | 92.470 | 104.77 | 118.81 | 134.84 | 153.14 | 174.02 | 197.85 | 225.03 |
| 22 | 81.214 | 92.503 | 105.49 | 120.44 | 137.63 | 157.41 | 180.17 | 206.34 | 236.44 | 271.03 |
| 23 | 91.148 | 104.60 | 120.20 | 138.30 | 159.28 | 183.60 | 211.80 | 244.49 | 282.36 | 326.24 |
| 24 | 102.17 | 118.16 | 136.83 | 158.66 | 184.17 | 213.98 | 248.81 | 289.49 | 337.01 | 392.48 |
| 25 | 114.411 | 133.33 | 155.62 | 181.87 | 212.79 | 249.21 | 292.11 | 342.60 | 402.04 | 471.98 |
| 26 | 128.001 | 150.33 | 176.85 | 208.33 | 245.71 | 290.09 | 342.76 | 405.27 | 479.43 | 567.38 |
| 27 | 143.081 | 169.37 | 200.84 | 238.50 | 283.57 | 337.50 | 402.03 | 479.22 | 571.52 | 681.85 |
| 28 | 159.821 | 190.70 | 227.95 | 272.89 | 327.10 | 392.50 | 471.38 | 566.48 | 681.11 | 819.22 |
| 29 | 178.402 | 214.58 | 258.58 | 312.09 | 377.17 | 456.30 | 552.51 | 669.45 | 811.52 | 984.07 |
| 30 | 199.022 | 241.33 | 293.20 | 356.79 | 434.75 | 530.31 | 647.44 | 790.95 | 966.71 | 1181.9 |
| 35 | 341.594 | 431.66 | 546.68 | 693.57 | 881.17 | 1120.7 | 1426.5 | 1816.7 | 2314.2 | 2948.3 |
| 40 | 581.837 | 767.09 | 1013.7 | 1342.0 | 1779.1 | 2360.8 | 3134.5 | 4163.2 | 5529.8 | 7343.9 |
| 45 | 986.64 | 1358.2 | 1874.22 | 2590.6 | 3585.1 | 4965.3 | 6879.3 | 9531.6 | 13203 | 18281 |
| 50 | 1668.8 | 2400.0 | 3459.54 | 4994.5 | 7217.7 | 10436 | 15089 | 21813 | 31515 | 45497 |

| n \ i | 21% | 22% | 23% | 24% | 25% | 26% | 27% | 28% | 29% | 30% |
|---|---|---|---|---|---|---|---|---|---|---|
| 1 | 1. 000 | 1. 000 | 1. 000 | 1. 000 | 1. 000 | 1. 000 | 1. 000 | 1. 000 | 1. 000 | 1. 000 |
| 2 | 2. 210 | 2. 220 | 2. 230 | 2. 240 | 2. 250 | 2. 260 | 2. 270 | 2. 280 | 2. 290 | 2. 300 |
| 3 | 3. 674 | 3. 708 | 3. 743 | 3. 778 | 3. 813 | 3. 848 | 3. 883 | 3. 918 | 3. 954 | 3. 990 |
| 4 | 5. 446 | 5. 524 | 5. 604 | 5. 684 | 5. 766 | 5. 848 | 5. 931 | 6. 016 | 6. 101 | 6. 187 |
| 5 | 7. 589 | 7. 740 | 7. 893 | 8. 048 | 8. 207 | 8. 368 | 8. 533 | 8. 700 | 8. 870 | 9. 043 |
| 6 | 10. 183 | 10. 442 | 10. 708 | 10. 980 | 11. 259 | 11. 544 | 11. 837 | 12. 136 | 12. 442 | 12. 756 |
| 7 | 13. 321 | 13. 740 | 14. 171 | 14. 615 | 15. 073 | 15. 546 | 16. 032 | 16. 534 | 17. 051 | 17. 583 |
| 8 | 17. 119 | 17. 762 | 18. 430 | 19. 123 | 19. 842 | 20. 588 | 21. 361 | 22. 163 | 22. 995 | 23. 858 |
| 9 | 21. 714 | 22. 670 | 23. 669 | 24. 712 | 25. 802 | 26. 940 | 28. 129 | 29. 369 | 30. 664 | 32. 015 |
| 10 | 27. 274 | 28. 657 | 30. 113 | 31. 643 | 33. 253 | 34. 945 | 36. 723 | 38. 593 | 40. 556 | 42. 619 |
| 11 | 34. 001 | 35. 962 | 38. 039 | 40. 238 | 42. 566 | 45. 031 | 47. 639 | 50. 398 | 53. 318 | 56. 405 |
| 12 | 42. 142 | 44. 874 | 47. 788 | 50. 895 | 54. 208 | 57. 739 | 61. 501 | 65. 510 | 69. 780 | 74. 327 |
| 13 | 51. 991 | 55. 746 | 59. 779 | 64. 110 | 68. 760 | 73. 751 | 79. 107 | 84. 853 | 91. 016 | 97. 625 |
| 14 | 63. 909 | 69. 010 | 74. 528 | 80. 496 | 86. 949 | 93. 926 | 101. 47 | 109. 61 | 118. 41 | 127. 91 |
| 15 | 78. 330 | 85. 192 | 92. 669 | 100. 82 | 109. 69 | 119. 35 | 129. 86 | 141. 30 | 153. 75 | 167. 29 |
| 16 | 95. 780 | 104. 93 | 114. 98 | 126. 01 | 138. 11 | 151. 38 | 165. 92 | 181. 87 | 199. 34 | 218. 47 |
| 17 | 116. 89 | 129. 02 | 142. 43 | 157. 25 | 173. 64 | 191. 73 | 211. 72 | 233. 79 | 258. 15 | 285. 01 |
| 18 | 142. 44 | 158. 40 | 176. 19 | 195. 99 | 218. 04 | 242. 59 | 269. 89 | 300. 25 | 334. 01 | 371. 52 |
| 19 | 173. 35 | 194. 25 | 217. 71 | 244. 03 | 273. 56 | 306. 66 | 343. 76 | 385. 32 | 431. 87 | 483. 97 |
| 20 | 210. 76 | 237. 99 | 268. 79 | 303. 60 | 342. 94 | 387. 39 | 437. 57 | 494. 21 | 558. 11 | 630. 17 |
| 21 | 256. 02 | 291. 35 | 331. 61 | 377. 46 | 429. 68 | 489. 11 | 556. 72 | 633. 59 | 720. 96 | 820. 22 |
| 22 | 310. 78 | 356. 44 | 408. 88 | 469. 06 | 538. 10 | 617. 28 | 708. 03 | 812. 00 | 931. 04 | 1067. 3 |
| 23 | 377. 05 | 435. 86 | 503. 92 | 582. 63 | 673. 63 | 778. 77 | 900. 20 | 1040. 4 | 1202. 0 | 1388. 5 |
| 24 | 457. 22 | 532. 75 | 620. 82 | 723. 46 | 843. 03 | 982. 25 | 1144. 3 | 1332. 7 | 1551. 6 | 1806. 0 |
| 25 | 554. 24 | 650. 96 | 764. 61 | 898. 09 | 1054. 8 | 1238. 6 | 1454. 2 | 1706. 8 | 2002. 6 | 2348. 8 |
| 26 | 671. 63 | 759. 17 | 941. 46 | 1114. 6 | 1319. 5 | 1561. 7 | 1847. 8 | 2185. 7 | 2584. 4 | 3054. 4 |
| 27 | 813. 68 | 971. 10 | 1159. 0 | 1383. 1 | 1650. 4 | 1968. 7 | 2347. 8 | 2798. 7 | 3334. 8 | 3971. 8 |
| 28 | 985. 55 | 1185. 7 | 1426. 6 | 1716. 1 | 2064. 0 | 2481. 6 | 2982. 6 | 3583. 3 | 4302. 9 | 5164. 3 |
| 29 | 1193. 5 | 1447. 6 | 1755. 7 | 2129. 0 | 2580. 9 | 3127. 8 | 3789. 0 | 4587. 7 | 5551. 8 | 6714. 6 |
| 30 | 1445. 2 | 1767. 1 | 2160. 5 | 2640. 9 | 3227. 2 | 3942. 0 | 4813. 0 | 5873. 2 | 7162. 8 | 8730. 0 |
| 35 | 3755. 9 | 4783. 6 | 6090. 3 | 7750. 2 | 9856. 8 | 12527 | 15909 | 20188 | 25596 | 32422 |
| 40 | 9749. 5 | 12936 | 17154 | 22728 | 30088 | 39792 | 52571 | 69377 | 91447 | 120392 |
| 45 | 25295 | 34971 | 48301 | 66640 | 91831 | 126382 | 173697 | 238387 | 326688 | 447019 |
| 50 | 65617 | 94525 | 135992 | 195372 | 280255 | 401374 | 573877 | 819103 | — | — |

## 附表4 年金现值系数表 $[1-(1+i)^{n}]/i$，$(P/A, i, n)$

| $n \setminus i$ | 1% | 2% | 3% | 4% | 5% | 6% | 7% | 8% | 9% | 10% |
|---|---|---|---|---|---|---|---|---|---|---|
| 1 | 0.990 | 0.980 | 0.971 | 0.962 | 0.952 | 0.943 | 0.935 | 0.926 | 0.917 | 0.909 |
| 2 | 1.970 | 1.942 | 1.913 | 1.886 | 1.859 | 1.833 | 1.808 | 1.783 | 1.759 | 1.736 |
| 3 | 2.941 | 2.884 | 2.829 | 2.775 | 2.723 | 2.673 | 2.624 | 2.577 | 2.531 | 2.487 |
| 4 | 3.902 | 3.808 | 3.717 | 3.630 | 3.546 | 3.465 | 3.387 | 3.312 | 3.240 | 3.170 |
| 5 | 4.853 | 4.713 | 4.580 | 4.452 | 4.329 | 4.212 | 4.100 | 3.993 | 3.890 | 3.791 |
| 6 | 5.795 | 5.601 | 5.417 | 5.242 | 5.076 | 4.917 | 4.767 | 4.623 | 4.486 | 4.355 |
| 7 | 6.728 | 6.472 | 6.230 | 6.002 | 5.786 | 5.582 | 5.389 | 5.206 | 5.033 | 4.868 |
| 8 | 7.652 | 7.325 | 7.020 | 6.733 | 6.463 | 6.210 | 5.971 | 5.747 | 5.535 | 5.335 |
| 9 | 8.566 | 8.162 | 7.786 | 7.435 | 7.108 | 6.802 | 6.515 | 6.247 | 5.995 | 5.759 |
| 10 | 9.471 | 8.983 | 8.530 | 8.111 | 7.722 | 7.360 | 7.024 | 6.710 | 6.418 | 6.145 |
| 11 | 10.368 | 9.787 | 9.253 | 8.760 | 8.306 | 7.887 | 7.499 | 7.139 | 6.805 | 6.495 |
| 12 | 11.255 | 10.575 | 9.954 | 9.385 | 8.863 | 8.384 | 7.943 | 7.536 | 7.161 | 6.814 |
| 13 | 12.134 | 11.348 | 10.635 | 9.986 | 9.394 | 8.853 | 8.358 | 7.904 | 7.487 | 7.103 |
| 14 | 13.004 | 12.106 | 11.296 | 10.563 | 9.899 | 9.295 | 8.745 | 8.244 | 7.786 | 7.367 |
| 15 | 13.865 | 12.849 | 11.938 | 11.118 | 10.380 | 9.712 | 9.108 | 8.559 | 8.061 | 7.606 |
| 16 | 14.718 | 13.578 | 12.561 | 11.652 | 10.838 | 10.106 | 9.447 | 8.851 | 8.313 | 7.824 |
| 17 | 15.562 | 14.292 | 13.166 | 12.166 | 11.274 | 10.477 | 9.763 | 9.122 | 8.544 | 8.022 |
| 18 | 16.398 | 14.992 | 13.754 | 12.659 | 11.690 | 10.828 | 10.059 | 9.372 | 8.756 | 8.201 |
| 19 | 17.226 | 15.678 | 14.324 | 13.134 | 12.085 | 11.158 | 10.336 | 9.604 | 8.950 | 8.365 |
| 20 | 18.046 | 16.351 | 14.877 | 13.590 | 12.462 | 11.470 | 10.594 | 9.818 | 9.129 | 8.514 |
| 21 | 18.857 | 17.011 | 15.415 | 14.029 | 12.821 | 11.764 | 10.836 | 10.017 | 9.292 | 8.649 |
| 22 | 19.660 | 17.658 | 15.937 | 14.451 | 13.163 | 12.042 | 11.061 | 10.201 | 9.442 | 8.772 |
| 23 | 20.456 | 18.292 | 16.444 | 14.857 | 13.489 | 12.303 | 11.272 | 10.371 | 9.580 | 8.883 |
| 24 | 21.243 | 18.914 | 16.936 | 15.247 | 13.799 | 12.550 | 11.469 | 10.529 | 9.707 | 8.985 |
| 25 | 22.023 | 19.523 | 17.413 | 15.622 | 14.094 | 12.783 | 11.654 | 10.675 | 9.823 | 9.077 |
| 26 | 22.795 | 20.121 | 17.877 | 15.983 | 14.375 | 13.003 | 11.826 | 10.810 | 9.929 | 9.161 |
| 27 | 23.560 | 20.707 | 18.327 | 16.330 | 14.643 | 13.211 | 11.987 | 10.935 | 10.027 | 9.237 |
| 28 | 24.316 | 21.281 | 18.764 | 16.663 | 14.898 | 13.406 | 12.137 | 11.051 | 10.116 | 9.307 |
| 29 | 25.066 | 21.844 | 19.188 | 16.984 | 15.141 | 13.591 | 12.278 | 11.158 | 10.198 | 9.370 |
| 30 | 25.808 | 22.396 | 19.600 | 17.292 | 15.372 | 13.765 | 12.409 | 11.258 | 10.274 | 9.427 |
| 35 | 29.409 | 24.999 | 21.487 | 18.665 | 16.374 | 14.498 | 12.948 | 11.655 | 10.567 | 9.644 |
| 40 | 32.835 | 27.355 | 23.115 | 19.793 | 17.159 | 15.046 | 13.332 | 11.925 | 10.757 | 9.779 |
| 45 | 36.095 | 29.490 | 24.519 | 20.720 | 17.774 | 15.456 | 13.606 | 12.108 | 10.881 | 9.863 |
| 50 | 39.196 | 31.424 | 25.730 | 21.482 | 18.256 | 15.762 | 13.801 | 12.233 | 10.962 | 9.915 |

| n \ i | 11% | 12% | 13% | 14% | 15% | 16% | 17% | 18% | 19% | 20% |
|---|---|---|---|---|---|---|---|---|---|---|
| 1 | 0.901 | 0.893 | 0.885 | 0.877 | 0.870 | 0.862 | 0.855 | 0.847 | 0.840 | 0.833 |
| 2 | 1.713 | 1.690 | 1.668 | 1.647 | 1.626 | 1.605 | 1.585 | 1.566 | 1.547 | 1.528 |
| 3 | 2.444 | 2.402 | 2.361 | 2.322 | 2.283 | 2.246 | 2.210 | 2.174 | 2.140 | 2.106 |
| 4 | 3.102 | 3.037 | 2.974 | 2.914 | 2.855 | 2.798 | 2.743 | 2.690 | 2.639 | 2.589 |
| 5 | 3.696 | 3.605 | 3.517 | 3.433 | 3.352 | 3.274 | 3.199 | 3.127 | 3.058 | 2.991 |
| 6 | 4.231 | 4.111 | 3.998 | 3.889 | 3.784 | 3.685 | 3.589 | 3.498 | 3.410 | 3.326 |
| 7 | 4.712 | 4.564 | 4.423 | 4.288 | 4.160 | 4.039 | 3.922 | 3.812 | 3.706 | 3.605 |
| 8 | 5.146 | 4.968 | 4.799 | 4.639 | 4.487 | 4.344 | 4.207 | 4.078 | 3.954 | 3.837 |
| 9 | 5.537 | 5.328 | 5.132 | 4.946 | 4.772 | 4.607 | 4.451 | 4.303 | 4.163 | 4.031 |
| 10 | 5.889 | 5.650 | 5.426 | 5.216 | 5.019 | 4.833 | 4.659 | 4.494 | 4.339 | 4.192 |
| 11 | 6.207 | 5.938 | 5.687 | 5.453 | 5.234 | 5.029 | 4.836 | 4.656 | 4.486 | 4.327 |
| 12 | 6.492 | 6.194 | 5.918 | 5.660 | 5.421 | 5.197 | 4.988 | 4.793 | 4.611 | 4.439 |
| 13 | 6.750 | 6.424 | 6.122 | 5.842 | 5.583 | 5.342 | 5.118 | 4.910 | 4.715 | 4.533 |
| 14 | 6.982 | 6.628 | 6.302 | 6.002 | 5.724 | 5.468 | 5.229 | 5.008 | 4.802 | 4.611 |
| 15 | 7.191 | 6.811 | 6.462 | 6.142 | 5.847 | 5.575 | 5.324 | 5.092 | 4.876 | 4.675 |
| 16 | 7.379 | 6.974 | 6.604 | 6.265 | 5.954 | 5.668 | 5.405 | 5.162 | 4.938 | 4.730 |
| 17 | 7.549 | 7.120 | 6.729 | 6.373 | 6.047 | 5.749 | 5.475 | 5.222 | 4.988 | 4.775 |
| 18 | 7.702 | 7.250 | 6.840 | 6.467 | 6.128 | 5.818 | 5.534 | 5.273 | 5.033 | 4.812 |
| 19 | 7.839 | 7.366 | 6.938 | 6.550 | 6.198 | 5.877 | 5.584 | 5.316 | 5.070 | 4.843 |
| 20 | 7.963 | 7.469 | 7.025 | 6.623 | 6.259 | 5.929 | 5.628 | 5.353 | 5.101 | 4.870 |
| 21 | 8.075 | 7.562 | 7.102 | 6.687 | 6.312 | 5.973 | 5.665 | 5.384 | 5.127 | 4.891 |
| 22 | 8.176 | 7.645 | 7.170 | 6.743 | 6.359 | 6.011 | 5.696 | 5.410 | 5.149 | 4.909 |
| 23 | 8.266 | 7.718 | 7.230 | 6.792 | 6.399 | 6.044 | 5.723 | 5.432 | 5.167 | 4.925 |
| 24 | 8.348 | 7.784 | 7.283 | 6.835 | 6.434 | 6.073 | 5.746 | 5.451 | 5.182 | 4.937 |
| 25 | 8.422 | 7.843 | 7.330 | 6.873 | 6.464 | 6.097 | 5.766 | 5.467 | 5.195 | 4.948 |
| 26 | 8.488 | 7.896 | 7.372 | 6.906 | 6.491 | 6.118 | 5.783 | 5.480 | 5.206 | 4.956 |
| 27 | 8.548 | 7.943 | 7.409 | 6.935 | 6.514 | 6.136 | 5.798 | 5.492 | 5.215 | 4.964 |
| 28 | 8.602 | 7.984 | 7.441 | 6.961 | 6.534 | 6.152 | 5.810 | 5.502 | 5.223 | 4.970 |
| 29 | 6.650 | 8.022 | 7.470 | 6.983 | 6.551 | 6.166 | 5.820 | 5.510 | 5.229 | 4.975 |
| 30 | 8.694 | 8.055 | 7.496 | 7.003 | 6.566 | 6.177 | 5.829 | 5.517 | 5.235 | 4.979 |
| 35 | 8.855 | 8.176 | 7.586 | 7.070 | 6.617 | 6.215 | 5.858 | 5.539 | 5.251 | 4.992 |
| 40 | 8.951 | 8.244 | 7.634 | 7.105 | 6.642 | 6.233 | 5.871 | 5.548 | 5.258 | 4.997 |
| 45 | 9.008 | 8.283 | 7.661 | 7.123 | 6.654 | 6.242 | 5.877 | 5.552 | 5.261 | 4.999 |
| 50 | 9.042 | 8.304 | 7.675 | 7.133 | 6.661 | 6.246 | 5.880 | 5.554 | 5.262 | 4.999 |

| n \ i | 21% | 22% | 23% | 24% | 25% | 26% | 27% | 28% | 29% | 30% |
|---|---|---|---|---|---|---|---|---|---|---|
| 1 | 0. 826 | 0. 820 | 0. 813 | 0. 806 | 0. 800 | 0. 794 | 0. 787 | 0. 781 | 0. 775 | 0. 769 |
| 2 | 1. 509 | 1. 492 | 1. 474 | 1. 457 | 1. 440 | 1. 424 | 1. 407 | 1. 392 | 1. 376 | 1. 361 |
| 3 | 2. 074 | 2. 042 | 2. 011 | 1. 981 | 1. 952 | 1. 923 | 1. 896 | 1. 868 | 1. 842 | 1. 816 |
| 4 | 2. 540 | 2. 494 | 2. 448 | 2. 404 | 2. 362 | 2. 320 | 2. 280 | 2. 241 | 2. 203 | 2. 166 |
| 5 | 2. 926 | 2. 864 | 2. 803 | 2. 745 | 2. 689 | 2. 635 | 2. 583 | 2. 532 | 2. 483 | 2. 436 |
| 6 | 3. 245 | 3. 167 | 3. 092 | 3. 020 | 2. 951 | 2. 885 | 2. 821 | 2. 759 | 2. 700 | 2. 643 |
| 7 | 3. 508 | 3. 416 | 3. 327 | 3. 242 | 3. 161 | 3. 083 | 3. 009 | 2. 937 | 2. 868 | 2. 802 |
| 8 | 3. 726 | 3. 619 | 3. 518 | 3. 421 | 3. 329 | 3. 241 | 3. 156 | 3. 076 | 2. 999 | 2. 925 |
| 9 | 3. 905 | 3. 786 | 3. 673 | 3. 566 | 3. 463 | 3. 366 | 3. 273 | 3. 184 | 3. 100 | 3. 019 |
| 10 | 4. 054 | 3. 923 | 3. 799 | 3. 682 | 3. 571 | 3. 465 | 3. 364 | 3. 269 | 3. 178 | 3. 092 |
| 11 | 4. 177 | 4. 035 | 3. 902 | 3. 776 | 3. 656 | 3. 543 | 3. 437 | 3. 335 | 3. 239 | 3. 147 |
| 12 | 4. 278 | 4. 127 | 3. 985 | 3. 851 | 3. 725 | 3. 606 | 3. 493 | 3. 387 | 3. 286 | 3. 190 |
| 13 | 4. 362 | 4. 203 | 4. 053 | 3. 912 | 3. 780 | 3. 656 | 3. 538 | 3. 427 | 3. 322 | 3. 223 |
| 14 | 4. 432 | 4. 265 | 4. 108 | 3. 962 | 3. 824 | 3. 695 | 3. 573 | 3. 459 | 3. 351 | 3. 249 |
| 15 | 4. 489 | 4. 315 | 4. 153 | 4. 001 | 3. 859 | 3. 726 | 3. 601 | 3. 483 | 3. 373 | 3. 268 |
| 16 | 4. 536 | 4. 357 | 4. 189 | 4. 033 | 3. 887 | 3. 751 | 3. 623 | 3. 503 | 3. 390 | 3. 283 |
| 17 | 4. 576 | 4. 391 | 4. 219 | 4. 059 | 3. 910 | 3. 771 | 3. 640 | 3. 518 | 3. 403 | 3. 295 |
| 18 | 4. 608 | 4. 419 | 4. 243 | 4. 080 | 3. 928 | 3. 786 | 3. 654 | 3. 529 | 3. 413 | 3. 304 |
| 19 | 4. 635 | 4. 442 | 4. 263 | 4. 097 | 3. 942 | 3. 799 | 3. 664 | 3. 539 | 3. 421 | 3. 311 |
| 20 | 4. 657 | 4. 460 | 4. 279 | 4. 110 | 3. 954 | 3. 808 | 3. 673 | 3. 546 | 3. 427 | 3. 316 |
| 21 | 4. 675 | 4. 476 | 4. 292 | 4. 121 | 3. 963 | 3. 816 | 3. 679 | 3. 551 | 3. 432 | 3. 320 |
| 22 | 4. 690 | 4. 488 | 4. 302 | 4. 130 | 3. 970 | 3. 822 | 3. 684 | 3. 556 | 3. 436 | 3. 323 |
| 23 | 4. 703 | 4. 499 | 4. 311 | 4. 137 | 3. 976 | 3. 827 | 3. 689 | 3. 559 | 3. 438 | 3. 325 |
| 24 | 4. 713 | 4. 507 | 4. 318 | 4. 143 | 3. 981 | 3. 831 | 3. 692 | 3. 562 | 3. 441 | 3. 327 |
| 25 | 4. 721 | 4. 514 | 4. 323 | 4. 147 | 3. 985 | 3. 834 | 3. 694 | 3. 564 | 3. 442 | 3. 329 |
| 26 | 4. 728 | 4. 520 | 4. 328 | 4. 151 | 3. 988 | 3. 837 | 3. 696 | 3. 566 | 3. 444 | 3. 330 |
| 27 | 4. 734 | 4. 524 | 4. 332 | 4. 154 | 3. 990 | 3. 839 | 3. 698 | 3. 567 | 3. 445 | 3. 331 |
| 28 | 4. 739 | 4. 528 | 4. 335 | 4. 157 | 3. 992 | 3. 840 | 3. 699 | 3. 568 | 3. 446 | 3. 331 |
| 29 | 4. 743 | 4. 531 | 4. 337 | 4. 159 | 3. 994 | 3. 841 | 3. 700 | 3. 569 | 3. 446 | 3. 332 |
| 30 | 4. 746 | 4. 534 | 4. 339 | 4. 160 | 3. 995 | 3. 842 | 3. 701 | 3. 569 | 3. 447 | 3. 332 |
| 35 | 4. 756 | 4. 541 | 4. 345 | 4. 164 | 3. 998 | 3. 845 | 3. 703 | 3. 571 | 3. 448 | 3. 333 |
| 40 | 4. 760 | 4. 544 | 4. 347 | 4. 166 | 3. 999 | 3. 846 | 3. 703 | 3. 571 | 3. 448 | 3. 333 |
| 45 | 4. 761 | 4. 545 | 4. 347 | 4. 166 | 4. 000 | 3. 846 | 3. 704 | 3. 571 | 3. 448 | 3. 333 |
| 50 | 4. 762 | 4. 545 | 4. 348 | 4. 167 | 4. 000 | 3. 846 | 3. 704 | 3. 571 | 3. 448 | 3. 333 |